Golo Maurer

Preußen am Tarpejischen Felsen –
Chronik eines absehbaren Sturzes

Die Geschichte des
Deutschen Kapitols 1817–1918

„Ich kenne für mich nur noch zwei gleich schreckliche Dinge: wenn man die Campagna di Roma anbauen und Rom zu einer polizierten Stadt machen wollte, in der kein Mensch mehr Messer trüge. Kommt je ein so ordentlicher Papst, was denn die 72 Kardinäle verhüten mögen, so ziehe ich aus. Nur wenn in Rom eine so göttliche Anarchie und um Rom eine so himmlische Wüstenei ist, bleibt für die Schatten Platz, deren einer mehr wert ist als dies ganze Geschlecht."

Wilhelm von Humboldt an Goethe, 23. August 1804

Golo Maurer

Preußen am Tarpejischen Felsen

Chronik eines absehbaren Sturzes

Die Geschichte des
Deutschen Kapitols 1817–1918

SCHNELL + STEINER

Golo Maurer, *1971, studierte Kunstgeschichte, klassische Archäologie und mittelalterliche Geschichte an der Ludwig-Maximilians-Universität München, wo er 2003 promoviert wurde. Nach sechs Jahren in Rom als Doktorand und Assistent der Direktorin an der Bibliotheca Hertziana, Max-Planck-Institut für Kunstgeschichte, arbeitet er seit Oktober 2005 als wissenschaftlicher Assistent am Institut für Europäische Kunstgeschichte der Universität Heidelberg.

Umschlag:
Vorderseite: Der Palazzo Caffarelli, um 1880
Rückseite: Der Garten des Palazzo Caffarelli; Aquarell von Karl Lindemann-Frommel (1819–1881)

Bibliografische Informationen der Deutschen Bibliothek
Die Deutsche Bibliothek verzeichnet diese Publikation
in der Deutschen Nationalbibliografie;
detaillierte bibliografische Daten sind
im Internet über http://dnb.ddb.de abrufbar.

1. Auflage 2005
© 2005 Verlag Schnell & Steiner GmbH,
Leibnizstraße 13, 93055 Regensburg
Umschlaggestaltung: grafica, Regensburg
Lithos, Druck: Erhardi Druck GmbH, Regensburg
Layout und Satz: tiff.any GmbH, Berlin
ISBN 3-7954-1728-7

Alle Rechte vorbehalten. Ohne ausdrückliche Genehmigung des Verlags ist es nicht gestattet,
dieses Buch oder Teile daraus auf fototechnischem oder elektronischem Weg zu vervielfältigen.

Weitere Informationen zum Verlagsprogramm erhalten Sie unter:
www.schnell-und-steiner.de

Vorwort 7

Prolog

   Die Fallhöhe 11

Anabasis – Preußens römischer Aufstieg

   Von der Via Gregoriana zum Kapitol

      Diplomaten in Rom 17

      Friedrich Wilhelm von Humboldt (1802–1808) 20

      Barthold G. Niebuhr (1816–1823) 24

      Herr Bunsen und seine Frau 26

   Der Kauf des Palazzo Caffarelli

      Das Kapitol als historischer Ort 31

      Preußen und der Kirchenstaat 34

      Italien und die Fremden 35

      Geplatzte Sommernachtsträume 36

      Der Vierzigjährige Krieg 40

Der deutsche Parnaß

   Religio

      Römische Diaspora, Kölner Wirren und Bekehrungssucht 51

      Die Preußische Gesandtschaftskapelle 55

      Die Casa Tarpea 62

   Scientia

      Deutsche Wissenschaft im Kirchenstaat 65

      Das Instituto [sic] di Corrispondenza Archeologica 67

      Das Kaiserlich Deutsche Archäologische Institut 78

   Ars

      Kulturnation en miniature 85

      Künstler, Persönlichkeiten und andere Menschen 91

Katabasis – Deutschland am Tarpejischen Felsen

Altlasten

Der Jupitertempel 103

Der Tarpejische Felsen 105

Krisis

1870/71: La Terza Roma 113

Die Kaiserlich Deutsche Botschaft 118

Renovatio Imperii 124

Auftritt S. M. Kaiser Wilhelm II. 128

Wilhelm greift ein 134

Vom Fels zum Meer 137

Der Untergang alles Schönen 140

Wie ein Kanonenschuß 142

Sturz

Italia – Germania. Der gemeinsame Weg in die Beziehungskrise . . 145

Rückzug in nationale Stellungen 148

Der Arzt am Totenbett 159

Palazzo Venezia – Generalprobe und Präzedenzfall 167

Palazzo Caffarelli – Die Enteignung 169

Damnatio memoriae 176

Vom Museo Mussolini zum Mercato Caprino 183

Nach dem Krieg 185

Epilog

Katharsis oder *A colle sacro ad rivulum sacrum* 195

Anhang

Zeittafel 198

Deutsche Diplomaten in Italien 201

Zitierte Quellenschriften und Literatur 203

Dokumente 210

Personenregister 235

Vorwort

Am 23. Mai 1915, Pfingstsonntag, versammelte sich die verbliebene protestantische Gemeinde in Rom zu einem letzten Gottesdienst in der deutschen Botschaftskapelle im Palazzo Caffarelli auf dem Kapitol. Zur gleichen Stunde überreichte der italienische Botschafter in Wien die Kriegserklärung Italiens an Österreich-Ungarn. Deutschland, obgleich mit Italien noch nicht im Krieg, reagierte mit dem Abbruch der Beziehungen. Das diplomatische Korps und die deutsche Kolonie reisten am Tag darauf mit einem Sonderzug ab.

Kein deutscher Botschafter sollte den Palazzo Caffarelli jemals wieder betreten. Wenige Monate nach Kriegsende wurde er von der italienischen Regierung konfisziert und teilweise abgerissen. Damit endete ein Phänomen, das nur noch Historikern und Romkennern als das „Deutsche Kapitol" bekannt ist: jene hundert Jahre, in denen das preußische und später deutsche Leben in Rom zunehmend um den kapitolinischen Hügel kreiste. Auf dessen südwestlicher Hälfte, seit 1854 im Besitz Preußens, lagen auf einem romantischen Grundstück von über 20.000 Quadratmetern die Botschaft, die protestantische Kapelle, das Deutsche Archäologische Institut, das deutsche Krankenhaus sowie in seinen Anfängen das Preußische Historische Institut – damals noch funktional „Historische Station" genannt. Seit den Tagen Christian Karl Bunsens, der 1817 als erster Preuße das Kapitol bezog, war der Palazzo Caffarelli einer der lebendigsten intellektuellen und gesellschaftlichen Zentren der Stadt.

Der Fall des Papsttums 1870 und der Einzug der königlichen Regierung des frischgeeinten Italiens verwandelten Rom von einer Stadt, in der die Zeit seit Jahrhunderten stehen geblieben war, in eine zumindest partiell moderne Metropole, eine Entwicklung, welche die Bewohner des Deutschen Kapitols von ihren Logenplätzen aus mit Staunen, Bedauern oder Begeisterung verfolgten. Doch waren die Betrachter der Wandlung selbst bereits Gewandelte, vollzog sich die Einigung Italiens parallel zu der des Deutschen Reiches. Aus der gemütlichen königlich-preußischen Gesandtschaft am Stuhle Petri wurde die kaiserlich-deutsche Botschaft in der Hauptstadt Italiens, ein Prestigeobjekt auf den Fundamenten des altrömischen Jupitertempels, von dem aus sich das junge Kaiserreich stolz der Welt präsentierte.

Die Beziehungen zwischen den beiden neuen Nationalstaaten blieben gut bis herzlich, solange sich Italien deutschen Machtansprüchen bereitwillig fügte. Doch der rasch wachsende Stolz der Italiener auf ihren neuen Staat sowie der Wunsch, an die Größe der versunkenen Antike in irgendeiner Weise anzuknüpfen, konnten den scheinbar allgegenwärtigen deutschen Einfluß auf Dauer nicht ungekränkt ertragen. Die Unabhängigkeit von Frankreich und Österreich, die man soeben im Windschatten von Bismarcks großen Aktionen erreicht hatte, schien nun von der beängstigenden *fleissigkeit* deutscher Konzerne, Banken und Wissenschaftler bedroht.

Die deutsche Fahne auf dem „Heiligen Hügel" der Stadt wurde in Rom zunehmend als Ärgernis, ja als „nationale Schande" empfunden. Das konnte auf Dauer nicht gut gehen. Mochte das brisante Eigentum juristisch gesehen unantastbar erscheinen, politisch war es unhaltbar. Vom Kapitol war es eben nur jener sprichwörtliche Schritt zum Tarpejischen Felsen, von welchem man im antiken Rom Verräter und andere Feinde des *populus romanus* hinabzustoßen pflegte. Die Deutschen sollten den selben Weg gehen. Daß gleichzeitig mit dem Sturz des pompösen Kaiserthrons, den Wilhelm II. im „Thronsaal" des Palazzo Caffarelli zur Empörung vieler Italiener hatte aufstellen lassen, in Deutschland ein ganzes Kaiserreich in den Orkus fuhr, macht Aufstieg und Fall des Deutschen Kapitols zu einer Parabel für das kaiserzeitliche Deutschland.

Die Geschichte, die hier erzählt werden soll, umfaßt neugeschichtliche und althistorische, archäologische und kunstgeschichtliche, soziologische, wissenschaftsgeschichtliche und kulturgeschichtliche Aspekte. Sie ist bisher in den Grenzen dieser einzelnen Fachdisziplinen erforscht, in ihrer Gesamtheit aber noch nicht erzählt worden. Das Buch ist also eine „kulturarchäologische" Erzählung mit Fußnoten, wissenschaftlichem Apparat – und vielen Bildern. Daß ein so großer Stoff nicht einmal für immer abzuhandeln ist, versteht sich von selbst. Dies hier ist nur ein Beitrag, dem weitere folgen werden, wie etwa Jürgen Krügers in Arbeit befindliche *Baugeschichte des Palazzo Caffarelli. Studien zur preußischen auswärtigen Kulturpolitik*, auf die ausdrücklich hingewiesen sei.

Das Buch verdankt sein Entstehen der Hilfe vieler Freunde und Kollegen. Allen voran möchte ich – für ihre große Unterstützung – meiner nun ehemaligen Chefin Sybille Ebert-Schifferer danken, Direktorin der Bibliotheca Hertziana, einer Bibliothek, die nicht zuletzt wegen ihrer einzigartigen, von Fritz-Eugen Keller ständig erweiterten Sammlung von historischer Reise- und Romliteratur für mein Unternehmen der denkbar beste – oder einzig denkbare Ort gewesen ist. Der zweiten Direktorin Elisabeth Kieven, der Max-Planck-Gesellschaft sowie den Mitarbeitern der Bibliotheca Hertziana – allen voran Michael Eichberg, Brigitte Secchi, den Bibliothekaren, Sekretärinnen und Kustoden – sei ebenfalls herzlich gedankt. Ein großer Dank auch meinem Verleger Albrecht Weiland. Er hat das Projekt von Anfang an ermutigt und gefördert und dabei viel Geduld und Leidensfähigkeit bewiesen. Hans-Peter Hühner leitete die Herstellung mit ruhiger und sicherer Hand.

Sehr geholfen wurde mir von jenen Institutionen, die selbst Teil der Geschichte des Deutschen Kapitols sind. Von der deutschen Botschaft am Heiligen Stuhl danke ich S. E. Botschafter Gerd Westdickenberg, von der Vertretung Deutschlands an der FAO S.E. Botschafter Guntram Freiherr Schenck zu Schweinsberg, von der Quirinalsbotschaft S. E. Botschafter Michael H. Gerdts. Botschafter von Schenk und Botschaftsrat Wolfgang Gaerte von der Quirinalsbotschaft gaben den eigentlichen Anstoß zu diesem Buch und haben sein Entstehen mit Anteilnahme verfolgt. Dank auch dem Leiter der Kulturabteilung der Quirinalsbotschaft Botschaftsrat Stefano Weinberger. Das politische Archiv des Auswärtigen Amtes in Berlin bot hervorragende Arbeitsbedingungen, wofür ich Elke Freifrau von Boeselager und besonders Günter Scheidemann herzlich danke.

Fast so alt wie das diplomatische Deutsche Kapitol ist das archäologische. Dem Deutschen Archäologischen Institut zu Berlin und seinem Präsidenten Hermann Parzinger danke ich ebenso wie dem Direktor der römischen Abteilung Dieter Mertens und der Leiterin der Photothek Sylvia Diebner, sie haben dem Projekt wichtige Hilfestellungen gegeben. Besonders danken möchte ich dem ehemaligen Direktor des Deutschen Historischen Instituts in Rom Arnold Esch, der mir in Gesprächen und natürlich durch seine Veröffentlichungen zum Thema sehr geholfen hat.

Gedankt sei meinem ehemaligen Gastland Italien – und auch jenen beiden einfühlsamen *Carabinieri*, die mich bei Feldforschungen am Morgen eines 2. Juni vor einem vermeintlich selbstmörderischen Sturz vom Tarpejischen Felsen bewahren wollten.

Geradezu essentiell war die Hilfe von nicht-offizieller Seite. Hier möchte ich vor allem die Wohngemeinschaft mit Costanza Caraffa und Georg Schelbert in der römischen Dalmatinerstraße 37 nennen, die sich in diesen Tagen auflöst. Ulrike Tarnow und Martin Dönike gewährten mir einen vergleichbaren Stützpunkt in Berlin. Von meinen römischen und nichtrömischen Freunden danke ich Hannah Baader, Marieke von Bernstorff, Christoph Frank, Melchior Frommel, David Knipp, Manfred Luchterhandt, Gian Paolo Pierini, Martin Raspe, Valeska von Rosen, Katharina Schüppel, Angela Windholz und Nino Zchomelidse.

Rom und Heidelberg, im September 2005

Prolog

Die Fallhöhe

„Die Tribunen stürzten ihn (Marcus Manlius) vom Tarpejischen Felsen hinab.
So wurde derselbe Ort für einen und denselben Mann
zum Denkmal beispiellosen Ruhmes wie auch der furchtbarsten Strafe."[1]

LIVIUS, *Römische Geschichte, VI.20.12*

Mit diesen knappen Worten beschreibt Titus Livius die öffentliche Hinrichtung des Marcus Manlius Capitolinus, Consul im Jahr 392 v. Chr. (Abb. 3).

Wenige Jahre zuvor, 387 bzw. 390, hatte derselbe Mann Rom, oder was davon noch übrig war, vor dem Untergang gerettet. Gallische Truppen hatten die ganze Stadt verwüstet und einzig das Kapitol wurde dank seiner damals noch steilen Felswände und der gut befestigten Burg, der *arx*, von den Römern gehalten. Wie Servius in seinem Vergil-Kommentar berichtet, hätten die Gallier schließlich versucht, durch heimlich in den weichen Tuff des Hügels getriebene Stollen auf die Burg vorzudringen. Doch sei dies von einer heiligen Gans (nicht *Gänsen*, wie oft behauptet), die dort im Iuno-Heiligtum untergebracht war, bemerkt worden, denn von allen Tieren – Servius beruft sich hier auf die Autorität des Naturforschers Plinius – könne dieses den Mensch am besten riechen.[2] Die Gans schlug Lärm und weckte den Kommandanten der Burg (*…clangore anseris excitatus…*), eben Marcus Manlius, der die Eindringlinge mannhaft zurückschlug. Die Gallier zogen sich schließlich gegen hohe Lösegeldzahlungen zurück und ließen die Römer am Leben – ein historischer Fehler, zumindest aus gallischer Sicht. Manlius aber wurde zum Volkshelden und erhielt den ehrenvollen Beinamen „Capitolinus".

Die Geschichte des Manlius ist so etwas wie die Gründungslegende für das Kapitol als symbolische Topographie. Die Dramaturgie der Geschichte entspricht der spezifisch römischen Begabung, die eigene, oft recht profane Geschichte in der Überlieferung zu mythologisieren: Ein Ort, ein Held, und eine Gans – das sind die Requisiten eines klassischen Mythos, in dem sich im Augenblick höchster Gefahr göttliche Vorsehung (*providentia* in Gestalt der Gans) und Tapferkeit (*virtus* in der Person des Manlius) rettend für das ausersehene Volk verbinden. Der Schauplatz, das Kapitol, war fürderhin als der Ort, an dem die Römer nach göttlichem Willen vor sich selbst bestanden, das Symbol von beidem.

Das religiöse und kultische Zentrum Roms war das Kapitol bereits seit der Stadtgründung. Romulus ließ hier angeblich den Tempel des Iupiter Feretrius errichten. Der Nachfolgebau, der Tempel des Iupiter Optimus Maximus aus dem ersten Jahr der Republik, also 509 v. Chr., wurde der kapitolinischen Trias (Jupiter, Juno, Minerva) geweiht. Alle neugewählten Konsuln hielten auf dem Kapitol ihre erste Senatsversammlung ab, Feldherren opferten hier vor dem Auszug, und wenn sie im Krieg Erfolg hatten, so kehrten sie im Triumph und in der Verkleidung des Jupiter auf das Kapitol zurück, als Götter für einen Tag. Der von Manlius geleitete Abwehrkampf gegen die Gallier fügte der Bedeutung des Berges noch die militärische Dimension hinzu. Auch wenn der „Nabel der Welt" als Ort von den Römern einige Meter entfernt auf dem Forum lokalisiert wurde, das eigentliche Zentrum des sich formierenden Reiches war ganz eindeutig das Kapitol.

Seine tragische Vollständigkeit erhält jedes klassische und zumal römische Epos aber erst durch den Fall seines Helden. Marcus Manlius mußte nicht lange darauf warten. Wie schon die Athener beinahe jedem verdienten Mann mit Verbannung dankten, so wurde auch den Römern der Ruhm ihres Retters bald unheimlich. Es nützte Manlius auch nichts, daß er sich aus der Politik zurückzog und fast nur noch karitativ auftrat, indem

---

1 „Tribuni de saxo Tarpeio deiecerunt, locusque idem in uno homine et eximiae gloriae monumentum et poena ultimae fuit." Liv. VI.20.12.

2 „… namque secundum Plinium nullum animal ita odorem hominis sentit." SERV. AEN. 8,652.

er Schuldner in großem Stil vor der Sklaverei bewahrte. Vielleicht war gerade das den mißtrauischen Römern besonders verdächtig. In einem zweifelhaften Prozeß wurde er beschuldigt, die Königswürde anzustreben, was in der Republik schon fast einem Todesurteil gleichkam. Doch unternahm Manlius einen bemerkenswerten Versuch, sein Leben doch noch zu retten. Er verlangte, das Volk solle über seine Schuld im Anblick des Kapitols befinden. Angesichts der zum Symbol gewordenen Stätte seiner Heldentaten, so sein Kalkül, werde das Volk nicht zu einem Schuldspruch in der Lage sein. Die Empfänglichkeit der Römer für Inszenierungen dieser Art hatte Manlius anscheinend richtig eingeschätzt: Den Tribunen, die eine Verurteilung erreichen wollten, wurde schnell klar, daß die Symbolkraft dieses Ortes stärker sein mußte als die Furcht der Römer vor einer erneuten Königsherrschaft. Sie verlegten die Abstimmung kurzerhand vor die Stadtmauern, wo das Kapitol außer Sichtweite und dessen Wirkkraft damit aufgehoben war. Dort wurde Manlius im Jahr 384 v. Chr. schuldig gesprochen und zum Tode verurteilt. Nun führte sein Weg zurück zum Kapitol, wo er vom Tarpejischen Felsen in den Tod gestürzt wurde (Abb. 2). So schloß sich für Marcus Manlius Capitolinus, der seinen Beinamen nun in doppelter Hinsicht trug, ein Kreis der besonderen Art. Der Triumph auf dem Kapitol und der Sturz vom Kapitol scheinen sich nach den Gesetzen der Tragödie unausweichlich miteinander verbunden zu haben. Doch auch wenn sich die Geschichte, was wahrscheinlich ist, im Einzelnen anders zugetragen haben sollte, so hat doch die Geschichtsschreibung ganze Arbeit geleistet.

Die altrömische Praxis des Herabstürzens von Verrätern und Straftätern hat den Tarpejischen Felsen zu einem abendländischen Topos des Falls gemacht. Die *rupes Tarpeia* oder das *saxum Tarpeium*, so die römischen Namen, bezeichnen eine ehemals steile Felswand des Kapitols, der manchmal auch *mons Tarpeium* genannt wurde. Das Hinabstürzen gehörte neben dem Köpfen und Erdrosseln zu den alten römischen Hinrichtungsarten und wurde im Zwölftafelgesetz für Falschaussage bzw. für von Unfreien begangenen Diebstahl festgesetzt.[3] Leider sind die entsprechenden Stellen der 8. Tafel nur indirekt durch Gellius überliefert, der aber ausdrücklich den Tarpejischen Felsen als Ausgangspunkt der Stürze nennt.[4] Man hatte diesen Ort bestimmt nicht nur deswegen gewählt, weil seine Höhe für einen tödlichen Sturz ausreichte. Im Gegenteil ist in Quellen immer wieder von einem hölzernen Gerüst die Rede, das vielleicht die zu geringe Höhe steigern sollte. Entscheidend war wohl vielmehr die symbolische Fallhöhe. Wen man vom Kapitol stürzte, den beförderte man nicht nur aus dem Leben, sondern auch aus all dem, was den religiösen und kulturellen Zusammenhalt des *populus romanus* ausmachte – man sprach ihm *virtus* und *religio* ab und verbannte ihn aus dem Schoß seiner Vorväter. Die Römer bewiesen mit dieser bildhaften Zusammenlegung von Triumph und Schmach ihre Affinität zur dialektischen Nähe von Gegensätzen – oder gar deren Einheit, wie sie für „hoch" und „tief" nur das Wort *altus* kannten. Marcus Manlius Capitolinus hatte die doppelte Semantik seines Beinamens in paradigmatischer Weise erfahren und es nützte ihm wenig, daß es die Römer bald danach reute, ihrem heiligen Hügel für alle Ewigkeit einen Januskopf verpaßt zu haben. Daß sie das Kapitol mit „dem Blut seines Retters besudelt" (Livius VI, 20) hatten ging ein in die lange Gründungsgeschichte des römischen Reiches, das mit seinem *rise and fall* das Einzelschicksal seines derart exemplarischen Bürgers im großen Zyklus zu wiederholen scheint. Die topische Bedeutung des Tarpejischen Felsen hingegen konnte sich in die Neuzeit hinüberretten. In Shakespeares Coriolanus spielt der Tarpejische Felsen eine große Rolle („Bear him to the rock Tarpeian, and from thence into destruction cast him")[5]. Und noch Georg Büchner bedurfte keiner Erklärung wenn er in „Dantons Tod" Lacroix dem Frauenheld Danton weissagen läßt: „…der Mons Veneris wird dein Tarpejischer Fels."

Wer am Anfang des 20. Jahrhunderts nach Rom kam und das Kapitol besuchte, der wurde von *Meyers Reiseführer* „Rom und die Campagna" in der Ausgabe von 1912 noch vor Michelangelos Konservatorenpalast und dem kapitolinischen Museen auf folgende Sehenswürdigkeiten aufmerksam gemacht:

„[…] r. die Fahrstraße (Tre Pile) zum Kapitolsplatz sowie zum **Palazzo Caffarelli**, dem mächtigen, über den Grundmauern des kapitolinischen Jupitertempels erbauten, jetzt dem Deutschen Reich gehörenden

---

[3] VIII,14 und VIII,23 beide Stellen nur indirekt durch Gellius überliefert (siehe unten).

[4] Gellius, Attische Nächte, XI,18,8 u. XX,1,53; Weitere Belege zur Praxis dieser Hinrichtungsart finden sich u. A. bei Tac. An. II,32; IV,29; VI,19; Liv. XXIV,20; XXV,7;

[5] Shakespeare, *Coreolanus*, III.1.261; siehe auch III.1.332; III.2.4; III.3.115/131.

Palast der Deutschen Botschaft. Er war von dem kaisertreuen Ascanio Caffarelli auf einem von Karl V. der Familie geschenkten wüsten Platz mit den Trümmern des kapitolinischen Jupitertempels um 1580 erbaut worden. Schon seit Beginn des 19. Jahrh. Sitz des preußischen Gesandten, seit 1823 mit einer Kapelle für den protestantischen Gottesdienst (Taufstein von Thorwaldsen), wurde er 1854 von Preußen angekauft. 1883–88 mußten die über den Tuffhöhlen des Berges liegenden Fundamente (für 167 000 Mk.) erneuert werden. Im neuen Thronsaal *Fresken von *Prell*, die Frühling, Sommer und Winter im Geiste nordischer Mythologie schildern; zugänglich Mo. Mi. Fr. 11–12 Uhr. Die Treppe r. am Ende des Kapitolsplatzes führt zum ***Deutschen archäologischen Institut**, Via di Monte Tarpeo Nr. 28, schöner Neubau (von *Laspeyres* 1874–76), und zum *Deutschen evangelischen Krankenhaus* in der Casa Tarpea, einer verdienstlichen Schöpfung Bunsens und Kestners (1836) in deren Garten (Kustode Via di Monte Tarpeo Nr. 25) der „tarpejische Fels" besichtigt werden kann."[6]

Ginge man heute diesen Informationen nach, man würde wenig finden. Wer in der fraglichen Gegend des Kapitols zu auffällig nach Hinweisen der preußisch-deutschen Vergangenheit suchen würde, läuft höchstens Gefahr, von den allgegenwärtigen Drogendealern und Strichjungen als Kunde gedeutet zu werden, was unangenehm sein kann. Auch in den heutigen Reiseführern steht von all dem kein Wort, auf die deutsche Botschaft wird bestenfalls unter „Nützliche Adressen" oder auch „Bei Notfällen" hingewiesen. Tritt ein solcher schon bei der Ankunft in Rom ein – etwa ein nicht unwahrscheinlicher Handtaschendiebstahl an der Stazione Termini – so hat man es für konsularische Beratung zumindest nicht weit. Das Taxi, das man sich dann ja ohnehin nicht mehr leisten könnte, ist nicht nötig, um zur deutschen Botschaft zu gelangen. Diese liegt gleich hinter dem Bahnhof in einem zwar ordentlichen, aber nicht weiter auffälligen, vom Verkehr umrauschten Bauwerk, an dem die deutsche Fahne – alt, ausgeblichen und fadenscheinig – stets vom Wind diskret um ihren Mast gewickelt ist. Den heutigen Sitz des Deutschen Archäologischen Instituts würde man von außen eher für eine Bank halten.

Das Kapitol, das merkt man spätestens hier, ist den Deutschen ganz offensichtlich abhanden gekommen. Das ist zwar schade, wäre in der nationalen Verlustbilanz des 20. Jahrhunderts jedoch ein vernachlässigbarer Posten. Abhanden gekommen ist neben den Immobilien aber auch die Erinnerung. Selbst viele Deutsch-Römer wissen mit dem Begriff „Deutsches Kapitol" nichts anzufangen, und da die echten Römer hier ein etwas besseres Gedächtnis haben, ist ein ungleich entwickeltes Geschichtsbewußtsein entstanden. Als Ursache einer freundlich zurückgehaltenen, aber vorhandenen, in gewissen Situationen sich zeigenden Reserve der Römer gegen deutsches Auftreten werden von den Deutschen selbst in der Regel die Jahre der Besatzung vermutet, was ja nicht falsch ist. Daß es jenseits davon zwischen Römern und Deutschen eine lange Geschichte kultureller Unverträglichkeiten gibt (meist ist nur von deutscher Sehnsucht die Rede), ist nur wenigen bewußt. Diese Geschichte ist mit der zeitweise parallel verlaufenden Entstehungsgeschichte der Nationalstaaten Italien und Deutschland eng verbunden, sie hat neben Nationalismus viel mit Wirtschaft, Kunst, Kultur und Wissenschaft und deren Verbindung zu tun, sie dreht sich symbolträchtig um den geographischen Nabel der Welt, oder doch fast um jenen, um das Kapitol, und sie endete – zumindest für die Deutschen – nicht gut, nämlich am tarpejischen Felsen, an dessen unterem Ende wohlgemerkt.

---

6 Gsell-Fels 1912, S. 233f.

Anabasis – Preußens römischer Aufstieg

Von der Via Gregoriana zum Kapitol

Diplomaten in Rom [7]

Preußen kam zum Kapitol wie die Jungfrau zum Kind, nämlich ohne Zutun – oder ohne Absicht, jedenfalls zunächst.

Bevor die Vertreter Preußens am Heiligen Stuhl im Palazzo Caffarelli hoch oben auf dem Kapitol residierten, lebten sie in einfachen oder auch weniger einfachen Mietwohnungen, und niemand kam auf den Gedanken, daran etwas zu ändern. Das war auch nicht weiter erstaunlich. In der ersten Hälfte des 19. Jahrhunderts verfügten Gesandtschaften auch nur in Ausnahmefällen über ein festes, eigenes Gebäude, wie etwa die Spanier an der nach ihnen benannten Piazza oder die Österreicher, denen mit der Besetzung Venedigs im Jahre 1800 der Palazzo Venezia zufiel. Der Rest des diplomatischen Korps verteilte sich gleichmäßig über die römische Innenstadt, und wurde ein Gesandter durch einen Nachfolger abgelöst, so suchte sich der Neue meist auch eine neue Wohnung, die je nach seinem Gehalt und seinen privaten Mitteln sehr unterschiedlich ausfallen konnte. Die Gesandtschaft, die in den seltensten Fällen aus mehr als einem Legationssekretär bestand, zog dann zu ihm. Residenz und Kanzleigebäude vereinigten sich in der Privatwohnung des Gesandten, die je nach Bedeutung des vertretenen Hofes über Empfangs- oder Ballsäle verfügen sollte.

Das bei der päpstlichen Regierung akkreditierte diplomatische Korps war überschaubarer als das anderer Hauptstädte. Als Oberhaupt der katholischen Christenheit nahm der Papst im Abendland protokollarisch zwar den allerersten, ungeteilten Rang ein, was den nichtkatholischen Höfen allerdings recht gleichgültig war. Und da der Kirchenstaat im europäischen Machtgefüge ab dem 18. Jahrhundert so gut wie keine Rolle und wenn, dann die des Spielballs spielte, hielten es nur wenige nichtkatholische Länder für nötig, einen Vertreter zu entsenden. Wurde Rom jährlich von abertausenden überwiegend ketzerischen Engländern, Amerikanern und Norddeutschen begeistert aufgesucht und zu einem Gutteil auch wirtschaftlich über Wasser gehalten, so waren auf den Diplomatentribünen und den Ricevimenti die Katholiken fast völlig unter sich: allen voran die Vertreter Seiner „Apostolischen Majestät" des Österreichischen Kaisers (Abb. 4), Seiner „Katholischen Majestät" des Königs von Spaniern sowie Seiner „Allerchristlichsten Majestät (*Majesté très chrétienne*)" des Königs von Frankreich. Es folgten die Vertreter des bayerischen, des württembergischen und des portugiesischen Königs. Vor allem innerhalb der Spitzengruppe wurden die Bewegungen des jeweils anderen scharf überwacht: „Als Bach [der österreichische Gesandte] 1859 seine Auffahrt halten wollte, erlangte er von Pius IX. eine ungewöhnlich große Zahl von Dragonern zur Begleitung zugesagt. Kaum hörte das der französische Botschafter (Duc de Gramont), so läßt er Antonelli [den Kardinalstaatssekretär] wissen, daß er infolge dieser Bevorzugung an sämtliche französische Wachen und Posten, bei denen Bach vorbeifahren würde, Befehl habe erteilen lassen, nicht anzutreten und keine Honneurs zu erweisen. Das hat Anlaß zu Noten und Gegennoten gegeben; im letzten Moment verzichtete Bach auf die nicht etatsmäßigen Dragoner, und Gramont schickte Expreßboten an alle Posten, damit sie doch präsentieren."[8] In dieser anstrengenden Welt waren die nichtkatholischen Diplomaten außer Konkurrenz. Während an den Großbotschaften der katholischen Mächte vier bis fünf Diplomaten akkreditiert waren, besaß die Preußische Gesandtschaft neben dem Gesandten selbst nur einen Sekretär.[9] Die so besetzten Missionen beschränkten sich in der Regel auf das Beobachten ähnlicher Vorfälle und konnten sich das Leben ganz zwanglos und angenehm gestalten.

---

7 Bernhard Hübler, *Magistraturen des völkerrechtlichen Verkehrs*, Berlin 1900; Tobias C. Bringmann, *Handbuch der Diplomatie 1815–1963*, München 2001.

8 SCHLÖZER BRIEFE S. 13.

9 LILL 1984, S. 29.

In Preußen hielt man eine römische Vertretung lange für überflüssig. Erst als Friedrich II. mit der Eroberung Schlesiens über katholische Untertanen regierte,[10] mußten schon aus rein verwaltungstechnischen Gründen zumindest indirekte Beziehungen zur römischen Kurie hergestellt werden,[11] die sich übrigens bis 1781 darauf versteifte, den preußischen König als Markgrafen von Brandenburg zu titulieren.[12] Ab 1747 ließ sich also der brandenburgische Markgraf vom kurpfälzischen Geschäftsträger, Cavaliere Coltolini mitvertreten,[13] nach dessen Tod 1763 vom Agenten des Markgrafen von Bayreuth, Abbate Matteo Ciofani.[14] Erst Ciofani wurde von König Friedrich Wilhelm II. in den offiziellen diplomatischen Rang eines preußischen Ministerresidenten erhoben,[15] ein Status, den dessen deutsche – wenn auch nicht immer preußische – Nachfolger Uhden, Humboldt, Ramdohr und Niebuhr beibehalten sollten.[16] Die diplomatischen Beziehungen mit dem Vatikan beruhten übrigens nicht, wie man so schön sagt, auf „Reziprozität". Während der Heilige Stuhl in Wien eine Nuntiatur der 1. Klasse (der angesehenste Posten der päpstlichen Diplomatie) und in München zumindest der 2. Klasse unterhielt, wurde im protestantischen Berlin eine Nuntiatur stets abgelehnt.[17] Die neuerstarkten Preußen betrachteten den Kirchenstaat als machtpolitisches Auslaufmodell, mit dem man aber noch einige Zeit zu leben haben würde. Dieser Einschätzung entspricht zumindest die im Verlauf des 19. Jahrhunderts zunehmende diplomatische Isolierung des Heiligen Stuhls. So gelang es dem Vatikan nicht, seine diplomatischen Beziehungen trotz der steigenden Zahl von Staaten wesentlich über den Stand von 1831 auszuweiten. Waren damals 4 Botschaften und 9 Gesandtschaften akkreditiert, so waren es 1903 (beim Regierungsantritt Pius' X.) 4 Botschaften und 15 Gesandtschaften, 1914 (beim Regierungsantritt Benedikts XV.) sogar nur noch 2 Botschaften und 11 Gesandtschaften. Die Zahl der päpstlichen Nuntiaturen halbierte sich im gleichen Zeitraum von 10 auf 5.[18]

Daß ein Hof einen eigenen Staatsbürger als Vertreter in ein fremdes Land entsandte, war bis ins 19. Jahrhundert hinein eher die Ausnahme. Die jeweiligen diplomatischen Interessen wurden in der Regel durch ortsansässige Personen aus der höheren Aristokratie vertreten. Nationale Bindungen, welche schon im ausgehenden 19. Jahrhundert zu unüberbrückbaren Loyalitätskonflikten hätten führen müssen, spielten damals noch so gut wie keine Rolle, so daß man einen römischen Principe oder einen neapolitanischen Kardinal genauso mit bayerischen Geschäften betrauen konnte, wie einen preußischen Grafen mit den russischen Angelegenheiten in Paris. Die Person mußte sich vor allem in den lokalen Machtstrukturen auskennen, dort zur guten Gesellschaft gehören, überall eingeladen werden und für jede Frage das richtige Vorzimmer kennen.

Wie diese Agenten des 18. Jahrhunderts ihre Mission im Einzelnen gestalteten, blieb ihnen weitgehend selbst überlassen. Die meisten besaßen eine standesgemäße Immobilie, so daß man ihnen auch alle Fragen der dienstlichen Repräsentation überlassen konnte.

Diese Gewohnheiten stammten aus der Frühzeit des diplomatischen Verkehrs. Ab etwa der Mitte des 15. Jahrhunderts begannen italienische Staaten – besonders der Kirchenstaat, Mailand und Venedig – erstmals reguläre Gesandte untereinander auszutauschen.[19] Diese führten am Hof des Gastlandes, das eben meistens ihr eigenes war, ein aufwendiges Leben, nahmen an allen Lustbarkeiten und offiziellen Anlässen teil und schrieben ihren Auftraggebern am Abend einen Bericht über das, was sie an Interessantem über Politik, Geschäftliches und vor allem Privates gehört oder beobachtet hatten. Diese Berichte gingen dann umgehend per Sonderboten an den entsendenden Hof, wo auch wiederum Gesandte Augen und Ohren offen hatten. Dieses gegenseitige Aushorchen genoß einen quasi offiziellen Status. Man konnte sich auch gezielt der dabei wirksamen Mechanismen bedienen, um Informationen – richtige und falsche – sozusagen portofrei an den gewünschten Adressaten zu

---

10 Es folgten die katholischen Bevölkerungsschichten von Westpreußen und Posen (1772/1795), die der Bistümer Münster und Paderborn (1803) sowie der Rheinprovinzen (1815); vgl. HANUS 1954, S. XI-XIII; MASER 1988, S. 183f.
11 GEIPL 1984, S. 18f.
12 HANUS 1954, S. 4–15; BEHRMANN 1980, S. 148; SCHLÖZER BRIEFE S. 196f.
13 HANUS 1954; S. 19–34.
14 HANUS 1954, S. 35.49.
15 NOACK 1912, S. 143.
16 Ramdohr stammte aus Hannover, Niebuhr aus einer in Kopenhagen ansässigen, deutschen Familie.
17 LILL 1984, S. 29.
18 LILL 1984, S. 30.
19 Zur Unterbringung der Gesandten im 16., 17. und 18. Jahrhundert siehe SCHWANTES 1997, S. 15–21.

lancieren. Aus dieser Stellung erklärt sich die weit verbreitete und meist auch richtige Vorstellung, daß ein guter Diplomat nicht einmal das Gegenteil von dem glaube, was er sagt.

Im großen und ganzen ist damit die Aufgabe der frühen Diplomatie beschrieben. Im 16. Jahrhundert kann man in Italien bereits von einem ständigen Gesandtschaftswesen sprechen. In Nordeuropa ist der Austausch von Gesandten seit dem Westfälischen Frieden üblich (1648), was die Beziehung der Staaten zueinander auf eine allgemeine Rechtsgrundlage gegenseitiger Anerkennung stellte. Zunehmend entsandte man nun professionelle Diplomaten, die, vor allem im Norden, meist über eine juristische Ausbildung und über eine Berufspraxis in der Beamtenlaufbahn verfügten. Am Brauch, keine festen Gesandtschaftsimmobilien zu unterhalten oder gar zu besitzen, änderte sich damit zunächst nichts. Selbst große Botschaften wie die Österreichs in wichtigen Hauptstädten waren häufig in Mietwohnungen untergebracht, die freilich recht anspruchsvoll sein konnten. „Erst gegen Ende des 19. Jahrhunderts erfolgte – eher nach dem Zufallsprinzip – ein Ankauf oder der Bau von Gesandtschafts- bzw. Botschaftspalais."[20] Eine Weltmacht wie Großbritannien besaß um die Mitte des 19. Jahrhunderts nur drei Botschafts- bzw. Gesandtschaftsresidenzen als Eigentum (Paris, Istanbul, Madrid).[21] Daß der preußische Ministerresident Uhden und sein Nachfolger Humboldt dasselbe Haus in der Via Gregoriana 42 bezogen, den Palazzo Tomati, ist eher die Ausnahme. Nach Humboldts Abreise, den napoleonischen Kriegen und der kurzen Gesandtschaft Ramdohrs bezog dessen Nachfolger Niebuhr eine Wohnung im Palazzo Savelli-Orsini in den Ruinen des Marcellustheaters. Der römische Posten war für die preußische Regierung aber noch lange Zeit von eher untergeordneter Bedeutung, Niebuhrs Aufwendungen für Miete und Repräsentation wurden nicht ersetzt. Das änderte sich erst im Verlauf des 19. Jahrhunderts. Preußen sollte nicht nur ein eigenes Gesandtschaftsgebäude, sondern gleich den halben Kapitolhügel erwerben, und damit in Rom zur vielleicht exponiertest vertretenen Nation aufsteigen. Doch begann die Entwicklung, die dorthin führen sollte, wie schon gesagt absichtslos, mit einem Zufall, dessen Geschichte im Folgenden erzählt werden soll.

Die Geschichte des Deutschen Kapitols spielt – auch wenn viel von Kunst, Religion, Kultur und Wissenschaft die Rede ist – überwiegend im Milieu der internationalen Diplomatie, was für das 19. Jahrhundert alles andere als widersprüchlich ist. Deren damals noch gebräuchliche dienstliche Ränge sollen hier kurz erklärt werden.

Auf dem Wiener Kongreß wurde der diplomatische Verkehr erstmals verbindlich geregelt[22] und für die diplomatischen Vertreter vier Rangstufen festgelegt:
1. Botschafter (*ambassadeur*, Nuntius, Legat; sie gelten als persönliche Vertreter des Staatsoberhaupts des Sendestaates)
2. (Sonder-) Gesandte (*envoyé extraordinaire*, Internuntius), bevollmächtigte Minister (*ministre plénipotentiaire*)
3. Ministerresidenten
4. Geschäftsträger (*chargé d'affaires*).

Die ersten beiden Klassen waren beim Staatsoberhaupt, die übrigen beim Außenminister akkreditiert. Botschafter wurden bis zum 2. Weltkrieg in der Regel nur zwischen großen Staaten ausgetauscht. Seitdem haben die Rangstufen an Prestige und Bedeutung verloren, die Wiener Konvention von 1961 unterscheidet auch nur noch 3 Rangstufen, wobei die ehemals 2. und 3. zusammengefaßt wurden. Alle beim Empfangsstaat beglaubigten – also durch ein Beglaubigungsschreiben (*lettre d'agréation*) ihres Staatsoberhauptes ausgewiesenen diplomatischen Vertreter eines Landes bilden zusammen das diplomatische Korps (*corps diplomatique*). Innerhalb des diplomatischen Korps wird die Rangfolge von der lokalen Anciennität bestimmt, mit dem dienstältesten Gesandten als Doyen an der Spitze. Gelegentlich wird aber auch dem päpstlichen Nuntius der Vortritt überlassen. Zur Gesandtschaft gehörten neben dem Botschafter Legationsräte und Legationssekretäre. War der Botschafter oder Ministerresident außer Haus, so übernahm der erste Sekretär als *chargé d'affaires* die Geschäfte.

---

20 Agstner 1998, S. 496 Anm. 28.
21 Schwantes 1997, S. 16.
22 Wiener Reglement vom 1815 sowie Aachener Protokoll von 1818, das die protokollarische Reihenfolge der Staaten nach dem französischen Alphabet festsetzt; beide 1961 ersetzt durch der Wiener Konvention über diplomatische Beziehungen.

Friedrich Wilhelm von Humboldt (1802–1808)[23]

Es wurde bereits angedeutet, daß Kultur im nationalen Selbstverständnis des 19. Jahrhunderts noch eine zentrale Rolle spielte. Das bedeutete nicht, daß jeder entsandte Diplomat automatisch ein *homme de lettre* war. Wenn doch, so wurde dies als Ausnahme durchaus bemerkt. So meinte Friedrich Noack, der um 1900 als erster „das Deutschtum" in Rom systematisch zu erforschen begann, daß bei der Entsendung von Gelehrten wie Wilhelm von Humboldt, Barthold Georg Niebuhr und Christian C. J. Bunsen nach Rom „ungewöhnliche und erfreuliche Grundsätze" wirksam gewesen wären: „Vielleicht herrschte damals wirklich in den Regierungen das Gefühl vor, daß man an einen Platz wie Rom nicht jeden beliebigen Mann in Uniform schicken könnte, und daß ein Gesandtschaftsposten doch im Grunde etwas anderes wäre als ein Reisestipendium oder Vergnügungsposten für adelige Lebemänner."

Ob aus dieser Politik allerdings eine besondere Wertschätzung für den Kirchenstaat spricht, erscheint eher fraglich. Rom stand im nachnapoleonischen Europa weiß Gott nicht im Zentrum der preußischen Politik, so daß man vielleicht in der Überzeugung handelte, mit der Entsendung eines Gelehrten dorthin nicht viel aufs Spiel zu setzen. Denn als 1802 Wilhelm von Humboldt (Abb. 5) die Serie der „bedeutenden Männer" eröffnete, war er auf dem Gebiet der Politik und Diplomatie ein unbeschriebenes Blatt. Nach seiner Rückkehr von einer mehrjährigen Reise durch Europa saß er mehr oder weniger beschäftigungslos in Berlin und wußte nicht so recht, wie und auf welchem Feld er die Fähigkeiten, die er in sich spürte, entfalten könnte. Seine Entsendung nach Rom verdankte er der Vermittlung des preußischen Kabinettsrates Karl Friedrich Beyme, der sich bei König Friedrich Willhelm auch für Männer wie Fichte, Hufeland oder auch Kant einsetzte, also durchaus mit Bedacht Gelehrte und Philosophen zu fördern versuchte. Und da Rom um 1800 wie gesagt einer der ruhigsten Posten war, die Berlin zu vergeben hatte, wird es dem König nicht schwergefallen sein, der Bitte seines Kabinettsrates zu entsprechen. Bezeichnenderweise war der Gesandte am Heiligen Stuhl lediglich vom Rang eines Ministerresidenten, was nur knapp über dem provisorischen „Geschäftsträger" angesiedelt war. Erst 1806 erhielt er den höheren Status eines bevollmächtigten Ministers.[24]

Über die Bedeutung seines neuen Postens machte sich Humboldt keine Illusionen, erkannte aber auch sofort dessen Möglichkeiten. In einem Brief an Schiller vom 11. Mai 1802, vier Tage vor seiner offiziellen Ernennung, merkte er an: „Diese Stelle ist nichts weniger als glänzend; ich konnte auf eine eigentliche Gesandtenstelle Anspruch machen, und dies ist bloß eine Residentur. Indes vertauschte ich sie jetzt mit keiner andern ohne Ausnahme. Sie ist in einem Lande, nach dem ich mich an sich sehne, [...] das mir auch in Rücksicht des Sprachstudiums wichtig ist, weil ich darin die Kenntnis der südlichen Sprachen vollenden kann; dann bin ich verhältnismäßig und dafür, daß ich keine Repräsentation zu machen habe, nicht übel bezahlt."[25] An Selbstbewußtsein fehlte es ihm dennoch nicht: „Auf immer werde ich nicht in Rom sein. Es fehlt bei uns in der Karriere, in die ich komme, an brauchbaren Subjekten, und man wird mich bald wo anders hinschicken wollen."[26] Ganz so schnell ging es nun auch wieder nicht. Obgleich man im Ministerium Humboldts Talente hoch veranschlagte und ihn dies auch wissen ließ,[27] scheint die preußische Personaldecke doch dicker gewesen zu sein, als von Humboldt angenommen. Zudem beschränkte sich die administrative Erfahrung des nicht mehr ganz so jungen Mannes auf eine nur vorübergehende Tätigkeit beim Kammergericht in Berlin, ein Minimum an Ausbildung, das ihm immerhin den Titel eines Legationsrates einbrachte. Mit gerade einmal 24 Jahren zog er sich 1791 völlig aus dem Berufsleben zurück und begann, auf das mütterliche Vermögen gestützt, ein fast zehnjähriges Privatstudium vor allem der griechischen Philologie. Nun führte diese zurückgezogene Beschäftigung ganz von selbst zu einer Auseinandersetzung mit Fragen, die für die damalige politische Praxis noch

---

23 Alfred Dove, ADB, 13 (1881), S. 338–358; Hanus 1954; S. 78–128
24 Behrmann 1980, S. 150.
25 Humboldt an Schiller, 11. Mai 1802. Humboldts Gehalt betrug wohl mit Rücksicht auf seine Familie mit knapp 3400 Talern 1800 Taler mehr als das Gehalt seines Vorgängers; Hanus 1954, S.80; Behrmann 1980, S. 146.
26 Humboldt an Schiller, 11. Mai 1802.
27 Behrmann 1980, S. 146.

von zentraler Bedeutung waren, nämlich der Staatsphilosophie und der Rechtsgeschichte. Insofern waren die *vita activa* und die *vita contemplativa* im ausgehenden 18. Jahrhundert einander eher bedingende als ausschließende Formen des geistigen Lebens. So arbeitete Humboldt in etwa gleichzeitig an der Übersetzung einer Ode des Pindar und an einer staatstheoretischen Schrift mit dem vorsichtigen Titel: „Ideen zu einem Versuch, die Wirksamkeit des Staates zu bestimmen" (1792). Ausflüge in das Chaos des revolutionären Paris, die er 1789 im Schlepptau seines ehemaligen Hofmeisters Joachim Heinrich Campe unternommen hatte, lieferten dazu konkrete Anschauung.

Unter diesen Voraussetzungen war der Posten des preußischen Ministerresidenten am Heiligen Stuhl für Humboldt geradezu ideal, den er 1802 als Nachfolger des Archäologen Johann Wilhelm von Uhden antrat, dem eine angebliche Liebschaft seiner italienischen Ehefrau mit dem Bildhauer Thorwaldsen seine Stellung kostete.[28] In dem „geschäftlich durchaus nicht drückenden, so gut wie unpolitischen Amte", wie es Alfred Dove vornehm ausdrückte,[29] gab es so gut wie nichts zu tun. Humboldts offizielle und durchaus bemerkenswerte Instruktionen lauteten dahin, „einen forschenden Blick auf das Ganze zu richten und mit historischen Kenntnissen und philosophischem Scharfblick einzudringen in den Gang der Angelegenheiten der katholischen Kirche im allgemeinen, insbesondere in Italien, das System des römischen Hofes als einer hierarchischen Macht und das Treiben und die Bewegungen der Exjesuiten zu beobachten."[30] Berlin interessierte sich zudem für „die Fortschritte des Geistes der Zeit und dessen, was von demselben gut und nicht gut ist."[31] Es sei zudem wichtig, die „im Dunkeln wirkenden Kräfte der Hierarchie genau [zu] beleuchten und [zu] kennen, […] um ihre schädlichen Einflüsse abzuhalten und unwirksam zu machen."[32] Ferner wurde Humboldt darauf hingewiesen, daß der Papst ausschließlich als weltlicher Herrscher zu betrachten sei. Von den preußischen Katholiken dürfte er nur im Rahmen der preußischen Gesetze („salvis iuribus") als geistliches Oberhaupt verehrt werden. Alle kirchlichen Erlasse bedürften einer staatlichen Genehmigung.[33]

Diesen generellen Richtlinien folgten jedoch keine konkreten Instruktionen. Dem Ministerresidenten blieb also genügend Zeit, seine Studien des klassischen Altertums fortzuführen und vor allem mit Anschauung zu bereichern.[34] Humboldt bezog in Rom zunächst die Villa Malta, bevor er 1803[35] in den Palazzo Tomati in der Via Gregoriana 42 (heute 41) übersiedelte, wo er mit seiner Frau bis 1808 wohnte[36] und wo *de nomine* auch die Gesandtschaft untergebracht war. Das Haus wurde mit der Zeit eher eine Botschaft am Forum Romanum als am Heiligen Stuhl, ein Königlich Preußisches Kulturinstitut *avant la lettre*, was in Zeiten, in denen es für Preußen politisch wenig zu tun gab, wohl auch das beste war, was man machen konnte. Zu dessen Leitung waren die Humboldts – Wilhelms Frau Karoline (geb. von Dacheröden) spielte eine wichtige Rolle – natürlich die ideale Besetzung. Schon 1803 konnte Humboldt an Goethe schreiben: „Von Umgang sind wir nicht verlassen; meistenteils alle Abende versammelt sich ein Kreis von Deutschen um uns, für die wir und die Brun eigentlich die einzig regelmäßige Gesellschaft sind". Genannte Friederike Brun, selbst Schriftstellerin, nannte den Palazzo Tomati sogar einen „Tempel der edelsten gastfreien Häuslichkeit".[37] In diesem verkehrten unter anderem der Bildhauer Bertel Thorwaldsen, der Maler Gottlieb Schick, der Kunsttheoretiker Karl Ludwig Fernow oder der Archäologe Georg Zoega. Auch fehlte es nicht an durchreisender Prominenz. Prinz Georg Friedrich von Mecklenburg und Prinz Friedrich von Sachsen Gotha verkehrten hier ebenso wie Ludwig Tieck, Wilhelm von Schlegel, Madame de Staël, Karl von Rumohr, Wilhelms Bruder Alexander und vor allem auch der bayerische Kronprinz Ludwig.[38]

---

28 NOACK 1912, S. 142f.; HANUS 1954, S. 50–77.
29 ADB, 13 (1881), S. 348.
30 Zitiert nach SCURLA 1976, S. 238 f. Vgl. BEHRMANN 1980, S.148. u. Anm. 3.
31 Zitiert nach KAELER 1963, S. 188; Vgl. BEHRMANN 1980 148f. u. Anm. 3.
32 Zitiert nach GEIPL 1984, S. 21.
33 GEIPL 1984, S. 21.
34 Zu nennen sind die in Rom entstandenen Aufsätze „Latium und Hellas oder Betrachtungen über das classische Alterthum" (1806) sowie „Geschichte des Verfalls und Unterganges der Griechischen Freistaaten" (1807), Übersetzungen griechischer Texte des Pindar u. Aischylos sowie eigene Gedichte.
35 Nach Gregorovius erfolgte der Umzug erst 1807; GREGOROVIUS 1888, S. 5.
36 WEILAND 1984, S. 29f.
37 NOACK 1912, S. 175
38 BEHRMANN 1980, S. 150f.

In den Jahren 1803 und 1807 starben Humboldts kleine Söhne Wilhelm und Friedrich, die an der Cestius-Pyramide beigesetzt wurden: „Er [Wilhelm] liegt jetzt bei der Pyramide am Scherbenberg [Monte Testaccio], von der Ihnen Goethe erzählen kann"[39] (Abb. 7/9). In diesem Zusammenhang ist erwähnenswert, daß Humboldt bei den päpstlichen Aufsichtsbehörden und dem römischen Senat erreichte, daß dieses bis dahin völlig rechtlose, wilde Gräberfeld erstmals als Begräbnisstätte offiziell benutzt werden durfte. Ein Konkordat zwischen der preußischen Krone und der Kurie schuf 1821 die völkerrechtliche Grundlage. Den dadurch erreichten Status hat Ernst Raupach, der 1822 Rom besuchte, pointiert beschrieben: „Hingerichtete Missethäter können in geweihter Erde begraben werden, aber keine Ketzer. Der Begräbnisplatz dieser Letzteren ist […] bei der Pyramide des Cestius, also dicht an der Stadtmauer, wie man bei uns die Selbstmörder an der Kirchhofmauer begräbt."[40] Im Vergleich zu den früheren Zuständen war das schon ein großer Fortschritt: Durfte man bisher Tote nur nachts bestatten (Abb. 6),[41] so waren nun offizielle Zeremonien möglich, auch wenn die Kurie bis 1870 strikt untersagte, Kreuze oder die bei Protestanten so beliebten Bibelsprüche auf den Grabsteinen anzubringen.[42] Und auch wenn die einfriedende Mauer, welche die Anlage vor den weidenden Tieren und anderen Zugriffen schützen sollte, erst 1824 auf offiziellen englischen Protest hin errichtet wurde,[43] so war das Begräbnis von Humboldts Söhnen die eigentliche Geburtsstunde des *cimetiere acattolico*, des „unkatholischen Friedhofs", wo in der Folgezeit all diejenigen Nichtkatholiken beigesetzt wurden, die das Pech oder auch das Glück hatten, in Rom zu sterben. Das waren natürlich in erster Linie nach Rom reisende Nordeuropäer, was ganz automatisch eine gesellschaftliche und kulturelle Auslese darstellte: die englischen Dichter Keats und Shelly, Goethes Sohn August, für den der Vater eine elegante, nur den eigenen Namen nennende Grabinschrift entwarf (GOETHE FILIUS PATRI ANTEVERTENS OBIIT ANNOR. XL), Asmus Jacob Carstens, der Maler Wilhelm Waiblinger.

So wollte es der Zufall, daß Preußen seine institutionelle Präsenz in Rom sozusagen vom Ende her aufbaute und noch vor der Erwerbung eines eigenen Botschaftsgebäudes eine feste Anlaufstelle für seine Toten begründete. Oder, wie es Georg von Graevenitz 1902 in nationalem Hochgefühl ausdrückte: „Heute schirmt das mächtige deutsche Reich auch diese stille Stätte deutscher Todesruhe!"[44]

Mit dem Grab seiner Söhne war Rom für Humboldt auf schmerzliche Weise zu einer Heimat geworden. Aus seinem Wunsch, ebenfalls an der Cestius Pyramide begraben zu werden, spricht indirekt auch die Absicht, Rom nicht wieder zu verlassen. Die politischen Ereignisse in Europa standen dem jedoch entgegen.

Nach dem Sieg Napoleons über Preußen bei Jena und Auerstädt 1806 verlor Preußen durch Gebietsabtretungen den Großteil seiner katholischen Untertanen. Für die Präsenz eines Gesandten am Heiligen Stuhl entfiel damit der formale Vorwand, ohne daß jedoch Humboldts Abberufung erfolgte. Wohl aus Pflichtgefühl erklärte er sich zur Übernahme anderer Aufgaben in Berlin bereit und wandte sich – zunächst ohne Folgen – auch an Freiherr von Hardenberg, der nach dem Frieden von Tilsit 1807 das Auswärtige Amt in Berlin übernahm. 1808 reist Humboldt in privater Sache nach Thüringen. Sein, wie er dachte, vorläufiger Abschied aus Rom, fiel ihm nicht leicht: „Ich habe den großen Schritt über Ponte Molle getan, wie Sie sehen, liebster Welcker, und bin den letzten Schritten aus Italien sehr nahe. Es fällt mit vieler Rührung in Ihrem letzten Brief, vom 12. August, den ich eben wieder überlese, auf, daß Sie mir einen leichten Abschied wünschen; leicht, Lieber, kann er nicht sein, wenn man von allem scheidet, was man liebt."[45] Es sollte ein Abschied für immer werden. 1808 besetzte Napoleon den Kirchenstaat, die Annexion folgte 1809. Humboldts diplomatische Mission war damit erledigt.

Sieht man von Humboldts Einsatz für den protestantischen Friedhof einmal ab, der ja in erster Linie private Hintergründe hatte, so erscheint sein römischer Aufenthalt in konsularischer Hinsicht einigermaßen bedeu-

39 Humboldt an Schiller, 27. 8. 1803.
40 HIRSEMENZEL BRIEFE S. 296.
41 Frances Bunsen schildert so eine nächtliche Zeremonie anläßlich des Begräbnisses des im Tiber ertrunkenen Malers Carl Philipp Fohr am 3. Juli 1818 (BUNSEN/HARE S. 52f.); NOACK 1927, 1, S. 370f.
42 WITTE 1910, S. 121; NOACK 1927, 1, S. 370 f.
43 NOACK 1927, 1, S. 387.

44 GRAEVENITZ 1902, S. 289. Anscheinend gab es bisweilen Anlaß zum Einschreiten des preußischen Gesandten. So protestierte Niebuhr am 26.11.1818 über die Beeinträchtigung des Friedhofs durch päpstliche Soldaten. NIEBUHR BRIEFE, 1, S. 410.
45 Humboldt an den Hauslehrer seiner Kinder Friedrich Gottlieb Welcker, 20. Oktober 1808; vgl. BEHRMANN 1980, S. 151.

tungslos. Die strenge Retrospektive der wilhelminischen Geschichtsschreibung sah den nachmaligen großen Staatsmann sogar bereits am Tiber versumpfen: „Man sieht, wie mancherlei günstigen Segen auch diese römischen Jahre für Humboldt in sich bargen; trotzdem muß man sie wohl als die bedenklichste Zeit in seinem Leben bezeichnen, denn im Zauber ihrer Gegenwart geriet er in Gefahr, in Gedankenschwelgerei zu verweichlichen."[46] Aus diesen Versuchen, den kontemplativen gegen den tätigen Humboldt ausspielen zu wollen, spricht genau jener Geist, den Humboldts Humanismus überwinden wollte. Erst durch die Jahre der konkreten Anschauung gewannen Humboldts theoretische Studien jene Lebendigkeit, die nötig war, um die Beschränktheit preußischer Gelehrsamkeit zu überwinden.[47]

Wie dem auch sei, mit Humboldts Abgang 1808 endete für die Preußische Gesandtschaft am Heiligen Stuhl ein goldenes Zeitalter von heiterer Unbeschwertheit auf höchstem kulturellen und gesellschaftlichen Niveau. Schon mit Humboldts Nachfolger, dem Juristen und „Kunstschriftsteller" Friedrich Wilhelm Basilius von Ramdohr[48] erfuhr die Reihe bedeutender Persönlichkeiten auf dem Posten des preußischen Gesandten eine gewisse Unterbrechung. Zumindest konnte Ramdohr eine äußerst solide juristische Schulung und auf eine Berufserfahrung als Direktor der Justizkanzlei in Celle aufweisen, was für das diplomatische Tagesgeschäft von ständig wachsender Bedeutung war. Während seine rechtsphilosophischen Publikationen allgemein anerkannt waren, brachten ihm seine Schriften über Kunst und Ästhetik („Ueber Mahlerei und Bildhauerei in Rom für Liebhaber des Schönen in der Kunst" 1787 oder „Venus Urania, über die Natur der Liebe, über ihre Veredelung und Verschönerung" 1795) nur Hohn und Spott ein. Ein anonymes Preisausschreiben im *Literarischen Reichsanzeiger* des Athenaeum (Bd. II, 1799) versprach demjenigen, der die Urania des Herrn v. R. ganz gelesen habe, die ästhetischen Versuche des Herrn v. Humboldt zum Geschenk sowie immerhin noch 20 ungedruckte Gedichte von Matthisson für alle, die nur bis zur Hälfte gekommen wären.[49] Obschon Ramdohrs Ansehen in der literarischen Republik daraufhin arg ramponiert war, konnte die Realität die Fama immer noch übertreffen. So vermerkte Jacob Grimm in Paris 1805: „…den R. habe ich vor einiger Zeit zufällig kennen gelernt. So dumm hätte ich mir ihn doch nicht gedacht. […] Da er nicht einmal Kant kennt, so ist es ihm nicht übel zu nehmen, daß er Schlegels und Tieck nicht mag. Er ist das rechte Bild eines unterdrückten Schriftstellers."[50]

Ob all dies nicht bis Berlin vordrang oder ob die unbestrittenen juristischen und administrativen Qualifikationen den Ausschlag gaben, bereits 1806 hatte der Preußische König Ramdohr den nächsten vakanten Gesandtschaftsposten zugesichert. Zwischen 1809 und 1814 verlor der Kirchenstaat als Teil des napoleonischen Herrschaftsgebietes seine Souveränität, so daß die dortige Gesandtschaft erst 1814 wieder besetzt wurde. Ramdohrs Berufung als Ministerresident nach Rom wird man wohl kaum als eine Aufwertung dieses Postens zu verstehen haben, zumal es bei einem kurzen Zwischenspiel blieb. Bereits 1816 wechselte er als Gesandter in das Königreich Neapel.

Barthold G. Niebuhr (1816–1823)[51]

Es gibt Menschen, die in Rom nie richtig glücklich werden, da sie ihre Gesundheit oder ihr Charakter daran hindert, sich am Vorgefundenen zu erfreuen. Barthold Georg Niebuhr, preußischer Gesandte zwischen 1816 und 1823, gehörte zu ihnen (Abb. 10). Den ästhetischen Zugang zu diesem Land, das die Zeitgenossen bezauberte wie kein anderes, verstellte er sich mit der zähen Hartnäckigkeit seines protestantischen Gelehrtenwesens, was Niebuhrs Biograph, Heinrich Nissen, mit dem verständnisvoller Hinweis zu entschuldigen versuchte: „Land und Leute als bloße Staffage für ästhetischen Genuß zu betrachten widersprach seinem tiefernsten Sinn."[52]

---

46 Alfred Dove, ADB, 13 (1888), S. 348.
47 Zur Kritik an Humboldts römischen Aufenthalt siehe auch Behrmann 1980, S. 153f.
48 Ferdinand Frensdorff, ADB, 27 (1888), S. 210–212; Hanus 1954, S. 129–153.
49 Hanus 1954, S. 132
50 Zitiert nach Hanus 1954, S. 133.
51 Nissen-Niebuhr, S. 646–661; Hanus 1954, S. 154–195.
52 Nissen-Niebuhr, S. 656.

Im Jahr 1776 – also noch tief in der alten Zeit – in Kopenhagen geboren, gilt er als Begründer der kritischen Geschichtsschreibung. Sein Hauptinteresse galt dem römischen Staatswesen, oder genauer, der Entwicklung von Rechtswesen und Staatlichkeit im alten Rom. Daran knüpfte sich der Versuch, den Deutschen, die sich in ihrem „staatlosen" Zustand eher am Hellenentum orientierten und mehr Kunst, Musik und Wissenschaft als Politik betrieben, die Kunst des politischen Denkens und Handelns, welche die römische Kultur prägte, sowie einen abstrakten Staatsbegriff näherzubringen.

Wohl wegen dieser juristischen und historischen Vorbildung hielt man ihn für geeignet, um im Auftrag des preußischen Königs mit der Kurie über Fragen zu verhandeln, welche die von Preußen neu erworbenen katholischen Landesteile am Rhein betrafen. Als Sekretär wählte Niebuhr den jungen Philologen Christian Brandis. Am 7. Oktober 1816 traf er in Rom ein.

Mit seiner Unterkunft hatte Niebuhr großes Glück. Anstelle einer düsteren Wohnung in einem der Paläste in den engen Straßen der Altstadt bezog er den Palazzo Savelli-Orsini, der in luftiger Höhe auf die Ruinen des Marcellustheaters gesetzt war (Abb. 8). Für diese historisch ebenso bedeutende wie romantische Bleibe fand Niebuhr auch freundliche Worte:

„Eine schönere Aussicht hat kein Privathaus hier welches ich kenne, auch nicht auf Trinità; nur im Vatikan wüßte ich ähnliche oder noch reichere. [...] Ich wünschte, daß Sie gethan haben möchten, was so selten ein Fremder thut, den Palazzo Savelli besuchen; man begnügt sich die Säulen und die Felsenwand des Theaters des Marcellus von der Straße her zu betrachten. Wir wohnen hoch auf den Ruinen, das höchste Gebälk der erhaltenen Mauer ist Fensterbank eines Theils unserer Wohnung; und aus unsern Zimmern gehen wir ebenen Fusses in den Garten, der uns gerade dient wie das impluvium in den Häusern der Alten. Der Hof, in den unser Wohnzimmer nach Osten, wie nach Westen in den Garten sieht, ist so einsam wie ein Kirchhof; die Schwalben nisten über unsern Fenstern, und schwirren ungestört, kein Laut erschallt; der Hof ist mit einer hohen Mauer mit Zinnen aus dem Mittelalter geschlossen; kein Wagen, kein Geschrey vernimmt man, aber in der Frühe die Töne der Vögel, und im Garten brausst und rauscht ein Quellenfall den die Aqua Paola nährt; [...] Meine Collegen finden die enge Treppe, die für die hinaufführt, welche sich nicht auf der freilich etwas halsbrechenden Salita im Wagen bis vor die Hausthüre wagen wollen, indecent; die Römer nicht so, weil viel Cardinäle hier gewohnt haben; aber die Künstler können sich an der Herrlichkeit nicht müde preisen; und alle müssen eingestehen, daß das Innere fürstlich schön ist." [53]

Auch Niebuhrs Gäste waren vom neuen preußischen Gesandtschaftshôtel sehr angetan. Louise Seidler, ‚Goethes Malerin', hat den kauzigen Ministerresidenten dort oft besucht: „Niebuhrs wohnten im alten Theater des Marcellus, einem kleinen Colosseum, dessen Unterbau (in welchem sich auch die sogenannte ‚Goethe-Kneipe' befand) offene Bogenhallen bildete, auf denen zwei Etagen ruhen. [...] Der Garten selbst war von Zimmern und Säälen umgeben, welche die Aussicht bis fern auf den Monte Aventino mit seinen Kirchen und Klöstern gewährte. Das behaglich und vaterländisch eingerichtete Niebuhrsche Familienzimmer war das letzte einer großen Reihe von Gemächern [...]. Unter diesem Stockwerke, sowie unter dem Garten befanden sich kellerartige Räume; in einigen stehengebliebenen Eingangshallen des zusammengestürzten Theaters hatten Schmiede, Schlosser, Wagner und andere Handwerker ihre Arbeitsstätten aufgeschlagen (Abb. 12). [...] Ein zerfallener Bogen bildete vor der düsteren, schmalen Treppe den Eingang zu der interessanten, romantischen Wohnung des preußischen Gesandten." [54]

Niebuhrs Freude an seinem Posten, den er in erster Linie als Möglichkeit verstand, die wiedereröffnete Bibliotheca Vaticana zu konsultieren, hielt nicht lange. Bald mußte er einsehen, wie schwer es für einen gelehrten Bürger ohne Vermögen war, den repräsentativen Verpflichtungen eines preußischen Gesandten nachzukommen: „Ich habe ein Gehalt, welches Ihnen reichlich scheinen muß, wie es mir schien. Aber wir hatten keinen Begriff von dem was Rom herbeyführt, durch den verfluchten Zufluss vornehmer Fremder. Ich hätte als preußischer Gesandter jetzt, um von der Classe von Menschen mit denen man hier zusammenkommt, geachtet zu werden,

---

53 Niebuhr an Nicolovius, 3. Juli 1817; NIEBUHR BRIEFE, 1, S. 201f.
54 SEIDLER ERINNERUNGEN S. 167f.

ein Haus eröffnen müssen. Dazu hätte ich zum wenigsten 4000 Thaler eigenes Geld zur Einrichtung verwenden müssen; hätte eine, nach hiesigen Begriffen ansehnliche Wohnung miethen müssen; ein Paar Bediente mehr, einen vollkommenen Koch halten, u. Gesellschaften geben. […] Wenn ich mich aber nun mit einer Summe von 4000 Rthln eigenes Geldes […] eingerichtet hätte, hätte ich dann nun mit meinem Gehalt in der eingerichteten Wohnung auskommen od. würklich haushalten können? Der Etat wäre gemacht worden, ich hätte vielleicht alle Monate ein beschränktes Diner geben können, und doch nicht einmal alle Wochen eine Conversazion geben, die hier das Auftischen von Gefrornem erfordert, […] und allenthalben knickerig erscheinen das mochte ich nicht."[55] „Es ist nicht zu verwundern, wenn die Standesgenossen über den Emporkömmling, die auf Unterhaltung bedachten Touristen über die Knauserei des Gesandten die Nase rümpften."[56]

Bald fühlte sich Niebuhr in Rom ausgesprochen unglücklich. Italien, das Sehnsuchtsziel Europas, gefiel ihm nicht, der Lebensart seiner Bewohner konnte er nur wenig abgewinnen: „Die Italiener sind eine Nation von wandelnden Toten. Beklagen muß man sie, und darf sie nicht hassen, denn ein unabwendliches Unglück hat sie in diese Erniedrigung gestürzt […]. Geist und Wissenschaft, jede Idee, welche das Herz schlagen macht, jede edle Thätigkeit sind von diesem Boden verbannt: alle Hoffnung, alles Sehnen, alles Streben; ja alle Fröhlichkeit; denn eine traurigere, oder vielmehr freudlosere Nation habe ich nie gesehen."[57]

Da er als Schriftgelehrter für die Erzeugnisse der bildenden Kunst erklärtermaßen wenig Verständnis hatte, konnten die Kunstdenkmäler der Stadt, die Menschen aus der ganzen Welt seit Jahrhunderten angezogen hatten, wenig Trost spenden.

„Was halfen mir die Kunstwerke, da ich unglücklicherweise eben so wenig als meine alten Römer ein Enthusiast für die Kunst in der Art wenigstens bin, daß ich in ihr leben, und mich durch sie für schadlos gehalten finden kann […]? Ich fühle alles Elend der Verbannung; das schrecklichste innerlich abzusterben und unterzugehen. Hätte man mich in ein Land von Affen verbannt, es könnte nicht schlimmer und verhaßter seyn als dieses Leben unter den Wälschen, und in der Gesellschaft einer Classe, die meiner Natur unüberwindlich zuwider ist, der ich mich nicht anpassen kann, noch um irgend einen Preis es möchte, und mich daher unter ihnen beschämt und verlegen […] fühle."[58] Damit war natürlich das diplomatische Korps und der internationale Reisezirkus gemeint. Daß er sich der großen Welt, in welche ihn seine berufliche Tätigkeit gezwungenermaßen geführt hatte, nicht zugehörig fühlte, kann man ebenso verstehen wie den beißenden Spott, mit dem er die Berufsbezeichnung des Diplomaten von *a non legendo diplomata* ableitete.[59] Überhaupt ging er zunehmend dazu über, seinem Verdruß mit Humor zu begegnen. „Die zur Verzweiflung bringende Dauer römischer Besuche entlockte ihm den Witz: ‚Man sagt mit Unrecht von den Römern, es ginge ihnen kein wahres Wort aus dem Munde; sie sagen bei jedem Besuche mindestens immer eine Wahrheit, ihre Abschiedformel *adesso Le leverò l'incommodo*.'"[60] Seine Kauzigkeit war in den römischen Kreisen bald notorisch und mit allerlei Spitznamen belegt, deren einen Johann Georg von Dillis zu dem ehrenvollen Zweizeiler vollendete:

Der alte graue Kater
Hinter dem Marcellustheater

Wer den Spott hat, braucht für den Schaden nicht zu sorgen. Denn auch Niebuhrs körperlicher Gesundheit scheinen Rom, die Römer und die römische Luft abträglich gewesen zu sein: „Die Giftluft breitet sich unläugbar alljährlich weiter aus, und in ein paar hundert Jahren muss die Stadt menschenleer seyn; das ist freilich eine schrecklich lange Zeit sich zu martern."[61] Im Jahr 1823 verließ Niebuhr Rom, um ab 1825 an der neugegründeten Universität Bonn Vorlesungen in alter Geschichte zu halten.

---

55 An Friedrich Carl von Savigny, 19.6.1819; Niebuhr Briefe, 1, S. 435.
56 Nissen-Niebuhr, S. 656.
57 Niebuhr an Jacobi, 11. Januar 1817; Niebuhr Briefe, 1, S. 123.
58 Niebuhr an Jacobi, 11. Januar 1817; Niebuhr Briefe, 1, S. 122f

59 Nissen-Niebuhr, S. 656.
60 Nissen-Niebuhr, S. 656.
61 Niebuhr an Savigny, 21. Dezember 1816; Niebuhr Briefe, 1, S. 117f

Trotz der geringen Freude, die Niebuhr sein römischer Aufenthalt offensichtlich bereitet hatte, war er als Gesandter ein echter Mittelpunkt des deutschen Roms, wenn eben auch mehr des gelehrten als des mondänen. Zahlreichen Künstlern und jungen Wissenschaftlern hat er nicht nur mit guten Ratschlägen, sondern auch mit unzähligen Empfehlungen – und wenn nötig auch mit Geld – geholfen, in Rom Fuß zu fassen, ihre Projekte voranzutreiben – oder auch bloß zu überleben. Obschon er für den Umgang mit Italien und den Italienern wenig Talent hatte, gelang es ihm, nicht nur zum allmächtigen Kardinalstaatsekretär Consalvi, sondern auch zu den Verantwortlichen der Bibliotheca Vaticana ein echtes Vertrauensverhältnis herzustellen, an dessen Vorteilen er allen, die dessen bedurften, teilhaben ließ. Die preußische Gesandtschaftskapelle, in der für den Rest des 19. Jahrhunderts die Protestanten Roms den Gottesdienst hören konnten, ging auf seine Initiative zurück. Er war nicht nur ein guter Gesandter seines Königs, sondern auch eine Anlaufstation für seine Landsleute, eine für diplomatische Vertreter dieser Zeit eher untypische Funktion. Er, der in Italien soviel litt, scheint auch für die Schwierigkeiten anderer ein besonderes Mitgefühl aufgebracht zu haben. So ist Niebuhr aus privater, echt protestantischer *compassio* heraus gewissermaßen der Vater des Konsularwesens – und geistiger Begründer des Deutschen Kapitols.

Herr Bunsen und seine Frau

Der erste Preuße auf dem Kapitol war ein noch junger, mittelloser[62] und damals noch nicht so bekannter Doktor, der sich im Jahr 1817 mit der vagen Hoffnung, demnächst Professor in Bonn zu werden, für „Studienzwecke" – seine Fächer waren die Theologie und alte Sprachen – in Rom aufhielt (Abb. 11). Christian Carl Josias Bunsen, so hieß der junge Mann mit vollem Namen, war jedoch selbstbewußt genug, von der Bonner Universität sozusagen als Vorschuß ein dreijähriges Reisestipendium zu fordern, was selbstverständlich zur Ablehnung seiner Bewerbung führte.[63]

Nun hatte Bunsen erst im Juli desselben Jahres in einer Blitzaktion die Engländerin Frances Waddington geheiratet, was die Lage nicht einfacher machte. Zwar stammte Frances aus recht guten Verhältnissen, doch mußte Barthold Georg Niebuhr – preußischer Gesandter, Trauzeuge und väterlicher Freund Bunsens – dem Vater der Braut in einer Art Gutachten versichern, daß der Bräutigam für das Leben der beiden schon werde aufkommen können: „Bunsens Talent, Geist und Charakter sind ein Kapital, mit dem kein anderes noch so sicher angelegtes sich messen kann."[64]

Niebuhr war ehrenhaft genug, in der eingetretenen Notlage von diesem Kapital Gebrauch zu machen. Bunsen durfte seinen Freund, den erkrankten Gesandtschaftssekretär Christian August Brandis, ab Ende November 1817 kurzfristig vertreten. Schon im Dezember ist Bunsen diplomatisch tätig: „Ich selber, Alter [gemeint ist Brandis], bin hier in Amt und Würden, schreibe und siegle und fertige ab mit der möglichst besten Secretärs- und Geschäftsmiene. Niebuhr hat alle mögliche Geduld mit mir, und ich schätze mich glücklich, einmal auf diese Weise beschäftigt zu sein. [...] Alles kommt in den nächsten Monaten auf ungewöhnliche Anstrengung und weislich geregelte Tätigkeit an, sonst bleibe ich im Dreck stecken. Das soll aber nicht geschehen!"[65] Es geschah auch nicht. Als der rommüde Brandis in Deutschland eine Anstellung fand, erhielt Bunsen dessen Posten auch offiziell,[66] was er der Schwiegermutter umgehend mitzuteilen nicht versäumte: „Ich fühle mich glücklich, diesen Brief mit der langerwarteten Nachricht beginnen zu können, daß mir meine offizielle Ernennung zum Legationssekretär zugegangen ist. Es ist dies das erste Mal in meinem Leben, daß ich eine öffentliche Anstellung habe [...]."[67] Niebuhr war es auch, der Bunsens Eignung zum diplomatischen Dienst erkannte, ihn zielstrebig in diese Richtung lenkte und so vor dem reinen Gelehrtendasein bewahrte.[68] Bunsen, der anfänglich nur un-

---

62 HANUS 1954, S. 196; FOERSTER 2001; S. 11 u. 15.
63 BUNSEN/NIPPOLD, 1, S. 131; FOERSTER 2001, S. 35.
64 Aus den Erinnerungen des Christian August Brandis, BUNSEN/NIPPOLD, 1, S. 64; FOERSTER 2001, S. 40.
65 Brief an Brandis vom Dezember 1817; BUNSEN/NIPPOLD, 1, S. 133
66 Brief vom 15. November 1817; BUNSEN/NIPPOLD, 1, S. 131f.
67 Brief vom 1. September 1818; BUNSEN/NIPPOLD, 1, S. 153.
68 NIEBUHR/PERTHES, 2, S. 343; FOERSTER 2001, S. 37.

gern die Stelle annahm („Ich verabscheue die diplomatische Laufbahn zu sehr […] und sehe sie daher nur als ein Mittel an, unabhängig zu werden."),[69] wird ihm für diesen rechtzeitigen Hinweis letztlich dankbar gewesen sein. In seinem neuen Metier, das ihm durchaus Zeit für seine Studien ließ, avancierte er so rasch, daß er schon 1824 als Niebuhrs Nachfolger fast das Doppelte verdiente, wie ein Universitätsprofessor – das Doppelte also wie Niebuhr nun selbst, der, seiner Bunsen sehr verwandten Doppelnatur folgend, die entgegengesetzte Wende vollzog und ab 1825 in Bonn Altertumswissenschaften lehrte, ein „diplomatischer Gelehrter" also.

In der Geschichtsschreibung brachte Bunsen sein gelebtes Doppeltalent den unausweichlichen Titel des „gelehrten Diplomaten" ein. Seine Fähigkeiten und die englischen Verbindungen seiner Frau ermöglichten ihm eine bemerkenswerte diplomatische Karriere, auch wenn er dafür einige schmerzliche Abstriche von seinen Passionen machen mußte. So wurde ihm die große Indienreise, die er für seine Sprachstudien plante, von seiner Frau bald ausgeredet. Brandis bemerkte dazu: „Freund Bunsen ist, nachdem er mit seinen Gedanken zur Reise nach Indien ausgelaufen war, plötzlich gestrandet, und liegt dermaßen vor Anker, daß aller Wahrscheinlichkeit nach das Pas-de-Calais das einzige Fahrwasser sein wird, auf dem er sich wird halten können." Tatsächlich sollte Bunsen später preußischer Gesandter in London werden.

In der zweiten Oktoberwoche des Jahres 1817, genau als die Absage aus Bonn eintraf,[70] zogen die Bunsens in den Palazzo Caffarelli auf dem Kapitol.[71] Dem ging ein kurzer Aufenthalt im Palazzo Astalli voran, der insofern erwähnenswert ist, als Bunsen dort am 9. November 1817 zum 300. Jahrestag der Reformation den ersten halböffentlichen protestantischen Gottesdienst in Rom höchst selbst abgehalten hat.[72]

Der Umzug des Ehepaars Bunsen auf das Kapitol steht in der privaten, fast biedermeierlichen Romantik seiner Begleitumstände in einem bemerkenswerten Kontrast zu den historischen Folgen. Zunächst hatte sich Frau Bunsen im Palazzo Astalli wohlgefühlt und die „Frische und Reinlichkeit, wie […] das Licht und die Luftigkeit der großen Räume" gelobt.[73] Doch als alle Einrichtungsarbeiten getan waren und der Herbst heranzog, verstärkte sich ein klaustrophobisches Unbehagen: Die „gegenüberliegenden Häuser versperrten Aussicht, Licht und Wärme." Man unternahm Spaziergänge, die natürlich hinauf und ans Licht führten: „Nun wurde aber der erste von dort aus unternommene Spaziergang nach dem benachbarten Capitol gemacht, und dort entdeckten wir in dem Palazzo Caffarelli eine Wohnung im zweiten Stockwerk, die uns zur Heimat für 22 Jahre geworden ist […]. Der damalige Zustand des Hauses war freilich ein über alle Beschreibungen verkommener; aber wie geringen Eindruck zu seinen Ungunsten dies auf den weitblickenden Geist Bunsens machte, erhellt sich aus den Ausdrücken, in denen er seine Schwester über seine schließliche Niederlassung auf dem Tarpejischen Felsen benachrichtigt: [Frau Bunsen zitiert aus einem Brief ihres Mannes] Von dem zweiten Stock dieses Palastes (in dem Kaiser Karl V. abzusteigen pflegte)[74] hat man eine Rundaussicht nach allen Seiten (Abb. 14/71). Von Norden sieht man auf die eine Hälfte der Stadt mit den sie umgebenden Gärten und einen Halbzirkel der Berge, von Westen die andere Hälfte von Rom mit der [sic] Tiber, von Süden, wo die Winterwohnzimmer sind, die Ruinen des alten Roms, die Latinerberge, auf denen Frascati liegt, und einen Meeresstreifen, von Osten das rechts an unser Haus stoßende Capitol. Die Aussicht ist einzig in Rom, und soviel ich bis jetzt gesehen habe, in der Welt, aber wenig bekannt, da die Römer zu faul sind, den Berg zu steigen, und daher nicht da wohnen. Wir waren alle von dem Anblicke so überrascht und eingenommen, daß ich mich sogleich entschloß, Alles daran zu setzen um dort zu wohnen." (Abb. 13)[75]

Die Konkurrenz durch fußfaule Römer war anscheinend gering. Schon am 11. November 1817, zwei Tage nach dem Reformationsfest im Palazzo Astalli, schrieb Frau Bunsen bereits aus dem Palazzo Caffarelli: „Wir sind nun in den Palazzo Caffarelli auf dem Kapitol gezogen, und gerne schickte ich meiner Mutter eine Skizze

---

69 BUNSEN/NIPPOLD, 1, S. 132, FOERSTER 2001, S. 35.
70 Bunsen berichtet am 15. November, daß die Absage „am Montag" eingetroffen sei; BUNSEN/NIPPOLD, 1, S. 131.
71 BUNSEN/NIPPOLD, 1, S. 128f.; NOACK 1912, S. 147; FISCHER 1998, S. 14; FOERSTER 2001, S. 46.
72 BUNSEN/NIPPOLD 1, S. 129f.; WITTE 1910, S. 119; NOACK 1912, S. 147; KRÜGER 1991, S. 203; A. u. D. ESCH 1995, S. 371.

73 Brief Frances Bunsens vom 11. Oktober 1817; BUNSEN/HARE S. 44.
74 Bunsen verwechselt hier den Palazzo Caffarelli mit dem Palazzo Caffarelli-Vidoni, in welchem Kaiser Karl V. bei seinem Rombesuch 1536 wohnte.
75 BUNSEN/NIPPOLD 1, S. 128f.

des Inneren meines Zimmers, noch lieber aber von der Aussicht, die ich von meinen Fenstern aus habe, – es ist ein unendlicher Genuß bei allen verschiedenen Beleuchtungen."[76] Dieses beinahe schon hymnische, von den Eheleuten gleichermaßen vorgetragene „Lob der schönen Aussicht" von den Räumen des Palazzo Caffarelli zieht sich leitmotivisch auch durch spätere Beschreibungen der Besucher und Bewohner dieses Hauses. Bereits 1859 spricht Hermann Lessing sogar von den wegen ihrer „Aussicht weltberühmten Räumen" des Palazzo Caffarelli.[77] Natürlich hatte der Palast sonst wenig zu bieten, worüber man dem Hausherrn ein Kompliment hätte aussprechen können. Bei den ansonsten reich ausgestatteten römischen Palästen war dies ein der Repräsentation durchaus abträglicher Sonderfall. Trotzdem scheint es, als habe sich an diesem Ort aber auch ein neues, verbindliches Romerlebnis etabliert, das man in der Folgezeit pflichtschuldig auf sich wirken ließ: Vom Palazzo Caffarelli aus genoß man eben die einmalige Aussicht, sah „plötzlich das weite Rom bis hin zu seinen fernsten Punkten im Lichte dieses Himmels vor sich ausgebreitet liegen" (Abb. 14).[78]

Entsprach dies in den meisten Fällen wohl der normalen Ausprägung romantischer Grundbereitschaft des 19. Jahrhunderts, so wirkt der emotionale Anteil von Bunsens Wohnungswahl unmittelbar und echt. In dem er dem romantischen Erlebnis die Priorität vor dem „Angemessenen" einräumt, war Bunsen zumindest in seiner Gesellschaftsklasse Pionier. Nur wenige Jahre vorher wäre es wohl kaum denkbar gewesen, daß ein Gesandtschaftssekretär der „schönen Aussicht" wegen einen völlig heruntergekommenen Palazzo bezieht. Zwar lag sein Arbeitsplatz im Palazzo Savelli-Orsini auf dem Marcellustheater, wo unter Niebuhr die Preußische Gesandtschaft untergebracht war,[79] nur ein paar Schritte entfernt. Doch war der Umzug vom repräsentativen Palazzo Astalli in den „über alle Beschreibungen verkommenen" Palazzo Caffarelli ein vom Gefühl bestimmter Schritt: Von hier aus hatte Bunsen den frei über die Stadt schweifenden Blick, der sich mit seiner Romvorstellung zu decken schien: Die Stadt lag wie ein Naturereignis ausgebreitet vor ihm und vermischte sich mit Bergen und sogar dem Meer zu einem Ganzen, indem sich kein Monument oder keine atmosphärische Stimmung in den Vordergrund drängte – auch nicht die „Reihe der elendsten Hütten", die Alfred von Reumont einige Jahre später mißbilligend auf dem Grundstück des Palazzo Caffarelli bemerkt.[80] Welchen desolaten Eindruck die unmittelbare Umgebung des Palazzo Caffarelli auf weniger romantisch veranlagte Zeitgenossen machte, ist durch eine Äußerung von Ernst Willkomm aus den vierziger Jahren des 19. Jahrhunderts überliefert:

„Ein freier, ziemlich geräumiger Platz ist kreuz und quer mit Wäscheleinen überzogen, und Wäsche versperrt fast immer den Weg, der nach dem letzten Hause, der casa Tarpa [sic], führt. Alte geschwätzige Weiber und ein Rudel halbnackter Kinder treiben hier Tag aus Tag ein ihr lautes Wesen, vergessen aber dabei, die Straße von Schmutz zu reinigen, der hier wie überall an bewohnten und unbewohnten Orten der heiligen Stadt dem Pflaster ein mosaikartiges Aussehen gibt."

Und wieder ist es die Aussicht – diesmal von der Casa Tarpea – die den strengen Willkomm die Zustände des modernen Roms vergessen läßt:

„Auf dem Monte Caprino hat sich eine ganze Kolonie Deutscher angesiedelt. Einer von diesen hatte die Gefälligkeit, mich in die Loggia des Hauses zu geleiten, von der aus man ganz Rom mit den es umgebenden Höhen, die weite Campagna, die blaue, mit weißen Städteperlen geschmückte Alba und das ferne purpurviolette Sabinergebirge mit seinen strahlenden Schnee- und Eiskronen überschauen kann. – Unter hohen Cactusstauden und breiten, dunklen Aloeschwertern sitzend, erwarte ich hier den Untergang der Sonne. Mir zu Füßen im Garten des preußischen Gesandten, der sich über die Abstürze des tarpejischen Felsen ausbreitet, glühten die goldenen Orangen in dunkeln Laubbehängen (Abb. 15)."[81]

Die Schilderung zieht sich über weitere zwei Seiten.

Bald malten deutsche Künstler wie Johann Georg Dillis oder Johann Christian Reinhart – dieser im Auftrag König Ludwigs I. von Bayern – mit einem ähnlich gleichmäßigen Interesse die Stadt als Gesamtphänomen von der Villa Malta aus.

---

76 BUNSEN/HARE S. 45.
77 LESSING 1859, S. 7.
78 STAHR/LEWALD 1871, S. 436.
79 NOACK 1912, S. 144–146.
80 REUMONT 1840–1844, 1, S. 38.
81 WILLKOMM 1847, 1, S. 262f.

Am 5. Juni 1818 feierten die Bunsens in ihrer kapitolinischen Wohnung die Taufe ihres ersten Kindes. Am Abend blieb noch eine kleine Gesellschaft beisammen, darunter Bunsens Vorgesetzter Niebuhr, der Bildhauer Bertel Thorwaldsen und der Maler Peter Cornelius. Dabei ereignete sich ein kleiner, fast unscheinbarer Vorfall, dessen Bedeutung von Niebuhr aber erkannt und den er in einem Brief überliefert hatte: „Bunsen wohnt oben im Palast Caffarelli, und über dem Palatin; als wir nach Mitternacht auf der Loggia standen, sahen wir Jupiter funkeln, als schaue er auf seinen Tarpejischen Fels. Es waren Gesundheiten getrunken: ich sagte zu Thorwaldsen, laß uns die Gesundheit des alten Jupiters trinken! Von ganzem Herzen gerne! Antwortete er mit beklemmter Brust. Einige stutzten, Cornelius stieß an, und erwiderte uns."[82]

---

82 Niebuhr/Perthes, S. 349.

Der Kauf des Palazzo Caffarelli

Das Kapitol als historischer Ort

Die genaue Lage des Palazzo Caffarelli ist heute den wenigsten Rombesuchern präsent, die in der Regel nur die Senke zwischen der nördlichen und der südlichen Erhebung des Kapitols besuchen, nämlich die Piazza des Campidoglio, wo die Kopie des Marc Aurel, Michelangelos Konservatorenpalast sowie das Kapitolinische Museum zu finden sind und wo an Samstagen geheiratet wird. Meistens steigt man auch auf die Nordhälfte zur Kirche Santa Maria Aracoeli hinauf, wo sich in der Antike die Stadtburg, die *Arx* befand. Nach einem obligaten Blick auf das Forum von der Rückseite des Senatorenpalasts aus verläßt man in der Regel das Kapitol, ohne von dessen südlicher Hälfte überhaupt Notiz genommen zu haben. Es handelt sich sozusagen um die *dark side* des Hügels, ohne markante Einrichtungen, wenn man vom gelegentlichen Männer-Strich und einem kleinen Drogenmarkt einmal absieht. Man kann diese unbekannte Südhälfte durch drei etwas versteckte Zugänge betreten. Einmal vom Forum kommend über die steil ansteigende Via di Monte Tarpeo im Südosten, dann, vom Kapitolsplatz aus, über eine breite Freitreppe und durch ein Nebengebäude des Konservatorenpalastes hindurch, und schließlich über die westliche Auffahrt zum Kapitol, die an ihrem oberen Ende nach rechts abzweigt und durch ein rustiziertes Gartentor führt (Abb. 16). Durch ihn betritt man den ehemaligen Besitz der Familie Caffarelli, der einmal die gesamte Südhälfte des Kapitols bedeckte (Abb. 1/18). Dieses Terrain, auf dem sich keine geringere Ruine als die des kapitolinischen Jupitertempels befand, war bis in die frühe Neuzeit hinein der Richtplatz der Stadt Rom.

Kurz nach 1500 übertrug die Stadt einen Teil des Geländes an Giovan Pietro Caffarelli.[83] Dessen Sohn Ascanio diente Kaiser Karl V. als Page, und tat dies anscheinend so gut, daß ihm sein Dienstherr als Anerkennung 1536 den Besitz auf dem Kapitol offiziell bestätigte. Die Caffarelli besaßen damals bereits den teilweise von Raffael entworfenen Palazzo Caffarelli-Vidoni bei Sant'Andrea della Valle, in welchem Karl V. während seines Rombesuchs 1536 wohnte. Der Besitz auf dem Kapitol wurde nur nebenbei als luftig gelegene innerstädtische Vigna genutzt. Der Kapitolshügel war in den dreißiger Jahren des 16. Jahrhunderts, also vor dem Eingriff Michelangelos, noch ein historisch zwar unvermindert zentraler, urbanistisch aber völlig bedeutungsloser Ort. Die Stadt Rom war von ihrer einstigen, für antike Verhältnisse sagenhaften Größe von über einer Million Einwohner im Verlauf des Mittelalters auf einige kümmerliche Zehntausend geschrumpft. Da alle antiken Wasserleitungen, welche auch die erhöht gelegenen Viertel der Stadt mit Wasser versorgt hatten, verrotteten und bald völlig ausfielen, mußte man sich mit dem „natürlich verfügbaren" Wasser, sprich, dem Tiber begnügen, der auch schon damals durch Fäkalien und Müll ordentlich verschmutzt war und Sommer für Sommer Krankheiten und Seuchen ausbrütete. Die mittelalterliche Restbevölkerung drängte sich in dicht besiedelten Quartieren im sogenannten Tiberknie um die Piazza Navona. Antike Ruinen wurden zu primitiven Wohnungen und burgartigen Anlagen umgebaut, Gassen nach dem Prinzip des geringsten Widerstandes durch die Trümmerlandschaft getrieben, kaiserzeitliche Monumente auf der Suche nach Baumaterial reihenweise umgelegt. In der Antike noch zentral gelegene Orte lagen zwar noch innerhalb der resistenten Stadtmauern, aber doch so gut wie auf dem Land.

Auch das Kapitol, in jeder Hinsicht das Zentrum des antiken Rom, war nun an der Grenze zwischen gerade noch bewohnten Gegenden und dem sogenannten *desabitato*, dem weitgehend unbewohnten Gebiet aus Weideflächen, Brachland und Weinbergen innerhalb des aurelianischen Mauerrings (Abb. 12). Gleich hinter dem Kapitol begann das fast völlig verschüttete Forum Romanum, das damals bezeichnenderweise *campo vacchino*,

---

83 Fischer 1998, S. 13.

die Kuhwiese, genannt wurde. Kühe und Schafe werden es mitunter auch bis auf das kapitolinische Brachland geschafft haben. Die Stadt war geteilt zwischen dem Machtbereich des Papstes um Lateran und Vatikan sowie den Herrschaftsgebieten der mafiosen Baronalsfamilien, welche einander wie auch die Einwohner Roms mit dem Terror ihrer Machtkämpfe überzogen. Rom und das Kapitol waren sozusagen am Tiefpunkt der Historie angelangt.

Nur einmal, im späten Mittelalter, rückte das Kapitol in das Zentrum der stadtrömischen Geschichte, wurde die Erinnerung an dessen geschichtlich-topographische Bedeutung wirksam aufgefrischt. Dies geschah nicht zufällig während der ersten Hochzeit des Humanismus, als das Wissen um die antike Geschichte Roms und damit einhergehend die Sensibilität für die historische Topographie der Stadt neu belebt wurden. Einer der bedeutendsten römischen Humanisten des 14. Jahrhunderts war Cola (Niccolo) di Rienzo, der es vom Sohn eines Schankwirts bis zum Notar und Freund Francesco Petrarcas brachte. Seine erstaunliche Eloquenz brachte ihn an die Spitze einer Bürgerbewegung, die sich gegen die Schreckensherrschaft des Stadtadels zur Wehr setzte (Abb. 19). Seit dem die im französischen Avignon exilierten Päpste das Feld geräumt hatten, stand den großen Familien kein Gegengewicht mehr im Weg. Es bedurfte also nur noch eines koordinierenden Anführers, um die Bevölkerung geschlossen gegen den Adel aufzubringen.

Cola di Rienzo war dazu bestens geeignet und sein Erfolg so groß, daß er sich am 20. Mai 1347 an die Spitze einer autokratischen Stadtregierung setzte. Die neue Herrschaft wurde bald – Cola war nicht umsonst Humanist – nach antik-republikanischem Vorbild gestaltet. Rienzo nannte sich Tribun und bezog seinen Amtssitz nirgendwo anders als auf dem völlig verwahrlosten Kapitol. Mit großer Energie betrieb er die *renovatio* der verlorenen politischen Größe des römischen Volkes, die er als einer der ersten in der Vereinigung des zersplitterten Italiens sah. Seine Wirkung war beachtlich und reichte kurzzeitig weit über die Grenzen Roms. Doch der Fall kam rasch. Bereits am 15. Dezember desselben Jahres 1347 mußte er, dessen Herrschaft in Kürze von republikanischen zu cäsarischen Formen gewechselt hatte, durch den Druck des Volkes und der Kurie abdanken. Er flüchtete, erreichte aber in Avignon die Gnade von Papst Innozenz VI. und konnte 1354 als „Senator" nach Rom zurückkehren. Das Volk, das unterdessen unter dem Stadtadel wieder tüchtig gelitten hatte, lief sofort begeistert zu ihm über, so daß Cola abermals auf dem Kapitol Einzug halten konnte. Durch Schaden klug errichtete er diesmal gleich von Beginn an eine Schreckensherrschaft. Er erhob hohe Steuern und ließ politische Gegner reihenweise hinrichten. Dem Volk blieb nichts anderes übrig, als sich wieder mit dem Adel zu verbünden und den „Senator" auf dem Kapitol zu stürzen. Dortselbst, also am Ort seines eigenen Triumphes, wurde Cola hingerichtet und sein Leichnam verbrannt. Das Kapitol hatte bei diesem ersten großen geschichtlichen Auftritt seit der Antike den Nimbus des doppelten Schicksals eindrucksvoll erneuert. Mit dem Ende der antikischen Herrschaft Cola di Rienzos wurden auch die Hoffnungen auf eine Wiedergeburt des alten Roms für mehr als ein Jahrhundert begraben. Vorerst kehrten nur die Kühe auf das Kapitol zurück.

So standen die Dinge, als Kaiser Karl V. den Besitz Ascanio Caffarellis auf dem Kapitol bestätigte. Ascanio verließ Rom im Gefolge seines Herrn für viele Jahre, während derer sich das Kapitol aus seiner urbanistischen Agonie zu erholen begann. Als Caffarelli um 1560 aus Deutschland mit dem Plan zurückkehrte, sich auf dem Kapitol einen Alterssitz zu errichten, dürfte Michelangelos Projekt bereits Konturen gewonnen haben. Die Reiterstatue des Marc Aurel (Abb. 17) stand schon vor Ort, so daß der Besitz der Caffarelli unversehens in eines der Zentren römischer Stadtplanung gerückt war. Auch das Bewußtsein für das historische Prestige des Ortes als ein durch die römische Antike in höchsten Maßen legitimierter städtischer Gegenpol zur päpstlichen Macht dürfte von neuem gestärkt worden sein. Daß dieses historische Bewußtsein nicht automatisch auch ein denkmalpflegerisches war, zeigt der Abriß der Ruine des Jupiter-Tempels 1563, der dem Neubau im Weg stand. Immerhin lieferte der ehrwürdigste aller altrömischen Tempel nach guter römischer Sitte für Ascanios Projekt das Baumaterial und half, nachdem seine hinderliche Präsenz beseitigt war, sogar beim Kosten sparen. Es entstand ein relativ geräumiger aber ansonsten unauffälliger Palast, an dessen Bau der Vignola-Schüler Gregorio Canonica beteiligt gewesen sein soll (Abb. 21).[84]

---

84 Noack 1912, S. 147f.

Das Projekt wurde erst von Ascanios Sohn Giovan Battista Caffarelli vollendet, der seinen Namen mit der Jahreszahl 1584 auf das schon genannte Gartentor setzen ließ (Abb. 16). Bis zum Anfang des 17. Jahrhunderts entstand ein komplexes Konglomerat aus verschiedenen Gebäudeflügeln und mindestens einem Turm. Wie genau der Palazzo vor den Umbauten des 19. Jahrhunderts aussah, kann aus den Veduten des 18. und 17. Jahrhunderts nicht genau geklärt werden. Im Kern bestand die Anlage bereits aus dem wuchtigen Gebäuderiegel, den man, in seinen Fensterachsen und Geschoßen regularisiert, auf späteren Fotos erkennen kann. Heute, nur soviel soll hier bereits verraten werden, sind davon nur noch Reste zu sehen. An der südlichen Ecke des Gebäuderiegels erhob sich ein Turm, die sogenannte *Torre di Manlio* (Abb. 13/23), womit niemand anderes als der uns schon bekannte Marcus Manlius Capitolinus gemeint sein dürfte.

Das gesamte Gebäude scheint rein äußerlich ohne jeglichen Schmuck gewesen zu sein und glich mehr einem großen, ländlichen Gutshaus als einem stadtrömischen Palast. Seine Lage inmitten eines ca. zwanzigtausend Quadratmeter großen Gartens hoch über der Stadt (Abb. 20) machte ihn auch zu einem typologischen Grenzfall zwischen einem Stadtpalast und einer stadtnahen Villa (*villa suburbana*), wie es sie in den Weingärten, den *vignae*, in- und außerhalb der Mauern häufig gegeben hatte. Auf alle Fälle genoß die Immobilie einen der schönsten Aussichten, die in Rom zu finden war, und sie besetzte mit Sicherheit – sieht man von christlichen Grabesstätten ab – den vornehmsten, oder besser, den bedeutendsten Punkt Roms. Auf dem ehrwürdigsten aller Hügel stand er direkt auf den Fundamenten des Jupitertempels. Somit konnte er durch seine Lage gerade zu einem Zeitpunkt, da sich die topographische Bedeutung des Kapitols von neuem im Bewußtsein der Römer verankerte, einen Bogen zu den altehrwürdigsten Ursprüngen der neuen Antikenbegeisterung schlagen.

Normalerweise wäre ein so großartiger Bezug zur Vergangenheit Roms in deutlicher und vor allem sichtbarer Weise am Bau selbst aufgegriffen und in irgendeiner Weise thematisch verarbeitet worden. Zwar hatte man nach ca. 1550 zunehmende Probleme, die heidnische Antike mit der unbekümmerten Begeisterung als vorbildlich zu verehren, wie dies noch dreißig Jahre früher zumindest in den gebildeten Schichten selbstverständlich war. Natürlich schien hier um 1570 entschiedene Zurückhaltung geboten. Daß aber gerade dieser Ort, der altrömische Macht und Größe ja gerade in einem übergeordneten, nicht strikt heidnisch oder christlich ausgeprägten Sinn repräsentierte, daß also gerade hier ein zwar großes, aber ansonsten auch im historischen Wortsinn völlig anspruchsloses Gebäude von einem fast unbekannten Architekten entstehen konnte, das in keiner Weise zu der enormen Bedeutung seiner topographischen Lage bezug nimmt, mag heute seltsam erscheinen. Da jegliche Dokumente zum Bau des Palastes fehlen, kann man nur vermuten, daß dem Bauherren entweder die Bedeutung seines Grundstückes nicht oder nur ungenau bewußt war oder er vielleicht auch gar kein Interesse an Ostentationen dieser Art hatte. Solch ein Gleichmut gegenüber Historischem wäre in den nicht-humanistischen Kreisen Roms eine völlig selbstverständliche Haltung, die in ihrer etwas bäurischen Nichtbeachtung dessen, was immer schon und immer im Überfluß vorhanden war, nicht ohne *grandezza* ist.

Wie auch immer, der Palast blieb ein in seinem Garten verstecktes Anwesen (Abb. 24), weitgehend uneinsehbar und nur durch ein einziges Gartentor zugänglich, und vielleicht durch die Nachbarschaft der berühmten Piazza del Campidoglio noch unauffälliger, als er ohnehin schon war. Erst als es zu spät war, dämmerte es den Römern, daß sie einen der prestigeträchtigsten Orte ihrer Stadt an Ausländer, schlimmer noch, an Deutsche, und am schlimmsten, an Preußen – also an Protestanten, die im damaligen Kirchenstaat noch zwischen Ketzer und Barbaren angesiedelt waren – verloren hatten. Dieser Verlust geschah zunächst unmerklich und in Etappen. Es begann, wie schon gesagt, im November 1817 mit der Mietwohnung des Gesandtschaftssekretärs Carl Josaias Bunsen im 2. Stock des Palazzo Caffarelli.[85]

---

85 NOACK 1912, S. 147.

Preußen und der Kirchenstaat

So leicht und absichtslos der preußische Einstieg im Palazzo Caffarelli in Form von Bunsens Mietvertrag gewesen ist, so schwierig, zermürbend und in Abschnitten sogar dramatisch gestaltete sich der Kauf des Areals, den Preußen ab 1829 in verschiedenen Anläufen, aber zunächst ohne Erfolg betrieb. Eine der Hauptursachen hierfür ist das politisch komplizierte Verhältnis zwischen Preußen und dem Kirchenstaat, das im Kern auf den gegensätzlichen Interessen der katholischen Kirche und des protestantischen Laizismus preußischer Prägung beruht. In diesem Interessenskonflikt sah sich die Kirche vor allem seit dem Aufstieg Preußens zur deutschen Hegemonialmacht zunehmend auf der schwächeren Seite und reagierte entsprechend empfindlich. Die päpstliche Regierung, durch die historisch einmalige Erfahrung ihrer eigenen Absetzung durch Napoleon nicht wenig verunsichert, verfolgte jeden Schritt der preußischen und protestantischen Ausländer auf ihrem Territorium mit Mißtrauen und Argwohn.

Noch im ausgehenden 18. Jahrhundert, besonders unter dem Pontifikat Pius VI. Braschi (1775–1799) war Rom und der Kirchenstaat ein Ort, an dem auch nicht-katholische Ausländer zwar nicht mit bewußter Toleranz, aber doch mit tolerierender Nachlässigkeit behandelt wurden. Solange man keinen Ärger machte und offen provozierte, konnte man tun und lassen, was man wollte. Konfessionelle Unterschiede spielten keine so große Rolle, als daß man deswegen die Freiheit von reisenden Engländern oder eben protestantischen Deutschen – vor allem erstere leisteten einen erheblichen Beitrag zur Binnenkonjunktur des Kirchenstaates – wesentlich eingeschränkt hätte. Papst Pius vereinte nicht ohne Widersprüche Merkmale eines aufgeklärten Herrschers mit drastischen Anachronismen längst vergangener Epochen. So gründete er einerseits derart fortschrittliche Einrichtungen wie ein öffentlich zugängliches Museum für antike Kunst, das heutige Museo Clementino im Vatikan, ließ aber andererseits die konstitutionelle Günstlingswirtschaft des 17. Jahrhunderts, den Nepotismus, ganz offiziell wieder aufleben. Trotz der schwierigen Finanzlage der apostolischen Kammer ließ er sich an der Piazza Navona einen Palast errichten, dessen Dimensionen fast schon an den Palazzo Farnese heranreichen.

Es hat schon tragische Züge, daß Pius die Moderne in ihrer – für seinen Begriff – schlimmsten Form, nämlich in Gestalt revolutionärer französischer Truppen, ungemildert miterleben mußte. 1798 von den Franzosen abgesetzt und nach Pisa deportiert, bat er den General Haller, er möge ihn zumindest in Rom sterben lassen. Hallers angebliche Antwort: „Sterben können Sie überall" mag eine Erfindung sein, wäre aber in ihrer kartesianischen Zuspitzung paradigmatisch für Napoleons Umgang mit dem Papsttum. Pius starb in Valence, der Kirchenstaat wurde aufgelöst und – natürlich auf dem Kapitol – die *Repubblica Romana* ausgerufen. Zumindest hatte Napoleon ein Auge für die materiellen Werte des aufgelösten Kirchenstaates und ließ mehr als 500 Wagenladungen kenntnisreich ausgewählter Kunstschätze nach Paris bringen.

Nach der Wiederherstellung des Kirchenstaates im Frieden von Lunéville war der folgende Papst, Pius VII. Chiaramonti (1800–1823), von Napoleons Willen abhängig, was dieser ihn durch fein ausgearbeitete Demütigungen auch regelmäßig spüren ließ. Zunächst wurde Pius als Statist zur Kaiserkrönung Napoleons nach Paris zitiert, wo er dabei zusehen durfte, wie sich Bonaparte die Krone selbst aufsetzte. Daß dies erst der Anfang war, mußte der Papst spätestens 1808 erfahren, als französische Truppen Rom besetzten. Pius hatte zuvor ein Ultimatum Napoleons, mit welchem dieser die päpstliche Macht beschneiden wollte, zurückgewiesen. Der Kirchenstaat wurde zum zweiten Mal aufgelöst, alle Kardinäle nach Paris geschafft und der Papst an wechselnden Orten gefangengehalten. Erst 1814 konnte Pius in den Kirchenstaat zurückkehren, dessen Souveränität auf dem Wiener Kongreß neu geregelt wurde. Durch Schaden klug, versuchte Pius in den ihm verbleibenden Jahren mit der Unterstützung seines Kardinalstaatssekretärs Ercole Consalvi die Strukturen des Staates und der Verwaltung den neuen Verhältnissen anzupassen. Doch war für die meisten Kardinäle die Begegnung mit der „Moderne" ein traumatisches Erlebnis, mit dem sie in erster Linie die Demütigungen durch die atheistische Herrschaft des napoleonischen Frankreichs verbanden. Daß Napoleon in Rom eine funktionierende Verwaltung geschaffen hatte, in der bis dahin stockfinsteren Nacht die Straßenbeleuchtung einführte oder die Bestattung von Leichen in Grüften den Kirchen untersagte, aus denen sie regelmäßig durch das Tiberhochwasser wieder hochgeschwemmt wurden, zählte verständlicherweise wenig, wenn einhergehend mit diesen Neuerungen die kirchliche Autorität in Frage gestellt oder einfach abgeschafft wurde. Vor diesem Hintergrund ist es nicht überraschend, daß das Kardinalskollegium mit Leo XII. della Genga (1823–1829) einen reaktionären Betonkopf zum Nachfolger des Reformpapstes wählte. Die wenigen Jahre, die der neue Papst regierte, nützte er in erster Linie dazu, die Neuerungen seines Vorgängers rückgängig zu machen und eine Art Steinzeitkatholizismus herzustellen. Die napoleonische Straßenbeleuchtung – ein sichtbares Symbol für die *lumière* – wurde wieder abgeschafft, die Stadt in die gute alte Finsternis getaucht und die nächtliche Sicherheit zum Privileg derer gemacht, die sich Fackelträger leisten konnten. Abgeschafft wurde auch ketzerisches Teufelswerk wie die von Consalvi eingeführte Pockenimpfung, die Sterblichkeitsrate stieg und zeigte den Willen Gottes an. Die Juden, die in Rom lange Zeit relative Freiheit genossen, wurden wieder ins Ghetto gesperrt, die Inquisition nahm mit Hilfe eines dichten Netzes an Spitzeln und Informanten ihre Arbeit wieder auf und innerhalb kurzer Zeit wurden hunderte Menschen verurteilt und hingerichtet.

Papst Gregor XVI Cappellari, der Pius VIII. nach dessen nur einjährigem Pontifikat folgte, war zunächst damit beschäftigt, die erheblichen Auswirkungen zu bekämpfen, welche die Pariser Revolution von 1830 auch auf den Kirchenstaat hatte, der in Teilen sogar vorübergehend von französischen Truppen besetzt war. Die Abwehr gegen alles Revolutionäre brachte den Papst fast automatisch in das reaktionäre Fahrwasser von Leo XII. Alles, was nur im Entferntesten mit Modernisierung zu tun hatte, wurde als aufrührerisch verboten, worunter die Einfuhr von Büchern genauso fiel wie eine organisierte wissenschaftliche Betätigung.

Obwohl auch in Preußen die politische Freiheit durch Hardenbergs Restaurationspolitik radikal eingeengt wurde, arbeiteten doch die Reformen in Verwaltung, Erziehung, Wissenschaft und Wirtschaft auf einen modern strukturierten Staat hin, der Preußen später in die Lage bringen sollte, die deutsche Einigung auch organisatorisch zu bewältigen. Diese obendrein strikt laizistische Reformpolitik trug nicht gerade dazu bei, die ohnehin nie sehr vertrauensvoll gewesenen Beziehungen zwischen Preußen und dem Kirchenstaat zu verbessern. In der nach dem Wiener Kongreß etablierten Machtposition sah sich Preußen auch vor der Notwendigkeit, das in machtpolitischer Hinsicht wenig relevante Rom mit besonderer Vorsicht zu behandeln.

Vor diesem politischen Hintergrund versuchte die preußische Regierung nun, in der Hauptstadt der katholischen Christenheit in exponiertester Lage ein riesiges Areal zu erwerben, um dort neben ihrer Gesandtschaft auch die protestantische Kapelle auf Dauer einzurichten. Es ist also nicht weiter verwunderlich wenn die päpstliche Regierung alles unternahm, um die Etablierung einer solchen regelrechten Ketzerhochburg mitten in der eigenen Zentrale zu verhindern.

Italien und die Fremden

Doch auch von säkularer Seite wuchsen die Vorbehalte gegen ein preußisch okkupiertes Kapitol. In den Jahren vor 1848 hätte der Verkauf einer so exponierten Immobilie an Preußen vielleicht noch kein größeres öffentliches Aufsehen erregt. Die Römer waren daran gewöhnt, daß die Fremden in Rom kauften und verkauften, was nur gerade zu haben war. Der Palazzo Venezia gehörte Österreich, die Villa Medici Frankreich, die Villa Malta dem bayerischen König Ludwig I., der Palazzo Farnese den Neapolitaner Bourbonen, die Villa Falconieri den Engländern und so fort, ohne daß sich die Römer deswegen aufgeregt hätten. Seit dem Fall des römischen Reiches saßen sie in ihren Kürbislauben und sahen die fremden Herren kommen und gehen.

Spätestens ab den Ereignissen der Jahre 1848/49, als es in Rom kurzzeitig zur Gründung einer Republik kam (Abb. 22), begann sich diese Haltung zu ändern. Wie auch im Deutschland der fürstlichen Territorien hatte es im größtenteils durch Franzosen, Spanier und Österreicher fremdbesetzten Italien schon vor den napoleonischen Befreiungskriegen ein Bewußtsein um die gemeinsame nationale Identität gegeben. Ein Mailänder war für einen Römer zwar ein fremdes, unverständliches Geschöpf, aber doch lange nicht so fremd wie ein Franzose, Österreicher oder gar Preuße, deren Sprachen man nicht einmal theoretisch verstand. Erst nach der Niederlage Napoleons ergaben sich aus diesem emotionalen Zusammengehörigkeitsgefühl politische Forderungen. Man war es endgültig müde, der arkadische Sandkasten europäischer Mächte zu sein. Der Geheimbund der „Kohlenbrenner" (*Carbonari*), der selbstredend aus bürgerlichen Intellektuellen und Adligen bestand, operierte – wie es sich für einen Geheimbund gehört – zunächst nur verdeckt. Erst auf Signale von außen hin, der spanischen Revolution 1820/21 und der französischen von 1830/31, kam es zu offenen Aufständen gegen Franzosen und Österreicher, denen aber ein klares Konzept und vor allem die Unterstützung der Massen fehlten. Das änderte sich erst mit der von Manzini gegründeten Bewegung „Junges Italien", welches die Forderung nach Befreiung von Fremdbestimmung mit der Idee eines politisch geeinigten Italiens verband. Für dieses Ziel ließen sich breitere Schichten begeistern. Natürlich herrschte über die Frage, wie denn dieses neue Italien gestaltet sein sollte, völlige Uneinigkeit, reichte das Spektrum der Staatsverfassungen, unter denen man sich im nachnapoleonischen Europa zu entscheiden hatte, von der absoluten Monarchie, über die konstitutionelle Monarchie, die parlamentarische Demokratie bis zur radikaldemokratischen Anarchie. Einig war man sich nur in dem Wunsch, die Fremden von der klassischen Erde Italiens zu vertreiben. Dieser neu aufgebaute Gegensatz zwischen Italienern und Nicht-Italienern führte aus Ermangelung an zeitlich näher liegenden Vorbildern ganz automatisch zu Begriffen und Idealen, die sich aus der römischen Antike speisten. War die Erinnerung an die Antike bis dahin eher antiquarisch bestimmt, so bekam sie nun eine politische Virulenz. Man betrieb nicht die „Auferstehung", sondern die „Wiederauferstehung" der Heimat. Daß diese mehr als ein Jahrtausend im Staub gelegen hatte, nahm diesem *Risorgimento* nicht die Frische. Trotz aller Rückständigkeit gegenüber den Nordeuropäern hatte man ihnen die entscheidende Tatsache voraus, daß man Italiener war. Vor den antiken Parametern eines neuen Italieners waren alle restlichen Alteuropäer gleich – nämlich Barbaren. Die Parole: *Fuori i barbari!* galt folglich Franzosen, Spaniern, Österreichern und auch Deutschen.

Geplatzte Sommernachtsträume

Am 26. Mai 1552 schloß der bevollmächtigte Minister Freiherr Guido von Usedom mit Vincenza Caffarelli, der Witwe des verstorbenen Herzogs Baldassarre, einen neuen Mietvertrag ab (Abb. 25). Für eine Monatsmiete von 50 Scudi übernahm die Preußische Gesandtschaft die wichtigsten Teile des Palazzo Caffarelli, darunter das komplette Piano Nobile mit der Sala Grande sowie 14 weiteren „camere, camerini, gabinetti ed anticamere".[86] Der Mietvertrag galt auf sechs Jahre. Der Mieter erklärte sich in einer Zusatzklausel bereit, den Betrag von 2170 Scudi sofort zu leisten, was einer Anzahlung über 43 Monatsmieten entspricht. Dieser Betrag soll – und damit wird der Hintergrund dieser sonderbaren Regelung deutlich – „in estinzione dei frutti del censo decorso e non pagati" an die „Reverenda Camera Apostolica" gezahlt werden.[87] Nicht die Schulden, sondern die Zinsen der Schulden, die die Witwe offensichtlich bei der apostolischen Kammer hatte, galt es zu tilgen, wofür fast der ganze Palast auf 3 1/2 Jahre vermietet werden mußte, Jahre, in denen neue Zinsen anfallen würden. Hier wird mit einem Schlag die Misere des Hauses Caffarelli deutlich: die Caffarelli waren, wie so viele große Familien des päpstlichen Rom, faktisch bankrott, was durch die Zins-Mietumschichtung nur notdürftig überbrückt wurde.

Die Geschichte dieser Schulden, die für Preußen zum trojanischen Pferd ihrer Kaufwünsche werden sollten, reicht in die Zeit Bunsens zurück. Schon damals wurden erste Versuche unternommen, den Palazzo Caffarelli zu erwerben. Bei seinem Romaufenthalt 1829 äußerte der preußische Kronprinz den Wunsch, in Rom ein festes Domizil zu besitzen.[88] Die Wohnung seines Ministerresidenten Bunsen auf dem Kapitol hatte es ihm besonders angetan und Bunsen wurde beauftragt, sich über die Möglichkeit zu erkundigen, die Wohnung oder auch den ganzen Palast käuflich zu erwerben. Doch waren zu diesem Zeitpunkt die Franzosen den Preußen scheinbar bereits zuvorgekommen. Bei einem Abschiedsbesuch bei Bunsen zeigte sich der französische Botschafter Chateaubriand von der Lage des Palastes so entzückt, daß er die feste Absicht äußerte, diesen zu kaufen, ob für sich oder die Botschaft, bleibt unklar.[89]

---

86 Anhang, Dok. 12, PAA, RQ 86b 26. Mai 1852, § 1.
87 Anhang, Dok. 12, PAA, RQ 86b 26. Mai 1852, § 2.
88 Anhang, Dok. 6, PAA, RQ 86b.
89 BASTGEN 1929, S. 111.

Da „sich durchaus keine Aussicht zeigte, das Kapitol zu erwerben" und man vielmehr eine Übernahme durch die Franzosen annehmen mußte, kaufte Bunsen anstelle des Palazzo Caffarelli im Sommer 1829 „um einen sehr hohen Preis" den Palazzo Cambiaso auf dem Quirinal, der angeblich „der einzige in Rom war, dessen Lage die Rücksichten einer gesandtschaftlichen Wohnung und einer Kapelle, worin Gesang einer zahlreichen Genossenschaft und Orgelspiel ertönen soll, gleichzeitig vereinigte."[90] Der Sitz der preußischen Gesandtschaft mußte zu diesem Zeitpunkt – wie noch zu erzählen sein wird – auch eine protestantische Kapelle beherbergen, klein zwar, doch in der Hauptstadt des Kirchenstaates hochproblematisch. Aus preußischer Sicht war der weitere Bestand dieser Kapelle „hier im Mittelpunkte und Sitze der katholischen Kirche von welthistorischer Bedeutung."[91] Beinahe also wäre Preußen wieder vom Kapitol herabgestiegen.

Doch es kam alles anders. Der im Palazzo Cambiaso wohnende Gesandte Sardiniens machte keine Anstalten, das Haus zu räumen. Auch von einem Kauf des Palazzo Caffarelli durch Frankreich war bald – warum auch immer – keine Rede mehr. Bunsen blieb also samt Gesandtschaft und Kapelle auf dem Kapitol, und schon bald kam erneut der Gedanke, den Palazzo Cambiaso mit dem renitenten sardischen Mieter wieder abzustoßen, um dafür den Palazzo Caffarelli anzukaufen. Denn „der Besitz des Kapitols bot nicht nur für die Gesandtschaft allein, sondern auch für die Kirche den besten und würdigsten Platz dar", ganz abgesehen „von den historischen Erinnerungen und ebenso abgesehen davon, daß der siebenjährige Sitz der Kapelle diesen merkwürdigen Berg in der Ansicht der Welt gleichsam dafür geheiligt zu haben" schien.[92] Auch der päpstlichen Regierung im Quirinalspalast, so die preußische Überlegung, müßte es doch lieber sein, die suspekte Kapelle auf dem Kapitol versteckt zu wissen – als sie im Palazzo Cambiaso direkt vor der Haustür zu haben.

Im Auftrag des Kronprinzen wurde nun beim Herzog, Don Baldassarre Caffarelli, vorgefühlt, ob der Palast ganz oder teilweise zu kaufen sei. Dieser, wie immer in finanziellen Schwierigkeiten, war äußerst interessiert. Und so hätte der Kauf einvernehmlich abgewickelt werden können, wenn nicht eine bedeutende Schwierigkeit im Weg gestanden hätte: der Palast gehörte zu einem Familienfideikommiß. Der Fideikommiß war eine im Kirchenstaat beliebte Rechtsform, Familienbesitz unteilbar, unbeleihbar und unveräußerlich zu machen. So konnten die großen Familienbesitzungen von Generation zu Generation unbeschadet weitergegeben werden, was der feudalen Struktur des Kirchenstaates die wünschenswerte Stabilität verlieh. Jede Ausnahme mußte von der päpstlichen Regierung ausdrücklich genehmigt werden. Daß nach Ende des Kirchenstaates die königliche Regierung alle fideikommissarischen Bestimmungen aufhob, kam einer faktischen Zerschlagung des römischen Stadtadels gleich. Nur wenige Jahrzehnte später saß kaum eine der großen Familien mehr in ihren angestammten Villen und Palästen. Don Baldassarre Caffarelli, immerhin Leutnant der päpstlichen Nobelgarde, bemühte sich ab September 1836 um eine solche Genehmigung, die in aller Form verweigert wurde.[93] Im Vatikan war der Herzog als alter Schuldenmacher wohl bekannt.

Doch der klamme Baldassarre gab sich nicht geschlagen. Bunsen, der den Palast um alles auf der Welt für seinen Kronprinzen, für sein archäologisches Institut und vor allem für die protestantische Kapelle erwerben wollte, stand ihm mit zweifelhaften Ratschlägen gerne zur Seite. Gemeinsam verfolgte man nun den Plan, den Palast auf dem Weg von Schuldverschreibungen unmerklich in preußische Hand übergehen zu lassen: Eines Tages im Frühling des Jahres 1837 wandte sich der Herzog mit der Anfrage an den Anwalt seines Mieters, ob dieser – oder die preußische Krone – ihm mit 14.000 Scudi aushelfen könnten, Geld, das er zur Tilgung bereits bestehender Schulden dringend benötige.[94] Don Baldassarre, ein Herr alter Schule, hatte von der bereits früher gegebenen päpstlichen Erlaubnis, den durch Fideikommiß gebundenen Teil eines Besitzes mit bis zu 10.500 Scudi zu belasten,[95] vollen Gebrauch gemacht und eine sogar noch etwas höhere Summe (10.800 Scudi) auf ein Landgut[96] vor der Porta S. Paolo aufgenommen. Das Anwesen der Caffarelli auf dem Kapitol unterstand

---

90 Bastgen 1929, S. 111.
91 Bastgen 1929, S. 111.
92 Bastgen 1929, S. 112.
93 Bastgen 1929, S. 117f.
94 Anhang, Dok. 4, PAA, RQ 86b.
95 Die Genehmigung datiert vom 18. August 1825; Anhang, Dok. 1, PAA, RQ 86a.
96 „…la Tenuta denominata Casa Caspara porta nell'Agro Romano fuori Porta S. Paolo…"; Anhang, Dok. 1, PAA, RQ 86a.

zur Hälfte einem derartigen Fideikommiß. Die andere Hälfte gehörte der 1670 eingerichteten Primogenitur des Hauses.[97] Inhaber dieser Primogenitur war gleichfalls Herzog Baldassarre, dem auch die Aufsicht über den Fideikommiß unterstand.[98] Die Zinsen dieses Darlehens von fünfeinhalb Prozent überstiegen die in päpstlichen Chirograph erlaubte Summe bei weitem. Wie aus den Akten hervorgeht, hatte Don Baldassarre auch die vereinbarten Tilgungszahlungen seit geraumer Zeit eingestellt.[99]

In dieser unbequemen Lage erhielt der Herzog von uns unbekannter Seite angeblich das Angebot, seine Verbindlichkeiten zu einem Satz von nur dreieinhalb Prozent umzuschulden.[100] Dieses Angebot war wohl eher eine Finte, die sich der Herzog gemeinsam mit Bunsen ausgedacht hatte. So konnte der preußische Hof helfend einspringen, um seinen Vermieter vor unseriösen Geldverleihern zu bewahren. Man war ja schon im Hause, die Zinsen könnten gleich durch die Mietzahlungen abgeglichen werden. Als Sicherheit hingegen sollte der Palazzo dienen und das fideikommissarische Landgut somit entlastet werden.[101]

Mit der Zustimmung zu dem Darlehensgeschäft sicherte sich Preußen für seine Gesandtschaft nicht nur privilegierte Mietbedingungen, sondern auch die Option, den ganzen Palazzo nach dem absehbaren Platzen der Schuldenbombe zu übernehmen. So wurde ein Schuldvertrag[102] über 15.200 Scudi abgeschlossen. In einer Nebenklausel wurde der preußischen Legation für die Dauer des Bestehens der Geldschuld – also für immer – das unbeschränkte Mietrecht zugestanden.[103] In einer weiteren Nebenklausel wurde dem preußischen Hof auf 99 Jahre das Vorkaufsrecht auf den gesamten Palast eingeräumt. Dies war eine in Rom übliche Formel für sogenannte emphyteutische Käufe, bei denen das Objekt über den Umweg der Erbpacht den Eigentümer wechselt.[104] Das Geld gelangte erst gar nicht in die Hände des Herzogs sondern wurde direkt an dessen bisherige Gläubiger verteilt, in deren Rechte das Königreich Preußen nun eintrat.[105] *De facto* war dies ein direkter Bruch mit den Bestimmungen des päpstlichen Fideikommisses.

In Rom, wo niemand eine Sache auch nur einen Tag für sich behalten kann, flog die Sache selbstverständlich sofort auf. Der Papst war über den Betrug des Herzogs äußerst aufgebracht und ließ ihn kurzerhand in der Engelsburg einkerkern. Von dort schrieb er lamentierende, rechtfertigende Briefe an seinen Anwalt Borghi, die anscheinend unbeantwortet blieben.[106] Auch sein Spießgeselle Bunsen, der ja an allem Schuld sei, hatte sich inzwischen aus Rom entfernen müssen.

Der österreichische Botschafter Graf Lützow, der für die hasardierenden Preußen auch in der Angelegenheit des archäologischen Instituts die Kastanien aus dem Feuer holen mußte (siehe S. 74 f.), verwandte sich für den armen Herzog und zeigte Wege auf, wie die Angelegenheit bereinigt werden könnte. Der Herzog wurde freigelassen, aber entmündigt.[107] Da der Erbpachtvertrag mit Preußen rechtlich nicht zurückgenommen werden konnte, trat der Papst kurzerhand in die Rechte und Pflichten des Kronprinzen ein, indem er eine Art Zwangshinterlegung der Kreditsumme von knapp 16.000 Scudi zu Gunsten Preußens anordnete.

---

97 Anhang, Dok. 18, PAA, RQ 86b; Dok. 27.
98 Anhang, Dok. 17, PAA, RQ 86b, § 1.
99 „Risultò anche di più dal rescritto, che il Duca aveva smesso di estinguere colle rate prescritte i debiti contratti in passato", Anhang, Dok. 6, PAA, RQ 86b.
100 Anhang, Dok. 4, PAA, RQ 86b; Anhang, Dok. 6, PAA, RQ 86b.
101 „Ciò che si desidera da me è di avere 14000 scudi al tre e mezzo per cento ed anno: i frutti se li riterebbe sulle pigioni, l'ipoteca sul palazzo, mentre per la metà è libero, e per l'altra metà vi si porterebbero quelle che sono sopra la tenuta, estinguendo il debito." Anhang, Dok. 4, PAA, RQ 86b.
102 Über ein Darlehen von 15.200 Scudi; Anhang, Dok. 1, PAA, RQ 86a.
103 „L'Ecc.mo. Sig.re Duca Caffarelli per se e suoi promette e si obbliga di mantenere e conservare pacificamente S. E.za il Sig. Ministro di Prussia e suoi successori ed altri rappresentanti qualsivogliano la Real Corte di Prussia nel godimento ed uso di tutte e singole locazioni, ora vigenti tra il Sig.e Duca Caffarelli ed il lodato Sig.e Ministro o altri individui attacati ed addetti alla Regia Legazione Prussiana, senza che possa mai richiederlo o l'aumento di pigione o L'evacuazione sotto qualunque titolo." Anhang, Dok. 1, PAA, RQ 86a.
104 BASTGEN 1929, S. 118.
105 Anhang, Dok. 1, PAA, RQ 86a.
106 Anhang, Dok. 5 und Dok. 7.
107 Der Herzog behauptete zunächst, die Genehmigung zur Belastung des fideikommissarischen Teils des Palastes zu besitzen, bekam dafür aber nicht die erforderliche päpstliche Bestätigung. So belastete man den freien, der Primogenitur unterstellten Teil des Palastes, obgleich im Schuldvertrag noch von der fideicommissarischen Hälfte die Rede ist. Bei genauerer Nachforschung ergab sich – wenn auch erst nach Vertragsabschluß – daß dem Herzog sogar die Befugnis fehlte, den freien Teil seines Besitzes zu belasten. Es setzte sich allerdings der Rechtsstandpunkt durch, daß der Kreditvertrag auf Treu und Glauben geschlossen wurde; Dok. 6 PAA, RQ 86b.

Kronprinz Friedrich Wilhelm, der sich bereits als rechtmäßiger Besitzer des Palazzo Caffarelli gesehen hatte, war über das Vorgehen des Papstes in höchstem Maße verbittert: Auf dessen „Spezial-Befehl" sei sein Palast von Gendarmen besetzt, der Herzog arretiert, der Kaufbrief vernichtet worden: „So ist ein Sommernachtstraum für die Zukunft von einem *pied à terre* [...] zerstört worden, von dem ich oben die ganze Herrlichkeit des alten und neuen Rom mit einem Blick überschauen konnte – und der Zweck des Skandals, ein bitterer Schmerz, ist erreicht." [108]

Seinem Vertrauten Graf Brühl beauftragte er, über Prälat Capaccini den Vatikan wissen zu lassen, daß er sich weiterhin als rechtmäßiger Eigentümer des Palazzo Caffarelli betrachten werde „nach den Gesetzen aller Länder, mit Ausnahme der Türkei und, wie die Erfahrung gelehrt hat, des päpstlichen Gebietes (ich bitte Sie, dies mit lächelnder Gebärde auszurichten; denn es soll keine Beleidigung darin liegen), fahren Sie dann fort: ich lasse dies mit voller Überzeugung den Herrn Unterstaatsekretär Sr. Heiligkeit wissen; denn es könne vielleicht bald die Zeit kommen, wo ich mein Eigentum förmlich zurückverlangen werde. Aus Achtung vor einem Greis, mit der höchsten Priesterwürde bekleidet, und allein darum und um anderen Interessen im Augenblick nicht zu schaden, schweige ich über die Verletzung des Privat-Völkerrechts, welches damals gegen mich begangen sei." [109] Friedrich Wilhelm erklärte, im Falle einer Räumung des Caffarelli niemals wieder seinen Fuß auf römischen Boden setzen zu wollen, „was vielleicht zur größten Satisfaktion beider Teile geschehen wird."

Daß es beim „Kauf" des Palazzo Caffarelli nicht ganz mit rechten Dingen zugegangen sein könnte, scheint der Kronprinz ebenso wenig geahnt zu haben wie die Tatsache, daß Bunsens Kapelle die eigentliche Ursache des päpstlichen Eingreifens gewesen war. Erst als Geschäftsträger von Buch versuchte, ihm die rechtlich fragwürdige Natur des von Bunsen eingefädelten emphyteutischen Kaufvertrages auseinanderzusetzen, relativierte er seinen Standpunkt, mehr aber auch nicht: „Solange das Unrecht, durch beispiellose Gewalttätigkeit herbeigeführt, gegen mich besteht, ist in capitolinischer Hinsicht nichts mit mir anzustellen. Erlaubt dagegen einst der Papst, daß mir mein gutes Recht, der Besitz des Capitolinischen Caffarellischen Palastes, werde, so mache ich mich anheischig, die Gesandtschaft augenblicklich heraus zu verlegen. Und das um so gewisser, da ich den Palast für *mich* einrichten lassen will, um ihn in eigener Person zu bewohnen, wenn glückliche Sterne mir die Reise nach der Ewigen Stadt erlauben." [110] Danach sah es zunächst nicht aus. Die Caffarelli-Krise fiel mit dem Höhe- und Siedepunkt der *Kölner Wirren* zusammen (siehe S. 52 ff.), womit auch der absolute Tiefpunkt der preußisch-päpstlichen Beziehungen erreicht war, sowohl in staatlicher als auch in privater Hinsicht.

Am Mietvertrag, den Bunsen noch 1836 mit Herzog Baldassarre geschlossen hatte, änderte der Skandal um den Kaufbetrug faktisch nichts. So verblieben, unter der umsichtigen Vermittlung des Geschäftsführers Ludwig August von Buch und des königlich preußischen Sondergesandte Friedrich Wilhelm Graf von Brühl Gesandtschaft und Gesandtschaftskapelle im Palazzo Caffarelli. Seine Verbitterung gegen den Papst und die Kurie konnte der Kronprinz hingegen auch als König nicht mehr ablegen. Seinen „Sommernachtstraum" sollte er dennoch wieder aufsuchen, wenn auch zum Schluß seines schwärmerischen Lebens als Demenzkranker, von Schlaganfällen gezeichneter Patient.

Der Herzog Caffarelli hingegen lebte noch volle dreizehn Jahre und starb als stolzer Patrizier im Palast seiner Ahnen auf dem Kapitol. Der vollständige finanzielle Zusammenbruch seiner Familie war taktvoll genug, den Tod des Verursachers abzuwarten.

---

108 Zitiert nach BASTGEN 1929, S. 118.
109 Zitiert nach BASTGEN 1929, S. 119.
110 Zitiert nach BASTGEN 1829, S. 120.

Der Vierzigjährige Krieg

Der Tod des Herzogs änderte an der Situation zunächst nichts – außer daß sich der Zinssatz für das preußische Darlehen, wie vertraglich vereinbart, um ein Prozent erhöhte. Die Miete der Gesandtschaft, laut Schuldvertrag auf unveränderliche 50 Scudi fixiert, reichte zur Zinstilgung aber nun schon nicht mehr aus – von einer Rückzahlung des angewachsenen Kredits ganz zu schweigen. Guido von Usedom, Außerordentlicher Gesandter und Bevollmächtigter Minister Seiner Majestät des Preußischen Königs, wird gewußt haben, warum er im bereits erwähnten Mietvertrag vom 26. Mai 1852 mit der Witwe des Herzogs der Gesandtschaft das Vorkaufsrecht zusichern ließ.[111]

Diesem Mietvertrag war ein wirklicher Notfall vorausgegangen: Im Januar des selben Jahres hatte Usedom einigermaßen atemlos nach Berlin gemeldet: „Ew. K. Maj. eile ich alleruntertänigst zu melden, daß der Palazzo Caffarelli plötzlich von Seiten des römischen Fiscus zum öffentlichen Verkauf ausgestellt worden ist, da die Erben nicht im Stande gewesen sind, demselben die Zinsen desjenigen Capitals fortzuzahlen, mit welchem der Fiscus für Ew. Maj. im Jahre 1837 als hypothekarischer Gläubiger eingetreten ist. Die Sache ist allgemein höchst unerwartet gekommen. Da nach hiesigem Rechte Kauf Miethe bricht so würde das Miethverhältnis der Gesandtschaft Ew. Maj. binnen kürzester Frist entweder aufhören oder doch in große Unsicherheit geraten müssen." Die Preußen gerieten nun also unerwartet in Gefahr, das Kapitol mitsamt der protestantischen Kapelle räumen zu müssen, sollte es ihnen nicht gelingen, den Palazzo Caffarelli zu erwerben. Das sei, wie der König selbst am besten wisse, insofern ein ernster Verlust, als in „ganz Rom kein Ort gefunden werden kann, wo sie [die Kapelle] unbemerkter, unanstößiger u. unangefochtener residieren kann, als auf dem menschenleeren, von katholischen Heiligthümern durchaus entblößten Westgipfel des Kapitolinischen Hügels." Usedom, ein Mann mit dem nüchternen, gerechten Verstand seiner nordischen Heimat, gab allerdings auch die Nachteile der Immobilie zu bedenken: „Was hauptsächlich gegen den Palast Caffarelli erinnert werden kann ist seine Baufälligkeit, die sich indes nur auf Dach und Inneres, nicht auf die Mauern u. Gewölbe erstreckt. Ferner die Steilheit des Weges, der Hinauffahrt." [112]

Doch seien diese Nachteile letztlich unerheblich gegenüber den Vorzügen, die der Palast biete: „Ich habe darin vor einigen Tagen zur Feier des Krönungsfestes einen Ball von etwa 250 Personen gegeben, der größten Succeß gehabt hat u. über welchen der Papst mir gestern mündlich viel Schmeichelhaftes sagte. Hierbei hat sich weder Baufälligkeit noch Enge den Römern bemerklich gemacht […]. Ich persönlich liebe die Lage des Caffarelli sehr […]." [113]

So auch der preußische König. Er gab Weisung, den Palast unter allen Umständen zu erwerben. Doch so einfach, wie man gehofft hatte, war die Angelegenheit nicht. Usedoms zunächst geäußerte Zuversicht, der Papst möge einem Kauf des Palastes durch Preußen wohlwollender gegenüber stehen als sein Vorgänger 1837, hatte er bei näherer Sondierung des Terrains „nicht in ganzem Umfange bestätigt gefunden". Zwar äußere man in der Kurie bei jeder Gelegenheit wärmste Empfindungen gegenüber dem König. „Allein es ist leider wahr, daß in Rom noch mehr als andernorts zwischen allgemeinen Freundschaftsversicherungen u. bestimmten wirklichen Freundschaftsdiensten eine große Kluft befestigt ist, die man nicht erblickt, als man nicht vor ihr steht." Das Problem sei immer noch das selbe wie vor fünfzehn Jahren, nämlich das von der päpstlichen Regierung gefürchtete „sog. ,Festsetzen der Protestanten auf dem Kapitol', gleichsam als wenn die örtliche Lage und die Eigenthumsverhältnisse des Gesandtschaftspalastes eine dominierende militärische Position hergeben, von wo aus der Protestantismus Rom, die katholische Kirche u. die Welt überschauen, überragen u. erobern können." [114] Der Gesandte empfahl, durch abermaliges Auslegen des strittigen Schuldbetrags an die Caffarelli-Erben einen schnellen Zwangsverkauf durch den päpstlichen Fiscus zu verhindern. Man entschied sich für beides:

---

111 „Il Signor Conduttore avrà la prelazione di compra o di affitto nel caso che la Signora Locatrice intendesse di vendere o di affittare tutto o porzione del Palazzo e de' suoi annessi e pertinenze, e che al Signor Ministro piacesse acquistarlo. Il termine della prelazione sarà di giorni trenta dal giorno che gli venisse notificato l'affitto o la vendita." Anhang, Dok. 12, PAA, RQ 86a, §8.

112 Anhang, Dok. 8.
113 Anhang, Dok. 8.
114 Anhang, Dok. 9.

Die Versteigerung, und damit ein wahrscheinlicher Verlust des Kapitols, sollte verhindert werden, um Zeit zu gewinnen. Sei dies erst einmal erreicht, könne man versuchen, den Palast zu vernünftigen Bedingungen zu erwerben.[115] Ersteres gelang – nicht zuletzt mit Hilfe anrührender Bittbriefe der Herzogin-Witwe an den Kardinalstaatssekretär – und schon einen Monat später unterzeichnete Usedom mit Donna Vincenza Caffarelli besagten Mietvertrag mit Vorkaufrecht.[116]

Dem ersten Schritt folgte der zweite auf dem Fuß. Bereits am 22. Juli 1852 meldete Usedom in einem offiziellen Schreiben das Kaufinteresse der Gesandtschaft an und bestimmt den Anwalt Pietro Fumaroli zum bevollmächtigten Vertreter der preußischen Interessen (Abb. 26).[117] Bereits zwei Wochen später meldete Usedom, daß die Angelegenheit „in erwünschtem Fortgang" sei. Er habe allerdings 2000 Scudi „Vorschuß" leisten müssen.[118]

Doch gab es von Seiten der Verkäufer unerwartete Schwierigkeiten. Der verstorbene Herzog hatte – neben Passiva von ca. 30.000 Scudi – seinen Erben ein Testament hinterlassen, das mit der Zuverlässigkeit einer Zeitbombe Zwietracht unter ihnen sähen sollte. Ob aus Bosheit, Unwissenheit oder Desinteresse an juristischen Details, Don Baldassarre glaubte, über das der Primogenitur unterstehende Erbe frei verfügen zu können und übertrug es im Testament nicht seinem Bruder Gaetano, der ihm in der Primogenitur nachfolgte, sondern seinem Neffen Giuseppe.[119] Dieser sollte der Witwe Vincenza im Gegenzug hohe Alimente bezahlen, was diese sich natürlich erst gerichtlich erkämpfen mußte. Gegenstand eines Gerichtsverfahrens war auch die sogenannte *parte libera*, also der von Primogenitur und Fideikommiß ungebundene Teil des herzoglichen Erbes.[120] Er wurde schließlich der Herzogin zugesprochen. Der bis hierhin leer ausgegangene Bruder überzog nun Witwe und Neffen zwischen 1851 und 1853 mit einer Serie von nicht weniger als vierzehn Prozessen.[121] Denn nach wie vor völlig unklar war der rechtmäßige Erbe des primogenialen wie auch der Verteilungsschlüssel des fideikommissarischen Erbes.

Man kann sich vorstellen, daß diese Entwicklung nicht gerade im Sinne der preußischen Legation gewesen sein kann. Ihr Wunsch, den Palazzo Caffarelli möglichst ohne größeres Aufsehen zu erwerben, drohte sich im dichten Geflecht von rechtlichen Ansprüchen und Unklarheiten zu verfangen, welches diese alte, herzogliche und dabei so uneinige Familie umgab. Doch waren die Preußen entschlossen, diesen Kampf tapfer auszufechten. Nun schlug die Stunde der Notare, Sachverständigen und der *avvocati*, vor allem aber die Stunde des Pietro Fumaroli, generalbevollmächtigter *agente civile* der Königlich Preußischen Gesandtschaft. Daß er in einem so komplizierten Fall, der sein ganzes fachliches Können herausforderte, in seinem Element war, ist verständlich. In rhetorisch aufwendig gestalteten Episteln erklärte er im Juli 1852 seinem preußischen Auftraggeber, daß die Angelegenheit im Grunde unmöglich zu lösen sei, man aber nach Überwindung unvorstellbarer Mühen und dank seines rastlosen, nur von Ehre und nie vom Ehrgeiz geleiteten Einsatzes, einem vorläufigen Abschluß nahe sei.[122]

Dieser optimistischen Einschätzung scheint freilich ein bald folgender Brief der Herzogin zu widersprechen, in dem sie Gerüchte, sie hätte dem Verkauf des Palazzo zugestimmt, als „Träume und Unverschämtheiten von Personen" darstellte, „die entweder verrückt oder betrunken" seien und es darauf angelegt hätten, ihre Ehre zu untergraben.[123] Die Herzogin war anscheinend nicht zu einem Verkauf bereit, und es wäre zu diesem Zeitpunkt ja auch unklar gewesen, welches Mitglied der Familie über welchen Erbteil hätte verfügen können.

Fumaroli faßte die Lage in einem langen Gutachten zusammen: Die gerichtliche Klärung der Besitzanteile könne viele, viele Jahre in Anspruch nehmen und beinhalte zudem die Gefahr, daß der Fall die Aufmerksamkeit des Papstes und „direkter Nachbarn" erregen könnte. Es sei aber unsicher, ob nicht der Papst gegen eine dauernde preußische Präsenz auf dem Kapitol etwas einzuwenden hätte und ob nicht die Nachbarn, gemeint war der Comune di Roma in den kapitolinischen Palästen, ein Vorkaufsrecht geltend machen würden.[124] Außerdem dürfte sich die Witwe auf keinen Fall neu verheiraten, da dies die Erbangelegenheit weiter zu erschwe-

---

115 Anhang, Dok. 11.
116 Anhang, Dok. 12.
117 Anhang, Dok. 13, PAA, RQ 86b.
118 Anhang, Dok. 10.
119 Anhang, Dok. 18, PAA, RQ 89a, § 1.
120 Anhang, Dok. 18, PAA, RQ 89a, § 2.
121 Anhang, Dok. 17, PAA, RQ 86b; Dok. 18, PAA, RQ 89a, § 3.
122 Anhang, Dok. 14, PAA, RQ 86a, 22. Juli 1852.
123 Anhang, Dok. 15, PAA, RQ 86a, 12. August 1852.
124 Anhang, Dok. 17, PAA, RQ 86b 10, § 5/6.

ren drohte. Fumaroli empfahl eine hier in ihren raffinierten Einzelheiten nicht weiter erläuterte Strategie, die verschiedenen Erben im Stillen gegeneinander auszuspielen.[125]

In dieser wenig erfreulichen Lage hielt es König Friedrich Wilhelm IV., der seinen „Sommernachtstraum" abermals in Gefahr sah, für das Beste, sich vertrauensvoll von Fürst zu Fürst an den Papst zu wenden. Ohne die Verwendung für die Gesandtschaft allzusehr zu betonen oder gar die protestantische Kapelle zu erwähnen, sprach er ausführlich von seiner persönlichen Liebe für diesen Ort und von den Schwierigkeiten, die durch den Erbstreit bei den Caffarelli entstanden seien: „J'attache un grand prix à cette localité ou j'ai passé des moments si heureux en 1828 […]. L'espoir de me fixer pour quelques jours dans ce beau site pendant un nouveau voyage à Rome est gravement compromis par les conflits survenus entre les héritiers du feu Duc Caffarelli." Er wolle einen Kauf aber auch nicht gegen die Wünsche Seiner Heiligkeit betreiben und betrachte es als eine Pflicht, seine diesbezüglichen Absichten HöchstDerselben mitzuteilen. Es folgen einige Freundlichkeiten, wie sie nur der französischen Sprache zu Gebote stehen.[126]

Doch auch im Vatikan wußte man zu gut, daß „zwischen allgemeinen Freundschaftsversicherungen u. bestimmten wirklichen Freundschaftsdiensten eine große Kluft befestigt ist". In dieser Situation erwachte, alarmiert durch die aus erster Hand informierte Kurie, die Aktivität des Comune di Roma und damit ein Gegenspieler, der den Preußen und sogar noch dem Deutschen Reich auf Jahrzehnte in letztlich fataler Weise erhalten bleiben sollte. In einem anscheinend mangelhaft abgestimmten Vorgehen bot die Stadtverwaltung der Familie Caffarelli zunächst eine relativ exorbitante Summe, um das Angebot anschließend unter Hinweis auf die gespannte Haushaltslage wieder zurückzuziehen. Nun waren die Preußen im Zugzwang. Sie erklärten sich bereit, nicht nur den Palast, sondern das gesamte, zwei Hektar große Areal mit allen Zu- und Nebengebäuden kaufen zu wollen. Das Angebot zielte in kluger Weise darauf ab, die familiären Streitigkeiten zu überwinden, mußten sich doch die Erben damit nur noch auf die Verteilung des Gesamterlöses einigen. Zugleich warf man Mitbieter aus dem Rennen, denn wer konnte es sich schon leisten, den bis zum Ghetto hinabreichenden, dabei aber wenig gewinnbringenden Besitz zu kaufen, das neben romantischen Gärten eine Reihe von Ställen, Rimessen, Anbauten, unterirdische Grotten, Kornspeicher, sechzehn vermiete *casette* am Fuß des Monte Caprino, einen öffentlichen Brunnen „unterhalb des Tarpejischen Felsen" und dergleichen (Abb. 1) umfaßte? Das Angebot schweißte die zerstrittene Familie wieder zusammen. Am 31. August 1853 unterzeichnete der Geschäftsträger der preußischen Gesandtschaft Freiherr von Arnim im Namen seiner Majestät des preußischen Königs einen privaten Vertrag über die enorme Kaufsumme von 82.720 Scudi. Gleichzeitig erklärte sich die *Corte Reale della Prussia* bereit, der Witwe Vincenza eine Leibrente von 40 Scudi monatlich auszusetzen, Gläubiger zu befriedigen sowie die Verfahrenskosten bis zu einer Höhe von 3000 Scudi zu übernehmen.[127]

Dieser Handel war angesichts der komplizierten Ausgangslage eine diplomatische Meisterleistung. Und auch wenn diese zu einem guten Teil auf der Überzeugungskraft des Geldes basierte, so bedurfte es doch großen Geschicks, dieses zum richtigen Zeitpunkt, an richtiger Stelle und in richtiger Höhe wirken zu lassen.

In der preußischen Gesandtschaft glaubte man sich, wieder einmal, so gut wie am Ziel, und man war es gewissermaßen auch, sollte doch das Anwesen Caffarelli ab dem Sommer 1853 faktisch in den Besitz der preußischen Krone übergehen. Doch stand man, was die Eigentumsverhältnisse betraf, erst am Anfang eines jahrzehntelangen Papierkriegs, der hier nur in seinen Eckpunkten beschrieben werden soll.

Als nach dem vorläufigen Ausscheiden des Comune di Roma aus dem Bieterfeld der Vorvertrag zwischen der Gesandtschaft und den Caffarelli zu Stande kam, bemühte man sich umgehend um eine Zustimmung der päpstlichen Regierung. Vor allem brauchte man eine Genehmigung für den Verkauf jenes Erbteils, welcher durch Primogenitur und Fideikommiß gebunden war. Der Kardinalstaatssekretär erklärte auf Anfrage, er sehe nicht die geringsten Hindernisse, nur sei für die Erteilung der Genehmigung die Ratifizierung des Kaufvertrags durch den eigentlichen Käufer, also den König von Preußen erforderlich.[128] Als diese schließlich eintraf, ließ das Staatssekretariat zum Erstaunen aller verlauten, daß die Genehmigung erst erteilt werden könne, wenn der

---

125 Anhang, Dok. 17, PAA, RQ 86b 10, § 8ff.
126 Anhang, Dok. 16.
127 Anhang, Dok. 18, PAA, RQ 89a, § 4.
128 Anhang, Dok. 18, PAA, RQ 89a, § 5.

Anspruch, den der Comune di Roma auf einmal wieder auf den Palazzo Caffarelli zu erheben schien, abschließend geklärt sei.[129] Und tatsächlich: Die römische Stadtverwaltung meldete erneut eigene Rechte an. Dabei versuchte sie zunächst, einen direkten, da für aussichtslos gehaltenen Konflikt mit dem preußischen König dadurch zu umgehen, indem sie den ratifizierten Vorvertrag für noch nicht rechtswirksam erklärte und eine Enteignung der Familie Caffarelli anstrebte. Der Kaufvertrag wurde daraufhin am 1. November 1853 demonstrativ und in unveränderter, aber diesmal öffentlicher Form abgeschlossen und am 27. Februar 1854 notariell beglaubigt.[130] Dem Comune di Roma drohte man mit Schadensersatzforderungen, das Problem der päpstlichen Genehmigung mußte allerdings ausgeklammert bleiben.[131] So übergab Geschäftsträger von Arnim von den insgesamt 82.720 Scudi der Witwe Caffarelli nur 44.220 Scudi, was dem freien Erbteil entsprach. Davon gingen über 30.000 Scudi direkt an die diversen Gläubiger der Caffarelli, die damit erstmals wieder schuldenfrei waren. Die verbleibenden 38.500 Scudi für den durch Primogenitur gebundenen Teil wurden treuhänderisch hinterlegt.[132]

Man tat also alles, um den Handel so schnell und so weit wie möglich abzusichern. Grund zur Sorge bereitete zwar weniger die finanzschwache und dilettantisch agierende Comune di Roma. Die Gefahr bestand vielmehr darin, daß die päpstliche Regierung unter Verweis auf das angeblich schwebende Verfahren gegen alle Gewohnheiten die Verkaufsgenehmigung verweigerte. Schon damals wurde hinter diesem Vorgehen mehr als nur eine passive Unterstützung der städtischen Anliegen vermutet: Der Vatikan habe dem Comune erst zu seinem forschen Vorgehen ermutigt und auch die dafür nötigen Geldmittel bereitgestellt.[133] Und tatsächlich ist aus keinem der Dokumente ersichtlich, wozu die finanziell notorisch klamme Stadt Rom das riesige und ziemlich heruntergekommene Anwesen der Caffarelli eigentlich hätte gebrauchen können und noch weniger, wie sie es hätte bezahlen sollen. Dagegen hatte die Kurie gute Gründe, das Entstehen einer preußisch-häretischen Keimzelle am vielleicht prominentesten Ort der Stadt verhindern zu wollen. Hatten die Preußen nicht schon während der „Kölner Vorfälle" (siehe S. 52 f.) gezeigt, daß sie sich, wenn sie das Sagen hatten, um die Rechte der katholischen Kirche nur wenig scherten? Bestand da nicht im Palazzo Caffarelli seit Jahrzehnten die von jenem fanatischen Ketzer Bunsen eingerichtete, nur zähneknirschend geduldete protestantische Kapelle (siehe S. 55 ff.)? Daß es vor allem diese obskure Kapelle war, die den Argwohn des Vatikan erregte, legt eine Darstellung der Angelegenheit von preußischer Seite nahe, in welcher ausdrücklich betont wird, daß die Kapelle nur zum privaten Gebrauch des Gesandten, seiner Angestellten und allenfalls Freunde verwendet werde, für alle übrigen Protestanten strikt geschlossen sei (was nicht der Wahrheit entsprach) und in einem Anwesen, das nach dem Kauf nur von Preußen besiedelt sei, keinen großen Schaden anrichten könne.[134]

Die römische Stadtverwaltung agierte in diesem Fall zumindest zunächst als reiner Strohmann und hatte Mühe, für ihre angestrebte Klage tragende Argumente zu finden. Nachdem durch den offensichtlichen Kauf des Anwesens die Option einer Enteignung der Caffarelli wenig Aussicht auf Erfolg hatte, konzentrierte man sich darauf, die Ansprüche mit einem angeblichen Vorkaufsrecht zu begründen, daß man aus der Bulle QUAE PUBLICA UTILIA Papst Gregors XIII. ableitete. Diese Bulle räumte Grundstücksbesitzern unter bestimmten Voraussetzungen ein Vorkaufsrecht auf ein Nachbaranwesen ein, sofern dies im öffentlichen Interesse sei. Da nun ein Gebäudeflügel der kapitolinischen Paläste direkt an ein Nebengebäude des Palazzo Caffarelli anschloß, sah man die Voraussetzungen der Nachbarschaft als erfüllt. Die *pubblica utilità* bestand darin, daß die Stadtverwaltung – wie alle Verwaltungen zu jeder Zeit – dringend zusätzliche Räumlichkeiten benötigte, sowie die Auffahrtsstraße zum Kapitol – wie alle Straßen bei jeder Gelegenheit – ebenso dringend ausgebaut, verbreitert und bequemer gemacht werden müßte.

Der damalige preußische Geschäftsträger von Goethe unterbreitete der päpstlichen Regierung darauf das Angebot des preußischen Königs, den sogenannten Palazzetto Clementino, der direkt an die Gebäude der Stadtverwaltung angrenzte, der Stadt zu überlassen, ebenso den für den Straßenausbau benötigten Grund – mit

---

129 „Ita bebitur ratio post exitum iudicii retractus ab Municipio instituti." PAA, RQ 89a, § 6.
130 Anhang, Dok. 23, PAA, RQ 88a; Dok. 19, PAA, RQ 86a.
131 Anhang, Dok. 18, PAA, RQ 89a, § 7.
132 Anhang, Dok. 19, PAA, RQ 86a; Dok. 23, PAA, RQ 88a; Dok. 18, PAA, RQ 89a, § 10.
133 Anhang, Dok. 18, PAA, RQ 89a, § 7.
134 Anhang, Dok. 18, PAA, RQ 89a, § 7/8.

der Bitte, den Vorschlag an die Stadtverwaltung weiterzuleiten und mäßigend auf diese einzuwirken (Anhang, Dok. 20). Man kann sich vorstellen, welcher Natur diese Einwirkung gewesen ist. Bald darauf erklärte der Comune in einem Brief, man benötige wesentlich mehr Platz als vom preußischen König angeboten, denn man wolle, zur allgemeinen Bequemlichkeit, alle in der Stadt verstreuten Ämter auf dem Kapitol versammeln, darüber hinaus die Räumlichkeiten der kapitolinischen Museen würdig erweitern sowie eine dritte Straße anlegen, die zu Ripa Grande hinab – und somit quer durch das Anwesen der Caffarelli führen sollte. Um der Forderung nach einem Vorkaufsrecht Nachdruck zu verleihen, wurde die Summe von 48502.50 Scudi hinterlegt, „zur freien und persönlichen Verfügung seiner Majestät des preußischen Königs".

Viel wichtiger als die juristischen Winkelzüge war hingegen ein hier erstmals genanntes Argument, das zwar keinerlei zivilrechtliche Grundlage besaß, aber für die Stadt Rom die letztlich entscheidende Überzeugungskraft entwickeln sollte: Die Stadt und die Bürger könnten es nicht zulassen, *che locali annessi al Campidoglio, cui sono collegate tante memorie storiche dell'antica grandezza romana passassero in proprietà privata*, daß also Gebäude auf dem Kapitol, mit dem sich all die Erinnerungen an den Glanz und die Größe des alten Roms verbanden, in privaten Besitz geraten könnte. Nun waren die fraglichen Gebäude ja bereits seit den Zeiten Karls V. in Privatbesitz, so daß die Stoßrichtung nicht so sehr gegen das Private an sich, als vielmehr gegen das Fremde, Ausländische, Deutsche, Preußische und Protestantische zu zielen schien. So wurde die südliche Hügelkuppe, wo noch zu Bunsens Zeiten kein Römer – und außer Bunsen auch kein Ausländer wohnen mochte, innerhalb kurzer Zeit zu einem Zankapfel, um den bis zur letzten Eskalation erbittert gestritten werden sollte. Denn agierte der Comune di Roma zunächst wohl noch als Strohmann für die päpstliche Regierung, so sollte das Verlangen, den heiligen Hügel der Stadt von den Eindringlingen zu befreien, sich im Laufe der Zeit zu einer kreuzzugsähnlichen Fixierung, ja zu einer Volksbewegung steigern. Doch auch auf deutscher Seite überstieg der Wunsch, auf dem Kapitol ein deutsches Zentrum im Mittelpunkt der Stadt – und des Erdkreises – zu errichten, den Rahmen rationaler Realpolitik.

In ihrem Gegenplädoyer versuchten die Preußen, die Argumente des Comune zu entkräften. Erstens sei die Bulle Gregors XIII auf den Fall gar nicht anwendbar, da die städtischen Liegenschaften weder an zwei Seiten an den Palazzo Caffarelli angrenzten noch dessen Wert um ein vierfaches überstiegen, was nach der Bulle einem bauwilligen Eigentümer das Recht einräumte, seinen Nachbarn per Zwangsverkauf zu enteignen. Nicht einmal einen glaubhaften Bauwillen könne der Comune nachweisen, geschweige denn finanzieren. Was die *utilità pubblica* betreffe, so sei ihr mit dem preußischen Angebot bereits Genüge geleistet. Des weiteren hätten, von justinianischer Zeit angefangen, alle derartigen Beschränkungen des Eigentumsrechts nur mit absoluter öffentlicher *Notwendigkeit, necessità,* begründet werden können. Die Motive des Comune (Zusammenlegung der Ämter, Ausbau der Museen) könnten bestenfalls mit dem Wunsch nach *maggior commodità*, nach größerer *Bequemlichkeit* begründet werden.

Man hatte anscheinend nicht damit gerechnet, daß die *tedeschi* mit solcher Entschiedenheit an der alten, baufälligen Kiste auf dem Kapitol festhalten würden. Anscheinend unterschätzte man den hohen ideellen und ideologischen Wert, den der Besitz dieses Ortes für die ansonsten doch so vernünftig wirkenden Preußen bereits zu haben schien. Und da die formaljuristischen Argumente eher für die preußische Gesandtschaft sprechen und der Kirchenstaat ja im Prinzip ein alter Rechtsstaat war, ist anzunehmen, daß der Papst vor einer ernsthaften Auseinandersetzung mit den immer mächtiger werdenden Preußen zurückschreckte und auch die Stadtverwaltung vor einer solchen zurückhielt.

Hinzu kam, daß man sich im Vatikan zunehmend mit ernsteren Problemen beschäftigen mußte. Die unter Garibaldi und den Savoyern sich formierende Einigung Italiens begann, den Kirchenstaat langsam einzukreisen. 1862 fiel das Königreich Neapel an Italien. Das im römischen Exil im Palazzo Farnese lebende neapolitanische Königspaar mußte dem Papst wie das Menetekel seiner eigenen bedrohten Macht erscheinen. Verglichen damit stellte die protestantische Botschaftskapelle auf dem Kapitol nur eine Gefahr zweiter Ordnung dar. Der Fall blieb rechtlich in der Schwebe, der große *show down* kam nicht zustande.

In seinem bemerkenswerten Reisebricht *Torso und Korso* von 1859 schildert Hermann Lessing pointiert und zutreffend die Lage, die sich anscheinend auch dem nur flüchtigen Besucher in ihrer heiklen politischen Dimension darstellen konnte: „Wie nämlich die Franzosen die Engelsburg besetzt halten, so haben die Preußen den westlichen Theil des kapitolinischen Hügels, von dem aus man ganz Rom beherrscht, schon seit Jahren okkupirt. Hier steht der Palast Caffarelli, in dessen schönen und wegen seiner Aussicht weltberühmten Räumen die protestantische Regierung zum großen Leidwesen der römischen ihr diplomatisches Lager aufgeschlagen. Auf dem Kapitol, dem denkwürdigsten Punkte Roms, der von allen Seiten sichtbar ist, die Manen des großen Friedrichs, der Jedem sein individuelles Seligwerden gestattete! Wie konnte der päpstliche Stuhl zugeben, daß hier die Preußen diese historische Position für immer besetzt hielten! Deshalb erhob die Geistlichkeit so viel Schwierigkeiten, daß bis heute der Palast Caffarelli, obgleich der Kauffkontrakt dem Abschluß schon nahe war, noch nicht in den Besitz Preußens übergegangen ist[135] und der Vertreter der Krone noch immer zur Miethe wohnt. Aber, Gott sei Dank, sind die römischen Miethskontrakte nicht so jesuitisch abgefaßt wie die Berliner; eine Exmission kann so leicht nicht stattfinden und einst wird der Tag kommen, wo engherzige Ansichten schwinden und auf den Zinnen des Kapitols das vaterländische Banner wehen wird." [136]

Der Tag sollte kommen. Das für Preußen zunächst gefährlicher erscheinende Problem, die verweigerte päpstliche Freigabe des fideikommissarischen Teils des Besitzes, erledigte sich mit dem Zusammenbruch des Kirchenstaates 1870 von selbst. In den Unterlagen der Botschaft hat sich ein Abdruck der amtlichen Verlautbarung erhalten, auf welchem der Passus, der die Nichtigkeit päpstlicher Fideikommisse verkündet, mit offensichtlicher Erleichterung angestrichen ist. Der Stadt Rom hingegen ging mit dem Kirchenstaat ihr in der Kapitolsangelegenheit wichtigster Bündnispartner verlustig. Ohne die päpstlichen Finanzmittel wäre die Drohung, für den Palazzo Caffarelli ebenfalls fast 90.000 Scudi zahlen zu wollen, nicht sehr glaubhaft gewesen. Anstelle der päpstlichen Regierung trat nun die königliche, der an einer Dauerauseinandersetzung mit dem mächtigen Deutschen Reich, welches im Jahr darauf gegründet wurde, nicht gelegen war. Der Widerstand der römischen Stadtverwaltung gegen das Deutsche Kapitol war politisch nicht mehr opportun, so daß man sich gezwungen sah, seine Forderungen auf eine gesichtswahrende Weise aufzugeben.

Immerhin dauerte es eine Weile bis man sich dazu durchringen konnte, den Deutschen ein Vergleichsangebot zu machen. Am 22. Februar 1878 wandte sich der römische Bürgermeister Principe Ruspoli in einem höflichen Schreiben an den deutschen Botschafter Robert von Keudell (Abb. 27), in dem er zunächst an die „lunghissima vertenza relativa alla prelazione sull'acquisto del palazzo già Caffarelli" erinnerte, „che da anni e anni perdura fra il Comune di Roma e la Imperiale Corte di Prussia." Er schlug vor, den Streit, der von Seiten der Gemeinde stets und ausschließlich aus rein praktischer Notwendigkeit heraus geführt worden sei, durch ein Tauschgeschäft zu beschließen: Die Botschaft solle der Gemeinde das zum Kapitolsplatz hin gelegene Eckgebäude, den sogenannten Palazetto Clementino, überlassen, während die Gemeinde im Gegenzug bereit wäre, auf der gegenüberliegenden Seite des Palazzo Caffarelli ein Gartengrundstück abzutreten, welches an das Archäologische Institut und die Casa Lelli, dem protestantischen Pfarrhaus, grenzte (Abb. 1/28/164).[137] In seiner Antwort wies Keudell ausdrücklich darauf hin, daß aus der Sicht der kaiserlichen Regierung kein Zweifel an der Rechtmäßigkeit des deutschen Eigentums bestehe, man aber angesichts des offensichtlichen Raumbedarfs der Gemeinde bereit sei, ein Entgegenkommen wohlwollend zu erwägen.[138]

Wie groß jedoch das Mißtrauen auf beiden Seiten war, kann man daran ablesen, daß es siebzehn lange Jahre dauern sollte, bis Botschafter Bülow am 16. Februar den vorläufigen Tauschvertrag unterschreiben konnte. Da jede Seite auf ihrer Ansicht der momentanen Rechtslage beharrte, wurde die ganze Causa Caffarelli in quälenden Gutachten und Gegengutachten wieder aufgerollt.[139] Und da der Rechtsstandpunkt der römischen Kommune wenig Aussicht hatte, in einem Gerichtsverfahren zu obsiegen, spielte die Zeit freilich für die deutsche Seite. In demonstrativem Vertrauen auf die Unanfechtbarkeit des Eigentums verbrachte man die folgenden

---

135 Lessing referiert hier noch den Stand von vor 1854.
136 Lessing 1959, S. 7.
137 Anhang, Dok. 24. Dieses Angebot entspricht der Offerte, die der preußische König bereits am 28. August 1854 gemacht hatte – nur daß er damals keine Gegenleistung verlangte (siehe S. 43 f. u. Anhang Dok. 10)

138 Anhang, Dok. 25.
139 Anhang, Dok. 27.

Jahre damit, den Palazzo Caffarelli aufwendig zu konsolidieren und herzurichten. Auch der Bau des Archäologischen Instituts deutete nicht darauf hin, daß man an einem Verbleib auf dem Kapitol auch nur die geringsten Zweifel zuließ. Am Ende scheint es die italienische Regierung gewesen zu sein, welche die Stadt Rom wissen ließ, daß eine weitere Fortsetzung der Auseinandersetzung aus politischen Gründen unerwünscht sei (zum politischen Verhältnis zwischen Deutschland und Italien siehe S. 149 ff.).

Die römische Gemeinde lenkte schließlich ein. Als nach Unterzeichnung der *Promemoria* jedoch massive Kritik in der Stadtverordnetenversammlung laut wurde, versuchte Bürgermeister Ruspoli nachzubessern. Bezeichnenderweise ging es nun nicht mehr, wie noch vor vierzig Jahren, um die praktische Forderung nach mehr Büroräumen für die Gemeinde, sondern um die eher ideelle Frage des kulturellen Eigentums. Im Vorvertrag hatte die Gemeinde die „große Bedeutung des Gebietes" hervorgehoben, auf dem „sich einst der Tempel des Jupiter erhob." Da dieses Gebiet nun zum Teil den Deutschen übergeben werden sollte, war ausdrücklich festgelegt worden, daß „jedes antike Monument", welches auf dem von der Gemeinde abzutretenden Grundstück dereinst vielleicht gefunden werden sollte, „zum dauernden Schmuck jener klassischen Stelle verbleibt und nicht aus irgend einem Grunde anderswo hingeschafft werden" dürfe.[140] Offenbar befürchteten die Stadtverordneten, die Reste des Jupitertempels schon bald neben jenen des Pergamonaltars in Berlin besichtigen zu müssen. Doch obwohl die deutsche Seite dieser Forderung bereits zugestimmt hatte, verlangte die Gemeinde nun eine noch weitergehende Regelung, die diesen Schutz auf „alle künstlerisch, archäologisch, historisch oder materiell wertvollen Gegenstände" ausdehnte. Diese sollten nicht mehr in deutscher Obhut auf dem Kapitol verbleiben, sondern an ihrem Fundort der Gemeinde als Eigentum übergeben werden, die sich im Gegenzug verpflichtete, für die Kosten des Abtransportes oder die Pflege unbeweglicher Monumente aufzukommen. Man wollte verständlicherweise unter allen Umständen verhindern, daß ein spektakulärer Neufund aus der glorreichen Vergangenheit der italienischen Nation nur in der deutschen Botschaft oder gar im Deutschen Archäologischen Institut zu besichtigen gewesen wäre. Der Bürgermeister bat den Botschafter um Verständnis dafür, daß die Gemeinde einer Stadt „deren Geschichte sich mit jener der ganzen Welt verbinden" würde, nicht so auftreten könne wie ein privater Verkäufer. Er zeigte sich jedoch zuversichtlich, daß die kaiserliche Regierung, zu deren „höchsten und zivilisiertesten Verdiensten das noble Interesse" gehöre, welches sie stets „für die Geschichte der Stadt Rom" bewiesen habe, diesen gerechten Forderungen zustimmen würde.

Ganz so einfach war es freilich nicht. Bülow leitete das Schreiben an das Auswärtige Amt weiter, dessen Hausjuristen die Angelegenheit eingehend prüften und zahlreiche Bedenken anmeldeten, über die Staatssekretär Marschall den Botschafter wiederum in Kenntnis setzte. Während er zunächst Unverständnis und Ärger darüber äußerte, daß der Bürgermeister in der Einleitung seines Schreibens wie beiläufig die dem Reich bis dahin unbekannte Tatsache erwähnt hatte, daß das fragliche Grundstück mit einem Pachtvertrag belastet sei, kam er auf die Frage der archäologischen Funde zu sprechen. „Dem Verlangen des Fürsten Ruspoli wäre weniger Beachtung beizumessen, wenn es sich nur um bewegliche Fundstücke würde handeln können. Wenn sich indessen auf dem Grundstücke Baureste vorfinden sollten, die wir der Stadt Rom zum Eigenthum abzutreten hätten, so würde das Reich dadurch je nach der Ausdehnung der Baureste thatsächlich ganz oder teilweise expropriiert werden." In logischer Folgerung entwickelte der Staatssekretär ein Szenario, wie es dereinst dem Deutschen Kapitol tatsächlich zum Verhängnis werden sollte: „Mag es auch wie Euere Excellenz annehmen, zutreffend sein, daß sich die Fundamente des Jupiter-Tempels unter dem uns abgetretenen Theile des Montanari-Gartens sich befinden, so würden wir auch für den Fall, daß in der Nachbarschaft dieses Gartenteiles auf dem der Stadt Rom gehörigen Gebiete andre antike Bauten gefunden werden sollten, welche sich bis in unser Gebiet erstrecken, unter Umständen nicht umhin können, auf dem uns gehörigen Areal Ausgrabungen zu gestatten, die unser Eigenthum an dem Grundstücke in größerem oder geringerem Umfang in Frage stellen könnten." Das Reich müsse sich deshalb das Eigentum an unbeweglichen Funden vorbehalten, „wogegen die Funde unsererseits an Ort und Stelle belassen und gehütet werden würden. Den von dem Fürsten Ruspoli hervorgehobenen Interessen der civilisirten Welt und der Wissenschaft würden wir dadurch, daß die Funde dort

---

140 Anhang, Dok. 28.

geschützt und allgemein zugänglich bleiben, in vollkommener Weise gerecht werden. An beweglichen Funden würden wir uns das Eigenthum zwar ebenfalls vorbehalten, jedoch fest in Rom belassen, auch und uns unter gewissen Umständen zur Abtretung an die Stadt Rom bereit erklären können." [141]

Schließlich einigte man sich darauf, die beweglichen Objekte der Gemeinde zu „übergeben" und die unbeweglichen vor Ort zu „pflegen". Von einer Übertragung des Eigentums war keine Rede. Die Stadt Rom verpflichtete sich hingegen, in dem ihr übergebenen Gebäude alle Türen und Öffnungen zu vermauern, die auf das Gebiet der angrenzenden Deutschen Botschaft führten. Alle Ansprüche auf den Palazzo Caffarelli wurden dafür fallen gelassen. [142]

Es war erreicht!

---

141 Anhang, Dok. 29.
142 PAA, RQ 89.

Der deutsche Parnaß

Religio

Römische Diaspora, Kölner Wirren und Bekehrungssucht

In den Zeiten von Ökumene, Agnostizismus und toleranter Indifferenz fällt es schwer, sich die delikate Lage der deutschen Protestanten vorzustellen, die im 19. Jahrhundert im Kirchenstaat lebten. Nach dem demütigenden Trauma der Gefangennahme des Papstes und der Besetzung Roms durch die Truppen des laizistischen Frankreich waren die Nerven der Geistlichen erheblich angespannt. Der Katholizismus, der seit Jahrhunderten keiner ernsten Gefährdung ausgesetzt war, konnte sich in diesem neuen Zeitalter nicht einmal in Rom mehr sicher fühlen. Laizismus, Atheismus und Protestantismus erhielten durch Aufklärung, Revolution und Wissenschaft eine gefährliche Virulenz und schienen in verschiedenster Gestalt von überall her einzusickern. Protestantische Diplomaten, Gelehrte, Künstler, Handwerker und Weltleute wurden in einer Weise beobachtet, als bildeten sie eine verdeckte Guerilla zur Reformierung des Kirchenstaats. In der Tat zeigte das nervöse Mißtrauen bisweilen klare Symptome von Verfolgungswahn. So meldete der Jesuitenpater Pierre-Jean Beckx, Hofkaplan des Herzogs Ferdinand von Anhalt-Köthen, dem Münchener Nuntius Mercy d'Argenteau am 3. September 1828 im schönsten Klerikerlatein: „Die Führer der Protestanten betreiben eine Verschwörung, um ihre Irrtümer nach Italien, ja sogar, was besonders empörend ist, in die Stadt Rom selbst einzuführen. [...] Jene Verschwörung fördert besonders der preußische Hof, und Herr Bunsen, Gesandter des Königs von Preußen beim Heiligen Stuhl, ist verpflichtet, dieses unwürdige Geschäft in Rom voranzutreiben. Dieser Mensch ist zwar gewissen Sitten verpflichtet, gilt aber als sehr erfahren in häretischen Angelegenheiten. Er heuchelt in Rom höchste Verehrung gegenüber dem Heiligen Vater – und dennoch, sobald er mit den Seinen zusammen ist, erzählt er nichts als Schreckliches und Lächerliches über die Katholiken und das ihnen Heilige. Er beabsichtigt auch seit langem, seine Sekte voranzubringen, sowohl mit dem preußischen Hofe als auch mit den Gelehrtesten aus der protestantischen Schule. [...] Gegen Ende dieses Monats wird sich der preußische Kronprinz nach Italien begeben, und es wird sich zeigen, daß der Zweck seiner Reise kaum ein anderer sein wird, als durch seine Anwesenheit den Übermut der Protestanten zu steigern [...]."[143]

Das Schlimmste aus katholischer Sicht war eben, daß die protestantischen Verschwörer bei ihrem Tun nie zu packen waren und den diplomatischen Status, die Wissenschaft oder das Kunstinteresse meisterhaft als Deckung nutzten, um ihre Stützpunkte aufzubauen und ihre Netzwerke zu knüpfen. Bei dieser formalen Korrektheit des Gegners konnte sich natürlich auch die katholische Kirche auf diplomatischer Ebene keine Blöße geben, so daß die diversen Abwehrmaßnahmen auf untere Ebenen verschoben wurden, wo sie von den Protestanten oft nur noch als reine Schikane erlebt wurden.

Der diplomatische Eklat hatte freilich eine lange Vorgeschichte, die hier nur kurz dargestellt werden kann. Das Verhältnis zwischen Preußen und dem Heiligen Stuhl war schon seit vielen Jahren durch das Problem der „Kölner Mischehen" belastet, eine Angelegenheit, die über die Jahre Schritt für Schritt eskalierte, zum offenen Zerwürfnis beider Staaten und beinahe zum Abbruch der diplomatischen Beziehungen im Jahr 1838 führen sollte.[144]

---

[143] „Conspirant nempe primarii ex protestantibus, ut suos errores in Italiam, imo, quod maxime indignationem excitat, et ipsam Urbem Romam invehant. [...] Istam conspirationem maxime fovet aula borussica et Dom. Bunsen, qui apud Ap. Sedem regis Borussorum negotia curat, iniquum istud studium Romae promovere debet. Est iste homo pollitus quidem moribus, sed haereticis pravitatibus apprime dicitur instructus. Mentitur Romae summam erga Beatissimum Patrem venerationem et tamen, ubi cum suis agit, non nisi horrenda aut ridenda quaeque de catholicis eorumque sacris narrat. Egit autem jam a multo tempore de promovenda sua secta cum aula borussica et cum doctissimis ex schola protestantica [...]." Zitiert nach BASTGEN 1933, S. 166f.; vgl. auch MASER 1988, S. 180.

[144] Siehe dazu ausführlich – wenn auch freilich nicht ganz unparteiisch – HANUS 1954, S. 208–240 und BASTGEN 1925.

Nach dem Wiener Kongreß verfügte Preußen über Teile des Rheinlands und damit auch über eine große Anzahl katholischer Untertanen. In einem Reich, in dem jeder „nach seiner façon selig" werden durfte, war dies in erster Linie eine verwaltungstechnische Herausforderung. Schon unter Friedrich II. war die Einbürgerung der ebenfalls katholischen Bevölkerung Schlesiens relativ problemlos verlaufen. Die Konzessionen, die man an den neuen Zustand machte, blieben auf die administrative Ebene beschränkt und bestanden vor allem in der Aufnahme diplomatischer Beziehungen zum Heiligen Stuhl, dessen Zuständigkeit für die kultischen Belange der Neubürger man als eine Art verwaltungstechnischer Besonderheit anerkennen mußte. Im Fall des Rheinlands verlief die Sache weniger glimpflich. Anders als in Schlesien mit seiner homogenen und ländlichen Bevölkerung kam es am Rhein häufig zu konfessionellen Mischehen. Das Problem, das Rom dabei beschäftigte, war die Frage, welchen konfessionellen Unterricht ein daraus entstehendes Kind erhalten solle. Das preußische Landesrecht sah hier eine klare Regelung vor, indem es die religiöse Erziehung dem Vater übertrug, oder besser, überließ. War der Vater katholisch, so konnte Rom eine protestantische Mutter tolerieren, landete das Kind doch auf der richtigen Seite und das lutherische Erbgut der Mutter sozusagen in der Sackgasse. Die Vorstellung aber, daß ein Kind aus einer Mischehe bei einem protestantischen Vater aus dem katholischen Schoß der Mutter in das Lager der Ketzer überführt werden sollte, war der römischen Kurie allein schon aus ihrer Verantwortung für das Seelenheil dieses Kindes unerträglich.

Weigerten sich „gemischte" Ehepartner, sich auf eine katholische Erziehung des Nachwuchses verbindlich festzulegen, so verweigerte die katholische Kirche dieser Ehe ihren Segen. Bunsen erbte den Fall von seinem Vorgänger Niebuhr, da man auf preußischer Seite das Problem lange unterschätzt, zahlreiche Lösungsvorschläge der Kurie nicht aufgegriffen und auf Zugeständnisse nicht reagiert hatte. Lange Zeit glaubte man, die Kurie, die gerade für die Heirat der bayerischen Prinzessin Elisabeth mit dem preußischen Kronprinz Friedrich Wilhelm einen spektakulären Dispens gewährt hatte, werde die Sache nicht so genau nehmen und den örtlichen Bischöfen keine strikten Weisungen zur Segensverweigerung erteilen.

Anstelle mit Rom zu verhandeln vertraute man in Berlin auf die Kraft der Gesetze. Am 17. August 1825 wurde eine Kabinettorder erlassen, welche die Einsegnung gemischter Ehen anordnete, auch ohne daß – wie von Rom verlangt – die katholische Erziehung des Kindes vertraglich festgeschrieben worden wäre.[145] Falls in diesem Punkt Uneinigkeit unter den Eltern herrsche, habe das Kind automatisch der Religion des Vaters zu folgen, ob dieser nun protestantisch oder katholisch sei. Die katholischen Geistlichen vor Ort wurden daraufhin von Rom angewiesen, unter möglichster Vermeidung des offenen Rechtsbruchs die preußischen Bestimmungen zu unterlaufen. Preußen sah nun ein, daß man in dieser Frage um Verhandlungen mit dem Vatikan nicht herumkommen werde. Diese Verhandlungen zogen sich über Jahre hin und wurden unter anderem von dem Ableben zweier Päpste sowie der zögernden Haltung König Friedrich Wilhelms III. behindert, der in gewissen Provinzen seines Reiches *de jure* nicht alleine die Majestätsrechte und Landeshoheitsrechte, sondern ebenso die geistliche Gerichtsbarkeit – auch über Katholiken – beanspruchte. In Rom wiederum wußte man, daß eine eher liberale Handhabung der Frage in der Praxis kaum zu verhindern sei, doch wollte man dem zumindest nicht offiziell zustimmen. Der Vatikan kam Preußen insofern entgegen, als man in Aussicht stellte, die katholische Erziehung von Kindern zwar als äußerst wünschenswert, als *causa opportuna* oder *idonea* zu verlangen, sie aber nicht zur *conditio sine qua non* für die Anerkennung einer Mischehe zu machen. Wird eine entsprechende Zusicherung verweigert, so könnten katholische Geistliche bei einer solchen Eheschließung nur passive Assistenz leisten und müßten von Zeremonien absehen, welche die Billigung einer solchen Ehe einschließen würden. Im Gegenzug erwartete man von Berlin, frühere Zusagen über die Abschaffung der bürgerlichen Ehe einzulösen.

Auf die preußische Forderung einer unbedingten Trauung wollte man sich in Rom nicht einlassen, hätte dies doch eine indirekte Einschränkung des dogmatischen Grundsatzes *extra ecclesiam nulla salus* bedeutet. Ein entsprechendes Breve (*Literis altero abhinc anno*) wurde am 28. März 1830 erlassen.[146] Preußen verlangte Nachbesserungen und reichte das Breve an den Heiligen Stuhl zurück.

---

145 Bastgen 1925, S. 111.
146 Bastgen 1925, S. 111f.

Da jedoch Rom den Forderungen Berlins nicht weiter entgegenkommen wollte, verhandelte man nun direkt mit den deutschen Bischöfen, allen voran dem Kölner Erzbischof Ferdinand August Graf Spiegel. Aus Rom kam Bunsen, der dem Vatikan versprochen hatte, das besagte Breve in unveränderter Form den Bischöfen doch zuzustellen. Statt dessen wurde in Berlin zwischen dem preußischen Staat und den Bischöfen 1834 die geheime „Berliner Konvention" abgeschlossen, „die in 15 Artikeln dem Breve eine solche Deutung gab, daß es mit der erwähnten Kabinettsordre in Einklang gebracht werden konnte".[147] Vom Geist des Breves wich die Berliner Konvention jedoch empfindlich ab. Der Vatikan sollte ganz offensichtlich getäuscht werden.

Die Sache flog Anfang 1836 auf („man vergesse nicht, daß der Vatikan das beste Außenministerium der Welt besitzt und apostolische Nuntien, Pro-Nuntien und Delegaten in allen Erdteilen unterhält"[148]) und setzte Bunsen, der die Existenz einer solchen Konvention ungeschickterweise leugnete, beim Vatikan in eine schwierige Position. Der neue Erzbischof von Köln, Clemens August von Droste-Vischering, weigerte sich, die geheime Konvention von 1834 anzuerkennen. Zudem begann er, scharf gegen theologisch nicht linientreue Professoren der Bonner theologischen Fakultät vorzugehen. Dies eröffnete eine weitere Front, wobei in einigen Punkten klar das Staatsrecht verletzt wurde. Die Verhandlungen mit der preußischen Regierung wurden schließlich abgebrochen.

Nun eskalierte der Streit: Am 20. November 1837 ließ die preußische Regierung Erzbischof Droste-Vischering festnehmen und in Minden in Festungshaft setzten, aus der er erst im April 1839 entlassen wurde. Mit diesem Schritt war Preußen freilich schlecht beraten. Er provozierte eine eisenharte Haltung des Vatikans[149] sowie den engen Schulterschluß der deutschen Katholiken mit Rom, den sogenannten Ultramontanismus.

Mit dem „Kölner Ereignis", auch „Kölner Wirren" genannt, war das Verhältnis zwischen Preußen und dem Heiligen Stuhl auf einem Tiefpunkt angelangt, von dem es sich nie wieder völlig erholen sollte. Der Papst weigerte sich, Bunsen zu empfangen, da er in ihm den Hauptdrahtzieher des „Kölner Ereignisses" vermutete. Bunsen versuchte diesen Boykott sehr undiplomatisch zu umgehen, indem er sich ungebeten in das Empfangszimmer des Kardinal-Staatsekretärs begab, wo man mit ihm allerdings nur über das Wetter redete. Es half nichts. Die preußische Regierung erkannte, daß Bunsen – *un morto che puzza*[150] – in Rom nicht zu halten war. Außerdem war man darüber verärgert, daß Bunsen zu einem Zeitpunkt, als vertrauensbildende Maßnahmen bitter nötig gewesen wären, mit seinem eigenmächtigen Vorgehen in den Angelegenheiten der Botschaftskapelle zusätzlich diplomatisches Porzellan zerschlagen hatte.[151] Am 1. April 1838 erfolgte die Abberufung vom Posten des Vatikangesandten. Sein Nachfolger, Ludwig August von Buch, sollte Preußen bis 1841 lediglich als Geschäftsträger vertreten.

Ihren Abwehrkampf gegen die angebliche Verschwörung des Protestantismus führte die Kirche nicht nur an der diplomatischen Front. Sie versuchte auch, den Gegner durch offensive Missionsarbeit aktiv zu schwächen.[152] Die durchgehend prominent besetzte Kolonie in Rom lebender Protestanten bot für diese Bemühungen ein ideales Betätigungsfeld. Eine generelle Neugierde gegenüber den Erscheinungsformen und Vertretern des päpstlichen Katholizismus, der meist recht ungezwungene gesellschaftliche Umgang sowie ein mit den Jahren ermüdeter Rationalitätsglaube, der sich bei Romreisenden nicht selten in sein Gegenteil verkehrte, kam der katholischen Seite entgegen. Die bevorzugten Opfer waren Künstler[153] und Frauen,[154] die für die sinnlichen Aspekte des Katholizismus, aber auch für dessen autoritären, die Unterwerfung fordernden Absolutheitsanspruch besonders empfänglich zu sein schienen. Als erstes fiel dem Fremden, neben der hohen Zahl von Kirchen, die große Menge an Geistlichen auf: „Der Geistlichen ist hier begreiflich eine ungeheure Zahl; überall begegnen einem welche, in schwarzer, violetter, weißer oder brauner Tracht, mit rothen, veilchenblauen, schwarzen oder weißen

---

147 BASTGEN 1925, S. 113.
148 HANUS 1954, S. 221.
149 Zur Haltung der römischen Kirche siehe u.a. die von Hubert Bastgen publizierten Quellen in: Hubert Bastgen „Ein Briefwechsel zwischen Bischof Reisach und Kardinal Lambruschini", in: *Römische Quartalschrift für christliche Altertumskunde und für Kirchengeschichte*, 34 (1926), S. 199–1237.

150 BASTGEN 1929, S. 629; A. u. D. ESCH 1995, S. 410.
151 BASTGEN 1929, S. 126f.
152 NOACK 1927, 1, S. 381–383; SCHUBERT 1930, S. 20–22.
153 NOACK 1927, 1, S. 382f.
154 SCHEITLER 1988, S. 306; SCHUBERT 1930, S. 21f.

Strümpfen, oder auch ohne Strümpfe. Wenn man die Fremden von der Volkszahl Roms ausnimmt, so kann man sicherlich behaupten, daß immer der zehnte Mann zum geistlichen Stande gehört."[155] Auch wenn diese Schätzung Ernst Raupachs übertrieben ist – die wirkliche Quote lag in Rom im Jahr 1817 bei 1:30 [156] – so muß doch ein gänzlich auf die klerikale Repräsentation ausgerichtetes Staatswesen enorm beeindruckt haben. Das galt, damals noch mehr als heute, für die Gestalt des Papstes, der als geistlicher wie weltlicher Fürst in seinen Titeln, Gewändern und Zeremonien den fremden Beobachtern wie ein Geist aus der Zeit des römischen Kaisertums erscheinen mußte. Aus der sicheren Distanz des Nordens ließ sich leicht über dergleichen spotten, doch der persönlichen Begegnung mit diesem Gesamtkunstwerk erlagen selbst so eingefleischte Protestanten wie Ernst Raupachs bereits zu Wort gekommener Schulmeister Lebrecht Hirsemenzel: „Der Papst ist für uns Protestanten gewöhnlich soviel, wie der Mann im Monde, [...] und [da] es nur Wenigen gelingt, ihn von Angesicht zu Angesicht zu sehen, so bleibt er für die Meisten immer ein *Ens rationis*, ein Gedankending, also im Grunde noch weniger als der Mann im Monde, den wir doch mindestens zu sehen glauben. Sie können sich vorstellen, daß ich nicht wenig begierig war, den Nachfolger der Gewaltigen zu sehen, deren Geist dieser Geschichte des Mittelalters ihre Farbe gibt, den Mann, der die älteste und in ihrer Art einzige Krone trägt, die ihm nicht allein zum Herrscher, sondern auch zum Heiligen macht. Mein Wunsch wurde auch bald erfüllt [...]. Ich wüßte nicht, daß der Anblick eines Menschen [...] einen solchen Eindruck auf mich gemacht hätte. Das Ehrwürdige der Person selbst, das Seltsame der Kleidung, die ungewöhnliche Ehre, die man ihm erweist, dieß alles mochte das Seinige dazu beitragen; aber am meisten tat wohl der Gedanke, dieß sey der Mann, der nach dem Glauben so vieler Millionen von allen Menschen nicht irren, der das Los des Menschen jenseits des Grabes bestimmen könne."

Doch auch Zeitgenossen wie die Schriftstellerin Fanny Lewald (1811–1889), die als in Königsberg aufgewachsene Jüdin nur indirekt vom katholisch-protestantischen Antagonismus betroffen war und hier als eine Art unparteiische Schiedsrichterin auftreten konnte, scheint der bezwingenden Ausstrahlung des römischen Katholizismus zumindest teilweise erlegen zu sein: „Wenn ein Norddeutscher aus einem protestantischen Lande sich plötzlich nach Rom versetzt sähe, ohne die allmähliche Stufenleiter italienisch-katholischer Eindrücke von Deutschland abwärts bis Rom durchwandelt zu haben, er müßte sich in einer Traumwelt glauben. Heiligenbilder, Mönche, Kardinalsequipagen, Prozessionen, das sind alles Dinge, von denen wir zwar hören, die uns aber doch ziemlich fern und unklar vorschweben. [...] In Italien und namentlich in Rom tritt aber der Katholizismus in seiner ganzen riesenhaften Größe und Festigkeit auf. Er mahnt mich oft an den schönen Gigantenbau, an das Colosseum, das aus so festen Quadern nach so weisem Plane gebaut ist, daß es fast unzerstörbar scheint. [...] Es ist eine tiefe, weise Konsequenz in dem Bauplan, und alles, was konsequent ist, hat Dauer. Die Konsequenz ist es, die den Katholizismus stark macht." Unter diesen nur bedingt theologischen Gesichtspunkten konnte der Protestantismus keine gute Figur machen: „Der Katholizismus ist *ganz* und mächtig, der Protestantismus halb und ohnmächtig, [...] solange er ein klägliches Mittelding von Glaubensfreiheit und Gewissenszwang bleiben will, solange er zwar unscheinbar, aber doch herrschsüchtig ein egoistisches Pfaffentum in sich verbirgt. Der Katholizismus ist ehrlicher. Er spricht es offen aus, daß er herrschen will, und man kann, wenn man das nicht liebt, seine Maßregeln danach treffen; während für diejenigen, die im Gefühl innerer Unselbständigkeit sich ewig unter die Flügel der katholischen Mutterkirche zu bergen wünschen, von dieser auf die liebenswürdigste Weise und nach dem Bedürfnis jedes einzelnen gesorgt wird."[157]

Im Vergleich dazu mußte der nordische Protestantismus selbst überzeugten Anhängern wie Bunsen als pedantische, dem Menschen und seinen Bedürfnissen gegenüber gleichgültige Kopfreligion erscheinen: „Für die Schwachen, die nichts bekennen, als was sie vor Augen sehen, ist die Erbärmlichkeit und Zerfallenheit unseres Protestantismus hinlänglich, sie irrezumachen, wenn sie späterhin religiöse Bedürfnisse fühlen. Und diese Erbärmlichkeit scheint freilich gleich nach der Reformation angefangen zu haben; bei uns nämlich, indem man

---

155 Hirsemenzel Briefe, 291f.
156 Im Jahr 1817: Auf ca. 130 000 Einwohner kamen 32 Bischöfe, 1302 Weltpriester, 1286 Mönche, 1172 Nonnen; vgl. Scheitler 1988, S. 309 und Anm. 59.

157 Lewald 1847, 1, S. 284–286.

statt einfacher und wirklich evangelischer Freiheit angemessener Glaubensartikel theologische hyperkritische Spitzfindigkeiten und Klammern festgestellt hat, die doch nur für die Theologen sein könnten, für die Gemeinde jedoch gar nicht."[158]

Die katholischen Bekehrungsbemühungen waren gerade bei der besseren Gesellschaft auch deshalb so erfolgreich, weil sie nicht von eifernden Missionaren oder den für ihre Sittenlosigkeit und geistige Dumpfheit berüchtigten Mönchen[159], sondern von der „feinen Weltsitte und der heiteren Freisinnigkeit ihrer Priester" getragen wurden.[160] Unterstützung erhielt die katholische Geistlichkeit auch von Seiten der Neubekehrten, welche ihren ehemaligen Konfessionsgenossen mit allerlei Flugblättern und Broschüren zusetzten. Noch einmal Bunsen: „Die Neu-Katholiken haben uns vor einigen Wochen eine *Voix de l'Eglise Catholique aux Protestantes de bonne foi* geschickt, ein elendes declamirendes Büchlein von einem französischen Priester geschrieben, um die hier in der Irre herumlaufenden protestantischen Schafe zur katholischen Kirche zu verführen."[161]

Tatsächlich wurde „der protestantische Glaube von denen besonders angegriffen, die ihn erst vor wenigen Wochen abgelegt hatten."[162] Bei Streitgesprächen in Weinlokalen und Osterien kam es zu handgreiflichen Auseinandersetzungen, bei denen die Frischkonvertierten den protestantisch Gebliebenen mit allen Repressionsmaßnahmen drohten, die ihre neue Religion praktischerweise zur Verfügung stellte: mit der heiligen Inquisition und der in Rom noch praktizierten öffentlichen Prügelstrafe.[163] Selbst der alte Goethe in Weimar bekam von den Übergriffen der Neukatholiken zu hören: „Was ich dort erfahre, erregt mich zu schmerzlichem Mitleid. In Rom haben sich die alten Neuen von allen anderen rottweise abgesondert und dulden sie nicht nur mehr unter sich, sondern verfolgen offensiv wenigstens die jungen deutschen Ankömmlinge und Studenten […]."[164]

Die Preußische Gesandtschaftskapelle

Die Botschaftskapelle verdankte ihr Bestehen im Ursprung eben jener grassierenden „Bekehrungssucht".[165] Zumindest war dies die Begründung, mit der Niebuhr beim preußischen König in einem langen und geschickt angelegten Schreiben um die Entsendung eines „Gesandtschaftspredigers" bat.[166] Zunächst schilderte Niebuhr den haarsträubenden Einzelfall des todkranken und halb bewußtlosen Grafen Ingelheim, eines Halbbruders des Königs, dessen trostloser Zustand von römischen Geistlichen auf skrupellose Weise ausgenützt worden sei, um ihn zur Konversion zu zwingen.[167] Sodann, das nun sichere Interesse des Königs voraussetzend, holte Niebuhr weiter aus: „Von jeher sind Protestanten, welche Italien besucht haben, den Nachstellungen der katholischen Priester ausgesetzt gewesen, die durch Überredung und betörende Controversen, zuweilen auch durch dargebotene Vorteile und allerley Anlockungen ihre Zwecke zu erreichen gesucht haben."[168] Während man früher, als die Kirche noch über Reichtümer verfügt habe, die verarmten höheren Stände im Visier gehabt habe, so kümmere sich die inzwischen selbst verarmte Kirche nun vornehmlich um jene, die „ohne positiven und gesicherten Glauben, sehr mangelhaft unterrichtet, hierher kommen." Nach Niebuhrs Ansicht seien die „allermeisten jungen Leute" zu dieser mangelhaft unterrichteten Gruppe zu zählen. Diese würden dann von „betrügerischen Bekehrern umringt, die sie in Diskussionen hineinziehen, wofür sie gar keine Waffen haben; und sie gehen um so unbedachtsamer in diese Gespräche hinein, je mehr die unglückliche Oberflächlichkeit und Geschwätzigkeit der Zeit jeden veranlaßt, über Alles zu diskutieren und Urteile zu fällen, ohne sich die Mühe zu nehmen, zu forschen und sich zu unterrichten oder seine Fähigkeit zu prüfen",[169] eine Problematik, mit der auch wir heutigen vertraut sind.[170]

---

158 An die Schwester am 1. Juli 1818; BUNSEN/NIPPOLD, 1, S. 149.
159 SCHEITLER 1988, S. 310.
160 LEWALD 1847, 1, S. 250.
161 An die Schwester am 1. Juli 1818; BUNSEN/NIPPOLD, 1, S. 148; vgl. MASER 1988, S. 183.
162 SCHUBERT 1930, S. 22.
163 SCHUBERT 1930, S. 22.
164 Zitiert nach SCHUBERT 1930, S. 22.
165 A. u. D. ESCH 1995, S. 374–377.
166 NOACK 1912, S. 146; SCHUBERT 1930, S. 22–26; PUCHTA 1997, S. 23f.;
167 SCHUBERT 1930, S. S. 23f.
168 An Friedrich Wilhelm III. im Juni 1818; NIEBUHR BRIEFE, 1, S. 301.
169 NIEBUHR BRIEFE, 1, S. 301f.
170 A. u. D. ESCH 1995, S. 370f.

Als bestes Mittel gegen die grassierende Bekehrungssucht empfiehlt Niebuhr die Entsendung eines „ächt-evangelischen Geistlichen". Im Winter sei zwar schon ein anglikanischer Geistlicher in der englischen Kirche außerhalb der Stadtmauern vorhanden, dessen Predigten verstünden die meisten Deutschen jedoch nicht, der Sprachbarriere wegen. Und sollte man in den Sommermonaten hier sterben, was im Rom dieser Zeit nicht das Allerunwahrscheinlichste war,[171] so müsse man ohne Sakrament bestattet werden.

Dies waren anscheinend schlagende Argumente. Am 2. August 1818 erließ Friedrich Wilhelm III. eine Kabinettsorder, in der er den von Niebuhr „abgegebenen Vorschlag eines evangelischen Gesandtschaftspredigers sehr der Sache angemessen" fand und wünschte, „daß diese Idee schleunigst in die Wirklichkeit übergehe."[172] Immerhin dauerte es bis zum 3. Juli 1819, bis Niebuhr in einem Brief an seine Vertraute Dora Hensler den Erhalt des bestellten Geistlichen quittieren konnte: „In der vorletzten Woche ist unser Prediger angekommen." Über dessen Eigenschaften zeigte sich Niebuhr hochzufrieden: „Eine nicht geringe Erwartung wird selten so übertroffen. […] Er ist sehr geistreich, im Besitz der tüchtigsten Kenntnisse, seine Physiognomie höchst glücklich (Abb. 31), sein Ausdruck im Gespräch u. Betragen äußerst liebenswürdig. Einfachheit und Anspruchslosigkeit erhöhen die Anziehung seiner Eigenschaften." Letztgenannte Qualitäten waren für die zu bekleidende Stellung schon deswegen vorteilhaft, da die von Berlin vorgesehene Besoldung des frommen Mannes knapp unter dem Existenzminimum lag. Dem ursprünglichen Gehalt von 800 Reichsthalern wurden schließlich noch 200 Thaler als Prämie für die frisch angetraute Ehefrau des Priesters hinzugefügt. „Mit 1000 Rth wäre es dann schon möglich zu machen, daß sie hier ganz spärlich lebten […]." Niebuhr hatte ausdrücklich auf die Entsendung eines verheirateten Geistlichen bestanden, um den Römern zu zeigen, daß „das eheliche Bündnis der Würde des Geistlichen keinen Einhalt tue, ihn vielmehr tüchtig mache, ein tieferes Einsehen in alle menschlichen Verhältnisse zu gewinnen".[173] Zur ersten Predigt in der Wohnung Niebuhrs im Palazzo Savelli (Abb. 8) am 27. Juni hätten sich ca. 60 Protestanten eingefunden, unter ihnen, wie Niebuhr ausdrücklich bemerkte, „nicht wenige Handwerker", die sich schon seit einer Woche im Kirchgesang geübt hätten.[174] „Diese zeigen eine ganz besondre Freude über den vermissten Trost; und davon bin ich ganz gewiss, daß von nun an die Fälle des Übergangs zur katholischen Religion äusserst selten seyn werden."[175]

Von der Ankunft dieses tüchtigen Herrn Schmieders, so hieß der Pastor, bis zur Einrichtung einer ordentlichen Gesandtschaftskapelle war es freilich ein weiter Weg.[176] Einige Jahre noch wurde „Niebuhrs Wohnzimmer mit Stühlen und einem einfachen Tisch hergerichtet, worauf als Altargeräte zwei Leuchter und ein Kruzifix dienten."[177] Dieses auf äußerste Diskretion bedachte Provisorium verglich Raupach mit den heimlichen Zusammenkünften der Frühchristen im heidnischen Rom der Kaiserzeit.[178] Der preußische König Friedrich Wilhelm III., der Ende 1822 Rom besuchte, konnte dem Versteckspiel begreiflicherweise nur wenig abgewinnen. Er forderte einen würdigen Gottesdienst an einem festen Altar. Legationssekretär Bunsen, der nichts unversucht ließ, um dem König bei seinem Rombesuch angenehm aufzufallen, ließ es geschehen, daß hierfür das beste Zimmer in Niebuhrs Wohnung verwendet wurde, ohne den gerade abwesenden Niebuhr zu konsultieren oder auch nur zu informieren.[179] Daß der bürgerliche Gesandte gegen diese Umfunktionierung der eigenen Wohnung Einwände haben könnte, wurde in der hocharistokratischen Umgebung des Königs erst gar nicht erwogen. So entstand – wenn auch nur für kurze Zeit – der erste feste Altar für einen protestantischen Ritus innerhalb der Mauern Roms, der zugleich das Ende von Niebuhrs und den Beginn von Bunsens Karriere bedeutete. Denn Niebuhr, bereits erbost darüber, während des Besuchs protokollarisch den „Domestiken" des Königs zugeteilt zu werden,[180] zusätzlich gereizt von der Gunst, die sich Bunsen als gefälliger Gesprächspartner

---

171 Einen Überblick über die Möglichkeiten, in Rom zu sterben geben A. u. D. Esch 1995, S. 387f.; siehe auch: Andreas Beyer, „Reisen – bleiben – sterben : die Goethes in Rom,", in: Italienbeziehungen des klassischen Weimar, hg. v. Klaus Manger, 1997, S. 63–84.

172 Zitiert nach Schubert 1930, S. 25.

173 Schubert 1930, S. 26.

174 Über die soziale Zusammensetzung der protestantischen Gottesdienstbesucher siehe A. u. D. Esch 1995, S. 395–397.

175 An Dora Hensler, 3. Juli 1819; Niebuhr Briefe, 1, S. 439;

176 A. u. D. Esch 1995, S. 374–382.

177 Krüger 1991, S. 205.

178 Hirsemenzel Briefe S. 296.

179 An Freiherr von Stein, 18. Januar 1823; Niebuhr Briefe, 2, S. 828f.; an Dora Hensler, 1. Februar 1823; Niebuhr Briefe, 2, S. 836f.; Krüger 1991, S. 205.

180 Niebuhr Briefe, 2, S. 828.

beim König zu erwerben verstand,[181] wollte die „vom Günstling" eingefädelte „Zerstörung seiner Wohnung" nicht hinnehmen. Bunsen soll ihm geantwortet haben: „Nun, wenn Sie's wollen, so muß ich dem König sagen, daß Sie die Kapelle nicht haben wollen." Niebuhr, der seit den ersten Tagen seines Aufenthalts mit nie ermüdender Leidenschaft seiner Prosa das verrottete Rom und die noch verrotteteren Römer gegeißelt hatte, reichte ein Gesuch um Beurlaubung ein, die ihm sogleich gewährt wurde. Übrig blieb Bunsen, der nach eigener Darstellung eigentlich den diplomatischen Dienst hatte quittieren und sich ganz der Wissenschaft zuwenden wollen. Nur die unbegreifliche, von ihm nie gesuchte Gunst des Königs, die überraschende Ernennung zum Legationsrat und Niebuhrs Beurlaubung hätten ihn gezwungen, seine Wünsche zurückzustellen um in Abwesenheit des Gesandten die Geschäfte zu führen. In Berlin wußte man soviel Selbstlosigkeit zu schätzen: Im Mai 1824 wurde Bunsen mit dem Gehalt eines Ministerresidenten zum *Chargé d'Affaires*, im Mai 1827 schließlich zum Ministerresidenten ernannt.[182] Bunsen hatte es geschafft. Auch wenn sein Bedauern, die wissenschaftliche Laufbahn nun nicht fortsetzen zu können, nicht völlig unaufrichtig gewesen sein mochte, so schien ihm der weltliche Glanz des diplomatischen Dienstes doch auch gut zu gefallen. Von seiner Begabung, die Gunst des Königs zu erlangen, war er – bei aller Bescheidenheit – selbst ein wenig überrascht.[183] Kurz, er begriff mit dem wendigen Instinkt des geborenen Aufsteigers, daß die diplomatische Laufbahn ihn wohl steiler – und dabei müheloser – nach oben führen würde, als die Wissenschaft. Bunsen besaß die Begabung, persönliche Interessen zu haben, die gleichzeitig seine Karriere beförderten. Der Protestantismus, der protestantische Ritus und die Errichtung einer protestantischen Gemeinde in Rom waren eines seiner großen Steckenpferde, die er mit niemand geringerem als dem König gemeinsam hatte.

Mit Niebuhrs Weggang zog die Institution der preußischen Gesandtschaft in die Wohnung ihres Geschäftsträgers, also in den Palazzo Caffarelli auf dem Kapitol. Eine der ersten Amtshandlungen Bunsens war es, dort eine Kapelle einzurichten (Abb. 29).[184] Von der Familie des Herzogs Caffarelli wurde dafür ein größerer Lagerraum im Erdgeschoß des Palastes angemietet, der angeblich ein Pferdestall gewesen sein soll. Eine solche ehemalige Funktion war aus programmatischer Sicht sehr willkommen – man denke an den Ursprung des Christentums im Stall von Bethlehem, sie ist auf Grund der Lage und des engen Zugangs der Räumlichkeit jedoch eher unwahrscheinlich. Die *stalle* der Caffarelli lagen anderswo, im Erdgeschoß des Wohnhauses werden vielmehr nicht-tierische Wirtschaftsräume wie *tinelli* etc. untergebracht gewesen sein.[185]

Wie dem auch sei, wichtig ist, daß Bunsen darin einen Pferdestall sehen wollte, den er für 296 Taler, die vom preußischen König kamen, sparsam als protestantische Kapelle herrichtete. Bis zum Pfingstsonntag 1915, also 92 Jahre lang, sollte hier Sonntag für Sonntag der protestantische Gottesdienst gefeiert werden. Die ostentative Bescheidenheit der Lokalität[186] erscheint im Vergleich zu den strotzenden Kirchen Roms nicht nur Sparsamkeit (Abb. 30), sondern Programm gewesen zu sein und wurde von den Besuchern der Gottesdienste auch so verstanden. Die Kargheit wie auch die versteckte Zurückgezogenheit bestärkte bei den römischen Protestanten das Gefühl, einer verschworenen Gemeinschaft in feindlichem Umfeld anzugehören, ein Selbstverständnis, das sich – dem historischen Ort angepaßt – zu einer Art Frühchristenromantik steigerte.[187] So schrieb der Maler Ludwig Richter – obschon selbst Katholik – zwei Jahre nach der Einweihung der Kapelle: „Die höchst einfache Gesandtschaftskapelle […] war früher, wie ihr Urbild in Bethlehem, ein Stall gewesen. Vier weiße Wände, ein Altartuch mit Crucifix und zwei Leuchter, einige Reihen Stühle, samt der kleinen Hausorgel in einer Ecke bildeten das prosaische Interieur. […] Die einfache, nüchterne Localität bildete einen starken Contrast gegen die Pracht der römischen Kirchen mit ihren pomphaften Gottesdiensten. In Bezug auf die Pracht stand die kleine Protestantenkapelle zu der benachbarten, altehrwürdigen Kirche Ara Celi, die auf den Fundamenten des

---

181 BUNSEN/NIPPOLD, 1, S. 199–201.
182 1835 erfolgte die Ernennung zum Envoyé extraordinaire et Ministre plénipotentiaire; FOERSTER 2001, S. 35.
183 BUNSEN/NIPPOLD, 1, S. 200.
184 NOACK 1912, S. 149; SCHUBERT 1930, S. 32; KRÜGER 1991, S. 203-205.
185 KRÜGER 1991, S. 209, hält die Pferdestall-Theorie hingegen für glaubhaft. Daß auf Veduten vor dem Palast Pferdegespanne sichtbar sind, ist jedoch kein Indiz für die tatsächliche Nutzung des Raumes.
186 Zur Räumlichkeit siehe KRÜGER 1991, S. 207–209 und Jürgen Krüger, „Die Gestalt der Botschaftskapelle nach 1866„, in: 175 Jahre Gemeindeleben. Festschrift zum Jubiläum der evangelisch-lutherischen Gemeinde in Rom 1819-1994, Rom 1994, S. 19-26.
187 KRÜGER 1991, S. 209.

capitolinischen Jupitertempels erbaut ist, vielleicht in einem ähnlichen Verhältnisse, wie vor achtzehnhundert Jahren die versteckten oder nur geduldeten Locale der kleinen Christengemeinde zu jenem Jupitertempel."[188] Das antithetische Gegenüber von Jupitertempel/Ara Coeli und Pferdestall/Gesandtschaftskapelle, das sich am Kapitolhügel zu einem einzigen großen Geschichtskomplex zusammenzuschließen scheint, nannte Jürgen Krüger treffend ein „Spiegelbild der Weltreligionsgeschichte".[189]

Diese Sicht modifizierte sich zwangsläufig, als im Verlauf des 19. Jahrhunderts, und speziell durch die Forschungen Bunsens,[190] immer klarer wurde, daß die Fundamente jenes Jupitertempels nicht unter dem „katholischen Götzentempel", sondern vielmehr unter dem Palazzo Caffarelli, also unter der Gesandtschaftskapelle selbst liegen mußten. Auch hatten die Gottesdienste nach dem Zusammenbruch des Papststaates gar nichts Heimliches, Verschworenes und Frühchristliches mehr, sondern schienen eher allsonntägliche Gesellschaftsanlässe gewesen zu sein, zumindest in den Augen des deutschnationalen – jedoch katholischen – Historikers Robert Kohlrausch, der die Kapelle gegen Anfang des 20. Jahrhunderts besuchte: „Der Gottesdienst war auch hier eben beendet worden; eine Menge von eleganten, geputzten Menschen kam mir entgegen. Die vornehme Welt aus der deutschen Kolonie hatte hier ihrem Gotte gehuldigt, in rauschender Seide schritten die Damen vorüber. […] einen Blick noch durfte ich werfen in die Kirche, bevor sie geschlossen wurde. Und sie lockte mich kaum zu längerem Verweilen. Denn wie ich gleich erkannte, war sie nicht viel mehr als ein Betsaal […]. Seine Ausstattung war von protestantischer Einfachheit. Ein paar Büsten von Luther und Melanchthon, ein paar gemalte Draperien an den Wänden und Medaillons an der Decke, ein Mosaikbild des Lammes über den vier Paradiesströmen in der Halbkuppel der Altarnische, – das war alles. Nein, was diesen Andachtsraum vor anderen, ähnlichen auszeichnete, war nicht seine Gestalt und nicht sein Schmuck, es war allein die Stelle, wo er sich befand."[191]

Auf alle Fälle scheint der Gottesdienst in dieser Kapelle den Besuchern – jedenfalls denen, die schriftlich darüber berichteten – das sichere Gefühl vermittelt zu haben, zur besseren Religion zu gehören. Der Berliner Professor und Rombesucher Heinrich Gelzer drückte, nachdem er auf dem Kapitol einem nach der „Bunsen'schen Liturgie" geführten Gottesdienst beigewohnt hatte, sogar die Überzeugung aus: „Es ist keine Frage, daß ein solcher Gottesdienst auf ernstere Italiener einen tiefen Eindruck machen würde, wenn man ihn in italienischer Sprache begehen dürfte."[192]

Diese von Bunsen eigens für seine Schöpfung, die Gesandtschaftskapelle, entworfene Liturgie[193] war eine reformierte Fassung der sogenannten „Berliner Liturgie", welche der König Friedrich Wilhelm III. bei seinem römischen Besuch 1822 als für den Gesandtschaftsgottesdienst verbindlich eingeführt hatte. Darin übernahm u.a. ein eigener Chor den Gesang, wodurch der Gemeinde eine eher passive Rolle zukam. Sie wurde allgemein als eher starr und öde empfunden. 1827 gelang es Bunsen, diese Liturgie durch eine neue zu ersetzen, die er selbst maßgeblich mitgestaltet hatte. Hierin spiegelt sich Bunsens sonderbares Interesse für Liturgie, ja seine Passion für Religiöses und Protestantisches überhaupt.[194] Persönlich stand Bunsen der „Erweckungsbewegung" nahe. Diese Erweckungsbewegung hatte ihren Ursprung in einer konservativen theologischen Strömung des späten 18. Jahrhunderts, die im übermäßigen Vernunftglauben der Aufklärung eine intellektuelle und spirituelle Sackgasse sah. Im Protestantismus fand diese Bewegung ab etwa 1800 immer mehr Anhänger. Einer der ersten Vertreter war der Kirchenhistoriker August Neander (1789–1850). Mit dem Grundsatz *pectus est quod facit theologum* (das Herz ist es, das den Theologen ausmacht) trat er gegen Rationalismus und den Hegelschen Vernunftbegriff an, ohne deswegen die Ergebnisse der historischen Bibelkritik abzulehnen. Das „erweckende" Element in Bunsens Liturgie bestand vor allem darin, die Gemeinde durch die Einführung von Gesang und Wechselgesang in die Gestaltung des Gottesdienstes einzubeziehen. Hierbei griff Bunsen – ganz im Geist der romantisierenden Strömungen seiner Zeit – auf mittelalterliches englisches Liedgut zurück, wie es im *Common*

---

188 Richter Lebenserinnerungen S. 192; Krüger 1991, S. 207; Puchta 1998, S. 26.
189 Krüger 1991, S. 209.
190 Platner/Bunsen, 3.1, S. 21-24.
191 Kohlrausch 1909-25, 1, S. 304f.
192 Gelzer Briefe S. 125f.
193 Siehe Schubert 1930, S. 85-87; Krüger 1991, S. 215f.; Foerster 2001, S. 64-69;
194 Foerster 2001, S. 55-64.

Prayer Book überliefert war. Protestantische Kritiker sahen im Ergebnis eine überflüssige, ja kontraproduktive Versinnlichung und damit intellektuelle Verunklärung des Gottesdienstes. Die Ablehnung der „kapitolinischen Liturgie" ähnelt stellenweise sogar auffällig der Kritik am katholischen Gottesdienst: „Bunsen hatte die Wiedereinführung des Psalmodierens der Antiphone und seiner sonstigen Greuel verlangt, das Mitsprechen der Gemeinde, das Knien, das rhythmische Singen; es ist etwas Geistloses und Mechanisches, und menschliche Kräfte können etwas Besseres zum Lobe Gottes zustande bringen, als Verse abzuschnattern."[195]

Unter den Gottesdienstbesuchern hingegen war die Messe ausgesprochen beliebt, so daß sie auch nach Bunsens Abgang 1838 beibehalten wurde. Auffällig ist, daß der Zuspruch besonders von Durchreisenden kam, die dergleichen aus Deutschland nicht kannten und sich besonders von den gesanglichen Elementen angezogen fühlten (während diese sich bei den fest ansässigen Gemeindemitgliedern mit der Zeit vielleicht etwas abgenutzt haben mögen). Der Berliner Gymnasialprofessor Christian Gottfried Daniel Stein, der 1828 die Kapelle besuchte, fand die Sache jedenfalls großartig: „Unvergeßlich wird mir stets die Stunde seyn, wo ich […] mit dem Gesandtschaftsprediger Bellermann aus Neapel und mehreren teutschen Künstlern ein Geist und Herz erhebendes Lied aus dem Wittenberger Gesangbuch sang und den würdigen Prediger Rothe hörte."[196] Der Schriftsteller Herman Allmers, der im Winter 1858 Rom besuchte, fühlte sich, wie schon Ludwig Richter, durch die kapitolinische Liturgie an frühchristliche Zeiten erinnert – zumindest wie er sich diese vorstellte: „Den Gottesdienst eröffnet eine eigenthümlich ergreifende Liturgie, die Bunsen einst nach altchristlichem Ritus eigens für diese Kapelle bearbeitet hat (denn außer ihr hat sie nur noch die protestantische Capelle in Jerusalem); dann folgt ein kurzer Gesang der Gemeinde, darauf die Predigt und zum Schluß wieder ein Gesang. Aber ich muß gestehen, selten ist mir in einer protestantischen Kirche so feierlich und fromm zu Muthe geworden, als in diesen kleinen schlichten Räumen und es kam mir immer vor, als sei hier wieder mitten im Heidenthum eine schüchterne, verfolgte Herde heimlich vereint, um zu preisen und zu hören, was ihnen über Alles theuer und heilig war, wie in den Zeiten des ersten Christenlebens, wo eine kindliche Herzensreinheit, eine innere Liebe und Eintracht mit einer heldenhaften Todesverachtung, wenn es galt, für die innere Überzeugung einzustehen, Hand in Hand ging. […] Auch der vierstimmige Gesang von Männern und Knaben war so einfach schön und an's Herz gehend, daß ich mit wahrer Erbauung die schlichten Räume verlassen habe."[197]

Nicht so erbaut vom Treiben dieser protestantischen Frühchristen war die päpstliche Regierung. Die Gesandtschaftskapelle an sich hätte man noch hinnehmen können – und müssen, wurden doch auch den Vertretern anderer Staaten zugestanden, innerhalb der Gesandtschaftsräume ihre jeweilige Religion zu praktizieren. Nur beschränkte sich dieses Zugeständnis auf den engen Kreis der Personen, die direkt der Gesandtschaft angehörten. Nun war es schon bei der Entsendung des Gesandtschaftspredigers Schmieders eine ausgemachte Sache, daß dieser nicht alleine vor Niebuhr und Bunsen predigen, sondern die spirituelle Grundversorgung aller in Rom lebenden Protestanten gewährleisten sollte. Schon dies war ein offener Regelbruch, der nur dadurch verdeckt wurde, daß man die Einrichtung einer festen Kapelle vermied. Außerdem konnte man darauf setzen, daß der Vatikan der neuen protestantischen Großmacht, die sich bei den Friedensverhandlungen für die Wiederherstellung des Kirchenstaates eingesetzt hatte, keine großen Probleme bereiten würde, solange die Gottesdienste in einer Form stattfanden, die von der päpstlichen Regierung stillschweigend ignoriert werden konnte. „Um eine Genehmigung war vorsichtshalber auch gar nicht ersucht worden, doch mag Niebuhr, bei seinem guten persönlichen Verhältnis zu Consalvi, dem Kardinalstaatssekretär mündlich Mitteilung gemacht haben".[198]

Bei der Gesandtschaftskapelle Bunsens war dies anders. Obgleich das Areal der Caffarelli damals noch recht abgeschieden lag, war es kaum zu übersehen, daß Sonntag für Sonntag auch solche Protestanten zum Gottesdienst auf das Kapitol hinaufstrebten, die unmöglich zur Gesandtschaft gehören konnten. Natürlich waren dies keine großen Massen, das Kirchenbuch beziffert die Menge der in Rom ansässigen deutschen Protestanten

---

195 Der Organist Otto Nicolai, zitiert nach SCHUBERT 1930, S. 86.
196 STEIN 1829, S. 103; Gesandtschaftsprediger Rothe wurde im selben Jahr durch Tippelskirch abgelöst.
197 ALLMERS SCHLENDERTAGE, S. 85f.
198 A. u. D. ESCH, 1995, S. 376

zwischen 167 (1829/30) und 73 (1832/33).[199] Von ihnen kamen meist bedeutend weniger, als der ohnehin nicht große Raum mit seinen 80 Stühlen[200] hätte fassen können. Heinrich Abeken, Gesandtschaftsprediger ab 1833, zeigte sich enttäuscht von der Frömmigkeit der römischen Protestanten, welche die Kapelle auch aus politischen Empfindlichkeiten zu meiden schienen: „Es ist ein in vieler Hinsicht schwieriger Posten; eine eigentliche Gemeinde, d.h. Gemeinschaft und Gemeinsamkeit existiert gar nicht; unter den Künstlern ist nur sehr wenig guter Wille, sehr wenig auch nur allgemeines Interesse an religiösen Dingen. Wer lebendiges Interesse daran nimmt, gehört zur Gesandtschaft, und das giebt dem Ding eine böse Parteistellung, und so wird leider nur von zu Vielen die Religion und Kirchlichkeit hier als Parteisache angesehen.; das hält manche tüchtige junge Leute ab, sich uns anzuschließen, weil sie diesen Schein vermeiden wollen. […] Meine Versammlung ist jetzt […] ziemlich klein, 10 bis 16 in den letzten Sonntagen, am ersten natürlich bedeutend voller."[201] Abeken zweifelte sogar am Sinn seines Amtes: „Gelegentlich kommen dann im Winter auch einmal Leute her, an denen man wirklich seine Lust hat, […] während man sonst in der Kirche zuweilen das Gefühl des Missionärs hat."[202]

Genau diesen Eindruck scheint man im Vatikan auch gehabt zu haben – obschon weniger die Zahl der protestantischen Kirchgänger zu Mißtrauen Anlaß gaben, als konkrete Warnungen von außen, die diesmal niemand anders als der ansonsten mit Preußen so freundschaftlich verkehrende Wiener Hof in selbstloser Amtshilfe[203] gegeben hatte. So meldete der Wiener Nuntius im Jahr 1836, er sei vom österreichischen Staatskanzler Fürst Metternich persönlich davon unterrichtet worden, daß Bunsen den Palazzo Caffarelli entweder gekauft oder zumindest den Mietvertrag erneuert hätte. Der Fürst wisse ganz sicher, daß das mit der Absicht geschehen sei, auf dem Kapitol eine protestantische Gemeinde zu errichten. In Wien wisse man außerdem genau Bescheid über „das Böse", das dieser Minister in Rom betrieben habe, „wo er unter dem Vorwand einer Akademie für die Schönen Künste, die er dort eingerichtet hat [gemeint ist das Archäologische Institut], mitten in der Hauptstadt der katholischen Welt eine skandalöse Proselytenmacherei betreibt".[204] Derselbe Metternich sollte wenige Jahre später die Präsidentschaft der skandalösen Anstalt übernehmen.[205]

Das „Proselyten machen", in diesem Fall also das offensive Missionieren von Katholiken zum Protestantismus, war allerdings ein sehr schwerwiegender Vorwurf. Für ein konkretes Einschreiten fehlten die Beweise. Das änderte sich, als durch einen Artikel in der Karlsruher Zeitung vom 14. Oktober 1836 bekannt wurde, Bunsen wolle ab 1. Januar 1837 im Palazzo Caffarelli eine Schule für protestantische Kinder betreiben.[206] Nun hatte man endlich einen konkreten Anlaß zum Handeln. Der Kardinalstaatssekretär Lambruschini höchstpersönlich schrieb am 21. Januar 1837 in ungewöhnlich deutlicher Sprache an Bunsen: „Der Heilige Stuhl war stets in höchstem Maße darum bemüht, die Vorrechte des diplomatischen Corps zu respektieren […]. Wenn jedoch zu den gewährten und überaus weit reichenden Vorrechten jenes [diplomatischen Corps] gehört, daß ein fremder Vertreter privat und in seiner Wohnung die Religion, der er angehört, praktizieren darf, so vermag Seine Heiligkeit in keiner Weise jenes [Vorrecht] zuzugeben, daß ein diplomatischer Vertreter solche Kinder oder Personen unterrichten lasse, die nicht zur Legation gehören, und auf diese Weise den Gesandtschaftspalast zu einer Erziehungsanstalt reduziere."[207]

Der Kardinal forderte Bunsen auf, die Schule umgehend aufzulösen und versäumte nicht, darauf hinzuweisen, daß es sich bei dem Protestantismus um einen im Kirchenstaat verbotenen Kult handle. Nachdem Bunsen versucht hatte, in dieser Sache zu lavieren[208], wurde die Kurie noch deutlicher. Am 10. Juni 1837, also ein knappes halbes Jahr nach dem ersten Schreiben, eröffnete Lambruschini, der Heilige Vater habe über jeden Zweifel erhabene Beweise dafür, daß die Preußische Gesandtschaft „in der Tat damit befaßt sei, in Rom eine sich so bezeichnende evangelische Gemeinde zu errichten, die den Gottesdienst im Gesandtschaftspalast veranstalt".[209]

---

199 A. u. D. Esch, 1995, S. 382.
200 A. u. D. Esch, 1995, Anm. 35.
201 Zitiert nach Schubert 1930, S.. 121
202 Schubert 1930, S. 121.
203 Siehe dazu ausführlich Bastgen 1929, S. 113–121.
204 Bericht des Wiener Nuntius an das römische Staatssekretariat vom 5. Februar 1836; übersetzt nach Bastgen 1925, S. 114.
205 Allerdings erst nach langen Verhandlungen; siehe dazu S. 74 f.
206 Siehe dazu Bastgen 1929, S. 124 f. und A. u. D. Esch 1995, S. 410–412.
207 Anhang, Dok. 2., in Übersetzung auszugsweise veröffentlicht bei Bastgen 1929, S. 126; siehe auch Schubert 1930 passim.
208 Bastgen 1929, S. 125.
209 Anhang, Dok. 3.

Nach diesem für diplomatische Verhältnisse ungeheuerlichen Vorwurf wurde der Kardinalstaatssekretär noch deutlicher. Jetzt wurden auch die alten Leichen aus dem Keller geholt, nämlich das Archäologische Institut sowie das protestantische Hospital: „Dieses letztere betreffend wird es Seiner Excellenz nicht unbekannt sein, daß selbiges ohne die notwendige Erlaubnis der päpstlichen Regierung errichtet worden ist (wie man bereits in gleicher Weise ohne die erforderliche Allerhöchste Zustimmung ein archäologisches Institut errichtet hat) und daher in Mißachtung der Gesetze des Staates." Als Beweis für das Bestehen eines protestantischen – und eben nicht nur preußischen – Netzwerkes nannte man die Tatsache, daß sich im Hospital auch solche Protestanten aufhalten würden, die keine Untertanen des preußischen Königs seien. So sei am 17. des Monats der sächsische Staatsbürger Christian Lambisch [sic] nachweislich behandelt worden. Bunsen wurde abschließend mitgeteilt, daß der Papst weder eine protestantische Gemeinde, noch eine protestantische Schule und schon gar kein protestantisches Hospital dulden werde.

Die vom Vatikan erhobenen Vorwürfe trafen allerdings ins Schwarze. Es ist gar keine Frage, daß es Bunsen immer genau darum gegangen war, in der Hauptstadt des Katholizismus „im extraterritorialen Windschatten einer diplomatischen Vertretung"[210] eine protestantische Gemeinde zu errichten, und wissentlich den Mißbrauch der diplomatischen Religionsfreiheit in Kauf nahm. Daß dabei der gewählte Ort, nämlich das Kapitol, eine programmatische Rolle spielte, hat zuletzt Klaus Krüger dargelegt: „Das Kapitol war für ihn [Bunsen] Inbegriff historischer Kontinuität, verdichteter Geschichte für Rom, Europa, die Welt schlechthin. Mit dieser historischen Vorstellung war er nach Rom gekommen; nach wenigen Monaten wohnte er bereits dort oben, und von nun ab stand das Kapitol im Zentrum seiner Interessen."[211] In Bunsens eigenen Worten, der das Kapitol zusammen mit Forum und Palatin zu einer Trias des menschlichen Kulturerbes zusammenschließt, klingt dies noch eindrucksvoller: „Das Capitol, der höchsten Götter Sitz; das Forum, des römischen Volkes bürgerliches Heiligthum, der Palatin, die Wiege und das Stammhaus der Weltherrscher, gehören nicht der Stadt Rom allein, sondern der gesamten Menschheit an. Es lebt niemand auf der Erde, dessen Dasein, in sich selbst oder in seinen Vätern, durch den Zauber jener drei Punkte nicht näher oder entfernter wäre berührt worden. Wie Rom der Welt, so sind diese drei ewig merkwürdigen Stätten Mittelpunkt der einzigen Stadt selbst."[212]

In diesem Mittelpunkt sollte also die erste protestantische Gemeinde Roms entstehen. Was dies in den Augen der Kurie bedeuten mußte, geht aus den Worten des österreichischen Botschafters Rudolf Graf Lützow hervor: „Eine protestantische Kirche in Rom, auf dem Kapitol, dem sichtbarsten Punkte, dem ältesten, an geschichtlichen Erinnerungen so reichen Platze der alten Hauptstadt der Welt, das seit Jahrhunderten und bis auf unsere Tage, trotz aller Art von Revolutionen, die diese Stelle verwüstet hatten, doch alles in sich begriff, was die Katholizität Ehrwürdiges und Achtungsgebietendes hatte!"[213]

Als Bunsens Abberufung aus Rom kurz bevorstand, ordnete die päpstliche Regierung an, die Gesandtschaftskapelle zu schließen. Nur wenige Stunden nach Bunsens Abreise nach Berlin zogen Gendarme vor dem Eingang der Kapelle auf. Erst nach dem entschiedenen Protest des als Geschäftsträger zurückgebliebenen Ludwig August von Buch zogen die Sicherheitskräfte wieder ab.[214] Die protestantische Gemeinde hatte damit die entscheidende Kraftprobe gewonnen. Die Gottesdienste in der Gesandtschaftskapelle des Palazzo Caffarelli auf dem Kapitol sollten bis zum Zusammenbruch des Kirchenstaates – und noch lange darüber hinaus – gehalten werden. Ein veritables protestantisches Gotteshaus, welches Bunsen 1817, anläßlich des 300. Jahrestages der Reformation, für den 400. Jahrestag vorhergesagt hatte,[215] sollte, verzögert durch den Krieg, allerdings erst 1928 eingeweiht werden.[216]

210 A. u. D. Esch 1995, S. 374.
211 Krüger 1991, S. 209.
212 Platner/Bunsen, 3.1, S. 3.
213 Zitiert nach Bastgen 1929, S. 114.
214 Abeken 1898, S. 78.
215 Bunsen/Nippold, 1, S. 130f.
216 Schubert 1930, S. 231–278; Krüger 1997.

Die Casa Tarpea

Das protestantische Krankenhaus, oder Hospiz, und die Gesandtschaftskapelle sind von ihrem Wesen her zwar ganz unterschiedliche Einrichtungen, teilen jedoch eine wichtige Gemeinsamkeit: beide sind protestantische Einrichtungen im katholischen Rom, oder, diese Bezeichnung scheint kaum übertrieben, protestantische Vorposten im katholischen Feindesland. Zwar gab es weder typisch protestantische Krankheiten (zumindest keine physischen) noch eine protestantische Medizin. Doch herrschte bereits damals ein großes Gefälle zwischen den Erkenntnissen der nordeuropäischen, also von Protestanten dominierten Medizin und den eher traditionellen Heilmethoden wie Aderlaß, Klistier und Bittgebet, auf die man im Kirchenstaat vertraute.

Dieser Unterschied wurde für Protestanten in Rom deswegen zum Problem, da die Neuerungen aus dem Norden häufig als Zauberei verboten wurden und man auf die medizinische Hilfe von Katholiken angewiesen war. Rom war kein idealer Ort, um krank zu werden, und trotzdem wurde man es hier, besonders in den heißen, feuchten Sommern, relativ häufig – und häufig auch schwerwiegend. Für erstaunlich viele bekannte Italienreisende – von Kaiser Otto III. bis Marie Luise Kaschnitz – wurde Rom zur biographischen Endstation. Auch das Kapitol war kein bekömmlicher Ort. Von den sieben preußischen Gesandten zwischen 1838 und 1872 verließen drei den Palazzo Caffarelli mit den Füßen voran,[217] einer verlor den Verstand.[218] „Neapel sehen und sterben" war eher eine Befürchtung als ein Wunsch, mancher schaffte es gar nicht so weit. Die häufigsten Todesursachen waren – von den Zeitgenossen diagnostiziert – „gastrisches Fieber", „Darmkanalschwindsucht", „Lungenverhärtung", „faulige Bräune" und ähnliches.[219]

Es gibt keine Belege dafür, daß kranken Protestanten medizinischer Beistand in größerem Umfang verweigert worden wäre. Durchaus aber konnte es vorkommen, daß die Kranken in ihrer Abgesondertheit den „Nachstellungen der katholischen Priester" ausgesetzt waren, welche die Notlage der Patienten für missionarische Überzeugungsarbeit zu nutzen gedachten.[220] Versagten die Künste der katholischen Ärzte und ging es ans Sterben, so war der Betreffende in einer besonderen Notlage, wie bereits Niebuhr beklagte: „Es kann nicht befremden, daß selbst in dem musterhaft und mit wahrer Menschlichkeit verwalteten Hospital der fate ben [sic] fratelli für Fieberkranke der Besuch des evangelischen Geistlichen ungern gesehen ward und das Sakrament an Sterbenden nicht gereicht werden konnte."[221]

Bunsen hatte daher schon in den zwanziger Jahren dafür gesorgt, daß Kranke im Pfarrhaus oder auch in einem Raum seiner Gesandtschaft, der sechs Betten faßte, untergebracht und gepflegt werden konnten.[222] Das waren natürlich nur provisorische Maßnahmen, welche den Betrieb der genannten Institutionen auf Dauer zu sehr behinderten. In Zeiten der Choleraepidemien, die Rom vor allem in der ersten Hälfte des 19. Jahrhunderts regelmäßig im Sommer heimsuchten, war es streng verboten, Kranke gemeinschaftlich unterzubringen. Diese Gründe führten dazu, daß Bunsen 1835 aus privaten Mitteln das Anwesen Marescotti auf dem Kapitol erwarb (Abb. 1/32).[223] Dieses längliche Konglomerat aus mehreren kleineren Häusern lag hinter dem Palazzo Caffarelli. Die Gartenfront wies nach Osten, war also dem Palatin zugewendet (Abb. 34). Der Garten selbst erstreckte sich über Terrassen und kleinere Felsabgründe bis zum Fuß des Kapitols bei Santa Maria della Consolazione, wo damals noch einfache Häuser gegen die Hänge des Kapitols gebaut waren, in denen ca. „360 arme Landsleute und Wäscherinnen" hausten.[224] Eine stille, volkstümliche Gegend also, mit vielen Gemüsegärten, Feigenbäumen, Wäscheleinen, Schuppen, Verschlägen und Hühnerställen (Abb. 38). Dazwischen in großen Mengen das, was distinguiertere Zeitgenossen unspezifisch mit „Unrat" umschrieben. Nach alter, vor allem deutscher archäologisch-antiquarischer Tradition waren hier auch die Reste des Tarpejischen Felsen zu suchen (Abb. 36). Die Kenntnis dieses schaurig-berühmten Reliktes aus der römischen Republik beschränkte sich in Rom keineswegs auf die gebildeten Kreise, so daß die *Casa Marescotti* vom einfachen Volk in der für

---

217 Für die Gesandten Buch, Willisen und Brassier endete die Mission mit „Abgang durch Tod".
218 Der preußische Gesandte von Canitz.
219 A. u. D. Esch 1995, S. 387.
220 A. u. D. Esch 1995, S. 375.
221 Zitiert nach A. u. D. Esch 1995, S. 385.
222 Bastgen 1929, S. 122.
223 Bastgen 1929, S. 122.
224 A. u. D. Esch 1995, S. 409.

Rom typischen populären Vereinnahmung antiker Reste schlicht *Casa Tarpea* genannt wurde. Von dessen Fenstern aus hatte man den herrlichsten Ausblick auf das Forum, den Palatin sowie die südlichen Gegenden Roms (Abb. 71).

Gleichzeitig mit dem Kauf des Hauses veranlaßte Bunsen am 2. Februar 1835 einen Gründungsaufruf für ein protestantisches Hospiz.[225] Der Umbau des Hauses zu einem Krankenhaus – in erster Linie mußte dafür eine trennende Mauer errichtet und „Unrat" entfernt werden – stieß bereits auf den Widerstand der päpstlichen Behörde, was wohl in erster Linie damit zu tun hatte, daß im Gründungsaufruf Bunsens Plan enthalten war, dort auch eine Schule für protestantische Kinder einzurichten (siehe S. 60 f.).[226] Das Krankenhaus mußte, wie alle übrigen Schöpfungen Bunsens auch, seine Arbeit im Verborgenen aufnehmen, oder jedenfalls nur mit der allerstillschweigendsten päpstlichen Duldung, wie sie der Gesandte von Buch nach Bunsens erzwungenem Abgang mit dem Vatikan aushandelte.[227]

Die Kapazität des Hauses umfaßte zwischen 20 und 30 Betten, die in den ersten Jahren „hauptsächlich benutzt worden seien für deutsche Handwerker und Personen aus den ärmsten Klassen."[228] Nach der Jahrhundertmitte schien für diese Bevölkerungsgruppe hierfür weniger Bedarf zu herrschen, wie der preußische Gesandte von Arnim in einem kritischen Bericht zur Casa Tarpea von 1869 feststellte: „Der Zug der Handwerker nach dem Süden hat aber fast vollständig aufgehört. […] Dagegen macht sich immer mehr das Bedürfnis geltend, Zimmer für wohlhabende Kranke zu haben, namentlich auch für Künstler und Gelehrte, deren Zahl von Jahr zu Jahr zunimmt."[229] Künstler und Gelehrte waren, wenn auch körperlich gesund, schon seit längerem Gäste des Hauses, das man mit Kranken alleine nie zu füllen vermocht hatte. Vor allem das angrenzende Archäologische Institut, das mit seinen Arbeitsräumen ohnehin Teile der Casa Tarpea belegte, benutzte leerstehende Krankenzimmer regelmäßig für seine Stipendiaten und wissenschaftlichen Gäste (Abb. 39). Auch Theodor Mommsen (Abb. 40) hatte hier sein bevorzugtes Eckzimmer. Ein fester Bestandteil des Hauses waren auch die Wohnungen der beiden Sekretare und die des Bibliothekars. Ein bedeutender Teil des gesellschaftlichen Lebens des Deutschen Kapitols – vor allem des gelehrten – spielten sich hier ab (Abb. 33/35/37), wie die Jugenderinnerungen der Lilli Helbig anschaulich zeigen.

Wie schon zuvor das Archäologische Institut wurde auch das Krankenhaus nach der Vereinigung Deutschlands vom Reich übernommen und zu diesem Anlaß in den Jahren 1877 bis 1879 gründlich umgebaut.[230] Die Änderungen unter der Leitung des königlichen Baumeisters Theodor Böhm waren sowohl ästhetischer als auch funktionaler Natur. So wurde die Fassade entlang der Via Monte Caprino vereinheitlicht (Abb. 32) und im Süden und Osten neue Loggien gegen den Garten gebaut. Solche Loggien dienten der zauberbergartigen „Liegekur" an der frischen Luft, die nach neuesten wissenschaftlichen Erkenntnissen vor allem Tuberculosepatienten gesundheitlich stärken sollten (Abb. 43). Dabei waren die Krankenloggien der Casa Tarpea so berechnet, daß sie im Sommer beschattet und im Winter der Sonne ausgesetzt waren.

Wir werden auf dieses vielleicht lebendigste Haus des Deutschen Kapitols noch öfters zurückkommen.

---

225 A. u. D. Esch 1995, S. 408f.
226 A. u. D. Esch 1995, S. 409.
227 A. u. D. Esch 1995, S. 415.
228 Bericht des Gesandten von Arnim; A. u. D. Esch 1995, S. 415.
229 Zitiert nach A. u. D. Esch 1995, S. 415.
230 Akten hierzu siehe PAA, RQ, 89d.

Scientia

Guter Rat
„Freunde, treibet nur alles mit Ernst und Liebe, die beyden
Stehen dem Deutschen so schön, den ach! so vieles entstellt."

GOETHE/SCHILLER, *Tavolae Votivae, 103* [231]

Deutsche Wissenschaft im Kirchenstaat

Im nachnapoleonischen Kirchenstaat hatte die Wissenschaft einen schweren Stand. Ein Großteil der Reformen in Verwaltung und Infrastruktur, welche die Franzosen in den Jahren zwischen 1808 und 1814 durchgesetzt hatten, wurde postwendend zurückgenommen. Nach dem als traumatisch empfundenen Einbruch der atheistischen Moderne versuchten Papst Pius VII. und vor allem Leo XII. die postmittelalterliche Idylle des alten Roms wieder herzustellen[232] – mit Erfolg. Schon in den zwanziger Jahren stellt sich der Kirchenstaat den staunenden Besuchern aus dem Norden wieder als ein von den Modernismen der Zeit scheinbar unberührtes Biotop anderswo längst ausgestorbener Geisteshaltungen und Bräuche dar.[233] Ernst Raupach, der 1822 Italien und Rom besuchte, läßt seinen fiktiven Reisenden, den Schulmeister Lebrecht Hirsemenzel aus dem Dorfe Monschütz, halb entzückt halb entsetzt ausrufen: „Wenn ein Protestant seine Aufmerksamkeit auf diese Seite des Lebens in Italien richtet [gemeint ist das kirchliche Element], so glaubt er sich in eine ganz andere Welt versetzt, die Wesen anderer Gattung bewohnen. Ideen und Sagen, die wir längst in die Sphäre des Gespensterglaubens und der Märchen vom Rübezahl verwiesen haben, gelten hier noch für die lauterste Wahrheit." [234]

Einigermaßen fassungslos angesichts der römischen Zustände zeigt sich der preußische Gesandte Niebuhr: „Die Inquisition hat vor einigen Wochen eine Deputation zu einem Mechanicus geschickt, bei dem eine galvanische Batterie neuer Art […] reparirt ward, um zu untersuchen, ob es auch Zauberey sei. Sie werden das nicht glauben wollen, Nicolovius noch weniger; ich habe aber meine Zeugen, den Professor der Chemie und den Mechanicus. Eine Hebamme ist von der Inquisition in den Kerker geworfen und Monate lang gefangen gehalten worden, weil sie bey einer schweren Geburt, wie man geweihte Kerzen brachte, gesagt, sie sollten nichts helfen, man solle einen Accoucheur rufen. *So steht es hier!*" [235]

Auch wenn Niebuhrs grundsätzliche Aufgebrachtheit gegen alles Italienische und speziell Römische zur Schärfe der Empörung beigetragen haben mag und der kämpferische Protestant bereits zwei Sätze später feststellt: „Das Pfaffenthum regt sich hier in seiner ganzen Scheußlichkeit", so steht doch fest, daß in Rom der päpstlichen Reaktion für die Ausübung moderner Wissenschaft zumindest keine idealen Bedingungen herrschten. Für Historiker bestand wegen der schlechten Reisemöglichkeiten kaum die Möglichkeit, die kleineren Archive im weiteren Umland zu konsultieren. Niebuhr fühlte sich in Rom wie eingesperrt: „Wenn man nur mehr in die Winkel des Landes kommen könnte! Nur dadurch und nicht durch den Aufenthalt in Rom kann man für die Altertumskenntnis etwas gewinnen." [236]

Natürlich bekamen die kirchlichen Restriktionen in erster Linie die Naturwissenschaften, also die Italiener selbst zu spüren. Deutsche Gelehrte in Rom gehörten überwiegend den Geschichts- und Altertumswissenschaften an, welche den kirchlichen Behörden dem Wesen nach schon etwas näher standen. Schließlich hielt die Kirche über lange Jahrhunderte das Monopol auf Gelehrsamkeit und Wissenschaft, die sie samt den da-

231 Goethe veröffentlichte dieselben Verse später in seinen „Vier Jahreszeiten" (Herbst, 43).
232 NOACK 1927, 1, S. 381f; SCHUBERT 1930, S. 20f.
233 SCHEITLER 1988, S. 304-310; SCHUBERT 1930, S. 20f.
234 HIRSEMENZEL Briefe S. 222f.
235 An Friedrich Carl von Savigny, 15. August 1817, NIEBUHR BRIEFE, 1, S. 218–219
236 An Dora Hensler, 21. Mai 1819, NIEBUHR BRIEFE, 1, S. 425.

zugehörigen Schriftquellen aus der Antike in die Neuzeit hinüber gerettet hatte. Philologen, Historiker oder Archäologen konnten also von klerikaler Seite mit einem gewissen Verständnis rechnen. Doch auch wenn sie dem Verdacht der Zauberei nicht direkt ausgesetzt waren, rief doch ihre alle greifbaren Quellen gleichermaßen berücksichtigende und keine Autorität als unfehlbar hinnehmende Ergebnisoffenheit ein Mißtrauen hervor. Die Tatsache, daß fast alle diese Gelehrten selbstverständlich Protestanten waren, wirkte nicht gerade beruhigend. Die nimmersatte Gier, mit der diese umherreisenden Fremden auch Sonntags nach immer neuen Manuskripten suchten, die unklaren Motive, mit denen sie – ohne daß Ziel und Ende absehbar wären – alles aufstöbern, abschreiben und mitnehmen wollten, entsprachen nicht dem majestätischen Rhythmus, mit der die kirchliche Gelehrsamkeit über Jahrhunderte ihr wohlvertrautes, durch Autoritäten und Glaubensgrundsätze gesichertes Terrain bestellte.

Eine ganz eigene Gruppe von Deutschen, die es in dieser Weise im 18. Jahrhundert noch nicht gegeben hatte, waren Forscher und Gelehrte im wissenschaftlichen Sinn. Sie gehörten überwiegend den Geisteswissenschaften an, „die auf italienischem Boden die entscheidenden Entwicklungslinien der jüngeren Menschheitsgeschichte klarer und früher zu fassen bekommen und darum gerade hier ihre Erkenntnisse suchten"[237].

Daß diese Historiker, Archäologen, Kunsthistoriker und Philologen meistens Protestanten waren, liegt in der Natur der Sache. Das Mißtrauen, mit dem kirchliche Institutionen aber natürlich auch die allgemeine Öffentlichkeit das Treiben dieser Häretiker verfolgten, trat zu den oft logistischen Problemen hinzu, vor die man sich auf der Suche nach Archivalien, Kunstwerken und ähnlichem gestellt sah. Verschlechterte sich das politische Verhältnis zwischen dem Heiligen Stuhl und Preußen, so bekamen das die Wissenschaftler vor Ort oft in ganz konkreten Einschränkungen zu spüren. So berichtet der Mitarbeiter der Monumenta-Quellenedition Ludwig Bethmann in Jahr 1853, es sei „wie mir erst ganz kürzlich jemand aus der Curie selbst sagte, vor kurzem die Absicht gewesen, als Repressalien für ich weiß nicht was, sämtlichen Preußen, Künstlern, Gelehrten usw. alle Permessi für die hiesigen Sammlungen, fürs Zeichnen darin, Copiren, Arbeiten u. dgl. im weitesten Sinne zu versagen, kurz ihnen Rom mit Ausnahme der Straßen und dessen was sie im Privaten haben können, ganz zu versperren. Pro tempore ist dieser Plan aufgegeben, aber doch ist den Preußen alles weit mehr versperrt als Andern. Es läßt sich fast mit Sicherheit voraussagen, daß dies in der nächsten Zeit immer noch zunehmen wird."[238]

Natürlich kam es dann meistens doch nicht so schlimm. Mochte auch die geringere Bedeutung, die in Italien das Abstrakte, Institutionelle, Vorschriftsmäßige gegenüber dem persönlichen Kontakt hatte, auch manchen Strich durch sorgfältig vorbereitete Forschungsreisen machen, es schütze andererseits auch vor kollektiv verordneten und damit aber wieder abstrakten Verboten und Schikanen. Auch die organisatorischen Probleme erwiesen sich auf der Ebene des persönlichen Kontaktes oft als überwindbar. „Denn bei aller unverkennbaren Ungeduld gegenüber dem anderen Lebensrhythmus und der mangelnden Organisationslust kam man doch bald zu der Einsicht, daß italienische Probleme eben italienische Lösungen finden, Lösungen mit menschlichem Gesicht."[239] Neuankömmlinge waren damit natürlich überfordert, und auch erfahrene Reisende stießen immer wieder an die Grenzen dieses eben nur schwer berechenbaren Systems, das vor allem Zeit kostete. Zeit aber war für die meistens nur kurz beurlaubten Gelehrten oft noch kostbarer, als das auch nicht im Überschuß vorhandene Geld, und so waren die richtigen Empfehlungsschreiben von großer Bedeutung. Die preußische Gesandtschaft in Rom war in dieser Hinsicht in den Jahren von 1817 bis 1838 ein wichtiger Stützpunkt. Der diplomatische Status der Institution spielte dabei bezeichnenderweise eine geringere Rolle als das persönliche Ansehen des jeweiligen Gesandten in der gelehrten Welt Italiens, so daß vor allem Niebuhr aber auch Bunsen mit eigenen Empfehlungsschreiben wirksam weiterhelfen oder noch wirksamere vermitteln konnten.[240] Niebuhr, dessen wissenschaftliche Interessen von Anfang an den diplomatischen Charakter seiner römischen Mission überlagerten, hatte am eigenen Leib erfahren, daß auswärtige Forscher, die Archive und Bibliotheken benutzen wollten, auf schier unüberwindliche Hindernisse stießen. Bald nach Niebuhrs Entsendung, im Jahr

---

237 Esch 2000, S. 187.
238 Zitiert nach Esch 2000, S. 210.
239 Esch 2000, S. 217.
240 Esch 2000, S. 208.

1816, erfolgte die Wiedereröffnung der Vatikanischen Bibliothek. Napoleon hatte – neben dem kompletten päpstlichen Geheimarchiv – hieraus wertvolle Handschriften nach Paris schaffen lassen, die erst ab 1815 nach und nach zurückgegeben wurden.[241] Es ist nachvollziehbar, daß nach diesen Demütigungen das Mißtrauen gegen fremde Besucher groß war: „Um nun auch von mir selbst zu berichten, so habe ich, gleich nach Eröffnung der Vaticana, mich dort einzufinden nicht verabsäumt. Nie ist diese Bibliothek so unzugänglich gewesen und so streng bewacht worden als jetzt. [...] Es ist falsch, daß kein Katalog vorhanden sey; er ist sogar nicht einmal ganz schlecht, *aber man darf ihn nicht einsehen*; und obgleich ich wohl einer der allerbegünstigsten Fremden bin, obgleich Card. Consalvi sonst alles thut, wovon er glaubt, daß er mir Freude machen könnte, obgleich der Papst selbst mir die möglich freyeste Benuzung der Bibliothek mündlich versprochen hat, [...] so ist mir doch diese Gunst abgeschlagen oder wenigstens abgelehnt. [...] Dürfte man nur suchen! Es fänden sich ohne Zweifel noch ganz andre Schätze."[242]

Niebuhr, im offiziellen Nebenberuf nicht umsonst Diplomat, bemühte sich sofort, diesem für die Wissenschaft so unerträglichen Zustand durch eine langfristig gedachte Strategie der Vertrauensbildung abzuhelfen. So riet er der Berliner Akademie: „Ungeduld würde alles verderben, und nur eine allmählich befestigte genauere Bekanntschaft kann die verheimlichten Herrlichkeiten zugänglich machen. Mit den Italienern ist es nöthig, sich verbindlich zu machen; und für alle folgenden Reisenden [...] wäre es höchst wichtig, sich die Vaticana zu verbinden. Könnte die Akademie die Sammlungen ihrer Memoiren hierher schicken? Ich bin überzeugt, daß so etwas einen vortheilhaften Eindruck machen würde. Ich bitte meine nächsten Collegen, dies zu berherzigen."[243] Bald konnte er erste Erfolge feststellen: „Die Dedication meiner hier entdeckten ciceronianischen Fragmente an den Papst [...] hat dem liebevollen alten Greise sehr gefallen; und man erzeigt sich mir wirklich über Erwarten in den Geschäften gefällig."[244] Es sollte jedoch noch bis 1883 dauern, bis Papst Leo XIII. das vatikanische Archiv öffnete und deutsche Historiker mit der Gründung des Preußischen Historischen Instituts („Historische Station") in der *Casa Tarpea* auf dem Kapitol 1888 einen festen Stützpunkt erhielten.

Das Instituto [sic] di Corrispondenza Archeologica

Wenn ein Forschungsinstitut auf der großen weiten Welt das Recht hätte, sich schlicht „Das Institut" zu nennen, dann das Deutsche Archäologische Institut in Rom. Bei seiner Gründung 1829 gab es keine vergleichbare Einrichtung, das Fach der klassischen Archäologie war an den europäischen Universitäten unbekannt. Man tut dem „Institut", wie wir es im folgenden also nennen wollen, nicht zuviel Ehre an mit der Behauptung, die klassische Archäologie – ja die Archäologie überhaupt – als wissenschaftliche Disziplin erfunden und sie im Verlauf der folgenden 175 Jahre mitentwickelt zu haben – in meist führender Stellung.

Das eigentlich Neue an der Gründung des Instituts war, so seltsam das klingt, zunächst seine Gründung selbst: Archäologie, im Sinne einer Beschäftigung mit den Gegenständen des Altertums, gab es schon länger und war von den unterschiedlichsten Motiven geleitet. Da der Trieb des Menschen zu besitzen noch stärker ist als seine bloße Neugierde, verwundert es nicht, daß er seit der Renaissance die Interessen und Vorgehensweisen des Sammlers, den Umgang mit den Denkmälern der Antike bestimmte. Man grub, um zu finden, mitzunehmen, zu besitzen. Fehlten bei einer Statue einzelne Teile, so wurden sie ergänzt. Ort, Umstand und Situation, in der sie aufgefunden wurde, interessierten in der Regel ebenso wenig wie der restliche „Befund", also das, was bei den Grabungen außer Kunstwerken sonst noch zum Vorschein kam. Noch im späten 18. Jahrhundert überlieferte sich die Antike einzig in ihren isolierten Kunstwerken und den Schriften ihrer hervorragendsten Dichter, Geschichtsschreiber und Philosophen. Die Antikenverehrung, die das Einzelne lösgelöst von seinem Zusammenhang betrachtet, erfuhr durch Johann Joachim Winckelmann (1717–1768) eine Wendung. Nicht

---

241 Remigius Ritzler, „Die Verschleppung der päpstlichen Archive nach Paris unter Napoleon I. und deren Rückführung nach Rom in den Jahren 1815 bis 1817", in: *Römische Historische Mitteilungen*, 6/7 (1962/4), S. 144–190

242 An die Berliner Akademie, 20. November 1816; NIEBUHR BRIEFE, 1, S. 103-105

243 NIEBUHR BRIEFE, 1, S. 105f.

244 An Nicolovius, 22. Januar 1817; NIEBUHR BRIEFE, 1, S. 137.

daß sich Winckelmann für griechische Besiedlungsstrukturen, römische Bildpropaganda oder die Frau in der Antike interessiert hätte. Auch für ihn blieb das Einzelwerk Ausgangs- und Zielpunkt seiner Überlegungen. Doch stellte sich Winckelmann in seinen 1755 als Privatdruck von vierzig Seiten erschienenen *Gedancken über die Nachahmung der Griechischen Wercke in der Mahlerey und Bildhauer-Kunst* erstmals die immer noch nicht altmodische, kulturhistorische Frage, wie und warum es ausgerechnet in Griechenland zu einer alle Epochen und Regionen übertreffenden Kunstproduktion habe kommen können, warum „der gute Geschmack, welcher sich mehr und mehr durch die Welt ausbreitet, […] angefangen [hat, sich] zuerst unter dem Griechischen Himmel zu bilden."[245] Und wo vom „guten Geschmack", dem großen Thema der Zeit, die Rede war, konnte es zum „Stil" und zu Gedanken über seine Entwicklung nicht mehr weit sein. Die Vorstellung, antike Kunstwerke nicht als Einzelerzeugnisse halbmythischer Künstlergestalten zu behandeln, sondern sie als gleichsam kollektive Leistung einer bestimmten Epoche, als Ausdruck eines Stilempfindens oder „Kunstwollens" zu begreifen, war neu und hatte ungeahnte Folgen.

In *Die Geschichte der Kunst des Altertums*, erschienen 1764, baute Wickelmann seine ursprünglichen Überlegungen zum System aus, und schuf die erste *Kunstgeschichte* der Antike. Im Zentrum steht dabei die griechische Plastik vom frühen 5. bis zum 3. Jahrhundert, deren stilistische Vielfalt Winckelmann mit einer in der Kunstgeschichte seit Vasari bekannten, modellhaften Entwicklungstheorie zu erklären versuchte, die so eingängig und einleuchtend erscheint, daß sie sich – wie viele beklagen – bis heute nicht aus dem kunsthistorischen Denken entfernen ließ: die Vorstellung einer Stilentwicklung, die sich im zyklischen Grundschema von *Wachstum*, *Blüte* und *Verfall* vollzieht. Ziel des Kunstschaffens sei es, idealhaft Schönes hervorzubringen, wobei *edle Einfalt* im alten Sinne des Wortes das Unzweideutige, gültig Getroffene meint, das sich nicht mehr erklären muß, und *stille Größe* wohl am ehesten das nicht mehr der Wandlung unterworfene, affektlose Ruhen in der Vollendung. Das *Wachstum* bezeichnet den Weg zur Vollendung, die *Blüte* ihr Erreichen, der *Verfall* die Entfernung davon, den Manierismus, die Dekadenz. Winckelmann hatte damit nichts anderes getan, als uralte Menschheitsvorstellungen vom Wechsel der Jahreszeiten und Zeitalter auf die menschliche Kunstproduktion zu übertragen, ein in seiner Einfachheit bezwingendes, wenn auch nicht neues Theorem, das im Grunde nur dadurch zu relativieren ist, indem man dessen Dreh- und Angelpunkt, die Existenz eines allgemeingültig „idealhaft Schönen", bezweifelt. Da dies bis in die jüngere Vergangenheit nicht die Absicht kultivierter Menschen sein konnte, konzentrierte sich die klassische Archäologie seit Winckelmann etwa zweihundert Jahre lang darauf, dessen Erklärungsmuster auszuweiten, zu präzisieren und zu diversifizieren. Zur Leidenschaft des Sammlers trat das protowissenschaftliche Interesse des Antiquars hinzu, der versuchte, die Entwicklung der antiken Kunst an Hand einer möglichst hohen Anzahl von Anschauungsstücken zu rekonstruieren. Winckelmann selbst hatte in Rom damit begonnen, mit seinen *Monumenti inediti* bisher unbekannte Werke zu diesem Zweck in Text und Bild zu publizieren und sie so einem breiteren, wenn auch noch erlesenen Publikum zugänglich zu machen.

Dies war, in der nötigen Vereinfachung beschrieben, der Stand der Dinge, als 1810 die jungen Altertumsforscher Karl Haller von Hallerstein, Jacob Linkh und Otto Magnus Freiherr von Stackelberg zusammen mit den Dänen Peter Brönsted und Georg Heinrich Koes eine Forschungsreise von Rom nach Griechenland unternahmen. Die auf dieser Reise begründete enge Freundschaft vor allem zwischen Linkh und Stackelberg bildete die Grundlage eines Kreises junger Forscher und Künstler, die sich im Rom der frühen zwanziger Jahre zur „Gesellschaft der Hyperboreer" zusammenschloß. Außer Linkh, Stackelberg und Brönsted gehörten August Kestner (der vierte Sohn von Goethe/Werthers „Lotte"), Bartolomeo Borghesi sowie die Altphilologen Eduard Gerhard und Theodor Panofka dazu.[246] Die Hyperboreer waren ein sagenhaftes Volk der griechischen Mythologie, die, *nomen est omen*, „jenseits des Nordwindes" hausten, und zwar so weit nördlich, daß dort schon wieder die ewige Sonne schien und die Menschen glücklich waren. Apoll erholte sich hier im Winter vom kalten, unwirtlichen Süden, Herakles brachte von dort Ölbäume nach Delphi. Die Vereinigung gelehrter Freunde stand also unter dem Zeichen des Nordens als einem positiv besetzten Begriff. Wie die hyperboreischen Ölbäume des Herakles

---

245 Winckelmann 1755, S. 1.
246 Michaelis 1879, S. 7f.; Noack 1927, 1, S. 414f.; Rodenwaldt 1929, S. 6-8; Blanck 1979, S. 2f.; Rieche 1979, S. 15-17; Pavan 1980, S. 24f.; Carettoni 1980, S. 11-13; Andreae 1993, S. 7; Blanck 2000, S. 236-237.

in Delphi Wurzeln schlugen, so sollte auch nordische Gelehrsamkeit den klassischen Boden befruchten und umgekehrt. Gleichzeitig galten die Hyperboreer als zwar seliges, doch jenseitiges, unerreichbares Volk, eine Selbstcharakterisierung, die für Geisteswissenschaftler damals noch zutreffender gewesen sein mag als heute. Zumindest sorgte der Vereinsname für einen Gründungsmythos der deutschen Archäologie, der, tausendmal am Herdfeuer erzählt, vor etwa hundertfünfundzwanzig Jahren den Sprung in das Schrifttum der archäologischen Geschichtsschreibung schaffte.[247]

Die ersten Jahrzehnte des 19. Jahrhunderts waren für die klassische Altertumsforschung eine aufregende Zeit. An allen Ecken und Enden des Mittelmeerraums wurde gegraben, fast täglich kam es zu spektakulären Funden. Der Bestand der bekannten antiken Monumente und Kunstwerke verdoppelte sich beinahe jährlich. In den Hauptstädten Europas entstanden öffentliche Museen für antike Kunst, deren Agenten in Italien und Griechenland auf der Suche nach den besten Exponaten unterwegs waren. Die Altertumsforscher standen vor dem grundlegenden Problem, daß zwar die Zahl der zu Tage geförderten Objekte sprunghaft anstieg, daß daraus für die Wissenschaft aber kein unmittelbarer Vorteil gezogen werden konnte. Die Objekte wurden von Bauern, von Raub- und Auftragsgräbern geborgen, weggeschafft und weiterverkauft, und sie verschwanden in englischen, französischen, russischen, italienischen und deutschen Sammlungen, ohne daß ein Archäologe überhaupt Nachricht von ihrer Existenz erhielt. Eduard Gerhard (Abb. 45) brachte das Dilemma mit dem Paradoxon auf den Punkt, daß, wer nur ein antikes Monument sehe, gar keines sähe, wer hingegen tausend sähe, eines sähe: „Monumentorum artis qui unum vidit, nullum vidit; qui milia vidit, unum vidit."[248] Damit umriß er gleichzeitig die von ihm entwickelte und vertretene „Methode der wechselseitigen Beleuchtung und Erklärung der Gegenstände, (…) die erst durch Vergleichung zu einer Aussage gebracht werden können."[249]

Vor diesem Hintergrund entwickelte die „Gesellschaft der Hyperboreer" den Gedanken, ein Netz von gleichgesinnten Korrespondenten zu schaffen, die, über ganz Europa verteilt, über neue Funde berichten und alte dokumentieren sollten. An eine Zentralstelle geschickt, könnten diese Berichte systematisch ausgewertet, geordnet und publiziert werden. Somit wäre die gelehrte Welt in regelmäßigem Abstand über die wichtigsten Neuheiten auf dem Gebiet der Altertumskunde informiert. Die gesammelten Publikationen ergäben zudem ein Archiv des archäologischen Wissens. Die Idee einer systematisch vorgehenden archäologischen Wissenschaft war geboren.

Von Anfang an standen die Hyperboreer in engem Austausch mit dem preußischen Legationssekretär Bunsen. Dieser beschäftigte sich zwar weniger mit antiken Bildwerken, wohl aber mit alter Geschichte und der archäologischen Bausubstanz der Stadt Rom. Durch ihn kam also das Wissensgebiet der klassischen Topographie hinzu, ein Feld, das mit seinem berühmtesten Vertreter Christian Huelsen (Abb. 72) bis in das zwanzigste Jahrhundert hinein ein Schwerpunkt der deutsch-römischen Archäologie bleiben sollte. Seit 1818 arbeitete er gemeinsam mit Ernst Platner an der „Beschreibung der Stadt Rom". Das Vorhaben des Freundeskreises, das im Verlauf der zwanziger Jahre immer mehr Gestalt annahm, interessierte ihn von Anfang an. Als Gesandter gewann er zudem Mittel und Möglichkeiten hinzu, die Arbeit der Hyperboreer zu unterstützen, bis er schließlich zu deren Mittelpunkt wurde. Ein gewisser Hang zu bürokratischer Uferlosigkeit, der die deutsche Archäologie des 19. Jahrhunderts mit ihrer Leidenschaft für Denkschriften, Statuten und Satzungen begleitet, ist auch den frühen Handlungen der edlen Hyperboreer anzumerken. Mangelnde Gründlichkeit kann ihnen nicht vorgeworfen werden: Bereits vor dem Jahr 1828 entstand eine umfangreiche „Denkschrift über Notwendigkeit und Zweck der Hyperboreisch-Römischen Gesellschaft", gefolgt von nicht weniger als zehn „Satzungsentwürfen" in Deutsch und Französisch.[250] Überflüssig zu erwähnen, daß es natürlich Deutsche oder, genauer, Preußen waren, die hier die Feder führten und mit ihren Sekundärtugenden entscheidend zum Erfolg des international ausgelegten Unternehmens beitrugen. Der Aufwand scheint verständlich, wenn nicht gerechtfertigt, bedenkt man die unerhörte Aufgabe, die sich diese mutigen Männer stellten:

„Die Aufgabe dieser Gesellschaft ist groß: es ist keine geringere als die überall verstreuten Reste alter Kunst der Zerstörungssucht der Schätzgräber [sic], der Gewinnsucht ihrer Schleichhändler, der Sorglosigkeit ihrer

247 MICHAELIS 1879, S. 11ff.
248 RIECHE 1979, S. 16.
249 ANDREAE 1993, S. 11.
250 RIECHE Satzungen Nr. 1–11.

Hüter, der Mißgunst ihrer Besitzer für die erweiterten Fortschritte der Kunstgeschichte und Kunsterklärung abzukämpfen. Die Ausbeute, welche sich aus der Erfüllung dieser Aufgaben mit Fug und Recht verhoffen läßt, ist keine geringere als die Gesetzmäßigkeit archäologischer Forschung, die bei seitheriger Botmäßigkeit über einen geringeren Stoff oft wohl nur eine geistreiche Willkür schien, und die Verbannung solcher Willkür, wie sie ohne hinlängliche Vergleichung oft wohl auch gründlichen Männern unvermeidlich war; ferner die Sicherheit über Kunstwerth und Bedeutung der häufigsten Denkmäler, wie sie bei längerer Beschauung alter Kunstdenkmäler wohl auch dem minder vorbereiteten Blick zu eigen wird, und die Erhebung über kleinliche Fragen dieser Art, wie sie ohne solche Anschauung wohl auch tief gelehrte Männer quälten."[251] Solche und ähnliche Ziele könnten auch heute bedenken- und folgenlos in jede Instituts-Satzung aufgenommen werden.

Was nun vor allem fehlte, war eine hochgestellte Persönlichkeit, deren Protektion man unbedingt bedurfte, um mitten im Kirchenstaat ein „archäologisches Korrespondenzinstitut" zu gründen. Wilhelm von Humboldt wollte dem Wunsch der Gründer, „Präsident der deutschen Sektion der Hyperboreischen Gesellschaft" zu werden, nicht mehr entsprechen.[252] Durch den Tod seiner Frau verstört, hatte er sich vom geschäftlichen Leben zurückgezogen: „Nur eine große Einsamkeit kann, meinem jetzigen Gefühl nach, mir Beruhigung gewähren."[253] Hier halfen die Verbindungen des inzwischen zum preußischen Gesandten aufgestiegenen Bunsen weiter. Als im Herbst 1824 der preußische Kronprinz Friedrich Wilhelm Italien besuchte, gewährte er Bunsen das Vorrecht, mit ihm im Wagen reisen zu dürfen.[254] Bunsen hatte so ausreichend Gelegenheit, seine bekannte bis berüchtigte Liebenswürdigkeit auf den jungen Fürsten wirken zu lassen: „Ich bin allein mit ihm im Wagen vom Morgen bis zum Abend, und sein ganzes königliches Herz ist mir geöffnet."[255] Kein Wunder, daß der Kronprinz am Ende seiner Reise bereit war, dem Unternehmen fördernd vorzustehen: „Die Reise des Kronprinzen hat der ganzen Sache einen Schwung gegeben, den ich gerne benutze bei Deutschen und Italienern."[256] Angeblich gelang es aber erst Eduard Gerhard (Abb. 45), die entsprechende Zusage Friedrich Wilhelm während eines Besuchs des Fischmarkts von Pozzuoli abzuringen.[257] Der klassische Boden tat seine Wirkung.

Nun konnte die Gründung des „Instituto di Corrispondenza Archeologica" erfolgen, des „Archäologischen-Correspondenz-Institutes", das seinen Hauptzweck, die Zusammenführung und Sammlung von Berichten über archäologische Funde somit im Namen trug. Dieser war Bunsens Idee gewesen.[258] Gerhard konnte sich mit dem poetischen Vorschlag „Hyperboreisch Römische Gesellschaft" nicht durchsetzen.[259] Das „n" in „Instituto", das wohlmeinende Zeitgenossen häufig als fehlgeleiteten Germanismus glauben streichen zu müssen, ist völlig korrekt und zeigt, daß die Ableitung aus dem Lateinischen noch frisch war und die Abschleifungsmaschine der italienischen Zunge noch nicht zu arbeiten begonnen hatte. Vor 1829 gab es eben nur lateinische, kaum italienische „Institute". Ab der Mitte des 19. Jahrhunderts mußte das wie ein Markenzeichen beharrlich beibehaltene „n" auf die Italiener freilich schon den eckigen Charme deutscher Gelehrsamkeit verbreiten. Dazu paßte natürlich, daß das Institut von Anfang an auch topographisch der preußischen Sphäre angehörte. So stellte Bunsen in der für ihn (und seine Zeit) typischen Vereinigung von Amt und privatem Interesse den Saal der preußischen Gesandtschaft im Palazzo Caffarelli zur Verfügung, der damit als Geburtshaus der wissenschaftlichen Archäologie gelten kann.

Was dort am 21. April 1829, dem mythischen Geburtstag der Stadt Rom, im Wesentlichen gegründet wurde, war nicht das „Instituto di Corrispondenza Archeologica" sondern dessen „Sezione tedesca", welche vom ersten Tag an trotz der durchaus existierenden und zeitweise auch aktiven italienischen, englischen und französischen Sektionen das eigentliche Rückgrat der Unternehmung bildete.

Für das Institut wurden einige Publikationsreihen geplant: Da waren zunächst die *Monumenti inediti*, welche eine Reihe fortführten, die bereits die Hyperboreische Gesellschaft in Anlehnung an Winckelmann begon-

251 RIECHE Satzungen Nr. 1 S. 18.
252 RODENWALDT 1929, S. 11.
253 Humboldt an Bunsen, 16. April 1829.
254 BUNSEN/NIPPOLD, 1, S. 345f., 358–360.
255 Bunsen an seine Frau, 6. Dezember 1828; BUNSEN/NIPPOLD, 1, S. 355f.

256 Bunsen an Niebuhr, 24. Januar 1829; BUNSEN/NIPPOLD, 1, S. 359; siehe auch: MICHAELIS 1879, S. 22f.; RODENWALDT 1929, S. 12; RIECHE 1979, S. 23; CARETTONI 1980, S. 12.
257 RODENWALDT 1929, S. 8.
258 Bunsen an Niebuhr, 24. Januar 1829; BUNSEN/NIPPOLD, 1, S. 358.
259 BLANCK 1979, S. 3, Anm. 4.

nen hatte. Dazu sollten ein Jahrbuch, die *Annali*, und eine Monatszeitschrift, das *Bullettino* erscheinen.[260] Die Gründung besonderer Sektionen für Griechenland, Skandinavien, Holland und Rußland wurde in Aussicht genommen.[261]

Die Ziele waren so hoch gesteckt, daß auch nach Verfehlen der meisten eine Menge übrig blieb. Am Tag nach der Gründung begannen die Probleme. Besonders di *Pontificia Accademia Romana di Archeologia* betrachtete die Neugründung mit Argwohn. Diese päpstliche Behörde, die 1810 von der französischen Besatzung unter dem Namen *Accademia Romana di Archeologia* gegründet und anschließend von den zurückgekehrten Päpsten kurioserweise beibehalten wurde, beaufsichtigte alles, was im Kirchenstaat mit der Erforschung des Altertums zu tun hatte. Als Kontrollgremium und Akademie im italienischen Sinn hatte sie mit dem Institut nur wenig gemeinsam.[262] Es war jedoch nicht in erster Linie die Konkurrenz, die man fürchtete, als vielmehr die Etablierung eines protestantischen Brückenkopfs im Kirchenstaat. Denn trotz der ausschließlichen Verwendung der italienischen und französischen Sprache in allen Gründungsprotokollen war der Vatikan weitsichtig genug, um zu sehen, daß das als international deklarierte Unternehmen im Kern eine preußische Angelegenheit war. Daß der Gesandte Bunsen der Neugründung die Gesandtschaftsräume – und damit unerlaubterweise auch den diplomatischen Schutz Preußens – zur Verfügung stellte, war keine Maßnahme, die das päpstliche Mißtrauen abbauen half. Wirkungsvoller war es in dieser Hinsicht, den Geistlichen und Altertumsgelehrten Carlo Fea als Gründungsmitglied aufzunehmen. Als *Comissario delle antichità di Roma* war er der richtige Mann, um die Beziehungen des Institutes zur Kurie zu entspannen. Zudem unterstand ihm die Imprimatur (d. h. die Erteilung der Druckerlaubnis) wissenschaftlicher Texte, ohne die im Kirchenstaat nichts publiziert werden durfte.[263] Die Einbeziehung eines Mannes wie Fea war ein gelungenes Beispiel dafür, wie man durch die Vergabe von Ehrenmitgliedschaften Konkurrenz in Kooperation verwandeln und so dem neugegründeten Institut den Rücken freihalten konnte: „Außerdem hat man zur Vermeidung jeden Anstoßes Sorge getragen, auch diejenigen für die Archäologie ihres Landes bedeutenden Personen, welche sich zur unmittelbaren Teilnahme nicht eignen, als Ehrenmitglieder der Verwaltung, die von jedem wichtigen Vorhaben des Instituts benachrichtigt werden, in das Interesse des ganzen Unternehmens zu verweben."[264] Auch Goethe ließ sich 1830 für eine solche Ehrenmitgliedschaft gewinnen, ohne je den von Gerhard erhofften „größeren Aufsatz" für das *Bulletino* zu liefern.[265]

Mit der bloßen Verhinderung von Obstruktionen war es aber nicht getan. Sollten die veröffentlichen Berichte mehr als ein nur vom Zufall bestimmtes Bild der archäologischen Neufunde ergeben, so war man auf ein weitgespanntes Netz von Korrespondenten angewiesen, mußte das Wohlwollen wichtiger Personen gewinnen, sie zur Hilfe und Mitarbeit überreden. Niemand war für ein solches Geschäft besser geeignet als der vielgewandte Bunsen, und es steht zu vermuten, daß das ausgeklügelte System von Ehrungen auch seine Erfindung war. Wie es in Preußen den Schwarzen und den Roten Adlerorden in verschiedenen Klassen gab, so hatte auch das *Instituto di Corrispondenza Archeologica* neben der *Außerordentlichen Mitgliedschaft* (= Schwarzer Adlerorden), die in der Regel königlichen Hoheiten, dem hohen Adel oder außerordentlich prominenten Persönlichkeiten vorbehalten blieb, die *Wirklichen Mitglieder* (= Roter Adlerorden), die sich wiederum in *Ehrenmitglieder* (= Roter Adlerorden 1. Klasse), in Ordentliche Mitglieder (= Roter Adlerorden 2. Klasse) und *Korrespondierende Mitglieder* „cisalpinischer" und „transalpinischer" Kategorie (= Roter Adlerorden 3. Klasse) unterteilten.[266] Außerdem gab es nach der Statutenreform von 1834 die zehn ordentlichen Mitglieder der Central-Direction sowie deren zwanzig Ehrenmitglieder „e varj assistenti e sostituti". Als ordentliche Mitglieder fungierten der Präsident, der Generalsekretär, zwei Sekretäre, die Sekretäre der vier Sektionen sowie ein Archivar.[267] Ein Brief Wilhelm Henzens illustriert, wie kalkulierend man mit diesen Titeln wirtschaftete: „Michaelis habe ich mir die Freiheit genommen, unter die *Membri Ordinari* zu setzten, da er ein fleißiges und nützliches Mitglied ist

---

260 Statut des Institutes vom 21. April 1830, Kap. 5, § 2; RIECHE SATZUNGEN Nr. 16, S. 57.
261 Gründungsaufruf vom 2. Januar 1829, § 4; RIECHE SATZUNGEN Nr. 12, S. 45; RODENWALDT 1929, S. 12.
262 ANDREAE 1993, S. 5f. u. 8.
263 ANDREAE 1993, S. 13.
264 Bunsen an Friedrich Wilhelm, 24. Januar 1829; RIECHE SATZUNGEN Nr. 13, § 3, S. 50.
265 RODENWALDT 1929, S. 47.
266 GERHARD 1832, S. 24–33.
267 Statut vom 21. April 1834, Cap. 3, § 1-3; RIECHE SATZUNGEN Nr. 19, S. 76f.

[…]. Den belgischen Gesandten, Meester van Ravenstein, habe ich unter die Ehrenmitglieder avancieren lassen; er ist uns sehr nützlich. Noch schlage ich vor, einen andern Stammgast, Baron von Gravenegg, Sekretär der österreichischen Botschaft, zu etwas zu machen. Er sammelt freilich bis jetzt nicht, ist aber sehr eifrig und kann eventuell als österreichischer Diplomat auch sehr nützlich werden. Korrespondent ist wohl zu wenig; also Ehrenmitglied?"[268]

So war das Institut wie ein kleines Staatswesen aufgebaut. An der Spitze stand als königlicher Protektor S.K.H. der Kronprinz Friedrich Wilhelm von Preußen. Als Präsident konnte Duc de Blacas d'Aulps gewonnen werden, womit dem preußischen Übergewicht der Gesellschaft bewußt entgegengewirkt werden sollte.[269] Generalsekretär wurde der Königlich Preußische Ministerresident Hr. Geh. Legationsrat Bunsen, Prof. Gerhard hingegen *dirigierender* Sekretär. Der Königlich Hannoveranische Geschäftsträger Hr. Legationsrat Kestner versah das Amt des Archivars. S.E. der Herzog von Luynes übernahm die französische, Hr. Millingen die englische Sektion. Die deutsche Sektion mit Sitz in Bonn leitete der Königliche Oberbibliothekar und Professor Hr. Welcker. Mit in der Direction saßen auch der Königlich dänische Etatsrath Ritter Thorwaldsen und Dr. Panofka, der als dirigierender Sekretär für die englische und französische Sektion fungierte.[270] Die französische Sektion selbst übernahm der Duc de Luynes, der bereits seit mehreren Jahren zum engen Kreis gehörte,[271] die englische, aus der jedoch nichts Rechtes wurde, der Archäologe James Millingen bzw. Sir William Hamilton.[272] Das Sekretariat der italienischen Sektion wurde erst 1841 von Bartholomeo Borghesi besetzt.[273]

Die Einrichtung einer „Deutschen Sektion" außerhalb Italiens, „die dem ursprünglichen Plane nach ein selbständiges Leben führen sollte, blieb theoretische Konstruktion."[274] Sie verlagerte sich *de facto* nach, oder besser, sie *blieb* in Rom, um dort mit der Central-Direction bis zur Unkenntlichkeit zu verschmelzen. Schon damals bürgerte es sich in Rom ein, das Institut ganz selbstverständlich „Instituto Prussiano" zu nennen.[275] Es scheint, als ob die Mitwirkenden schon damals gelegentlich den Überblick verloren und nicht immer klar zwischen Sektionen, Direction und dem unterschieden, was dann gemeinhin „Institut" genannt werden sollte. Im folgenden soll das Institut daher als das bezeichnet werden, was es seiner sichtbaren Gestalt nach war, nämlich als *das* Institut, das im Palazzo Caffarelli in Rom eine ständige Geschäftsstelle besaß. Aus dem mit Leidenschaft angelegten administrativen Dickicht schälten sich schon bald Generalsekretär Bunsen und der dirigierende Sekretär Gerhard als die treibenden Kräfte heraus, die selbst in der Fachliteratur unkorrekter- aber zutreffenderweise mit den erst später gebräuchlichen Titeln eines *Ersten* und *Zweiten Sekretars* (das „a" anstelle des „ä" war bald gebräuchlich und wurde – wohl um sich von den untergeordneten „Sekretären" der Gesandtschaft abzusetzen – bis zum Ersten Weltkrieg in stolzer Tradition beibehalten) belegt werden.

Der Winckelmanianer Eduard Gerhard, der eigentliche Stammvater der wissenschaftlichen Archäologie, wechselte zwar bereits 1833 als „Archäologe des Königlichen Museums" nach Berlin, blieb aber der römischen Zentrale „ratend, mahnend und helfend" verbunden.[276] An seiner Stelle betrat der Archäologe Emil Braun (Abb. 41) die Bühne, der ab 1834 als Bibliothekar und Unterarchivar, ab 1836 als *redigierender* Sekretär tätig war, bevor er nach dem Weggang Bunsens 1838 die Leitung des Instituts übernahm und 1840 zum *dirigierenden* Sekretar aufstieg, der dann immer öfter als *Erster Sekretar* bezeichnet wurde.[277] Braun war die vielleicht letzte Persönlichkeit der deutschen Archäologie, die nur mit einem Teil ihres Wesens als Gelehrte bezeichnet werden können. In den ersten Jahren stellte er seine „außerordentliche Monumentenkenntnis, seine lebhafte Phantasie, seine rednerische Gewandtheit und seinen selbstlosen Arbeitseifer" noch ganz in den Dienst des Instituts. Anders als die meisten Gelehrten damals und heute verstand er es, der Wissenschaft durch engen Kontakt zum Kunsthandel zu dienen, freilich wohl auch umgekehrt.[278] In den späteren Jahren vermischte sich seine wissenschaftliche Tätigkeit mehr und mehr mit technisch-industriellen Unternehmungen. Neben einer Manufaktur für Galvanoplastik, deren Ursprung noch durchaus wissenschaftlicher Natur gewesen sein mag,

268 Brief vom 9. Oktober 1858; Henzen Briefe S. 189
269 Rodenwaldt 1929, S. 12.
270 Gerhard 1832, S. 33f.
271 Michaelis 1879, S. 19.
272 Rodenwaldt 1929, S. 12.
273 Rieche 1979, S. 24.
274 Rodenwaldt 1929, S. 12.
275 Rodenwaldt 1929, S. 13.
276 Andreae 1993, S. 10.
277 Michaelis 1879, S. 54f.
278 Noack 1927, 1, S. 417.

ließ er auch Stockknäufe mit Papstbildern fertigen, unterhielt am Tiber Gipsmühlen und Gipsgießereien. Einige Zeit später kaufte er „in Turin die Erfindung künstlicher Marmorfußböden" um sie in Neapel zu vermarkten.[279] „Zwischendurch hatte er eine Maschinenfabrik und eine Eisengießerei eingerichtet." Brauns Interesse für das Institutsgeschäft mußte bei soviel Geschäftigkeit zwangsläufig leiden. Der Epigraphiker Wilhelm Henzen (Abb. 44/131), der unter Braun als Zweiter Sekretar die eigentliche Institutsarbeit leistete, erlaubte sich hin und wieder, die Unternehmungen seines Chefs in Briefen an Eduard Gerhard in Berlin zu kommentieren: „Von Braun noch immer nichts Wesentliches. Immer nur die ver– Galvanoplastik!"[280] Die Geschäfte liefen allerdings nicht gut. Aus der Distanz seiner Studierstube urteilte Henzen: „Sie sehen leicht ein, daß diese Dinge sich unmöglich rentieren konnten, da er selbst gar nichts davon verstand." Der Gips, den er produzierte, war so schlecht, „daß man ihn nicht gebrauchen konnte und im Karneval verkaufen mußte, um Konfetti daraus zu machen. […] In einzelnen Unternehmungen brachte er freilich auch aus reiner Uneigennützigkeit Opfer, so beim Modell des Kolosseums, bei dem er 1000 Scudi zugesetzt haben soll, ursprünglich freilich, weil er den Preis nicht genau berechnet hatte."[281]

Während Braun also in den späten vierziger und frühen fünfziger Jahren langsam aber sicher dem wirtschaftlichen Ruin zutrieb, bemühte sich Henzen, den Institutsbetrieb nach Kräften aufrecht zu erhalten. Henzen trat dem Institut im Jahr 1843 auf den Vorschlag Brauns als Hilfsbibliothekar bei, wurde ein Jahr darauf zum Bibliothekar und 1845 bereits zum Zweiten Sekretar ernannt. Er blieb dies bis zu Brauns Tod 1856, dessen Stelle als Erster Sekretar er übernahm. Dreißig Jahre lang leitete er das Institut, in dem er am 27. Januar 1887 starb. „Er wurde im Bibliothekssaal des Instituts aufgebahrt und dann in einem feierlichen Trauerzug, unter großer Anteilnahme der Öffentlichkeit, zum Friedhof an der Cestiuspyramide geleitet."[282] Kurz vor seinem Tod war er siebzigjährig in Verbitterung von seinem Posten zurückgetreten, aus Protest gegen Bismarcks „Sprachenerlass", wovon später die Rede sein wird. Das Überleben in schwieriger Zeit verdankte das Institut mit Sicherheit Henzens Einsatz, den man im Sinne des Wortes aufopfernd nennen muß. Er kämpfte beständig und an den unterschiedlichsten Fronten. Eines seiner wichtigsten Anliegen war, die Qualitätsmaßstäbe der noch jungen Wissenschaft gegen die Übermacht des Banausentums zu verteidigen, wobei er weder vor Institutionen noch vor Kapazitäten Respekt zeigte: „Die Akademie hat ganz klar gezeigt, daß sie von dem Stande der ganzen lateinischen Epigraphik nicht die geringste Idee hat […]. Man kann beinahe sagen, daß im ganzen Muratori keine einzige Inschrift ganz fehlerfrei ist […]."[283] Als Zweiter Sekretar wachte er streng und unerbittlich über die Qualität der zu veröffentlichen Beiträge, wobei er selbst Gründungsmitglieder, die wesentlich älter waren als er selbst, nicht schonte: „Sie haben uns zwei Artikel von Panofka geschickt, offenbar ohne sie zu lesen. Der französische, über Weihegeschenke, ist voll unglaublichen Unsinns. Ich habe wahrlich nichts gegen Herrn Panofka, aber, um die Ehre unserer Annali zu schützen, muß ich gegen den Druck desselben protestieren."[284] Einen solchen Lektor möchte man jedem Periodikum wünschen. Henzens Hauptgebiet war, das schien bereits durch, die römische Epigraphik, und so war auch die Betreuung und Förderung des CIL, des *Corpus Inscriptionum Latinarum*, seine eigentliche Leidenschaft. Neue Entdeckungen bereiteten ihm kennerschaftliche Freude: „Eine sehr hübsche, lange und schwierige Inschrift (ein Dekret über die Restitution eines Herrn Nicomachus Flavianus, welchen Theodosius seiner Würde entsetzt hatte) ist auf dem Forum des Trajan zufällig gefunden."[285] Er kämpfte energisch dafür, die Sammlung lateinischer Inschriften ausschließlich aus Originalkopien und nicht aus den oft fehlerhaften früheren Veröffentlichungen zusammenzustellen. Mit Henzens Epigraphik erhielt das Institut, das sich eigentlich bis dahin nur als Sammelstelle verstand und keine eigenen Projekte betrieb, einen ersten inhaltlichen Forschungsschwerpunkt. Henzens Bemühungen, dafür den jungen Theodor Mommsen nach Rom zu holen, scheiterten an Geldmangel.[286]

Geldmangel war überhaupt der zweite Feind Henzens und des Instituts, gefährlicher sogar als es fehlerhafte Abschriften waren, und er blieb der Einrichtung über lange Zeit als eine Art wirkliches Sondermitglied erhal-

---

279 Brief vom 7. Oktober 1856; HENZEN BRIEFE S. 134.
280 Brief vom 27. Juli 1849; HENZEN BRIEFE S. 47.
281 Brief vom 7. Oktober 1856; HENZEN BRIEFE S. 134.
282 HENZEN BRIEFE S. XIX.
283 Brief vom 13. Juni 1846; HENZEN BRIEFE S. 13.
284 Brief vom 22. Juni 1846; HENZEN BRIEFE S. 13f.
285 Brief vom 1. September 1849; HENZEN BRIEFE S. 49.
286 Brief vom 17. Januar 1852; HENZEN BRIEFE S. 70.

ten. Das Auswärtige Amt hat in seiner Verpflichtung als oberster Dienstherr der Erinnerung an diese harten Gründerjahre rechtzeitig zum 175. Jubiläum durch verdienstvolle und durchaus substantielle Mittelstreichungen ein ehrendes Andenken gesetzt.

Grund der existentiellen Engpässe waren unrealistische Kalkulationen. Geplant war, die Herstellungs- und Druckkosten wie auch die Gehälter der Sekretare und Bibliothekare ganz aus dem Verkauf der Publikationen zu decken. Doch die Zahl der Subskribenten und Abonnenten reichte dazu selten aus und war zudem ständig rückläufig. Trotzdem gelang es dem Institut bzw. Henzen, das regelmäßige Erscheinen sowohl des *Bullettino* als auch der *Annali* ohne Lücken zu garantieren, eine Leistung, an der sich Forschungsinstitute heute noch messen lassen müssen. Möglich wurde dies nur durch die unermüdliche Suche nach immer neuen Geldquellen (Drittmitteleinwerbung). Neben einzelnen Spenden vor allem aus der Privatschatulle des Kronprinzen konnte Bunsen vom preußischen Unterrichtsministerium auch einen jährlichen Zuschuß von 300 Talern erwirken, der jedoch alle fünf Jahre neu bewilligt werden mußte.[287] Ab 1842 übernahm das Ministerium das Gehalt des Ersten, ab 1845 auch das des Zweiten Sekretars.[288] Es war ein schwerer Schlag für das Institut, daß gerade Bunsen im Zuge des Streits zwischen Preußen und dem Kirchenstaat (siehe S. 52 f.) 1838 Rom verlassen mußte.

In dieser Zeit war die Kurie natürlich besonders schlecht auf das „Instituto Prussiano" zu sprechen. Wie 1836, auf dem Höhepunkt des Streits zwischen der Kurie und Preußen, aus dem Umkreis des Papstes verlautete, war man vor allem über Art und Umstände der Institutsgründung verärgert. Ohne die Erlaubnis der päpstlichen Regierung habe man in Rom ein Archäologisches Institut errichtet, „unter dem Schutz eines ausländischen Fürsten. Die römische Regierung, die die größte Achtung vor diesem Fürsten und den so angesehenen Persönlichkeiten hegt, die dieses Institut mit ihrem Namen beehrt haben, hat den Mangel an Rücksichtnahme, den man dabei an den Tag legte, unbeachtet gelassen; aber sie dürfte sich wohl nicht einer solchen Außerachtlassung von seiten der preußischen Regierung schmeicheln, wenn sie eine ähnliche Einrichtung in Berlin eröffnet hätte."[289]

Die Verärgerung ging soweit, daß eine Zwangsschließung ernsthaft drohte. Die General-Direction versuchte in dieser Lage, eine möglichst prominente und vor allem der Kurie unverdächtige Persönlichkeit für das durch den Tod des Herzog Blacas 1840 vakant gewordene Amt des Präsidenten zu finden. Der österreichische Botschafter Lützow, der in die Bemühungen eingeschaltet wurde, stellte bei dieser Gelegenheit eine berechtigte Frage: „Das Institut hat niemals einen anderen Protektor gehabt, als den Kronprinzen von Preußen. [...] Da der Zweck desselben rein wissenschaftlich ist, da es also nicht an sich verurteilt werden kann, so begreife ich nicht, warum Herr von Bunsen seiner Schöpfung nicht einen Protektor gegeben hat, der ihr keine Verlegenheit bereitet und der es [mit der päpstlichen Behörde] sofort in Ordnung gebracht hätte."[290] Mit der „Verlegenheit" alludierte Lützow auf das wegen der Caffarelli-Affäre immer noch angespannte Verhältnis zwischen dem Kronprinzen und der Kurie (siehe S. 36 ff.).

Eine ideale Besetzung für das Amt des Präsidenten schien der österreichische Staatskanzler Fürst Metternich zu sein, der vom preußischen Kronprinzen in dieser Frage angeschrieben wurde.[291] Metternich, der genau wußte, wie die Dinge standen, machte zur Bedingung, daß zunächst die „Angelegenheit geregelt", also das Institut ordnungsgemäß bei der päpstlichen Behörde angemeldet und von ihr genehmigt werden müsse. Er erklärte sich bereit, hierbei als „treuer Diener der Wissenschaft" vermittelnd tätig zu werden, womit der preußische Kronprinz völlig einverstanden war. Nun wurde das Schicksal des Instituts in die sicheren Hände der wohlerfahrenen habsburgischen Diplomatie gelegt. Metternich maß der Angelegenheit wohl hauptsächlich deswegen hohe Bedeutung bei, als sie mit der Person des preußischen Thronfolgers verknüpft war und dadurch sowohl das zukünftige Verhältnis Preußens zum Kirchenstaat als auch zu Österreich und seiner Person selbst berührte. Der päpstlichen Regierung gegenüber vertrat Metternich über seinen Botschafter Lützow den Standpunkt, daß das Institut seinem Charakter nach ein rein wissenschaftliches Unternehmen sei, das in Rom seinen natürlichen

---

287 MICHAELIS 1879, S. 89.
288 RODENWALDT 1929, S. 16.
289 Der päpstliche Prälat Cappacini in einer Denkschrift; zitiert nach BASTGEN 1929, S. 132.

290 Zitiert nach BASTGEN 1929, S. 133.
291 NOACK 1927, 1, S. 416; BASTGEN 1929, S. 133.

Standpunkt habe und von Leo XII. und Pius VIII. freundlich geduldet worden sei. Nur könnten eben „die unschuldigsten und selbst reinsten Dinge [...], je nachdem sie geleitet werden, ein Aussehen erhalten, das ihnen in Wirklichkeit nicht zukommt." [292]

Doch die Sache war schwieriger, als es sich der vielgewandte Metternich gedacht hatte. Der Papst stellte sich stur und machte seine Genehmigung von der Lösung der dringendsten konfessionellen Streitigkeiten zwischen dem Vatikan und Berlin abhängig (siehe S. 53). Sehr lange und schwierige Verhandlungen, die zeitweise die gesamt Arbeitskraft der österreichischen Botschaft beanspruchten, sollten folgen – ergebnislos. Der Haß des Papstes auf Preußen schien unüberwindbar, der Kirchenstaat fühlte sich zu verletzt – und letztlich auch zu schwach – um sich bewegen zu können.[293] Die erfolgverwöhnte österreichische Diplomatie mußte ihr Scheitern einräumen. Botschafter Lützow blieb nichts anderes übrig, als auf natürliche Veränderungen zu hoffen: „Die Zeit, die Zeit allein kann uns zu Hilfe kommen, denn die Meinung des Hl. Vaters bleibt unerschütterlich, und er wird sich nicht ändern."[294] Metternich, der die Sache mit der ganzen Autorität seiner Person betrieben hatte, war über den Papst und dessen ultimativer Verknüpfung zweier politisch völlig verschiedener Angelegenheiten so verärgert, daß er die ihm angetragene Präsidentschaft des Instituts kurzerhand akzeptierte. Letztlich waren ihm die Beziehungen zur Berliner Erbdynastie wichtiger als das Verhältnis zu einem alten, sturen Pontifex. Er sei außerdem davon überzeugt, daß die päpstliche Regierung schon immer von der Existenz des Institutes gewußt habe und man nichts dagegen unternommen hätte, „wenn nicht auf ganz anderem Gebiet liegende Gründe dazwischengetreten wären." Am 16. Januar 1841 meldete er offiziell die Annahme der Präsidentschaft. Nun solle „der Gegenstand des Vorbehalts in Ruhe gelassen werden, bis zur Stunde, wo die Hefe nicht mehr gärte."[295]

So hatte das Institut den bestmöglichen Protektor gewonnen, eine Schließung oder Behinderung durch die Behörde drohte nicht mehr. Die finanzielle Dauermisere blieb davon freilich unberührt. Schon in den dreißiger Jahren mußte man dazu übergehen, für die Teilnahme an den wöchentlichen öffentlichen Sitzungen eine „Hörgebühr" von 2 *Louis d'or* jährlich zu verlangen, die vor allem dem Aufbau der Bibliothek zugute kam.[296] Diese freitäglichen Sitzungen – oder „Adunanzen" – dienten seit 1831 dem persönlichen Austausch der gerade in Rom anwesenden Forscher. Es waren sozusagen Vorformen des wissenschaftlichen Lichtbildvortrages, mit dem Unterschied, daß man anstelle von Diapositiven die Originale – soweit möglich – selbst mitbrachte, sie herumzeigte und diskutierte.[297] Vernünftigerweise waren diese Sitzungen damals noch auf die Winterperiode beschränkt und wurden von den höchsten Feiertagen des protestantisch-wissenschaftlichen Kalenders eingegrenzt: vom „Winckelmanntag" am 9. Dezember und vom Tag des „Palilienfestes", dem Geburtstag der Stadt Rom und Gründungstag des Instituts am 21. April. Die Kostenpflicht hatte eine deutliche Popularisierung des Programms zur Folge. An die Stelle der Diskurse vor Originalen traten nun Vorträge über weiter gefaßte Themen, was den natürlichen Anlagen vor allem Emil Brauns entgegen kam.

Die Bibliothek, anfänglich ein eher untergeordneter Bereich, gewann schnell an Bedeutung und wurde bald zu einem Synonym für das Institut selbst. Sie finanzierte sich zunächst ausschließlich aus Geld- und Bücherspenden. Bereits 1833 gaben die Mitglieder die Summe von 454 Scudi.[298] Recht großzügig waren auch die Spenden deutscher Buchhändler, die in großer Zahl einen Aufruf Hermann Härtels gefolgt waren, die Neugründung vor allem mit „ausländischer Literatur" zu unterstützen, die wegen der strengen Gesetze im Kirchenstaat so gut wie überhaupt nicht zu haben war.[299] Ab 1834 wurde der Bibliothek ein eigener Erwerbungs- und Verwaltungsfonds zugeteilt, 1840 umfaßte sie bereits 1500 Werke.[300] Im selben Jahr erstellte Wilhelm Abeken eine Bibliotheksordnung, die einen *statistischen*, einen *alphabetischen* und einen *systematischen Catalog* vorsah.[301] Eine in Rom sensationelle Neuheit war die Tatsache, daß viele der Bücher ausgeliehen werden durften. „Vielleicht hat nichts von allem, was das Institut unternommen hat, sich als ein so kräftiges Bindemittel aller gleichstrebenden

---

292 Zitiert nach BASTGEN 1929, S. 135.
293 BASTGEN 1929, S. 136–147.
294 Zitiert nach BASTGEN 1929, S. 147.
295 Zitiert nach BASTGEN 1929, S. 148.
296 Richtlinien für die öffentlichen Adunanzen vom 20. Januar 1834; RIECHE SATZUNGEN Nr. 18, S. 72f.; BLANCK 1979, S. 8.
297 MICHAELIS 1879, S. 41.
298 BLANCK 1979, S. 8.
299 MICHAELIS 1879, S. 42; BLANCK 1979, S. 4–6.
300 MICHAELIS 1879, S. 43; BLANCK 1979, S. 8f.
301 RIECHE SATZUNGEN Nr. 24, S. 96.

Bewohner Roms, als eine so wirksame Förderung wissenschaftlicher Arbeiten und als ein so würdiges Mittel der Propaganda für das Institut bei Einheimischen und Fremden bewährt, wie die Bibliothek und ihre liberale Verwaltung."[302] In der Tat wurde die Bibliothek auch von solchen italienischen Archäologen dankbar besucht und geschätzt, welche die preußischen *crucchi* (auch: *kruki*, in etwa den frz. *boches* oder den angelsächsischen *krauts* vergleichbar) lieber heute als morgen vom Kapitol vertrieben sehen wollten. Dazu später.

Zu dieser Zeit befand sich das Institut schon nicht mehr im Palazzo Caffarelli. 1835 begann Bunsen, mit einer großzügigen Spende des Kronprinzen neben dem von ihm gegründeten preußischen Krankenhaus in der Via di Monte Caprino ein eigenes Institutsgebäude zu errichten. Dieses bestand im Kern aus einem einzigen, einfachen, langgestreckten Raum, dem allerdings eine reizende, klassizistische und dabei kaum fünf Meter hohe Tempelfront des Architekten und Schadow-Schülers Michael Knapp mit etruskisch anmutenden Pilasterpfeilern vorangestellt war, zu der einige Treppenstufen hinaufführten (Abb. 47).

Für das Giebelfeld entwarf der Bildhauer Emil Wolff, der dem Institut eng verbunden war und auch die Büsten vieler seiner Mitglieder schuf, ein melancholisch gestimmtes Terrakottarelief. In der Mitte thront, das behelmte Haupt zum eintretenden Besucher hin gesenkt, Athena-Minerva mit ihrer Eule, gleichzeitig Göttin der Weisheit und Mitglied der Kapitolinischen Trias (Abb. 46). Obgleich sie Speer, Schild und Aegis trägt, verstrahlt sie nur wenig von der kriegerischen Energie jener Athenastatuen aus Aegina, die zu dieser Zeit bereits in König Ludwigs Münchener Glyptothek zu sehen waren. Die Wolffsche Athena ist ganz die inmitten von Antiken – darunter eine Sphinx auf einem Sarkophag, der Torso von Belvedere, ein Relief sowie eine Amphore – ruhende Schutzgöttin der Wissenschaft, die mit ihrem Schild das hinter ihr liegende Institut zu schirmen scheint. Rechts von ihr lagert ein Flußgott mit Füllhorn, der durch die ihm beigeordnete, etwas schafsartig geratene Wölfin unschwer als der Tiber zu erkennen ist. Im linken Eck des Giebelfelds konkretisiert sich die Ortsangabe. Am Fuß eines Felsens, der den Tempel des Jupiter (Inschrift IOM, *Iupiter Optimus Maximus*) trägt und daher der Tarpejische sein wird, sitzt Tarpeia auf eine Amphore gestützt (Abb. 48). Zu ihren Füßen lehnen zwei Schilde, Zeichen ihres gewaltsamen Todes. Sinnend, gleich einer Meditation über den von ihr begangenen Verrat, ist sie in den Anblick ihres gehobenen, entblößten Unterarms versunken, den die Goldreife der Sabiner hätten schmücken sollen (siehe: S. 106 f.).

Es scheint, als ob sich in diesem nachdenklichen Ensemble bereits etwas vom traurigen Ende dieses Tempelchens der Wissenschaft ankündige, welches in den zwanziger Jahren mit Ausnahme der Fassade selbst, deren Pfeilerstellungen man vermauerte, abgerissen wurde. Hier befand sich also bis zum Jahr 1876 der Hauptsitz des Instituts, hier stand und wuchs die Bibliothek, auch wenn die steigende Feuchtigkeit immer mehr zum Problem wurde.[303] Der Vorplatz des Instituts verwandelte sich mit den Jahren in ein kleines Freilichtmuseum. Zwischen den Pfeilern waren originalgroße Abgüsse der kapitolinischen Dioskurenköpfe aufgestellt, deren monumentale Größe in einem eigenartigen Verhältnis zu den Abmessungen des Baus standen und ihn ein wenig wie ein Puppentheater erscheinen ließen. Darum herum lagen allerlei Relieffragmente, Statuetten und Amphoren verstreut.

Am 26. Januar 1836 wird die „pompejanische Scheune", wie der neue Bibliothekssaal wegen seines roten Innenanstrichs bald genannt wird, feierlich eröffnet. Hier fand an jedem 9. Dezember, dem Geburtstag Winckelmanns, auch die jährliche Winckelmann-Adunanz statt. Dieses Hochamt der deutschen Archäologie wird bis auf den heutigen Tag gepflegt, auch wenn neuerdings ein namhafter Ordinarius die Feier mit der betroffen machenden Begründung abgeschafft hat, Winckelmann solle man lieber lesen als feiern. Der Adunanz, meist ein etwas genereller gehaltener Festvortrag, schloß sich ein feierliches Essen an, welches der preußische Gesandte im Palazzo Caffarelli gab. Für manchen war es die Gelegenheit, sein generelles Desinteresse am Institut durch ein glanzvolles Bankett zu kompensieren: So vermerkte Henzen 1846 befriedigt, der Gesandte Usedom habe sich „zur Feier des Winckelmannstages nach der Adunanz mit einem glänzenden Pranzo herausgebissen […]."[304] Um die Diplomatie auch während des Jahres stärker an das Institut zu binden, schlug er

302 Michaelis 1879, S. 55.
303 Siehe Briefe Henzens aus dem Jahr 1857; Henzen Briefe S. 154–162.
304 Brief vom 12. Dezember 1846; Henzen Briefe S. 19

nach bewährtem Muster vor, jedem preußischen Gesandten den neu zu schaffenden Titel eines Honorarpräsidenten zu verleihen.[305]

Die Winckelmannfeiern waren schon damals nicht unumstritten. Der Anspruch, der von diesen Ehrungen ausging, und die Wirklichkeit, so wie sie sich den Besuchern der pompejanischen Scheune darstellte, gelangten nicht immer vollständig zur Deckung. Vor allem Frauen brachten für die feierliche Würde dieser Feier nicht immer das nötige Verständnis auf. So berichtet die vorlaute Fanny Mendelssohn aus dem Jahr 1939: „Es war eine feierliche Sitzung der Archäologischen Gesellschaft, Winckelmanns Geburtstag (ich gratuliere), und ich war hingegangen worden. Die Sitzungen finden auf dem tarpejischen Felsen statt, und Kestner ist jetzt der Bunsen. Der Saal ist küchenrot pompejanisch gemalt und so antik niedrig, daß Dirichelet den höflichsten Bückling würde machen müssen. Längelang stehen ein grüner Tisch und Rohrstühle zu beiden Seiten (alles auf dem Forum ausgegraben). In der Mitte des Tisches steht Winckelmanns Büste mit einer Nachtmütze von Rosen und Efeu und Papenkord gewunden [...]. Es waren schon einige Damen und viele Herren versammelt, alles sprach leise, und es ging so putzig feierlich zu, daß mir der Magen zum Lachen wackelte, ehe noch ein Mensch gesprochen hatte. Nun aber fing die Rede an! Die Herren, die sich in italienischer Sprache vernehmen ließen, hießen Kestner, Braun, Otfried Müller, Abeken, und ihre Aussprache klang ebenso italienisch wie ihre Namen. Kestner las die Einleitung wie ein altes vernünftiges Pferd [...]. Hierauf galoppierte Braun herbei und las über die archäologischen Verdienste des Herzogs von Blacas. Er zeichnete sich dadurch aus, daß er auf gut sächsisch b mit p und d mit t verwechselte." [306]

Schwerer wiegen die Einwände des Schriftstellers Adolf Stahr, der während seines Romaufenthalts 1845/1846 ebenfalls an der Winckelmannadunanz teilnahm. Nachdem er zunächst den ausschließlichen Gebrauch der italienischen Sprache heftig kritisiert (siehe S. 149 f.), wendet sich Stahr dem Inhalt der Vorträge sowie der gesamten Richtung und Methode der deutschen Archäologie zu:

„Auch die Vorträge selbst waren wenig erbaulich. Vergebens hoffte man irgend einen allgemeinen Gedanken zu vernehmen, einen Rückblick auf den großen Gründer und Eroberer der Kunst-Wissenschaft, dessen Diadochen diese Herren sein wollen; [...]. Nichts von dem, was einer antiken Feier ähnlicher Art das Wesentlichste, was ein Beweis gewesen wäre, daß diese Studien des Lebens und der Kunst des Alterthumes auch wirklich in Saft und Blut übergegangen und auf die Gestaltung unseres Lebens von Einfluß geworden wären. Diese kleinen Aufsätze über Vasenbildchen, wie es tausende giebt, in allen Ehren! Sie mögen in einer gewöhnlichen Versammlung der Mitglieder unter sich an ihrem Platze sein; an einem Feste zum Ehrengedächtnisse Winckelmanns vor einer zahlreichen gemischten Versammlung waren sie es nicht. Diese Ablesereien waren theils wegen der Formlosigkeit des Vortrages, theils wegen der Gegenstände unverständlich und sterbenslangweilig. [...] Überhaupt ist es mit der Gestaltung der Archäologie, wie sie hier von den Deutschen in Italien gehandhabt wird, eine eigene Sache. Ich glaube, daß man sich darüber in Deutschland vielfach täuscht. [...] Statt den Geist wahrer deutscher Wissenschaft und Gedankenbildung in Italien einzubürgern, haben die deutschen Archäologen in Rom sich vielmehr von dem Kleinkram italienischer, atomistischer, zusammenhangloser Behandlungsweise überwältigen lassen, und haben sich gerade von der Bahn desjenigen, den sie in Festen und Festreden feiern, von der Bahn Winckelmanns, völlig entfernt." Natürlich spricht hier vor allem die unvermeidliche Enttäuschung des Nichtwissenschaftlers, der den Gegenstand seiner Verehrung auf dem akademischen Seziertisch sieht. Daß die so scharf kritisierte Grundlagenforschung mit ihrer systematisch-selektiven Wahrnehmung in den Augen des Archäologen eher eine notwendige Überwindung des Winckelmannschen Kunstverständnisses ist als eine irrende Abweichung davon, steht außer Zweifel. Und doch scheint Stahr dort recht zu haben, wo er das scheuklappenhaft fahrlässig Harmlose aber auch Bequeme einer Geisteswissenschaft kritisiert, deren Vertreter sich nicht immer die Mühe machen, den jeweils Außenstehenden (wozu auch die meisten Fachkollegen gehören) eine Ahnung davon zu vermitteln, warum und wozu sie ihre Forschungen überhaupt betreiben.

---

305 Brief vom 12. April 1853; HENZEN BRIEFE S. 88.

306 MENDELSSOHN TAGEBUCH S. 62.

Das Kaiserlich Deutsche Archäologische Institut

Schon bei der Gründung des *Instituto di Corrispondenza* war der Plan utopisch, im Zeitalter sich formierender Nationalstaaten und ohne finanzielle Unabhängigkeit ein supranationales, dem Vorbild der aufklärerischen Gelehrtenrepublik verpflichtetes Institut schaffen zu wollen. Bereits nach wenigen Jahren war das Institut eine preußische Angelegenheit, was sie nicht daran hinderte, allen anderen Nationen frei zugänglich zu sein. Es dauerte allerdings fast fünfzig Jahre, bis die Realität mit der Organisationsform in Einklang gebracht wurde.

Die ständigen Geldsorgen, die zunehmende Raumnot, die personalen Engpässe und die behördliche Bedrohung zehrten an den Kräften. Zudem war die pompejanische Scheune ab Mitte der fünfziger Jahre wegen steigender Feuchtigkeit nicht mehr für die Bibliothek geeignet. Die Suche nach einem Ausweichquartier gestaltete sich schwierig. Den von preußischer Seite angebotenen Festsaal des Palazzo Caffarelli hielt Henzen für ungeeignet: „Gegen den großen Saal Caffarelli ist vor allem einzuwenden, daß nach Herrn v. Thiles eignem Eingeständnis es ganz unmöglich ist, dort im Winter zu arbeiten; er liegt gegen Norden und ist größer und höher als manche Kirche. [...] Wo sollen wir unsere Sitzungen halten? In jenem Riesensaale, oder in unserem ausgeräumten Stalle?"[307]

In dieser Lage war der Gedanke mehr als verlockend, die Umwandlung des Instituts in eine preußische Staatsanstalt zu beantragen. Sogar Henzen, einer der Hauptverfechter des Internationalitätsgedankens und der institutionellen Unabhängigkeit, war 1856 bereits so weit, „mit Vergnügen" zu sehen, „daß eine Hinüberleitung des Instituts aus dem bisherigen, an Persönlichkeiten geknüpften provisorischen, in einen definitiven Zustand ernstlich erstrebt" werde.[308] Bis es so weit war, dauerte es noch eine ganze Weile. Erst 1870 wurde das Institut, das bereits seit Jahren de facto vom preußischen Staat finanziert wurde, auch dem Namen nach „Preußische Staatsanstalt", bevor es 1873 vom Deutschen Reich übernommen wurde.

Neben der Entfremdung dieser ab 1887 sich „Kaiserlich Deutsches Archäologisches Institut" nennenden Staatsanstalt von Italien und den Italienern (siehe S. 140 ff.) mußte sich natürlich auch der Gesamtcharakter des Hauses ändern. Die augenfälligste Veränderung war zunächst eine bauliche, deren Anlaß eine Schenkung war. Der Berliner Buchhändler Gustav Parthey hatte der Bibliothek im Jahr 1871 eine umfangreiche Sammlung antiker Autoren verehrt mit der Bedingung, daß für deren ordentliche Aufstellung garantiert werden könne.[309] Die Institutsleitung, der diese Bedingung als Argument so gelegen kam, daß man meinen könnte, sie habe sie eigens veranlaßt, beantragte daraufhin beim preußischen Unterrichtsministerium Hilfe. Zunächst faßte man in Berlin den Plan, das Institut in einer umzubauenden Lagerhalle am Fuß des Kapitols unterzubringen, die zu Emil Brauns galvanoplastischen Unternehmungen gehört hatte. Inzwischen zeichnete sich jedoch die erneute Umwandlung des Instituts in eine Reichsanstalt ab, die nun schlecht in einem alten Industriebau residieren konnte. Am 9. Juni 1873 wurde vom Reichstag, der sich damals noch mit solchen Angelegenheiten befaßte, ein großzügiger Neubau genehmigt, wofür der Berliner Architekt und Architekturhistoriker Paul Laspeyres die Pläne lieferte (Abb. 49/50).

Das neue Institutsgebäude entstand am steil abfallenden Südwesthang des Kapitols gegenüber dem Palazzo Savelli-Orsini im Marcellustheater. Wegen des von allerlei künstlichen und natürlichen Höhlen durchzogenen Terrains waren aufwendige Fundamentierungsarbeiten erforderlich. Die Hanglage brachte es mit sich, daß den vier Stockwerken der Stadtseite nur zwei oberirdische auf der Kapitolsseite gegenüberstanden. Diese strukturellen Nachteile werden durch die spektakuläre Lage einigermaßen ausgeglichen. Der Blick auf die Stadt aus den zwei übereinandergebauten Loggien ist ebenso beeindruckend wie der Anblick des hoch auf dem Kapitol thronenden Gebäudes von der Stadt aus (Abb. 51).

Das Institut, das bis dahin still im Verborgenen gewirkt hatte, präsentierte sich nun stolz der Welt. Die deutsche Archäologie wurde zur Institution, ihr neuer Stammsitz zu einer Art Kulturbotschaft der Nation. Doch gibt es aus der Erbauungszeit kaum Stimmen, die den Bau als überhebliche Geste kritisiert hätten. Im Dezember 1877 wurde das neue Institut feierlich eingeweiht – natürlich mit einer Winckelmann-Adunanz. „Nicht nur

307 Brief vom 29. Dezember 1857; Henzen Briefe S. 170.
308 Brief vom 23. Oktober 1856, Henzen Briefe S. 141.
309 Rieche 1979, S. 93.

die Fachgenossen und die Regierung Italiens nahmen daran teil, auch das Königspaar erschien zu dem Festakt, und selbst die radikale Partei, die sonst mehr zu Frankreich als zu Deutschland hinneigte, brachte durch ihre Führer Garibaldi und Bovio dem deutschen Reichsinstitut auf dem Kapitol ihre Glückwünsche dar. Die alten guten Beziehungen zur römischen Welt fanden noch einen sichtbaren Ausdruck in der Beteiligung der schönsten Damen der Aristokratie an den lebenden Bildern, die Helbig mit der Unterstützung deutscher Künstler an dem Festabend im Palazzo Caffarelli stellte.[310] Jedoch wessen Blick" – den Zusatz machte Noack allerdings erst nach dem Weltkrieg – „nicht an der Oberfläche haftete, sondern in die Tiefe drang, der sah schon damals hinter dem deutschen Kapitol den Tarpejischen Felsen."[311]

Noch schien dieser ein sicheres Fundament für die deutsche Zukunft in Rom abzugeben. Das neue Institutsgebäude war auch durchaus nicht als Herausforderung konzipiert. Abgesehen von seiner exponierten Stellung – von der man aber nicht absehen konnte – gab es sich mit seinen herben, schinkelianischen Formen eher zurückhaltend. Eingewachsen zwischen Pinien und Zypressen ist der Bau ein sonderbarer Rückimport des märkischen Spätklassizismus in die Heimat der klassischen Architektur. Die Materialien – Ziegel für die Wandflächen und dunkler, graugrüner, leider etwas anfälliger Tuffstein für die gliedernden Elemente – geben dem Haus etwas sehr Römisch-Archäologisches. Jede kaiser- und gründerzeitliche Monumentalität vermeidend, läßt die zurückhaltende Instrumentierung am ehesten an die zierliche Schlichtheit republikanischer Baudenkmäler denken, oder an die bescheidene Strenge Böcklinscher Villen. Auch das Innere ist alles andere als großartig oder imponierend. Anstelle eines großen, zentralen Lichthofes entschied sich Laspeyres für zwei kleine, was eine Parzellierung der Nutzfläche zur Folge hat. Alles ist klein und ein wenig eng in diesem Gebäude, was durch die dunkle, pompejanisierende Bemalung der Wände noch verstärkt wird. In der Decke des atriumartigen Foyers weist eine Inschrift, die dem epigraphischen Schwerpunkt des Instituts alle Ehre macht, sowohl auf die kaiserlich-deutsche Bauträgerschaft als auch auf die internationalen Ursprünge hin: Das Institut, im Jahre 1829 von – in streng alphabetischer Reihenfolge – britischen, französischen, deutschen und italienischen Bürgern unter dem Vorsitz des Deutschen Eduard Gerhard gegründet (die Dänen werden unterschlagen), sei 1870 dem preußischen König, 1874 dem deutschen Kaiser unterstellt und auf Geheiß Kaiser Wilhelms I. von Deutschland im Jahr 1877 an diesen Ort verlegt worden:

INSTITVTVM . ARCHEOLOGICVM . ROMANVM
CONDITVM . A CIVIBVS . BRITANICIS . GALLIS . GERMANIS . ITALIS . A . MDCCCXXVIII
PRAESIDE . ODOARDO . GERHARDO . GERMANICO
FACTVM . R . BORVSSICVM . A . MDCCCLXX . IMP . GERMANICVM . A . MDCCCLXXIIII
IVSSV . GVILELMI . IMPERATORIS . GERMANIAE
HVC . TRANSLATVM . A . MDCCCLXXVII . VRBIS . AETERNAE . A .

Der einzige größere Raum im Haus ist der hohe, aus drei aneinandergereihten Kuppelräumen bestehende Bibliothekssaal (Abb. 53). Während die Wände bis zu den Kämpfergesimsen mit hohen Regalen bedeckt sind, bleibt die Raummitte frei. Hier stehen schwere, eichene Schreibtische mit gedrechselten Beinen, von denen man in den heutigen USM-Haller-Kunststoff-Bibliotheken nur noch träumen kann. Thonet-Stühle, geflochtene Papierkörbe, zierliche Leselampen mit grünen Glasschirmen, Tintenfässer, Löschpapierwalzen, hölzerne Regalleitern und eiserne Kanonenöfen vervollständigen dieses Studienparadies, in dem nichts vom Gegenstand ablenkt. Die römische Außenwelt dringt nur in Form von gedämpftem Tageslicht durch die fünf hochsitzenden Lünettenfenster ein. Die auf den Regalen und verschiedenen Sockeln aufgepflanzten Büsten der geistigen Stammväter, Gründer und Mitarbeiter, der *maiores animi* also, (Winckelmann, Goethe, Herder, Humboldt, Niebuhr, Borghesi, Visconti, Gerhard, Kestner, Bunsen, Panofka, Thorwaldsen, Fea, de Luynes, Braun und – ab 1886 – auch Henzen) wachen über den Betrieb. Gäbe es Schöneres, als hier in der Ruhe eines römischen Sommers eine Miscelle über, sagen wir, eine stadtrömische Inschrift zu verfassen?

310 Lehmann 1989, S. 37f.
311 Noack 1927, 1, S. 705.

Die Arbeit der Institutsinsassen scheint nur selten durch übermäßige Kommunikation untereinander gestört worden zu sein. Einen Eindruck vom Institutsklima geben die Lebenserinnerungen des Archäologen Ludwig Curtius (Abb. 52), der im Winter 1898/99 als junger Stipendiat im Haus lebte und arbeitete: „Als ich im kellerartigen Parterre des Instituts das Eckzimmerchen mit dem Blick auf die Kuppeln von Gèsu, S. Andrea della Valle und der Peterskirche bezog, [...] war ich so von demütiger Ehrfurcht vor dem Geist des Hauses und seiner Insassen erfüllt, daß ich wie auf Zehenspitzen ging. Neben mir in den Zimmern des gleichen Korridors wohnten deutsche Gelehrte, die ich scheu grüßte und die mich kaum eines Blickes würdigten. Nie in meinem Leben habe ich einen Winter in so merkwürdiger Einsamkeit verbracht, wie jenen römischen in einem Hause, das doch von seinen Gründern für die edelste geistige Gemeinschaft gedacht war. Aber die Kritik, die ich in diesen Worten ausspreche, lag mir damals gänzlich fern. Ja, daß sich keine Seele um mich kümmerte als der alte Hausdiener Giuseppe, der mit seiner schlotternden Hose, kragenlosem Hemd, unrasiertem Stoppelbart wie ein herabgekommener pensionierter Abruzzenräuber aussehend mir am Morgen schlürfenden Schrittes eine Schale kaum genießbaren schwarzen Kaffees auf den Tisch stellte, das fand ich ganz in Ordnung, denn auf diese Weise gehörte der ganze Tag und die halbe Nacht beinahe ein ganzes Jahr lang allein mir selbst, ein Glück, das mir später im Leben nie mehr ähnlich wieder begegnete." [312] Auch war der Verbrauch materieller Ressourcen damals noch streng reglementiert und wurde nach dem Verursacherprinzip angerechnet. So konnte sich der junge Curtius nie anständige Kleider besorgen, „weil auch die sparsamste Heizung des kleinen eisernen Ofens in meinem Zimmer viel Geld verschluckte und dazu gar noch eine hohe monatliche Lichtrechnung kam, weil nach einem merkwürdigen Prinzip fiskalischer Sparsamkeit die Kosten des ganzen im Institut verbrauchten elektrischen Lichtes nach einem bestimmten Schlüssel auf die Insassen verteilt wurden." [313]

Die zurückhaltende Persönlichkeit des Ersten Sekretars Eugen Petersen, der das Institut in der Zeit von Curtius' Aufenthalt leitete, vervollständigte diesen ganz auf Arbeit ausgerichteten und südlichen Vergnügungen abholden Charakter des Hauses: „Petersen, ein bedeutender Gelehrter, durch viele anstrengende Nachtarbeit früh bleich und weiß geworden, war einer der letzten Archäologen, die, von der Philologie ausgegangen, beides, antike Literatur und Denkmäler beherrschten. Er war ein reiner und vornehmer, ja, wenn man ihn näher kannte, auch liebenswürdiger und gütiger Mensch. Aber er gehörte zu jenen Philologen, von denen Goethe sagt, daß sie wie Apollo Sauroktonos immer bereit stünden, ein Wort, das wir ausgesprochen, aufzuspießen. Kaum hatte man einen Satz gesagt, fuhr er korrigierend dazwischen. Was aber seine Lage so schwierig machte, war der Gegensatz, in dem sich seine ganze moralisch-wissenschaftliche Persönlichkeit zu seiner Umgebung, nicht nur der römisch-italienischen, sondern auch der römisch-deutschen der Künstler und Gelehrten befand. Es war bekannt, daß er, mit gelehrter Arbeit überhäuft, es nur selten über sich brachte, Besuche anders als stehend zu empfangen, um sie dadurch zu veranlassen, sich gleich wieder zu verabschieden. Seiner hageren, etwas eckigen, asketischen, im Grunde edlen Erscheinung haftete etwas Scheues, die Menschen Meidendes an, und wohl auch verletzt durch viele heimliche und offene Gegnerschaft hatte sich seine ausgesprochen norddeutsche Natur in die behagliche Einsamkeit seines Studierzimmers geflüchtet, auf einem Posten, zu dem das Gegenteil gehört hätte, eine den Einzelnen und die römische Gesellschaft gewinnende Verbindlichkeit. Seine Frau [...] repräsentierte den Typus einer vortrefflichen deutschen Pastorengattin oder Universitätsgeheimrätin, fand sich in offener Opposition gegen Rom, lebte sehr ungern in der Ewigen Stadt und sprach das auch unverhohlen gegen jedermann aus." [314]

Diese Zurückhaltung gegenüber der deutschen wie italienischen Umwelt bestimmte jedoch schon die letzten Jahre des „Instituto di Corrispondenza". Die jungen deutschen Archäologen, die sogenannten *ragazzi*, blieben weitgehend auf sich gestellt. Ulrich von Wilamowitz-Meollendorff /Abb. 54), Stipendiat des Jahres 1873, erinnert sich: „Das Beste mußte also jeder für sich tun, und wieder half dazu am meisten die Ragazzerie, denn weder mit dem deutschen Künstlerverein noch überhaupt der deutschen Kolonie bestand ein Verkehr, auf die Gesandtschaft zu Herrn von Keudell ward man nur in der Masse eines großen Rout befohlen, mit den Italienern

---

312 Curtius Lebenserinnerungen S. 174f
313 Curtius Lebenserinnerungen S. 177.
314 Curtius Lebenserinnerungen S. 173f.

kam man leider auch nicht zusammen. Man hörte Italienisch außer den Adunanzen, wenn man, selten genug, ins Theater ging oder auch zu einer Predigt in den Gesù, sonst nur in gelegentlichen Gesprächen."[315]

Auch war es kaum möglich, die weitere Umgebung Roms zu erkunden: „Es war ein großer Mangel, daß solche Unternehmungen bei den damaligen Verbindungen nur selten möglich waren. Wir kannten wohl die nächsten Umgebungen Roms und Latium südlich bis Grotta Ferrata, Monte Cavo, Nemisee, aber an das Meer bin ich […] gar nicht gekommen."[316] Trotz allem war der Romaufenthalt für die meisten der Stipendiaten ein unerhört fruchtbares, für den Rest des Lebens prägendes Ereignis, wozu neben den nicht ungefährlichen Reizen, welche die Stadt Rom selbst bot, natürlich vor allem das Institut und dessen Bibliothek, die allen Interessierten offen stand, beigetragen haben. Vielleicht war die mönchische Abgeschiedenheit, welche das Institut mit einem seltsamen Automatismus um seine Mitglieder verbreitete, letztendlich wertvoller als ein in oberflächlicher Geselligkeit verbrachtes Romjahr: „Nicht zu unterschätzen war die Bibliothek des Institutes, einerlei, wie unvollständig sie war, gerade darum, weil ihre Verwaltung sich überhaupt nicht fühlbar machte. Eingang konnte, wer im Institut bekannt war, immer finden, sich die Bücher suchen, auch auf sein Zimmer nehmen. Gerade dadurch, daß man vornahm, was durch Titel oder Verfasser reizte, worauf gerade das Auge fiel, daß man ohne besonderen Zweck las, erweiterte den Horizont. Und namentlich die Abende waren für diese Beschäftigung meist frei."[317] Die Stipendiaten, das vergißt man zu gerne, wenn man ihr Eigenbrödlertum damals wie heute kritisiert, waren eben keine feucht-fröhlichen Pincio-Künstler und auch keine Grand-Tour-Touristen, sondern künftige Forscher und Professoren, die ihre knapp bemessene Zeit im Sinne ihres Berufes nutzen mußten. Das Institut hat entscheidend dazu beigetragen, innerhalb weniger Jahrzehnte durch die Förderung junger Archäologen das Fach in Deutschland in zwar einheitlicher, aber keineswegs einförmiger Weise zu festigen und zu verbreiten. Fast alle berühmten Namen, welche die deutsche Archäologie an die Weltspitze führten – was dem internationalen Ansehen des schon damals an sich nicht geliebten Landes recht gut bekam – sind dem Institut in Rom oder seiner 1874 gegründeten Zweigstelle in Athen in irgend einer Weise verbunden gewesen.

Abgesehen von der wissenschaftlichen Förderung muß der Aufenthalt auf dem damals noch ganz stillen, von keinen Straßen umgebenen Kapitol paradiesisch gewesen sein. Vor allem diejenigen Stipendiaten, die noch in der alten Casa Tarpea wohnen durften, werden in ihrem Leben wohl keine idyllischere Bleibe mehr gefunden haben. Die gegen den Palatin gelegene Casa Tarpea war bereits von Bunsen gekauft und als protestantisches Krankenhaus eingerichtet worden (siehe S. 62 f.). Schon bald vermietete man jedoch aus Ermangelung kranker Lutheraner verschiedene Zimmer an Stipendiaten des Instituts, aber auch an andere Deutsche, Künstler und Gelehrte, die für wenige Monate in Rom waren. Der Philosoph und Kunsthistoriker Carl Justi wohnte dort während seines Romaufenthalts 1867/68: „Grade vis à vis meinem Fenster ragen in dem durch die Ausgrabungen des Bodens entstandenen Thal die drei Säulen des Vespasianstempels und etwas rechts die acht Granitsäulen des Saturntempels. Dahinter der Bogen des Septimius Severus. Gegenüber im Hintergrund liegt das neue Rom mit seinen Kuppeln und Palästen; nach rechts erstreckt sich ein weiter Blick über das Forum – die Säule des Phokas, den Tempel des Antonin und der Faustina, die riesigen Gewölbe der Basilika des Constantin, den Bogen des Titus und endlich das Colosseum (Abb. 71). Ich sehe herab auf das Pflaster der alten Straße der Triumphatoren. Endlich habe ich noch die erste Morgensonne. Ich kann in der That nicht begreifen, warum ich gerade unter so vielen tausenden Sterblichen auserwählt bin, inmitten einer solchen Schaubühne meine Hütte aufzuschlagen."[318] Nebenan wohnten auch die *ragazzi* des Institutes, deren Kapitolinischer Korpsgeist Justi nicht verborgen blieb. „In meiner Nähe, auf dem Capitol, wohnen noch circa acht deutsche Gelehrte, natürlich sämtlich Preußen und eine Elite. Ich pflege mit ihnen zu speisen."[319] Zu diesem Korpsgeist mag auch die wachsende Bedeutung des Instituts beigetragen haben. Die Stipendiaten hatten es immer weniger nötig, sich wie früher auf Schritt und Tritt mit den italienischen Gegebenheiten arrangieren zu müssen. Das Institut bot einen sicheren, bestens munitionierten Stützpunkt, von wo aus sich die Expeditionen, die dennoch nötig waren, mit einem Minimum an ‚Feindberührung' durchführen ließen.

315 WILAMOWITZ ERINNERUNGEN S. 145.
316 WILAMOWITZ ERINNERUNGEN S. 149.
317 WILAMOWITZ ERINNERUNGEN S. 150f.
318 JUSTI BRIEFE S. 8f.
319 JUSTI BRIEFE S. 9.

So herrschte am Institut die behütete Aura eines mitteldeutschen Universitätsseminars, was den Stipendiaten selbst wahrscheinlich weniger auffiel als außenstehenden Betrachtern. Als solche kann in vieler Hinsicht Lilli Helbig gelten (Abb. 56). Als Tochter des weltläufigen Zweiten Sekretars Wolfgang Helbig und einer fürstlichen russischen Mutter (siehe S. 97) wuchs sie zwar am Institut auf, beobachtete dessen ernstes Treiben jedoch aus der Froschperspektive – und ziemlich von oben herab. Die Stipendiaten erlebte sie als mehr oder weniger komische, gesellschaftlich behinderte Figuren, wenn sie etwa bei ihrem Herrn Papa zum Antrittsbesuch zu erscheinen hatten: „Der Patient – als solcher erschien er – war recht befangen und stolperte über seine Füße, trotz aller Förmlichkeit und Feierlichkeit. Hochgewachsen, kräftig gebaut, mit stark pomadisierten Haaren, das Gesicht mit vielen Schmissen geschmückt, [...] Brille, Gehrock, mitunter auch Frack mit schwarzer Krawatte, ziemlich kurze graue Hosen, so daß die Schuhe mit viereckigen Spitzen immer auffielen. [...]. Es waren liebe Jungen, hochbegabte Köpfe, die aber keinerlei praktischen Sinn und keine Kenntnis des gesellschaftlichen Lebens besaßen. Studentenraufereien waren nicht geeignet, ihnen Höflichkeit und Manieren beizubringen. Als Typus waren sie nicht besonders vielgestaltig." Freilich erwähnt sie dann doch, daß es sich bei diesen mißgestalteten Wesen immerhin um Wissenschaftler handelte, „die später Weltruf erlangen sollten und Wilhelm Dilthey, Wilhelm Studemund, Carl Robert, Ulrich von Wilamowitz-Moellendorff usf. hießen. Es war das Goldene Zeitalter der deutschen archäologischen Wissenschaft."[320]

Ab 1891 veranstaltete das Institut, das sei als besonderer Verdienst erwähnt, einen jährlichen „Gymnasiallehrerkurs".[321] In fast zweiwöchigen Seminaren erhielten die angereisten Lehrer einen ihre philologische Bildung ergänzenden Anschauungsunterricht in klassischen Altertümern (Abb. 57). Man erwartete, durch diese Initiative das Niveau des humanistischen Gymnasiums anzuheben, das gesellschaftliche Verständnis für die Altertumswissenschaft zu fördern und somit die Akzeptanz des Universitätsfachs Archäologie längerfristig zu sichern. Den begabten Nachwuchs hoffte man rechtzeitig anzuregen, bevor er sich dazu entschied, in medizinische und juristische Fakultäten abzuwandern. In Zeiten, in denen Lehrer allenfalls zu Praktika in Software- und Dienstleistungsbetriebe geschickt werden, erscheint dieser Kurs als Relikt einer unendlich fernen, gründlich vergangenen Zeit. Der „Gymnasiallehrerkurs" hatte durchaus Erfolg. Die so geförderten Lehrer fingen an, ihrerseits Schülerfahrten nach Rom zu organisieren, wie etwa die Lateinlehrer des Berliner Prinz-Heinrichs-Gymnasiums.[322] Mit dem Schnellzug dampfte man in nur 34 Stunden von Berlin aus nach Rom, wo man ein für heutige Verhältnisse recht ehrgeiziges Programm absolvierte. Der ausführende Lehrer Otto Richter resümierte: „Ich erachte dies als einen Gewinn für das Gymnasium. Denn in einer Zeit, die immer mehr an den Fundamenten der Gymnasialbildung rüttelt und auf eine immer weiter gehende Zersplitterung des Unterrichts und der Unterrichtsziele hinarbeitet, ist es etwas, wenn es gelingt, den Glauben an die Größe des klassischen Altertums und seine unvergängliche Kraft für die Erziehung und Bildung der Jugend in der reiferen Jugend selbst zu kräftigen."[323] *Bene dictum*!

Mit der Umwandlung des *Instituto di Corrispondenza* in eine preußische Staatsanstalt wurde die Central-Direction, die ja bisher vor allem aus in Rom tätigen Mitarbeitern bestand, aus dem Institut gleichsam herausgelöst und nach Berlin versetzt. So wurde das „Regiment der Zentraldirektion eingeführt, in der die wenigsten Mitglieder von den römischen Verhältnissen und Bedürfnissen eine Ahnung hatten."[324] Die von den Institutsgründern vorgesehene, aber in den ersten Jahrzehnten kaum durchgehaltene Trennung von Institut und Oberaufsicht war damit wieder hergestellt, wenn auch selten zur Freude des ersteren.[325] Besonders während des Generalsekretariats des zu bürokratischer Pedanterie neigenden Conze war das Verhältnis zwischen Rom und Berlin oft gespannt. Ein zumindest aus heutiger Sicht kurios erscheinendes Detail ist dabei Conzes Kampf gegen die Präsenz von Frauen an Veranstaltungen des Instituts. Anlaß waren nach Berlin gelangte Berichte, daß bei den regelmäßigen Institutsführungen – auch Periegesen genannt – zumindest in Einzelfällen auch Frauen teilgenommen hätten. Conze forderte vom Zweiten Sekretar umgehend Rechenschaft: „Bei Gelegenheit des Berichtes über die Periegese kam zur Sprache, daß dem Vernehmen nach an den Giri in den Museen gelegentlich

320 Morani-Helbig 1953, S. 20 f.
321 Noack 1927, 1, S. 706.
322 Richter 1908.

323 Richter 1908, S. 14.
324 Wilamowitz Erinnerungen S. 141.
325 Lehmann 1989, S. 39.

auch Damen teilnehmen. Indem die Central-Direction eine solche Praxis dem Interesse derjenigen Hauptteilnehmer, für welche die Kurse an erster Stelle bestimmt sind, schädlich würde ansehen müssen, erbittet sie eine ausdrückliche und notfalls erläuternde Äußerung, ob wirklich eine solche Beteiligung stattgefunden hat."[326] Helbig, der mit dem ihm so wesensfremden Conze ohnehin im Dauerkonflikt stand, antwortete, daß die Berichte zutreffend seien. An den fraglichen „Giri" hätten die Tochter und Schwiegertochter des „Herrn Torlonia", die Tochter und Schwiegertochter des „Herrn Piombino" sowie die Fürstin Borghese teilgenommen. Er sehe sich leider außerstande, die Damen am Betreten ihrer eigenen Sammlungen zu hindern.[327]

Auf Dauer war der Einzug von Frauen in das Institut freilich nicht zu verhindern, wobei die undichte Stelle bezeichnenderweise nicht in Rom, sondern in der Athener Zweigstelle zu suchen war. So wird die Teilnahme von „archäologischen und nicht archäologischen" Damen an Wilhelm Dörpfelds Gesellschaftsreisen berichtet. „In Fragen des persönlichen Mutes könnten sie es mit dem starken Geschlecht vollkommen aufnehmen; zwei deutsche Damen hätten sehr zur Erhöhung des Frohsinns und der Gemütlichkeit beigetragen; einige Amerikanerinnen hätten sich in ‚keiner Weise störend' gezeigt. Dafür habe das Reisen mit den Damen natürlich wieder andere Schwierigkeiten bereitet, ‚über die zu reden nicht weiter nötig ist.'"[328]

Doch auch in Rom war von den alten Zeiten des wissenschaftlichen Männerbundes bald nur noch wenig übrig. Schon 1908 schrieb der Archäologe Carl Robert an Huelsen: „Und noch ein Wunsch, da ich schon einmal beim Wünschen bin. Säubern Sie die Adunanzen von den Weibern. Während meines römischen Winters waren sie ja der reinste *five o'clock tea*. Schlagen Sie an: *donne senza grado accademico non sono ammesse alle adunanze dell'Instituto*. So ist die Lovatelli, die ja den Zutritt beanspruchen kann, ausgenommen. Wenn wieder, wie in alter Zeit, 14 Gelehrte um den grünen Tisch herumsitzen und wissenschaftliche Fragen discutieren, so ist das für die Entwicklung der Archäologie und das Ansehen des Instituts förderlicher, als wenn der ganze Saal mit Reisepöbel angefüllt ist und lateinische und griechische Citate nicht gewünscht werden."[329]

Doch es gab bereits kein Halten mehr. Im Jahr 1929 weist die Liste der ordentlichen und korrespondierenden Mitglieder bereits 9 (neun) Frauen auf, darunter sechs Ausländerinnen.

Als erste Frau bewarb sich Elvira Fölzer im Jahr 1907 um ein Stipendium. Die Bewerbung wurde von der Plenarversammlung vom 13. Februar 1907 der Central-Direction nach langer Diskussion grundsätzlich genehmigt, auch das Auswärtige Amt hatte nichts einzuwenden. Am Erfolg hinderlich war letztlich vielleicht doch das mit 39 für einen Stipendiaten zu hohe Alter der Bewerberin. Doch der Damm war nun gebrochen, Frauen strömten an das Institut. Die erste Stipendiatin war 1908/09 die Theologin Carola Barth, die zweite Margarete Bieber (1909/10), als dritte kam Dora Zuntz (1931/32) nach Rom.[330]

---

326 Zitiert nach WICKERT 1979, S. 15; LEHMANN 1989, S. 39.
327 WICKERT 1979, S. 15; LEHMANN 1989, S. 40.
328 WICKERT 1979, S. 15f.
329 Zitiert nach WICKERT 1979, S. 16.
330 WICKERT 1979, S. 16f.

Ars

Kulturnation en miniature

„Deutschland? aber wo liegt es? Ich weiß das Land nicht zu finden,
Wo das gelehrte beginnt, hört das politische auf."

GOETHE/SCHILLER, *Xenien, 95*

Präziser als mit diesen wenigen Worten hätte man den Zustand Deutschlands um das Jahr 1795 nicht beschreiben können. Das Dilemma der „Deutschen Nation" war überwiegend hausgemacht. Nicht separatistische Kräfte oder Einflüsse von außen waren es, die sich einem Zusammenschluß von Kulturnation und Staatsnation entgegenstellten. Eher war es die weitgehende Indifferenz der einzelnen Schichtungen des deutschsprachigen Raumes. Politik, Kunst und Wissenschaft lebten in der von Schiller und Goethe auf den Punkt gebrachten Parallelität über weite Strecken berührungslos nebeneinander her. Wo in Frankreich spätestens seit Ludwig XIV. alles, was sich in Kunst, Literatur und Wissenschaft im Lande bemerkbar machte, an den Höfen von Paris und Versailles zusammengezogen, gegeneinander in Wettbewerb gesetzt, aneinander ausgerichtet und damit erst im Sinn einer vereinheitlichten kulturellen Identität „französisch" gemacht wurde, herrschte in Deutschland das vielfach parzellierte Nebeneinander größerer und vor allem kleinerer Staaten. Deren weitgehende Eigenständigkeit stand jeder übergreifenden Normierung – und somit auch einer nationalen Ästhetik – entgegen. Das hatte natürlich auch seine Vorteile: In den Jean Paul'schen Idyllen aus Kleinsthöfen, Universitätsstädtchen und Reichsmarktflecken, in Haarhaar, Hohenfließ und Kuhschnappel, wo die Siebenkäse, Leibgebers und Hirsemenzels als Hofmeister, Hofkomponisten, Dichter, Organisten und Hauslehrer im Stillen werkelten, sich mit dem Pastor besprachen, Briefe schrieben oder einander von Zeit zu Zeit wandernd besuchten, gedieh jenes breitgefächerte Spektrum an bedeutenden Einzelleistungen, deren Eigenwilligkeit und Unterschiedlichkeit paradoxerweise den einheitlichsten Wesenszug deutscher Kultur vor 1800 bildet. Die geistige Elite begriff sich nur in Ausnahmefällen als Teil einer nationalen Gesamtkultur. Die konfessionelle Spaltung Deutschlands gab der historischen Zersplitterung seiner Herrschaftsgebiete auch noch eine weltanschauliche Dimension.

Natürlich gab es schon im 18. Jahrhundert scharfe Kritik an den herrschenden Zuständen der Kleinstaaterei. Doch zielten die Ideale etwa des Sturm und Drang weniger auf die Errichtung einer deutschen Kulturnation, als darauf, den Menschen aus den physischen, politischen und kulturellen Zwängen zu befreien, welche die Welt der kleinen Höfe und Städte fast allen Lebensbereichen auferlegte. Daß dabei immer wieder die deutsche Identität in Opposition zur höfischen Frankreichorientierung hervorgehoben wurde, bedeutete noch lange nicht, daß man sich die deutschsprachigen Gebiete auch politisch zusammengeschlossen wünschte.

In Analogie zu dieser Haltung hatten auch die deutschen Fürsten wenig mehr als die Unterschiedlichkeit ihrer Interessen gemeinsam. Das Heilige Römische Reich deutscher Nation, das formaljuristisch eine Einheit der deutschen Staaten suggerierte, schien vor allem dazu gut, der Austragung machtpolitischer Interessen einen institutionellen Rahmen zu geben. Der seit 1663 „immerwährende Reichstag" in Regensburg bot diesem immerwährenden Theater die geeignete Bühne. Erkennbare Anstrengungen, auf Kosten des eigenen Einflusses die Einheit kulturell verwandter Gebiete zu fördern, hatte es dabei nie gegeben. Das ist nicht weiter erstaunlich, beruhte doch die Kulturgemeinschaft des deutschen Adels bis weit in das 19. Jahrhundert hinein mehr auf Standesgenossenschaft und Familienverwandtschaft als auf einer national definierten Identität. So gesehen hatte man mit den französischen oder russischen Verwandten mehr gemeinsam als mit den Bauern, Dichtern und Gelehrten des eigenen Landes, auch wenn man erstere eher selten sah und letztere täglich vor Augen hatte.

Erst mit der Besetzung der deutschen Gebiete durch Napoleon im Jahre 1800 begannen die Menschen aller Stände zu spüren, daß die Geschichte sie zu einem Objekt zusammengeschlossen hatte, dessen kleinste gemeinsame Eigenschaft es war, nicht Franzosen sondern Deutsche zu sein. Dieses kollektive Erlebnis wurde zunehmend als ein nationales Schicksal begriffen und schuf die psychologische Grundlage für einen kulturell definierten Nationalstaat, auch wenn der noch ein Menschenleben auf sich warten lassen sollte.

Eine solche Entwicklung schien noch im Jahr 1795 kaum vorstellbar. Goethe und Schiller gaben national beseelten Landsleuten unter dem Titel „Deutscher Nationalcharakter" den Rat:

„Zur Nation euch zu bilden, ihr hoffet es, Deutsche vergebens;
Bildet, ihr könnt es, dafür freier zu Menschen euch aus." *(Xenien, 96)*

Noch 1813, also kurz vor den erfolgreichen Befreiungskriegen, beurteilte Goethe in einem Gespräch mit dem Historiker Heinrich Luden die Lage der Nation ähnlich skeptisch. Zusätzlich räumte er ein, daß das Konzept des „Kulturnationalismus", wie es im 96. Xenion als deutscher Sonderweg proklamiert wird, nur ein begrenzter Ersatz für einen „Staatsnationalismus" sein könne:

„Ich habe oft einen bittern Schmerz empfunden bei dem Gedanken an das deutsche Volk, das so achtbar im Einzelnen, und so miserabel im Ganzen ist. Eine Vergleichung des deutschen Volkes mit andern Völkern erregt uns peinliche Gefühle, über welche ich auf jegliche Weise hinweg zu kommen suche, und in der Wissenschaft und in der Kunst habe ich die Schwingen gefunden, durch welche man sich darüber hinweg zu heben vermag: Denn Wissenschaft und Kunst gehören der Welt an, und vor ihnen verschwinden die Schranken der Nationalität; aber der Trost, den sie gewähren, ist doch nur ein leidiger Trost und ersetzt das stolze Bewußtsein nicht, einem großen, starken, geachteten und gefürchteten Volk anzugehören."

Wenn Goethe sich abschließend hoffnungsvoll zeigt („[...] ja, das deutsche Volk verspricht eine Zukunft und hat eine Zukunft."), so wird er kaum geahnt haben, in welcher reichen Dosis den Deutschen dieses „stolze Bewußtsein" noch zuteil werden sollte.

Das geistige Klima unter den Deutschen im Rom der nachnapoleonischen Zeit schien für nationale Initiativen sehr günstig.[331] Dies betraf vor allem die bürgerlichen Kreise und hier speziell die Gemeinde der Künstler, die in großer Zahl begeistert an den Befreiungskriegen teilgenommen hatten. Doch schon kurze Zeit nach dem Sieg begannen die Sieger sich als die eigentlichen Verlierer zu begreifen.[332] Die alten Zöpfe wurden zu beiden Seiten des Rheins wieder hervorgeholt und frisch gepudert, geradeso, als ob es Revolution und Aufklärung, Napoleon und Code Civil nie gegeben hätte. Alle Ideale, für die man während der französischen Besatzung eingestanden und während der Befreiung unter Einsatz seines Lebens gekämpft hatte, wurden durch die Restaurationspolitik Hardenbergs und Metternichs verraten. Das Diktum des Napoleon, dem zufolge sich das Schicksal der Deutschen noch nicht erfüllt habe, verlor nach dessen Niederlage nichts von seiner Gültigkeit.

Viele der enttäuschten Künstler zog es damals nach Rom. Sie suchten nicht alleine – wie noch ihre Vorgänger im 18. Jahrhundert – Anregung und Bildung durch die klassische Kunst, sondern vielmehr auch einen Zufluchtsort vor den deprimierenden Verhältnissen in Deutschland, ein Utopia, wo man die Ideale, für die man zu Hause inzwischen eingesperrt wurde, offen leben zu können hoffte. Daß man dafür gerade den Kirchenstaat, also die Erzmonarchie schlechthin aufsuchte, mag als Ironie der Geschichte gelten, steht aber auch in der Tradition jener auf die Vergangenheit gerichteten Weitsichtigkeit, mit der Fremde über die zeitgenössischen Verhältnisse in Italien immer schon hinweggesehen hatten. Es war in Rom tatsächlich mehr erlaubt als in Deutschland, zumindest für Ausländer, deren Treiben die päpstlichen Behörden, solange kein Ärger daraus entstand, meistens ignorierten. Lebte man nahe der Spanischen Botschaft an der Piazza di Spagna, so war man der päpstlichen Gerichtsbarkeit ohnehin entzogen. Hier konnte man sich also betont deutsch geben, was zunächst eine Kleiderfrage war. So berichtet die Berliner Gesellschaftsfrau und Salonbetreiberin Henriette Herz,

---

331 Oswald 1988, S. 260f.
332 A. u. D. Esch 1995, S. 396f.

die während ihres Romaufenthalts in den Jahren von 1817–1819 einen der Mittelpunkte der deutsch-römischen Kolonie bildete:

„Die Deutschen, sowohl Künstler als Literaten, erregten damals bei den Römern, in höherem Grade aber noch als bei diesen, welchen der Anblick nicht mehr neu war, bei den Fremden, einiges Aufsehen durch ihre sogenannte deutsche Tracht, und mehr noch als durch diese durch das lang herabhängende, oft sehr verwilderte Haar, welchen Schmuck keiner entbehren zu können glaubte, es mochte ihm nun gut oder schlecht stehen (Abb. 59)."[333] Ernst Raupach läßt seinen „Schulmeister Lebrecht Hirsemenzel" diese vom Maler Karl Philipp Fohr 1816 in Rom eingeführte[334] deutsche Tracht genauer beschreiben: „Sie tragen […] Bärte, langes, herabhängendes Haar, Halskrausen statt der Halsbinden, einen engen, bis nahe an die Knie reichenden Überrock, oder vielmehr eine so lange Weste mit Ärmeln, und darüber einen eben so kurzen Mantel und eine Art Barett. Kurz, es ist die Tracht des Mittelalters, wie sie noch Albrecht Dürer, den die Italiener seltsam genug *Alberto Duro* nennen, Michel Angelo, Raphael u.s.f. getragen haben mögen." Und warum auch nicht, denn: „Wenn Menschen, die sich einbilden, gläserne Füße zu haben, darüber wirklich den Gebrauch der Füße verloren, wäre es denn nicht möglich, daß solch ein junger Mann, wenn er sich im Spiegel betrachtet, und seine Ähnlichkeit mit Raphaeln bewundert, durch diesen Gedanken seine Kraft so steigerte, daß er wirklich ein Raphael, oder doch ein *Rafaelino*, oder wenigstens ein *Rafaelinino* würde?"[335]

Als oberster Patron dieser deutschen Deutschrömer residierte der bayerische Kronprinz und spätere König Ludwig I. (Abb. 61) in der 1827 schließlich auch erworbenen Villa Malta, seiner „Fluchtburg der Seele",[336] die zum schirmherrlichen Mittelpunkt der Pincio-Gemeinde wurde (Abb. 60).[337] In der Öffentlichkeit gab sich Ludwig, anfangs unter dem inkognito eines Grafen von Spessart unterwegs[338], als vergleichsweise unkomplizierter Bursche, der es sorgsam vermied, seine hohe Geburt zwischen sich und die so sehr geschätzten Künstlerfreunde treten zu lassen:

„Vor allem aber rühmten sämtliche in Rom anwesende Deutsche von dem Prinzen, daß er, der in so vielen Beziehungen den Anspruch hatte, zu gelten, keinen höheren Ehrgeiz zu besitzen schien als den, ein Deutscher zu sein. Es war die Zeit des Deutschtums."[339]

Der Prinz, der die deutschen Künstler mit Aufträgen und Spenden nach Kräften förderte und unterstützte, half auch nach, wenn für die „deutsche Tracht" das nötige Kleingeld fehlen sollte – auch dann, wenn der Betreffende die „deutsche Tracht" eigentlich gar nicht tragen wollte: „Auch den Kronprinzen sah man nicht anders als im deutschen Rocke, auf dem Kopfe die Mütze mit dem Landwehrkreuze. Er liebte es auch, alle Deutsche in diesem Rocke und mit dem Barett zu sehen, und wer, namentlich unter den Künstlern, nicht die Mittel besaß, sich diese Kleidungsstücke selbst anzuschaffen, dem verehrte er sie. Ein Deutscher in gewöhnlicher Tracht wurde zuletzt gewissermaßen anrüchig. Er galt für einen Undeutschen […]."[340]

Billig war so ein deutscher Rock keineswegs. Im Jahr 1818 mußte man dafür 23 *scudi* aufbringen, dazu 1 *scudo* und 50 *baiocchi* für die „Mütze dazu". Das waren umgerechnet beinahe fünf Monatsmieten, wie sie Schnorr von Carolsfeld für sein Zimmer bezahlte (neben den monatlichen 80 *baiocchi* für „Aufwartung", 1 *scudo* 80 *baiocchi* für „Wäsche", 30 *baiocchi* für „Öl" [Lampenöl] und immerhin 30 *baiocchi* für „Schuhwichse") oder der Gegenwert von mehr als 120 warmen Mahlzeiten.[341]

Der Auftritt des Kronprinzen und seines Gefolges im deutschen Rock[342] und seine Aufforderung an die deutschen Künstler, ihn ebenfalls anzulegen, war nicht zuletzt deswegen eine Sensation, weil diese Kleidungsstücke in der Heimat des Kronprinzen als „schwärmerisch und revolutionär" per Erlaß des Innenministers Montge-

---

333 Herz Erinnerungen S. 134.
334 Oswald 1988, S. 266.
335 Hirsemenzel Briefe S. 323f.
336 Zu den deutschen Vorbesitzern der Villa Malta und den Kauf durch Ludwig siehe Gregorovius 1888 und Bott 1986, S. 173f.
337 Oswald 1988, S. 266.
338 Bott 1986, S. 173.
339 Herz Erinnerungen S. 149.

340 Herz Erinnerungen S. 149; Bott 1986, S. 175f.; zur Entstehung der „deutschen Tracht" siehe: Oswald 1988, S. 265f. und Günther Steiger, Urburschenschaft und Wartburgfest, Leipzig/Jena/Berlin 1967.
341 Schnorr von Carolsfeld an seinen Vater, 19. August 1818; Schnorr Briefe S. 93.
342 Deneke 1986, S. 155.

las vom 27. April 1815 polizeilich verboten waren.[343] So erzählt der Arzt und Begleiter Ludwig Ringseis: „Der Münchner Polizei zum Trotz tragen wir altdeutsche Röcke, der Kronprinz brachte schon einen aus der Heimat mit und nun hat er auch den Grafen Seinsheim und mich aufgefordert uns solche machen zu lassen. Auch Schnurr- und Knebelbart muß ich mir wachsen lassen [...]."[344]

Daß, von solchen Zwangsmaßnahmen abgesehen, diese Kleidung vor allem als manifestierter Wille, in Freiheit zu leben, gemeint war, beschreibt Schnorr von Carolsfeld: „Der Rock ist so einfach und bequem wie möglich, und hier, wo die Künstler in denkbarster Freiheit leben, uns um keine Verhältnisse zu scheren brauchen, ist auch ganz der Ort dazu, so etwas durchzusetzen." Die Franzosen in Rom sahen durch die deutschen Kundgebungen anscheinend schon ihr europäisches Monopol für Kunst und Freiheit in Gefahr: „Die französischen Künstler, die gern die ersten Schneider bleiben möchten, haben freilich viel dagegen, so wie überhaupt wider uns und unsere Kunst einzuwenden, auch selbst ein Spottgedicht auf unsere Röcke gemacht." Was ein rechter deutscher Künstler war, ließ sich davon freilich nicht beeindrucken: „Nichtsdestoweniger tragen wir unsere Röcke und haben das Vergnügen, sie bei vernünftigen Leuten anerkannt zu sehen, so daß wir in den vornehmsten Gesellschaften damit gehen können." Als letzte Rechtfertigung für die Tracht der republikanischen Freiheit beruft man sich am Ende aber doch immer wieder auf den bayerischen Kronprinzen als *arbiter elegantiarum*, von dem sich anscheinend auch Einheimische anstecken ließen: „Es fängt diese Tracht, die besonders der Kronprinz von Bayern sehr begünstigt, auch selbst nebst seinen Begleitern (obwohl weniger schön als die unsrige) trug, nach und nach an hier überhand zu nehmen, so daß schon einige Italiener sich so zeigen."[345]

Man sieht, daß die um einen Kronprinzen gescharte sogenannte Künstlerrepublik[346] am Pincio von feudalen Strukturen keineswegs frei war (Abb. 58). Die Beziehung Ludwigs zu seinen Künstlern beruhte letztlich doch auf dem Abhängigkeitsverhältnis zwischen Mäzen und Gefördertem, mochte Ludwig auch alles tun, um diesen Eindruck zu vermeiden. Es mag ja zutreffen, daß bei dem zum Mythos gewordenes Abschiedsfest, welches die Künstler für Ludwig ausrichteten, keine „Schmeicheleien oder höfische Armseligkeiten hier am Fleck gewesen"[347] sind. Doch schien man in Ludwig weniger den Künder eines neuen, republikanischen Zeitalters, als vielmehr den idealen Herrscher des altdeutschen Märchens zu verehren, unter dessen Ägide man die libertinäre Freiheit der Republik und fröhliches Deutschtum genießen konnte, ohne auf die Geborgenheit der Monarchie verzichten zu müssen. Es störte die Künstler offenbar wenig, daß das deutsche Mittelalter, von dem man bestenfalls kostümgeschichtliche Kenntnisse besaß, für ein republikanisches Gesamtdeutschland keine Anknüpfungspunkte bot. Große Zukunftsperspektiven konnte diese Utopie, die sich zudem ganz auf das Wohlwollen eines Mittelstaaten-Königs stützte, also weder für Deutschland, noch für Rom haben. Die Künstlerrepublik blieb ein Idyll auf Zeit, das paradoxerweise nur von Ausländern im Kirchenstaat, der ältesten Monarchie der Welt, gelebt werden konnte.[348] Es wurde diskutiert, gemalt und gefeiert, ganze Straßenzüge und Cafés waren fest in deutscher Hand (Abb. 62), doch wurden dabei keine Institutionen geschaffen, die über den Tag und den herrschaftlichen Geldsegen hinaus eine ausdifferenzierte deutsche Gemeinde hätten begründen können. Wer damals klaren Kopf bewahrte, konnte dies ohne weiteres voraussagen. So berichtet Bunsen von einer Gesellschaft des Kronprinzen mit Künstlern, bei der gesoffen, um die Wette geplärrt und vom Prinzen selbst Trinksprüche auf das Vaterland ausgegeben wurden („Alles, was deutsch spricht, soll deutsch werden – deutscher Sinn – Gemeinschaft!"[349]). Auf Bunsen, der Brandis in einem Brief von der Zusammenkunft berichtete, machte das keinen guten Eindruck: „Ausgezeichneten, ja nur tüchtigen Verstand habe ich auch nicht bemerkt, sondern vielmehr aufgefaßtes und aufgerafftes Urteilen." Abschließend meinte er: „Gott gebe, daß er Bayern glücklich macht, aber Deutschlands Heil geht nicht von ihm aus!"[350]

---

343 Bott 1986, S. 175f; Deneke 1986, S. 163–166.; Oswald 1988, S. 266.
344 Zitiert nach Bott 1986, S. 175.
345 Schnorr von Carolsfeld an seinen Vater, 11. Juni 1818; Schnorr Briefe S. 80.
346 Zur Bedeutung und zeitgenössischen Verwendung des Begriffs „Künstlerrepublik" in Rom siehe Oswald 1988, S. 261–264.
347 Der Maler Joseph Anton Koch über das Abschiedsfest für Kronprinz Ludwig, zitiert nach Oswald 1988, S. 268.
348 Oswald 1986, S. 270.
349 Smidt 1904, S. 103.
350 Smidt 1904, S. 103f.

Die von ihnen selbst getragenen Unternehmungen organisierten die Künstler in nur losen Strukturen, wie die Malerin Louise Seidler erzählt, die vor allem in ihrer Eigenschaft als Frau in der Kolonie männlicher deutscher Maler für Aufsehen sorgte:

„Was das eigentliche Kunstleben und Treiben betrifft, so hatten die deutschen Maler verabredet, in dem Winter von 1818 auf 1819 Gewandstudien zu zeichnen – eine Übung, an der auch ich eifrig Antheil nahm. Kein Direktor ward dazu ernannt, es bildete sich eine kleine Künstlerrepublik. […] Keiner schloß sich aus. Daß ich als einzige Frau daran Theil nehmen durfte, erfüllte mich mit Stolz und spornte meinen Fleiß."[351] Mit solchen ephemeren Republiken war natürlich kein Staat zu machen, und nichts wäre den Beteiligten auch ferner gelegen, waren es doch gerade Staaten und Strukturen, vor denen man nach Rom geflohen war. Man war eben eine Art Aussteiger *avant la lettre*, wollte keinen Staat sondern einen Zustand, der seine Strukturlosigkeit nur durch parasitäre Inanspruchnahme eines fremden Gaststaates, für dessen Belange man sich nicht weiter interessierte, verwirklichen konnte.

Die fröhlichen Darbietungen des deutschen Wesens standen übrigens schon damals im Widerspruch zu einer entgegengesetzten Verhaltensweise, nämlich jener der Selbstverleugnung. Henriette Herz weiß hierüber anzumerken: „Uns Deutschen ist der Vorwurf des Bestrebens, unsere Art und Sitte auch im fremden Lande durchzuführen, nicht füglich zu machen, unser Fehler vielmehr ist vielleicht der entgegengesetzte, der eines zu leichten Aufgebens unserer Nationalität, ja dieser geht bei manchen Deutschen, welche sich in fremden Ländern niedergelassen haben, bis zur Verleugnung der schönen Muttersprache."[352]

Das Zelebrieren von Extremen erscheint vor diesem Hintergrund als erstaunliche, von historischen Motiven im Grunde genommen unabhängige Konstante des deutschen Volkscharakters, dem ein pragmatischer Mittelweg zwischen diesem „Ganz oder gar nicht" anscheinend zu mühsam ist.

Die Geschichte des Deutschen Kapitols zeigt, daß solche Mittelwege dort, wo sie tatsächlich beschritten wurden, einen Erfolg haben konnten, der die ursprünglichen Absichten weit überstieg. Jenseits des lautstarken Deutschtums der Pincio-Gemeinde und der kulturellen Selbstaufgabe von Kavaliersreisenden entstand in der ersten Hälfte des 19. Jahrhunderts eine deutsche Kolonie in Rom, die viele Aspekte des zusammenwachsenden Deutschland spiegelte und bereits vorwegnahm. Hier waren nicht Künstler und Bohèmiens am Werk, sondern Gelehrte und Diplomaten, also in jeder Hinsicht ehrbare Bürger, die genau wußten, was sie in Rom wollten, dabei ständig an Grenzen stießen, welche die organisatorischen Gegebenheiten des Gastlandes auferlegten. In der Zurückgezogenheit der damals noch relativ abgelegenen, idyllisch verwahrlosten südlichen Hälfte des Hügels, gründeten sie nach und nach mehrere Einrichtungen, welche keinen politischen und schon gar keinen nationalistischen Zweck verfolgten, vielmehr das Ziel hatten, ihrem Arbeiten – und Beten – eine möglichst unabhängige Infrastruktur, ihrem sozialen Leben aber einen äußeren Halt zu schaffen.

Diese gleichermaßen idealistischen wie pragmatischen Initiativen waren trotz ihrer zunächst sehr bescheidenen Möglichkeiten äußerst effektiv und begründeten ihre Langlebigkeit sowie ihre spätere Expansion aus ihrem offensichtlichen Nutzen. Während die oft radikalen politischen Vorstellungen deutscher Künstler in der Zeit der Restauration von vornherein zur Utopie verurteilt waren – der in Rom so deutsche bayerische Kronprinz trug als König in München anstelle des deutschen Baretts wieder eine bayerische Krone – bildete sich aus den völlig unpolitischen und zunächst rein privaten Initiativen auf dem Kapitol im Laufe der Jahre eine kleine Welt, die man als eine Art Kulturnation en miniature bezeichnen könnte: Am „Instituto di corrispondenza Archeologica" arbeiteten Altertumsforscher aller Richtungen, die Gesandtschaftskapelle zog Sonntag für Sonntag viele Mitglieder der protestantischen Gemeinde an, protestantische Kranke wurden im Hospiz, der Casa Tarpea, gepflegt und auf dem protestantischen Friedhof bei der Cestiuspyramide – einer Art Außenstelle – gegebenenfalls begraben (Abb. 7). In den freien Räumen des Hospizes wohnten, neben Gästen und Stipendiaten des archäologischen Instituts Künstler verschiedener Gattungen. Im Palazzo Caffarelli selbst war vorübergehend auch eine protestantische Zwergschule untergebracht. Wissenschaft, Religion und Kunst waren

---

351 Seidler Erinnerungen S. 206.
352 Herz Erinnerungen S. 140.

somit auf diesem Stützpunkt bereits räumlich eng miteinander verzahnt. So leicht wie in Berlin konnte man sich hier nicht aus dem Weg gehen.

Es fehlte eigentlich nur noch der Bauern- und Handwerkerstand, da man für die Posten von Hausmeister, Gärtner und Koch auf Ortskräfte zurückgegriffen hatte (Abb. 126/128). Doch auch diese Schicht verstand man gegen Ende des 19. Jahrhunderts zumindest in der Rolle von Bittstellern zu integrieren: 1895 gründete der Pfarrer der protestantischen Gemeinde Otto Frommel das „Deutsche Evangelische Comité zu Rom", kurz „Hilfscomité". In dessen „Handwerkerbüro", untergebracht in den Räumen des Archäologischen Instituts, konnte protestantischen Wanderhandwerkern eine Arbeit vermittelt oder – und das scheint häufiger der Fall gewesen zu sein – mit einer kleinen Geld- oder Sachspende weitergeholfen werden.[353] Im kapitolinischen Miniaturdeutschland fanden sogar Bismarcks Sozialgesetze eine gewisse Entsprechung.

Zum Erfolg dieses Gebildes hatte sicherlich auch beigetragen, daß die Politik in Gestalt der preußischen Vatikangesandtschaft eine kluge Strategie der beschirmenden Nichteinmischung betrieb. Den protestantischen Gottesdienst, das Archäologische Institut, das Hospiz und die Künstlerwohnheime hatten Niebuhr und Bunsen, also die Vatikangesandten selbst, ins Leben gerufen, doch hatten sie dies als Privatleute getan. Daß sie den Einfluß ihrer diplomatischen Stellung selbstverständlich nutzten, um ihre Projekte zu fördern, steht dazu nicht im Widerspruch. Die Gesandtschaft im Palazzo Caffarelli bildete sowohl den räumlichen als auch den gesellschaftlichen Mittelpunkt, gewährte den an sich unabhängigen Institutionen einen gewissen konsularischen Schutz, vermied es aber, als treibende Kraft in Erscheinung zu treten. Der protestantische Gottesdienst war auf Dauer nur in einer direkt mit der Gesandtschaft verbundenen Weise, nämlich in der Gesandtschaftskapelle abzuhalten. Daß diese offiziell dem Missionspersonal vorbehaltene Einrichtung auch von der übrigen protestantischen Gemeinde genutzt wurde, ist nur ein Beispiel für die Mechanismen, welche Politisches und Unpolitisches im Laufe der Jahre immer enger zusammenrücken lassen sollte.

Dieses römische Kleindeutschland war aus mehreren Gründen eine zunächst rein preußische Angelegenheit. Daß die Initiative von „Berufspreußen", nämlich den Vatikangesandten ausging, wurde bereits erwähnt. Aber auch die wichtigsten Bindemittel dieser Gemeinschaft, Wissenschaft und Religion, sorgten zunächst für eine gewisse landsmannschaftliche Homogenität. Historiker, Archäologen, Philologen waren in der ersten Jahrhunderthälfte überwiegend Preußen – und, wenn sie keine Preußen waren, dann doch meistens Protestanten. Mit den aktiven Köpfen konnte die katholische Seite mit ihrer Galionsfigur, dem vielleicht eher multitalentierten als streng wissenschaftlichen Joseph von Görres (1776–1848), nicht mithalten. Die zentrale Gravitationskraft, die nach der Jahrhundertmitte schrittweise auch zur nationalen Integrationskraft wurde, ging in Deutschland eindeutig von Preußen aus. Es konnte in Rom nur eine preußische Initiative geben, der sich im Verlauf des 19. Jahrhunderts immer mehr nicht-preußische Deutschrömer anschlossen, bis aus der preußischen Gesandtschaft samt Kapelle, dem halbprivaten archäologischen Institut und dem evangelischen Hospiz offizielle Einrichtungen des frischgegründeten, wenn auch nur kleindeutschen Reiches wurden. So scheint das preußische Kapitol die preußische Führungsrolle innerhalb Deutschlands zu spiegeln, das Entstehen des Nationalstaates nachzuzeichnen.

---

353 A. u. D. Esch 2000, S. 287f.

Künstler, Persönlichkeiten und andere Menschen

Deutscher Sang

[…]
Von des Friedenstempels Hallen,
Durch das wüste Trümmergrab
Auf der heil'gen Straße wallen
Deutsche Maler auf und ab.

Die aus einer Heimath stammen
Trafen sich am Tiberstrom;
Brüder wandeln sie zusammen
Hand in Hand im alten Rom.

Deutsches Lied und deutsche Weise,
Deutscher Handschlag, deutscher Gruß,
Lang entbehrt auf langer Reise
Tönt am Kapitoles Fuß. […][354]

Franz von Gaudys 1836 erschienenes Buch „Mein Römerzug", aus dem dieses Gedicht entnommen ist, war eine bewußte und in ihrem schwelgerischen Bekenntnis zum Deutschrömertum wohl auch absichtlich provozierende Reaktion auf Gustav Nicolais programmatische Kampfschrift: *Italien, wie es wirklich ist*. Bereits deren Untertitel „Bericht über eine merkwürdige Reise in den hesperischen Gefilden, als Warnungsstimme für alle, welche sich dahin sehnen" machte deutlich, daß Nicolai nach einer für ihn enttäuschend verlaufenen Italienreise nicht vorhatte, „mit den Wölfen zu heulen und ebenfalls das Lob Italiens auszuposaunen". Er wollte vielmehr der „überspannten Verehrung" der Deutschen für „dieses erbärmliche Land" und der von den Dichtern der „Nebelschwebelperiode" (Tieck, Novalis, Wackenrode, Jean Paul etc.) verantworteten „krankhaften Sehnsucht nach dem Süden" eine realistische Sicht der Dinge entgegensetzen. Neben realistischen und ungemein klarsichtigen Schilderungen der italienischen Wirklichkeit finden sich immer wieder Beispiele einer ins Wahnhafte gesteigerten Italienkritik. Seinen Kampf an der Heimatfront stilisiert Nicolai mit allen Übertreibungen des politisch Verfolgten:

„Bei Gelegenheit der letzten Kunstausstellung in Berlin hatte der geniale Landschaftsmaler Blechen Ansichten von Italien, in Oel gemalt, der öffentlichen Beurteilung hingegeben. Der Himmel ist auf diesen Bildern ganz wie bei uns, Erde und Baumlaub sind bräunlich gefärbt; man sieht ein verbranntes, unfruchtbares Land vor sich. Die Beschauer waren unwillig, und allgemein hielt man die Bilder für schlecht. Ein ehrwürdiger Kunstveteran aber, der lange in Italien gewesen ist, flüsterte, als er sie geprüft hatte, einem Freunde ins Ohr: „So sieht Italien aus; es ist richtig; aber man darf's nur nicht sagen!"[355]

Dabei dürften Nicolais südliche Alpträume weit näher an die Wirklichkeit heranreichen als Gaudys hymnische Beschwörungen eines Künstler-Arkadiens. Die Maler, die auf der „heil'gen Straße" unter dem Kapitol auf- und abwallten, waren wohl nicht immer zum Singen aufgelegt. Die „sich meistens durchkreuzenden Wirkungen" der geballten Kunstgeschichte Roms ließ den mit überzogenen Erwartungen überfrachteten Romaufenthalt nicht selten zum traumatischen Erlebnis werden, so daß „ein großer Teil der mit kühnen Hoffnungen über die Alpen gekommenen jüngeren Künstler am eigenen Können verzweifelte. Waren sie dann, wie die meisten von ihnen, mit kärglichen Geldmitteln versehen, so halfen sie bald ein trauriges Proletariat bilden, das die vielen Fremden mit ihren Pinseleien überhäufte, und dadurch den tüchtigeren und weniger schamlos auf

---
354 GAUDY 1836, 1, S. 234.
355 NICOLAI 1835, S. 9.

Gelderwerb ausgehenden Kollegen die Existenz erschwerten."³⁵⁶ Wo Mäzene wie Ludwig I. von Bayern oder einzelne Stipendien nicht helfen konnten, herrschte nicht selten blanke Not, welche den Romaufenthalt zum täglichen Existenzkampf werden ließ.

Vergleichsweise gut hatte es die kleine Künstlergemeinde um den Leipziger Maler Julius Schnorr von Carolsfeld, die im Palazzo Caffarelli den Kreis der sogenannten „Kapitoliner" bildete.³⁵⁷ Dieser erste Schritt zu einer gemischten deutschen Kolonie auf dem Kapitol ist zunächst der gesellschaftlichen Anziehungskraft zu verdanken, welche der Gesandtschaftssekretär Bunsen und seine Frau auf Menschen aller Art ausübten (Abb. 64). Sehr wichtig war dabei der Aspekt des Protestantischen: „Bald wurde bei Bunsens aus der Bibel gelesen, bald sangen Geübtere heilige Gesänge von Palestrina und Anderen, dann wiederum wurden Zeichnungen und Kupferstiche in altchristlichem Styl betrachtet und daran religiöse oder künstlerische Betrachtungen geknüpft." Doch beschränkten sich die Zusammenkünfte bei den jungen Eheleuten, „die bei all ihrer tiefen Frömmigkeit doch durchaus nichts Kopfhängerisches hatten"³⁵⁸ keineswegs auf Religiöses. Es gab in den „schönen, weiten Räumen des Palazzo Caffarelli gesellige Feste, bei denen getanzt, noch öfter aber gesungen oder musicirt wurde, denn es fehlte damals in Rom nicht, wie gewöhnlich in Deutschland, an Herren, sondern an Damen."³⁵⁹

Ob also zum Tee, zum Glas Wein, im großen Saal oder auf der Terrasse zu Sylvester, die Äußerung, daß man neulich „bei Bunsens" gewesen sei, ist der gemeinsame Refrain ansonsten völlig unterschiedlicher Romerinnerungen. Für viele, wie etwa den Maler Ludwig Richter, gehörten die Abende bei Bunsen zu den gesellschaftlichen Höhepunkten ihres Romaufenthalts: „Zuweilen besuchte ich die glänzenden Abendgesellschaften des preußischen Gesandten Bunsen, bei denen Deutsche, Engländer, Franzosen und bedeutende Persönlichkeiten, die sich zur Zeit etwa in Rom aufhielten, angetroffen wurden."³⁶⁰

Bei Bunsen kamen Menschen zusammen, die sich unter normalen Umständen selbst in Rom wohl kaum begegnet wären, von Deutschland gar nicht zu reden. So begann auch Schnorr von Carolsfelds kapitolinische Zeit und sein Einstieg in die Elite des deutsch-römischen Lebens mit einer Einladung bei „einem gewissen Bunsen [,,,], welche Gesellschaft auch der Kronprinz [Ludwig von Bayern] mit seiner Gegenwart beehrte. Wir waren so lustig, einige sogar ausgelassen, wie ich es fast nie noch gesehen habe. Der Prinz brachte eine Menge Gesundheiten aus und stieß mit uns an, daß es krachte, vor allem aber trank er und drang darauf: daß alles was deutsch spreche, deutsch werde."³⁶¹ Ein guter, uns aber schon bekannter Vorsatz – und für Schnorr von Carolsfeld kein schlechter Anfang in Rom. Die Anregung des Kronprinzen ward, wie schon dargelegt (siehe S. 84), bald aufgegriffen: „Einen besonderen Anstrich erhält unser Kreis äußerlich dadurch, daß wir Männer alle in deutscher Kleidung gehen, welche so schön ist, daß wir wirklich alle schön und deutsch aussehen."

Die Beziehung zu Bunsen riß nicht ab. Den Jahreswechsel 1818/1819 feierte man selbstverständlich bei ihm³⁶² im Palazzo Caffarelli, der für deutsche Künstler bereits als Ausstellungslokal gedient hatte. So arrangierte Bunsen in Frühjahr 1819 anläßlich des Besuchs des österreichischen Kaisers in einigen Räumen im 1. Stock des Palazzo Caffarelli eine Ausstellung deutscher Künstler. Will man der Beurteilung Friedrich Noacks glauben, so handelte es sich um eine Art Leistungsschau der deutschen Kunstszene in Rom: „Die Ausstellung, die am 16. April von Kaiser Franz und seiner Gemahlin besucht wurde, enthielt 181 Werke von 65 Künstlern, darunter 6 Nichtdeutschen, die aber in engster Fühlung mit der deutschen Landsmannschaft standen, wie z. B. Thorwaldsen. Zum erstenmal trat hier die vaterländische Kunst in Rom geschlossen vor die Öffentlichkeit, und wenn die Aussteller auch keine materiellen Erfolge erzielten, denn verkauft wurde so gut wie nichts, so hatte sie doch die Genugtuung, daß sie weithin die Aufmerksamkeit auf sich zogen."³⁶³ Vielleicht kam es Bunsen eher darauf an, den deutschen Künstlern, deren Ruf in Rom noch weit hinter dem der Franzosen zurück blieb, einen Absatzmarkt für ihre dem allgemeinen Kunstgeschmack noch ungewohnten Erzeugnisse zu erschließen. Zumindest was die Person des österreichischen Kaisers betrifft, war das freilich ein Schuß in den Ofen: „Die

---

356 Meyer 1908, S. 35; Windholz 2003, S. 16.
357 Vignau-Wilberg 1996, S. 119.
358 Seidler Erinnerungen S. 206.
359 Seidler Erinnerungen S. 206.
360 Richter Lebenserinnerungen S. 195.

361 Schnorr von Carolsfeld an seinen Vater, 10. März 1818; Schnorr Briefe S. 54f.
362 Schnorr von Carolsfeld an seinen Vater, 13. Januar 1819; Schnorr Briefe S. 111f
363 Noack 1912, S. 148.

Künstler […] wurden den Majestäten vorgestellt. Kaiser und Kaiserin waren sehr freundlich und gesprächig. Der Kaiser gab den Künstlern den Rat, nicht zu sehr die alten Deutschen nachzuahmen und sich recht an die Natur zu halten. Die Berge waren ihm zu blau. […] Der Kaiser soll gesagt haben, in Wien hätten's auch so altdeutsch werden wollen, er hätt's ihnen aber ausgeredt […]. Wahrlich wird er nichts für die deutschen Künstler […] tun. Metternich hatte sich hier einen schlechten Namen gemacht durch die Art seines Benehmens gegen Künstler und durch sein Urteil."[364]

Auch die Malerin Louise Seidler, die ebenfalls ausgestellt hatte und vorgestellt wurde, war von der Allerhöchsten Reaktion enttäuscht: „Der Kaiser besah ‚holter' nur einmal flüchtig diese Ausstellung, und es erfolgte kein Zeichen irgendwelcher Teilnahme, wogegen später italienische Künstler gewinnbringende Bestellungen, und Franzosen Orden erhielten. Der gute Kaiser hatte freilich so wenig Sinn für wahre Kunst, daß er gelegentlich eines Besuchs bei Thorwaldsen diesem auf die Achsel klopfte und ausrief: ‚Brav! Brav! Schaun's – man sieht holter, daß Sie ein fleißiger Schüler von dem Canova sind!' "[365]

Ein halbes Jahr nach jener denkwürdigen Ausstellung bezogen Schnorr (Abb. 66) und seine Malerfreunde Theodor Rehbenitz (Abb. 65) und Friedrich Olivier kleine Zimmer im dritten Stock des Palazzo Caffarelli. Es war für deutsche Künstler durchaus unüblich, sich soweit vom Zentrum deutschen Lebens um die Piazza di Spagna herum zu entfernen. Der Umzug scheint auch tatsächlich eine programmatische Aktion gewesen zu sein. Vom Remmi-Demmi des deutschen Dauerkarnevals auf dem Pincio mit dem bezeichnenden Motto „*Semper* lustig, *numquam* traurig"[366] und dem bunten Treiben der Ponte-Molle-Gesellschaft hatte man offenbar genug. Hier auf dem Kapitol war es ruhig, hier konnte man arbeiten. „Der Vorwurf der Einsamkeit (denn eigentlich wohnen alle Deutschen am entgegengesetzten Teile der Stadt auf Trinita dei Monti, wo wir früher auch wohnten) trifft uns durchaus nicht. Denn erstens wohnen wir drei zusammen; ein Treppchen tiefer Bunsen (Niebuhrs Sekretär) mit einer jungen, liebenswürdigen Frau und zwei lieben Jungen, zweitens haben wir Schmieders, die besten Leute von der Welt, ganz in der Nähe. […]. Der Einwand, daß die von den Deutschen besuchten Trattorien und Kaffeehäuser im entgegenliegenden Teil der Stadt liegen, trifft uns auch nicht, da wir alles dessen nicht mehr brauchen. Wir führen nämlich unsere eigene Wirtschaft. Wir haben eine alte, geprüfte Italienerin (unser Drache genannt) in Diensten."[367] Auch sonst hatte man es sich vortrefflich eingerichtet: „Die Zimmerverteilung ist folgendermaßen getroffen: Wenn man unser Treppchen herauf ist, führt eine Thüre zu einem Vorzimmer, aus welchem man erstens in Rehbenizens Studium, zweitens in mein Studium, drittens in ein Mittelzimmer wo wir speisen, gelangen kann. In dem Mittelzimmer sind vier Thüren, erstens die, durch welche man aus dem Vorzimmer gekommen ist, zweitens die, welche zu Friedrichs Studium führt, die dritte führt in Rehbenizens Schlaffstube, die vierte endlich zu einem langen gang, wo in einer Reihe die Küche, das Zimmer unserer Laura (so heißt die Alte) und Friedrichs und mein Schlaffzimmer nebeneinander liegen."[368] Die Beschreibung der klösterlichen Wohngemeinschaft zeigt mehr als tausend Denkschriften, worum es den „Kapitolinern" in erster Linie ging: Essen, Schlafen und Arbeiten. Am Sonntag besuchte man den Gottesdienst in Niebuhrs Wohnung.

Die „Studiums" selbst waren einer Mönchszelle nicht unähnlich: „Mein Arbeitszimmer hat zwei Fenster. Das, an welchem ich male, liegt gerade nach Mitternacht, nach Deutschland zu; es kommt also kein Sonnenstrahl von dieser Seite in mein Zimmer, das andere Fenster, an welchem ich zeichne, liegt gegen Morgen, und da kann ich, wenn ich die Läden nicht schließe, etwas Sonne haben. Dicht bei diesem Fenster, hinter meinem Zeichentisch, an der Wand […] steht eine uralte Kommode mit meinen Habseligkeiten […]." Es wundert denn auch nicht, daß es vor allem Bilder religiöser Themen waren, die hier zwischen den Mahlzeiten und den Schlafzeiten entstanden: „Am deutschen Fenster steht nun meine Staffelei, darauf abwechselnd lauter angefangene Sachen. […] Das Madonnenbild für Madame Quandt ist der Endigung am nächsten (Abb. 67). […] Was mich fast in Staunen setzt, ist, daß meine großen Aufträge mir gerade solche Gegenstände zur Darstellung anweisen,

---

364 Schnorr von Carolsfeld an seinen Vater, 18. April 1819; Schnorr Briefe S. 128.
365 Seidler Erinnerungen S. 261.
366 Seidler Erinnerungen S. 211.

367 Schnorr von Carolsfeld an seinen Vater, 22. Februar 1820; Schnorr Briefe S. 161f.
368 Schnorr von Carolsfeld an seinen Vater, 22. Februar 1820; Schnorr Briefe S. 163.

an welchen ich am ersten die größten Lücken meiner Kunst auszufüllen lernen kann, Gegenstände der höchsten Schönheit. Maria mit dem Kinde, Maria und ein Engel, die drei Marien und ein Engel (am Grabe), diese sind meine Gesellschaft; welch' eine Aufforderung ihre Gewogenheit zu werben!"[369] Der alte, stille Palazzo Caffarelli war für einen solchen, nicht nur künstlerischen Lernprozeß der richtige Ort (Abb. 68). Hier, im Duft trockner Piniennadeln, am Rand des verlassenen, von Viehherden aufgesuchten Forums, wo nur das Pfeifen der Mauersegler, der Lärm der Zikaden und das Läuten der Kirchenglocken zu hören waren, fand der Kreis um Schnorr zu einer neuen, betont religiösen, an Spätmittelalter und Frührenaissance orientierten Kunst, was ihn und einige andere Maler unter der Bezeichnung „Die Nazarener" berühmt machen sollte: „Ich weiß, was es nun gilt; es gilt nicht mehr Springbrünnchen und allerlei ergötzliche Wasserkünste, sondern einen Brunnen zu graben, welcher stillt den heißen Durst der Seele. Und der Brunnen heißt: Die ewig vollendete Schönheit."

Der preußische Geist des Palazzo Caffarelli sorgte indessen dafür, daß Schnorr von Carolsfeld in seinem religiösen Überschwang nicht wie andere Weggefährten – allen voran Overbeck – zum Katholizismus übertrat, sondern Protestant und treuer Besucher von Pastor Schmieders Gottesdiensten, Bibelkreisen und Gesangsrunden blieb.[370]

Daß der Palazzo Caffarelli nicht aus jedem seiner Bewohner einen Laienbruder machte, zeigt das Beispiel Kurd von Schlözers. Wenn es sich für einen Menschen gelohnt hatte, den Palazzo Caffarelli zu kaufen und als preußische Gesandtschaft zu erhalten, dann für Kurd von Schlözer (Abb. 69), der hier zwischen Februar 1864 und Januar 1869 als Legationssekretär die glücklichsten Jahre seines Lebens verbrachte. Wenn er nicht gerade aus dem Fenster sah, Depeschen ent- oder verschlüsselte (Abb. 63), mit Gregorovius (Abb. 70) spazierenging, Klavier spielte, deutsche Kardinäle oder römische Prinzessinnen besuchte, so schrieb er Briefe an seine Mutter und seinen Bruder, die, 1912 erstmals erschienen, zu den meistgelesenen Briefen des spätkaiserzeitlichen Deutschlands gehörten. Mit Recht. Schlözers abendliche Berichte sind das wohl fesselnste Zeugnis jenes farbigen, polyglotten, leichten und dabei fast stillstehenden Lebens eines 18. Jahrhunderts, das nur in Rom noch anzudauern schien. Rom und der Kirchenstaat, die als exponierte Überbleibsel des Alten Europa weit in die Moderne hineinragten, waren der ideale Aufenthaltsort für einen Menschen wie Schlözer. Nicht daß er besonders altmodisch war, eher im Gegenteil, aber er besaß die Bildung und das Kennertum, um die Feinheiten, die diese Situation für die Lebensgestaltung bot, zu erkennen, anzunehmen und mitzuleben. Schlözer hatte eine seltene Begabung für diese Stadt, welche gänzlich unbeschwert und bedingungslos zu genießen den wenigsten seiner Landsleute gegeben war und ist. Dabei war die Berufung nach Rom von Bismarck als Strafversetzung gedacht, mit welcher er den unbequemen und vorlauten Schlözer erst einmal abzuschieben gedachte. Einen Augenblick dachte Schlözer daran, den Dienst zu quittieren und wieder als Historiker zu arbeiten: „Doch ist Rom an sich nicht tragisch, wenn es auch kein Avancement ist."[371]

In Rom, wo er am 25. Februar spätnachts auf der Gesandtschaft im Palazzo Caffarelli eintraf, wurde er mit einem Beefsteak mit Omlette begrüßt, ein gutes Zeichen. Schon am nächsten Morgen blickt der Strafversetzte staunend aus seinem Fenster: „Die Aussicht […] ist wunderbar: halb Rom mit seinen unzähligen Kirchen, Kuppeln, Klöstern liegt zu meinen Füßen. Nach der anderen Seite sehe ich in den Garten unseres Palazzo, auf große Aloen, Orangenbäume mit dicken Früchten, Lorbeer und Oliven."[372] An den Fenstern des Palazzo Caffarelli sollte Schlözer in den nächsten Jahren noch viel Zeit verbringen: „Ich sehe jetzt […] auf die Kaiserpaläste des Palatin; dahinter breitet sich weit die Campagna aus, während links in blauer Ferne die weißen Häuser von Gandolfo glänzen, am Gebirge, dort, wo die Linie vom Albanerberge bis ins Meer hinunter sich zieht, für die Felix Mendelssohn sich begeisterte (Abb. 71)."[373] Mit der Zeit entdeckte der fensterguckende Schlözer einige Besonderheiten des römischen Lebens: „Von meinen Fenstern aus sehe ich unter vielen anderen Kirchtürmen und Kuppeln auch einen hohen dicken Turm mit Stangen, Leitern und allerhand Gerätschaften. Das ist die Sternwarte von Sant' Ignazio und dem dazugehörigen Collegio Romano der Jesuitenschule. Kurz vor 12 Uhr

369 Schnorr von Carolsfeld an seinen Vater, 22. Februar 1820; SCHNORR BRIEFE S. 164f.
370 Schnorr von Carolsfeld an seinen Vater, 27. Februar 1820; SCHNORR BRIEFE S. 167.
371 Brief vom 8. Februar 1864; SCHLÖZER BRIEFE S. 1.
372 Brief vom 27. Februar 1864; SCHLÖZER BRIEFE S. 6.
373 Brief vom 16. April 1864; SCHLÖZER BRIEFE S. 30.

erhebt sich an einer der Stangen, welche die Plattform jenes Turmes überragen, eine schwarze, große Kugel. Ein sternsehender Jesuit steht dabei. Sowie es nach seiner Berechnung Mittag ist, läßt er die Kugel wieder herabgleiten. Das alles wird sorgfältig von der hohen, entfernt gelegenen Engelsburg beobachtet; dort steht schon wenige Minuten vor zwölf ein Kanonier mit brennender Lunte, sowie die schwarze Kugel fällt, schießt er eine große Kanone ab, deren Donner der Stadt verkündet, daß es Mittag ist."[374] Diesen Brauch gibt es noch, nur daß die Kanone heute auf dem Gianicolo steht (wo sie der Autor von seinem Bürofenster im Palazzo Zuccari aus sehen kann) und nach der Vorgabe einer Atomuhr abgefeuert wird.

Gegen 12 Uhr konnte es auch passieren, daß Liszt, Franz Liszt (Abb. 75), in Schlözers Zimmer trat, „um mir einen Besuch zu machen, den er mir neulich angekündigt. Wir rauchen, sprechen über dies und das. [...] Plötzlich sieht er den Flügel [den Schlözer sich in einem ‚leichtsinnigen Moment' gemietet hatte]: ‚Ah! est-ce vous, qui tourmentez le piano?' Er probiert es, findet es für Rom sehr gut." Schlözer wird nun genötigt, seine eigenen Kompositionen vorzuspielen. „Franz Liszt saß neben mir, ganz so, wie weiland [Schlözers Klavierlehrer] Stiehl neben mir zu sitzen pflegte, ließ einigemale pflichtschuldig sein ‚charmant' und ein ‚bravo' los, machte am Schlusse als feiner Weltmann einige auf die Komposition tiefer eingehende Bemerkungen und fing dann an, selbst zu spielen und ganz reizend zu phantasieren. Wohl erst nach einer Stunde schieden wir."[375]

Schlözer versäumte es nicht, Liszt seinerseits im Kloster Santa Maria del Rosario am Monte Mario zu besuchen, wo der Meister in einer tatsächlichen Mönchszelle lebte und arbeitete: „Neben dem Arbeitstisch steht ein ziemlich bejahrtes Pianino, das zudem an schlechter Stimmung leidet, und – was das Scherzhafteste ist – das D im Baß gibt nicht an. An einem solchen Instrument arbeitet jetzt derselbe Franz Liszt, vor dem einst die massivsten Flügel Europas zitterten, und der ein halbes Menschenalter hindurch wie ein donnernder Jupiter die ganze Künstlerwelt beherrscht hatte."[376] Natürlich hielt Schlözer auch zum Vatikan Kontakt. Aus solchen dienstlichen Kontakten erwuchsen ihm nach kurzer Zeit wie automatisch engere Freundschaften, etwa mit Monsignore Robert Graf Lichnowsky, dem „schönsten Hausprälaten des Papstes", vor allem aber mit Kardinal Prinz Gustav Hohenlohe-Schillingsfürst, dieser „liebenswürdigsten aller Eminenzen". Schon bald ließ man die dienstliche Sphäre hinter sich und fuhr auch gemeinsam aufs Land: „Kürzlich verlebte ich zwei Tage mit Lichnowsky bei Kardinal Hohenlohe in seiner schönen Villa d'Este in Tivoli." Doch Schlözer wäre nicht Schlözer, wenn er selbst bei solch idyllischen Ausflügen nicht das Unwirkliche, endzeitlich Gestimmte dieser an einem historischen Abgrund stehenden Welt wahrgenommen hätte: „Wenn man in die Hofhaltung eines solchen Kirchenfürsten sieht und die Verehrung betrachtet, die ihm von allen Gläubigen entgegen gebracht wird – dann fragt man sich unwillkürlich, ob all diese Herrlichkeit auch gesichert ist gegen die Stürme, welche über den Kirchenstaat hereinzubrechen drohen." Gleichzeitig war Schlözer vom historischen Schauspiel des untergehenden Kirchenstaates fasziniert, dem er von seinem Logenplatz aus mit den internen Einblicken des Diplomaten beiwohnen konnte: „Rom wird jetzt mit jedem Tag interessanter. Jeder Mensch hat das dunkle Gefühl, daß wir dicht vor einer Weltkatastrophe stehen."[377] Aber noch ging das Leben seinen alten Lauf fast wie zu Goethes Zeiten, noch kam Jahr für Jahr der „alternde König Ludwig von Bayern an und bezog seine malerische Villa Malta", noch fuhr die römische Oberschicht Sommer für Sommer auf ihre damals noch nicht gepfändeten Landsitze nach Frascati und Castelgandolfo – wo man immer mit einem Besuch Schlözers rechnen konnte, der ansonsten in der Gesandtschaft seinen Sommerdienst als Geschäftsträger versah.

Nicht allen Bewohnern des Palazzo Caffarelli bekam der Ort so gut wie Kurd von Schlözer. Der Gesandte Freiherr von Willisen, Schlözers erster Chef, starb schon nach kurzer Zeit im August 1864, wie bereits vor ihm die Gesandten Ludwig August von Buch (1845) und später Graf Brassier (1872). Freiherr von Canitz und Dallwitz, der zwischen Buch und Thile den Posten innehatte, verlor hingegen den Verstand: „Vor einigen Tagen fiel der preußische Gesandte hier, von Canitz, in Wahnsinn; er erschien in dem Zimmer, wo der Kronprinz von Preußen, die Kronprinzessin und der Prinz von Wales bei Tafel saßen, gekleidet in sein türkisches Morgengewand, worin ich ihn so oft gesehen habe. Man hat ihn ins Palais des Herzogs Gaetani gebracht, dessen Frau seine

---

374 Brief vom 5. Mai 1864; SCHLÖZER BRIEFE S. 45.
375 Brief vom 19. Mai 1864; SCHLÖZER BRIEFE S. 56

376 Brief vom 1. Juni 1864; SCHLÖZER BRIEFE S. 72.
377 Brief vom 10. November 1866; SCHLÖZER BRIEFE S. 251.

Schwägerin ist. Canitz war ein Ehrenmann, obwohl von nur wenig geistigen Interessen, mit einziger Ausnahme der griechischen Philologie."[378] Möglich, daß dies die Spätfolgen des langen Romaufenthalts des dementen Königs Friedrich Wilhelms IV. im Jahr 1859 waren, der während der Mahlzeiten im Palazzo Caffarelli nach Auskunft der englischen Boulevardpresse schon einmal sein Gesicht in der Suppe mit Vermicelli badete.[379]

Zwischen all diesen tragischen Fällen blieb Schlözer gesund und unbeschwert: „Es ist hier wirklich ein paradiesisches Leben! Ich segne die Stunde, die mich in diese Stadt geführt hat. […] Der wunderbare Mai, der sonnige Juni und Juli mit den reizenden Sonnabendfahrten nach Ariccia zu Russel und Cavriani, zur Fürstin Campagnano, die unvergessliche Elba-Fahrt, meine interessante Geschäftsträgerschaft, das Leben auf Caffarelli, einem der herrlichsten Punkte der Welt […] – es war zu schön, und die Preußen hatten ganz recht, als sie, damals in Lübeck, auf dem Marsch nach Dänemark, durch die Straßen zogen unter den Klängen: *Freut euch des Lebens*!"

Das Ende dieser Herrlichkeit war zwar ehrenvoll, aber bitter: „Bismarck hat mir gestern telegraphisch den neuzuschaffenden Posten eines Ministerresidenten in Mexiko angetragen, den ich acceptiert habe. Wenn ich Bismarcks telegraphische Zustimmung zur Abreise erhalte, breche ich hier die Brücken ab und verbrenne die Schiffe, welche mit vier reichen Jahren und namenlos schönen Erinnerungen beladen sind. Aber geschieden muß sein, und dann lieber rasch, als *brûler à petit feu*."[380]

Nach langen Jahren in Mexiko und den Vereinigten Staaten wurde Schlözer 1882 von Bismarck wieder nach Rom berufen, diesmal als Gesandter Preußens am Heiligen Stuhl. Den Sturz seines Förderers überlebte er beruflich nur um ein Jahr. 1892 erfolgte die Abberufung, 1893 kehrte Schlözer Rom den Rücken. Er vertrug den Abschied nicht. Siegmund Müntz traf den Durchreisenden in Wien: „Er führte in jeder Tasche seines Überrocks eine Flasche mit sich und erläuterte sofort die Situation: „Ich bin," sagte er, „auf der Durchreise von Rom nach Berlin, leide an einer Indigestion, und so habe ich mir, um mich zu kurieren, in der Apotheke da *Zum Goldenen Adler* einige Flaschen heilkräftigen Heidelbeerweins gekauft."[381] Die Ära Bismarck sei vorbei, die Ära Kneipp sei angebrochen. Der arme Schlözer, so Müntzens Diagnose des Magenleidens, „trank also nicht mehr mit den Kardinälen Roms den süßen Orvieto, er trank nur noch Heidelbeerwein."[382]

Rom ist eben, wie Christof Thoenes zu sagen pflegt, der einzige Ort, an dem man nicht Sehnsucht nach Rom empfindet. So ging es auch Schlözer: „Wie liebte Schlözer Rom! Es war ein harter Schlag für ihn, seines Postens enthoben zu sein. Nach Berlin siedelte er mit dem Vorsatze über, immer wieder nach Rom zurückzukehren, und wie alle guten Deutschen seit Goethes Tagen einen vollen Trunk aus der Fontana di Trevi zu tun. – Als ihn die Freunde aus Rom scheiden sahen, ahnten sie nicht, daß sie dem Greise mit den noch rosigen Wangen zurufen sollten: *Moriturum te salutamus*! Am 13. Mai 1893, nicht ganz ein Jahr nach seinem Weggange von Rom, starb er in Berlin."[383]

Das Ende der *Ersten Ära Schlözer* war gleichzeitig der Beginn der *Ära Helbig* (Abb. 74). Im Jahr 1865 war der hochbegabte und zu Launen neigende Wolfgang Helbig im Alter von erst 26 Jahren Zweiter Sekretar des Archäologischen Instituts geworden, was er während der ganzen „Regierungszeit" Wilhelm Henzens auch blieb. Helbig machte keine ernsthaften Versuche, nach Deutschland auf einen Lehrstuhl zurückzukehren: „Ich bin mir wohl bewußt, daß ich mich sowohl in der verbüffelten Hyperkultur einer deutschen Universität, wie in der exzentrischen und unruhigen Halbkultur Rußlands keineswegs wohl fühlen würde. Gerade diese italienische Welt, die intellektuell und moralisch etwas heruntergekommen ist, aber so anmutige und bequeme Formen besitzt, ist das Milieu, welches mir am meisten zusagt."[384]

Als nach Henzens Tod 1887 „wegen periodisch auflebender Abneigung der Zentraldirektion gegen Hausberufungen"[385] nicht er sondern der uns bereits bekannte Eugen Petersen zum Ersten Sekretar ernannt wurde, trat Helbig, der die Bezahlung nicht nötig hatte, im Zorn zurück, zog in die von ihm gekaufte Villa Lante auf dem Gianicolo und bildete dort bis zu seinem Tod 1915 eine Art Gegenkapitol. An seine Stelle als Zweiter

---

378 Gregorovius Tagebücher, 20. November 1862, S. 155.
379 Siehe S. 120
380 Brief vom 11. November 1868; Schlözer Briefe S. 368.
381 Müntz 1900, S. 18.
382 Müntz 1900, S. 19.
383 Müntz 1900, S. 32.
384 Zitiert nach Wickert 1979, S. 51.
385 Andreae 1993, S. 25.

Sekretär trat Christian Huelsen (Abb. 72), der Angesichts der Zustände unter Petersens Führung schon bald zum Helbig-Lager überwechselte, noch bevor er bei Petersens Nachfolge von der Central-Direction zu Gunsten Delbruecks übergangen wurde (siehe S. 156).

Viel zu Helbigs hervorgehobener Stellung in der deutschen und internationalen Kolonie Roms trug gewiß seine in vieler Hinsicht ungewöhnliche Ehefrau bei, die russische Prinzessin Nadja Schahowskoy. Mit ihrer unverwüstlichen, russischen Mütterlichkeit und ihrer ungeheuren, von Jahr zu Jahr als Folge einer krankhaften Elefantiasis wachsenden Körperfülle war sie nicht nur in übertragenem Sinne der eigentliche Gravitationspunkt des Kapitols. Das Bösartige streifende Unterstellungen, Helbig habe diese Frau nur wegen ihres Reichtums und ihrer gesellschaftlichen Stellung geheiratet,[386] sind unbewiesen. Bei der Hochzeit war Nadja von normalem Wuchs und hatte durchaus andere Vorzüge als Name und Vermögen vorzuweisen: „Die russische Gelehrigkeit, fünf Sprachen zugleich fließend zu sprechen, musikalische Begabung, die gesellschaftlichen Formen, wo es not tat, einzuhalten, aber für gewöhnlich sich über sie hinwegzusetzen, waren große Vorzüge, vor allem aber leuchtete aus ihren kindlichen slawischen Zügen eine Lauterkeit, eine warme Güte."[387] Ihre Dickleibigkeit wurde jedoch sowohl von ihr selbst als auch von ihrer Umwelt mit galantem Humor genommen. So meinte der russische Botschaftssekretär Schewitsch einmal zu Helbig: „Vous avez écrit tant et tant sur l'archéologie. Ecrivez nous un petit livre que vous intitulerez: ,Voyage autour de ma femme'."[388]

In der näheren Umgebung des Kapitols war die *principessa* auch beim einfachen Volk eine bekannte und geschätzte Erscheinung: „Sie konnte mit einer lebendigen grünen Eidechse als Halsschmuck die Kapitolstreppe herunterkommen, um zu einer Visite zu fahren. Die Kutscher drängten sich um den Vorzug, die *donna grassa* in ihren Wagen zu locken. Viele rief sie bei Namen und entschied: *oggi tu, Peppino*, und kraulte das Pferd zwischen den Ohren, ehe sie einstieg."[389] Mit den Helbigs kam auch ein Stück der großen Welt auf das von kleinbürgerlichem Mief nicht immer ganz freie Deutsche Kapitol. Kein geringerer als der zum Mönch gewandelte Franz Liszt, der früher ein Habitué bei Legationssekretär Schlözer gewesen war, kam regelmäßig vorbei um Prinzessin Nadjas beachtliche Klavierkünste weiter zu fördern. Da bei Helbigs in der Casa Tarpea der einzige ordentliche Pleyelflügel stand, der in Rom weit und breit zu finden war, gab Liszt hier auch seinen verschiedenen römischen Schülern Unterricht, was Persönlichleiten wie Alfred Reisenauer, Bernhard Stavenhagen, Karl Pohlig und Joseph Rubinstein ins Haus brachte.[390]

Zwischen dem Hause Helbig und dem Palazzo Caffarelli bestanden enge gesellschaftliche Beziehungen besonders während der Amtszeit Robert von Keudells (Abb. 73). Dieser stille, feinsinnige Mensch, war ein bemerkenswerter Pianist, dessen Klavierspiel „mehr als einmal den wütenden Eisernen Kanzler, wie das Lautenspiel Davids den König Saul, beruhigt" haben soll. So erspielte sich Keudell die Gunst Bismarcks und den römischen Posten. Über seine Fähigkeiten als Gesandter und Botschafter berichtete Bernhard von Bülow, der ihm 1874/75 als Attaché diente (Abb. 76), Unterschiedliches: „Solange er bei Bismarck gut angeschrieben stand, galt seine Schweigsamkeit für einen Beweis von Gedankentiefe und geistiger Überlegenheit. [...] Aber er war fleißig und gewissenhaft, er hatte den ostpreußischen klaren und nüchternen Verstand. In Rom war er allgemein beliebt. [...] Die damals sehr zahlreiche deutsche Kolonie schwärmte für Keudell."[391] Daß Keudell kein großer Redner war, mußte Bülow angesichts der Feier zum Kaisergeburtstag feststellen: „Herr von Keudell brachte das Kaiserhoch aus. Ihn reden zu hören, war eine Qual. [...] Er nahm einen Anlauf, dann schwieg er. Eine Stille von mehreren Minuten folgte. Dann holte er aus der Seitentasche einige weiße Blätter hervor, auf denen er den Text seiner Rede sauber niedergeschrieben hatte, fand aber nicht sogleich das richtige Blatt, stockte wieder und verlor ganz den Faden, und eine neue, noch längere Pause entstand. Während dieser Pause stieß eine ältere deutsche Dame aus Mitgefühl oder aus Nervosität einen lauten Schrei aus."[392]

---

386 Vorgebracht von Margherita Guarducci; vgl. Lehmann 1989, S. 34.
387 Wilamowitz Erinnerungen S. 143.
388 Bülow Denkwürdigkeiten, 4, S. 663.
389 Wilamowitz Erinnerungen S. 143; siehe auch Lehmann 1989, S. 34.
390 Morani-Helbig 1953, S. 19.
391 Bülow Denkwürdigkeiten, 4, S. 323 f.
392 Bülow Denkwürdigkeiten, 4, S. 332.

Man muß einschränkend sagen, daß zum einen der alte Bülow nicht ganz frei von kleinen Bösartigkeiten war und es auch sonst ganz üblich war, daß im diplomatischen Dienst die jungen Attachés und Sekretäre sich abfällig über ihre Chefs äußerten. Für Nicht-Diplomaten war Keudell der große Mittelpunkt der deutschen Kolonie, und kümmerte sich um das ansonsten in Rom arg vernachlässigte musikalische Leben: „Von einem kleinen Chor, den er im Palazzo Caffarelli versammelte und selber dirigierte, hat er so manche Kompositionen Mendelssohns aufführen lassen. Von Schuberts Musik schrieb er ausgezeichnete Klavierbearbeitungen, und seine Interpretationen der Sonaten von Beethoven waren wirklich klassisch zu nennen. Er spielte großartig und würdevoll mit seinen Riesenhänden, die bequem eine Terzine greifen konnten."[393] Anders als Bülows Schilderungen dies vermuten lassen, konnte er ein würdiger und dabei spontaner, unkonventioneller Zeitgenosse sein: „Ich sah ihn einmal im großen Saale des Palazzo Caffarelli in einer augenblicklichen Laune Purzelbäume schlagen, aber er war so ernst und würdevoll dabei, daß man auf den Gedanken kommen konnte, er wolle damit irgend eine komplexe diplomatische Frage lösen oder tue es lediglich, um das europäische Gleichgewicht zu erhalten."[394]

Durch die regelmäßigen Konzerte wurde der Palazzo Caffarelli in der Ära Keudell einer der kulturellen Mittelpunkte Roms. Der siebzigste Geburtstag Franz Liszts wurde wie selbstverständlich im großen Saal der deutschen Botschaft gefeiert, fast jährlich gab es große Kunstausstellungen.

Keudell war es auch, der die Idee wieder aufgriff, auf dem Kapitol ein deutsches Künstlerheim, eine Art nationale Akademie einzurichten. Bisher war es üblich, die Räume des preußischen Hospizes bei dem üblichen geringen Krankenstand nicht nur an Stipendiaten des Archäologischen Instituts sondern auch an Künstler zu vermieten. Was freilich immer noch fehlte, waren Werkstätten und Ateliers. Im Krankenhaus konnte man schlecht auf Marmor einschlagen oder mit stinkenden Ölfarben hantieren. Bereits lange vor Gründung des Deutschen Reiches tauchte der Gedanke auf, die vielfältigen, aber nur punktuellen Förderungsmaßnahmen der deutschen Kleinstaaten zu bündeln. Fanny Lewald dachte an einen länderübergreifenden, von den einzelnen Herrscherhäusern unabhängigen „Volksverband": „Sieht man dagegen [gegen die Förderung der französischen Künstler in Rom durch Frankreich], wie so gar nicht für die deutschen Künstler von ihren Regierungen gesorgt wird, wie kümmerlich sie durch Versteigerung freiwillig zusammengebrachter Arbeiten die Mittel erwerben, sich ein Versammlungslokal und darin zugleich den Raum für Ausstellungen zu schaffen, so fühlt man die Notwendigkeit eines Volksverbandes zu einer großen, selbständigen Nation. Eine solche kann und darf natürlich freier über namhafte Summen zu Gunsten der Kunst und der einzelnen Künstler verfügen, als irgendeiner der zweiunddreißig Monarchen Deutschlands es vermag."[395]

Nach der Reichsgründung schienen die Voraussetzungen für ein solches Projekt besonders günstig zu sein. Jahr für Jahr übernahm der Staat die Schirmherrschaft über bisher privat finanzierte Kultureinrichtungen. Die Übernahme des archäologischen Instituts in Rom, dem 1888 die Gründung des Historischen Instituts folgte, ist dafür ein Beispiel, das Botschafter Keudell vor Augen gestanden haben mag, als er seine Vorstellungen dem Auswärtigen Amt mitteilte. Der Architekt Paul Laspeyres, der bereits das Institutsgebäude der Archäologen entworfen hatte, stellte Pläne und einen Kostenvoranschlag. In der Wilhelmstraße wurde die Initiative aus Rom durchaus ernst genommen. Man bestellte einige Gutachten beim Kultusministerium und verfaßte 1875 eine ausführliche Denkschrift. „Schon wiederholt ist in früheren Jahren an die Preuß. Regierung die Forderung herangetragen worden, die Ausbildung deutscher Künstler in Rom dadurch zu fördern, daß ihnen [...] Werkstätten in einem zu dem Behufe auf Staatskosten zu errichtenden Gebäude dargeboten werden, oder daß man nach dem Vorbilde der französischen Akademie in Rom Stipendiaten in einem Staatsgebäude vollständigen Unterhalt gewähre." Ausführlich werden die entsprechenden Akademien Frankreichs und Spaniens beschrieben, mit der Zahl ihrer Stipendiaten und der Höhe der finanziellen Zuwendung. Auch habe sich die Lage der Künstler in den letzten Jahren zunehmend verschlechtert, da der Umzug der italienischen Regierung von Turin nach Rom dort einen Notstand an bezahlbarem Wohnraum und Arbeitsstätten zur Folge gehabt habe.

393 Morani-Helbig 1953, S. 30f.
394 Morani-Helbig 1953, S. 31
395 Lewald 1847, 1, S. 248.

Die römischen Vorschläge seien zudem erfreulich konkret: „Gleichzeitig [...] legte der Kaiserl. Gesandte sehr geschmackvolle, von dem mit dem Bau des archäologischen Instituts betrauten Baumeister Laspeyres gefertigte Pläne und Kostenanschläge zu einem solchen Studienhause vor. Dasselbe würde neben den nöthigen Aufbewahrungsräumen, Werkstätten und Wohnungen für 8 Maler und 5 Bildhauer enthalten und einen Kostenaufwand von 425,508 Lire oder 319,131 Mark erfordern." Doch wäre das Auswärtige Amt nicht die preußische Behörde schlechthin gewesen, wenn man das Projekt nicht auch selbst durchgerechnet und dabei zu durchaus vernünftig klingenden Einwänden gekommen wäre: „So anziehend der Gedanke ist, den deutschen Künstlern in Rom nun Erleichterung zu gewähren, welche nach dem Urtheile aller Sachverständigen sehr dazu beitragen würde, die deutsche Kunst zu fördern, so läßt sich doch nicht verkennen, daß auch gewichtige Bedenken sich dem Projekte entgegen stellen. Es liegt nämlich auf der Hand, daß die eben erwähnte nicht unbedeutende Summe nur den Künstlern zutheil kommen würde, welche sich in Rom aufzuhalten gedenken und es läßt sich die Erwägung nicht unterdrücken, daß alleine Zinsen von 319.000 Mark jährlich als Reisestipendium an junge Künstler" sinnvoll verwendet werden könnte, sinnvoller vielleicht sogar, als ihre Anwesenheit in Rom zu fördernd, wo es ja bekanntermaßen an einer fortgeschrittenen Kunstschule fehlen würde. Die Frage, „ob es wirklich im Interesse der Kunst geboten ist, ein Studienhaus für Künstler in Rom, und zwar auf Reichskosten, zu errichten", könne daher nicht eindeutig positiv beantwortet werden.[396]

Zu einer Akademiegründung kam es folglich auch erst später, und weit weg vom Kapitol.[397] Bezeichnenderweise geschah auch dies auf private Initiative, so daß sich die auswärtige Kulturarbeit des preußischen Deutschlands in erster Linie auf die Übernahme bereits vorgefundener Institute konzentrierte.

396 Undatierte Denkschrift, um 1874/75; PAA, RQ 86a.
397 Windholz 2003.

Katabasis – Deutschland am Tarpejischen Felsen

Altlasten

Der Jupitertempel

„Nachdem [der römische König] Tarquinius [Superbus] Gabii in seinen Besitz gebracht hatte [...] wandte er sich den Aufgaben in der Stadt zu. Die wichtigste davon war, den Jupitertempel auf dem Tarpejischen Hügel als Denkmal seiner Herrschaft und seines Namens zu hinterlassen. [...] Es ist überliefert, die Götter hätten bei den ersten Vorarbeiten zu diesem Bau ihren Willen offenbart, um die ungeheure Größe dieses Reiches anzudeuten. Während die Vögel die Aufhebung aller anderen Kultstätten zuließen, untersagten sie sie beim Heiligtum des Terminus.[398] Dieses bedeutungsvolle Zeichen der Vögel verstand man so: daß man den Sitz des Terminus nicht verlegen dürfe und daß dieser als einziger von den Göttern sich nicht zum Weggehen aus dem ihm geweihten Bezirk auffordern lasse, prophezeie Sicherheit und Beständigkeit für das Ganze. Nachdem man dieses Zeichen, das ewige Dauer verhieß, erhalten hatte, folgte noch ein anderes Zeichen vom Himmel, das die Größe des Reiches ankündigte: Beim Ausheben der Fundamente des Tempels stieß man, wie es heißt, auf ein menschliches Haupt, dessen Antlitz noch ganz unversehrt war. Diese Erscheinung war ein direkter Hinweis darauf, daß hier das Bollwerk der Herrschaft und das Haupt der Welt sein werde. So verkündeten es die Seher, sowohl die, die in Rom lebten, als auch die, die man aus Etrurien hatte kommen lassen, um diese Erscheinung zu deuten."

LIVIUS, *Römische Geschichte, I, 55.1–6*[399]

Mit dieser nicht ganz geheuren Erzählung beginnt die Geschichte der aedes *Iovis Optimi Maximi Capitolini*, des Jupitertempels auf dem Kapitol. Nach einer späteren Version der Geschichte soll der unheimliche Mumienschädel die Inschrift *caput Oli regis* getragen haben, „das Haupt des König Olus (bzw. Aulus)".[400] Gemeint war der Heerführer der Volsker, Aulus Vibenna. Dieses *caput Olis* sei im Sprachgebrauch dann zu Capitolium verschliffen worden, womit das Fundstück dem Fundort seinen Namen gab.

König Tarquinius Superbus (534–510 v. Chr.) hatte die Baustelle von seinem Großvater Tarquinius Priscus (618–578 v. Chr.) geerbt, der die Errichtung des Tempels vor dem Krieg gegen die Sabiner gelobt hatte.[401] Schon Tarquinius Priscus hatte Großes im Sinne. Der schmale Bauplatz auf dem Kapitol reichte für sein Vorhaben nicht aus. Tarquinius ließ daher künstliche Substruktionen aufführen, „als ob ihm die künftige Bedeutung des Ortes schon vorgeschwebt hätte".[402] Und obgleich das Volk, das unter diesem König „im Frieden genauso

---

398 *Terminus:* altrömischer Gott des Grenzsteines.
399 „Gabiis receptis Tarquinius, [...] ad negotia urbana animum convertit; quorum erat primum ut Iovis templum in monte Tarpeio monumentum regni sui nominisqu relinqueret. [...] Inter principia condendi huius operis movisse numen ad indicandam tanti imperii molem traditur deos. Nam cum omnium sacellorum exaugurationes admitterent aves, in Termini fano non addixere; idque omen auguriumque ita acceptum est, non motam Termini sedem unumque eum deorum non evocatum sacratis sibi finibus firma stabiliaque cuncta portendere. Hoc perpetuitatis auspicio accepto secutum aliud magnitudinem imperii portendens prodigium est: caput humanum integra facie aperientibus fundamenta templi dicitur apparuisse. Quae visa species haud per ambages arcem eam imperii caputque rerum fore portendebat, idque ita cecinere vates, quique in urbe erant quosque ad eam rem, consultandam ex Etruria acciverant."

Siehe auch Varr. ling. 5.41; Dion. Hal. 4.59. 1-61.2; Plut. Cam. 31.4; Plin. nat. 28.4.15; LTUR, 1, S. 227.

400 Arnob. nat. 6.7; Chronogr.a 354, 144 M; Mart. Cap. 3.22.3; Serv. Aen. 8.345. LTUR, 1, S. 227f.

401 Nach abweichender Überlieferung errichtete bereits Romulus auf dem Kapitolhügel den Tempel des Iupiter Feretrius, sowie sein eigenes Haus, die casa Romuli, die von anderen Quellen jedoch mit dem Tempel des Kapitolinischen Jupiter gleichgesetzt wird; LTUR, 1, S. 229; LTUR, 3, S. 135f.

402 „... aream ad aedem in Capitolio Iovis, quam voverat bello Sabino, iam praesagiente animo futuram olim amplitudinem loci occupat fundamentis." Liv. I, 38.6

wenig Ruhe hatte wie im Krieg",[403] in großem Umfang zu Fronarbeit herangezogen wurde, kam das Projekt zu seinen Lebzeiten nicht über die genannten Terrassierungsarbeiten hinaus. Während der Regierungszeit seines Nachfolgers Tullius Servius geschah auf der Baustelle wenig bis gar nichts. Erst Tarquinius Superbus, siebter und letzter König Roms, verfügte nach der Plünderung der Stadt Pometia über genügend Geld, um den Bau wieder aufzunehmen.[404]

Beim Graben der Fundamente kam es dann zum geschilderten Zwischenfall mit dem gespenstisch wohlerhaltenen Schädel, der Tarquinius dazu ermutigte, den Tempel wesentlich aufwendiger zu bauen als geplant – mit den in solchen Fällen üblichen Folgen. Die vierzig Talente an erbeutetem Silber, die für den gesamten Bau veranschlagt wurden, reichten gerade einmal für die Fundamente.[405] Doch der König führte seinen Beinamen nicht umsonst. Durch systematische Auspressung der Bevölkerung, die in Zwangsarbeit schon die Cloaca Maxima und den Circus Maximus errichten mußte,[406] konnte er den Bau in seinem letzten Regierungsjahr doch noch vollenden – wenn auch nicht mehr einweihen. Die Weihe wurde im ersten Jahr der Republik vollzogen, die mit diesem damals weit und breit größten Tempel auch den Großmachtanspruch der vertriebenen Könige übernahm. So wurde der Jupitertempel, obgleich von Königen errichtet, zum Gründungsbau des republikanischen Roms.

Mit seiner Länge von 62 und einer Breite von 53 Metern[407] wurde der römische Bau im 6. Jahrhundert nur von den riesigen Tempeln Ioniens übertroffen. Seine Anlage ist eigenartig: Nach der Rekonstruktion von Joseph Durm[408] erhob sich der Tempel auf einem Podest mit frontaler Treppe (Abb. 77). Der Cella war eine 6 Säulen breite und 3 Säulen tiefe Halle vorangestellt (Abb. 79), die durchaus an die Säulenwälder der ionischen *Dipteroi* erinnert. Während die Cella an den Seiten von jeweils drei Säulen flankiert war, bildete eine durchgehende Mauer die Rückseite. Dieser *Peripteros sine postico*, also ein Tempel, dessen Säulenumgang nicht um die Rückseite (*pars postica*) herumgeführt wird, sollte sich zu einer typisch römischen Bauform entwickeln. Die weiten, luftigen Säulenabstände des Jupitertempels hingegen folgen etruskischen Vorbildern, den sogenannten *Aerostyloi*.[409]

Am ungewöhnlichsten ist die Form der Cella selbst. Anstelle eines großen finden sich gleich drei schmale, langgestreckte Räume nebeneinander, jeweils 3 Säulenachsen lang und eine breit. Diese einzigartige Form erklärt sich dadurch, daß Jupiter zwar Namensgeber und Hausherr des Tempels war, dort aber gemeinsam mit Juno und Minerva verehrt wurde. Jedes Mitglied dieser „kapitolinischen Trias" hatte also seine eigne Cella, nur daß die mittlere des Jupiter ein wenig breiter war.

In seiner archaischen Bauweise muß der Tempel den Römern eine Verkörperung ihrer langen Geschichte und damit unantastbar gewesen sein. Auch als im Hellenismus wesentlich prächtigere Anlagen üblich wurden, rührte man den Jupitertempel nicht an. Im Gegenteil. Als das Urgebäude im Jahr 83 v. Chr. durch ein Feuer völlig vernichtet wurde, baute man es auf den alten Fundamenten in identischer Form wieder auf – ein besonders prominentes Beispiel dafür, daß durch Katastrophen zerstörte Baudenkmäler auch nach Hunderten von Jahren in historischer Form wieder errichtet werden können und sollen. Dieser zweite Tempel wurde fünfhundert Jahre später, im Juni des Jahres 455, durch das sprichwörtliche Tun der Vandalen unter Geiserich zerstört:

„Die unseligen Römer sahen jetzt [...] die räuberischen Beduinen vom Lande Jugurthas, mit den germanischen Vandalen vermischt, gleichsam das Eingeweide ihrer Stadt durchwühlen. Wenn sich die Goten in nur dreitägiger Plünderung mit wütender Hast auf Rom stürzten, [...] so plünderten die Vandalen mit schamloser Bequemlichkeit, denn ihnen verstattete Geiserich eine volle Frist von vierzehn Tagen. Dieses Schauspiel ist schrecklich. Es gibt kaum in der Geschichte der Menschheit einen so beleidigenden Anblick, als welchen das

---

403 „... ut non quietior populus domi esset, quam militiae fuisset..." Liv. I, 38.6
404 Liv. I, 53.2–3.
405 Liv. I, 55.8–9.
406 Liv. I, 56.1.

407 Dionysius von Halicarnassus (Dion. Hal. 4, 61.3) spricht von einem Umfang von 800 Fuß, wobei der Tempel 15 Fuß länger sei als breit. Siehe auch LTUR, 3, S. 147.
408 Handbuch der Architektur, II. 2 (1905), Abb. 111; siehe auch LTUR, 3, Abb. 98.
409 Vitruv (4, 7.1-2; 3, 3.5) spricht im Zusammenhang mit dem Jupitertempel von „tuscanicae dispositiones" und „in aerostylis".

ganz entehrte Rom in der vandalischen Plünderung darbietet. Kein gleichzeitiger Geschichtsschreiber hat diese wilden Szenen zu schildern vermocht; keine Klagestimme eines Römers gibt von ihnen Kunde. […]

Auf dem Kapitol plünderten sie den noch unzerstörten Tempel des Jupiter; Geiserich raffte nicht allein Statuen zusammen, welche dort noch verschont geblieben waren und mit denen er seine afrikanische Residenz zu schmücken gedachte, sondern er ließ auch das Tempeldach zur Hälfte abdecken und die Ziegel von vergoldeter Bronze auf die Schiffe laden."[410]

Auf die Katastrophe folgte ein fast tausend Jahre dauernder Zerfall. Noch um die Mitte des 16. Jahrhunderts „ragten die Grundmauern des Jupitertempels hervor; zwischen ihnen trieben die Kalkbrenner ihr Wesen, die gierig auf die Reste der alten Marmorpracht gruben, und was sie erlangen konnten ihren Öfen zuschleppten."[411]

Was Vandalen und Kalkbrenner vom Jupitertempel noch übrig ließen, ging schließlich in die Baumasse des Palazzo Caffarelli ein. Auch wenn man es dem prosaischen Gebäude nicht ansieht, ist es zu einem guten Teil auf den Fundamenten und vielleicht auch mit dem Material des Jupitertempels errichtet. Lage und Ausrichtung des Palastes wurden ganz durch den Vorgängerbau bestimmt. So orientiert sich der Palazzo exakt an der NW-SO-Achse, an der auch der Jupitertempel ausgerichtet war, die Tiefe und die Ausdehnung des Hauptgebäudes decken sich mit den Abmessungen der Cella (Abb. 78).

Bunsen selbst war es, der auf Grund seines Quellenstudiums und durch Analyse der vor Ort noch sichtbaren Mauerreste den Jupitertempel unter dem Palazzo Caffarelli lokalisierte (Abb. 161),[412] während die traditionelle Lesart ihn auf der anderen Spitze des Kapitols, also am Ort der Kirche Ara Coeli vermutete.

Damit war der Palazzo Caffarelli zwar kein wirklicher Nachfolger des Jupitertempels, und es gibt keinerlei Hinweise darauf, daß die genaue Lage vom Bauherrn Ascanio Caffarelli mit antiquarischen Hintergedanken gewählt worden wäre. Zumindest aber beanspruchte der Palast in den Augen des 19. Jahrhunderts als baulicher Stellvertreter, oder besser, Platzhalter des Tempels dessen *genius loci* – und er bedeckte die wohl ehrwürdigste archäologische Stelle des gesamten römischen Reiches. Die geschichtliche Bedeutung und die konkrete topographische Lage des Gebäudes standen mit Bunsens romantisch bewegter Wohnungnahme nicht nur am Anfang des Preußischen, sondern, wie wir sehen werden, auch am Ende des Deutschen Kapitols. Beide Faktoren waren für Haus und Besitzer eine unüberwindbare Altlast, die sich letztlich als Zeitbombe erweisen sollte.

Der Tarpejische Felsen

> Where is the rock of Triumph, the high place
> Where Rome embraced her heroes? where the steep
> Tarpeian? fittest goal of Treason's race,
> The promontory whence the Traitor's Leap
> Cured all ambition.[413]

> LORD BYRON
> *Childe Harold's Pilgrimage*
> *Canto the Fourth, CXII*

Die zweite Altlast, die Preußen sich mit dem Anwesen der Caffarelli eingehandelt hatte, war zwar keine faktische, dafür aber eine symbolische, die im Rückblick um so schwerer wog.

---

410 Gregorovius, Geschichte der Stadt Rom im Mittelalter, 1, 5.2.
411 HUELSEN 1899, S. 14.
412 PLATNER/BUNSEN, 3.1, S. 21–24.

413 „Ist dies der Felsenberg des Sieges, hoch und kühn/ Wo Rom sich seiner Helden grüßend freute?/ Dies der tarpej'sche Fels, das beste Ziel/ Für den Verrat, von wo ein Sprung befreite/ Von jeder Ehrsucht?"

Der Tarpejische Fels, der auf dem Gelände stand, war für jeden humanistisch gebildeten Zeitgenossen – also für alle hier Beteiligten – ein geradezu sprichwörtliches Symbol für Verrat, Sturz, Fall und Ende. Das Beispiel des republikanischen Kriegshelden Marcus Manlius Capitolinus, dem seine angeblichen Ambitionen auf die Königswürde zum Verhängnis wurden (siehe S. 11), gehörte zu den bekannteren Episoden aus der römischen Geschichte.

Das erstarkende Preußen sowie das zur Weltmacht aufsteigende Deutsche Reich hätten in der geschichtlichen Topographie Roms für seine diplomatischen und kulturellen Vertretungen keine prekärere Stelle finden können.

Unter den Zeitgenossen scheint diese seltsame Konstellation lediglich dem Vormärz-Revolutionär, Publizisten und späteren Reichstagsabgeordneten August Ludwig von Rochau aufgefallen zu sein. In seinem 1852 erschienenen „Italienischen Wanderbuch" meinte der 1833 wegen seiner Beteiligung am „Frankfurter Wachensturm" zu lebenslanger Haft verurteilte, nach Frankreich geflohene und erst 1848 nach Deutschland zurückgekehrte Romtourist dazu:

„Wie nur die preußische Diplomatie auf den Einfall gerathen konnte, sich auf der Richtstatt der Staatsverbrecher anzusiedeln, Derer, welche der Volksfreiheit nachstellten, welche Hochverrath spannen gegen die Republik, Derer, welche dem furchtbaren Verdachte königlicher Gesinnung oder gar königlicher Gelüste verfallen? Der Antiquar Dr. Bunsen hat da Sr. Excellenz dem Gesandten einen argen Possen [sic] gespielt.

Das Haus der preußischen Gesandtschaft ist ein ziemlich großes, aber unansehnliches, kasernenartiges Gebäude, in welchem die Diplomatie mit der Frömmigkeit und der Gelehrsamkeit einträchtlich beisammenwohnt. Die beiden letzteren treten in der Gestalt einer Bibelgesellschaft und eines archäologischen Institutes auf, von denen wir unsererseits den frommen Wunsch hegen, daß ihrer Wirksamkeit eine ersprießlichere sein möge als die ihrer Hausgenossin, der preußischen Diplomatie."[414]

Auch wenn aus diesen scharfsinnigen Spitzen gegen das preußische Establishment die demokratische Frustration der Jahre nach 1848 unübersehbar mitschwingt, so hat Rochau die sonderbare Mischung aus Politik, Historie, Wissenschaft, Romantik und Frömmigkeit, die sich auf dem Deutschen Kapitol zusammenbraute, doch klar benannt – eine Mischung oder Vermischung von rationaler Staatsraison und irrationalen Aspekten, die dem Erfinder des Begriffs „Realpolitik" ins Auge stechen mußte.[415]

Dabei hatte Preußen mit seiner Ortswahl – die sich, wie dargestellt, ja auch einzelnen Zufällen verdankte – den Nerv der Zeit durchaus getroffen. Für das im 19. Jahrhundert steigende Bedürfnis, die eigene Existenz durch immer plakativere, immer eklektischer zusammengesuchte, historische Reminiszenzen darzustellen, war der Standort auf dem Kapitol kaum zu überbieten. Ein erzhistorisches und noch dazu so schauriges Requisit wie der Tarpejische Felsen bediente obendrein das lustvolle Interesse, welches die gebildeten Stände seit dem späten 18. Jahrhundert an ihren sicheren Schreibtischen und Staffeleien für die Abgründe von Mensch, Natur und Geschichte entwickelten. So ist es kein Wunder, daß der Tarpejische Felsen, wo die gefallenen Helden des antiken Rom in den Tod gestürzt wurden, als eine Art antikes Waterloo zum feststehenden Programmpunkt jeder Bildungsreise wurde. 1834 wurde der Felsen als Kupferstich in „Strahlheims Wundermappe" aufgenommen und somit quasi offiziell zu einem europäischen Kulturgut erklärt (Abb. 81). Daß die Einheimischen diese Ehrfurcht nur bedingt teilten, kann man daraus schließen, daß sie die fragliche Gegend nur „Monte Caprino", also „Ziegenberg" nannten.

Die genauen Gründe, warum der Tarpejische Felsen seinen historischen Namen trägt, verlieren sich im Dunkel der römischen Frühgeschichte. Im Mittelpunkt der verschiedenen Überlieferungen steht Tarpeia, eine junge Frau. Mal ist sie die Tochter des Sabinerkönigs Titus Tatius, mal die Tochter des Sp. Tarpeius, eines römischen Befehlshabers zur Zeit des Romulus.[416] Fest steht, daß in den Kämpfen der Römer gegen die Sabiner, die dem Raub der sabinischen Frauen durch die Römer folgten, die Sabiner durch Verrat Zugang zum Kapitol erhielten. Nach einer Version war dies das Werk des Sp. Tarpeius selbst, der deswegen mit seiner Tochter Tarpeia den da-

---

414 Rochau 1852, 1, S. 221.
415 Ludwig August von Rochau, Grundsätze der Realpolitik, angewendet auf die staatlichen Zustände Deutschlands, Stuttgart 1853.

416 Liv. I, 2. 5–9; Ov. Met. 14,776; Ov. fast. 1,26; Plut. ant. rom 17f.; Cass. Dio fr. 4,12.

nach benannten Felsen hinabgestürzt worden sei. Warum auch die Tochter, ist unklar. Eine epischere Variante stellt die Tochter ins Zentrum des Geschehens. Danach sei es Tarpeia gewesen, die den Feinden das Tor öffnete. Eine freundliche Version läßt sie den Verrat aus Liebe zu einem Führer der Sabiner begehen, einer anderen, weniger freundlichen zufolge, beging sie ihn aus Habgier. Sie habe von den Sabinern als Gegenleistung das verlangt, was die Krieger „an ihren Armen" trügen, womit sie deren schwere Goldreife meinte. Die Sabiner willigten ein. Zum Verhängnis wurde der armen Tarpeia allerdings, daß sie ihre Forderung nicht eindeutig genug formuliert hatte. Denn kaum waren die Sabiner durch das Tor gekommen, so bewarfen sie die Frau mit ihren Schilden, die sie ja gleichfalls „an den Armen" trugen. „Die den Weg zur Burg hin geöffnet, Tarpeia, hauchte unter Schilden aus die bestrafungswürdige Seele" meldet Ovid lapidar.[417] Römische Münzen zeigen Tarpeia als eine zur Hälfte mit Schilden bedeckte Frau, die hilfesuchend die Arme hebt (Abb. 80).[418]

Unklar an dieser schönen, in ihrer Mischung aus Bauernschläue und Gewalt echt römischen Geschichte ist der Zusammenhang zwischen Tarpeia und der nach ihr benannten Felswand. Möglich ist, daß ihr Name zu einer Art Synonym für Versuchung, Verrat und dessen Bestrafung geworden ist. Wie dem auch sei, seit Beginn der römischen Geschichte trägt der Tarpejische Felsen seinen Namen. Ob *rupes Tarpeia* oder *saxum Tarpeium*, immer ist damit der Ort gemeint, von wo aus, wie zu Beginn dieses Buches beschrieben, Verräter oder solche, die man dafür hielt, vom Leben in den Tod gestürzt wurden. Diesen Vorgang empfand man anscheinend schon in der Antike als so markant, daß der Name des Felsens auf den ganzen Hügel blutrot abfärbte, so daß man das Kapitol manchmal auch als *mons Tarpeium* bezeichnete.[419]

Wo dieser historische Felsen genau liegt, konnte bis heute nicht eindeutig geklärt werden. Man sollte meinen, daß auf dem kleinen Kapitol eine für Todesstürze geeignete Felswand leicht zu finden sein müßte. Doch hat die Erosion der Jahrtausende den nicht sehr stabilen Hügel aus vulkanischem Tuff, Lehm, Tonerde und Sandstein so weit abbröckeln lassen, daß ein wirklich tödlicher Sturz heute eigentlich von nirgendwo mehr möglich scheint. Die steile Wand zum Ghetto hin entstand erst beim Einbau der unter Mussolini wieder abgerissenen Häuser.

Dennoch lebte dieser unbrauchbar gewordene Felsen als fester Topos in der abendländischen Geistesgeschichte fort. Mehr denn je war es im tatortfixierten 19. Jahrhundert, als man Schlachtfelder, Dichtereichen und Sterbezimmer aufsuchte, ein allgemeines Anliegen, für diesen schaurigen Ort auch eine genaue Stelle zu haben. Man blieb dabei auf quellengestützte Mutmaßungen angewiesen.[420] Unter mehreren Möglichkeiten entschied sich die historische und archäologische Forschung dieser Zeit mehrheitlich für die Südostecke des Kapitols, schräg gegenüber der Kirche Santa Maria della Consolazione (Abb. 1).[421] Solange die Südhälfte des Kapitols den Preußen gehörte, herrschten über die Lokalisierung des Tarpejischen Felsen ohnehin keine Zweifel. Denn der fragliche Felsen lag nirgendwo anders als im Garten des protestantischen Hospizes in der Via di Monte Tarpeo Nr. 25. Kein Fürst auf Erden konnte in seinem Park auf ein spektakuläreres Objekt verweisen. Der Hinweis darauf fehlte in keinem Reiseführer und viele Romfahrer machten von der Möglichkeit Gebrauch, sich diesen grausigen Blutfelsen, der ihnen aus dem Lateinunterricht von Jugend an wohlbekannt war, vom

---

417 „… arcisque via Tarpeia reclusa dignam animam poena congestis exuit armis." Ov. Met. 14, 776/7.

418 So auf einem augusteischen Silberdenar aus dem Jahr 19 v. Chr. (P. Petronius Turpilianus); auf einem republikanischen Silberdenar aus dem Jahr 89 v. Chr. (L.Titurius L. f. Sabinus) ist Tarpeia von zwei schildewerfenden Sabinern umgeben.

419 Varro hält die Bezeichnung *Mons Tarpeius* für den ursprünglichen Namen des Hügels, da eben hier die (bei ihm) Vestalin Tarpeia von den Sabinern getötet worden war. Von dem Hügel sei der Name dann auf den Felsen übergegangen: „… hic mons ante tarpeius dictus a vergine Vestali Tarpeia, quae ibi ab Sabinis necata armis et sepulta, cuius nominis monimentum relictum quod etiam nunc rupes Tarpeium appellatur saxum." Var. LL v. 41.

420 Neben den gelehrten Abhandlungen gab es jede Menge halbgelehrte Erörterungen zu diesem Thema, wobei die damalige Gymnasialbildung noch zu erstaunlichen Dingen befähigte; siehe z. B. die ausführliche Diskussion des Themas in Carl Ludwig Michelet, Eine Italienische Reise in Briefen, den Freunden der Natur, der Kunst und des Alterthums gewidmet, Berlin 1856, S. 137ff.

421 Im 16. und 17. Jahrhundert wurde der Tarpejische Felsen gewöhnlich am Westhang des Kapitols, an der Via Tor de' Specchi gegenüber der Casa San Francesca Romana angesiedelt (LTUR, 4, Fig. 114,1). 1819 schlug Dureau della Malle erstmals den Abhang bei Santa Maria della Consolazione vor (LTUR, 4, Fig. 114.2), was die nächsten 150 Jahre als *communis opinio* bestehen blieb. E. Pais plädierte dagegen für den Ort hinter der heutigen Kirche Santa Maria Aracoeli (LTUR, 4, Fig. 114.3), da nach Dionysius (Dion. Hal. 8,78,5) der Felsen dem Forum zugewandt sei. Coarelli entscheidet sich schließlich für die Stelle bei San Giuseppe dei Falegnami an der heutigen Via di San Pietro in Carceri (LTUR, 4, Fig. 114.4). Siehe auch LTUR, 4, ad SAXUM TARPEIUM.

Kustos der Casa Tarpea zeigen zu lassen. Wie wenig erhaben es dabei zugehen konnte, beschreibt der bereits genannte Ludwig August von Rochau:

„Vom Capitol nach dem tarpejischen Felsen ist bekanntlich nur Ein Schritt, in der buchstäblichen wie in der figürlichen Bedeutung des Wortes. Man kann indessen diesen Schritt nicht machen, ohne Spießruten zu laufen durch ein Heer von Wegelagerern. Das Capitol, der Stolz des alten Rom, ist nämlich ein Hauptsitz der römischen Bettelhaftigkeit, welche hier durch Scharen schmutziger und zudringlicher Kinder Schoß und Zoll erheben läßt von jeglichem Fremden. Wie der französische Räuber sein Geschäft mit der unveränderlichen Formel beginnt: *La bourse ou la vie*! So eröffnen die kleinen Vagabunden des Capitols ihre Feindseligkeiten mit der stehenden Frage „Wollen Sie den tarpejischen Felsen sehen?" Kaum hast du dir merken lassen, daß du wirklich mit einer solchen Absicht umgehst, so melden sich zwanzig Stimmen, deren jede eine Belohnung für einen angeblich geleisteten Dienst in Anspruch nimmt. Ich habe Ihnen die Tür gezeigt – ich habe zuerst gefragt, ob Sie den tarpejischen Felsen sehen wollen – ich habe dem Pförtner geschellt, habe dem anderen gesagt, daß er schellen solle; kurz das Thema „Gib mir einen Bajocco", wird in unerhörten Variationen bis ins Fabelhafte ausgesponnen.

Der tarpejische Fels, man muß es wissen, liegt unter Verschluß und wird für Geld gezeigt [...]. Den Schlüssel zu diesem Heiligtum führt der Pförtner – der preußischen Gesandtschaft. Unter seiner Führung treten wir in einen kleinen, ziemlich nachlässig gehaltenen Garten, welcher, auf dem Rande des capitolinischen Hügels gelegen, einen Blick auf das zu Tage tretende Gestein desselben gestattet. Diese Wand also [...] ist der berühmte tarpejische Felsen! Es ist wenigstens unmöglich, das Gegentheil zu beweisen. Staunen wir, bewundern wir, und gehen wir unseres Weges."[422]

Rochau bestätigt damit in stark abgemilderter Form den vernichtenden Eindruck, den die Besichtigung des Tarpejischen Felsen fünfzehn Jahre zuvor bei Gustav Nicolai hinterlassen hatte. Auch mussen/mußten die Reisenden vor der Besichtigung der antiken Stätte die Niederungen des neuzeitlichen Rom durchschreiten, die sich in Nicolais Schilderung zu einem bedrückenden bis grotesken Höllenkreis verdichten, durch den „Mossiou", der eitle Cicerone mit der schlechten französischen Aussprache und der Brillantnadel, wie die Karikatur eines Vergils hindurchführt:

„Vom Kapitol aus führte uns Mossiou vor den Gefängnissen vorbei, aus deren vergitterten Fenstern die Verbrecher Beutelchen an Schnüren heruntergehängt hatten, um daran die Gabe des Mitleids der Vorübergehenden heraufziehen zu können. Gleich darauf gelangten wir in einen ekelhaften Straßenwinkel, der von Schmutz starrte, und wo im Unflath und Kehricht eine Menge schwarzhaariger, fast nackter Kinder spielten und ekelhafte Weiber müßig vor den Türen ihrer höhlenhaften Wohnungen saßen (Abb. 36). Von allen Seiten bettelte man uns an. Wir fühlten sogleich die Pein vermehrten Ungeziefers und fragten verdrießlich, was wir hier sollten. ‚Wollen Sie nicht', antwortete Mossiou fast empfindlich, ‚den tarpejischen Felsen sehen?' Wir mußten uns nun schon zu Ehren der alten Geschichte dazu bereit erklären. Mossiou führte uns durch die engen Thüren eines elenden Hauses [die Casa Tarpea] in ein hinter demselben befindliches Gemüsegärtchen, welches am äußersten Ende an eine niedrige Mauer stieß, über welche hinab man einen Theil der Stadt in der sehr mäßigen Tiefe von vielleicht 50 Fuß unter sich liegen sah. Da die Häuser bis dicht an den Fuß des felsigen Hügels [...] reichten, so konnten wir uns selbst mit der kühnsten Einbildungskraft nicht in die Illusion versetzen, die erforderlich war, um Mossious anscheinende Begeisterung zu theilen (Abb. 82/83). [...] Überall sahen wir schwarze Fensterlöcher, schmutzige Steinhaufen und Ruinen in wilder Unordnung. Als wir uns sehr bald wieder entfernten, verlangte die Frau, die uns ihre Wohnung geöffnet hatte, ein Trinkgeld."[423]

Nach der Besichtigung des Felsens ging Nicolai hinunter zum Forum, neuen Enttäuschungen entgegen.

Auch wenn man in Rechnung stellt, daß es Nicolai bekanntlich darauf angelegt hatte, Italien als den Unort schlechthin zu schildern, so müssen doch die wie in einer burlesken Komödie der Reihe nach auftretenden Elemente des volkstümlichen Rom zumindest auf diejenigen ernüchternd gewirkt haben, die darin nicht

---

422 Rochau 1852, 1, S. 220f.
423 Nicolai 1835, S. 177f.

das Pittoreske, sondern alleine das Elend eines verwahrlosten, schlecht regierten Staates erblickten.[424] Man würde sich die Sache zu einfach machen, in Nicolai nur das „klassische Beispiel eines Banausen, Spießbürgers und Pedanten" zu sehen, „dem alle Voraussetzungen zu Genuß und geistigem Gewinn einer Italienreise […] fehlten."[425] Er hatte nun einmal – ermüdet durch das in der Folge von Goethes „Italienreise" litaneiartig wiederholte, oft inhaltsleere und epigonenhafte ‚Lob des Südens' – beschlossen, ein polemisches, und als solches eben planvoll zugespitztes Anti-Italienbuch zu verfassen. Er tat dies mit erfrischender Sprachkraft, treffenden Beobachtungen, wohlkalkulierter Dramaturgie und subtilem Witz. Der Gestaltungsmittel der Karikatur bediente er sich mit einer Gewandtheit, die für einen preußischen Divisionsauditeur, als der er oft unterschätzt wurde, erstaunlich ist und die an die großen englischen Satiriker des 18. Jahrhunderts erinnert. Das Buch fand reißenden Absatz und wurde heiß diskutiert. Schon im Jahr nach seinem Erscheinen kam eine zweite Auflage heraus – leider die bisher letzte, der Nicolai als geschickter Publizist die in den verschiedenen Zeitschriften erschienenen Rezensionen sowie – eine von Kritikern bespöttelte Geste – sein Bildnis beifügte.[426]

Die mangelnde Gelassenheit, mit der kulturpolitisch korrekte Italienverehrer auf die provozierende Polemik reagierten, zeigt, daß Nicolai mit seinen Wanzen, Flöhen, betrügerischen Wirten und ‚schmutzigen Steinklumpen' – als die er manch ehrwürdiges Bauwerk bezeichnet – sowie mit seinem Spott über die irrationale Italienverehrung der Deutschen, einen wunden Punkt berührt hatte.[427] Kritiker wie August Gottlob Eberhard, der Nicolais Buch als „lächerliche Anmaßung"[428] beschimpfte, entlarvten sich selbst, indem sie sich nicht zu schade waren, ein zweibändiges Gegenwerk zu verfassen, worin sie Nicolais Ausführungen philisterhaft zu widerlegen versuchten. Allein der Kulturhistoriker Victor Hehn (1813–1890) besaß den Weitblick, das Phänomen Nicolai als Ausdruck einer neuen, modernen Epoche zu begreifen, die sich von der Ästhetik des Ancien Regime und der Goethezeit konsequent abwandte und dabei in der Wahl der Mittel notwendigerweise übertreiben mußte.[429] Dieser erstaunliche Essay, in dem Hehn die „absolute Anbetung Italiens" durch die Deutschen als „Kartenhaus" bezeichnet, welches durch die Erschütterungen von Nicolais Buch zum Einsturz gebracht worden sei, erschien – wie auch sein eigenes Reisebuch – erst nach seinem Tod 1893 und hatte auf die Debatte der vierziger Jahre keinen Einfluß.[430]

---

424 Insofern ist Nicolai ein direkter Nachfahre des „sozialkritischen" Johann Gottfried Seume, der als Fußreisender zu Anfang des 19. Jahrhunderts alle Zeit hatte, das unklassische Elend des italienischen Alltags auf sich wirken zu lassen (Johann Gottfried Seume, Spaziergang nach Syrakus 1802.) Vgl. SCHRÖTER 2004, S. 190–193.

425 WIEDER 1972, S. 326.

426 „Und Italien weiß nun, wie sein neuer Attila aussieht, der es mit deiner Schriftstellerfeder so unbarmherzig geißelt, wie es weiland sein kriegerischer Vorgänger mit dem Schwerte that." EBERHARD 1839, 1, S. 14; WIEDER 1972, S. 127f.

427 Zur Reaktion auf Nicolais Buch in Deutschland siehe WIEDER 1972, S, 328-331. Die Angriffe gegen Nicolai schreckten auch nicht vor persönlichen Beleidigungen zurück, wogegen Nicolai sogar einen Prozeß anstrengte, den er allerdings verlor (WIEDER 1972, S. 328).

428 EBERHARD 1839, S. IX.

429 „Das Erscheinen eines Buches wie das von Nicolai war unausweichlich, ich habe es lange erwartet. Je höher das Kartenhaus steigt, desto näher der Umsturz. Ich will die schroffe Übertreibung nicht vertheidigen, in die Nicolai verfallen ist: aber ich finde sie verzeihlich und natürlich. Es mußte eine Reaktion kommen, und daß diese bei der Gewalt ihres ersten Hervorbrechens ihrerseits die Grenze überschritt, ist nicht zu verwundern. Ja, man kann sagen, daß die bloße Wahrheit ohne Wirkung, ohne Spur vorübergegangen wäre, daß, um das rechte Urteil herzustellen, ein kühner Mann mit verzweifelter That sich opfern mußte. Nicolai ist dies Opfer geworden, ihn traf das Todesurteil. Obgleich er es mannigfach verdient hat, so wurde doch erst dadurch die Wiederherstellung der Wahrheit möglich. Italien ist jetzt wenigstens zur Streitfrage geworden […]. […] Nicolais Reise war ein Ausbruch dieser veränderten Stimmung. Der furchtbare Sturm, den das Buch erregte, die tiefe Erbitterung, der grenzenlose Unwille bildeten eine wahrhaft komische Erscheinung, die unter keinem anderen Volke möglich gewesen wäre. Daß Bücher geschrieben werden, worin ein fremdes Land ungerecht beurteilt wird, ist nirgends etwas Seltenes und hätte in Deutschland ohne Aufsehen nur einige tadelnde Rezensionen zur Folge gehabt, wenn nicht Italien im Spiele gewesen wäre. In England oder Frankreich hätte ein Gleiches nur gegen einen Verfasser geschehen können, der sich herausgenommen hätte, sein eigenes Vaterland in allem zu schmähen, über Italien hätte er sagen können, was ihm beliebte, ohne sich deshalb allgemein berüchtigt zu machen. Nicolai aber ist bei uns wahrhaft berüchtigt geworden, denn er wagte es, an den deutschen Tempelschatz zu rühren. Und dennoch fürchtete ich nicht, durch einen solchen Ausspruch mir ein gleiches Anathem zuzuziehen, würde ich sagen, in seinem Buch ist wenigstens soviel Wahrheit als in hundert italienischen Reisebeschreibungen, die vor ihm erschienen sind. Man wirft ihm Blindheit vor, weil er die Sonne am Himmel geleugnet: aber, frage ich, was ist die größere Torheit, die Rose für eine Distel oder die Distel für eine Rose auszugeben?" HEHN 1894, S. VIII und XIX; vgl. WIEDER 1972, S. 339f.

430 HEHN 1894, S. V-XIX; sowie in der 2. Auflage von 1906 (aus der WIEDER 1972 zitiert) S. VII-XXI

Doch zurück zum Tarpejischen Felsen. Zieht man Nicolais lustvoll in den Superlativen des Ekels wühlende Rhetorik ab, so fielen die Urteile seiner Zeitgenossen nicht sehr viel günstiger aus. Die Begegnung mit dem Felsen scheint im 19. Jahrhundert ganz allgemein enttäuschend ausgefallen zu sein. Wie auf dem Forum in der ersten Hälfte des 19. Jahrhunderts wenig aufrecht stand, was den Erwartungen der Reisenden an Glanz und Größe des antiken Rom entsprach, so wenig wurde die Imagination durch das angeregt, was man als Tarpejischen Felsen zu sehen bekam. Zwar rechnete jeder damit, eine in Trümmern liegende Größe vorzufinden, doch entsprach die Wirklichkeit nicht annähernd dem erhabenen Eindruck, den beispielsweise die Stiche Piranesis vermittelten. Was von antiken Heiligtümern noch erhalten war, steckte nicht selten in der Überbauung durch eine katholische Kirche, sehr zum Verdruß protestantischer Reisender wie etwa des Zittauer Pfarrersohnes Ernst Willkomm vor dem Tempel des Antoninus und der Faustina:

„Diese Säulen aus einer Steinart, die man Cipollino heißt, würden den schönsten Anblick gewähren, hätte nicht der Ungeschmack frommer Christen die ärgerliche Barbarei begangen, mitten in sie hinein oder in den Raum, den sie umschließen, eine Kirche zu bauen, deren moderner Styl mit der einfach klaren, antiken Säulenhalle freilich im schreiendsten Mißverhältnis steht. [...] Es scheint, als habe sich die Christenheit mit dem frivolen Heidenthum und seiner verdammungswürdigen Nähe nur dadurch einigermaßen versöhnen können, daß sie jeden nur irgend leidlich erhaltenen Tempelrest in Kirche oder Kapelle verwandelte. Mich dünkt aber doch, es hätte von richtigerem Kunstsinn gezeugt, wenn man das Alte vor willkürlicher Vernichtung möglichst zu schützen gesucht und die christlichen Betkapellen lieber neben als auf die Trümmer gebaut hätte." [431]

Leider hat es in Spätantike und Mittelalter noch keine Männer vom Schlage Willkomms gegeben. Seine Enttäuschung erlebte eine Steigerung, als er auf das Kapitol hinaufkam:

„Außer den Trümmern des Tabulariums [...] ist von den alten Bauten des Capitols [...] keine Spur mehr zu entdecken. Auch den berühmten tarpejischen Felsen zu finden und die kleine Höhe, die man dafür hinnehmen muß, als solche anzuerkennen, fällt schwer und kostet einige Überwindung." [432]

Vor allem die Enttäuschung über die geringe Höhe des Felsens zieht sich durch die Berichte. Der königlich württembergische Finanzrat Franz Eser meinte sogar, daß es einem „gewandten Turner" gelingen dürfte, „den einst so gefürchteten Sprung mit heiler Haut zu vollbringen. Dem Felsen bleibt indes seine historische Berühmtheit, und ihren Vorteil überall erkennende Jugend benützt daher die abgewitterten Steinbrocken zu einem kleinen Handelszweige, um die Kabinette der Geologen und die Curiositätensammlungen der Inglesi mit interessanten Handstücken zu bereichern." [433]

Der Kontrast zwischen Mythos und Wirklichkeit fiel keineswegs nur Erwachsenen auf. Die Kinderreiseschriftstellerin Johanna Hering, alias Olga Eschenbach, mußte als lungenkrankes Mädchen mehrere Jahre „im Süden" verbringen und kam dabei auch nach Rom. In ihren sorgfältigen und etwas altklugen „Briefen eines jungen Mädchens in die Heimath" – einem empfindsamen Bestseller – hat sie auch ihre Begegnung mit dem tarpejischen Felsen festgehalten:

„Eine Frau schloß uns den Garten auf und führte uns an den Rand einer Mauer, und hier mit der Hand abwärts deutend, sagte sie ‚Rupe Tarpea.'

Und da standen wir also auf dem Tarpejischen Felsen! Ob da wirklich je Verurtheilte hinabgestürzt sein mögen? – Als ich hinabblickte in das Gewirr altersgrauer, halb verwitterter Häuser, wo schmutzige Kinder herumkrochen und schrieen, schien mir das jedenfalls zweifelhaft. Ein Sprung in diese Tiefe hinunter würde heute keinen Verbrecher sonderlich schrecken dürfen (Abb. 38). [...] Den kleinen grünen Zweig aber, den Ihr in diesem Briefe finden werdet, habe ich für Euch auf dem tarpejischen Felsen gepflückt." [434]

Man möchte meinen, daß solche Reiseberichte, die die Haushalte des europäischen Bildungsbürgertums überschwemmten, dem Ansehen des Tarpejischen Felsen geschadet und den Besucherstrom dorthin ausgetrocknet hätten. Doch ließ es sich weiterhin niemand nehmen, den notorischen Pappkameraden *in situ* zu be-

---

431 WILLKOMM 1847, 1, S. 261f. Eine ähnliche, wenn auch wesentlich differenzierter vorgetragene Klage findet sich bei HEHN 1894, S. 80f.

432 WILLKOMM 1847, 1, S. 262.

433 ESER 1859, S. 156.

434 ESCHENBACH 1887, S. 75f.

sichtigen. Daß es dabei um das Besichtigen geplatzter Mythen ging, wird in der Erzählung „Rom" des tschechischen Dichters Josef Svatopluk Machar von 1907 deutlich: [435]

„Wo war der tarpejische Felsen? Fragte Sofia Petrovna, die überhaupt ein besonderes Interesse für radikalere und stärkere historische Momente und Erinnerungen an Plätze zu besitzen scheint. [...] Wir gehen weiter. Wir befinden uns bei der deutschen Gesandtschaft. Hier stand der berühmte Tempel des Jupiter Capitolinus, ‚des Größten und Besten' [...]. Hier war die heiligste Stelle des antiken Roms. Und das gehört jetzt den Deutschen? Fragte Sofia Petrovna. Den Deutschen. Wilhelm Imperator. Und der tarpejische Fels? Man weiß eigentlich nicht, wo er war. Aber wenn Sie wollen, werden Sie ihn sehen.

Ich läute an im Hause des deutschen Hospitals. Heraus tritt eine dicke Frau Mutter, lächelt und sagt: Eh, Monte Tarpeo?

Si, si!

Sie nickt und führt uns nach innen. Wir durchschreiten einen Garten, treten hart an den Zaun und die Frau Mutter zeigt hinunter: Ecco! Monte Tarpeo! –

Einige Felsblöcke, unten ein paar Häuschen (Abb. 83).

Also doch? Meinte Sofia Petrovna.

Sofia Petrovna, eine kleine Belehrung für Rom im allgemeinen. Der Römer zeigt Ihnen alles, was Sie nur zu sehen wünschen. [...] Die Wände des Capitoliniums sind gewiß schon unzähligemal zusammengestürzt, der tarpejische Fels ist verschwunden – aber die Leute wollen ihn sehen – da ist er also. Und die alte Frau lebt davon und sie lebt ganz gut davon.

Sie bekam eine Lira. Sie begleitet uns und bei der Tür steht schon eine neue Gesellschaft.

Der tarpejische Felsen? Fragt ein blondhaariger, rotbärtiger Germane. Si, si, nickt gefällig die Mutter." [436]

Mit dieser für den realistischen Sarkasmus Machars typischen Schilderung erlebte der tarpejische Felsen seinen letzten großen Auftritt in der abendländischen Reiseliteratur. Nicht jedoch in der Geschichte. Gerade als seine symbolische Wirkkraft ihren Tiefstand erreicht zu haben schien, erinnerte der im protestantischen Rosengarten friedlich vergessene Felsen seinen Besitzer daran, daß in ihm nicht der Ort, sondern das Prinzip zu fürchten war. Für den sprichwörtlichen Schritt vom Kapitol zum Tarpejischen Felsen hatte das Deutsche Reich kaum mehr als vierzig Jahre gebraucht.

Nach dem Krieg scheint es weder Deutsche noch Engländer zum Tarpejischen Felsen gezogen zu haben. Überhaupt verlor Rom, das zur modernen Stadt wurde, an Attraktivität. Auf der Flucht vor den industriellen Zentren des Nordens fuhr man nun lieber gleich nach Neapel, Sizilien oder Capri. Wenn es dort mit den Klippen des Tiberius, von wo Opfer in großer Zahl hinuntergestoßen wurden, zum Tarpejischen Fels eine gewisse Entsprechung gab, so besaß diese landschaftlich so großartige Stelle doch nichts von der düsteren, von Schicksal und Historie schwangeren Atmosphäre, welche man in der untergegangenen Vorkriegswelt am Tarpejischen Felsen zu erleben gemeint hatte.

---

435 Josef Svatopluk Machar, Rim. Psáno 1906–1907, Prag 1907, dt. Übersetzung von Emil Saudek.

436 MACHAR 1920, S. 42–44.

Krisis

1870/71: La Terza Roma

Die Monate zwischen 20. September 1870 und 18. Januar 1871 brachten für die preußische Kolonie in Rom eine doppelte Zeitenwende. Die Daten markieren den Fall Roms als Hauptstadt des Kirchenstaates durch das Eindringen königlich-italienischer Truppen sowie die Proklamation Wilhelms I. zum deutschen Kaiser nach dem gewonnenen Krieg gegen Frankreich. Beide Handlungen fanden zwar in zeitlichem und räumlichem Abstand voneinander statt, hingen jedoch wie kommunizierende Röhren miteinander zusammen. Der Kirchenstaat, der sich als letztes italienisches Territorium gegen die Vereinigung mit Italien wehrte, konnte seinen Widerstand nur mit Hilfe französischer Truppen aufrecht erhalten, die ab 1849 mit kleineren Unterbrechungen in Rom stationiert waren. Nach Ausbruch des deutsch-französischen Krieges wurden sie am 19. August 1870 zur Stärkung der heimischen Front, trotz päpstlichen Protestes, abgezogen, ein Ereignis, das die weltliche Herrschaft des Papstes nur um wenige Wochen überleben sollte.[437]

Als italienische Soldaten am 20. September etwa 50 Meter neben der Porta Pia von außen ein Loch in die Stadtmauer gemacht hatten (genau im Garten der Villa Bonaparte, die etwas später die preußisch/deutsche Vatikangesandtschaft werden sollte), brach nach ein paar Schüssen der ohnehin nur sporadische Widerstand der päpstlichen Resttruppen zusammen (Abb. 84).[438] Am 21. September erklärte der Papst dem in seiner Bibliothek versammelten diplomatischen Korps die Kapitulation der päpstlichen Armee.[439] Das erste Vatikanische Konzil, das seit 1869 in der Peterskirche tagte und noch am 18. Juli 1870 das Dogma der Unfehlbarkeit des Papstes verkündet hatte, mußte vorzeitig aufgelöst werden. Auf der Kuppel der Peterskirche wehte die weiße Fahne. Der Papst zog sich auf das Gelände der Vatikanstadt zurück, das die italienische Regierung im Garantiegesetz vom 13. Mai 1871 – neben dem Lateran und einigen anderen Immobilien – als souveränes Staatsgebiet anerkannt hatte.[440] Die mehr als tausendjährige weltliche Herrschaft des Papsttums war damit vorbei. Gregorovius sinniert hierüber in einem Brief an den Staatssekretär Hermann von Thiele: „Ich denke mir, daß dies sang- und klanglose Schwinden der tausendjährigen Herrschaft des Papsttums auch Sie tief wird berührt haben. Dies alte Troja mit seinem Priamus ist kampflos gefallen; die schlechten Trompeten der schlechten Italiener haben seine Mauern einblasen müssen, wie Mauern Jerichos."[441]

In seinem Tagebuch beschreibt Gregorovius die Auswirkungen des Zusammenbruchs des alten Rom, das der Mittelpunkt seines Lebens und der Inhalt seiner Arbeit war: „Die gewaltige Umwälzung der Stadt erscheint mir wie die Metamorphose eines Taschenspiels. Italiener haben die Päpstlichen abgelöst. Statt der Zuaven durchziehen Bersaglieri die Straßen mit einer Art von Reiterbande-Musik. Hunderte schlechte Zeitungen sind wie Pilze aufgeschossen und werden in allen Straßen ausgeschrieen. Eine Invasion von Verkäufern und Charlatanen füllt die Plätze. […] Der Papst hat sich zum Gefangenen erklärt, Protest erlassen, durch Bulle das Concil suspendiert. Am Vatikan stehen italienische Wachen; in der halbgeöffneten Thüre des Säulenganges sah ich verschüchterte Schweizer. […] Die Cardinäle zeigen sich nie, oder wenn sie ausfahren, so sind ihre Wagen ohne Abzeichen.

---

437 PERODI 1896, S. 15f.
438 PERODI 1896, S. 28–51. Über den sofort danach einsetzenden Mythos der „Schlacht um Rom" bemerkt Gregorovius: „Die Italiener sammeln für die Hinterbliebenen der bei ihrem Sturm auf die Porta Pia Gefallenen, und sie sprechen im Ernst von einem römischen Feldzuge. Die Gefallenen sind, so glaube ich, zehn Mann. Da ich von dem blutigen Krieg in Frankreich herkomme, so ist mir dies Treiben widerlich." 30. Oktober 1870; GREGOROVIUS TAGEBÜCHER S. 298.

439 HUDAL 1952, S. 212; HANUS 1954, S. 308.
440 Das Garantiegesetz wurde vom Papst freilich nie anerkannt. Erst die Lateranverträge vom 11. Februar 1929 sollten das Verhältnis zwischen dem Vatikan und Italien regeln; HANUS 1954, S. 311.
441 Brief vom 15. Oktober 1870; GREGOROVIUS BRIEFE AN THIELE, S. 84.

All ihr Pomp und all ihre Magnificenz sind in Rauch aufgegangen. Nur einzelne Priester durchschleichen die Straßen, furchtsam und Schatten gleich. [...] Das Mittelalter ist wie von einer Tramontana hinweggeweht, mit allem geschichtlichen Geist der Vergangenheit. Ja, dies Rom ist ganz entzaubert worden."[442]

So wurden infolge ein und desselben Krieges der preußische König deutscher Kaiser und das päpstliche Rom zur italienischen Hauptstadt. Aus Preußen im Kirchenstaat wurden Deutsche in Italien. Deutsche zu werden, war für die Preußen zunächst kein großer Einschnitt, war doch das Deutsche Reich eigentlich ein Preußisches Reich Deutscher Nation. In der Hauptstadt Italiens zu wohnen war allerdings etwas völlig Neues, auf das man unterschiedlich reagierte. Progressiv gestimmte Menschen wie Carl Justi sahen – bei aller Sympathie für das heitere Leben in Rom – den Kirchenstaat als eine völlig überkommene, seit Ewigkeiten stagnierende Einrichtung, deren Bewohner „seit Jahrhunderten bloß vom Schröpfen der Fremden und der Welt"[443] leben würden. Mit einer gewissen Erregtheit fieberte Justi folglich auch dem Sturz des Papsttums entgegen.[444]

Andere sahen darin das Ende dessen, was Rom vor allen anderen Städten Europas ausgezeichnet hatte: „Rom wird die weltrepublikanische Luft einbüßen [...]. Es sinkt herab zur Hauptstadt der Italiener [...]."[445] Aus dieser Klage des Gregorovius spricht weder romantische Nostalgie noch Geringschätzung der italienischen Nation. In seinen Augen war der frischgekürte König von Italien kaum in der Lage, das Erbe der Päpste – selbst Erben der römischen Antike – anzutreten und auszufüllen. Damit verband sich die Trauer darüber, daß einer der letzten Orte der Welt, an dem sich die kosmopolitische, großzügige und vielgestaltige Welt des alten Europa erhalten hatte, nun der kulturell verengten Monokultur des Nationalstaatlichen anheimgefallen war.[446] „Das unermeßliche Ereignis: Rom zur Hauptstadt eines italienischen Reiches heruntergesetzt, Rom, die kosmopolitische Stadt seit 1500 Jahren, das moralische Zentrum der Welt, zum Sitz eines Königshofs geworden, wie alle anderen Hauptstädte, will mir gar nicht recht begreiflich werden."[447] Am liebsten hätte es Gregorovius gesehen, wenn Rom zur Republik erklärt, jedoch dem Papst als Enclave gelassen worden wäre. „So bliebe der kosmopolitische Charakter Roms erhalten. Wenn er ausgelöscht wird, so wird eine Lücke in der europäischen Gesellschaft entstehen."[448]

Die Hauptstadt Italiens, so viel Italien den Italienern auch immer bedeuten mochte, konnte kaum mehr sein als ein Abglanz dessen, was das päpstliche Rom in über tausend Jahren als Zentrum einer Weltkirche geworden war.

Konkrete Folgen hatte die italienische Eingemeindung Roms für ideelle Besitzansprüche. Was früher, um mit Bunsen zu sprechen, der „gesamten Menschheit"[449] angehörte, wurde nun in den nationalen Symbolvorrat Italiens eingegliedert. So berechtigt und folgerichtig dies als historischer Vorgang war, so schwer fiel es vielen Fremden, die Folgen dieses Wechsels zu erkennen.

Das gilt vor allem für die ehemaligen Preußen auf dem Kapitol. Bisher hatte man es mit dem Papst und den Einwohnern Roms zu tun gehabt, nun stand man einer italienischen Nation gegenüber, einem bislang unbekannten Wesen, dessen Befindlichkeiten und Reaktionen nur schwer abzuschätzen waren. Eines konnte man sich an den Fingern abzählen: Wenn Rom die Hauptstadt dieses neuen Italien war, und das Kapitol dessen geschichtliches Zentrum, dann mußte seine bisher eher kommunale und antiquarische Bedeutung zu einer nationalen anwachsen.[450]

Es dauerte einige Jahre, bis man sich der zentralen nationalen Symbolik des Kapitolhügels bewußt wurde. Als das Parlament 1880 beschloß, als erstes monumentales Bauvorhaben der neuen Hauptstadt dem verstorbenen „Re Galantuomo", Victor Emanuel II., ein Denkmal zu errichten, war die Frage des Standortes noch völlig offen. Ja, es sollten, außer den Baukosten, überhaupt keine Auflagen gemacht werden. Um für dieses nationale Großprojekt die besten Ideen der Welt zu sichern, sollten Künstler aller Länder an einem freien, in-

---

442 30. Oktober 1870; GREGOROVIUS TAGEBÜCHER S. 298.
443 Brief von Rom an den Bruder, 23. April 1867; JUSTI BRIEFE S. 15.
444 Brief von Neapel an die Schwester, 17. Oktober 1867; JUSTI BRIEFE S. 105f. Siehe dazu ausführlich BEYER 1988, S. 299–301.
445 30. Oktober 1870; GREGOROVIUS TAGEBÜCHER S. 298.

446 BEYER 1988, S. 295–298.
447 4. April 1861; GREGOROVIUS TAGEBÜCHER S. 129.
448 Zitiert nach BEYER 1988, S. 296.
449 PLATNER/BUNSEN, 3.1, S. 3.
450 A. u. D. ESCH 1995, S. 404.

ternationalen Wettbewerb[451] mit nur vage umschriebenen Zielen teilnehmen dürfen. Dies geschah dann auch: Am 15. Dezember 1881 lagen der königlichen Preiskommission nicht weniger als 293 Projekte vor, davon 253 von italienischen Künstlern.[452] In einer der letzten großen Orgien neoklassizistischer Architektur präsentierten sich Triumphbögen in allen nur denkbaren Hybridformen, Kolonnaden, exedrenartige Platzanlagen, Tempel, Mausoleen, turmhohe Statuensockel, Obelisken, Quadrigen, Löwen, Kuppeln und Giebel.[453] Die Dimensionen waren allgemein gewaltig. Kein Wunder bei einer bewilligten Projektsumme von 9 Millionen Lire, was in etwa dem Doppelten des Gesamtwertes entsprach, der später einmal von unabhängigen Gutachtern für die deutschen Liegenschaften auf dem Kapitol ermittelt werden sollte (siehe S. 192). Es beflügelte die Fantasien und Projekte, die in der Mehrzahl selbst diesen gewaltigen Finanzrahmen gesprengt hätten. Als Standort für ihre Kreationen wählten die Künstler, darunter gutgewillte Dilettanten und national bewegte Feierabendarchitekten, verschiedene Punkte der Innenstadt – mit den entsprechenden Konsequenzen für deren alte Bausubstanz. Ein beliebter Ort war aber auch die Piazza Termini am Bahnhof, wo man noch in großen Zügen planen konnte.[454] Das Kapitol spielte als ideale Topographie für die Errichtung eines nationalen Denkmals hingegen eine geringe Rolle. Nur 5 von 96 lokalisierbaren Projekten sollten hier angesiedelt werden.[455]

Die Kommission war von der Masse der Einsendungen überfordert – und ratlos angesichts deren fragwürdiger Qualität.[456] Unter den besten Projekten waren überwiegend die von Ausländern eingereichten, darunter hauptsächlich Franzosen und Deutsche. Die Italiener selbst schienen nach einem Jahrhundert, das künstlerisch nicht das ihre gewesen war, den Schwierigkeiten der gestellten Aufgabe nicht gewachsen.[457] Im ganzen erfüllte jedoch kein Projekt die Erwartungen. So vergab man nur Preise, einen ersten, einen zweiten und einen dritten. Der Skandal war sofort perfekt, als der erste Preis an einen Ausländer, und ausgerechnet an einen Franzosen ging,[458] an den unbekannten Stipendiaten der Villa Medici, Henri-Paul Nénot, dessen gekonnter, ruhiger Klassizismus wohltuend auffiel. Er hatte vorgeschlagen, an der Piazza Termini eine riesige Exedra aus zwei im Halbkreis ausschwingenden Arkaden zu errichten, ein Gedanke, der später an der Piazza Repubblica in abgewandelter Form umgesetzt wurde.

Den zweiten Preis erhielten die Italiener Ettore Ferrari und Pio Piacentini mit ihrem Projekt „Campidoglio italico".[459] In bemerkenswerter Ähnlichkeit zum schließlich ausgeführten Projekt schlugen sie eine Folge von Treppen, Rampen und Plattformen vor, die sich am nördlichen Hang des Kapitols bis zur Kirche Ara Coeli übereinandertürmen sollten. Eine riesige Exedra mit zwei flankierenden Säulenhallen sollte die Anlage bekrönen. Piero Quaglia, der die Entwürfe publizierte und besprach, lobte zwar den grundsätzlichen Gedanken, ein „nationales Monument auf das Kapitol zu setzen". Doch würde man damit die Rechnung ohne den Wirt machen. Quaglia gibt zu bedenken, daß in diesem dicht bebauten Stadtgebiet alleine die nötigen Enteignungen und Abrisse soviel kosten würden, wie man für das gesamte Projekt ausgeben könne. Zumal wertvolle Kunstdenkmäler im Wege stünden und die Blickachse des Korso, die damals auf dem letzten Stück an der Piazza Venezia durch den Palazzetto leicht nach links abgebogen wurde, nur auf die Flanke des Monuments treffen würde.[460] Doch spielten solche auch aus heutiger Sicht vernünftigen Einwände bald keine Rolle mehr. Eine Art Kapitol-Fieber grassierte unter den maßgeblichen Kreisen. Der damals viel gelesene Schriftsteller Alfredo Oriani plädierte eindringlich dafür, daß ein Monument für den König Victor Emanuel II., der die Eigenschaften und Kräfte der besten Italiener in sich vereinige, nur auf dem Kapitol errichtet werden könne, da nur ihm der

---

451 ACCIARESI 1911, S. 53–67; SAPORI 1946, S. 50-52; BRICE 1986, S. 13–20; SAVORRA 2002, S. 45f.
452 BRICE 1986, S. 14.
453 QUAGLIA, 1882; BRICE 1986, S. 20; Einige Farbabbildungen bei: *Verso il Vittoriano. L'Italia unita e i concorsi di architettura. I disegni della Biblioteca Nazionale Centrale di Roma*, 1881, hg. v. Maria Luisa Scalvini, Fabio Mangone u. Massimiliano Savorra, Neapel 2002.
454 BRICE 1986, S. 21.

455 Von den übrigen sollten 45 auf der Piazza di Termini, 17 auf der Piazza Victor Emanuel, 7 auf dem Pincio und 5 in Prati umgesetzt werden; BRICE 1986, S. 20; SAVORRA 2002, S. 48.
456 BRICE 1986, S. 14f.
457 BRICE 1986, S. 18f.
458 ACCIARESI 1911, S. 56; BRICE 1986, S. 18.
459 QUAGLIA 1882, Abb. 75; ACCIARESI 1911, S. 56.
460 QUAGLIA 1882, S. 110.

Triumph der Einigung Italiens zu verdanken sei.[461] „Es war ein Gedanke, tausende Jahre alt, dazu bestimmt weitere Jahrtausende zu leben, ein Gedanke, der ganz unsere Vergangenheit bestimmte und in dessen Namen wir wieder auferstanden sind, denn mit diesem haben wir gelebt und für diesen die Welt mit uns. Und dieser Gedanke war das Kapitol, […] der höchste Gipfel der antiken Menschheit, das erste Zentrum der weltweiten Einheit!"[462]

Es waren neue Töne, die man so zehn Jahre früher in Rom wohl kaum gehört hätte. Das Kapitol galt zwar immer schon als ein besonderer Ort der stadtrömischen Topographie, wo geschichtliche Erinnerungen in dichten Strängen zusammenliefen. Aber er stand doch immer in Relation zu anderen Orten, wie dem Forum, dem Quirinal, dem Vatikan, Orten, die nur in ihrer historischen Verbindung die mythische *Roma*, die Ewige Stadt ergaben, das Zentrum der Welt. Die suggestive Rhetorik Orianis mit ihrer kaum zu überbietenden symbolischen Schubkraft übertrug nun diese Rolle dem Kapitol alleine, machte daraus ein kühnes *pars pro toto*, den Gipfel der menschlichen Zivilisation, das Zentrum einer vorweggenommenen Weltgemeinschaft. Das schien den Nerv der Zeit, oder besser, die Nerven der Neuitaliener zu treffen. In einem zweiten Wettbewerb 1882 für das Monument wurde der von Piacentini und Ferrari vorgeschlagene Nordhang des Kapitols festgeschrieben.[463] Die Beiträge, die nun überwiegend aus Italien kamen, hatten sich im Stil mit überraschender Einheitlichkeit dem neuen Bauplatz angepaßt. Prägte den ersten Wettbewerb noch ein buntes Durcheinader aller historisierenden Stilrichtungen von antik über gotisch bis barock, so herrschte nun kapitolinische Klassik: weiße Marmormassen, besetzt mit bronzener Skulptur, korinthische Ordnung, Tempelmotive, Treppen, Podien und Terrassen in imperialer Symmetrie. Ein neuer Stil war sozusagen über Nacht geboren – aus dem Geiste des Kapitols – ein Stil, der von nun an das neue Königshaus verkörpern sollte (Abb. 85).[464] Kritikern dieses Stils pflegte der Kunsthistoriker Richard Krautheimer gerne entgegenzuhalten, daß man sich das antike Rom der Kaiserzeit ja wohl ähnlich vorstellen müsse.[465]

Das nach der Einnahme Roms ikonographisch noch orientierungslose junge Königreich, das nicht recht wußte, wie es den viel zu weiten Mantel der Antike um das eigene Körperchen drapieren sollte, hatte mit dem Kapitolstil nun endlich zu einem adäquaten Auftreten gefunden. „La Terza Roma", das – nach der Antike und dem Papsttum – „Dritte Rom", hatte nun Gestalt gewonnen – und einen Ort, das Kapitol. Bei Durchsicht der Wettbewerbsbeiträge scheint im Nachhinein fast gleichgültig, wer gewonnen hatte. Es waren, wie so oft, nicht die Erfinder der Kapitol-Idee, Piacentini und Ferrari, sondern der Bildhauer und Architekt Giuseppe Sacconi. Die Planungen begannen 1885, ein ganzes mittelalterliches Stadtviertel am Fuß des Kapitols wurde niedergelegt, darunter auch die turmartige Villa Papst Pauls III. Von den ursprünglich vorgesehenen 9 Millionen Lire war bald keine Rede mehr, der Ort rechtfertigte jeden Preis. Von den Fenstern des Palazzo Caffarelli konnte man nun am nördlichen Ende des Hügels langsam ein Marmorgebirge in die Höhe wachsen sehen, das schon bald die große, quergelagerte Kirche Ara Coeli überragen und dem Kapitol eine zur Stadt hin gerichtete Fassade geben sollte (Abb. 86).

Die nicht nur von heutigen Besuchern als erschlagend empfundenen Dimensionen des Denkmals lassen die komplexe Symbolik übersehen, mit welcher der italienische Staat seinem Selbstverständnis Ausdruck verlieh. Die Monarchie, die ihre Vereinigung gleichsam nur über der Leiche des mehr als tausend Jahre alten Kirchenstaates hatte vollziehen können,[466] mußte durch ein zentrales Monument deutlich machen, daß die Hauptstadt

---

461 „[poiché] con lui si era trionfato e in lui s'incontravano la tradizione romana e l'italiana, il concetto dei pensatori e la visione dei poeti; poiché aveva riassunto tutte le forze; quelle di Garibaldi e di Cavour, di Mazzini e di Cattaneo; poiché aveva fuso il regno di Piemonte con quello di Napoli, la repubblica di Genova con quella di Venezia, il ducato di Milano con quello di Firenze; poiché aveva doriaperto Roma, chiusa dai Papi al mondo civile […]." Zitiert nach Sapori 1946, S. 45.

462 „[…] vi era un'idea vecchia di migliaia di anni, destinata a vivere altre migliaia che era tutto il nostro passato, in nome del quale eravamo risorti, perché con essa eravamo vissuti, perché per essa il mondo aveva vissuto con noi. E questa idea era il Campidoglio, […] il vertice più alto della civiltà antica, il primo centro dell'unità mondiale […]." Zitiert nach Sapori 1946, S. 45f.

463 Acciaresi 1911, S. 56f.; Brice 1986, S. 21–23; Savorra 2002, S. 58f.

464 Brice 1986, S. 21f.

465 Zuletzt hat Krautheimer diese Ansicht in dem französischen Dokumentarfilm über seine eigene Person (Promenades Romaines) vertreten.

466 Fischer 1899, S. 395–419; Beyer 1988, S. 299f.; Fischers Beschreibungen sind zwar mehr als hundert Jahre alt, doch von einer umfassenden Kenntnis der Verhältnisse und einer Unparteilichkeit, wie sie für damalige Augenzeugenberichte selten ist.

der Päpste nun säkulare Kapitale eines neuen Nationalstaates geworden war. Das kirchliche Rom zu einem königlichen zu machen, erschien nicht nur Ferdinand Gregorovius als beinahe unlösbare Aufgabe: „Ich ging mit diesem Gedanken durch Rom, und fand, daß man hier auf jedem Schritt nur Erinnerungen und Monumente der Päpste sieht […]. Alles Zivile, Politische, Weltliche verschwindet darin oder taucht nur auf als die graue Ruine einer Vorzeit, wo Italien nichts war als eine Provinz von Rom und die Welt nichts als eine Provinz von Rom. Die Luft taugt nicht für ein frisch auflebendes Königtum, welches an seiner Residenz eines leicht zu behandelnden Stoffes bedarf, dem es sich schnell eindrücken kann wie Berlin und Paris oder Petersburg. Der König von Italien wird hier nur die Figur machen wie einer der drakischen Kriegsgefangenen vom Triumphbogen des Trajan; größer wird er hier nicht aussehen."[467]

Beim Monument für den ersten König mußten Reminiszenzen an alles in irgendeiner Weise Päpstliche oder auch nur Kirchliche sorgsam vermieden werden. Das war nicht einfach, da gerade die großen Architekturen des päpstlichen Rom in den Architekturakademien Europas immer und immer wieder als vorbildliches Lehrmaterial dienten. Ein Staat, der sich in Rom mit einem Aufguß von Berninis Sankt-Peter-Kolonnaden oder der Exedra des Belvederehofs präsentiert hätte, wäre nicht aus der Rolle eines usurpierenden Parvenus herausgekommen. Alle Vorschläge also, die in diese Richtung zielten, hatten nur wenig Aussicht auf Erfolg. Es blieb von vornherein nur die Möglichkeit, das komplette Christentum zu überspringen und die Formensprache der römischen Antike aufzugreifen. Doch war auch das ein Drahtseilakt. Eine Neuauflage eines antiken Monuments, wie es in Form von Triumphbögen und Siegessäulen in endloser Variation vorgeschlagen wurde, hätte den neuen König Italiens als Nachahmer des antiken Kaisertums erscheinen lassen und Vergleiche heraufbeschworen, die zu scheuen man aus verschiedenen Gründen Anlaß hatte. Erst einmal hätte die Tatsache, daß der italienische König über kein Weltreich herrschte, bei einer architektursymbolischen Gleichsetzung mit Weltgebietern wie Trajan oder Septimius Severus nachteilig auffallen müssen. Zum anderen sollte nicht der Gedanke aufkommen, das Haus Savoyen strebe nach einer altkaiserlichen Tyrannis. So pomphaft das Königshaus sich nach außen auch darstellte, die italienische Monarchie war doch eine konstitutionelle. Von den Rechten und Befugnissen der römischen Parlamentarier konnten ihre Berliner Kollegen bis 1918 nur träumen.[468] Für das Denkmal eines auf diese Weise gebundenen Königs mußte also ein neuer Denkmalstyp erfunden werden, der nicht den Triumph einer einzelnen Person, sondern den eines ganzen Landes versinnbildlichte.

Ähnlich heikel war die Standortfrage. Das neue Italien konnte mit seinem Gründungsmonument schlecht auf die grüne Wiese vor den Stadttoren gehen. Das hätte bedeutet, das historische Stadtzentrum kampflos der Vergangenheit, dem Papsttum und der Kirche zu überlassen. Im historischen Zentrum Roms gibt es zum Kapitolshügel kaum Alternativen. Der Palatin war ganz und ausschließlich mit dem Kaisertum verbunden, das Forum mit der Republik. Das Kapitol hingegen, als sakrales, Republik und Kaisertum gleichermaßen heiliges Zentrum, war der ideale, wenn nicht der einzige Ort, wo das Denkmal errichtet werden konnte. Daß das junge Italien früher oder später diesen Ort für sich entdecken würde, war ebenso absehbar wie es erstaunt, daß es damit so lange zögerte.

Da das mittelalterliche, päpstliche Rom nicht so freundlich gewesen war, diesen Hügel freizuhalten, mußte das Dritte Rom jenes zweite zwangsläufig verdrängen. Immerhin: die mächtige Kirche Santa Maria in Ara Coeli, die nach der damals in Italien noch gültigen Ansicht auf den Fundamenten des Jupitertempels stand, wurde in ihrer Bausubstanz geschont. Doch wurde der schlichte Ziegelbau durch die blendend weißen Marmormassen der neuen Akropolis so sehr in den Schatten gestellt, daß der Eindruck entsteht, man habe den besiegten Gegner nur deshalb am Leben gelassen, um den Sieg über ihn in Perpetuierung vorzuführen (Abb. 87). Michelangelos Bauten waren selbstredend sakrosankt. Daß es „aus politischer Rücksichtnahme" leider nicht möglich war, das Caffarelli-Anwesen zu enteignen, um „den heiligen und glorreichen Hügel von privatem Eigentum zu befreien", wurde schon damals sehr bedauert.[469]

Der auf dem Kapitol steingewordene Anspruch des neuen Italien wurde von ausländischer, zumal von deutscher Seite, sehr unterschiedlich aufgefaßt. Paul David Fischer, einer der besten zeitgenössischen Kenner des

---

467 4. April 1861; GREGOROVIUS TAGEBÜCHER S. 129.
468 FISCHER 1899, S. 99–128.
469 ACCIARESI 1911, S. 44.

damaligen Italien und Autor einer bemerkenswert ausgeglichenen Darstellung der neuen Nation, äußerte sich anerkennend über das Denkmal, das er allerdings nur halbfertig erlebte: „Unterhalb der alten Basilika der Madonna von Aracoeli erheben sich bereits Theile des imposanten Unterbaues [...]. Aus gewaltigen Quadern eines marmorähnlichen weißen Kalksteins sind sie aufgeschichtet, in einem Baustil, der die klassischen Formen frei und ohne Nachahmung anwendet, von einer vornehmen Ruhe, die von der Effekthascherei anderer moderner Bauwerke dieser Art sich vortheilhaft unterscheidet."[470] Die Botschaft, eine neue geschichtliche Epoche durch einen neuen Architekturstil anzukündigen, wurde von einigen also durchaus verstanden. Andere wiederum, vor allem reisende Vertreter des katholischen Bildungsbürgertums, gaben sich entsetzt und empört: „Das Altertum hat dem Kapitol seinen unvergänglichen Stempel aufgedrückt, teilweise auch das Mittelalter [...]. Nun will sich sogar noch die Neuzeit da droben verewigen, näherhin die moderne Regierung Roms in ihrem Größenwahn, und zwar durch ein gewaltiges oder gewaltthätiges Denkmal für Victor Emanuel, an dem sie schon mehrere Jahre bauen, wegen dessen sie den monumentalen Franziskanerkonvent gestohlen und abgebrochen haben und sonst noch manches Altehrwürdige am Kapitol modernisierten, was der Christ wie der Kunstfreund gleich tief bedauern. Aber was hat denn Viktor Emmanuel da oben zu thun? Großthuerisch hat Minister Depretis bei der Grundsteinlegung das große Wort ausgesprochen, das die alten Römer auf dem Altar des nahen Jupitertempels eingegraben hatten: ‚Hier sind wir und hier bleiben wir.' Nun, wir wollen sehen, wie lange ihr bleibt; vielleicht können wir das noch erleben."[471]

Was man 1898 auf alle Fälle noch erleben konnte, war der *deutsche* Sturz vom Kapitol. Das Deutsche Kapitol stand dem Italienischen Kapitol im Wege, oder besser, sie standen sich über Jahrzehnte im stummen Duell gegenüber, *Arx* gegen Jupitertempel, Imperium Romanum gegen Heiliges Römisches Reich. Für Deutschland wurde der Boden auf dem Kapitol mit der Zeit immer heißer. Nur die Gewißheit, das damals wohl mächtigste Land der Welt im Rücken zu haben, konnte darüber hinwegtäuschen, daß man dem Tarpejischen Felsen Jahr für Jahr ein Stückchen näher rückte.

Die Kaiserlich Deutsche Botschaft

Der Fall des Kirchenstaates und die Reichsgründung hatten für die diplomatische Mission auf dem Kapitol einschneidende Auswirkungen. Die personell bescheiden ausgestattete Gesandtschaft Preußens am Heiligen Stuhl wurde 1871 in eine Gesandtschaft des Deutschen Reichs am italienischen Königshof, kurz: am Quirinal, umgewandelt. Auch die preußische Vatikangesandtschaft wurde 1871 formal in eine Vertretung des Deutschen Reiches umgewandelt, de facto hingegen nie besetzt. Die Kurie hatte die von Berlin gegen alle Gepflogenheiten ohne Rücksprache erfolgte Ernennung Kardinal Hohenlohes zum deutschen Gesandten abgelehnt. 1875 wurden die Beziehungen offiziell abgebrochen. Nachdem der Papst über kein eigentliches Staatsterritorium mehr verfügte, hielt Bismarck diplomatische Beziehungen zum Reich für überflüssig. Der Papst war nur noch das Oberhaupt der Christenheit, Religionsfragen waren Angelegenheit der einzelnen Bundesstaaten. Als der Kulturstreit zwischen Preußen und der Kirche Bismarck zu entgleiten drohte, wurden 1882 die diplomatischen Beziehungen zwischen Preußen und dem heiligen Stuhl wieder aufgenommen. Als preußischer Gesandter kam kein anderer als der uns als fröhlicher Legationssekretär schon bekannte Kurd von Schlözer (Abb. 69) nach Rom. Seine Residenz befand sich im Palazzo Capranica mitten in der römischen Altstadt, die Kanzleiräume hingegen waren zu Gast bei der Quirinalsbotschaft im Mezzaningeschoß des Palazzo Caffarelli.[472] So teilte sich das diplomatische Korps in ein „schwarzes", am Heiligen Stuhl akkreditiertes, und ein „weißes" am Quirinal, was den Diplomaten viel Taktgefühl abverlangte. Der Graben zwischen „schwarz" und „weiß" verlief quer durch die römische Gesellschaft und war durchaus ernst gemeint. Es dauerte lange, bis Mitglieder streng papsttreuer Familien eine Balleinladung bei einer königlichen annehmen konnten.

---

470 Fischer 1899, S. 447.
471 Hummel Reisebeschreibungen S. 183.
472 Weiland 1984, S. 54f.

Erster Gesandter des Deutschen Reiches am Quirinal war Maria Anton Joseph Graf von Brassier de St. Simon. Er vertrug das römische Klima nicht und starb bald nach Dienstantritt. Nach einer kurzen, von Geschäftsträger Ludwig Graf Wesdehlen unauffällig überbrückten Vakanz kam am 2. Juli 1873 Robert von Keudell (Abb. 73) als neuer Gesandter, dem Rom wesentlich besser bekam als seinem Vorgänger. Die ruhigen Tage auf dem Kapitol aber gingen ihrem Ende entgegen. Das Personal wurde aufgestockt und das Haus 1876 vom Status der Gesandtschaft zu einer Botschaft erhoben (Abb. 89). Protokollarisch war sie damit den bereits bestehenden Botschaften des Deutschen Reiches in den wichtigen Hauptstädten Europas gleichgestellt.

Im Verlauf dieser Entwicklung veränderte der Palazzo Caffarelli auch seine bauliche Gestalt und wurde seinem neuen Status schrittweise angepaßt. Diese baulichen Veränderungen im Detail zu beschreiben, sei der im Entstehen begriffenen, auf reichem Archivmaterial basierenden Studie von Jürgen Krüger überlassen. Genannt werden sollen nur die Veränderungen, die den Palast als Spiegel und Seismograph preußisch-deutscher Staatsgeschichte erscheinen lassen.

Als Bunsen 1817 in den zweiten Stock des Palazzo Caffarelli zog, muß der Bau seiner Beschreibung nach „dem Einsturz nahe" gewesen sein, „denn der augenblickliche Besitzer kümmerte sich um seine Sachen so wenig wie die anderen römischen Seigneurs."[473] In Berlin war man nicht geneigt, in die als temporäre Station angesehene Gesandtenwohnung nennenswerte Geldmittel zu investieren. Noch 1865, also mehr als zehn Jahre nach dem Kauf des Anwesens durch Preußen, war mit dem Besitz wenig Staat zu machen. Als der Gesandte von Arnim schließlich behauptete, der Zustand des Palastes würde das Personal gefährden, schickte man aus Berlin den Amt-, Bau- und Regierungsrat Hermann Nitz,[474] eine Art Vorgänger der heutigen Bundesbaudirektion. Der sah sich den Palast mit nüchternen, aber für die versteckten Reize nicht ganz unverständigen Beamtenaugen genau an: „Kahle, von Mörtel theilweise entblößte, vom Ruß der aus den Fronten unmittelbar heraustretenden eisernen Rauchröhren geschwärzte Mauern, dürftig umrahmte Fenster, willkürlich durch die Mauern gebrochene Öffnungen mit rauhem Bretterverschluß. Halb vermauerte, kaum erkennbare Zugänge, roh übertünchte Mauern und verwitterte Gesimse geben dem Gebäude im Äußern einen traurigen und abschreckenden Ausdruck trotz des immer noch erkennbaren stilistischen Ausdrucks, der selbst dem einfachsten Gebäude der italienischen Renaissance eine eigenthümliche Anmuth und Würde verleiht. Der Zustand des Gebäudes im Innern entspricht dieser gegebenen Schilderung von den äußeren Verhältnissen in jeder Beziehung: Bei großartiger Anlage der Räumlichkeiten eine mangelhafte, spärliche Ausführung des Details, eine gewisse Rohheit und Armuth der Behandlung, die jedes feineren plastischen Schmuckes von vornherein völlig entsagt und kaum in einzelnen Fällen der Malerei einen Raum zu künstlerischer Ausschmückung zuweist. Im übrigen allerwärts eine durchaus ungünstige Vertheilung der Räume, eine beschwerliche Verbindung derselben untereinander, eine unangemessene Benutzung der Hauptverbindungsräume, -Treppen, -Vestibüle – gleichzeitig sowohl zum wirtschaftlichen Betriebe, als zu den vornehmeren und wichtigeren Zwecken des Gebäudes, eine unvortheilhafte Bestimmung der vorhandenen Localitäten zu Wirtschafts- und Wohnräumlichkeiten, wodurch eine Trennung des Verkehrs fast unmöglich gemacht wird."[475]

Dieser vergammelte Zustand hatte in der ersten Hälfte des 19. Jahrhunderts niemanden wirklich gestört. Eine Ansicht aus der *Illustrated Times* von 1859 (Abb. 88), der einzigen, die den Zustand des Palastes vor der Renovierung detailliert zeigt, gibt eine Vorstellung von der baufälligen Idylle: Eine große, etwas verschachtelte Anlage, deren Flügel und Annexe sich gar keine Mühe geben, ihr Entstehen in unterschiedlichen Bauphasen zu verschleiern. Der Zustand des Mauerwerks entspricht der Beschreibung des preußischen Beamten. Über den Balkontüren des ersten Stocks, der Balkon selbst fehlt, sind das päpstliche und das preußische Wappen angebracht. Der Zugang zur protestantischen Botschaftskapelle, eine breite, remisenartige Öffnung mit Brettertor, und ein hübscher katholischer Wandaltar mit Madonnenbild und Ampel liegen einträchtig nebeneinander. Stellenweise wachsende Kletterpflanzen und hier und dort herumstehende Blumenkübel verstärken den freundlichen und friedlichen Eindruck. Der Gendarme, der am Eingang zur Kanzlei aufgepflanzt zu sehen ist,

---

473 BASTGEN 1929, S. 112.
474 FISCHER 1998, S. 19.
475 PAA, RQ 88a, zitiert nach FISCHER 1998, S. 19 u. Anm. 45.

wird dort auch nicht immer so stramm gestanden haben. Auch drinnen konnte es kurios zugehen: Die *Times* brachte die Abbildung anläßlich eines Berichts über den Aufenthalt des demenzkranken preußischen Königs Friedrich Wilhelm IV. im Palazzo Caffarelli und ließ es sich nicht nehmen – eine englische Zeitung eben – über das fremde deutsche Staatsoberhaupt indiskreten Klatsch (*cancans*) zu verbreiten, den man freilich nur aus der *New York Tribune* zitierte:

„In fact, if we are inclined to believe all the *cancans* that are circulated about the Royal patient, we should say there appears very slight chance indeed of his ultimate recovery. One of the scandals related of his Majesty, is from the pen of a Florentine correspondent of the ‚New York Times'. It is this: ‚The king of Prussia, on one occasion, deliberately washed his face in the soup, and then sat complacently smiling on his friends, the long strings of vermicelli hanging down over his eyes and nose, and in his hair and moustache. You may imagine the effect. No one dared to laugh, however, and they had to sit out the dinner with this ridiculous figurehead, covered with gravy – for he sternly refused towels – talking to them all the while.'"[476] Die Londoner Times läßt einige Bemerkungen zum Palast und dessen Lage folgen; „It is surrounded by charming grounds studded with groves of orange and lemon trees."

Derartige Vorfälle passen zu dem verschrobenen Gebäude, das in der alten Preußenzeit so viele Individualisten und Lebenskünstler beherbergt hatte. Einer von ihnen, eben Kurd von Schlözer, dessen Amtszeit als Legationssekretär genau in die Zeit des zitierten Baugutachtens von 1865 fällt, nannte den alten Palazzo Caffarelli sogar „einen der herrlichsten Punkte der Welt".[477] Der Bauzustand tat seiner diplomatischen Würde keinen Abbruch. Schlözer scheint auch wenig Angst vor durchbrechenden Böden und herabfallenden Decken gehabt zu haben. Der Verdacht liegt nahe, daß Harry von Arnim (Abb. 90), der am 12. Dezember 1864 „mit Frau, drei Kindern, vier weiblichen, fünf männlichen Dienstboten und sechs Pferden"[478] einzog, diese wunderbare Rumpelkammer für das, was er vorhatte, für unangemessen hielt: „Harry von Arnim und seine zweite Gemahlin Gräfin Sophie von Arnim-Boitzenburg haben zuerst nach längerer Pause den Palazzo Caffarelli wieder zum Schauplatz einer ausgedehnten deutschen Geselligkeit gemacht […]. Es lag dabei ohne Zweifel die Absicht zugrunde, auch in der gesellschaftlichen Repräsentation die preußische Vormachtstellung zu betonen […]."[479] Die preußische Regierung kam dem in begrenztem Umfang entgegen. Zwischen 1865 und 1869 wurde der Bau konsolidiert, die Fassade, soweit sich das machen ließ, vereinheitlicht, ergänzt und regularisiert. Die Fenster versah man mit einfachen, historisierenden Rahmungen, die Flügel des Gebäudes um den aufragenden Mittelteil wurden, der Symmetrie wegen, teilweise aufgestockt. In das hohe Erdgeschoß wurde – schon damals war man solcher Verbrechen fähig – ein Zwischengeschoß für die Kanzleiräume eingezogen, die durch neu eingebrochene Mezzaninfenster beleuchtet wurden (Abb. 91/92).[480] Eine moderne Glas-Eisen-Konstruktion vor dem Portal ermöglichte das trockene Aussteigen aus dem Wagen, der auf dem geräumigen, von baufälligen Remisen gesäuberten Platz bequem wenden konnte.

Die Auf- und Abfahrt hingegen erfolgte weiterhin über eine extrem steile Rampe von 1692, die Via delle Tre Pile (Abb. 93), einen echten Pferdetöter, den der Comune di Roma erst 1872 in eine doppelte Serpentine mit geringerer, aber immer noch beachtlicher Steigung verwandelte.[481] Daß der Palazzo Caffarelli in dieser Straße die Hausnummer 58 trug, deutet an, daß hier früher, wie um das ganze Kapitol herum, dichtgedrängt Häuser standen. Sie wurden in verschiedenen Kampagnen zwischen 1872 und 1926 abgetragen, um den edelsten der römischen Hügel von einer damals als entstellend empfundenen Verbauung zu „befreien".[482] An deren Stelle wurde eine kleine Grünanlage mit einem Käfig errichtet, in welchem die Stadtverwaltung als lebendes Stadtwappen „eine Wölfin auf Staatskosten unterhalten"[483] ließ. An ihr mußte vorbei, wer zur deutschen Botschaft wollte, was man besser im geschlossenen Wagen tat: „Das Vieh schien, als wir bei ihm standen, sehr lebensüberdrüssig zu sein und verbreitete in der glühenden Sonnenhitze einen nichts weniger als angenehmen Duft."[484]

476 Illustrated Times vom 12. Februar 1859, S.
477 SCHLÖZER BRIEFE, 22. Januar 1865, S. 178.
478 SCHLÖZER BRIEFE, 17. Dezember 1864, S. 171.
479 NOACK 1927, 1, S. 551.
480 Zu den Umbauarbeiten siehe FISCHER 1998, S. 21.
481 PIETRANGELI 1976, S. 112.
482 Antonio Muñoz, *L'isolamento del Colle Capitolino*, Roma 1943.
483 HILDENBRAND ERINNERUNGEN S. 416.
484 HILDENBRAND ERINNERUNGEN S. 416.

Mit den eher spartanischen Umbaumaßnahmen von 1865–1869 war den Bedürfnissen der preußischen Gesandtschaft beim Heiligen Stuhl genüge getan. Als man zwischen 1867 und 1871 die Vertretung des von Preußen dominierten Norddeutschen Bundes übernahm, wurde lediglich das Briefpapier verändert. Die Zurückhaltung entsprach den politischen Gegebenheiten. Der protokollarische Status des alten, überwiegend protestantischen Preußen reichte im Kirchenstaat nicht an jenen der großen katholischen Nationen Frankreich, Österreich und Spanien heran. Deren Botschaften im Palazzo Farnese, im Palazzo Venezia und an der Piazza di Spagna waren in vieler Hinsicht großartiger als der Palazzo Caffarelli. Sie lagen an zentralen Plätzen mitten in der Stadt, mitten im römischen Leben und verfügten über kostbar ausgestattete Gesellschaftsräume. Die Einladungen und Bälle bei den Botschaftern dieser Länder gehörten zu den Höhepunkten des Gesellschaftslebens, was von den Mittagessen beim preußischen Gesandten nicht uneingeschränkt behauptet werden kann. Man hatte es sich im zerbröckelnden Kirchenstaat auf dem Kapitol ganz behaglich eingerichtet, gab kleine Soireen und genoß die Aussicht und den Garten (Abb. 95). Ein Zustand, mit dem beide Seiten leben konnten.

Nach der Reichgründung mußte diese Idylle früher oder später gestört werden. Ein wöchentlicher Tee reichte nicht mehr. Das Augenmerk fiel nun auf den großen, bisher kaum benutzten Festsaal. Die im ersten Stock gelegene, über zwei Stockwerke reichende *sala grande* aus dem späten 16. Jahrhundert war eines der wenigen Zugeständnisse des ansonsten anspruchslosen Gebäudes an die römische Repräsentationskultur. Ausmaße, Proportion und Lage dieses Saales waren mehr als durchschnittlich. Mit einer Länge von über zwanzig, einer Breite von fast elf und einer Höhe von etwa zehn Metern gehörte er zu den größeren Sälen Roms. Er reichte über zwei Stockwerke und verfügte über sechs Fensterachsen mit insgesamt 12 Fenstern nach Westen, von denen aus man einen atemberaubenden Blick über die Stadt hatte.[485] Von der Terrasse des heutigen Museumscafés, die in etwa Lage und Fläche des Thronsaals einnimmt, kann man dieses Erlebnis unter etwas prosaischeren Umständen noch heute rekonstruieren. Sobald es jedoch dunkel wurde, war die Aussicht im damals noch nicht künstlich ausgeleuchteten Rom wertlos. Was blieb, war ein riesiger, etwas düsterer Saal, dessen einziger Schmuck eine schöne, zurückhaltend vergoldete Kassettendecke aus der Erbauungszeit bildete.

Auch der bauliche Zustand scheint in den siebziger Jahren mit der Dignität des neuen Deutschen Reiches nicht vereinbar gewesen zu sein. Von größeren gesellschaftlichen Veranstaltungen mußte man daher notgedrungen absehen. In der Wilhelmstraße störte das zunächst niemanden. Das Königreich Italien gehörte aus Berliner Sicht noch nicht zu den wichtigen Staaten, so daß man im alten Stil weiterzumachen gedachte. Der Gesandte Robert von Keudell (Abb. 73), der seiner Mission anscheinend nicht die gebührende Wichtigkeit zugemessen empfand, mußte dem Auswärtige Amt erst umständlich auseinandersetzen, warum es für die neue europäische Großmacht vielleicht doch angezeigt wäre, im königlichen Rom etwas repräsentativer als bisher aufzutreten: „Wenn der deutsche Gesandte Bälle gäbe, so hätte er mehr Mittel mit dem Hofe und der politischen Welt wirksame Beziehungen zu pflegen als die andern Missionschefs, deren keiner ein für Bälle geeignetes Lokal besitzt. […] Die Einrichtung des großen Saales würde die deutsche Gesandtschaft zu einem der schönsten Häuser Roms stempeln und die Anziehungskraft desselben noch erhöhen." Keudell meinte sogar, große, quasi auf neutralem Boden abgehaltene Bälle könnten helfen, die Spaltung der römischen Gesellschaft in päpstliche und königliche Lager zu überwinden: „Der Umstand, daß einige der reichsten Familien des römischen Adels (wie die Borghese, die Torlonia) sich dem gegenwärtigen Papst zu sehr verpflichtet fühlen um der zum kgl. Hofe haltenden Gesellschaft ihre Säle zu öffnen […], verstärkt gegenwärtig die Bedeutung glänzender Feste im diesseitigen Lager, da hierdurch nachweislich Personen angezogen werden, welche zwischen den extremen Parteien in der Mitte stehen."[486]

Nach einigem Zögern kam man 1875 den Vorschlägen Keudells nach, wenn dabei vielleicht auch weniger die Versöhnung der römischen Gesellschaft, als die Vorzeigbarkeit des Saales bei einem kaiserlichen Besuch eine Rolle gespielt haben mag.[487] Große Mühe gab man sich bei der Aufrüstung des Saales aber nicht. Die von einem Berliner Dekorateur ersonnene Neuausgestaltung des Raumes konnte in Rom nur mäßig beeindrucken.

---

485 Fischer 1998, S. 43.

486 PPA, QR 7. Juni 1874; zitiert nach Fischer 1998, S. 43f.

487 Fischer 1998, S. 44.

In formaler Hinsicht genügte sie jedoch den einschlägigen Anforderungen. Lilli Helbig (Abb. 56), die Tochter des Zweiten Sekretars des archäologischen Instituts, erinnert sich: „Der große Saal war 1883 eher einfach: die Wände waren mit dunkelbraunen Vierecken verziert, die stilisierte Reichsadler umrahmten. Es war keine besondere Phantasie aufgewendet worden, den Raum zu verschönern, dem jedoch die prachtvolle Kassettendecke aus dem 16. Jahrhundert und die edelschlichten marmornen Türrahmen ein Aussehen großer Vornehmheit gaben. Die Mitteltüre an der Ostwand deckte ein riesiger Spiegel, vor welchem der Thron für das italienische Königspaar aufgestellt wurde, wenn es zu Festen auf die Botschaft kam, und natürlich auch für die deutschen Souveräne. [...] Rund um den Saal, durch eine Stufe erhöht, zogen sich damastene Polstersitze hin – nicht schön in ihrer Farbe, doch prächtig. Von hier aus konnten die Mütter auf Bällen ihre im Tanz vorbeiwirbelnden Töchter beaufsichtigen. Bei feierlichen Gelegenheiten gab es einen großen Aufwand an Blumen und Pflanzen – ein wahrhaft herrlicher Anblick, der nicht schöner hätte sein können."[488] Repräsentativ waren auch die übrigen Gesellschaftsräume gestaltet, die teilweise noch barocke Deckenausstattungen besaßen: „Ein anderer Saal, nach dem Garten zu, wies eine reichgearbeitete Decke aus dem 17. Jahrhundert auf mit äußerst wirksamen Motiven und Figurenschmuck. Das Speisezimmer ging auf eine lange, mit Rosen und Glyzinien gedeckte Terrasse hinaus." Der Charme der Räume hielt sich jedoch in Grenzen: „Die Inneneinrichtung war – wie übrigens bei allen Wohnungen, in denen hohe Staatsbeamte eine gewisse Zeit leben – eher hotelartig. Zwischen einer Botschaft und einem Luxushotel ist heute, was den Prunk betrifft, gradmäßig kein Unterschied. Das wesentliche Charakteristikum solcher Amtssitze waren früher die in der Mitte eines der größeren Säle aufgehängten Bilder Ihrer Majestäten – jeweils Gemälde von Malern zweiten Ranges [...]."[489] Man sollte der Fairneß halber vielleicht hinzufügen, daß es der Tochter einer veritablen russischen Prinzessin nicht leicht recht zu machen war.

Amtliche Richtlinien und Direktiven gab es für das Erscheinungsbild einer Botschaft hingegen auch im Kaiserreich lange Zeit nicht. Offensichtlich verließ man sich auf die Weltläufigkeit des preußischen Dienstadels, der Generation für Generation die Wilhelmstraße mit seinen Söhnen zuverlässig beliefert hatte. So wandelte sich der Stil des Hauses mit dem Geschmack des jeweiligen Botschafters, der meist sehr preußisch war, also selten über das Konventionelle hinausging. So hatte Bernhard von Bülow (Abb. 97), wie wir von Sigmund Müntz wissen, Portraits seiner schönen, sizilianischen Frau hängen, einer geborenen Principessa Camporeale, natürlich von Makart und Lenbach (Abb. 96/135): „Das eine atmet den Farbenrausch des Wiener Meisters, das andere verrät dämonische Durchgeistigung des tiefschwarzen Sizilianerkopfes mit dem blassen Opheliengesichte."[490] In tausend anderen Salons der Zeit konnten ähnliche Erscheinungen beobachtet werden. Über die sonstige Ausstattung von Bülows Botschaft berichtet der Hausherr: „Meine Frau richtet den alten Palazzo Caffarelli wirklich reizend ein, unterstützt von Donna Laura [Minghetti]. Ihr Salon – in rotem alten Damast – und das Speisezimmer – mit Gobelins – sind schon ziemlich fertig. Ein kleinerer grüner Salon – Frucht fortgesetzter Farbstudien meiner Schwiegermama – geht der Vollendung entgegen. Mein Studio ist ernst gehalten, Bibliotheken und italienische Bilder. Einige andere Räume sollen sich noch entwickeln."[491]

Aber auch wenn ein Gesandter in den Fragen des Protokolls aus der Art schlug, scheint dies Bismarck, der auch als Reichskanzler in das von seinem Sohn geleitete Auswärtige Amt bis in untergeordnete Personalfragen mithineinregierte, relativ egal gewesen zu sein. So blieb es im Falle Kurd von Schlözers (Abb. 69) dem jungen Botschaftssekretär Anton Graf Monts (Abb. 98) überlassen, am Amtsstil seines Chefs Anstoß zu nehmen. Schon beim Antrittsbesuch empfing der Gesandte am Heiligen Stuhl Schlözer seinen neuen Mitarbeiter „in einem sagbar drolligen Kostüm. Über dem kleinen Uniformrock hing eine Art von Paletot, unter dem Arm trug der Gesandte Dreispitz und Degen. Der alsbald nach dem Petersplatz vorbeihumpelnde Omnibus (Abb. 94) wurde angehalten, und mir voran kletterte der Vertreter Kaiser Wilhelms in das nur von Leuten der niederen Klassen benutzte Vehikel. Nolens volens mußte ich, notabene in der Paradeuniform des vornehmen Kronprinz-Dragonerregiments, unter Abnahme meines Helmes in den alten niedrigen Klapperkasten folgen. Kutscher und Conducteur begrüßten die Eccellenza vertraulich als alten Bekannten, und so fuhren wir dann in der Gesell-

---

488 Morani-Helbig 1953, S. 187.
489 Morani-Helbig 1953, S. 188.

490 Müntz 1900, S. 86.
491 Bülow an Monts, 16. Mai 1894; Monts Erinnerungen S. 328.

schaft einiger Marktweiber und nach Knoblauch duftender proletarischer Quiriten ad Aedes Apostolorum."[492] Auch in Schlözers Haushalt im Palazzo Capranica war nicht alles so wie es sein sollte: „Schlözer hielt nie das mindeste von Formen; fast scheint es mir, als wenn er sich – namentlich um seine beinahe krankhafte Sparsamkeit bei 75 000 Mark Bezügen zu verdecken – absichtlich noch origineller und formloser gab, als er wirklich war. [...] Das ganze Hauswesen des Gesandten war überhaupt von einer Einfachheit [...], daß wir jungen Sekretäre alle Auslagen des hoch dotierten Gesandten denkbar niedrig einschätzten. Equipage, Dienerschaft, Silber, Teppiche, Bilder, Möbel, selbst Gardinen – an allem gebrach es. Da in den ungeheizten und unheizbaren Zimmern der Wohnung Schlözers die Temperatur im Winter oft eine eisige war, entschloß sich der Gesandte endlich auf meine dringende Bitte zur Anschaffung wenigstens eines kleinen eisernen Ofens, dessen Rohr auch im Palazzo Capranica, wie bei den gleichen damaligen Wärmespendern des Palazzo Caffarelli, beim Eintritt der kalten Jahreszeit unter Fortnahme einer Scheibe zum Fenster hinausgeleitet wurde."[493]

Auch im Palazzo Caffarelli, wo Quirinalbotschafter Keudell zur gleichen Zeit Klavier spielte und Purzelbäume schlug, sah es also nicht viel besser aus: „[...] Zwei Schnurrbartdiener, eine Lohnkutsche, eine höchst mittelmäßige Küche und bescheidenste Möblierung [...]."[494]

Als Graf Monts 1903 selbst Botschafter am Quirinal wurde, konnte er seine Vorstellungen verwirklichen. Die von ihm eingerichteten Gesellschaftsräume der Botschaft sind in einer kleinen Serie von Ansichten[495] des bekannten römischen Photographen Romualdo Moscioni (1849–1925) überliefert (Abb. 99–104). Es handelt sich um die kleineren Säle des Piano Nobile, deren Freskenausstattung Lilli Helbig erwähnt. An Silber, Teppichen, Bildern, Möbeln und Gardinen herrscht nun kein Mangel mehr. Monts verwandelte die Gesellschaftsräume der reichsdeutschen Botschaft in *period-rooms*, auf die jedes Kunstgewerbemuseum stolz gewesen wäre. Der generelle Stil ist der eines spätgründerzeitlichen Herrenhauses. Von allem ist reichlich vorhanden: Auf einer Grundierung aus dicker Auslegware liegen die Teppiche, riesige und kleine, dicht an dicht. Das Mobiliar, teils wertvoll, teils teure historische Salongarnitur, zeigt eine generelle Vorliebe für schwere, prunkvolle, gedrechselte, intarsierte, vergoldete, beschnitzte und stuckierte Ausführungen. Norddeutscher und holländischer Barock sowie mitteleuropäischer Rokoko (alt und neu) bestimmen das Bild. Gewaltige Dielenschränke beherrschen die Räume, dazwischen schockweise damastbezogene Kanapées, Fauteuils, Stühle und Tabourets, Tische, Tischchen und Konsolen, die mit chinesischen Vasen, Leuchtern, Pendulen, Schalen und Statuetten bedeckt sind. An den ebenfalls damastbezogenen Wänden Tapisserien, aufwendig gerahmte Spiegel und meist kleinere Gemälde, deren Wert und Bedeutung schwer zu beurteilen ist: Landschaften, Portraits und einige Kopien Venezianischer und Florentiner Meister. Von den Decken hängen schwere, elektrifizierte Murano-Leuchter. Im Ganzen eine für preußische Verhältnisse bemerkenswerte, wertvolle, aber wenig originelle Einrichtung. In Bülows Villa Malta sah es ähnlich aus.[496] Freilich, mit den Zeiten hatten sich auch die Anforderungen geändert: „Während früher Einladungen vom Palazzo Caffarelli so gut wie gar nicht erfolgten, reichten zwanzig Jahre später während der eigentlichen Saison, Dezember bis Ostern, zwei wöchentliche Essen von 24 Couverts gerade noch, um allen Verpflichtungen nachzukommen. Die Missionschefs der beiden Lager luden sich untereinander ein und, da es üblich war, dem Botschafter stets den ersten Platz zu reservieren, ergaben sich schon so viele Diners wie schwarze und weiße Botschafter vorhanden waren." Die Zeiten, wo man in kleiner Runde mit Franz Liszt, Ferdinand Gregorovius und einem lustigen Kardinal beim Botschafter speisen konnte, waren vorbei.

---

492 MONTS ERINNERUNGEN S. 84.
493 MONTS ERINNERUNGEN S. 75–77.
494 MONTS ERINNERUNGEN S. 91f.
495 Ich danke Herrn Günter Scheidemann vom Politischen Archiv des Auswärtigen Amtes in Berlin für die Auffindung dieser Bilder.
496 MONTS ERINNERUNGEN S. 92.

Renovatio Imperii

Daß der Palazzo Caffarelli etwas ganz Besonderes darstellte, hatten die Preußen mit dem scharfen Blick des Fremden früher als andere erkannt, früher zumal als die Römer selbst. Auch wenn dieser Bewußtseinsvorsprung nur wenige Jahre betrug, so war er doch groß genug, um beim Erwerb des Anwesens rechtzeitig vollendete Tatsachen zu schaffen, wogegen sich der Widerstand des Comune di Roma als wirkungslos erweisen sollten. Der zähe Widerstand mag letztlich dazu beigetragen haben, den Wert des Besitzes in den Augen seiner neuen Eigentümer beträchtlich zu heben. Doch erst nach der Reichsgründung, als man sich langsam daran gewöhnte, politisch in etwas weiter ausgreifenden Kategorien zu denken, scheint man sich darüber klar geworden zu sein, daß der Palazzo Caffarelli als eine Art Weltimmobilie das Flaggschiff unter reichsdeutschen Auslandsvertretungen darstellte. Der römische Posten gehörte zu den begehrtesten, den die Wilhelmstraße zu vergeben hatte. Das galt schon zu preußischen Zeiten: Als der Gesandte Willissen auf dem Posten starb, meinte sein Sekretär Kurd von Schlözer: „Um den Gesandtenposten in Rom wird in Berlin ein schreckliches Gelaufe und Gereiße sein."[497] Es kam Harry von Arnim-Suckow (Abb. 90), der im Leben noch so Großes vorhatte, daß er später als Pariser Botschafter ernsthaft mit Bismarck aneinander geriet und zunächst nach Konstantinopel versetzt wurde. Schließlich wurde er wegen angeblichen Dokumentendiebstahls und Geheimnisverrats *in absentia* zu fünf Jahren Zuchthaus verurteilt, wobei viele den rachsüchtigen Bismarck am Werk glaubten.[498] Arnim starb 1881 im Exil in Nizza.

Auch nach Arnim findet man auf dem römischen Posten, der 1876 von einer Gesandtschaft zur Botschaft aufgewertet wurde, fast nur noch Karrierediplomaten. Manchmal reichte aber auch eine Freundschaft mit der Familie des Reichskanzlers. Wie Gregorovius aus München berichtet, war man ein wenig überrascht, als der als unbedarft geltende Robert von Keudell 1873 (Abb. 73) berufen wurde: „Die Diplomatie ist aufgeregt über das ungeheure Glück Keudells, der nun doch Botschafter in Rom wird, wohin eigentlich Prinz [Heinrich VII.] Reuß [-Schleiz Köstritz] gehen sollte. Man behandelt Keudell wie einen Parvenu und noch schlimmer. Er hat sich aber an die Rockschöße seines Herrn Bismarck angeklammert und sein Stück durchgesetzt."[499] Eine zeitlose Technik. Ansonsten war die Quirinalsbotschaft Auszeichnung und Sprungbrett zugleich. Bernhard von Bülow (Abb. 97/137), Ziehsohn Kaiser Wilhelms II. und seines speziellen Beraters Philipp von Eulenburg, „hegte, als er [1893] in den Palazzo Caffarelli einzog, den Wunsch, auf diesem Posten immerdar zu verharren",[500] konnte sich aber nur drei Jahre später der Beförderung zum Staatssekretär im Auswärtigen Amt, was damals dem Außenminister entsprach, nicht verweigern. Von den fünf Botschaftern zwischen 1893 und 1912 gelangten zwei, eben Bülow und Gottlieb von Jagow (Abb. 149), anschließend als Staatssekretäre an die Spitze der deutschen Diplomatie, Bülow wurde anschließend sogar Reichskanzler.

Neben der steigenden politischen Bedeutung Italiens hatte bei der Vergabe der Posten natürlich das außerordentliche Prestige des Botschaftssitzes eine wichtige Rolle gespielt. Wer hier residierte, vertrat das Deutsche Reich mit einer anderswo nicht zu erreichenden Sichtbarkeit. Ohne die Gründung des Deutschen Reiches und der damit einhergehenden Verbreiterung des politischen Anspruchs hätte dergleichen kaum eine Rolle gespielt. Dachte man sich früher nicht allzu viel dabei, in Gestalt des „Dr. Bunsen" „den preußischen Adler auf dem Capitol horsten zu finden",[501] so war dies beim deutschen Adler eine andere Sache. Die symbolische Botschaft, die vom Deutschen Kapitol nach der Reichsgründung ausgehen mußte, hat als einer der ersten Ferdinand Gregorovius mit seinem für Symbolik geschärften Historikerauge erkannt: „Auf der heiligsten Stätte der Stadt Rom hat sich jetzt das Deutsche Reich niedergelassen. Es besitzt daselbst ein Drittel des Areals, wenn nicht mehr. *So wird das Imperium der deutschen Nation auf dem Kapitol fortgesetzt.*"[502]

Im Kontext des Tagebucheintrags wirkt diese Bemerkung von Gregorovius eher beiläufig und selbstverständlich. Für diesen sehr deutschen Chronisten des römischen Mittelalters war es auch nicht schwer, die Präsenz des Deutschen Reichs auf dem Kapitol als in die Neuzeit hinaufragende Spitze eines Eisbergs zu erkennen, dessen

---

497 Schlözer Briefe, 24. August 1864, S. 144
498 Hanus 1954, S. 313f.
499 Gregorovius Tagebücher, 1. März 1876, S. 360.
500 Müntz 1900, S. 85.
501 F. Foerster, Briefe eines Lebenden, Berlin 1831, S. 56.
502 20. Mai 1876, Gregorovius Tagebücher S. 368.

gewaltige geschichtliche Hauptmasse in hochmittelalterliche Wassertiefen hinunterreichte: Das Heilige Römische Reich Deutscher Nation. Ein geschichtlich weitverzweigtes, in unserem Zusammenhang zu wichtiges Thema, als daß es nicht zumindest in groben Umrissen angesprochen werden müßte.

Das Heilige Römische Reich Deutscher Nation (*Sacrum Romanum Imperium Nationis Germanicae*) trägt den vollen Namen erst seit dem mittleren 15. Jahrhundert, als es seine faktische Wirksamkeit und Bedeutung schon größtenteils verloren hatte. „Heilig" war es seit 1157. Davor hieß es einfach „Römisches Reich", *Imperium Romanum*, als dessen erster Kaiser Karl der Große am 25. Dezember des Jahres 800 von Papst Leo III. in Sankt Peter in Rom gekrönt wurde. Mit dieser Krönung „wurde das Gefühl lebendig, daß damit das Römische Kaisertum erneuert wurde."[503] Auch wenn es hierfür keine eigentliche Rechtsgrundlage gab und die Nachfolge Roms eher dem byzantinischen Kaiser zustand, betrachtete sich Karl fortan als Kaiser eines wiederhergestellten Römischen Reiches.[504] Trotzdem scheute er sich, diesen Titel auch offiziell zu tragen und nannte sich nur *Imperium Romanum gubernans*. Auch sein Nachfolger Ludwig der Fromme nannte sich schlicht *Imperator Augustus*.[505]

Der Papst hatte Karl zuvor, als er noch Frankenkönig war, als dem Schutzherrn der Kirche den Schlüssel zum Grab Petri sowie das Banner Roms überreichen lassen. Die Kirche stellte sich damit erneut unter den Schutz des Frankenreiches, welches bereits unter Pippin als Garant der Konstantinschen Schenkung und damit der territorialen Integrität des Kirchenstaates aufgetreten war.[506] Das neue Römische Reich und die damit verbundene Würde des Kaisertitels war so etwas wie ein Ansporn für die fränkischen Könige, die dem *patrocinium petri* als weltliche Schutzmacht dienen sollten. Die Vergabe von Titel und Krone blieb – zumindest nach ihren Vorstellungen – den Päpsten vorbehalten. Um durch die Krönung vom *rex* zum *imperator augustus* zu werden, mußte man sich selbstverständlich in die *Aurea Roma* selbst bemühen, zumindest dem Namen nach noch „Herrscherin der Welt" und „Haupt des Erdkreises".

Tatsächlich ließen es sich die von den deutschen Stammesherzögen und kurwürdigen Bischöfen gewählten Könige lange Zeit nicht nehmen, nach Italien zu ziehen, um auf dem Höhepunkt dieser langen Reise in Rom die Kaiserkrone aus den Händen eines Papstes zu empfangen, dessen Einsetzung sie nicht selten zuvor eigens angeordnet hatten. Dieses – nach deutscher Zählung – „Erste Reich" hatte in den ersten 300 Jahren seines Bestehens noch genügend Autorität, um zumindest dort, wo der Kaiser mit seinem viele tausend Mann zählenden Gefolge sich gerade aufhielt, *de facto* auch zu existieren. Wo er auftauchte, huldigten lokale Fürsten, rannten Vertreter von Städten und Klöstern herbei, um die Urkunden und Privilegien aus der Hand des kaiserlichen Vorgängers, echte genauso wie gefälschte, vom neuen Herrn bestätigen zu lassen. Zog er weiter, machten viele wieder, was sie wollten, bei schwachen Kaisern mehr, bei starken weniger. Es handelte sich also um ein gleichsam schlafendes Reichsgebiet, das durch sein wanderndes Machtzentrum reihum geweckt wurde. Doch immerhin war es ein als abstrakte Größe anerkanntes Gebilde, das auch in Abwesenheit des Kaisers oder bei einem Wechsel der Titelinhaber durch die Kraft der Urkunden und Diplome eine gewisse rechtliche Realität behielt. Mit diesem von individuellen Personen immer unabhängigeren Reichsgedanken wurden letztlich die nachantiken Grundlagen moderner Staatlichkeit gelegt.

Freilich war die Machtausübung über die italienischen Reichsteile eine heikle Angelegenheit. Die kaiserliche Autorität mußte hier in ungleich stärkerem Maße als im Norden immer wieder mit Gewalt erzwungen werden. So schmal der Lichtkegel hochmittelalterlicher Quellen auch sein mag, es tauchen darin regelmäßig Zeugnisse einer grundsätzlichen deutsch-italienischen Unverträglichkeit auf. Die Deutschen wurden als das empfunden, was sie *de facto* waren, nämlich Fremdherrscher.[507] Vor allem die Römer beantworteten die Wohltaten ihres kaiserlichen Schutzherrn oft genug mit „Undankbarkeit", wie der kaiserliche Chronist Brun von Querfurt (973/4–1009) indigniert feststellt.[508] Für Thietmar von Merseburg waren die südlichen Reichsteile und ihre Bewohner daher mit der *serenitas nostrae regionis* nur schwer zu vereinbaren: „[...] weder das Klima noch die Eigenschaften der Menschen im Süden passen zu unseren Gegenden. Zu unserem Kummer herrschen im Römerland und in der Lombardei alle Arten von Hinterlist. Jene, die dorthin kommen, werden wenig hoch-

---

503 Schramm 1929, S. 12.
504 Schramm 1929, S. 9–13f.
505 Schramm 1929, S. 13.
506 Schramm 1929, S. 21f.
507 Benzing 1968, S. 44.
508 Görich 1993, S. 45; vgl. auch Benzing 1968, S. 37f.

geschätzt; alles, was die Gäste dort erfragen, muß betrügerisch hoch bezahlt werden, und viele sterben durch Gift."⁵⁰⁹ Die aus kulturhistorischer Sicht denkwürdig Aussage sollte – vielleicht mit Ausnahme des Giftvorwurfes – während der nächsten tausend Jahre das Klagelied enttäuschter Italienliebe bleiben. Doch blieb auch das Heilige Römische Reich seiner Ursprungsidee, den Kirchenstaat zu schützen, während seines fast tausendjährigen formalen Bestehens nur unvollkommen treu. Spätestens seit dem *sacco di Roma* 1527, als die Truppen Karls V. Rom verwüsteten, war es auch mit der Schutzherrschaft des deutschen Kaisers nicht mehr so, wie die Päpste es sich ursprünglich gedacht hatten.

Noch im Hochmittelalter nahmen die deutschen Könige den Romzug zur Kaiserkrönung einigermaßen ernst. Auf Otto I. (962), mit dem das Römische Reich erst richtig begann und der Kaisertitel an den eines Deutschen Königs gekoppelt wurde, folgten Otto II. (967), Otto III. (996), Heinrich II. (1014), Konrad II. (1027), Heinrich III. (1046), Heinrich IV. (1084), Heinrich V. (1111), Lothar III. (1133), Friedrich I. (1155), Heinrich VI. (1191), Otto IV. (1209), Friedrich II. (1220), Heinrich VII. (1312), Ludwig IV. (1328) und Karl IV. (1355). Als letzter deutscher König wurde 1452 Friedrich III. in Rom von einem Papst (Nikolaus V.) gekrönt. Danach bemühte sich kein deutscher König mehr darum, die Kaiserkrone, die er nun von den deutschen Kurfürsten empfing, beim Papst in Rom abzuholen. Der Papststaat wurde zunehmend selbst zur Militärmacht und schloß Allianzen mit den Franzosen oder den Habsburgern.

Von den nach Rom zur Kaiserkrönung ziehenden deutschen Königen hatte keiner den Titel eines *imperator imperii romanum* insofern wörtlich genommen, als er auch sein Machtzentrum in diese Stadt verlagert hätte. Der einzige, der hierzu wirkliche Schritte unternahm, war der noch sehr junge Otto III. (Abb. 107), dessen Kanzlei den Titel *imperator romanorum* erstmals offiziell verwendete.⁵¹⁰ Im Jahr 996 wurde er von Papst Johannes XV., der von Crecentius II., einem römischen *war lord* aus der Stadt vertrieben wurde, um Hilfe gebeten und zog nach Rom. Die Schutzfunktion des Reiches funktionierte also wie vorgesehen. Da aber Papst Johannes noch vor Ottos Ankunft in Rom starb, bestimmte der 16jährige Otto kurzerhand seinen 25jährigen Vetter Brun von Kärnten zum Nachfolger, der ihm wenig später in Rom die Kaiserkrone aufsetzen sollte. Kaum war Otto wieder fort, so wurde auch dieser Papst (Gregor V.) von eben jenem Crecentius II. vertrieben, der, ganz wie der Kaiser, nun seinerseits einen eigenen Papst einsetzte. Otto kehrte zurück und schuf auf so grausame Weise Ordnung, daß sogar bei den Zeitgenossen Kritik laut wurde.⁵¹¹ Bei diesem zweiten Romaufenthalt 998 begann Otto, einen der alten Paläste zur Kaiserpfalz auszubauen. Bereits in einer Urkunde von Mai 998 taucht die Angabe auf, „im Palast" ausgestellt worden zu sein.⁵¹² Welcher Palast dies war, kann nicht zweifelsfrei geklärt werden.⁵¹³ Vieles deutet darauf hin, daß sich Otto in den wiederhergestellten Ruinen des antiken Kaiserpalastes auf dem Palatin niederlassen wollte.⁵¹⁴ Zumindest schreibt Martin von Troppau im Jahr 1278, der Kaiser hätte einen großen Palast „im Palast des Kaiser Iulian" zu bauen begonnen, der auf dem Palatin lokalisiert werden kann.⁵¹⁵ Dort befand sich auch das Kloster S. Cesario, das um 1000 das wichtigste der Stadt war und als Ausstellungsort zweier Urkunden Ottos belegt ist.⁵¹⁶ Man kann sich ausmalen, wie nach über fünfhundertjähriger Verödung das, was von den Palästen der spätantiken Kaiser noch übrig war, zu einer improvisierten Kaiserpfalz umgewandelt wurde, in der großartige Reste vergangener Monumentalität mit mittelalterlichem Heimwerkertum kollidierten: „Wohl ein Kloster inmitten der Ruinen römischer Kaiserpaläste, vielleicht ein Thronsaal mit hastig reparierter Decke und geflickter Marmortapete, die eindringende Vegetation so gut es ging zurückge-

---

509 „Hic cum maxima prosperitate et gloria Alpinas superat difficultates ac nostrae regionis adiit serenitates, quia aeris hujus et habitatorum qualitates nostris non concordant partibus. Multae sunt, pro dolor! in Romania atque in Longobardia insidiae; cunctis huc advenientibus exigua patet caritas; omne quodibi hospites exigunt venale est, et hoc cum dolo, multique toxico hic pereunt adhibito." Thietmari Chronicon VII 3, MGH SS rer. Germ. NS 9, S. 400; vgl auch BENZING 1968 S. 43; Übersetzung nach GÖRICH 1993, S. 73.

510 GÖRICH 1993, S. 40f.

511 ALTHOFF 1996, S. 101-114.
512 SCHRAMM 1929, S. 108.
513 SCHRAMM 1929, S. 108f. Anm. 3; FRIED 2000, S. 743.
514 SCHRAMM 1929, S. 108–111; BRÜHL 1954, S. 15–29; AUGENTI 1996, S. 74f; ESCH 2003, S. 68f.
515 „Tunc imperator cepit construere grande palacium in Urbe in palacio Iuliani imperatoris." zitiert nach SCHRAMM 1929, S. 108, Anm. 3; vgl. BRÜHL 1954 S. 22–29 und AUGENTI 1996, S. 74.
516 AUGENTI 1996, S. 74.

schnitten – um notdürftig einen würdigen Rahmen für einen Nordmenschen herzurichten, der sich für den Nachfolger von Augustus, von Vespasian, von Trajan hielt, die alle dort oben residiert hatten."[517]

Gleichzeitig ließ er ein neuartiges Bleisiegel verwenden, welches auf einer Seite sein Brustbild zeigt (Abb. 105) und auf der anderen den programmatischen Schriftzug trägt: RENOVATIO IMPERII ROMANORUM.[518] Das Bildnis Ottos verweist in „unerhörter Antikennähe"[519] nicht nur auf das kaiserliche Münzportrait, sondern greift auch eine Darstellung Karls des Großen, also des Ahnherren aller „neuen" römischen Kaiser auf.[520]

Im Zeichen der Verehrung Karls stand auch eine Reise, die Otto im Jahre 1000 nach Aachen unternahm. Hier ließ er das Grab Karls des Großen identifizieren, „heimlich" öffnen und entnahm dessen goldenes Halskreuz (Abb. 108).[521] Wenige Monate später war Otto schon wieder in Rom, das dritte Mal innerhalb von vier Jahren. Man wüßte gerne, was er mit dieser Stadt und seinem Reich vorhatte und ob er tatsächlich, wie vor allem Historiker im frühen 20. Jahrhundert vermuteten, seine dauerhafte Residenz in Rom errichten wollte.[522] Doch wurden er und der Papst im Februar 1001 bei einem kollektiven Aufstand des römischen Adels vertrieben. Bei dem Versuch, die Stadt zurückzuerobern, starb der junge Deutschrömer mit dem Halskreuz Karls des Großen am 14. Januar in Paterno „in einer engen Burg" kurz vor Rom im Alter von 21 Jahren an der Malaria.[523] Brun von Querfurt, der als guter Sachse nie viel von Ottos Rombegeisterung gehalten hatte, resümierte streng über die Eskapaden seines ehemaligen Herrn: „Hat er auch sonst viel Gutes getan, so irrte er doch in einem Punkt als ein Mensch: [...] Denn da ihm Rom allein gefiel [...], wollte er für immer in Rom verweilen und in kindlichem Spiele die Stadt zu ihrem alten Glanz und Ruhm erheben. [...] Das Land seiner Geburt, das liebe Deutschland, wollte er nicht einmal mehr sehen; so groß war seine Sehnsucht, in Italien zu bleiben, wo in tausend Mühen und tausend Todesgefahren schreckliches Unheil gewappnet heranstürmt. [...] Der gute Kaiser befand sich nicht auf dem rechten Wege, als er die gewaltigen Mauern der übergroßen Roma zu stürzen dachte; denn wenn auch deren Bürger seine Wohltaten nur mit Bösem vergolten hatten, so war doch Rom der von Gott den Aposteln gegebene Sitz. [...] Wie ein alter Heidenkönig, der sich in seinem Eigenwillen verkrampft, mühte er sich zwecklos ab, den erstorbenen Glanz des altersmorschen Rom aufs neue zu beleben."[524]

Diese neue, heftige Zuwendung eines deutschen Kaisers nach Rom, sein Einzug in die zusammenbrechenden Hallen der antiken Kaiser und sein durch das Siegel erklärter Anspruch, das römische Reich wiedererrichtet zu haben, mögen bei den Zeitgenossen je nach Standpunkt Kritik, Spott und Haß hervorgerufen haben.[525] Auf die Nachwelt – zumal auf die Geschichtsschreibung[526] – machten diese Taten des jungen Kaisers einen nachhaltigen und zunehmend positiven Eindruck.[527] Auch einem anderen jungen deutschen Kaiser, der gut 900 Jahre später im Alter von 29 Jahren den Thron bestieg und dessen Schwäche für *ioci puerili* ebenfalls nicht unbedenklich war, wird der schwärmerische Vorgänger bei seinen intensiven Geschichtsstudien ins Auge gefallen sein: Kaiser Wilhelm II.

---

517 ESCH 2003, S. 68f.
518 SCHRAMM 1929, S. 117f.; GÖRICH 1993, S. 267–274; ALTHOFF 1996, S. 116f.; FRIED 2000, S. 743; KELLER 2000, S. 770f. mit Abbildung.
519 ESCH 2003, S. 66.
520 SCHRAMM 1929, S. 118.
521 SCHRAMM 1929, S. 140f.; GÖRICH 2000, S. 788f.
522 SCHRAMM 1929, S. 110f. und 116–135; vgl. dagegen GÖRICH 1993, S. 203–205 und 276–281 und vermittelnd ALTHOFF 1996 S. 114-125.
523 „Zu dieser Zeit des Winters, als der Kaiser mit den Kräften des Reiches und einem auserlesenen Heer tapferer Männer gegen die Stadt des Remus nicht mit rechtem Glück einen Heereszug durchführte, starb der milde Otto ohne Kinder, o weh, er starb, als man es nicht erwartete, er, der große Kaiser, in einer engen Burg." („Eadem tempestate superuenientis hiemis, cum cesar in uiribus regni et electo exercitu uirorum fortium contra Romuleam urbem non dextro omine seculare iter ageret, moritur sine filiis, eheu, Otto pius; mortuus est dum minus putatur magnus imperator in angusto castello."); MG SS 15, Brun von Querfurt, Vita quinque fratrum, cap. 7, S. 722; ESCH 2003, S. 65–80.
524 „Cum plura bona fecisset, hac in parte errauit ut homo [...]. Num cum sola Roma ei placeret, [...] ibi semper stare, hanc renovare ad decorem secundum pristinam dignitatem ioco puerili in cassum cogitauit. [...] Terram sue natiuitatis, delectabilem Germaniam, iam nec uidere uoluit; tantus sibi amor habitare Italiam fuit, ubi mille languoribus, mille mortibus seua clades armata currit. [...] Erat autem bonus cesar in non recto itinere, cogitans destruere ingentes muros maxime Rome, cuius ciues quamuis sibi pro bonis mala fecissent, ipsa Roma tamen a Deo datum apostolorum domicilium erat. [...] Enimvero more regum antiquorum et paganorum, qui suum voluntatem difficile relinquit, inueteratae Rome mortuum decorem renovare superuacuo labore insistit." MG SS 15, Brun von Querfurt, Vita quinque fratrum, cap. 7, S. 722; vgl. BENZING 1968, S. 37.
525 BENZING 1968, S. 37f.
526 Siehe zusammenfassend GÖRICH 1993, S. 187–208.
527 SCHRAMM 1929, S. 87–187.

Auftritt S. M. Kaiser Wilhelm II.

Die Reihe kritischer Stimmen zu Wilhelm II. ist in jüngerer Zeit nur durch die Arbeiten von Nicolaus Sombart unterbrochen worden. Während zuletzt John C.G. Röhl im 2. Band seiner auf 4 Bände angelegten Kaiserbiographie die uneingeschränkte Verantwortung Wilhelms am katastrophenbegleiteten Untergang des Kaiserreichs feststellte,[528] betrachtet Sombart die Sache aus einer anderen, dezidiert unhistorischen Perspektive.[529] Ausgangspunkt ist für ihn die Beurteilung des Kaisers durch den Zeitzeugen und Außenminister der Weimarer Republik Walther Rathenau, der in Wilhelm sozusagen eine von der Historie hervorgebrachte Figur sah, quasi als fleischgewordene Befindlichkeit seiner Zeit und vor allem des deutschen Volkes: „Dies Volk in dieser Zeit, bewußt und unbewußt, hat ihn so gewollt und nicht anders gewollt. Hat sich selbst und ihn so gewollt – nicht anders gewollt. In der unbeschreiblichen Dramatik ihrer Geschichtswebung hat es Klio gefallen, in einem großen Menschenschicksal den Deutschen ihr zeitliches Wesen, ihre Selbstentfremdung, ihren Abgott und ihren Sturz zu verknüpfen. Niemals zuvor hat so vollkommen ein sinnbildlicher Mensch sich in der Epoche, eine Epoche sich im Menschen gespiegelt. […] Nicht einen Tag lang hätte in Deutschland regiert werden können, wie regiert worden ist, ohne die Zustimmung des Volkes."[530]

Keine Entlastung Wilhelms also, sondern eine Einbeziehung des deutschen Volkes in die Verantwortlichkeit: Kaiser und Volk als einander gegenseitig antreibende und bestätigende Teile einer einzigen historischen Maschinerie. Wilhelm habe, so könnte man Sombarts These zusammenfassen, durch Selbstdarstellung und gezielte Handlungen versucht, das deutsche Kaisertum überhaupt erst zu definieren. Das deutsche Reich sollte nach dem Willen Wilhelms nicht einfach ein vergrößertes Preußen werden, sondern als neues Geschöpf auf die Weltbühne treten, dessen Aussehen, Charakter und Handeln er selbst als Großimpresario bestimmen und stellvertretend verkörpern wollte. In ungewohnter Weise spielen hierbei das Theater, ja die Kunst im allgemeinen Sinn in die Staatsführung hinein. Immer öfter folgt die Politik einem Libretto, in welchem nicht Vernunft und Staatsraison die Leitmotive bilden. Ob es sinnvoll ist, die Regierungszeit Kaiser Wilhelms vorrangig unter diesem kulturhistorisch-ästhetisierenden Gesichtspunkt zu bewerten, sei dahingestellt. Dort jedoch, wo sich die Geschichte des Monarchen mit der des Deutschen Kapitols kreuzt, scheinen Dinge eine Rolle zu spielen, die mit rein historischen Begriffen schwer zu fassen sind.

Der Tag, an dem der junge Kaiser Wilhelm II. (Abb. 112) das erste Mal den Palazzo Caffarelli betrat, war kein guter Tag für das Deutsche Kapitol. War der Sturz vor Wilhelms Auftreten höchstens absehbar, so erscheint er nach seinem Eingreifen unabwendbar. Dabei war Wilhelm gar nicht mit dem Vorsatz gekommen, der Botschaft seinen Stempel aufzudrücken. Auch sonst hatte er eigentlich nichts Böses im Sinn. Doch der Ort und sein seltsamer Genius taten ihre Wirkung und inspirierten ihn auf ungute Weise. Anders, also rational, läßt sich Wilhelms Verhalten kaum erklären.

Zunächst ging alles noch vergleichsweise gut. Wilhelm unternahm seine erste Romreise nur vier Monate nach dem Tod seines Vaters.[531] Die frühen Reisen – Wilhelm hatte mit feuchtfröhlichem Gefolge zuvor die Höfe in Petersburg, Skandinavien und Wien besucht – und der geringe Anschein von Trauer, den sich Wilhelm dabei gab, wurden nicht nur von seiner Familie als pietätlos empfunden.[532] In Italien war man über den Besuch des jungen Kaisers hingegen aufrichtig erfreut. Der spätere österreichische Botschafter Carl Freiherr von Macchio (Abb. 141) erinnert sich: „Das war die Zeit, wo man in Italien mit Bewunderung und scheuem Bangen zu Deutschlands Macht aufblickte. Ich habe es selbst mit ansehen können, wie im Jahr 1888 Wilhelm II. […] in Rom und Neapel gefeiert wurde, wie hoch und nieder ihm zujubelten, wie damals dem Deutschtum in Italien alles erlaubt war, alles Zustimmung fand."[533]

Auch wenn der Krieg von 1870/71 nicht Italien zuliebe geführt wurde, erkannten ihn viele als höchst willkommene Schwächung Frankreichs, welche den Sturz des Papsttums und die Einheit der Nation erst möglich

---

528 Siehe zusammenfassend Röhl 2001, S. 15-18.
529 Sombart 1996.
530 Walther Rathenau, Der Kaiser, Berlin 1927, S. 24f.; hier zitiert nach Sombart 1996, S. 11.
531 Perodi 1896, S. 643–650; Schlözer Letzte Briefe S. 127–134; Röhl 2001, S. 66-70.
532 Röhl 2001, S. 50-53.
533 Macchio 1931, S. 13.

gemacht hatte. Der italienische und der Berliner Hof vertieften ihre Beziehungen, die in gegenseitigen Staatsbesuchen Ausdruck fanden.[534] Die ausgesprochen deutschfreundliche Stimmung der siebziger Jahre[535] bestimmte im wesentlichen auch noch das Jahrzehnt danach.[536] An den Jahrestagen der Einnahme Roms wurden vor dem Palazzo Caffarelli prodeutsche Kundgebungen abgehalten[537]. Die Öffentlichkeit verfolgte im Jahr 1888 mit großer Anteilnahme Krankheit und Tod von Wilhelms Großvater, Wilhelm I., der als Sieger gegen Frankreich noch in hohem Ansehen stand.[538] Auch der Tod seines Vaters Friedrich III. wenige Wochen danach wurde mit ehrlicher Trauer aufgenommen.[539] Friedrich hatte Rom wiederholt besucht und war dort ausgesprochen beliebt gewesen. Besonders hatte den Römern gefallen, daß der deutsche Kronprinz während seiner Reise zum Begräbnis Victor Emanuels 1878 auf dem Balkon des Quirinalpalastes den achtjährigen italienischen Thronfolger hochgehoben und väterlich geküßt hatte.[540]

Friedrich hatte eine Gabe für einfache aber eindrucksvolle Gesten. Bei seinem nächsten und letzten Rombesuch ließ er die Wagenkolonne auf dem Weg vom Palazzo Caffarelli zum Vatikan vor dem Pantheon anhalten, wo er am Grab Victor Emanuels in scheinbar spontaner Geste einen „Kranz in dem Durchmesser eines Wagenrades und der Dicke eines mäßigen Kanonenrohres" niederlegte. Darauf verharrte er still vor dem Grab. Der deutsche Reiseberichterstatter vermerkte befriedigt: „Nichts, was der Kronprinz thun oder sagen mochte, hätte so deutlich zu Kopf und Herz der Italiener sprechen können, als diese einfache Handlung."[541] Für den Sohn Wilhelm war das Terrain also bestens vorbereitet. Der Empfang in Rom war einigermaßen großartig. Beide Seiten versuchten einander zu imponieren: Wilhelm durch ein riesiges Gefolge, die italienische Seite durch den Abriß unansehnlicher Bauten, die auf dem Weg des Kaisers lagen, durch Triumphbögen aus Holz und Pappe und schließlich durch eine Militärparade, zu der 32 500 Infanteriesoldaten, 4650 Kavalleristen und 108 Feldgeschütze in Bewegung gesetzt wurden (Abb. 110).[542] „Um diese Menschenmassen nach Rom zu bringen hatte man 1000 Eisenbahnwaggons von Österreich-Ungarn ‚geliehen', die man irgendwie versäumte, hinterher zurückzugeben."[543] Die Beziehungen zwischen Deutschland und Italien schienen auf dem Höhepunkt angelangt. „Der deutsche Kardinal Prinz zu Hohenlohe-Schillingsfürst schrieb entzückt, die ‚großen Kaisertage' hätten ‚das ganze Volk in unglaublichen Enthusiasmus' versetzt, ‚u. mich mit. Es war gar zu schön, und ich habe Gott recht gedankt, daß er mich diesen großartigen historischen Moment noch hat erleben lassen, durch welchen die beiden Nationen immer mehr verbunden werden, was für beide und für die ganze Welt ein großer Segen ist.' "[544]

Natürlich ist der beschriebene Aufwand kein verläßlicher Gradmesser für die tatsächliche Begeisterung der Italiener für Wilhelm und das Deutsche Reich. Dem frischgebackenen Königshaus der Savoyer bot dieser erste Besuch eines gekrönten Staatsoberhauptes die lang ersehnte Möglichkeit, sich als Monarchie von europäischem Format zu präsentieren, was von der liberalen Presse der Hauptstadt nicht ohne Spott kommentiert wurde.[545] Der Repräsentationswille schreckte auch vor drastischen Eingriffen in das römische Stadtbild nicht zurück. So wurde, neben zahlreichen anderen als unschön empfundenen Gebäuden, ein Nonnenkloster abgerissen, welches den für Wilhelm bestimmten Appartements im Quirinalspalast gegenüberlag. An seiner Stelle verschönerte ein Garten die Aussicht, der, um in Blickhöhe der kaiserlichen Fenster zu liegen, auf dem stehengebliebenen Erdgeschoß des Klosters in aller Eile angelegt worden war und nach der Abreise des Kaisers wieder abgebaut wurde.[546]

Die Römer, deren grenzenlose Begeisterungsfähigkeit bereits Giuseppe Garibaldi zur Ermahnung „Romani, siete seri" genötigt hatte, bildeten für das königlich-kaiserliche Spektakel ein dankbares Publikum. Sie säumten in jubelnden Massen alle Wege des jungen Kaisers (Abb. 109/110) und wurden von der königstreuen Presse über die Begleitumstände des hohen Besuches bis in kleinste Einzelheiten unterrichtet. Besonderes Interesse

---

534 Perodi 1896, S. 127, 305, 515f; Dernburg 1884, S. 145–179.
535 Müntz 1900, S. 80f.
536 Müntz 1900, S. 85.
537 Noack 1927, 1, S. 661f.
538 Perodi 1896, S. 631–31.
539 Perodi 1896, S. 640f.
540 Noack 1927, 1, S. 662f; Perodi 1896, S. 305.
541 Dernburg 1884, S. 148.
542 Röhl 2001, S. 66f.
543 Röhl 2001, S. 66.
544 Röhl 2001, S. 67.
545 Ghidoli 1998, S. 93f.
546 Ghidoli 1998, S. 96f.

erregte eine „signora velata, dalla elegante figura vestita di nero", eine, wie spekuliert wurde, Angehörige der hohen Bourgeoisie oder des niederen Adels, die sich in den Anblick des jungen Kaisers bereits am Bahnhof derart verliebt haben soll, daß sie sich dem Herrscher bei jeder Gelegenheit zu nähern versuchte. Zuletzt wurde sie an dessen Abreisetag gesehen – den kaiserlichen Zug besteigend, „lasciandosi alle spalle l'ordinata monotonia di una tranquilla esistenza."[547]

Auch wenn Wilhelm nicht der Mann war, der wie sein Vater die Herzen der Menschen für sich gewann, so scheint seine Person doch einen gewissen Eindruck hinterlassen zu haben. Der deutsche Diplomat Ludwig Raschdau bemerkte beim Kaiser „bei solchen feierlichen Augenblicken einen sehr ernsten, fast harten Ausdruck, der aber m.E. ganz gut zur Gelegenheit paßt. Den Soldaten geht dieser Imperatorenblick besonders nahe. Aber auch sonst mag die Haltung in diesen Ländern, wo die Monarchie sich in froschlaichartigen Formen bewegt, ihre Wirkung tun. In der Gesellschaft tritt dann bei dem Kaiser seine gewinnende Liebenswürdigkeit hervor."[548] Vordergründig schien der Besuch also ein voller Erfolg gewesen zu sein. Hinter vorgehaltener Hand zeigte man sich jedoch von Persönlichkeit und Charakter des jungen Imperators mehr als befremdet. Die Art, wie er über seine englische Großmutter, Queen Victoria herzog, sein herrisches, besonders dem kleinwüchsigen Kronprinzen gegenüber taktloses Auftreten und seine völlige Mißachtung der gewählten Volksvertreter hinterließen keinen guten Eindruck (Abb. 106). Negativ fielen auch Teile des prächtigen Gefolges auf, allen voran der meist angetrunkene Staatssekretär des Auswärtigen Amtes, Herbert von Bismarck, Sohn eines Vaters, der vor König und Premierminister offen über Kriegspläne gegen Frankreich schwadronierte.

Zum Eklat kam es während des politisch heiklen Besuches, den der Kaiser dem Papst abstattete. Kurd von Schlözer, der seit 1882 als preußischer Gesandte versuchte, die äußerst gespannten Beziehungen zwischen dem Land Preußen und dem Vatikan zu reparieren, hatte alles minutiös vorbereitet. Um den Papst nicht zu beleidigen, kam Wilhelm nicht direkt vom königlichen Quirinalspalast, wo er wohnte, sondern von Schlözers Residenz im Palazzo Caprarica, wo erst einmal ordentlich gefrühstückt und tüchtig getrunken wurde: „Das Kaiserfrühstück ist vollständig nach Wunsch verlaufen. Es herrschte eine durchwegs fidele Stimmung, zu der der Kaiser sowie Prinz Heinrich den Ton angaben. (Ochsenschwanzsuppe in Tassen – Fisch – Filet – Trüffeln – römische Tauben – Früchte – Käse.) Sekt und Château Rauzan schienen den Herren sehr zu schmecken. Nach der Fahrt gab der Kaiser mir bei der Zigarette den großen Roten Adlerorden, den ich zur Fahrt gleich anlegen mußte."[549]

Derart versorgt fuhr man in offenen Landauern, die man, um bei der Papstvisite nicht die königlich-italienischen Wagen benutzen zu müssen, samt der Pferde aus Berlin mitgebracht hatte, in den Vatikan. Was dort geschah, berichtet Generalstabschef Alfred Graf von Waldersee: „[…] Herbert [von Bismarck] und [Wilhelms Bruder] Prinz Heinrich hatten mehr zu sich genommen als gut war u. hatten auch die Zeit, nachdem der Kaiser gefahren war, noch zu weiterem Trinken ausgenutzt. Sie kamen in sehr geräuschvoller Stimmung in den Vatikan, wurden höflich empfangen u. gebeten in einem Vorsalon zu warten […]. Dies gefiel Herbert nicht, in ungeschicktester Weise hat er erklärt ein preußischer Prinz könne nicht warten u. dann in deutscher Sprache – die natürlich verschiedene Leute des Päpstlichen Hofhaltes sehr gut verstanden – in rohen Ausdrücken sich über das Treiben der Höflinge, Garden pp. […] aufgehalten. Schließlich hat er sich soweit vergangen, mit Gewalt den Eingang zu erzwingen, indem er einen hohen Hofbeamten einfach von der Tür bei Seite geschoben hat. Prinz Heinrich ist darauf hineingegangen und ist leider zu einem Moment gekommen, als die Unterhaltung zwischen Kaiser u. Papst gerade angefangen hat warm zu werden. Der Papst hat glatt abgebrochen und haben wir uns wahrscheinlich sehr geschadet. Der Kaiser hat den Vorgang tief beklagt. Der unglaublich tactlose Herbert hat abends am Königlichen Hofe mit seinem Auftreten renomirt u. sich in kläglichen Witzeleien über päpstlichen Mummenschanz aufgehalten."[550] Daß dies neben den schlimmen Folgen am Vatikan auch am Quirinal keinen guten Eindruck machte, kann man sich denken. Wilhelms Antrittsbesuch in Rom markierte also bereits einen Wendepunkt in den Beziehungen beider Länder, zumindest was die Atmosphäre betraf.

547 Ghidoli 1998, S. 95.
548 Zitiert nach Röhl 2001, S. 67f.
549 Schlözer Letzte Briefe S. 129f.
550 Zitiert nach Röhl 2001, S. 69f.

Und trotzdem: Auch wenn bereits bei allererster Gelegenheit reichlich politisches Porzellan zerschlagen wurde, war genügend davon heil geblieben, um bei rücksichtsvollem Umgang die Zukunft zu bestreiten. Auch das Kapitol hatte Wilhelm diesmal noch verschont. Doch legte sein erster Besuch die Grundlagen für sein weiteres Handeln in dieser Sache. Es mag bezeichnend für Wilhelms Persönlichkeit aber auch für das deutsche Verhältnis zu Italien sein, daß der Eingriff kein politischer, sondern ein kulturpolitischer, und noch dazu ein rein privater war. Das Ergebnis hätte nichts desto trotz wirkungsvoller kaum sein können. Es änderte das Erscheinungsbild des Palazzo Caffarelli – und damit das Erscheinungsbild des Deutschen Reiches in Italien.

Spätestens hier sollte, sozusagen als retardierendes Moment, Wilhelms kultureller Hintergrund zur Sprache kommen, der alles andere als bescheiden oder einseitig war.

Wilhelm gehörte nicht zu den Staatsmännern, die Geschichte und Kunst gleichgültig gegenüberstanden. Zum einen erhielt er durch den eisern dem klassischen Kanon verpflichteten Unterricht seines langjährigen Privatlehrers Georg Hinzpeter eine Bildung, wie sie an deutschen Gymnasien wohl schon seit Jahrzehnten nicht mehr vermittelt wird.[551] Und obgleich Wilhelm den Ehrgeiz seines Lehrers mit einer Mischung aus Gehorsam und desinteressiertem Phlegma sabotierte, hatte die an Grausamkeiten reiche Ausbildung doch nicht den Effekt, den Thronfolger gegen kulturelle Inhalte abzustumpfen. Wilhelm war ein vorzüglicher Lateiner, dessen Griechischkenntnisse mit denen heutiger Griechischlehrer wetteifern könnten. In beiden Kulturen, besonders in der römischen Geschichtsschreibung, war er zuhause. Die Archäologie, mit der er an der Bonner Universität enger in Berührung kam, blieb zeitlebens sein Steckenpferd. Auf der Insel Korfu, wo er die Villa der österreichischen Kaiserin Elisabeth als privaten Rückzugsort erworben hatte, verfolgte er mit großer Anteilnahme Wilhelm Dörpfelds Ausgrabung des archaischen Gorgo-Tempels.[552] Sein Interesse reichte jedoch weit über das Gebiet der klassischen Archäologie hinaus.[553] Ägypten, China und die Kulturen des mittleren Orients beschäftigten ihn sein Leben lang, besonders im holländischen Exil, als er Zeit im Überfluß hatte.

Doch war Wilhelm weit davon entfernt, ein wilhelminischer Bildungsbürger zu sein. Seine Beschäftigung mit den entlegensten Bereichen der Kunst und der Kultur war durch und durch fürstlicher, nämlich aktiver Natur. Wilhelm konsumierte nicht, er schuf, und dies in Ausmaßen, wie sie von keinem seiner königlichen Zeitgenossen auch nur im Ansatz erreicht wurden.

Dabei hätte man bei der Art von Wilhelms Ausbildung eher eine Gegenreaktion erwarten können. Wie bereits erwähnt hatte er unter Hinzpeters Fuchtel Jahr für Jahr von fünf Uhr morgens bis acht Uhr abends gewaltige Einheiten klassischen Stoffs über sich ergehen lassen und in sich aufnehmen müssen.[554] Allein in alten Sprachen wurde Wilhelm während seiner Zeit im Kasseler Friedrichs-Gymnasium – ein Experiment Hinzpeters – nicht weniger als 14 Wochenstunden unterrichtet.[555] Für die Methoden des humanistischen Gymnasiums hatte Wilhelm danach zwar nur noch Verachtung übrig. Seiner Begeisterung für den „Stoff" selbst konnte das sonderbarerweise aber nichts anhaben: „Ich habe ja glücklicherweise zweieinhalb Jahre lang Mich selbst überzeugen können, was da an unserer Jugend gefrevelt wird. [...] Homer, der herrliche Mann, für den Ich sehr geschwärmt, Horaz, Demosthenes, dessen Reden ja jeden begeistern müssen, wie wurden sie gelesen? Etwa mit Enthusiasmus für den Kampf oder die Waffen oder Naturbeschreibung? Bewahre! Unter dem Seziermesser des grammatikalischen, fanatisierten Philologen wurde jedes Sätzchen geteilt, geviertteilt, bis das Skelett mit Behagen gefunden [...] ward. [...]. Es war zum Weinen! Die lateinischen und griechischen Aufsätze (ein rasender Unsinn!), was haben die für Mühe und Arbeit gekostet! Und was für ein Zeug kam da zum Vorschein! Ich glaube, Horaz hätte vor Schreck den Geist aufgegeben! Fort mit dem Brast!"[556]

Es grenzt an ein Wunder, daß Wilhelm nach einer solchen Zwangsdressur ab dem Tag, an welchem er Hinzpeters Zugriff entkam, nicht nur noch gejagt, gehurt und getrunken hat, wie dies viele europäische Fürsten der Zeit zur eigenen Zufriedenheit und der ihrer Länder getan haben. Natürlich war Wilhelm kein Kostverächter. Doch bildete diese Art von Vergnügungen keinen wichtigen Bestandteil seines aktiven Lebens. Viel wichtiger

---

551 RÖHL 1993, S. 204–248.
552 SOMBART 1996, S. 42; Wilhelm II., Studien zur Gorgo, Berlin 1936.
553 SOMBART 1996, S. 39–44
554 RÖHL 1993, S. 226f.
555 RÖHL 1993, S. 227.
556 Prinz Wilhelm an Emil Hartwich, 2. April 1885, zitiert nach RÖHL 1993, S. 228f.

war die Beschäftigung mit fast allem, was in irgendeiner Weise mit Kultur und Wissenschaft zu tun hatte. Hier konnte Wilhelm eine rastlose Wirksamkeit entfalten, die sich zum zentralen Lebensprinzip seiner ersten zwanzig Regierungsjahre entwickelte. Fast scheint es, daß alles, was er als Kind und Jugendlicher passiv duldend in sich hinein hat pumpen lassen müssen, ab dem Moment seiner Selbstständig- und Kaiserwerdung als dauerhafter Strahl wieder aus ihm heraus mußte, mit hohem Druck und in alle Richtungen. Und in der Tat war seine Tätigkeit nicht die klassische Fortsetzung von Schule und Studium, sondern gewissermaßen deren Umkehr. Wo andere Vertreter der gebildeten Stände ein Leben lang lernten, lasen, zuhörten, anschauten, hatte Wilhelm das Bedürfnis, selber zu produzieren und andere lernen, lesen zuhören und zuschauen zu lassen. Natürlich hatte er als Kaiser hierzu bessere Möglichkeiten als andere, doch übersteigt das Maß seines Mitredens, Eingreifens, Einmischens, Selbst-in-die-Hand-Nehmens bei weitem das, was von anderen Menschen mit ähnlichen Möglichkeiten bekannt ist. Dies betraf fast alle Bereiche, die seine Aufmerksamkeit erregten: „Von jedem Selbstzweifel ungetrübt, griff er kraftvoll in Naturwissenschaften und Technik, Schiffs- und Kanalbau, Architektur, Denkmalgestaltung, Kunsthandwerk und Gartenbau ein. Er komponierte Lieder, zeichnete Bilder und entwarf eigenhändig neue Uniformen für die Marine, die Jagd und die Schutztruppen in Übersee."[557] Alles, womit er irgendwie in Berührung kam, wollte von ihm gestaltet oder verändert werden, wie sein rühriger Biograph Paul Seidel staunend berichtet: „Seien es nun die Prunkstücke militärischer Repräsentation, wie Fahnen, Fahnenbänder und Pauken, seien es kostbare Ehrenpreise aus Edelmetall für Wettrennen, Segel- und Ruderregatten oder von Ihm verliehene prunkvolle Amtsketten für Universitätsrektoren, Bürgermeister und die Leiter im Wettstreite singender Männerchöre, Äbtissinnenstäbe für die Vorsteherinnen von aus ehemaligen Klöstern erwachsenen gemeinnützigen Anstalten, oder seien es auch nur einfache Photographierahmen für Seinen persönlichen Gebrauch […], – auch der kleinsten derartigen Aufgabe widmet der Kaiser eingehendes Interesse, instruiert am liebsten persönlich den ausführenden Künstler über Seine Wünsche, wenn Er nicht gar, wie es sehr häufig geschieht, einen selbstgefertigten Entwurf der Arbeit zugrunde legt."[558] Die Repräsentation des Staates erregte sein ganz besonderes Interesse, vor allem dort, wo der Staat am eindrucksvollsten auftritt, in der Architektur. Bei nicht weniger als 163 Großbauprojekten[559] griff Wilhelm mit persönlichen Änderungen in die Planung ein, deren Detailliertheit zuweilen dem Architekten nicht mehr viel zu tun ließ.[560] Kaum eine Epoche dürfte ihren Namen so zu Recht tragen wie die Wilhelminische (Abb. 115).

Kunst- und Kulturhistoriker können in Wilhelm II. sogar einen Fachkollegen begrüßen, der zwar keinen akademischen Titel, immerhin aber selbständige Publikationen vorzuweisen hat, so zum Beispiel „Ursprung und Anwendung des Baldachins" (Amsterdam 1939).[561] Es ist die Druckversion eines gelehrten Vortrags, den der Kaiser im holländischen Exil vor der von ihm gegründeten „Doorner Arbeitsgemeinschaft" gehalten hatte. Ein klassischer Lichtbildvortrag, der mit den babylonischen Göttern Adad und Marduk anhebt, einen riesigen geschichtlichen Bogen zwischen Assurbanipal, Xerxes und Buddha beschreibt, „Negerkönige" nicht verschmäht, bei Kaiser Konstantin ins christliche Abendland einbiegt, dort chronologisch über Franz I. von Frankreich und Karl V. rasch emporklettert, um bei sich selbst, Kaiser Wilhelm II. von Deutschland, zu enden: „Hier sehen Sie *mich selbst* unter dem Thronhimmel des ‚Weißen Saales' im Berliner Schloss, wie ich, umgeben von den Großen der Krone, am 18. Januar 1896 die 25jährige Erinnerung an die Kaiser-Proklamation von Versailles in einer Thronrede an den Reichstag zum feierlichen Ausdruck bringe."[562] Wenn auch die 99seitige Publikation kaum mehr als eine wissenschaftsgeschichtliche Kuriosität darstellt, so ist sie doch ein bemerkenswertes Dokument für die im 20. Jahrhundert nur schwer begreifliche Selbstverständlichkeit, mit der Wilhelm sich als letztes Glied einer Kette göttlicher, halbgöttlicher und heiliger Herrscher verstand.

Die distanzlose Weiterführung der Vergangenheit in die Gegenwart und das gleichermaßen naive wie instinktlose Aufgreifen historischer Symbolik durchzieht auch Wilhelms Handlungen als Kaiser wie ein Leitmotiv. So verstand er das von ihm geführte „Zweite Reich" weniger als eine deutsche Variante der in Europa

---

557 Röhl 2001, S. 29.
558 Seidel 1907, S. 255; Röhl 2001, S. 984f.
559 Seidel 1907, S. 35.
560 Röhl 2001, S. 990–998.

561 Dieser Schrift ging der Titel „Die chinesische Monade. Ihre Geschichte und ihre Deutung" (Leipzig 1934) voraus, in welcher sich Wilhelm mit dem chinesischen Ying-Yang-Symbol beschäftigte.
562 Wilhelm II. 1939, S. 42.

üblichen konstitutionellen Monarchien, vielmehr als die persönliche Herrschaftsform von Gottes Gnaden, die an absolutistische und sogar totalitäre Vorläufer der Vergangenheit anknüpfte. Mehr als einmal zog er die Parallele zwischen dem neuen deutschen und dem antiken römischen Reich. Den neuen deutschen Kaisertitel setzte er in bewußter oder halbbewußter Fehldeutung mit jenem des Heiligen Römischen Reiches gleich, der zumindest in seinen Ursprüngen als Rechtsnachfolge des antiken Kaiserreichs gedeutet wurde. Im Heraufbeschwören eines sich an antiken Maßstäben messenden neuen Weltreiches geriet die Feier zur Grundsteinlegung der Saalburg (ein altes Römerkastell bei Bad Homburg, das auf Initiative Wilhelms rekonstruiert wurde) am 11. Oktober 1900 zu einem Höhepunkt. Der Kaiser wurde von der antikisch kostümierten Besatzung mit Fanfarenklängen und dem Ruf „Salve, Salve Imperator!" begrüßt. In der anschließenden Rede, die von Zeitungen im In- und Ausland abgedruckt wurde, kam Wilhelm auf den tagespolitischen Zusammenhang zwischen dem Kostümfest und dem Deutschen Reich zu sprechen:

„[…] das alte Römerkastell, ein Zeugnis römischer Macht, ein Glied in der gewaltigen ehernen Kette, die Roms Legionen um das gewaltige Reich legten, und die auf das Geheiß eines römischen Imperators, des Cäsar Augustus, der Welt den Willen aufzwangen und die gesamte Welt der römischen Kultur eröffneten, die befruchtend vor allem auf Germanien fiel. So weihe ich diesen Stein […] der Zukunft unseres deutschen Vaterlandes, dem es beschieden sein möge, in künftigen Zeiten […] so gewaltig, so fest geeint und so maßgebend zu werden, wie es einst das römische Weltreich war, damit es auch in der Zukunft dereinst heißen möge wie in alten Zeiten: civis Romanus sum, nunmehr: ich bin ein deutscher Bürger."[563] Das bildungsbürgerliche Pathos, das die Abiturreden des Reiches auf harmlose Weise prägte, geriet im Munde seines Herrschers unversehens zur weltpolitischen Drohgebärde (Abb. 114).

Der öffentlich artikulierte Glaube an die Wiederholbarkeit der römischen Vergangenheit unter deutschem Vorzeichen gab auch einem anderen „Kulturprojekt" Wilhelms einen besorgniserregenden Beigeschmack, das in der Geschichte des Deutschen Kapitols eine zentrale Rolle spielt: dem Thronsaal auf dem Kapitol, der ein Jahr vor der Bad Homburger Römerrede feierlich eingeweiht wurde. In Wilhelms Begeisterung für den deutschen Botschaftssitz auf dem Kapitol mag man eine den neuen Maßstäben angepaßte Variante jener Schwärmerei sehen, die sein Großonkel Friedrich Wilhelm IV. für das romantische Gebäude, seinen „Sommernachtstraum", zeitlebens empfand, und die, wie wir gesehen haben, die eigentliche Triebfeder seiner Erwerbung gewesen ist.

Das Projekt für einen neuen Thronsaal in der römischen Botschaft muß auch vor dem Hintergrund einer Idee gesehen werden, die um die Jahrhundertwende Wilhelms Weltbild entscheidend veränderte: der Idee vom kulturellen Überlebenskampf zwischen Nord und Süd. Wilhelms anfängliche Begeisterung für Italien erfuhr in den nächsten Jahren eine empfindliche Eintrübung, bei der die Begegnung mit dem Engländer Houston Stewart Chamberlain eine wichtige Rolle spielte. Chamberlain war der Autor des 1899 erschienenen kulturhistorischen Werkes „Die Grundlagen des 20. Jahrhunderts", in welchem er, aufbauend auf der Rassenlehre des Grafen Joseph Arthur de Gobineau (1816–1882), die nordischen Rassen als die kulturschöpfenden Bewahrer des Abendlandes darstellt, die in einer Art *clash of cultures* das christliche Europa gegen das in seinen Augen herabgesunkene, dekadente, unkräftige Orientalische, Romanische und Jüdische, also gegen den Süden schlechthin, zu verteidigen berufen seien. Gab sich Chamberlain hier noch den Anschein anthropologischer Wissenschaftlichkeit, so verfaßte er in und nach dem Ersten Weltkrieg (inzwischen deutscher Staatsbürger und Schwiegersohn Richard Wagners) offen rassistische und chauvinistische Schriften: „Arische Weltanschauung" (1916), „Rasse und Nation" (1918) sowie „Rasse und Persönlichkeit" (1925). Einer seiner größten Bewunderer und Schüler war in den zwanziger Jahren kein anderer als Adolf Hitler.

Bei Kaiser Wilhelm fielen Chamberlains Anschauungen auf fruchtbaren Boden. Der Regierende schien endlich einen programmatischen Überbau, eine ideologische Ausrichtung seiner Herrschaft gefunden zu haben. Bald nahm er Kontakt mit Chamberlain auf, lud ihn mehrmals bei Hofe ein. Chamberlain wußte nicht, wie ihm geschah, und überschlug sich vor Huldigungen.[564] Es begann ein Briefwechsel, der bis kurz vor Chamber-

---

563 Zitiert nach Röhl 2001, S. 989

564 Chamberlain an Wilhelm II.; Chamberlain Briefe, 18. Januar und 15. November 1901.

lains Tod 1924 weitergeführt wurde.⁵⁶⁵ Chamberlain war es, der Wilhelm in der Idee bestärkte, die postulierte rassische Überlegenheit des deutschen Volkes durch massive Aufrüstung in eine militärische zu verwandeln.⁵⁶⁶ Aus den Briefen Wilhelms spricht eine Verehrung, deren schwärmerische Unkontrolliertheit bezeichnend für seinen nervösen und erregbaren Charakter ist: „Fürwahr, danken wir Ihm dort oben, daß Er es mit unseren Deutschen noch so gut meint, denn Ihr Buch dem deutschen Volk und Sie persönlich mir sandte Gott, das ist bei mir ein unumstößlich fester Glaube. Sie sind von Ihm zu meinem Bundesgenossen erkoren, und ewig danke ich Ihm, daß Er es getan."⁵⁶⁷ In Wilhelms Briefen kommt es immer häufiger zu antiromanischen und antisemitischen Bemerkungen. Er bezeichnete Chamberlain als „Streitkumpan und Bundesgenossen im Kampf für Germanen gegen Rom, Jerusalem usw."⁵⁶⁸

Die Vorstellung eines Nord-Südantagonismus war bei Wilhelm im Jahr 1888 bei seinem Antrittsbesuch in Rom allenfalls diffus ausgeprägt gewesen. Daß er Italien mehr als ästhetische denn als politische Größe auffaßte und natürlich England, das Land seiner Mutter, der Flotte und des Weltreichs, Maßstab und Meßlatte seines Ehrgeizes war, muß nicht eigens hervorgehoben werden. Trotz oder gerade wegen eines vielleicht uneingestandenen kulturgeschichtlichen Inferioritätsgefühls war ihm die deutsche Präsenz in Italien, oder besser, die Wirkung der deutschen Präsenz auf die Italiener, keineswegs gleichgültig, im Gegenteil. Man kann davon ausgehen, daß der Sitz der deutschen Botschaft besonders anregend auf Wilhelm gewirkt hat. Der junge Kaiser war zu gebildet und zu phantasiereich, um nicht zu begreifen, welch symbolisches Potential die Präsenz eines deutschen Kaisers auf dem römischen Kapitol barg, und es hätte schlecht zu ihm gepaßt, diese Möglichkeit auf Dauer ungenutzt zu lassen. Trotzdem war sein Ehrgeiz gegenüber dem alten Italien zunächst überwiegend kulturell ausgerichtet. Stil und Charakter der Auseinandersetzung sollten sich spürbar ändern, als Italien außenpolitisch aktiver wurde und bisherige Gefolgschaften in Frage zu stellen begann: „Dieses Eunuchengeschlecht des alten Römischen Völkerchaos haßt uns aus voller Seele! Es ist wie zur Zeit der Hohenstaufen und der Anjous!" Nun bleibe nur noch der „Kampf zw. Germanen und Lateinern auf der ganzen Linie!"⁵⁶⁹

Wilhelm greift ein

Naturgemäß suchte Wilhelm auf seinen zahlreichen Auslandsreisen nach Betätigung, so auch 1888 in Rom. Da Land und Stadt eines fremden Souveräns seinem direkten Zugriff entzogen blieben, mußte sich seine Aufmerksamkeit auf das Stückchen Rom beschränken, über das er verfügen konnte, die deutsche Botschaft. Wilhelm brauchte wohl keine besondere Instruktion, um die Bedeutung der Lage auf dem Kapitol zu erkennen. Was immer man auch über seinen persönlichen Kunstgeschmack denken mag, er war zu ausgefallen, reichte zu sehr über das in der preußischen Oberschicht Übliche hinaus, um sich mit den „hotelmäßigen" Verhältnissen dort abzufinden. Der neue deutsche Kaiser, der schon als Kronprinz dem Vatikangesandten Kurd von Schlözer seine mit den Worten des Kaisers Caligula „oderint dum metuant" unterschriebene Photographie verehrte,⁵⁷⁰ brauchte auf dem Kapitol etwas mehr als einen Ballsaal. Botschafter Graf Solms gegenüber scheint Wilhelm entsprechende Andeutungen gemacht zu haben, woraufhin dieser beim Auswärtigen Amt anregte, den Saal für Wilhelms nächsten Besuch zu ändern.⁵⁷¹ Hatte man bisher bei königlichen und kaiserlichen Besuchen provisorische Thronsessel aufgestellt, so wurde nun an einen fest installierten Thron mit Baldachin und einem Portrait des Kaisers und der Kaiserin gedacht. Wilhelm hatte dem Haus zu diesem Zweck bereits entsprechende Bild-

---

565 Fischer 1998, S. 32.
566 Röhl 2001, S. 1153f.
567 Wilhelm II. an Chamberlain; Chamberlain Briefe, 31. Dezember 1901.
568 Chamberlain Briefe, 31. Dezember 1901; vgl. Fischer 1998, S. 32.
569 Randbemerkung zu einem Bericht vom 9. März 1906, als das verbündete Italien auf der Konferenz von Algeciras Frankreich unterstützte; vgl.: Die Große Politik der Europäischen Kabinette 1871–1914, Bd. 21/1, Berlin 1925, S. 267f, hier zitiert nach Fischer 1998, S. 32 u. Anm. 87.
570 Hanus 1954, S. 349; Schlözer stellte diese Fotografie in den Räumen der Vatikangesandtschaft aus. „Ein jeder, der die Hilfsbereitschaft des Gesandten Schlözer amtlich oder privatim in Anspruch nahm, hatte Gelegenheit, das moderne Kaiserbild mit dem antiken Imperatorenwort zu betrachten."
571 Siehe im folgenden Fischer 1998, S. 44ff.

nisse gestiftet (Abb. 116), die 1918 bei einer Plünderung durch Volksmassen gestohlen wurden und sich heute überraschenderweise in den Depots der Vatikanischen Gemäldesammlungen befinden.

Es war dies eine von Wilhelms berüchtigten Bilderschenkungen, die nicht selten geeignet waren, in der Gesellschaft heimlichen Spott und bei den deutschen Diplomaten Angstschweiß hervorzurufen. Eines der Hauptwerkzeuge für diese offensive Bildnisdiplomatie war der Berliner Hof- und Gesellschaftsmaler Max Koner, der tief in die kunsthistorische Requisitenkiste des Ançien Régime griff, um Wilhelms Botschaften in Öl zu übertragen. Für Paris hatte man sich etwas ganz Besonderes ausgedacht: Der junge Kaiser präsentiert sich vor klassischer Säulenarchitektur im *portrait en pied*, im Ganzkörperportrait (Abb. 113), das traditionell nur gekrönten Herrschern vorbehalten war.[572] Angetan in der blendend weißen Garde du Corps-Uniform, präsentiert er die blitzend gewichsten Lederstiefel in feldherrlichem Ausfallschritt. Auf dem glänzenden Küraß prangen nicht nur der übliche Johanniterorden sowie der Hohenzollern Hausorden, sondern auch das Großkreuz des *Pour le Merit*. Der Purpurmantel, dessen unendliche Stoffmassen sich im Hintergrund ergießen, wird vom Stern des Schwarzen Adlers gehalten. Die Rechte auf einen gewaltigen Marschallstab gestützt, die Linke den Degen einsatzbereit umfassend, sieht er streng und unternehmend in die Ferne, vorbei am Betrachter, dessen Standpunkt knapp oberhalb der Kniehöhe anzusiedeln ist.[573]

Geste, Habitus und Requisiten beziehen sich ganz offensichtlich auf das Herrscherportrait des absolutistischen Frankreich, und hier besonders an das Urbild aller Herrscherbildnisse, das Staatsportrait Ludwigs XIV. von Hyacinte Rigaud von 1701. In diesem *portrait d'apparat par ecellence* ist der Sonnenkönig in jenem unnachahmlich schreitend-stehenden Kontrapost wiedergegeben, den fast alle europäischen Herrscherbildnisse des 18. Jahrhunderts nachzuahmen versuchten, Wilhelm mit provozierender Invasivität.[574] Stützt sich Ludwig mit eleganter Courtoisie auf den Marschallstab, als sei es ein feiner Spazierstock, so wird dieser in Wilhelms Hand zum Schlagstock. Den Franzosen sollte mit diesem bedrohlichen Bild eines Sonnenkaisers ganz deutlich gezeigt werden, wo der Hammer hängt. Generalstabschef Alfred Graf von Waldersee meinte: „Jeder hat das Gefühl, daß er hofft den Franzosen zu imponieren, ihnen sagt ‚seht Euch vor, mit mir anzubinden'." Das Bild hinterlasse bei ihm einen „traurigen Eindruck", da es den Kaiser so zeige, „wie er wirklich denkt u. fühlt – maßlos eitel und selbstbewußt!"[575] Der Pariser Botschafter Graf Georg zu Münster meinte vorsichtig, das Portrait sei in „Auffassung und Haltung für Paris recht wenig geeignet". Wollte Wilhelm von den Einwänden dieser erfahrenen Herren nichts wissen, so stimmte ihn das einigermaßen rücksichtslos vorgetragene Urteil der Gräfin Asseburg dann doch nachdenklich: Das Bild sei höchst unschön und für Paris geradezu unmöglich, da es die Spottlust der Pariser herausfordern werde. Welchen Erfolg dies hatte, ist unklar. Während die Quellen behaupten, der Kaiser habe daraufhin telegraphisch befohlen, das Bild unausgepackt nach Berlin zurückzusenden,[576] zeigt eine Fotografie des Thronsaals der Pariser Botschaft das fragliche Portrait eindeutig unter dem Thronhimmel.[577]

Das Bild beschäftigte die Öffentlichkeit noch eine ganze Weile. Waldersee meinte in einem Tagebucheintrag, man werde das Bild erst in zwanzig Jahren richtig beurteilen können und gebrauchte dann die Formel, die auch für den ganzen Wilhelminismus gelten konnte: „Hat er dann Großthaten vollbracht, so ist es ein ausgezeichnetes Bild, ist es anders gekommen, so ist es einfach lächerlich."[578]

Das Portrait für die Römische Botschaft zeigt, daß Wilhelms Bildersendungen tatsächlich als bewußt dosierte politische Botschaften zu verstehen sind: Das befreundete Italien erfreute sich offensichtlich noch der kaiserlichen Gunst und erhielt ein betont zurückgenommenes, im Vergleich zu Frankreich fast bescheidenes Abbild des neuen Herrschers. Das *portrait en pied* ist zum Dreiviertelbild gemildert, die protzige Garde du Corps-Uniform durch die eher schlichte eines Generalfeldmarschalls. Das Ordensprogramm beschränkt sich auf ein Minimum, nämlich den Johanniterorden sowie den Groß-Comthur des Hohenzollern Hausordens.

---

572 Ebert-Schifferer 2000, S. 182f.
573 Winfried Löschburg, „Ein Kaiserporträt für Paris", in: *Der Bär von Berlin. Jahrbuch des Vereins für die Geschichte Berlins*, 44 (1995), S. 91–102; Röhl 2001, S. 608-610 u. Abb. 26.
574 Schieder 2000, S. 20–22; Ebert-Schifferer 2000, S. 183f.
575 Zitiert nach Röhl 2001, S. 608.
576 Röhl 2001, S. 608.
577 Karl Hammer, *Hôtel Beauharnais, Paris*, München 1983, Abb. 30; siehe auch Schwantes 1997, Abb. 122.
578 Zitiert nach Röhl 2001, S. 610.

Marschallstab und Krone fehlen. Die rechte, gesunde Hand ist in die Hüfte gestemmt, die linke, seit der Geburt verkrüppelte unauffällig auf den Knauf des Degens gelegt. Der Blick fixiert den Betrachter, der nun immerhin bis zum Bauchnabel reicht, mit strenger, aber doch gütiger Miene. Auch wird auf erhabene Hintergrundarchitektur verzichtet. Ein leicht zurückgezogener Vorhang gibt lediglich die Basis eines Pilasters und den Beginn einer Balustrade frei, um die sich sogar die Blätter eines sympathischen Unkrauts ranken. Man sieht: Der Kaiser meinte es gut mit Italien.

Die führende Berliner Mode- und Konfektionsfirma Hermann Gerson, die bereits seit Jahren die Hohenzollern mit Königs- und Kaiserbedarf belieferte und auch den Krönungsmantel Wilhelms II. angefertigt hatte, kümmerte sich um die restliche Ausgestaltung des Thronsaals, also im Wesentlichen darum, daß man einen etwas steifen Baldachin an die Wand schraubte, worunter auf zwei Stufen die beiden Thronsessel standen. Darüber die Bilder des kaiserlichen Paares. Entlang der Fensterwand waren Blumenkübel mit Salonpalmen aufgestellt. Das Ganze war verhältnismäßig billig und kostete das Auswärtige Amt 5.800 Reichsmark.[579]

Mit der Einrichtung eines festen Thrones wurde also der alte Ballsaal der Botschaft zum Thronsaal. Eine solche Einrichtung war an europäischen Botschaften damals eher die Ausnahme und nur bei den ranghöchsten Botschaften des deutschen Reiches zu finden.[580] In seinem „Handbuch des Europäischen Gesandtschafts-Rechts" von 1870 nennt Ludwig Alt als „Recht des Baldachins" den Ehrenvorzug der Gesandten erster Klasse, in ihren Empfangsräumen einen Thronhimmel samt Bildnis des Souveräns zu besitzen. Zu dieser Anlage gehöre auch ein erhöht aufzustellender Sessel, der einzig und alleine dem Herrscher vorbehalten sei.[581] Nach Gottfried Stieves „Europäischem Hof-Ceremoniel" von 1723 sei der Thronsessel in Abwesenheit des Herrschers zur Wand hin zu drehen, damit sich nicht jemand in Unkenntnis versehentlich darauf niederlasse.[582] Bei großen Empfängen nahm der Botschafter, vor diesem umgedrehten Thronsessel stehend, als Vertreter des Herrschers das Defilée seiner Besucher ab. Vergleichbare Einrichtungen fanden sich in den kaiserlichen Botschaften in Paris[583] und Istanbul[584]. Der dortige Botschafter von Radowitz beschreibt die zeremonielle Funktion einer solchen Thronanlage anläßlich eines feierlichen Empfanges „in großer Uniform": „Vor dem Throne mit den Herren der Botschaft aufgestellt, ließ ich die in großer Zahl Erschienenen einzeln an mir vorüberziehen, während der Zeremonienmeister Ibrahim-Bei die Namen nannte [...]."[585] Ein letzter solcher Thron wurde in Peter Behrens' 1913 fertiggestellter reichsdeutscher Botschaft in Petersburg eingerichtet. Ein strenger gerader Sessel auf zwei schmalen Stufen, ohne Baldachin und dergleichen, war er zur bloßen Chiffre für ein obsoletes Repräsentationsverständis abgemagert.[586]

Vertretungen, die nicht im Rang einer Botschaft standen, waren zu einer solchen fest installierten Thronanlage nicht berechtigt. Hier konnte bei Besuchen von gekrönten Häuptern jedoch vorübergehend Thronsessel aufgestellt werden. Im internationalen Vergleich scheinen vor allem die reichsdeutschen Botschaften eine Vorliebe für feste Throne gehabt zu haben,[587] auch wenn Botschafter Prinz Heinrich VII. Reuß in Wien und in Sankt Petersburg auf einen solchen verzichtete.[588] Vielleicht geschah das aus wohlüberlegtem Taktgefühl gegenüber den jeweiligen Kaiserhäusern, die ihrerseits auch in Berlin in einer Art von gegenseitigem Thronverzicht von solchen Einrichtungen absahen.

Nach der Thronbesteigung Wilhelms war es mit solchen Rücksichtsnahmen vorbei. Der junge Kaiser hatte offensichtlich den Wunsch geäußert, in seinen Botschaften feste Throne vorzufinden.[589] Der Kaiser sah im Thronbaldachin ein zentrales Symbol für die göttliche Herkunft seiner königlichen Macht. In seiner bereits zitierten Abhandlung über „Ursprung und Anwendung des Baldachins" heißt es hierzu: „Nach der landläufigen, modernen Anschauung müßte der Baldachin seine Entstehung einem praktischen *Zweck* verdanken: Schutz

---

579 FISCHER 1998, S. 47.
580 SCHWANTES 1997, S. 101–104; FISCHER 1998, S. 147f.
581 ALT 1870, S. 116.
582 Zitiert nach SCHWANTES 1997, S. 101.
583 Karl Hammer, *Hôtel Beauharnais, Paris*, München 1983.
584 SCHWANTES 1997, S. 67f.
585 *Aufzeichnungen und Erinnerungen aus dem Leben des Botschafters Joseph Maria von Radowitz*, 2 Bde, hg. v. Hajo Holborn, Leipzig 1925, 2, S. 219.
586 BUDDENSIEG 1984, S. 386–389.
587 FISCHER 1998, S. 47f.
588 SCHWANTES 1997, S. 103f.
589 FISCHER 1998, S. 44.

gegen Sonne und Regen. Wir werden sehen, daß dem *nicht* so ist, daß er vielmehr die irdische *Darstellung einer kosmischen Schau bedeutet*."[590] Der Baldachin sei „Weltenmantel und Himmelszelt". Als Kleidungsstück getragen sei das Baldachintuch der Mantel der „Welt und damit der Gottheit." Der mesopotamische König Assurbanipal habe diesen Sternenmantel als „Kleid der Gottheit" ebenso getragen wie Wilhelms direkte Amtsvorgänger: „Auch die Prachtmäntel der mittelalterlichen *Deutschen Kaiser*, als der idellen Repräsentanten einer Himmel und Erde umfassenden Weltherrschaft, waren bekanntlich mit kosmischen Symbolen geschmückt."[591] Wieso sollte also der neue Weltherrscher von Gottesgnaden, Wilhelm II., auf diesen Himmelsmantel verzichten? Zwar hatte Wilhelm den Anspruch auf einen Thronhimmel erst kulturwissenschaftlich untermauert, als er seinen echten Thron bereits verloren und im Ausgleich Zeit für geistige Arbeit gewonnen hatte. Sein auffälliges Interesse an einem römischen Thron legt aber nahe, daß er schon kurz nach Amtsantritt von der symbolischen Notwendigkeit solcher Vorrichtungen überzeugt war.

Bei seinem zweiten Rombesuch 1893 konnte Wilhelm den neuen Saal in Augenschein nehmen.[592] Es wundert nicht, daß der Thronhimmel aus dem Berliner Warenhaus Wilhelms Erwartungen nicht entsprach. Wenn die Beamten der Wilhelmstraße glaubten, den Kaiser mit einem Göttermantel von der Stange zufrieden stellen zu können, zeigt das, wie unzureichend man Person und Geschmack des jungen Herrschers anfangs einschätzte. Man sollte meinen, daß der Kaiser eines großen Reiches Wichtigeres zu tun gehabt und den einmal eingerichteten Thronsaal stillschweigend hingenommen hätte. Nicht so Wilhelm. Sein Interesse für die römische Botschaft schien jetzt erst richtig entbrannt. Gerade in dieser Stadt und an diesem Ort mußte für seine Herrschaft ein neuer, allgemeingültiger Ausdruck gefunden werden, der der in Rom versammelten Welt Kraft, Anspruch und Willen der neuen europäischen Großmacht vor Augen führte und der sich gegenüber der imponierenden Geschichte und Kunstgeschichte dieses Landes behaupten konnte. Besonders Letzteres war keine leichte Aufgabe. Auf gar keinen Fall wollte der Kaiser mit „seiner Botschaft" hinter dem römischen Hochadel zurückstehen, dessen großartige Festsäle er bei den zu seinen Ehren gegebenen Bällen erlebt hatte. „Die *principi* seien doch die vornehmsten Leute auf der Welt, er habe ein gleiches Haus auf dem Kapitol besitzen wollen."[593] Wilhelm hatte schon zweimal bemerkt, daß Botschafter und Staatssekretäre von solchen Dingen gar nichts begriffen. Der Kaiser mußte es wieder einmal selbst machen.

Vom Fels zum Meer

Ein Jahr später, im April 1894, bekam der heute so gut wie unbekannte, damals aber hochgeschätzte Dresdener Kunstmaler Professor Hermann Prell vom Kaiser höchst persönlich den Auftrag, Wandbilder für den Thronsaal des Palazzo Caffarelli anzufertigen. „Was den Stoff der Bilder angeht, so gab der Kaiser mir von Anfang an den Fingerzeig, daß er etwas ausgesprochen Deutsches wünscht. ‚Machen Sie was Sie wollen, aber ausgezeichnet muß es werden' war schließlich sein ganzer Auftrag."[594] Die geforderte Grandezza muß Prell außerordentlich beflügelt haben. Der Kaiser verlangte Großartiges, von ihm, in Rom, und gab ihm völlig freie Hand. Dies schien der Auftrag seines Lebens. Auf Einladung des neuen Botschafters Bernhard von Bülow (Abb. 97) dampfte Prell umgehend nach Rom und betrat dort als eine Art neuer Michelangelo an einem Junimorgen den Ort seines zukünftigen Wirkens: „Ich werde nie den Eindruck dieses schönen Saales an diesem Morgen vergessen! Rom lag strahlend unter mir bis zum Vatikan hin, wo Alle die Großen auch gemalt haben. Der herrliche Raum mit seiner alten, halbvergoldeten Kassettendecke war an den Wänden entsetzlich gelb angestrichen und mit zahllosen preußischen Adlern gemustert; ein roter Theaterthron zierte die Hauptwand. […] Eines wußte ich gleich: aus solchem Bau ist alles zu entwickeln – wenn irgendwo ist hier die Gelegenheit zu reinmonumentaler malerischer Gestaltung gegeben! Deshalb kein Fries – große Bilder! Keine deutschen Märchen sondern Edda,

---

590 WILHELM II. 1937, S. 9
591 WILHELM II. 1937, S. 11.
592 FISCHER 1998, S. 48.

593 Die Frau des Botschafters Bernhard von Bülow zu Hermann Prell; zitiert nach FISCHER 1998.
594 Zitiert nach FISCHER 1998, S. 48.

Gedanken und Motive – stark, tief urdeutsch!! [...] Beim Diner ließ ich mich von der schönen Botschafterin (Abb. 96) beraten."[595] Spätestens hier werden erste Unterschiede zu Michelangelo deutlich.

Die kulturpolitischen Ziele des Kaisers waren anspruchsvoll und hoch gesteckt. Gleich mit zwei romanischen Nationen wollte er es in Rom aufnehmen: „Wenn die Franzosen ihren Pal. Farnese verfallen lassen, muß auf dem Kapitol ein um so schönerer, echtdeutscher Punkt sein. [...] Wenn die Römer da oben einen schneidigen Palast sehen, schließen sie auf ein schneidiges Volk." Prell stand also unter großem Erfolgsdruck: „Herrgott, wenn ich doch etwas wirklich Großes zu Stande brächte!"[596]

Das gewählte Thema[597] kam diesem Wunsch entgegen. Die Edda-Sagen also. Bei näherem Studium dieser im 13. Jahrhundert aufgezeichneten skandinavischen Götter- und Heldenlieder, wozu sich Prell einige Wochen in die Tatra zurückzog, bemerkte er schnell, daß er aus den hier vorgefundenen Motiven einen darstellbaren Mythos eigentlich erst erfinden müsse: „Mit der eddischen Göttersage, wie sie vorliegt, ist für die bildende Kunst nicht viel anzufangen. Die Nordländer waren kein künstlerisch reifes Volk, wie die Griechen! Ihre Riesen und Zwerge sind Absurditäten – ein einäugiger Wanderer in Bettlermantel und Schlapphut ist kein Göttervater wie Zeus, ein Donnergott von Ziegenböcken gezogen, eine Göttermutter im Katzenwagen bleiben grotesk [...]."[598] Der Wettkampf mit der mediterranen Klassik fand also bereits unter ungünstigen Voraussetzungen statt. Prell verstand es schließlich, aus dem ihm vorliegenden Material eine Art Mythenzyklus zusammenzuschrauben: Den „Jahresmythos der Erde".[599]

Da die schlechte Mauerung des Palazzo Caffarelli eine Freskierung der Wände sehr erschwert hätte, entschloß man sich zu großflächiger Leinwandmalerei. Bis 1898 fertigte Prell in Dresden insgesamt drei monumentale Leinwände an, die Frühling, Sommer und Winter darstellten (Abb. 117/118/119). Der „Sommer" nahm die gesamte, der Fensterfront gegenüberliegende Breite des Thronsaales ein, Frühling und Winter die auch nicht gerade kurzen Schmalwände. Gerahmt und getrennt waren die Szenen von einer gemalten Architektur aus Säulen, Pfeilern und Nischen, die ein klassisches Gebälk trugen, das zur Kassettendecke überleitete.

Es müßte schon ein Zufall sein, wenn Prell bei dieser Disposition – monumentale, wandfüllende Szenen mit architektonischer Rahmung – nicht an seinen verehrten Lehrer Hans von Marées gedacht hätte, der im Jahr 1873 nach ganz ähnlichem Schema die Wände des großen Saals von Anton Dohrns „Zoologischer Station" in Neapel ausgemalt hatte. Doch während Marées in Neapel ganz eingängig in homerischem Pathos das körperliche Tun der Südländer, speziell der Fischer, in zeitloser, heroischer Nacktheit verherrlichte, sah man auf der deutschen Botschaft in Rom seltsame Begebenheiten, die kaum ein Italiener – und wohl auch kaum ein „Nordländer" – ohne Hilfe hätte entschlüsseln können. Links, im „Frühling" (Abb. 117), wenden sich nymphenartige Wesen mit Schwanenflügeln – es handelt sich um die Schwanenjungfrauen der Edda – in lieblichen Posen an einen fast nackten Jüngling mit Heiligenschein, der ein Pferd bei sich führt, den Sonnengott Freyr. Vom Jüngling selbst wollen die jungen Schönen nichts, sie bitten ihn lediglich, das muß man wissen, die Erdgöttin Gerda, die im gletscherbestandenen Hintergrund irgendwo im Eise schläft, zu wecken, auf daß es Frühling werde.

Im großen, über zwanzig Meter breiten Mittelbild (Abb. 118) ist es dann schon Sommer, ein nordischer Sommer, der ständig gegen den Winter anzukämpfen hat: Sonnengott Freyr, der eben noch in antikischer Nacktheit erschien, hat hier eine Rüstung angelegt und das Pferd bestiegen. Mit gezogenem Flammenschwert kämpft er, unterstützt durch die ebenfalls berittenen, walküreähnlichen Schwanenjungfrauen, gegen die „Winterriesen" – gräßliche alte Männer und Weiber mit Schlotterbusen, die sich rechts in einem kataraktartigen Gebirgsbach verschanzt halten und die eben befreite Gerda wieder in ihr eisiges Reich holen wollen. Der Kampf gegen diese gigantenähnlichen Unwesen, „die in ihrer ohnmächtigen Wut, angestachelt durch die altgermanische, vergebens Schnee aus ihren Haaren schüttelnde Totengöttin, abgegriffene Felsblöcke nach dem Sieger schleudern",[600] der Krieg des Sommers gegen den Winter, ist freilich nur vorübergehend zu gewinnen.

Freyr, der strahlende Kämpfer im Harnisch, hält nicht lange durch. Er stirbt, muß sterben und Gerda den zählebigen Winterriesen überlassen, die sie über das Eismeer hinweg in den Norden entführen. Dort sieht man

---

595 Zitiert nach FISCHER 1998, S. 48f.
596 Zitiert nach FISCHER 1998, S. 54.
597 ROSENBERG 1901, S. 94f.
598 Zitiert nach FISCHER 1998, S. 54.
599 ROSENBERG 1901, S. 96–110; FISCHER 1998, S. 57–60 u. 71-117.
600 ROSENBERG 1901, S. 101f.

sie auf dem dritten Wandgemälde sitzen (Abb. 119), nur schlecht von einem Mantel gewärmt, gefangen auf einem Felsenriff, um das trauernde Nereiden herumschwimmen. Auf einem Felsen rechts sieht man Odins Sohn Bragi, den Skalden, der die Gabe der Weisheit und der Dichtkunst besitzt. Begleitet von einer Norne beklagt er das Schicksal Gerdas und den Untergang alles Schönen auf einer Lyra, von welcher allerdings die Seiten zerrissen hängen, Lieder ohne Töne also. In gewaltigen, eisigen Wogen rollt das Nordmeer heran, bricht sich an den Klippen und droht in den Thronsaal hineinzuschwappen.

Die Neuausstattung des Raumes blieb nicht auf die Wandgemälde beschränkt, sondern erfaßte auch das sonstige Inventar. Der von Prell kritisierte „Theaterthron" wurde durch einen neuen ersetzt, in welchem mittelalterliche Grundformen und Jugendstil-Details zueinander fanden (Abb. 121). Dieses Möbel ist ein Werk des bekannten Berliner Architekten Alfred Messel (1853–1909).[601] Fast gleichzeitig zum Kaiserthron entwarf Messel das Kaufhaus Wertheim an der Leipziger Straße in Berlin, wo ähnlich wie beim Thron das modernistische Potential mittelalterlicher Formen und Strukturen aufgegriffen wurde.[602] Anstelle eines unter einem Baldachin beweglich aufgestellten Fauteuils trat ein fester, hölzerner Kastensitz mit senkrechter Rückenlehne. Die Armlehnen wurden von gespannt sitzenden Löwen, die Enden der rückwärtigen Pfosten von kompakten, scharf blickenden Adlern gebildet. Über der ovalen Lehne, in deren Polster Wilhelms Initiale gestickt war, schwebte eine Bügelkrone, die in Form und Bauart stark an die berühmte Kaiserkrone aus der Wiener Schatzkammer erinnert, welche angeblich Kaiser Otto der Große im Jahr 962 vom Papst in Rom aufs Haupt gesetzt bekam. Die stromlinienförmigen Löwen, die man sich später auch auf den Kühlerhauben schneller Autos vorstellen könnte, sowie die konsequente Orthogonalität der scharf konturierten Einzelglieder geben dem Thron eine kraftvolle Dynamik, die weit über seine mittelalterliche Grundform hinausweist.

Wesentlich traditioneller gestaltet war der Baldachin des Bildhauers Max Seliger (1865–1920), ein reich gewirkter Gobelin mit einem riesigen Adler, welcher das Hohenzollernwappen trägt (Abb. 122). An dessen Anfertigung im Atelier von Seligers Schwester Ida Seliger – Leiterin der Fachklasse für Kunststickerei am Berliner Kunstgewerbemuseum – nahm der künftige Baldachinspezialist Wilhelm großen Anteil. Er ließ es sich nicht nehmen, das Atelier persönlich aufzusuchen,[603] und man darf annehmen, daß alle Botschaften, die in diesen neuen Thronhimmel gewirkt und gestickt wurden, von Wilhelm autorisiert, wenn nicht veranlaßt wurden: Um den Adler läuft die Aufschrift *Sub umbra alarum tuarum protege nos* (etwa: „Nimm uns beschützend unter den Schatten deiner Flügel"). Ein nur leicht vorstehender Thronhimmel schließt das Ensemble ab. An dessen Seiten sind die Devisen: *Gott mit uns* und *Suum cuique* („Jedem das Seine") zu lesen, auf der besser sichtbaren Vorderseite hingegen: *Vom Fels zum Meer*. Letzteres war die Devise des von Friedrich Wilhelm IV. gestifteten königlichen Hausordens der Hohenzollern. Sinn und Zweck des Ordens sowie seinen etwas sonderbaren Namen erklärte Friedrich Wilhelm IV. wie folgt: „Den Königlichen Hohenzollernschen Haus-Orden wollen Wir dem Andenken an den Ursprung und die Ausbreitung Unseres Königlichen Hauses widmen, welches unter dem Beistande Gottes des Allmächtigen von der Felskuppe des Hohenzollern seine Herrschaft ausgebreitet hat, bis zu dem Baltischen Meere und über das Stromgebiet der Nordsee […]."[604] Dahinter steckt also das Bild eines Wegs zur Macht, der vom alten Stammsitz der Familie in der Schwäbischen Alp nach Norden führte.

In Italien verstand man diesen Spruch gelegentlich etwas anders. Amato Bacchini konnte sich vor Wut kaum halten: „Ossia, sul baldacchino dell'imperiale Trono del *Kaiser*, stava e sta scritto ancora questo motto tedesco: ,VOM FELS ZUM MEER' (!!!) La qual cosa, tradotta nell'Idioma del *nostro*… Dante vorebbe dire che, colui il quale era allora assiso al cospetto degli ingenui alleati su quel Trono: **dominava dalla Rupe** (Capitolina) **al Mare…!**"[605]

---

601 Fischer 1998, S. 117–123.
602 Beim Kaufhaus Wertheim schuf Messel eine im Prinzip völlig gotische Wandstruktur aus Pfeilern und großen, lanzettartig unterteilten Fensterflächen.
603 Fischer 1998, S. 123.
604 Aus Artikel 2 der Ordensstatuten von 23. August 1851.

605 Bacchini 1918, S. 69.; Auf dem Baldachin des kaiserlichen Throns des Kaisers stand und steht auch noch folgender deutscher Spruch zu lesen: VOM FELS ZUM MEER!!! Was übersetzt in die Sprache unseres Dante sagen will, daß derjenige, der damals angesichts der gutgläubigen Verbündeten auf diesem Thron saß, vom (kapitolinischen) Felsen bis zum Meere herrschte.

Ob das Mißverständnis absichtlich ist oder nicht, spielt keine Rolle – naheliegend ist es auf jeden Fall. Es stellt sich wirklich die Frage, was Wilhelm mit seinem Thron eigentlich bezwecken wollte. In seinem Buch „Deutsche Denkstätten in Italien" gibt Robert Kohlrausch eine Deutung, die den Kern der Sache zu treffen scheint: „Hier oben auf dem Kapitol, genau an diesem selben Orte, war die bedeutsamste, heiligste, glanzvollste Stelle der wachsenden, herrschenden, sterbenden Weltbesiegerin. Denn hier erhob sich von alters her der strahlende Tempel des höchsten Gottes, des besten und größten Jupiter [...]. [...] Und nun ist hier die deutsche Botschaft zu Hause. Wenn unser Kaiser nach Rom kommt, steht in einem prächtigen Saale zwischen Palmengrün unter den Marmorwappen deutscher Bundesstaaten ein Thron für ihn bereit, wie er sich einstmals nahebei für den Götterherrscher Jupiter erhob. Und wieder schauen Götterbilder von den Wänden herab. Aber Nordlandswesen sind es, die sich ein Daseinsrecht hier erobert haben. [...] Es ist ein großes Gefühl, in diesem Thronsaal unter diesen Bildern zu stehen und an den Göttertempel zu denken, der sich hier einst erhob. Welch' ein Ort, welche Gewalten, welche Vergänglichkeit! Aber wo fühlt man dies nicht in Rom? Das ist seine Größe, das ist seine Macht."[606] Wenn Kohlrausch den deutschen Kaiser als Erben Jupiters bezeichnet, bestätigt er – freilich aus zustimmender deutscher Sicht – die Deutung Bacchinis. Nun waren beide, Bacchini und Kohlrausch, ausgemachte Erznationalisten. Dennoch, oder gerade deswegen, sind ihre Reaktionen repräsentativ – zumindest für gewisse, in beiden Ländern vor dem Ersten Weltkrieg nicht unmaßgebliche Kreise.

Der Kaiserthron ist nicht der einzige im Saal. Zwar ist der zweite, jenem ersten genau gegenüber an der Fensterfront, nur gemalt – dafür aber besetzt (Abb. 120): Zu den Seiten lagern mächtige Allegorien mit Schwert und Füllhorn: Der Kriegsruhm *gloria solis* links und der Reichtum der Erde *terrae abundantia* rechts. Auf dem Thron selbst sitzt ein als *Germania* tituliertes Weib, „eine hochgemute Jungfrau mit wallendem, rötlich blondem Haar, die mit der Rechten das stets kampfbereite Schwert auf ihrem Schoße hält, während die Linke das gewonnene Siegesreis emporhebt"[607]. Die in spitze, eherne Trichter gepreßten Brüste, die dem Betrachter (besonders dem, der auf dem Kaiserthron sitzt) martialisch entgegenstarren, räumen letzte Zweifel an der Wehrbereitschaft der Jungfrau aus.

Der Untergang alles Schönen

Ergeben Kaiserthron und Germania eine einander ergänzende und ziemlich eindeutige Aussage, so ist die Botschaft des eigentlichen Freskenzyklus zunächst unklar. Die einzige Inschrift, die sich hierzu vage äußert, ist die Dedikationstafel unter der „Germania":

> GVILELMVS II IMPERATOR
> REX
> MAIORVM GLORIAE MEMOR
> AEDES GERMANIAE IN URBE AETERNA
> FABVLIS PATRIAE ORNARI
> IVSSIT
> MDCCCLXXXXIX

– in zeitgenössischer Übersetzung: „Wilhelm II. Kaiser und König ließ, des Ruhmes der Vorfahren eingedenk, Deutschlands Haus in der Ewigen Stadt mit vaterländischen Sagen schmücken."[608] Was aber haben „vaterländische Sagen" in der deutschen Botschaft in Rom verloren, was sollten die Römer mit Geschichten anfangen, die zwar eindeutig mit Germanien, aber – zumindest vordergründig – eher wenig mit Italien zu tun hatten? Eine thematische Alternative, die irgendeinen Bezug zur Beziehung beider Länder hergestellt hätte, ist nicht

---

606 KOHLRAUSCH 1909–1925, 1, S. 305–307.
607 ROSENBERG 1901, S. 107f.
608 ROSENBERG 1901, S. 109.

in Sicht. Etwa die Hermannsschlacht? Das hätte man bestimmt mißverstanden. Theoderich regiert in Rom? Wohl besser nicht. Die Krönung deutscher Kaiser durch römische Päpste oder der Gang nach Canossa? So etwas könnte man sich allenfalls in einer päpstliche Nuntiatur in Berlin vorstellen. Oder doch der *Sacco di Roma*, also die Plünderung Roms durch die Truppen Karls V.? Man sieht, die deutsch-italienische Vergangenheit ist reich an großen Themen, deren Darstellung aber nicht unbedingt zur Verständigung beider Völker beigetragen hätte. Allenfalls Goethes Reise nach Italien hätte einen erfreulichen Bilderzyklus abgegeben.

Adolf Rosenberg, der zeitgenössische und vielleicht etwas unterschätzte, da wegen seines wilhelminischen Pathos suspekte Biograph Prells, meinte bezüglich der Wahl des Themas, daß nicht nur auf italienische, sondern auf internationale Empfindlichkeiten generell Rücksicht habe genommen werden müssen: „Daß der Kaiser sich gerade für die deutsche Sage entschlossen hatte, hatte verschiedene Gründe. Der Gedanke an etwas Geschichtliches hätte in einem Saale, wo der Botschafter des Deutschen Reiches […] die Würde eines mächtigen Staates zu vertreten hat, vielleicht näher gelegen. Dann wären aber Schilderungen aus der großen Zeit, wo das Deutsche Reich im Donner der Schlacht geboren wurde, eine unabweisbare Notwendigkeit gewesen, und dann hätten die mit Ruhm bekränzten Gestalten erscheinen müssen, die uns Deutschen die Verehrungswürdigsten sind, aber die Vertreter mancher fremden Nationen mit Schmerz, Bitterkeit und Haß erfüllen. An einer Stätte, wo die Diplomatie ihres ausgleichenden und versöhnenden Amtes zu walten hat, mußten jedoch fremde Empfindlichkeiten auf das sorgsamste geschont werden. Dann sollte wieder auch alles vermieden werden, das im Hinblick auf die klassische Monumentalmalerei Roms einen Vergleich zu Ungunsten des Künstlers hätte herausfordern können. Also nichts Historisches, nichts Allegorisches und nichts Religiöses, und doch sollte es etwas Nationales sein! Der Ausweg wurde in den alten germanischen Sagen gefunden, und wenn auch vorauszusehen war, daß diese, die schon der Denk- und Gefühlsweise unseres Volkes entrückt sind, noch viel weniger bei den Südländern Verständnis finden würden, so war es nunmehr die Aufgabe Prells, diese durch die allgemein verständliche Sprache der Kunst in freier, schönheitsvoller Gestaltung anzubahnen und zugleich etwas zu finden, das allen Völkern gemeinsam war." [609]

So treffend Rosenberg das generelle Dilemma der Aufgabe und die Möglichkeiten für einen Ausweg darstellt, so zweifelhaft ist, ob Prell in Hinsicht auf letzteres erfolgreich gearbeitet hat. Sogar Kaiser Wilhelm beschlichen – ausnahmsweise – leise Zweifel, ob das Thema für den Bestimmungsort wirklich angemessen sei. Prell berichtet an seine Frau: „Er [Wilhelm] habe selbst schon Angst gehabt, ob Odin und Thor in einem Renaissancepalast, wo keiner sie verstehen würde, am Platze sein würden; aber bei den Jahresmythen, die alle Völker allegorisierten und bei denen es auf die Namen der Götter nicht ankomme, würden sich von selbst auch für den italienischen Beschauer erklären." [610] Und falls nicht? Paul Seidel, der ebenfalls zeitgenössische Biograph Wilhelms, meint dazu schlicht und aufschlußreich: „Den Bedenken gegenüber, daß der Italiener den Sinn und Inhalt der Bilder nicht verstehen würde, hat der Kaiser daran festgehalten, daß sie es eben lernen müßten. Galt es doch den Italienern in Erinnerung zu bringen, wie die auf dem kapitolinischen Hügel zum Ausdruck gebrachte Gedankenwelt die Vorstellungen jener germanischen Scharen beherrschte, die das alte Rom und seine Kultur zu Fall brachten, um auf seinen Trümmern eine neue Welt erstehen zu lassen." [611]

Was aber hat das mit Prells Jahreszeitenmythos zu tun? Zwei miteinander verknüpfte Hauptmotive sind hier auszumachen: der Antagonismus zwischen Sommer und Winter, der sich im Kreislauf von Erwecken, Kämpfen und Sterben entlädt. Anders ausgedrückt: Treffen zwei widerstreitende Prinzipien aufeinander, so ist der Aufstieg des einen nur durch den Fall des anderen zu erreichen. Wer jedoch aufsteigt, riskiert unausweichlich, selbst wieder gestürzt zu werden. Wenn man davon ausgeht, daß diese Vorstellung fast allen Kulturen geläufig und verständlich ist, hätte Prell die Anforderungen des Auftrags tatsächlich erfüllt – und das Rad der Fortuna neu erfunden, in betont nordischer Ausführung. Die Frage ist nur, welchen Reim man sich im Palazzo Caffa-

---

609 ROSENBERG 1901, S. 95f.
610 Zitiert nach FISCHER 1998, S. 53f.

611 SEIDEL 1907, S. 186; Fischer sieht Seidels Ausführungen wohl zutreffend schon unter dem Einfluß von Chamberlains Ideen, konstatiert jedoch auch eine gewisse Vorwegnahme in den Fresken; FISCHER 1998; S 476.

relli darauf machen soll. Wer steigt und wer fällt? Wie man es auch dreht und wendet, klare Bezüge und Rollenverteilungen wie Norden und Süden, Germania und Italia sind nicht durchzuhalten. Sähe man im Sommer den Süden und im Winter den Norden, so wäre Italien der Held und der Norden der düstere, unsympathische Sieger. Die Deutsche Botschaft ließ zur Einweihung des neuen Thronsaals Erklärungszettel in beiden Sprachen drucken, von denen sich kein einziges Exemplar erhalten hat.[612] Es ist unwahrscheinlich, daß die eigentliche Botschaft auf diesen Zetteln hätte nachgelesen werden können, sofern sie zwischen den Beteiligten, dem Kaiser und Prell, überhaupt jemals offen ausgesprochen wurde. Was also, um zur Deutung Seidels zurückzukommen, soll „der Italiener" hier lernen? Daß alles, was besteht, wert ist, daß es zu Grunde geht? Sollte vielleicht nahe gelegt werden, daß der germanische Geist, der in den Szenen so nachdrücklich beschworen wird, jenes naturgesetzliche Prinzip der Zerstörung verkörpert, welches das alte Römische Reich hinwegfegt, um ein eigenes zu errichten? Wird sozusagen der Spieß umgedreht und das jahrhundertealte Stigma „Germaniens", der Zerstörer der antiken Kultur zu sein, in eine kulturgeschichtlich notwendige Tat umgedeutet? Der Kaiser, der in diesem Sinne von Seidel ja indirekt zitiert wird, hatte so etwas in Zusammenhang mit den Fresken zwar nie offen geäußert. Doch schon ein Jahr später, in der bereits angeführten Rede zur Grundsteinlegung der Saalburg, sprach er ganz unmißverständlich von einem deutschen Reich, welches das Erbe des römischen angetreten hätte, seine Auslassungen in den ebenfalls bereits zitierten Briefen an Chamberlain steigern diese Idee zum offenen Kampf der Kulturen.

Übrig bleibt, und das wird im Kaisersaal deutlich vor Augen geführt, auf dem einstigen Sitz der Roma die thronende Germania, „die mit der Rechten das stets kampfbereite Schwert auf ihrem Schoße hält, während die Linke das gewonnene Siegesreis emporhebt".[613] Was Prells Mythos vom Sieg des Helden über die vordergründige Wilhelm-Propaganda hinaushebt, ist die Schlußsequenz, sein Tod. Hier wird die Geschichte kompliziert und zugleich richtig deutsch. Der Untergang alles Schönen ist End- und Zielpunkt eines Heldenlebens, das im großen Strudel seines Versinkens auch alles Übrige mit sich zieht. Das Ende ist endgültig, der Sonnengott tot, und Gerda, Böcklins ewig wartender Frau vor der Villa am Meer vergleichbar, wird ewig auf ihrem Felsen den Untergang des schönen Freyr betrauern, besungen von Odins Sohn Bragi, dem Sänger ohne Töne. Ein Kreislauf ist Prells Zyklus nicht, denn er endet nicht dort, wo er wieder beginnen könnte. Siegfried stirbt, Walhalla brennt, Lohengrin verläßt Elsa, ein für alle mal. Troja brennt zwar ebenfalls, doch gründen die Nachfahren des geretteten Äneas Rom. Wenn sich die nordischen Mythen, die man im 19. Jahrhundert zu deutschen umschrieb, von denen des Mittelmeers in einem wesentlichen Punkt unterscheiden, so ist es ihre dunkle Affinität zur leitmotivischen Endgültigkeit des zwar finalen, aber heroischen Scheiterns. So verstanden ist in den Fresken Prells das Schicksal des Deutschen Kaiserreichs – und des Deutschen Kapitols – in seherischer Weise vorgezeichnet.

Wie ein Kanonenschuß

Ob die Besucher des Thronsaals ähnliches empfunden haben, ist schwer zu sagen. Prell selber wünschte es eher deftig: „Die Wirkung muß ‚wie ein Kanonenschuß' einschlagen, ein Fragen nach dem Thema überflüssig sein."[614]

Die fertigen Wandgemälde wurden vor ihrer Verschickung nach Italien im Moabiter Glaspalast ausgestellt und vom Kaiser öffentlich gelobt. Die Presse stimmte überwiegend in das Lob mit ein. Prell habe das „rechte Wort am rechten Ort gesprochen".[615] In der Deutschen Bauzeitung war man der Ansicht, daß „Deutschland den Rang, den es in kriegerischer Tüchtigkeit und wissenschaftlicher Forschung errungen hat, auch auf künstlerischem Gebiete geltend zu machen vermag."[616]

Im November 1898 reiste Prell nach Rom, um im Thronsaal die riesigen, eingerollt gelieferten Leinwände an den Wänden anzubringen und zu retuschieren. Am 23. März 1899 beeilte sich die Berliner „Speditions-

---

612 FISCHER 1998, S. 131.
613 ROSENBERG 1901, S. 107f.
614 Zitiert nach FISCHER 1998, S. 138.

615 *Norddeutsche Allgemeine Zeitung* 4. August 1898.
616 FRITSCH 1899, S. 341; vgl. FISCHER 1998, S. 133.

und Lagerhaus-Actien-Gesellschaft Bartz & Co." die Kaiserliche Deutsche Botschaft „ganz ergebenst davon in Kenntnis zu setzen, daß gestern per Eilzug die Kandelaber-, Thronsessel- und Hortièren-Sendung des Professor Messel" eingetroffen sei und „an Ihre werthe Adresse zum Versandt gebracht wurde". Man wünsche guten Empfang.[617]

Am 24. April 1899 waren die Arbeiten vollendet. Am 6. Mai wurde die Eröffnung des neuen Thronsaals mit einem Empfang von tausend Gästen gefeiert, wie ihn in Rom eine deutsche Botschaft noch nie zustande gebracht hatte – und wohl auch nie mehr zustande bringen wird. Die italienischen Zeitungen berichteten ausführlich und dabei lobend bis begeistert über dieses Ereignis.[618] Die ganze Fassade des Palazzo Caffarelli war mit Fackeln, das kaiserliche Wappen hingegen gleißend mit Gaslicht beleuchtet. „Il ricevimento fu splendido, le sale smaglianti, sontuoso il *buffet*." Ein endloser Zug von Equipagen zog sich das Kapitol hinan. Botschafter Anton Freiherr Saurma von der Jeltsch, „che fu di una galanteria straordinaria", und seine schöne Tochter *Signorina Carmen* empfingen die Gäste, welche rasch die strahlend ausgeleuchteten und mit Blumen geschmückten Säle füllten. Die italienische Regierung war vollständig vertreten. Sogar zahlreiche, in der jüngsten Regierungskrise eben erst demissionierte Minister wurden gesichtet, Staatssekretäre und Senatoren sowie noch heute berühmte Größen, darunter die Abgeordneten Crispi und Sonnino. Wer mit wem sprach, wurde ebenso notiert wie die Toiletten der Frauen. Das diplomatische Korps wurde angeführt von den Botschaftern Frankreichs, Österreichs, Englands und der Türkei, sowie von den Gesandten Dänemarks, der Schweiz und Rumäniens.

Il Professore Ermanno Prell, der Star des Abends, „un artista pieno di valore e di modestia" war entzückt und hingerissen, turtelte mit der Tochter des Freiherrn Saurma im Champagnerrausch und weidete sein geübtes Künstlerauge an den „Busen, Diamanten, Glatzen. […] Ich ging von Hand zu Hand, einstimmige Begeisterung, schönste Frauen – und das alles auf dem Kapitol, auf den Fundamenten des Jupitertempels!"[619]

Um 23 Uhr meldeten Fanfaren die Ankunft des italienischen Königspaares. Die Majestäten wurden von der gesamten Besatzung der Botschaft bei den Klängen der italienischen wie der deutschen Nationalhymne begrüßt. „La regina vestiva una splendida toilette in bianco, ammiratissima." Nun wurde der Thronsaal geöffnet, in dessen Mitte der Künstler Prell, als Erschaffer der Fresken gleichsam zu den Exponaten gehörig, bereits wartend stand. Der Botschafter geleitete die Königin, der König die Botschaftstochter. Prell gab Erklärungen ab, der König lobte die Arbeit, die zur großen Ehre des deutschen Pinsels gereichten: „I Sovrani si congratularono con l'ambasciatore per la bellezza delle opere d'arte che fanno grande onore al pennello tedesco." In diesem Moment erreichte die Gesellschaft ein Telegramm des deutschen Kaisers, „improntato a sentimenti di viva simpatia per l'Italia". Wilhelm hatte sich kurzfristig entschlossen, nicht zur Eröffnung nach Rom zu fahren. Hatte er doch Bedenken? Hatte er die stille Angst, sich mit seinem Jahreszeitenmythos zu blamieren? Das ist durchaus denkbar, gestand er doch später, wie Prell berichtet, „er habe etwas Bange gehabt, seine Erwartung sei übertroffen worden und er sehr froh über diesen Ausgang."

Und in der Tat hätte es wenig Grund zur Sorge gegeben. Alle Zeitungen waren voll des Lobes. Wilhelm habe den wahrhaft herrschaftlichen und fürstlichen Willen bezeugt, „di avere a Roma, nel palazzo germanico, una bella sala artistica." Prells Trilogie würde die Gedanken des Besuchers unwiderstehlich und ganz von selbst zur Musik Richard Wagners hinziehen. Die Tatsache, daß das Königspaar höchstselbst die Einweihung vorgenommen hatte, wurde als untrügliches Zeichen für die engen und freundschaftlichen Beziehungen beider Länder gewertet. Freilich, der Gegenstand war nicht ganz geläufig, über die Orthographie der Nordgötter – aber auch des Botschafters und Künstlers – herrschte Unsicherheit. Dennoch scheinen alle Korrespondenten das offizielle Faltblatt der Botschaft gewissenhaft studiert zu haben und unterrichteten ihre Leser in unterschiedlicher Ausführlichkeit über das Erwecktwerden der Gerda, über Freyrs Heldenkampf und seinen Heldentod, beklagt von Odins Sohn Bragi, dem Skalden, der die Gabe der Weisheit und der Dichtkunst besitzt. Der italienische König versprach, gleich morgen den Kaiser per Telegramm für seine Schöpfung zu beglückwünschen. Selbst-

---

617 PAA, RQ 146c.
618 Im folgenden sind zitiert: *Corriere della Sera* (8./9. Mai); *Il Secolo* (8./9. Mai); *Il Pungolo Parlamentare* (8./9. Mai); *Il Caffaro* (7./8. Mai); *La Perseveranza* (8. Mai); *Il Don Chisciotte di Roma* (von der Vorbesichtigung; 4. Mai)
619 Zitiert nach FISCHER 1998, S. 131.

verständlich wurde zu diesem Anlaß auch für ihn ein Thron im Thronsaal aufgestellt, der natürlich nur dem des deutschen Kaisers gegenüber liegen konnte, also unter der Stelle, wo zufällig ja schon Germania thronte. Wilhelm II. bereitete diese Vorstellung besonderes Vergnügen. Zu Prell meinte er: „Da gehört er auch hin, *sub umbra alarum tuarum protege nos!*"[620]

So viel gelobt wie am Abend der Eröffnung wurden der Thronsaal und Prells Fresken nie wieder. Botschafter Monts nannte sie „große, wenig gelungene Bilder deutscher Sagen [...] durch einen ungewöhnlich häßlichen Fries mit Wappen und Fratzen nach unten abgeschlossen. Die schönen Türen aus Zitronenholz waren, angeblich um die Harmonie nicht zu unterbrechen, schwarz übertüncht. Ein fragwürdiger Prosamentier-Thron, ein weißer Fußteppich und vier Kandelaber von geradezu unglaublicher Scheußlichkeit vervollständigten das Ensemble." Im Frühjahr 1903 hatte Wilhelm, der „vor Neugierde brannte", erstmals die Gelegenheit, sich den Thronsaal selbst anzusehen: „Er erschien am ersten Morgen seines römischen Aufenthaltes unangemeldet und ganz allein in der Botschaft. Zunächst ließ er alle Fenster im Saal verdunkeln, um bei [künstlichem] Licht die Wirkung der Fresken beurteilen zu können. Bei seinem Expressionsbedürfnis würde Wilhelm II. wohl seiner Befriedigung Ausdruck gegeben haben, wenn ihm die Sache gefallen hätte. [...] Wir waren allein in dem Saal; in ruhigem Gespräch wurden die Restaurierungsarbeiten und indirekt deren Mißerfolg besprochen."[621] Auch in der Umgebung des Kaisers überzeugten Prells Fresken nicht: „Unvergessen ist mir [Monts], wie Prinz Albrecht von Preußen in den Saal hereintrat und mich, nachdem er eine umfangreiche Prise geschöpft hatte, fragte. „Wie heißt der Maler dieser Fresken?" „Preller [sic]", entgegnete ich, worauf der Prinz: „Preller heißt er und einen Preller bekommt man, wenn man sein Opus sieht."[622] Prell selbst hatte an einen Kanonenschuß gedacht.

Es ist aus heutiger Sicht schwer möglich, die Qualität der verlorenen Raumausstattung an Hand der Photographien zu beurteilen. Vielleicht sollte man es, auch um Prell kein Unrecht zu tun, bei der Äußerung Lilli Helbigs belassen, die den Sachverhalt recht treffend wiederzugeben scheint. Sie nannte Prells Jahreszeitenmythos „wagnerisch-schwungvolle Wandbilder [...], die jedoch in Licht und Luft des Kapitols fehl am Platze waren. Freia, die Sonnengöttin, und Erda, die germanische Erdgottheit, in Tempera ausgeführt, blieben nicht lange in Rom. Als es Jupiter Maximus gefiel, zogen sie über die Alpen auf ihren eigenen Olymp zurück."[623]

---

620 Zitiert nach FISCHER 1998, S. 134.
621 MONTS ERINNERUNGEN S. 98.
622 MONTS ERINNERUNGEN S. 98.
623 MORANI-HELBIG 1953, S. 187.

Sturz

Italia – Germania. Der gemeinsame Weg in die Beziehungskrise

Das politisch herzliche Verhältnis der beiden Neuankömmlinge in der Gruppe der Nationalstaaten beruhte zu einem nicht unwesentlichen Teil auf eben dieser Gemeinsamkeit. Nach Jahrhunderten der Zersplitterung in Einzelstaaten und teilweise auch der Fremdbestimmung waren beide Nationen, einer ähnlich tickenden inneren Uhr folgend, gleichzeitig mit der Bildung eines Nationalstaates beschäftigt, dessen Vollendung man fast gemeinsam, mit nur wenigen Monaten der Verschiebung erlebte. Noch 1888 beteuerte der neue Kaiser Wilhelm II. in seiner Thronrede: „Gleiche geschichtliche Beziehungen verbinden uns mit Italien. Beide Länder wollen die Segnungen des Friedens festhalten."[624] Gemeinsam waren auch die Gegnerschaften.[625] Beide Nationen mußten dieses Projekt gegen den Widerstand Österreich–Ungarns durchsetzen. Daß der gemeinsame Feind Frankreich wegen des französisch-deutschen Kriegs aus Rom abziehen und die Stadt freigeben mußte, wärmte das Verhältnis aus italienischer Sicht zusätzlich auf.[626] Das politische Ergebnis dieser Nähe war 1882 Italiens Beitritt zum Bündnis zwischen dem Deutschen Reich und Österreich–Ungarn, das künftig als sogenannter Dreibund das Kernstück von Bismarcks europäischer Bündnisarchitektur darstellte.

Dieses Bündnis funktionierte unter drei Voraussetzung: des Auskommens Italiens mit Österreich, was wegen der österreichisch besetzten Gebiete in Norditalien und Istrien schwierig war, der gemeinsamen Gegnerschaft zu Frankreich, das 1881 Tunesien besetzte und damit in den mediterranen Vorhof Italiens vordrang, und, auch wenn dies so nie ausgesprochen wurde, auf der Prämisse, daß Italien als Juniorpartner in der Außenpolitik dem folgte, was in Berlin und Wien beschlossen wurde. Zunächst zahlte sich diese Allianz für alle Seiten aus. Italien konnte in der internationalen Politik erstmals die Rolle des Mitglieds eines mächtigen Bündnisses spielen, das seine territoriale Integrität gegen alle Begehrlichkeiten garantierte.[627] Deutschland war auf dem Weg zur Hegemoniemacht Europas ein gutes Stück weiter gekommen und konnte gegen Frankreich ebenso wie Österreich gegen Rußland mit einem Verbündeten mehr aufwarten. 1887 wurde der Vertrag erneuert und 1891 um zwei Artikel erweitert, die unter anderem deutschen (wenn auch nur defensiven) Beistand für den Fall vorsahen, daß Italien mit Frankreich wegen der Einflußzonen im Mittelmeer in Konflikt geraten sollte. 1888 wurde zwischen Ministerpräsident Crispi und Bismarck auf dessen Landsitz in Friedrichsruh sogar ein Vertrag unterzeichnet, auf dessen Grundlage Italien im Falle eines deutsch-französischen Krieges Truppen an den Rhein geschickt hätte.

Diese politischen Bindungen zogen wirtschaftliche nach sich. Die preußischen Siege von 1866 und 1870/71 wurden von vielen Zeitgenossen nicht zuletzt mit wissenschaftlicher, technischer und logistischer Überlegenheit erklärt, so daß in Europa der Mythos von der „deutschen Unbesiegbarkeit" die Runde machte. Auch in Italien begann man ab den späten siebziger Jahren immer öfter vom *modello tedesco* oder vom *germanismo economico* zu sprechen. Gemeint war die zielstrebig vom Staat geförderte, nach außen durch Zölle und Vorschriften protegierte Wirtschaftsordnung des Deutschen Reiches,[628] ein Erfolgsrezept, dem man ähnliche Effizienz zuschrieb wie der Organisation des preußischen Heeres. Die nach der Vereinigung eher liberalistisch orientierte italienische Wirtschaftspolitik paßte sich, durch Zollvorteile gelockt, die Deutschland gewährte,[629] mehr und mehr dem deutschen Modell an.[630]

---

624 Kronrede von 25.6.1888; zitiert nach Röhl 2001, S. 29.
625 Lacaita 1996, S. 59.
626 Lacaita 1996, S. 60.
627 Lacaita 1996, S. 62.
628 Nipperdey 1990, S. 275–278.
629 Nipperdey 1993, S. 623.
630 Savona 1996, S. 68.

Nachdem Deutschland gezeigt hatte, daß man auch ohne eine große Flotte koloniale Stützpunkte auf der ganzen Welt unterhalten konnte, wurde Italien in Afrika in ähnlicher weise aktiv. Jedoch mußte Crispi alle Bestrebungen, auch in dieser Hinsicht zu den europäischen Großmächten aufzuschließen, wegen der mangelnden Unterstützung aus Berlin aufgeben, wo man ein koloniales Engagement Italiens nicht gerne sah.

Am engsten waren die wirtschaftlichen Verbindungen beider Länder.[631] Das betraf zunächst die Finanzen: Hatte Cavour das frisch gegründete Königreich der späten sechziger Jahre in eine starke, wenn nicht ausschließliche Abhängigkeit von französischen Banken geführt, allen voran die Maison Rothschild, so versuchte nach der Tunesien-Krise 1881 die Regierung Giolitti, diese Vorherrschaft mit Hilfe englischer und deutscher Banken zu durchbrechen. Hierzu bot sich vor allem die Deutsche Bank an, deren Direktor, Georg von Siemens, schließlich Landau von der Maison Rothschild als finanzpolitischer Berater (*fiduciario finanziario*) ablöste.[632] Zusammen mit belgischen und Schweizer Banken sorgten die Deutsche Bank und, auf Bismarcks persönliche Initiative hin, das Berliner Bankhaus Bleichroeder für die freie Konvertibilität der Lira, eine Hauptvoraussetzung dafür, fremdes Kapital nach Italien zu holen. Das Kapital kam in großen Mengen und mehrheitlich aus Deutschland. Der Zufluß blieb während der nächsten fünfzehn Jahre nicht nur in den Phasen des italienischen Aufschwungs (1883–1888, 1895–1900), sondern auch während der Rezession (1889–1894) auf hohem Niveau stabil.[633] An der nun einsetzenden Industrialisierung Italiens waren deutsche Konsortien maßgeblich beteiligt, allen voran AEG, Siemens und Mannesmann (Abb. 123/125).[634]

Dieses starke deutsche Engagement, von der italienischen Regierung in den achtziger und neunziger Jahren gewollt und gefördert, stieß nach der Jahrhundertwende vor allem in nationalistischen Kreisen auf starke Kritik. Diese Kritik steigerte sich zur Obsession und wurde in den Jahren vor dem Krieg eine Art Volksbewegung. Wortführer waren der Ultra-Nationalist, Rassist, Antisemit und engagierte spätere Faschist Giovanni Preziosi, der kurz vor Kriegseintritt Italiens mit dem Büchlein *La Germania alla conquista dell'Italia* auftrat, sowie der Chauvinist, Militarist und später ebenfalls begeisterte Faschist Ezio M. Gray, Autor der Kampfschrift *L'invasione tedesca in Italia*, ebenfalls von 1915.

Viele Vorwürfe, die in beiden Büchern gegen Deutschland erhoben werden, erscheinen auch nach den Maßstäben der modernen Geschichtsforschung als gerechtfertigt. Doch ein auf jeder Seite spürbarer, nagender Haß bündelt Tatsachen, Vermutungen, Theorien, Gerüchte, Vorurteile und Platitüden brennglasartig zu einem monströsen Zerrbild des einst befreundeten Landes. Auch wenn man in diesen Pamphleten lediglich zeittypische Produkte sieht, müssen die Autoren gedacht haben, was sie schrieben, und nicht nur sie: Preziosis Buch verkaufte sich innerhalb weniger Wochen dreißigtausendmal.[635] Im ersten Kapitel *Pangermanismo – metodi e pericoli* nennt Preziosi die gefährlichste Geheimwaffe der Deutschen *la fleissigkeit, che è caratteristica della razza tedesca*, mit der dieses von Haß erfüllte Volk ein Land nach dem anderen unterjochen würde, zunächst wirtschaftlich, dann militärisch.[636] Während Italien, *la grande proletaria*, nach der gemeinsamen Gründung beider Reiche bescheiden geblieben sei und der Welt sein bestes Blut in Gestalt unzähliger junger Auswanderer dargebracht hätte, träume das macht- und geldlüsterne Deutschland davon, die Welt zu erobern. Dabei gehe der *Pangermanismo* immer in der gleichen Weise vor: Zuerst würde er im einzuverleibenden Land Banken gründen, um dieses mit Hilfe von Krediten, Beteiligungen und der Handelsmarine in seine Abhängigkeit zu bringen. Auch im *Bel Paese* seien seit Jahrzehnten ganze Kohorten dieser Stoßtrupps unterwegs, bewaffnet mit Registern, Bilanzen und *fleissigkeit*.[637] Mit unzähligen Beispielen versucht Preziosi zu beweisen, daß die mächtigsten Banken, die alle italienische Namen tragen, in Wirklichkeit deutsche Herrschaftsinstrumente seien,[638] dirigiert von instruierten und disziplinierten Deutschen, die nicht einmal davor zurückschreckten, zur Tarnung die italienische Staatsbürgerschaft anzunehmen.[639] Ziel des ganzen sei es, Italien zu einem „Vasallen" einer „deutschen Konföderation" nach dem Vorbild des Heiligen Römischen Reiches zu machen. Mit Hinweis auf den Militär-

---

631 Peter Hertner, *Il capitale tedesco in Italia dall'Unità alla Prima guerra mondiale,* Bologna 1984.
632 Savona 1996, S. 67.
633 Savona 1996, S. 67f.
634 Bigazzi 1996, S. 75–86; Schmitz 1959, S. 23f.
635 Savona 1996, S. 70.
636 Preziosi 1915, S. 18f.
637 Preziosi 1915, S. 24.
638 Preziosi 1915, S. 36 ff.
639 Preziosi 1915, S. 71ff.

schriftsteller Friedrich von Bernardi behauptete Preziosi, von einem derartigen deutschen Italien würden bereits Landkarten herausgegeben, ganz so als sei Bernardis Werk „Deutschland und der nächste Krieg" das offizielle Regierungsprogramm des Kabinetts Bethmann-Hollweg (Abb. 149).[640] Daß Bernardis Forderung nach einem Angriffskrieg zur Gewinnung der Suprematie Deutschlands in Europa im Reich selbst nur die Position einer kleinen, militaristischen Minderheit darstellte,[641] wird den italienischen Lesern nicht mitgeteilt.

In die gleiche Kerbe schlug der damals 28jähriger Futurist Anton Giulio Bragaglia mit seiner schwungvollen antideutschen Schrift *Territorii Tedeschi di Roma* (Abb. 124). Dieses originelle, überspannte, liebevoll mit expressiven Holzschnitten illustrierte Werk präsentiert sich als eine Art italienischer Noack mit verkehrtem Vorzeichen. Nach dem Vorbild Preziosis und Grays versucht Bragaglia, die Unterwanderung Italiens durch die deutsche Präsenz im kulturellen, wissenschaftlichen, künstlerischen und politischen Leben Roms zu belegen. Ähnlich wie bei Preziosi und Gray vermischen sich historische Realien, klassische Lesefrüchte und Versatzstücke einer pseudowissenschaftlichen Kulturgeschichte zum Gesamtbild einer pangermanischen Weltverschwörung. So werden korrekt recherchierte Aussagen aus Kaiser Wilhelms „Hunnenrede" und Charmberlains „Grundlagen" mit verdreht wiedergegebenen Zitaten Mommsens, Herders und Schopenhauers hinterlegt, welche zusammen mit Textstellen aus dem Nibelungenlied und Zeugnissen aus Vergil und Tacitus die Gemeingefährlichkeit der deutschen Rasse belegen sollen.[642] Ottonische Chroniken und Artikel der Frankfurter Zeitung werden gleichermaßen auf imperialistische Tendenzen hin untersucht. Die seit Karl dem Großen von langer Hand geplante pangermanische Verschwörung habe im 19. Jahrhundert durch deutschen Immobilienbesitz eine ganz konkrete Förderung erfahren und umfasse symbolische Handlungen (Thronsaal) ebenso wie eher praktische Vorrichtungen. So ermögliche ein geheimes Tunnelsystem zwischen Bülows Villa Malta und dem Hotel „Eden" konspirative Treffen zwischen der deutschen Politik und Geheimagenten.

Es ist schwer zu sagen, ob die massiven nationalen Ressentiments von der Straße auf den Hof oder vom Hof auf die Straße übergriffen. Vieles spricht dafür, daß der Fisch vom Kopf her begonnen hat zu stinken. Seit der Jahrhundertwende begann sich das Verhältnis zwischen beiden Staates merklich einzutrüben, und dies auf höchster Ebene. Die Impulse scheinen von Wilhelm II. persönlich ausgegangen zu sein. Es war die Zeit, in welcher seine diffusen, um die Suprematie des germanischen Nordens kreisenden Vorstellungen durch die Beziehung mit Chamberlain zum pseudowissenschaftlich fundierten Weltbild ausgebaut wurden, es war die Zeit der Bad Homburger Römerrede, auf der Wilhelm in Gegenwart von Vertretern der Weltpresse zum Besten gab, daß das Deutsche Reich dazu berufen sei, das Erbe des Römischen anzutreten (siehe S. 133).

In dessen Ewiger Hauptstadt wurden solche Auslassungen mit Interesse verfolgt. Deutsche Diplomaten wurden in Rom nicht mehr mit der gewohnten Herzlichkeit behandelt. Akuter Anlaß scheint ein neckischer Privatkrieg gewesen zu sein, den Wilhelm anscheinend gegen seinen neuen Kollegen Victor Emanuel III. zu führen entschlossen war. Schon bei seinem Staatsbesuch 1888 konnte es sich Wilhelm trotz oder vielleicht gerade wegen seiner verkrüppelten linken Hand nicht verkneifen, den Prinzen wegen seiner auffallenden Kleinwüchsigkeit aufzuziehen (Abb. 106).[643] Nun, da der kleine Mann im Jahr 1900 den Thron bestiegen hatte, machte sich Wilhelm offenbar einen Spaß daraus, ihm riesenhafte Botschafter und Emissäre nach Rom zu schicken. Botschafter Graf Anton Monts (1.90 Meter) erinnert sich: „Ich kann nicht behaupten, daß Januar 1903 mein Empfang als neuernannter Botschafter am Quirinal durch Victor Emanuel III. ein freundlicher gewesen ist. Es lag wieder einmal eine persönliche Verstimmung zwischen den Herrschern von Deutschland und Italien in der Luft, und meine Körperlänge war auch nicht geeignet, den Beifall des kleinen Italieners zu gewinnen. Vermutlich argwöhnte er, daß absichtlich ein langer Mann zu ihm gesandt wurde, wie ja leider auch tatsächlich Wilhelm II. bei seinen Italienfahrten oder bei Deputationen möglichst große Leute aussuchte, obgleich er die Reizbarkeit seines ‚Kollegen' in punkto Körperlänge sehr gut kannte. So erschien bei der Taufe des Prinzen von Piemont, des langersehnten Thronerben, als kaiserlicher Vertreter der mich noch um eine Handbreit überragende Prinz Albrecht von Preußen mit den baumlangen Generälen von Moltke und Plüskow, nebst noch einem Riesen niederer Gattung. Man merkte die Absicht und wurde verstimmt. Auch sonst wurden der Taktlosigkei-

---

640 Preziosi 1915, S. 84.
641 Nipperdey 1993, S. 237f.
642 Bregaglia 1918, S. 8f.
643 Röhl 2002, S. 68.

ten nicht wenige begangen. Man wollte in Rom fühlen lassen, daß die Haltung des Bundesgenossen Anlaß zur Klage gäbe."[644] Diese Einschätzung wird von Fürst Bülow bestätigt: „Anfang Mai [1903] wurde die Kaiserreise nach Rom angetreten. Es fiel mir auf, daß der Kaiser schon auf dem Anhalter Bahnhof von lauter sehr großen, besonders hochgewachsenen Offizieren umgeben war: Hellmuth Moltke, Dietrich Huelsen, Plessen und anderen. Unterwegs stieg der womöglich noch größere Kleist ein, dann der General Jacoby, einer der allerlängsten Offiziere der Armee, und endlich der aller-, allergrößte, der Oberst von Plüskow, den man in Paris, wohin er einmal in besonderer Mission gesandt worden war, ‚Plusquehaut' genannt hatte. Der Kaiser wollte mit diesen Riesen in Rom imponieren […]. Der Gedanke war […] nicht sehr taktvoll, denn da der König Victor Emanuel III. von kleiner Figur ist, war es kein glücklicher Einfall, gerade ihm diese Riesengarde vorzuführen."[645]

Die „Reise der Riesen" mag als historische Marginalie erscheinen, und doch ist sie ein Glied in der Kette jener Provokationen, die das Verhältnis beider Länder vielleicht um so mehr belasteten, als sie nicht primär Fragen der Politik, sondern des Stils betrafen.

Rückzug in nationale Stellungen

Während zwischen 1890 und 1910 die politischen Beziehungen zwischen Deutschland und Italien an Herzlichkeit einbüßten, veränderte sich auch das Deutsche Kapitol. Es wurde größer, und es wurde deutscher. Für die Beziehungen zum Gastland konnte das auf Dauer nicht ohne Folgen bleiben. Die Veränderung, die sich bald einstellte, könnte man zusammenfassend als eine langsam fortschreitende Entfremdung zwischen Deutschen und Italienern beschreiben. Ursache hierfür waren weniger wilhelminische Boshaftigkeiten, als vielmehr ein Strukturwandel jener Bereiche, welche als Schnittstellen zwischen beiden Nationalitäten die Art ihrer Begegnung am nachhaltigsten gestalteten, die Botschaft und das Archäologische Institut. Beide durchliefen seit 1871 einen Prozeß der stetigen Institutionalisierung. Dieses Phänomen war kein deutsch-römisches, ja nicht einmal ein deutsches, sondern hatte längst alle Staaten Europas erfaßt. Gemeint ist die Organisation, Zusammenlegung und Systematisierung dessen, was bisher Einzelinitiativen überlassen blieb. Es war die sogenannte Gründerzeit, die ihrem Namen in fast universellem Ausmaße gerecht wurde. Gegründet wurde im Grunde alles, was sich gründen ließ: Staaten und Parteien, Vereine und Vereinigungen, Gesellschaften und Aktiengesellschaften, Institute und Institutionen, Bünde und Bündnisse. Der Einzelne lebte und arbeitete immer seltener auf eigene Rechnung, auf eigene Verantwortung und aus eigener Initiative heraus. Überall gab es schon etwas, wo man mitmachen, beitreten und sich einreihen konnte. Die rasch wachsenden Unternehmungen erforderten eine immer komplexer werdende Selbstverwaltung, so daß ihr bürokratischer Anteil immer größer wurde.

Noch in Schlözers Zeiten, also bis kurz vor der Reichsgründung, bestand die preußische Gesandtschaft aus dem Gesandten und dem Sekretär. In der Regel hatten beide wenig zu tun und so alle Zeit der Welt, sich mit Geschichte, Archäologie, Literatur oder ähnlichem zu beschäftigen. Wollte man sich mit anderen Leuten unterhalten, mußte man sie besuchen gehen oder sie zu Besuch empfangen. Liest man ihre Briefe und Berichte, so waren diese Leute ständig bei irgend jemandem zu Besuch, in Rom und auf dem Land, man fuhr mit dem Wagen herum, spazierte, um sich gemeinsam etwas anzusehen, machte Musik zusammen oder las sich etwas vor. Da alles noch so klein war, führte jeder Schritt ganz automatisch vor die Haustür, hinaus aus der eigenen Institution und Nationalität in das internationale Rom der Päpste.

Nach den Reichgründungen änderte sich dies. Die Botschaft wurde größer, es gab nun einen Botschafter, einen ersten, einen zweiten und einen dritten Sekretär, zahlreiche Attachés und spezialisierte Beamte, die mit ihren Familien im Hause wohnten, streng geordnet nach Diensthierarchie. Man konnte nun den ganzen Tag mit den unterschiedlichsten Geschäften befaßt sein, ohne das Haus und die Sprache wechseln zu müssen. Die Italiener, denen man hierbei begegnete, gehörten überwiegend zur Sphäre der Angestellten: Diener, Pförtner, Kustoden, Putzfrauen, Dienstmädchen, Hausmeister und Gärtner (Abb. 126/128). Die Gelegenheiten, zu de-

---

644 Monts Erinnerungen S. 87.

645 Bülow Denkwürdigkeiten, 1, S. 607.

nen man sich mit den Vertretern anderer Nationen und eben auch mit Italienern traf, wurden für das Gros der Kolonie offizieller und meistens auch formeller.

Das veränderte natürlich auch die Außenwahrnehmung. Der Typus des weltläufigen, umfassend gebildeten und vielseitig interessierten Deutschen war in Rom zwar noch nicht ausgestorben, aber, zumindest prozentual, entschieden auf dem Rückmarsch. An seine Stelle traten vermehrt Fachleute und Beamte auf Auslandsposten, welche sich mit der Eisenbahn innerhalb eines Tages und zweier Nächte wieder nach Berlin zurückziehen konnten. Die Deutschen bildeten, wie die Vertreter anderer Nationen auch, von außen gesehen eine immer größer werdende, immer besser organisierte und zunehmend auf sich bezogene Gruppe. Umgekehrt dürfte die enorme Institutionalisierungswelle, die Rom als Hauptstadt erlebte, auf die hier ansässigen Deutschen ähnlich gewirkt haben. Anstelle der wenigen, gemütlichen päpstlichen Behörden von früher gab es nun eine unübersehbare Vielzahl von Unternehmungen auf allen Gebieten, deren stets gleichlautende Zusätze *italiana* oder *d'Italia* daran erinnerten, daß man einer sich organisierenden Nation als Fremder gegenüberstand.

Größer, organisierter und vor allem deutscher wurde auch das Archäologische Institut. Wie für viele private Initiativen war auch für das *Instituto di Corrispondenza* der Weg in die Staatlichkeit die einzige Möglichkeit, die Arbeit langfristig fortsetzen zu können. Dieser Weg fiel der Institutsleitung nicht leicht und erfolgte in mehreren Etappen. Die Schirmherrschaft des Kronprinzen Friedrich Wilhelm hatte noch ganz den Charakter des privaten Mäzenatentums. Mit dieser Unabhängigkeit war es jedoch bald vorbei. Bereits seit 1833 gewährte das Preußische Unterrichtsministerium einen regelmäßigen Zuschuß, ohne den die Publikationen nicht mehr hätten finanziert werden können.[646] Von nun an hing man am Berliner Tropf. Bei sinkenden Einnahmen aus dem Abonnentengeschäft und steigenden Ausgaben wurde man vom staatlichen Geldfluß immer abhängiger.

Doch auch um diesen mußte man jährlich bangen und kämpfen, so daß man sich 1857 dazu entschloß, die „Umwandlung des Instituts in eine preußische Staatsanstalt" formal zu beantragen.[647] Es wäre übertrieben zu behaupten, daß man vom preußischen Staat mit offenen Armen empfangen wurde. Zunächst stiegen lediglich die Zuschüsse, die nun für immerhin jeweils fünf Jahre garantiert waren.[648] Freilich beschränkte sich das Königlich Preußische Unterrichtsministerium bald nicht mehr auf das Zahlen, sondern machte sich daran, den neuen Zögling nach seinem Ebenbilde umzuformen, sich in organisatorische Belange einzumischen und vor allem die hierarchischen Dienstwege zu befestigen und auszubauen. Erlasse, Statuten und Anzeigen ergingen vom Ministerium an die „Central-Direction" in Berlin, welche sie als Instruktionen, Spezialinstruktionen und Anweisungen an das „römische Sekretariat" weiterleitete. Es stieg die Zahl von Sekretaren und Stipendiaten. Ministerium und Central-Direction versäumten es nicht, diese Vergrößerungen mit Stipendienstatuten und Spezialinstruktionen bürokratisch zu flankieren. So wurde das Institut in einen Zeitraum von mehr als zehn Jahren Schritt für Schritt staatsreif gemacht, bis der preußische König Wilhelm I. am 18. Juli 1870 eine Kabinettsordre zur „Übernahme des Institutsetats in das Ordinarium des preußischen Staatshaushaltes" unterzeichnete. Alle Belange der neuen Staatsanstalt – von den Ehrendiplomen bis zu den Reservefonds – wurden in einem 32 Paragraphen umfassenden Statut erschöpfend geregelt. Drei Jahre später erfolgte die Umwandlung in eine „Reichsanstalt". Staatlicher ging es nicht mehr (Abb. 127).

Mit jedem dieser Schritte wurde die Anbindung an Preußen und Deutschland enger. Am Ende war diese ehemals übernationale Sammelstelle archäologischen Wissens ein auswärtiger Stützpunkt der deutschen Archäologie, dessen Selbstverständnis sich im Klassizismus des neuen, stolz vom Kapitol herabblickenden Institutsgebäudes zu versinnbildlichen schien: höchste Sichtbarkeit bei gleichzeitig klarer Distanz. Doch hatten hinter dieser unverkennbar märkischen, säulenbewehrten Fassade viele Strukturen aus den Gründerjahren nach 1829 überlebt, die mit der neuen Rolle des Instituts in einem gewissen Widerspruch standen: „Aber noch klaffte ein Zwiespalt zwischen dem Wesen eines deutschen Instituts und den Formen, in denen es in Rom sich äußerte […]. Das römische Institut, das nicht nur selbst ein anderes geworden war, sondern auch in einer ver-

---

646 RODENWALDT 1929, S. 16.
647 Antrag vom 15. Mai 1857; RIECHE Satzungen, Nr. 26.

648 Anzeige des preußischen Unterrichtsministeriums vom 15. September 1858; RIECHE Satzungen Nr. 27; Erlaß des preußischen Unterrichtsministeriums vom 1. September 1859; RIECHE Satzungen Nr. 28.

änderten Umwelt stand, trug noch das Kleid seiner Jünglingszeit. Noch erschien die Mehrzahl der laufenden Publikationen in Rom, und noch war aus ihnen der Gebrauch der deutschen Sprache verbannt [...]."[649] Der Gedanke, daß der Dienst an der Wissenschaft keine Grenzen kenne, hatte sich schon in der Anfangszeit des *Instituto di Corrispondenza* als Fiktion erwiesen. Die klingenden europäischen Namen auf der Mitgliederliste verbergen nur oberflächlich, daß die tägliche Arbeit der Institutsführung von einer kleinen Gruppe von Männern ausgeführt wurde, deren persönliche Bekanntschaft und gemeinsamer Hintergrund die Voraussetzung des Unternehmens bildeten. Das *Instituto di Corrispondenza* war von Anfang an kein europäisches, aber auch kein deutsches, sondern ein preußisches, oder, noch genauer, ein Berliner Institut. Nichts desto trotz blieb es in Statuten und Satzungen an dem spätaufklärerischen Ziel ausgerichtet, eine Art archäologische *republique literare* mit einer zahlreichen, weitgestreut wirkenden Gemeinde zu gründen: „Die Hauptstädte Italiens, Deutschlands, Frankreichs und Englands geben hinlängliche Mittelpunkte für jede dem Institut bestimmte Mittheilung ab, insofern jeder der durch diese Länder bezeichneten Sektionen das Organ eines oder mehrerer Sekretäre zur Veranlassung, Einsammlung, Durchsicht und Beförderung der Beiträge seines Landes zu statten kommt."[650] Es scheint, als habe sich eine Utopie des achtzehnten Jahrhunderts (Abb. 129) in die Jahre der beginnenden Nationalbewegungen verirrt.

Daß der Idealismus der Institutsleitung, die Geschäfte noch so lange Zeit mit den Spielregeln einer bereits obsoleten Idee zu führen, nicht frei von Naivität war, sahen bereits viele Zeitgenossen. Dieser Widerspruch wurde schon damals heftig kritisiert. So schreibt der Schriftsteller und Literaturhistoriker Adolf Stahr (1805–1879), der 1845 einer Winckelmann-Feier („einer solennen Adunanz") beiwohnte, in seinem 1863 erschienenen Erinnerungen: „Alle Vorlesungen wurden in italienischer Sprache abgehalten. Für einen guten deutschen Patrioten drängte sich dabei unwillkürlich die Betrachtung auf, daß wir doch auch selbst in der Wissenschaft noch nicht einmal dahin gekommen sind, dem Nationalgefühle irgend eine Konzession zu machen. Hier hatten wir eine wissenschaftliche Gesellschaft und eine Feier, deren wesentliche Bestandtheile deutsch sind. Ursprung und Stifter dieses Institutes sind deutsch. Der Protektor ein deutscher König (der König von Preußen), sein Präsident ein deutscher gefürsteter Staatsmann (Fürst Metternich). Die besoldeten Beamten des Institutes sind Deutsche und von deutschen Mitteln unterhalten. Und doch ist für alle Vorträge, Reden und Schriften die deutsche Sprache ausgeschlossen! Ja, selbst an dem Tage, wo es galt, das Gedächtnis eines Mannes zu begehen, der, wie Winckelmann, Deutschlands Wissenschaft und Literatur mit unvergänglichem Ruhme geschmückt hat, der als Deutscher (wenn auch ausdrücklich nicht als Sachse oder Preuße) ein Patriot war wie wenige, der, gerade wie Lessing, deutsche Nationalität in der Literatur und Sprache zu vertreten sich die Aufgabe machte, – selbst an einem solchen Tage durfte kein einziger der Deutschen, welche hier Vorträge hielten, vor einer Versammlung, die zur guten Hälfte aus Deutschen bestand, in der Gegenwart eines deutschen Fürsten, welcher der Bruder des Protektors, unter dessen Schutze das Institut fortbesteht, ein Wort in deutscher Sprache, in der Sprache des Mannes hören lassen, dessen lorbeerbekränzte Büste allein daran erinnerte, welcher Nation hier eigentlich die Stimme von rechtswegen gebühre! [...] Giebt es ein Volk, ein großes Volk, dessen Gelehrte so alles Nationalgefühl verleugnen dürften?"[651]

Dieser flammende Beitrag zum (heute wieder aktuellen) Thema „Deutsch als Wissenschaftssprache" beschreibt trotz exaltierter Rhetorik ein zentrales Strukturproblem des Instituts, nämlich die „Inkongruenz zwischen dem internationalen Charakter und der tatsächlichen Leitung durch deutsche Gelehrte".[652] „So entstand ein Konflikt zwischen sachlicher Zweckmäßigkeit und realpolitischer Notwendigkeit auf der einen und Macht der Tradition auf der anderen Seite, der einen tragischen Beiklang hatte, weil an der letzteren nicht nur romantische Stimmung, sondern auch echte Pietät hing."[653] Noch 1879 warb Adolf Michaelis dafür, auf die deutsche Sprache aus Dankbarkeit und Höflichkeit gegenüber dem Gastland auch weiterhin zu verzichten: „Es ist nicht mehr als einfache Gastespflicht gegen die liebenswürdige Nation, welche der fremden Anstalt nicht bloß eine ruhige Stätte des Wirkens, sondern auch die eigene lebhafte Theilnahme gewährt, daß man sich bloß solcher

---

649 Rodenwaldt 1929, S. 33.
650 Plan des *Instituto di Corrispondenza Archeologica* vom 24. Januar 1829; Rieche Satzungen Nr. 13.
651 Stahr Italien, 3–4, S. 237f.
652 Rodenwaldt 1929, S. 21.
653 Rodenwaldt 1929, S. 33

Sprachen bediene, welche in ganz Italien überall mit Leichtigkeit verstanden werden und überdies keinem Archäologen fremd sein dürfen; mag es auch dem einen oder anderen deutschen Gelehrten weniger anstehen seine Arbeiten in das fremde Gewand zu kleiden oder kleiden zu lassen."[654]

Hierin lag in der Tat ein Problem. Die deutschen Stipendiaten (Abb. 130), die seit der Verstaatlichung des Instituts den wissenschaftlichen Betrieb in steigendem Maße prägten, „schneiten nach Rom herein, wohlbeschlagen in toten Sprachen, aber mit nur geringer, um nicht zu sagen gar keiner Kenntnis der lebenden Sprachen."[655] Waren sie doch gezwungen, in der Landessprache vorzutragen, mußte der italienische Zuhörer nach Auskunft von Michaelis „seine ganze angeborene und anerzogene Höflichkeit zusammennehmen, um die Mißhandlungen seiner schönen Muttersprache mit Geduld und ohne Verzerrung der Miene zu ertragen."[656] Ulrich von Wilamowitz-Moellendorff bekannte später freimütig, als Stipendiat die italienische Sprache wiederholt übel „mißhandelt" zu haben.[657] Ob diese Gewaltakte struktureller Natur waren („L'Italia a visto molte mutande") oder nur die Aussprache betrafen („Il dibo tel tifo Abolline", wahrscheinlich ein Schwabe),[658] sie illustrierten die bisweilen absurden Auswirkungen der alten Sprachregelung auf bestenfalls komische Weise. Schlimmer war es, wenn bei italienischen Übersetzungen deutscher Beiträge Sinn und Inhalt Schaden nahmen. So beschwerte sich Otto Benndorf im Juni 1886 bei Henzen: „[...] Ich hatte den Aufsatz (über die Sammlung Torlonia) [...] deutsch abgefaßt. [...] Derartige Notizen und Beobachtungen können nur sehr wenige Italiener interessieren, und diese lesen sie ebenso gut deutsch. [...] In der Form nun, die der Artikel jetzt erhalten hat, kann ich nicht zustimmen, daß er gedruckt werde, und wenn Sie die Freundlichkeit haben wollten, mein Deutsch mit diesem Italienisch stichprobenweise zu vergleichen, so werden Sie mir recht geben." Der deutsche Aufsatz sei „für ein faktisch nicht existierendes Publikum in eine ideale Sprache der Unverständlichkeit übertragen" worden. Diesen Argumenten konnte sich auch der Traditionalist Henzen (Abb. 131) in seiner Erwiderung nicht ganz verschließen: „Eine derartige Übersetzung ist wahrlich ein sprechender Beweis, daß Änderungen in der Art der Publikation an der Zeit und gerechtfertigt wären."

Im Jahr 1884 besuchte der Heidelberger Philologe und Althistoriker Wilhelm Ihne regelmäßig Veranstaltungen des Instituts. Die Unmöglichkeit, an einem deutschen Reichsinstitut deutsch zu sprechen empörte ihn derart, daß er beschloß, dagegen etwas zu unternehmen: „Als daher eines Tages Herr J.B. de Rossi einen Vortrag gehalten hatte, zu dem ich mich veranlaßt fühlte, einiges hinzuzufügen, erhob ich mich und bat den Vorsitzenden, mir das Wort in deutscher Sprache zu gestatten. Ich war darauf gefaßt, einer Weigerung zu begegnen, und hatte mir vorgenommen, in diesem Falle förmlich Verwahrung einzulegen. Aber der Vorsitzende, obwohl offenbar verlegen über diese unerhörte Zumutung, fand es doch nicht gut, meine Bitte abzuschlagen; er versuchte nur, mich von meinem Vorhaben abzubringen durch die Bemerkung, er fürchte, ich würde nicht allseitig verstanden werden. Ohne mich durch diese Befürchtungen abhalten zu lassen, redete ich dann in deutscher Sprache, wahrscheinlich zum Entsetzen mancher Anwesenden, aber auch zur Freude anderer, die mir nachher ihre Befriedigung ausdrückten."[659]

Ihne beließ es jedoch nicht bei solchen Aktionen. Am 1. Januar 1885 schilderte er seine römischen Erlebnisse in der „*Kölnischen Zeitung*" und forderte, das Deutsche dem Italienischen, Französischen und Lateinischen gleichzustellen: „Nachdem Fürst Bismarck die deutsche Sprache in den diplomatischen Verkehr eingeführt hat, dürfte doch auch wohl die deutsche Wissenschaft sich nicht scheuen, dem Auslande gegenüber ihre eigene Sprache zu reden. Die Achtung des Auslandes wird sie dadurch nicht verlieren und den deutschen Gelehrten wird sie das beschämende Gefühl der Zurücksetzung und Mißachtung ersparen, welchem sie allein unter allen Nationen in Rom noch ausgesetzt sind."[660] Seine Forderungen begründete Ihne besonders mit dem nicht von der Hand zu weisendem Argument, daß sich die Verhältnisse seit der Gründung des Institutes geändert hätten: „jetzt hat der neue italienische Staat die Erforschung und Erhaltung der Denkmäler in die Hand genommen,

---

654 MICHAELIS 1929, S. 166; WICKERT 1979, S. 34.
655 MORANI-HELBIG 1953, S. 21.
656 Zitiert nach WICKERT 1979, S. 39.
657 WILAMOWITZ ERINNERUNGEN S. 145.

658 Wörtlich: „Italien hat viele Unterhosen [statt Wandlungen] gesehen"; „Il tipo del divo Apolline", beides hinterbracht von Lilli Helbig; MORANI-HELBIG 1953, S. 21f.
659 Zitiert nach RIECHE 1979, S. 91.
660 Zitiert nach RIECHE 1979, S. 92; RIECHE SATZUNGEN Nr. 43.

so daß den deutschen Archäologen der Stoff ohne Mühe geliefert wird, aber in den meisten Fällen ihnen auch das Recht der ersten Veröffentlichung genommen ist. Auch die Franzosen haben jetzt ihre eigene archäologische Anstalt, während sie früher mit den Deutschen zusammenarbeiteten. Dazu kommt noch, daß unter den italienischen Gelehrten die Kenntnis der deutschen Sprache jetzt viel mehr verbreitet ist, als vor 50 Jahren."

Der Artikel zeigte Wirkung. Bereits kurz darauf erschien in einer Münchner Zeitung ein Echo, welche Ihnes Forderung angereichert mit nationaler Rhetorik aufgriff: „[…] Endlich nach 56jährigem Bestand dieses schamlosen Widersinns, den kein anderes Kulturvolk auch nur ein einziges Jahr ertragen hätte, erhebt sich der Protest. Ehre der ‚Köln. Zeitung', welche sich zur Stimmführerin der deutschen Opposition gegen diesen so lange geduldeten Frevel der archäologischen Römlinge aufgeworfen hat! […] Es übersteigt alle Mannesbegriffe von vaterländischem Ehrgefühl, wenn sich heute noch deutsche Gelehrte finden, welche gegen den Gebrauch der deutschen Sprache in einer deutschen Anstalt eifern und darin eine Gefahr für die römische Archäologie wittern! Hoffentlich macht die Reichsregierung diesen verschrobenen Köpfen den Standpunkt klar!"⁶⁶¹ In der Tat mußten die „archäologischen Römlinge" auf eine offizielle Reaktion nicht lange warten. Bismarck, der viel Zeitung las und mit der Einführung der deutschen Sprache im diplomatischen Dienst bereits Maßstäbe gesetzt hatte, interessierte sich auch für solche Detailfragen, von denen das Schicksal des Reiches nicht unmittelbar abhing. Wenige Tage später wurde die Berliner Central-Direction von ihrem obersten Dienstherrn, dem Auswärtigen Amt, aufgefordert, in dieser Sache schleunigst zu berichten.⁶⁶²

Nun dauerte es nicht lange, bis das römische „Problem" mit den Mitteln des Staates – und leider auch ein wenig in der Art des gordischen Knotens – gelöst wurde: durch einen Erlaß. Am 9. März verfügte der Reichkanzler für das römische Institut die vorzugsweise Verwendung der deutschen Sprache.⁶⁶³ Die Central-Direction beeilte sich, den Erlaß in die Instruktion „betreffend die Schriften und Sitzungen des Instituts" umzuwandeln, die selbigem noch im Mai 1885 zugeleitet wurde. Darin heißt es in § 4: „Die öffentlichen Sitzungen werden in deutscher Sprache eröffnet und geschlossen und für Vorträge und Diskussionen ist die deutsche Sprache an erster Stelle zu gebrauchen. Daneben ist das Lateinische und Behufs näherer Beziehungen zu den Gelehrten des Landes auch das Italienische zuzulassen. Zum Wort in anderen Sprachen sind einzelne Gäste nur dann zu verstatten, wenn sie des Deutschen, Lateinischen und Italienischen nicht mächtig sind."⁶⁶⁴ Mit letzterem können eigentlich nur Engländer und Franzosen gemeint gewesen sein. Des weiteren wurde in § 1 verfügt, die „Monumenti" und „Annali" zu „Publikationen in deutscher oder nach Belieben der Verfasser lateinischer Sprache" umzugestalten, das „Bullettino" sollte neben dem italienischen Titel auch einen deutschen führen („Mittheilungen des Kaiserlich Deutschen Archäologischen Instituts in Rom") und Aufsätze in deutscher, italienischer und lateinischer Sprache enthalten.

Die Reaktionen im Institut waren ebenso heftig und pauschal wie auch maßlos übertrieben. Reflexartig und ohne Kenntnis des genauen Textes der Verordnung erklärte der alte Bismarck-Feind Theodor Mommsen, daß die Neuerungen katastrophale Folgen nach sich ziehen würden: „[…] dies ist das Ende des römischen Instituts. Aus einer lebendigen wissenschaftlich und national nützlichen Anstalt freien Zusammenwirkens wird jetzt eine wirkliche Reichsanstalt, ein totes Rad […] mit einigen teils lebenslänglichen, teils zeitweiligen Pensionären."⁶⁶⁵ Daß es mit der Lebendigkeit des alten Instituts doch nicht so weit her war, mußte Mommsen an anderer Stelle richtigerweise einräumen. In die Besorgnis um die Zukunft mischte sich auch Trauer um den Verlust des Alten: „[…] Bismarck hat uns in einer seiner Launen das Institut zerschlagen, und wenn der alte Kasten auch stark an Altersschwäche litt, so hatten wir ihn doch lieb, vielleicht weil wir auch altersschwach sind, vielleicht weil wir einmal jung waren. Nun muß man auch das begraben."⁶⁶⁶ Auch Henzen, der dem Institut vierzig Jahre lang gedient hatte, wollte den Schritt in die neue Zeit nicht mehr mitmachen und reichte seine Pensionierung ein. Der Sprachenerlaß habe dem Institut den „Boden entzogen. […] Die solennen Sitzungen

---

661 Zitiert nach Wickert 1979, S. 42, Anm. 58.
662 Wickert 1979, S. 28.
663 Rodenwaldt 1929, S. 33; Rieche Satzungen Nr. 43; Wickert 1979, S. 28.
664 Instruktion vom 28. Mai 1885; Rieche Satzungen Nr. 44.
665 Mommsen an Henzen; 30. März 1885; zitiert nach Wickert 1979, S. 30
666 Mommsen an seine Frau; 28. März 1885; zitiert nach Wickert 1979, S. 30.

sollen auf deutsch eröffnet und geschlossen, die Vorträge auf deutsch oder lateinisch sein. Wir haben also ital. Professoren und Behörden bis zum Minister hinauf zu Vorträgen einzuladen, von denen sie auch kein Wort verstehen."⁶⁶⁷ Dabei sah § 4 doch ausdrücklich vor, „Behufs näherer Beziehungen zu den Gelehrten des Landes auch das Italienische zuzulassen".

So umstritten Bismarcks Sprachenerlaß auch gewesen sein mag, so muß er doch im kulturpolitischen Zusammenhang des späten 19.Jahrhunderts beurteilt werden. Der Gedanke einer international vernetzten, supranational geleiteten Wissenschaftszentrale hatte sich längst als utopisch erwiesen. An seine Stelle waren die Bemühungen einzelner Nationalstaaten getreten, auf den Gebieten der Geisteswissenschaften eigene Organisationsformen zu etablieren. Bereits 1865 hatte sich die *British Archeological Society of Rome*⁶⁶⁸ gebildet, zehn Jahre später wurde die *Ecole Française* gegründet, 1902 schließlich – nach ausdrücklichem Vorbild der deutschen und französischen Institute⁶⁶⁹ – die *British School of Archeology*. Diese englische Einrichtung, die 1912 in die *British School of Rome* umgewandelt wurde, verfolgte ganz explizit das Ziel, den deutschen und französischen Vorsprung auf dem Gebiet der Archäologie zu verringern. Schon 1878 schrieb der britische Philologe Jebb in der Times: „France and Germany maintain archeological Institutes in the capitals of Greece and Italy. Why should not there be a British school of archeology at Athens and at Rome?"⁶⁷⁰ Das *Instituto di Corrispondenza*, aus rein wissenschaftlichen Motiven ins Leben gerufen, befand sich fünfzig Jahr nach Gründung in einer veränderten Welt, nämlich in Gesellschaft von „konkurrierenden" Instituten, die aus primär kulturpolitischer Überlegung heraus gegründet wurden oder gegründet werden sollten. „From its beginning, the [British] School was conceived as a contribution to the British cultural reputation abroad."⁶⁷¹

Die entsprechenden Einrichtungen Italiens (der Vorläufer des *Istituto di Archeologia e Storia dell'Arte*) und Frankreichs (*Ecole Française*) verfolgten vergleichbare Ziele. Der ehrbare Wille der Leitung des Archäologischen Instituts, sich trotz der nationalen Trägerschaft ausschließlich der Wissenschaft zu verpflichten, ließ sich vor diesem Hintergrund nicht lange durchhalten. Die nationale Rolle wurde der Einrichtung von Berlin und von Rom gleichermaßen aufgedrängt. Daß sowohl die *Mélanges d'Archéologie et d'Histoire*, die *Bibliothèque des Écoles françaises d'Athènes et de Rome* als auch die *Papers of the British School* ganz überwiegend in französischer bzw. englischer Sprache publizierten, von den italienisch verfaßten Beiträgen italienischer Archäologen ganz zu schweigen, verstand sich von selbst wie die Tatsache, daß in diesen Häusern die jeweilige nationale Sprache bevorzugte Haussprache war.⁶⁷² Daß das deutsche Institut, ob es wollte oder nicht, in nationaler Konkurrenz zu seinen neuen Kollegen stand, wird paradoxerweise gerade durch die Befürchtung Mommsens deutlich, man könne durch den Sprachenerlaß Boden an die Franzosen verlieren („Selbstmord zugunsten der konkurrierenden Franzosen"), die den Italienern immerhin Französisch anzubieten hätten.⁶⁷³ Die vorsichtige Ausdifferenzierung des Sprachenerlasses, der die italienische Sprache ja sowohl in Vorträgen, Diskussionen als auch Publikationen wenn auch in nachgeordneter Stellung durchaus vorsah, zeigt, daß die General-Direction in Berlin in Verhandlungen mit dem Reichskanzler, dem preußischen Kultusministerium und der Preußischen Akademie der Wissenschaften einen ausgewogenen Kompromiß gefunden hatte.⁶⁷⁴ Zudem stellte die Central-Direction die Umsetzung des Spracherlasses für die öffentlichen Sitzungen wiederholt dem „Ermessen" und „Takt" der Sekretare anheim.⁶⁷⁵

In Italien, wo man die verschiedenen Stufen der *prussificazione* und *germanizzazione* mit Argwohn verfolgte,⁶⁷⁶ war man von der deutschen Sprachpflege auf dem Kapitol nicht begeistert. Die intensive Suche nach der eigenen nationalen Identität trug keineswegs dazu bei, für ähnliche Bemühungen anderer Länder besonders viel Verständnis aufzubringen. Es scheint im Gegenteil, daß die Beschäftigung mit der eigenen nationalen Größe weniger das Selbstbewußtsein als eine äußerst reizbare Empfindlichkeit ausbildete. Daß deutsche Archäologen

---

667 Henzen an Kekulé; 28. März 1885; zitiert nach WICKERT 1979, S. 35.
668 WALLACE-HADRILL 2002, S. 16.
669 CAMPBELL 1989, S. 189; WALLACE-HADRILL 2002, S. 17f.
670 Zitiert nach CAMPBELL 1989, S. 190.
671 CAMPBELL 1989, S. 190.
672 WICKERT 1979, S. 49.
673 WICKERT 1979, S. 39
674 WICKERT 1979, S. 29
675 WICKERT 1979, S. 49.
676 LEONARDI 1916, S. 30f.

in einem deutschen Institut in Zukunft deutsche Vorträge halten wollten, wurde als gezielte, politisch motivierte Maßnahme und als Affront gegen die Ehre Italiens verstanden.[677] Natürlich war der Fall ein besonderer. Anders als etwa bei der *Ecole Française* betrachteten sich die Italiener grundsätzlich als ideelle Teilhaber der Unternehmung: Angehörige mehrerer Nationen hatten einst auf italienischem Boden ein Institut mit italienischem Namen gegründet, in welchem Italienisch, Französisch und Latein gesprochen und geschrieben wurde. Irgendwie ergab es sich, daß die Vertreter einer dieser Nationen, eben die Preußen, so freundlich waren, die tägliche Arbeit zu leisten, das Institut zu beherbergen, es vor Anfechtungen durch die päpstlichen Behörden konsularisch zu verteidigen und einen Großteil der laufenden Kosten zu bestreiten. Man selbst lieferte Ideen, Redebeiträge und Texte, besuchte gerne die Adunanzen in heimischer Sprache und stellte überdies großzügig den Untersuchungsgegenstand zur Verfügung, die klassischen Kunstwerke und Monumente Italiens. Es waren schöne Jahre, und die fleißigen Preußen, deren eigene Forschung überwiegend aus dem Abschreiben von Inschriften zu bestehen schien, schafften es doch immer wieder, diese kleine Maschinerie aus Bibliothek, Vortragsreihen und Zeitschriftenpublikationen am Laufen zu halten. Daß diese braven Männer es schließlich vorzogen, sich des schnöden Geldes wegen in die preußisch-deutsche Staatlichkeit abzusetzen anstelle das Institut würdig zu Grunde zu gehen zu lassen, wurde von vielen als unfreundliche Übernahme, ja als Akt der Usurpation gewertet. Noch heute meint man eine entsprechende Gereiztheit zu spüren, so oft das Institut seine runden Jubiläen feiert, welche stets das Jahr 1829 als Berechnungsgrundlage annehmen. Der Unmut legte sich ein wenig, als man bemerkte, daß das preußisch-deutsche Institut weiterhin einen italienischen Namen trug und die dort sich aufhaltenden Germanen es sich versagten, sich ihres unverständlichen Idioms zu bedienen. Zudem wuchs die Bibliothek sprunghaft an,[678] das Publikationswesen florierte, und fand man etwas bei den Deutschen nicht, so konnte man ja neuerdings auch bei den Franzosen nachschauen.

Der Sprachenerlaß wirkte da wie ein Blitz aus heiterem Himmel, wie der letzte, krachend niederfahrende Baustein einer Germanisierung, die zwar in der Struktur bereits weitgehend abgeschlossen war, zu der sich aber bisher niemand hatte bekennen wollen. Sowohl die Institutsleitung als auch die römischen Gelehrten hatte über Jahre hinweg so getan, als hätte es die unausweichliche Verstaatlichung des Instituts, die Schaffung archäologischer Seminare an deutschen Universitäten und die Gründung der Nationalstaaten nie gegeben, ja man tat ganz so, als lebte man nicht am Ende des 19. sondern des 18. Jahrhunderts. Daß die Änderungen so plötzlich, mit wenig Fingerspitzen- und Taktgefühl durchgesetzt wurden, scheint leider zum Markenzeichen deutschen Auftretens im Ausland zu gehören, das zwischen fast demütiger Selbstverleugnung und auftrumpfender Überheblichkeit manchmal nur wenige Schattierungen beherrscht.

Obgleich man als Italiener im Institut weiterhin italienisch vortragen und publizieren konnte und auch viele Deutsche aus Höflichkeit und Gewohnheit weiterhin italienisch sprachen, fühlte man sich ausgeschlossen und erklärte das Institut kurzerhand für tot: „L'Istituto è morto."[679] Folgerichtig wurden Pläne geschmiedet, die germanische Leiche durch ein eigenes, italienisches (also eben auch nicht internationales) Institut zu ersetzen. Um deutlich zu machen, daß man sich als der eigentliche legitime Nachfolger des alten *Instituto di Corrispondenza* begriff, hätte das neue italienische Gegeninstitut das *Bullettino* unter altem Namen und fortlaufender Numerierung weiterführen sollen, während es bei den Deutschen ab 1886 unter einem deutsch-italienischen Doppeltitel (*Mittheilungen des Kaiserlich Deutschen Archäologischen Instituts in Rom – Bullettino dell'Imperiale Istituto archeologico Germanico*) neu begonnen wurde. Da man sich die Gründung eines solchen Instituts *ex nihilo* aus eigener Kraft nicht zutraute, wurde versucht, mit Henzen und Helbig (Abb. 131/74) die alte Führung des Deutschen Instituts für die Parallelaktion abzuwerben. Der Gedanke war nicht abwegig: Henzens Absicht, sein reguläres Ausscheiden aus Protest gegen den Spracherlaß vorzuverlegen, war allgemein bekannt. Aber auch Helbig, dem die Central-Direction den Lebenswunsch verweigert hatte, die Nachfolge Henzens als Erster Sekretar anzutreten, war ein potentieller, da persönlich gekränkter Überläufer.[680] Botschafter Keudell berichtete

---

677 Wickert 1979, S. 31f u. 40.
678 Blanck 1979, S. 13–18.
679 Ausspruch des Archäologen Bonghi; Wickert 1979, S. 41.
680 Wickert 1979, S. 40f.

an die Central-Direction: „Wie ich höre, sind drei einflußreiche Abgeordnete (Maschini, Baron Barracco und Fürst Odescalchi), welche in Archäologie dilettieren, bemüht, Hrn. Helbig für die Gründung eines italienischen archäologischen Instituts zu gewinnen; wenn er zusagt, wollen sie die erforderlichen Mittel beschaffen, wo nicht, nicht."[681] Helbig versprach jedoch, sich trotz seiner Verbitterung von einer italienischen Gründung fernzuhalten und zog sich auf seine Villa Lante auf dem Gianicolo zurück.

In den folgenden Jahren beruhigte sich die Lage etwas. Das von vielen angekündigte Ende des Instituts ließ auf sich warten, Adunanzen und Bibliothek waren bestens und international besucht. Doch auch wenn die Gründung eines Konkurrenzinstitutes vorerst ausblieb, verlegten sich die Italiener zunehmend darauf, archäologische Kampagnen unter eigener Regie durchzuführen. Zwar konnten auch weiterhin große und wichtige Unternehmungen vom Institut durchgeführt werden, wie etwa die von Mommsen 1893 begonnene Publikation der Säule des Marc Aurel, die Arbeiten am CIL oder Fritz Weeges Veröffentlichung der Fresken der *domus aurea*. Doch entwickelten sich die nationalen Empfindlichkeiten und der Anspruch, „es in Zukunft selbst zu machen" zunehmend zum Problem. Schon 1881 hatte man deswegen beim Auswärtigen Amt – erfolglos – beantragt, den beiden Sekretaren einen diplomatischen Status zu verleihen, um effektiver mit den italienischen Behörden verhandeln zu können.[682]

In einer Denkschrift von 1910 begründet Paul Kehr (Abb. 132) seine ablehnende Haltung gegenüber der geplanten Gründung der Bibliotheca Hertziana mit den sich verschlechternden Bedingungen der deutschen Institute in Italien: „Denn die Schwierigkeiten, mit denen die ausländischen Institute zu kämpfen haben, sind größere geworden und werden immer größer werden in Folge des Aufkommens der italienischen Wissenschaft und der Gründung zahlreicher Konkurrenzinstitute. Einst war das Deutsche Archäologische Institut das einzige in Rom [gestichen: und somit Herr der Lage]. Seine Autorität war unbestritten, es war *das* Institut. Sein Sekretar war statutengemäß *socius natus* der Accademia die Lincei. [...] Dies waren die großen Zeiten der deutschen Wissenschaft in Rom. Seither haben wir Schritt für Schritt an Terrain verloren. Es kam die Emanzipation der italienischen Archäologie, welche die Hegemonie der deutschen beseitigte; die italienische Wissenschaft organisierte sich nach deutschem Muster und begann den Heimatboden für sich in Anspruch zu nehmen. Es setzten immer stärkere Tendenzen des Chauvenismus ein, der das *Italia farà da sé* auch für die Wissenschaft proklamierte."[683]

Die Konkurrenz konnte in offene Feindschaft umschlagen, sobald „deutsche Gelehrsamkeit die Deutung von Funden, welche von den Italienern in den Rang von Nationalheiligtümern erhoben wurden, anzuzweifeln wagte."[684] Die Kontroverse um den sogenannten *lapis niger* war so ein Fall. Als im Jahr 1899 auf dem Forum einige Trümmer freigelegt wurden, die auf das mythische Grabmal des Romulus bezogen wurden und die angeblich älteste lateinische Inschrift trugen, wurde der Epigraphikexperte und zweite Sekretar des Instituts Huelsen (Abb. 72) in die Expertenkommission berufen. Da ihm jedoch ein genaues Studium der fraglichen Inschriften zugunsten des italienischen Linguistik-Professors Ceci verweigert wurde, zog sich Huelsen aus der Kommission zurück und schrieb dafür eine Rezension der Grabungspublikation. Wie vorsichtig die deutsche Seite in solchen Fällen vorging, zeigt eine Mahnung des General Sekretars der Berliner Central-Direction Alexander Conze: „Die rechte Mittelstraße zwischen im wissenschaftlichen Interesse nötigen Ausstellungen und für das Institutsinteresse unverhältnismäßig schädlichen Angriffen werden Sie ja zu finden wissen." Conze bat Huelsen zudem, im Manuskript auf eine Passage, welche als „kleine Spitze gegen das Ministerium" gewertet werden konnte, zu verzichten, was dieser tat.[685] Trotzdem sprach Huelsen Klartext: „Ich habe dabei nicht umhin gekonnt, die Wertlosigkeit der Arbeit des vom Minister ausgesuchten Interpreten (Hrn. Ceci) kurz zu charakterisieren, und den ungehörigen Ton, den er gegen die deutschen Forscher anschlägt, zu rügen. Die Antwort hat Herr C. in mehreren Artikeln im, wie bekannt dem Ministerium verhafteten, P. R. [Popolo Romano]

---

681 Zitiert nach WICKERT 1979, S. 41.
682 WICKERT 1979, S. 148.
683 Paul Kehr an den Kammerherrn v. Trott zu Solz, 8. Juli 1910; zitiert nach ESCH 1999, S. 242.
684 WICKERT 1979, S. 150.
685 Conze an Huelsen, 31.8.1899; zitiert nach WICKERT 1979, S. 151.

gegeben […]. Der pöbelhafte Ton derselben enthebt mich der Notwendigkeit, darauf zu antworten."[686] Daß eine wissenschaftliche Auseinandersetzung in eine über die Presse lancierte Schlammschlacht ausartete, zeigt, wie gespannt das Verhältnis um die Jahrhundertwende bereits gewesen sein muß. Dabei beschränkte sich die Auseinandersetzung nicht auf Ceci und Huelsen. Der Artikel im *Popolo Romano* hätte, wie der Philologe Friedrich Leo vermutete, wohl kaum geschrieben werden können, „ohne die Sicherheit, oben Billigung und unten Resonanz zu finden."[687]

Daß diese Ressentiments italienischer Archäologen gegen ihre deutschen Kollegen keineswegs auf die fernen Zeiten des *Risorgimento* beschränkt bleiben, zeigen zum Beispiel die mit großer Energie betriebenen Versuche einer ansonsten durchaus tüchtigen zeitgenössischen Wissenschaftlerin, die *stranieri d'Oltralpe* – sie bezieht sich hier vor allem auf den 1915 verstorbenen Wolfgang Helbig – posthum und mit fragwürdigen Beweisführungen als charakterlich verdorbene, gewinnsüchtige, mafios organisierte Antikenfälscher und Raubgräber zu kriminalisieren.[688]

Nach der Jahrhundertwende traten die Beziehungen zwischen dem Deutschen Kapitol und den italienischen Behörden in ihr finales Stadium. Zwei eher unglückliche Personalentscheidungen des Auswärtigen Amtes mögen das ihre dazu beigetragen haben. Im Jahr 1902 bezog der uns als Schlözer-Kritiker und Antiquitätensammler bereits bekannte (siehe S. 122 f.) Anton Graf von Monts de Mazin (Abb. 134) als neuer deutscher Botschafter den Palazzo Caffarelli, 1909 wurde Richard Delbrueck (Abb. 133) Erster Sekretar des Instituts.

In der Geschichte der deutschen Auslandsinstitute sind leitende Stellen mehr als einmal mit hierfür wenig geeigneten Wissenschaftlern besetzt und verdiente, hochangesehene Kollegen übergangen worden. Der Fall des introvertierten Eugen Petersen, der dem in Deutschland zwar umstrittenen, in Italien jedoch äußerst angesehenen Wolfgang Helbig vorgezogen wurde, wiederholte sich bei Richard Delbrueck. Wurde Delbruecks Befähigung als Archäologe selten angezweifelt, so scheint sein Charakter nicht unproblematisch gewesen zu sein. Schon ein Gutachten, das die Vergabe eines Romstipendiums an den jungen Delbrueck 1899 letztlich befürwortete, hielt ihn für „begabt, aber unerzogen; sehr selbständig, hartnäckig." Festgestellt wurden auch „hohe Selbstüberschätzung" und „vielfach von ihm verschuldete Mißverhältnisse".[689] Trotzdem, wenn auch gegen vielfachen Widerstand, wurde dieser knapp 35jährige Karrierearchäologe – und nicht der langjährige Zweite Sekretar, der berühmte Christian Huelsen – von der Central-Direction zum Ersten Sekretar bestimmt.[690] Huelsen, der dem Institut fast 25 Jahre verbunden gewesen war, reichte seinen Abschied ein. Das von Freunden veranstaltete Bankett zu seinen Ehren drohte zur öffentlichen Demonstration gegen Delbrueck zu geraten. Der neu eingetroffene Botschafter Gottlieb von Jagow glaubte eingreifen zu müssen, um öffentliche Ausfälle zu vermeiden: „Ich will morgen einmal den zürnenden Achill – Helbig – der auch etwas von Thersites hat – aufsuchen und ihm einige Garantien abfordern. Am besten wäre es, er schweige ganz […]."[691]

Das Wort ergriff unter anderem der schwedische Gesandte Baron von Bildt. Die Eloge, die er auf Huelsen sprach, geriet in wehmütigem Tonfall zu einem vorgezogenen Nachruf auf das alte Archäologische Institut: „Ah, come si saliva con piacere al Campidoglio, magari alla Rupe Tarpea, per andar a chiedere all'Istituto Germanico un'informazione, una spiegazione o semplicemente il prestito d'un libro, quando si sapeva che lassù ci accoglieva Huelsen con quel suo sorrisetto bonario, che conosciamo tanto bene […]. Ah, veramente Huelsen è stato per molti anni il buon genio, l'anima stessa dell'Istituto! E quando un giorno nell'avvenire si dovrà scrivere la storia di quel glorioso vecchio Istituto, al quale vogliamo tutti bene, ed al quale pensiamo sempre con

---

686 Zitiert nach Wickert 1979, S. 152.
687 Leo an Huelsen, 6.9.1899; zitiert nach Wickert 1979, S. 151.
688 Lehmann 1989, S. 22; Die Kontroverse um die sogenannte *Fibula Praenestina*, deren Fälschung Margherita Guarducci Wolfgang Helbig wiederholt anzulasten versuchte; Vgl. zusammenfassend Lehmann 1989 passim.

689 Gutachten von 1899 und 1901; zitiert nach Wickert 1979, S. 64.
690 Wickert 1979, S. 64–69.
691 Jagow an Huelsen, 17.11.1909; zitiert nach Wickert 1979, S. 70.

venerazione ed amore, allora non si potrà disgiungere da questa storia il nome di Huelsen, che tanta parte ha avuto nell'opera dell'Istituto." [692]

Zu Delbrueck ging man wohl weniger gern ins Institut. Es dauerte nicht lange, bis dieser bei seinen italienischen Kollegen wegen seiner „preußischen Strenge" den Beinamen „Der Korporal" führte. Delbrueck ließ wenig Zweifel daran, was er von der bisherigen liberalen Politik des Institutes gegenüber italienischen Besuchern hielt: „Die schrankenlose Gastfreundschaft für jeden Italiener, der sich irgendwie mit Archäologie befaßte, hat nur Begehrlichkeiten erregt und Ansprüche großgezogen. […] Deutschland hat auch für diese Gastfreundschaft keinerlei besondere Vorteile genossen. Deutsche Gelehrte haben nicht mehr erreichen können als Engländer, Franzosen, Amerikaner, deren Institute in erster Linie und wesentlich den eigenen Landsleuten dienen." [693] Delbrueck führte 1910 die befristete Benutzerkarte ein – für Italiener wie für Deutsche – und schickte eine davon an seinen verehrten Landsmann „Herrn Kehr", seines Zeichens Professor der Geschichte und Direktor des *Deutschen Historischen Instituts* in Rom, der als scharfer Kritiker Delbruecks dessen Ernennung zu verhindern versucht hatte. Paul Kehr, dem durch sein Amt ein unbeschränktes Zugangsrecht zum Archäologischen Institut zustand, schickte diese Grußkarte kommentarlos zurück, forderte von der Central-Direction „dahin wirken zu wollen, daß gewisse […] üble bürokratische Manieren […] das Institut nicht schließlich völlig isolieren […]. Ich gestehe, ich habe diese Art von Bahnsteigkarte mit einiger Verwunderung angesehen und mich gefragt, was wohl andere Gelehrte von Namen und Stellung wie Duchesne, Pastor u.a. darüber denken werden […]. So wird einer nach dem anderen vom Institut ‚weggegrault' […]." [694]

Es scheint, als habe sich die deutsche Gemeinde entschlossen, sowohl nach außen wie nach innen für eine zum nahenden Weltkrieg passende Atmosphäre zu sorgen. Einen bedeutenden Beitrag hierzu hatte zuvor schon Botschafter Graf Monts (Abb. 134) geleistet, indem er 1903 den *cancello*, also das Zugangstor zum Caffarelli-Grundstück von der Via delle Tre Pile hatte schließen lassen (Abb. 1/16). [695] Nun konnten Römer, die vom Kapitolsplatz zum Marcellustheater wollten, nicht mehr den Weg über das Kapitol nehmen und dabei die gute Luft und die schöne Aussicht genießen, [696] sondern mußten die enge, vielbefahrene, notorisch stinkende Via Tor de'Specchi benutzen. Außerdem war die vom Reich angelegten Aussichtsterrasse (Abb. 1/92) vor dem Palazzo Caffarelli bei den Römern sehr beliebt: „Ora il piazzale era, da tempo immemorabile […] soggetto a servitù di passaggio da parte del pubblico che si recava colà ad una delle più luminose e suggestive visioni di Roma." [697] Deren Sperrung wurde den Deutschen noch Jahrzehnte später vorgeworfen. [698] Ähnlich wie bei Wilhelms Romfahrt in Begleitung seiner langen Kerls war es auch bei dieser an sich nebensächlichen Maßnahme der Tonfall, der verstimmte, war die faktische Einschränkung der Bewegungsfreiheit der Römer weniger von Bedeutung, als die Symbolik, die von der Schließung des „Heiligen Hügels" durch die Vertreter einer fremden Macht ausging. Nach vereinzelten Protesten in der Tagespresse wurde von der Comune di Roma die Möglichkeit einer rechtlichen Klage untersucht, zu der es jedoch nicht kam: „[…] da quel giorno il clivo Capitolino su cui sorse il tempio di Giove è chiusa proprietà tedesca vietata agli Italiani." [699]

Auch innerhalb der deutschen Kolonie wurde die Stimmung frostiger. Die ehemals nachbarschaftlichen und manchmal auch freundschaftlichen Beziehungen zwischen dem Archäologischen Institut und der nun sehr vornehmen Botschaft beschränkten sich auf förmliche Kontakte. Ob dies freilich ausreicht, die Dienstzeit des Grafen Monts als Botschafter in Rom auf ein „trauriges Andenken in der deutschen Siedelung wie in

---

692 „Ach, wie gerne stieg man auf das Kapitol, lieber noch auf den Tarpejischen Felsen, um am Deutschen Institut eine Information, eine Erklärung oder einfach nur ein Leihbuch zu erfragen, wenn man wußte, daß dort oben Huelsen empfing, mit seinem gütigen Lächeln, das wir alle so gut kennen […]. Ach, für viele Jahre war Huelsen fürwahr der gute Geist des Instituts, ja dessen Seele selbst! Und wenn man eines Tages die Geschichte dieses glorreichen Instituts schreiben wird, dem wir alle verbunden sind, an das wir in Verehrung und Liebe denken, dann wird diese Geschichte untrennbar mit dem Namen Huelsens verbunden sein, der daran soviel Anteil hatte." HUELSEN DISCORSI S. 6.

693 Delbrueck in einem Bericht an die Central-Direction nach seiner Abreise aus Rom 1915; zitiert nach WICKERT 1979, S. 76.
694 Zitiert nach ESCH 1992, S. 336.
695 LEONARDI 1916, S. 35 u. 43; FISCHER 1998, S. 157.
696 „… nel gennaio di quell'anno [1903] l'ambasciatore di Germania, serra i cancelli del palazzo, proibisce al pubblico il passaggio alla terrazza prospiciente il palazzo e il panorama di Roma che vi si gode." LEONARDI 1916, S. 35.
697 LEONARDI 1916, S. 43, Anm. 1.
698 ESCH 1992, S. 337f.
699 LEONARDI 1916, S. 35 und S. 43, Anm. 1.

den deutsch-italienischen Beziehungen" zu reduzieren, wie Noack dies ohne weitere Begründung tut, ist fraglich. Hier spielt ein nur schwer zu durchschauendes Netz an Feindschaften und Loyalitäten eine Rolle, welche das Außenamt in der Wilhelmstraße zur obersten Schlangengrube des Reiches machte. So war das persönliche Verhältnis zwischen Monts und dem ehemaligen Botschafter, Staatssekretär und Reichkanzler Bernhard von Bülow mehr als gespannt, und beide versäumten es nicht, in ihren Autobiographien das Lebenswerk des jeweils anderen mit Häme, Schmähungen und Indiskretionen zu desavouieren.[700] Noack, der in seiner guten Bürgerlichkeit vom dezidiert aristokratischen Monts etwas nachlässig behandelt worden sein mag, ist hier als ein ergebener Gefolgsmann Bülows keine unabhängige Quelle.

Auch der Dichter Rudolf Borchardt war kein Bewunderer des deutschen Botschafters. Monts sei ein „unfähiger, indolenter, der Lage in keiner Weise gewachsener Mann", eine „Null", der „durch jedes neue Ereignis in seinen Voraussagen regelmäßig desavouiert" worden sei."[701] Bei Borchardts Verstimmung mag allerdings der Umstand eine Rolle gespielt haben, daß sein Vorschlag, dem Deutschen Reich als an der Quirinalsbotschaft attachierter ‚Kulturbotschafter' zu dienen, nicht aufgegriffen wurde.[702]

Als Charakter mochte Monts durchaus eigensinnig und schwierig gewesen sein: „Sein Witz war immer scharf, manchmal mitleidslos, aber er hat sich kaum jemals an jemanden vergriffen, der durch die Umstände an einer Retourkutsche verhindert war. […] Als der damalige Leiter der auswärtigen Politik Österreich-Ungarns, Graf Kalnoky, […] den jüngeren Mitgliedern der in Wien akkreditierten Diplomatie bisweilen nur zwei Finger zu reichen pflegte, ereignete es sich einmal, daß der junge, reichsdeutsche Diplomat [Monts] diese Begrüßung mit einem einzigen Finger erwiderte."[703] Auch als Botschafter in Rom blieb Monts dieser Haltung im Grundsatz treu: „Der König war indes bei meiner Antrittsaudienz, wie bereits erwähnt, kurz und beinahe unfreundlich, während der Außenminister Prinetti, im Zivilberuf Fahrradfabrikant in Mailand, überhaupt nichts von Europas übertünchter Höflichkeit durchblicken ließ. Vielleicht wollte mich der große, breitschultrige Plebejer einschüchtern. Ich schlug, als das oft erprobte Mittel, einen ähnlichen Ton an – auf einen groben Klotz ein grober Keil – um schnell das Verhältnis zwischen mir und dem auf das Gebiet der Diplomatie verirrten Industriellen in die Formen zurückzulenken, die gegenüber einem Botschafter üblich sind."[704] Doch muß man dem italienkritischen Monts zugute halten, daß er gewisse Empfindlichkeiten des Gastlandes genauer und früher erkannte als so mancher selbsternannte Italienfreund. So beurteilte er ziemlich zutreffend, daß die Welle der deutschen Institutsgründungen in Rom nicht nur als kulturelle Bereicherung angesehen wurde. Als nach dem Archäologischen Institut, dem Historischen Institut, der deutschen Akademie und dem kunsthistorischen Institut in Florenz auch noch ein solches in Rom gegründet werden sollte, meinte er in einer Denkschrift: „Endlich sind auch ernstere politische Bedenken gegen die Errichtung eines besonderen Kaiserlichen Kunsthistorischen Instituts geltend zu machen. Die anderen Nationen gehen bescheidener vor und begnügen sich […] mit einem Institut, in dem sie je nach Bedürfnis […] bald dieses bald jenes Fach stärker betreiben, während deutscherseits mit den Gründungen verschiedener und von einander unabhängiger Institute der vorhandene Chauvinismus der Italiener immer von neuem angefacht wird. Die deutschen Archäologen würden gewiß geringere Schwierigkeiten finden, […] [wenn] die prunkvolle Einrichtung des Archäologischen Instituts und die stolze Lage am tarpejischen Felsen die Italiener weniger an ihre eigene Inferiorität erinnern würde, wie überhaupt die römischen und italienischen Gelehrten den bereits vorhandenen Instituten entweder mit offener Antipathie oder mit achtungsvoller Scheu gegenüberstehen."[705]

So wenig freundlich diese Einschätzung auch sein mag, erwies sie sich im Wesentlichen leider als zutreffend. Paul Kehr, der nach dem Ersten Weltkrieg in Rom versuchte,[706] auf die Herausgabe der beschlagnahmten Institute hinzuarbeiten, mußte konstatieren, daß diese Einrichtungen gerade durch ihre große Anzahl „den Italienern viel grösser, zahlreicher und darum bedrohlicher erscheinen, als sie in Wirklichkeit sind" und geradezu

---

700 Monts Erinnerungen S. 152–172; Bülow Denkwürdigkeiten, 1, u.A. S.606–608; siehe auch Oppenheimer 1931; Winzen 2003, S. 173f.
701 Rudolf Borchardt, Prosa, 5, S. 125; zitiert nach Petersen 2000b.
702 Petersen 2000b.
703 Oppenheimer 1931, S. 95.
704 Monts Erinnerungen S. 205.
705 Zitiert nach Windholz 2003, S. 73; vgl. Esch 1999, S. 242f.
706 Esch 1992.

als „wissenschaftliche Faktoreien [...] zur Ausbreitung des deutschen Einflusses und zur Beherrschung Italiens" betrachtet würden.⁷⁰⁷

Diese Angst sollte sich bis 1914 zum Verfolgungswahn steigern und neben zahllosen Schmähschriften und Zeitungsartikeln sogar poetische Früchte tragen. So stellte Ezio M. Gray, der neben der militärischen, wirtschaftlichen, kommerziellen, politischen und individuellen Penetration seines Landes durch die Deutschen auch eine kulturelle und höfische Unterwanderung ausmachte,⁷⁰⁸ dem Kapitel über die deutschen Institute die Verse des Dichters Sem Benelli voran:

Roma non è più nostra! Mille e mille
aquile di Germania su di lei
da troppo tempo si sono gettate
strappandole, con grinfie che non rendono,
*i suoi tesori.*⁷⁰⁹

Daß ein derart emotionalisiertes Italien ein politisch unsicherer Bündnisgenosse sein würde, hatte Botschafter Monts früher als andere erkannt. Als 1908 wegen der Annexion Bosniens durch Österreich ein Konflikt mit Rußland und Frankreich drohte, schrieb Monts an Bülow: „Mit Italien rechnen Sie, bitte, auf der Gegenseite."⁷¹⁰

Der Arzt am Totenbett

Sieben Jahre später mußte sich Bülow (Abb. 137) aus allernächster Nähe davon überzeugen, daß der von ihm zunächst geförderte und schließlich verachtete Monts⁷¹¹ mit seiner Einschätzung Recht hatte. Als der ehemalige Reichkanzler am 18. Dezember 1914 in Rom eintraf, war seine Aufgabe keine einfache. Als deutscher Sonderbotschafter sollte er von Italien erreichen, daß es seine Verpflichtungen aus dem Dreibund erfülle oder im Krieg zwischen Deutschland und Österreich-Ungarn sowie England, Frankreich und Rußland neutral bleibe. „Man beging den Fehler, den Arzt Bülow [...] zum größten Mißvergnügen der Italiener an das römische Bett des schon längst selig entschlafenen Dreibundes zu senden."⁷¹² Monts griff damit ein Bild auf, mit welchem Bülow die Verantwortung für das Scheitern seiner Mission zurückgewiesen hatte, eben das des Arztes, welchen man zu spät an das Bett des Kranken gerufen hatte.⁷¹³

Mit Bülow betritt ein Habitué des Deutschen Kapitols kurz vor Ende noch einmal die Bühne. Nachdem Bülow den Palazzo Caffarelli und das Leben in Rom als 25jähriger Attaché unter Botschafter Keudell bereits kennengelernt hatte, kehrte er 1893 als Botschafter zurück. Dieser Spitzenposten hätte als Krönung einer glanzvollen diplomatischen Laufbahn gelten können, die er als Geschäftsträger in Athen (1876–1878) begann und die ihn dann rasch über die ganz großen Häuser des Deutschen Reiches (zweiter Botschaftssekretär in Paris 1878–1884; Botschaftsrat in Petersburg 1884–1888) in steilen Stufen nach Bukarest führte, wo dem erst 39jährigen erstmals die Leitung eines Hauses übertragen wurde. Sieben Jahre blieb Bülow dort als Gesandter. Für ihn mögen es sieben lange Jahre gewesen sein, bis endlich die nächste Beförderung folgte. Als er schließlich als Nachfolger des Grafen Eberhart zu Solms-Sonnenwalde die römische Botschaft übernahm, war es in diplomatischen Kreisen ein offenes Geheimnis, daß er sie nur als Zwischenstation ansah. Bülow war geschickt genug, solche Vermutungen selbst Vertrauten gegenüber zu zerstreuen. Seinem damaligen Protegé Graf Monts

---

707 Zitiert nach Esch 1992.
708 Gray 1915, S. 57ff.
709 „Roma ist nicht mehr die unsere Tausend und abertausende / Adler aus Deutschland haben sich auf sie / vor allzu langer Zeit geworfen / und ihr mit Klauen, die nicht wiedergeben / ihre Schätze entrissen" Gray 1915, S. 57.
710 Oppenheimer 1931, S. 97
711 Bülow Denkwürdigkeiten, 1, S. 606f.
712 Monts Erinnerungen S. 225.
713 Winzen 2003, S. 162.

schildert er Rom als paradiesische Endstation: „Der Caffarelli ist jetzt herrlich – schön wie ein Traum. Die *fons Baudosiae* im Garten, von rot und blau und weiß blühenden Azaleen umgeben, blühende Rosen an allen Mauern und Wänden, Nelken längs der Terrasse, mildeste Luft, blauester Himmel. Ich wäre ein Narr, wenn ich einen anderen Wusch hätte, als möglichst lange hier zu bleiben, zumal ich dienstlich-politisch (vanité à part) hier sehr schwer ersetzbar bin […]."[714] Dieser „andere Wunsch" dürfte von Anfang an – *vanité à part* – auf das Amt des Reichkanzlers selbst gezielt haben. Neben seiner offensichtlichen Begabung und einem Glück, daß ihm bisher mit der stillen Zuverlässigkeit eines Dienstboten assistierte, war es sein exzellenter Hintergrund, die ihm diesen Lebenswunsch als realistisch erscheinen lassen durften. Bülow war einer der ersten Diplomaten des Deutschen Reiches, die durch eine professionelle Ausbildung auf ihren Beruf vorbereitet wurden. Wesentlich dazu beigetragen hatte Bülows Vater. Bernhard Ernst von Bülow hatte als Staatssekretär des Auswärtigen Amtes von Anfang an darauf geachtet, seinen Sohn (Abb. 76) mit allen Abteilungen des Amtes vertraut zu machen und seinen Aufstieg über die besten Stationen so effektiv wie möglich zu gestalten. Die mit dem wendigen Talent des Sohnes gekoppelte Protektion des Vaters war so erfolgreich, daß selbst eine skandalöse Liebesheirat daran nichts ändern konnte. Während seines kurzen Zwischenspiels als Sekretär der Wiener Botschaft hatte Bülow ein Verhältnis mit Maria Gräfin Döhnhoff (Abb. 135) begonnen, die unpassenderweise mit Bülows Chefs verheiratet war. Erst nachdem der Fall auf allerhöchster Ebene geklärt war (der Papst annullierte die erste Ehe, der Kaiser gab seine Bewilligung), konnte Bülow diese geborene Principessa Camporeale heiraten, Tochter der Donna Laura Minghetti, einer der berühmten, von Lenbach wiederholt portraitierten und von Königen in Anspruch genommenen Schönheiten Europas.[715]

Das war, nicht nur für preußische Maßstäbe, starker Tobak, sollte der Laufbahn des neuen Ehemannes aber nicht schaden, im Gegenteil. Durch die Verbindungen seiner Frau bekam Bülow bald die allerbesten Kontakte zu den maßgeblichen Kreisen im neuen Italien. Er wurde damit für Berlin immer unverzichtbarer, wo sich inzwischen auch neue Förderer gefunden hatten. Nach der Entlassung des alten Reichskanzlers Bismarck, der Bülow bereits nach Kräften protegiert hatte, verlagerte sich die Macht vom Kanzleramt auf einen kleinen Kreis verschworener Männer um den jungen Kaiser Wilhelm II. Deren zentrale Gestalt, Graf (später Fürst) Philipp zu Eulenburg-Hertefeld, langjähriger Intimus des Kaisers, wurde auf der Suche nach neuen Talenten auf den ehrgeizigen, vielgewandten Bülow aufmerksam. Über Jahre wurde dieser von Eulenburg systematisch als eine Art neuer Bismarck – als Wilhelms *bête noire* – aufgebaut und erwies sich für diese Rolle auch als bestens geeignet. Nach nur drei Jahren im Palazzo Caffarelli verließ Bülow seine Rosen und Azaleen, um als Staatssekretär in die Wilhelmstraße zu wechseln. Am 17. Oktober 1900 wurde der inzwischen in den Grafenstand erhobene Bülow Reichskanzler. Das beherrschende Ziel seiner Außenpolitik, die Weltmachtstellung des Deutschen Reiches, erreichte er nur in Ansätzen und um den Preis der internationalen Isolierung. Sein politisches Ende ist eng mit der sogenannte „Daily Telegraph Affäre" verknüpft, auf die hier nicht im Einzelnen eingegangen werden kann. Nur soviel: Bülow hatte es als Reichskanzler versäumt, die innenpolitischen Folgen eines Interviews, welches der Kaiser der englischen Zeitung gegeben hatte, rechtzeitig zu erkennen und gab den Artikel zur Veröffentlichung frei. Wilhelm erscheint darin als Betreiber einer privatisierenden, ziellosen Außenpolitik, als Monarch, der in seiner unbegrenzten Machtvollkommenheit am Parlament vorbei schaltet und waltet, wie es ihm gerade paßt. Bülow versuchte, seinen Kopf gegenüber Wilhelm zu retten, indem er abstritt, den Artikel selbst redigiert zu haben. Gegenüber dem Parlament hingegen versuchte er, der die kaiserliche Politik Jahre lang an erster Stelle mitgetragen hatte, sich von dem unter argen Beschuß geratenen Kaiser seitwärts abzusetzen, anstelle ihn wie versprochen vor der Kritik in Schutz zu nehmen. Wilhelm war durch diesen Verrat und durch die neuartige Heftigkeit der öffentlichen Kritik gegen seine Person derart getroffen, daß er tagelang seinen Rücktritt erwog. Zurücktreten mußte am 14. Juli 1909 schließlich der Reichskanzler, der durch sein taktisches Lavieren das Vertrauen des Kaisers verloren hatte. Bülow, der sein Lebenswerk in Trümmern sah, zog sich mit seiner Frau nach Rom zurück.

714 Bülow an Monts, 3. Mai 1895; Monts Erinnerungen S. 337.   715 Monts Erinnerungen S. 160.

Dort hatte er bereits 1904 die Villa Malta (Abb. 138/60) für die hohe Summe von zwei Millionen Mark von den Erben ihres ehemaligen Besitzers, des russischen Grafen Leon Bobrinski, erworben.[716] Damit war dieses ehemalige Eigentum König Ludwigs von Bayern wieder ein Mittelpunkt der deutschen Kolonie in Rom. Von sommerlichen Reisen nach Norderney abgesehen, residierte der zurückgetretene Reichskanzler also in seiner römischen Rosenvilla und gab sich äußerlich den Anschein eines zurückgezogenen Privatiers. Insgeheim versuchte er jedoch über verschiedenste Kanäle, in Deutschland die öffentliche Meinung zu seinen Gunsten zu beeinflussen und vor allem das Vertrauen des Kaisers wieder zu erlangen. Besonders diese Bemühungen blieben erfolglos. Erst nach Ausbruch des Ersten Weltkriegs, den Bülow begeistert als die langersehnte Möglichkeit begrüßte, den Weltmachtanspruch Deutschlands durch schnelle Siege zu zementieren, schienen sich die Dinge wieder zu bewegen. In eigenwilliger Auslegung seiner Bündnisverpflichtungen war Italien 1914 neutral geblieben. Als die schnellen Siege Deutschlands und Österreich-Ungarns bis zum Spätherbst jedoch ausblieben, sah man in Berlin die Gefahr heraufziehen, daß Italien an der Seite der *Entente*, also Englands, Frankreichs und Rußlands, in den Krieg eintreten und das Kräftespiel entscheidend zu Ungunsten des verbliebenen Zweierbündnisses verschieben könnte. Trotz der vergleichsweise geringen Bedeutung der italienischen Streitkräfte befürchtete man eine kriegsentscheidende Wirkung. Um einen italienischen Angriff zu neutralisieren, hätten beachtliche Teile der ohnehin schwächelnden österreichischen Armee von der weit überdehnten Front im Osten abgezogen werden müssen. Auf italienischer Seite hingegen schien schon aus arithmetischer Sicht alles für eine Aufkündigung des Dreibundes zu sprechen. Bei einer Vertragstreue wäre ein Sieg an der Seite Deutschlands und Österreichs alles andere als sicher gewesen. Die österreichische Armee hielt nicht das, was viele von ihr erhofft hatten. Das Lager der Feinde Frankreich und Rußland wurden durch das mächtige England verstärkt, mit dessen Neutralität die deutsche Generalität eigentlich gerechnet hatte. Wesentlich aussichtsreicher erschien es da schon, an der Seite der *Entente* gegen die beiden ehemaligen Verbündeten zu kämpfen. So hatte man die realistische Aussicht, als viertes, wenn auch schwächstes Rad am Wagen der Sieger Österreich die seit langem geforderten „italienischen" Gebiete in Istrien und im Trentino abzunehmen. Die Losung der Kriegsbefürworter lautete folglich auch *Italia quarta!*. Anhänger fand diese Politik in weiten Kreisen des Adels und des Bürgertums sowie bei einflußreichen Vertretern der national gesinnten Intelligenz, allen voran der Selbstdarsteller, Dandy und Dichter Gabriele D'Annunzio (Abb. 136). Die in breiter Front sich formierende Kriegsbegeisterung schwamm auf der Woge des Hasses gegen Deutschland und Österreich, welcher sich wie beschrieben in den Jahren seit 1900 langsam aufgebaut hatte (Abb. 139).

Bei dieser für die deutsche Kriegsführung bedrohlichen Lage mehrten sich in Berlin die Stimmen vor allem in der Presse, die ein vermittelndes Eingreifen Bülows als letzte Möglichkeit sahen, Italien doch noch auf Neutralität festzulegen.[717] Man hoffte auf das große Ansehen, das der Exkanzler und Wahlrömer in den italienischen Regierungskreisen angeblich genoß. Entgegen eigener Darstellung[718] hatte Bülow die Idee seiner Entsendung nach Kräften befördert.[719] In einer solchen Mission sah er die lang erhoffte Chance, wieder in die Politik zurückzukehren. Den Schlüssel zum Erfolg seiner Mission sah er in der Zusage Österreichs, das Trentino an Italien abzutreten. Es spielt hier keine Rolle, ob Bülows „Römische Mission" durch sein ungeschicktes Taktieren gegenüber Wien scheiterte, wie seine Gegner meinten,[720] oder ob sie in Berlin nicht ausreichend unterstützt oder sogar hintertrieben wurde, wie er selbst behauptet. Die Wahrheit ist wohl, daß der von seinem politischen Genie mehr denn je überzeugte Bülow eine unlösbare Aufgabe übernommen hatte und man sich in Berlin dem Vorwurf einer verpaßten Chance nicht aussetzen wollte.

Wie schlecht die Chancen standen, konnte Bülow, wenn er es nicht schon selbst wußte, einem Brief des Direktors des Historischen Instituts in Rom Paul Kehr (Abb. 132) entnehmen, der Ende November 1914 ein düsteres Bild von den italienisch-deutschen Beziehungen zeichnet: „Der plötzliche Ausbruch des Krieges hat nicht nur uns, sondern auch die öffentliche Meinung Italiens überrascht. Die gewaltige Woge dieser Überra-

---

716 BÜLOW DENKWÜRDIGKEITEN, 3, S. 66f.; WINZEN 2003, S. 147; CAPRILE 1999, S. 97 datiert den Kauf fälschlicherweise auf 1907.
717 MONTICONE 1968b, S. 309f.
718 BÜLOW DENKWÜRDIGKEITEN, 3, S. 193–197.
719 MOMMSEN 1968, S. 291f.; MONTICONE 1968b, S. 311f.
720 Siehe besonders MACCHIO 1931 S. 61–66 und 103–115.

schung hat das Schifflein der italienischen Volksmeinung auf eine leider von unseren Küsten weit entfernte Klippe geworfen, von der es sich nicht wieder hat lösen können; wenn es aber abkommen sollte, ist es den uns feindlichen Küsten näher als den unsrigen.

Obwohl ich trotz oder wegen zahlreicher freundschaftlicher Beziehungen zu Italienern niemals an eine wirkliche Sympathie der Italiener für Deutschland geglaubt habe, bin ich doch überrascht, ja erschrocken gewesen über die Stärke der Antipathie, die uns fast überall entgegentrat. Man sah mit einem Male, wie gering die Zahl derer war und ist, die mit aufrichtiger Überzeugung zu uns halten – sie sind sehr viel weniger als selbst ich, von vornherein zur Skepsis darin neigend, annahm. Ich meine nicht die Politiker und nicht die große Masse, sondern die uns geistig und gesellschaftlich näherstehenden Gruppen, insbesondere die Universitätskreise und die Akademiker. [...] Die Damen der Aristokratie unter dem Vorsitz der Bürgermeisterin Colonna stricken Strümpfe für die Soldaten, die demnächst auf den schneebedeckten Alpen kämpfen werden, aber man denkt dabei wohl weniger an die Grajischen Alpen als an die Karnischen und Julischen."[721]

Trotz der schlechten Ausgangslage trat Bülow seine Mission im Dezember 1914 an. Der reguläre Botschafter Flotow (Abb. 144) wurde also beurlaubt und reiste zur Kur nach Süditalien. An seine Stelle trat Sonderbotschafter Fürst Bülow – den persönlichen Fürstentitel hatte er wie Bismarck während der Kanzlerschaft erhalten – und nahm in seiner Villa Malta Quartier. Die Entscheidung, seine Amtsgeschäfte von seinem Privathaus und nicht von der Botschaft im Palazzo Caffarelli aus zu betreiben, traf er bestimmt nicht aus reiner Bequemlichkeit. Es sollte ein Signal an Regierung und Volk sein, daß er als Einwohner und Kenner des Landes, als persönlicher Freund der Italiener auftrat. Die Geste, sich mit der demonstrativen Verlegung der Residenz vom Kapitol auf den Pincio auch von der deutschen Italienpolitik der letzten Jahre zu distanzieren, war gut gewählt: Deutschland warb nun um Italien, und es tat dies nicht von den Fundamenten des Jupitertempels herab (auch wenn die Kanzlei natürlich dort verblieb), sondern von der Rosenvilla aus, die man mit Deutschtum nur im fröhlichen Sinne verband, mit der Erinnerung an König Ludwig und seine feiernden Künstler im lustigen deutschen Rock. Damit schloß sich der Kreis. Mit dem Sonderbotschafter Bülow kehrte die deutsche Diplomatie kurz vor dem Ende der „Alten Zeit" dorthin zurück, wo 1802 die preußische Diplomatie begonnen hatte. Kein Geringerer als Wilhelm von Humboldt hatte als Gesandter für ein knappes Jahr hier schon einmal residiert. So steht die Villa Malta am Anfang von Preußens Aufstieg als deutsche Vormacht und markiert den Sturz des preußischen Deutschland als europäische Weltmacht.

Die Zusammenlegung der Residenz des deutschen Botschafters mit der Privatwohnung des Botschafters rief als symbolische Handlung aber auch Mißtrauen hervor, das zum Scheitern der Mission wesentlich beigetragen haben dürfte. Vor allem die Österreicher, die nach dem Plan Bülows als Preis für die italienische Neutralität Gebiete hätten abtreten sollen, begannen daran zu zweifeln, in wessen Interesse der reichsdeutsche Sonderbotschafter eigentlich unterwegs war: „Jedenfalls gab es im Donaureiche nur eine Stimme, nur eine Meinung: Bülow habe die Bundesgenossen in Rom verraten, [...] er habe nicht als Vertreter des verbündeten Deutschen Reiches, sondern auch als Besitzer der Villa Malta und als Freund der Italiener gehandelt. Fürst Bülow war mit einer Italienerin verheiratet, er hatte keine Bedenken getragen, sich zu expatriieren [...]. Wenn er auch für die Sommermonate eine Villa in Flottbeck und eine zweite in Norderney gemietet hatte, so war doch die von ihm erworbene Villa Malta in Rom sein eigentliches Heim."[722]

Auch der österreichische Botschafter von Macchio (Abb. 141) empfand vor dem Hintergrund der „unaufhörlichen, bald hysterisch anmutenden, bald forsch drohenden Pressionen der Wilhelmstraße" wenig Gefallen am aus seiner Sicht „nur der persönlichen Glorie dienenden Auftreten des Fürsten Bülow, wodurch von vornherein Deutschland sich als der Helfer Italiens bekannte und Österreich-Ungarns Hartnäckigkeit als der gemeinsam zu bekämpfende Feind erschien."[723] Grundsätzlich mußte bei den Österreichern der nicht unbegründete Verdacht bestehen, daß Deutschland sich die Loyalität Italiens mit österreichischen Zugeständnissen erkaufen

---

721 Paul Fridolin Kehr an Fürst Bülow vom 20. November 1914, zitiert nach MONTICONE 1968a, S. 242–244.
722 WEDEL 1931, S. 257.
723 MACCHIO 1931, S. 132; Zur wenig beherrschten Haltung Berlins gegen Wien siehe auch MOMMSEN 1968, S. 283f.

wollte.⁷²⁴ Bülows offenes Jonglieren mit österreichischen Territorien war – wenn auch in der strategischen Absicht gerechtfertigt – vor diesem Hintergrund mehr als kontraproduktiv.⁷²⁵

Wie dem auch sei, Doktor Bülow, unterstützt durch seinen Assistenten, den Zentrumsabgeordneten Matthias Erzberger, begann nun seine täglichen Krankenvisiten im Quirinal, im Senat und im Abgeordnetenhaus. Um seine Mission in der Heimat ins rechte Licht zu rücken, bediente er sich in bemerkenswert professioneller Weise der Presse. Überhaupt war Bülow der erste richtige Medienpolitiker Deutschlands. Die Beurteilung seines politischen Lebenswerkes überließ er nicht alleine den Historikern, sondern versuchte mit Erfolg, durch eigene Publikationen darauf Einfluß zu nehmen. Zu Journalisten pflegte er vor allem dann beste Kontakte, wenn ihm die direkte Ausübung staatlicher Macht versagt war. Dabei verstand er es, den Pressevertretern, die von den großen Männern der Geschichte meistens als subalterne Plage behandelt wurden, durch Aufmerksamkeiten zu schmeicheln und ihr Selbstwertgefühl in einer Weise zu heben, die den Berichten über seine Mission sehr zu statten kam.

Während also der Fürst in Rom für Reich und Vaterland unterwegs war, besorgte die Fürstin die diplomatische Heimarbeit. Zweifel an ihren nationalen Loyalitäten duldete die geborene Italienerin nicht: „Mit ganzer Seele bin ich Deutsche!" sagte sie im Frühjahr 1915 zu Ernst Steinmann, „Ein herrliches Volk!"⁷²⁶

Fürstin Bülow gründete nun ihrerseits einen „Stricktee", dem sie als Oberhaupt vorstand, und wo gleichsam im Wettlauf mit jenem der Fürstin Colonna Strümpfe, Schals und Handschuhe gestrickt wurden, aber eben für *deutsche* Soldaten.⁷²⁷ Zu Bekannten und Verwandten, die den Fürsten nicht mehr empfangen wollten, brach sie den Kontakt kurzerhand ab. Wer in der römischen Gesellschaft sich noch bei Deutschen sehen lassen wollte – und das scheinen viele gewesen zu sein – fand sich bis in den April 1915 jeden Mittwoch und Samstag abend im Salon der Fürstin in der Villa Malta ein: „Wer diese Empfänge damals miterlebt hat, wird sie niemals vergessen. Illustre Persönlichkeiten aus aller Herren Länder fanden hier aufs zwangloseste zusammen: die Herren der Botschaften von Amerika, Spanien und Österreich, die Gesandten von Bulgarien, Griechenland, Schweden und Holland, Senatoren, Deputierte, die römische Aristokratie und zahlreiche Fremde, die immer noch nach Rom kamen. Ja, auch dem Generaladjudanten des Königs bin ich hier begegnet, wie überhaupt die Italiener Wert darauf zu legen schienen – von wenigen Ausnahmen abgesehen – der Person des neuen deutschen Botschafters ihre Sympathie zu bezeugen und der allgemein verehrten Fürstin ihre Huldigungen darzubringen. Wie einst im Palazzo Caffarelli war jetzt wieder die Fürstin die Seele dieser Veranstaltungen. Für jeden hatte sie ein freundliches Wort, von jedem suchte sie eine Hoffnung, eine Garantie zu erhaschen, daß die Sympathien Italiens für Deutschland noch lebendig seien. Früher hatte man sich in ihrem Salon mit Problemen der Wissenschaft, mit Kunst, Musik und Literatur befaßt, jetzt war Politik der einzige Gegenstand der Unterhaltungen."⁷²⁸

Während das umtriebige Fürstenpaar von der Villa Malta aus den Kriegseintritt Italiens zu verhindern suchte, mehrten sich im römischen Stadtbild die Zeichen, daß ein solcher kurz bevorstand. Der Publizist Otto Röse, der Bülows Missions journalistisch begleitete, beschreibt die Situation in seinem nicht immer objektiven, aber stimmungsvollen Tagebuch-Bericht „Im römischen Hexenkessel 1915". Im Januar 1915 beginnt die Kolonie der Ausländer in Rom, vor allem aber die der Deutschen, merklich zu schrumpfen. Ab März nehmen die Abreisen, angestachelt durch schnell kursierende Gerüchte von der unmittelbar bevorstehenden Schließung der Grenzen, den Charakter einer Massenflucht an: „Unsere Kolonie ist aufgescheucht. Es heißt, daß die Verhandlungen, die kaum begonnen haben, schon stocken. Woher man das weiß oder zu wissen glaubt, ist unfaßbar. Was im Schoß der Kabinette vorgeht, bleibt ins tiefste Geheimnis eingewickelt, und dennoch müssert es wie Limburger Käse durch sechsfaches Papier. Heute früh weckte mich ein erschrockener Landsmann mit dem Alarmruf: ‚Es ist aus! Wir müssen weg!' Er hatte es von jemanden, der es von einem Dritten wußte, dem so etwas angedeutet worden war. [...] Ich spaziere die Via Sistina hinunter, dann um die Ecke der Via Porta Pinciana zur Villa Malta. Auf dem Kiesplatze vor dem Eingang warten mehrere Autos. Der Fürst ist in Konferenz. Sein Sekretär

724 Mommsen 1968, S. 284f.
725 Mommsen 1968, S. 293–295.
726 Steinmann 1929 (Sonderdruck ohne Seitenzahl).
727 Röse 1915, S. 59f.; Monticone 1968a, S. 344.
728 Steinmann 1929 (Sonderdruck ohne Seitenzahl).

"[…] bewahrt in amtlichen Fragen die Undurchdringlichkeit des Diplomaten. Ich fahre zum Palazzo Caffarelli. Dort auf der Botschaft finde ich eine größere Anzahl Deutscher in lebhaftem Gespräch. Unser Kanzler, Geheimrat Epler, […] antwortet jedem, der zwischen Abfahrt und Ausharren schwankt: ‚Wer reisen will, dem kann ich nicht abraten.'"[729]

Der Exodus der Fremden macht sich indessen auch im römischen Straßenbild bemerkbar: Im Ausländerviertel auf dem Pincio schließen die Antiquitätenhändler ihre Geschäfte. „Auch die Ansichtskartenhändler haben das Geschäft zumeist schon aufgesteckt. An einzelnen Stellen, wo vielleicht Fremde vorkommen könnten, auf dem Petersplatz, am Kolosseum und eben an der Spanischen Treppe, gibt's noch etliche; sie sehen aus wie Fliegen im Spätherbst, so übrig geblieben und hoffnungslos."[730]

Immer häufiger und zahlreicher wurden die Demonstrationen der *intervenzionisti*, Kriegsbefürworter, der Ruf *Abbasso l'Austria, abbasso la Germania! Evviva la guerra!* begleitete die Kundgebungen, an deren Spitze ein junger Politiker namens Mussolini agierte.[731] Gelegentlich versuchten einzelne Protestmärsche, zur Villa Malta vorzustoßen, die jedoch von starken Truppenverbänden abgeschirmt wurde. Mit einem wahren Heerlager am Pincio und am Kapitol garantierte die italienische Regierung einerseits die Sicherheit der deutschen Einrichtung, machte damit andererseits die Breite der gegen Deutschland gerichteten öffentlichen Meinung demonstrativ sichtbar.

Am 1. April 1915, Gründonnerstag, feierte die deutsche Gemeinde auf Initiative des Deutschen Flottenvereins Bismarcks 100. Geburtstag im Thronsaal des Palazzo Caffarelli.[732] Der Direktor des Historischen Institutes Paul Kehr hielt die Festrede.[733] „Über seine gelehrten Darlegungen hinaus stürmten unsere Gedanken zu der Höhe vaterländischer Pflichten, auf der das deutsche Volk jetzt seine Kraft entfaltet, und zu dem heißen Wunsche, daß Bismarcks Geist Deutschlands Führer fort und fort beseelen möchte."[734]

Am 3. Mai feiert man in der Villa Malta Bülows 66. Geburtstag. Freude verbreitet ein kaiserliches Glückwunschtelegramm mit der Nachricht vom Sieg General Mackensens. Diesem war es laut Angabe des offiziellen Heeresberichtes „gestern nach erbitterten Kämpfen gelungen, die ganze russische Front in Westgalizien von nahe der ungarischen Grenze bis zur Mündung des Dunajec in die Weichsel an zahlreichen Stellen zu durchstoßen und überall einzudrücken. Die wenigen Teile des Feindes, die entkommen konnten, sind in schleunigstem Rückzug nach Osten, scharf verfolgt von den verbündeten Truppen. Die Trophäen des Sieges lassen sich noch nicht annähernd übersehen."[735] Unter den Anwesenden verbreitet sich die Hoffnung, daß Italien nun doch vor einem Kriegseintritt zurückschrecken würde. Niemand unter den Feiernden, vielleicht nicht einmal Bülow selbst weiß, daß in derselben Stunde Italien den Dreibund offiziell aufgekündigt und dies in einem Geheimvertrag mit den Westmächten bereits am 2. April vereinbart hatte. Seitdem liefen in Italien die Kriegsvorbereitungen auf Hochtouren.

Offiziell aber wurde noch verhandelt. Am 7. Mai suchte Bülow ein letztes Mal den italienischen König auf. „Die kaltblütige Meisterschaft, mit der er noch seine letzten Karten ausspielt, erregt die Bewunderung der Italiener, selbst derjenigen, gegen die er spielt, wieviel mehr aber noch die Begeisterung der zahlreichen Eingeborenen, die wünschen, daß er gewinnt."[736]

Bülow schien bereits gewußt zu haben, daß seine „letzten Karten" nicht mehr viel wert waren. Schon am 5. Mai gibt die Botschaft die eindringliche Empfehlung, Rom schnellstmöglich zu verlassen. Aber das ist gar nicht mehr so einfach: „Die Blätter bringen lange Listen von Eisenbahnzügen, die bis auf weiteres nicht mehr gehen, weil Kohle gespart werden muß. […] Das Reisen wird schwieriger, der Andrang um so stärker. Der 9-Uhr-Abend-Schnellzug nach Mailand ist kaum noch abzufertigen, so massenhaft kommen die Fahrgäste. Über Verona-Ala ist der Schnellverkehr schon eingestellt. Eine verzwickte Lage; zum Schaft des italienischen Stiefels kommt man schwer hinaus. Die reine Mausefalle."[737]

---

729 16. März 1915; Röse 1915, S. 49f.
730 28. März 1915; Röse 1915 S. 62.
731 Macchio 1931, S. 123.
732 Noack 1927, 1, S. 735.
733 Kehr 1940, S. 25.
734 1. April 1915; Röse 1915, S. 65f.
735 Aus dem deutschen Heeresbericht vom 3. Mai 1915, Großes Hauptquartier, Südöstlicher Kriegsschauplatz.
736 7. Mai 1815; Röse 1915, S. 138.
737 5. Mai 1915; Röse 1915, S. 133.

Am 7. Mai fährt der besagte 9-Uhr-Abend-Schnellzug nach Mailand zum letzten Mal. Schon kursieren gräßliche Gerüchte, nach denen auf der Insel Ponza bereits ein Internierungslager – ohne Waschgelegenheit! – für deutsche und österreichische Staatsbürger eingerichtet werde. „Dort befindet sich ein Bagno, was aber nicht mit einem Badeorte zu verwechseln ist, sondern auf deutsch Zuchthaus heißt. […] Auf den Felsenriffen gibt's kein Süßwasser; das wird zu Schiffe vom Festland hinübergebracht. Dafür soll es um so mehr Ungeziefer geben. Keine wünschenswerte Sommerfrische."[738] Tatsächlich diente Ponza bereits als Internierungslager, wo über 2000 im türkischen Krieg verschleppte Araber unter menschenunwürdigen Bedingungen festgehalten wurden.

Am 10. Mai präzisiert Österreich noch einmal sein Angebot, das von Italienern bewohnte Trentino abzutreten, ebenso das westliche Ufer des Isonzo, soweit die Bevölkerung rein italienisch ist, sowie die Stadt Gradisca. Triest sollte zur weitgehend freien Stadt erklärt werden, eine italienische Stadtverwaltung und eine italienische Universität erhalten. Auch in sonstigen Fragen war man den italienischen Vorstellungen recht weit entgegen gekommen.[739] Doch kam dieses Angebot viel zu spät, war die Position der Kriegsbefürworter in Italien viel zu stark. Der Krieg war bereits beschlossene Sache.

In Rom wurde die Stimmung immer explosiver. Am 12. Mai kamen der neue russische Botschafter und Gabriele D'Annunzio in Rom an und wurden am Bahnhof stürmisch begrüßt. Gegen Mitternacht rief D'Annunzio nach einer kriegstreiberischen Rede von einem Balkon des Hotels Regina eine erregte Menschenmenge dazu auf, die nahe gelegene Villa Malta zu stürmen. Nur starke Truppenteile, welche das Viertel um die Villa abriegelten, konnten die Menge zurückhalten.[740]

Der Volkszorn begann sich gegen alles zu richten, das im weitesten Sinne dem deutschen Kulturkreis zugeordnet werden konnte: „Vormittags stürmte eine wüste Bande zur Spanischen Treppe und wollte unser Gasthaus überfallen, dessen Schild mit dem deutschen Namen Haßler ihren Zerstörungstrieb reizte. Die Schweizer Staatsangehörigkeit des Besitzers hätte sie nicht verhindert, aber Direktor Walty, der Neffe des seligen Hasslers, bannte sie mit dem Hinweis auf den Doppelnamen des Hauses ‚Hotel Haßler und New York' und drohte mit dem Zorn der Vereinigten Staaten! Darauf zog das Pack ein paar Häuser weiter und verwüstete das ‚Hotel Berlin' in der Via Sistina."[741] Die wenigen Deutschen, die noch im Haßler wohnten, zogen nach diesem Vorfall in das Hotel Eden um. Gegenüber der Villa Malta lag es innerhalb des Truppenkordons, der die Villa weiträumig umgab, „so daß der Weg dorthin nicht in den entscheidenden Augenblicken abgeschnitten werden kann."[742]

In der Villa Malta, im Palazzo Caffarelli und bei den verbliebenen Diplomaten in den Hotels war man schon seit Tagen mit dem Kofferpacken beschäftigt. Auch bei den Österreichern stand alles im Zeichen der Abreise, die nun in jedem Moment notwendig werden konnte. Am 18. Mai wurde der k.u.k. Sonderbotschafter Carl Freiherr von Macchio (Abb. 141) (in Vertretung des erkrankten Kajetan von Mérey) vom k.u.k. Minister des Äußeren telegraphisch angewiesen, „vor eventueller Abreise die Kisten mit Silber der Botschaft und des Botschafters von Mérey der spanischen Botschaft in Verwahrung zu geben."[743] Die komplette Auflösung und Evakuierung zweier Botschaften von der Größe der österreichischen war ein logistisches Großunternehmen: „Es handelte sich um die Abreise von etwa 150 Personen der beiden Botschaften beim Quirinal und beim Vatikan, aller Familien der Beamten und auch anderer Österreicher und Ungarn […]. Aus dem Palazzo Venezia, dem Sitz unserer Kanzleien, stieg in den letzten Tagen unaufhörlich Rauch auf. Einer meiner jüngeren Beamten war damit beschäftigt, alle wichtigen politischen Akten und Chiffre-Bücher zu verbrennen."[744]

So kam Pfingsten. Die komplette Abreise des diplomatischen Korps war für den Pfingstmontag geplant. Am Sonntag traf man ein letztes Mal in alter Umgebung im Palazzo Caffarelli zusammen: „Gottesdienst im Betsaal unserer Botschaft, der letzte vor dem Abschied in Rom, der letzte überhaupt, den unsere Gemeinde an dieser Stätte gefeiert hat; denn die evangelische Kirche in der Via Sicilia ist nahezu vollendet. Kehrt der Friede wieder und mit ihm die Gemeinde nach Rom zurück, so weiht sie mit dem Dankgebet dereinst das neue Gotteshaus. Doch was liegt zwischen heute und dereinst?"[745] Diese angstvolle Frage steht greifbar im Raum,

---

738 5. Mai 1915; Röse 1915, S. 133f.
739 Macchio 1931, S. 116–118.
740 12. Mai 1915; Röse 1915, S. 154f.
741 14. Mai 1915; Röse 1915, S. 158.
742 18. Mai 1915; Röse 1915, S. 165.
743 Zitiert nach Agstner 1998, S. 536.
744 Macchio 1931, S. 132f.
745 23. Mai 1915; Röse 1915, S. 177f.

während Pastor Schubert die Predigt spricht, welche den Psalm 46 zum Gegenstand hat: „Gott ist unsere Zuversicht und Stärke, eine Hilfe in den großen Nöten, die uns getroffen haben."

Am Morgen desselben Tages machte sich der österreichische Botschafter auf den Weg zu Außenminister Sonnino, um ihn protokollgemäß daran zu erinnern, daß Italien auf die letzten österreichischen Angebote nicht mehr reagiert habe. Sonnino gab Freiherrn von Macchio erwartungsgemäß zu verstehen, daß mit einer Antwort nicht mehr zu rechnen sei. „Es war bei diesem letzten Besuche, wo er mir das historisch gewordene ‚Zu spät!' zurief. […] Kurze Zeit nach meiner Rückkehr von dem geschilderten Besuche wurde ich in meinem Bureau im Palazzo Venezia verständigt, daß Sonninos Kabinettschef, Herr Biancheri, telephonisch angefragt habe, wann er bei mir vorsprechen könne. Um halb zwölf erschien er im Gehrock und Zylinder; ich wußte, was dies zu bedeuten habe." [746]

Zur gleichen Stunde übergibt der italienische Botschafter zu Wien Herzog von Avarna der österreichisch-ungarischen Regierung folgende Erklärung:

„Den Befehlen Seiner Majestät des Königs, seines erhabenen Herrschers, entsprechend hat der unterzeichnete königlich italienische Botschafter die Ehre, Seiner Exzellenz dem Herrn österreichisch-ungarischen Minister des Äußern folgende Mitteilung zu übergeben.

Am 4. d. M. wurden der k. u. k. Regierung die schwerwiegenden Gründe bekannt gegeben, weshalb Italien im Vertrauen auf sein gutes Recht seinen Bündnisvertrag mit Österreich-Ungarn, der von der k. und k. Regierung verletzt worden war, für nichtig und von nun an wirkungslos erklärt und seine volle Handlungsfreiheit in dieser Hinsicht wieder erlangt hat. Fest entschlossen, mit allen Mitteln, über die sie verfügt, für die Wahrung der italienischen Rechte und Interessen Sorge zu tragen, kann die königliche Regierung sich nicht ihrer Pflicht entziehen, gegen jede gegenwärtige und zukünftige Bedrohung zum Zwecke der Erfüllung der nationalen Aspirationen jene Maßnahmen zu ergreifen, die ihr die Ereignisse auferlegen. Seine Majestät der König erklärt, daß er sich von morgen ab als im Kriegszustande mit Österreich-Ungarn befindlich betrachtet.

Der Unterzeichnete hat die Ehre, Seiner Exzellenz dem Herrn Minister des Äußern gleichzeitig mitzuteilen, daß noch heute dem k. u. k. Botschafter in Rom die Pässe zur Verfügung gestellt werden, und er wäre Seiner Exzellenz dankbar, wenn ihm die seinen übermittelt würden." [747]

Fürst Bülow wurde von der Kriegserklärung Italiens an Österreich vom italienischen Außenministerium gleichzeitig in Kenntnis gesetzt. Schon am vorigen Nachmittag hatte sich Botschaftsrat v. Hindenburg auf die Consulta, das Außenamt, begeben, wo er im Auftrage des Fürsten Bülow unter Hinweis auf den Abbruch der Beziehungen zwischen Italien und Österreich-Ungarn die Pässe für den kaiserlich deutschen Botschafter forderte. Das „Erbitten der Pässe", die ein Botschafter bei seiner Akkreditierung beim Außenministerium hinterlegt, war die im diplomatischen Verkehr traditionelle Formel für den Abbruch der diplomatischen Beziehungen.

Am darauffolgenden Abend verließ das gesamte diplomatische Korps Deutschlands und Österreichs die Stadt mit Sonderzügen. Noch einmal Röse: „Unser Botschaftszug geht abends 9.30. Hofrat Westphal, den ich im Palazzo Caffarelli aufsuchte, hat mit dem Amt des Reisemarschalls eine schwere Bürde übernommen, die er mit Umsicht und Liebenswürdigkeit trägt. An Koffern alleine sind 400 Stück angemeldet. Dazu kommt für ihn und Geheimrat Epler die verantwortungsvolle Aufgabe der letzten Anordnungen für den weiten Komplex der Botschaftsgebäude. Die preußische Gesandtschaft beim Vatikan fährt mit der Botschaft. Die bayerischen Gesandtschaften haben ihren besonderen Zug, der dem unsrigen nach einer halben Stunde folgt. Die Österreicher fahren uns voran um 8 Uhr. […] Ein Seufzer der Erleichterung, als ich endlich im Auto sitze, das die Fahrgäste des Botschafterzuges – die beiden Generalkonsuln, Herrn Oskar Müller und Gemahlin und mich – aus dem Hotel abholt. Dafür, daß uns nichts Übles widerfährt, ist ostentativ gesorgt; zwei Polizisten fahren auf Rädern uns voraus, zwei uns zu seiten, zwei hinter uns. […] Fürst und Fürstin Bülow kommen mit würdigem Ehrengeleite zum Bahnsteig. Beide bewundernswert gefaßt, äußerlich strahlend. […] Es ist ein schwerer Abschied, den sie nehmen. […]. Zum Geleite sehe ich den Schweizer Gesandten Dr. Alfred v. Planta, der die

---

746 Macchio 1931, S. 133.

747 Amtliche Kriegs-Depeschen nach Berichten des Wolff'schen Telegr.-Bureaus, 2, Berlin 1915.

Vertretung der deutschen Interessen in Italien übernimmt [...]. Welcher Weg unser Zug nehmen sollte, war uns nicht verraten worden."⁷⁴⁸

„Es war ein trauriger Abschied", resümiert Friedrich Noack, „wenn auch die meisten noch nicht daran glauben wollten, daß damit der Untergang der reichen Schöpfungen deutschen Geistes und deutscher Arbeit besiegelt war, mit denen unser Volk sich in Rom eine stolze Stellung geschaffen hatte." ⁷⁴⁹

Palazzo Venezia – Generalprobe und Präzedenzfall

Als am 25. Mai in Rom wieder die Sonne aufging, lagen die Botschaftsgebäude Österreichs und Deutschlands leer und verlassen da (Abb. 140), wenn auch nicht ganz: In beiden Häusern blieb eine kleine Belegschaft zurück, welche unter anderem für den Kontakt zu den Botschaften der Schweiz und Spaniens zuständig war, die man mit der Wahrung der eigenen Interessen in Italien betraut hatte. Auf dem Kapitol verblieben Legationssekretär Dr. Toepke, der Geh. Exp. Sekretär Gotthart und Sekretär Lehmann zurück. Bei den Österreichern hielten die Stellung für den Hl. Stuhl Kanzleisekretär Josef Schwendt und dessen Diener Pompejo, für die Quirinalsbotschaft Kanzleisekretär Johann Brosch, Konsularoffizier Janker, Maschinenschreiberin Mary Unterholzer sowie deren Diener Fulvio Zanoni, Eduardo Linari und Haushofmeister Negri.⁷⁵⁰ Auch sollen einige treue Hunde und Katzen ihre alte Herrschaft nicht verraten haben.⁷⁵¹

Die leer stehenden Immobilien im Zentrum Roms verstärkten die Begehrlichkeiten auf italienischer Seite, die ja nicht erst seit Kriegsausbruch bestanden. Trotzdem lagen die Fälle unterschiedlich: Wurde der Palazzo Caffarelli in einer angefochtenen, lange umstrittenen aber letztlich doch rechtskräftigen Prozedur gekauft, so war der Palazzo Venezia seit Ende des 18. Jahrhunderts österreichisches Eigentum (Abb. 142). Da der vom venezianischen Kardinal Marco Barbo, später Papst Paul II, erbaute Palast immer schon an den Besitz der Stadt Venedig gekoppelt war, ging er im Frieden von Campo Formio 1797 (Art. 13), in dem die Republik Venedig zwischen Frankreich und Österreich aufgeteilt wurde, auf Österreich über. Mit einer Unterbrechung zwischen 1805 und 1814, als der Palast gemeinsam mit dem Rest Italiens von Napoleon annektiert worden war, blieb Österreich bis zum Ausbruch des 1. Weltkriegs Eigentümer.⁷⁵² Als 1871 mit der Verlegung der italienischen Hauptstadt nach Rom und dem Verbleiben eines päpstlichen Reststaates im Vatikan zwei diplomatische Vertretungen nötig wurden, handelten die Österreicher ähnlich wie die Deutschen: Beide Kanzleien wurden in den bisherigen Gebäuden der Vatikanvertretung untergebracht, mit dem Unterschied, daß bei den Deutschen die Quirinalsbotschaft das Haus übernahm und der Vatikangesandtschaft Quartier bot, während bei den Österreichern die Botschaft am Heiligen Stuhl Hausherr blieb und auch im vornehmen ersten Stock residierte. Die Kollegen vom Quirinal arbeiteten im Erdgeschoß, der Botschafter selbst war in eine angemietete Residenz im Palazzo Chigi ausgelagert.⁷⁵³ Wie deutlich damit die historischen und kulturellen Präferenzen Österreichs ausgedrückt sind, zeigt der Vergleich mit den Deutschen, bei denen die „Schwarzen" in einer engen Kanzlei im Mezzanin des Palazzo Caffarelli hausten.

Die Römer standen der österreichischen Präsenz an der Piazza Venezia nicht immer gleichgültig gegenüber. Während der republikanischen Wirren 1848 riß der römische Mob am 21. März „unter den Augen der päpstlichen Polizei" das schöne Wappen mit dem Doppeladler von der Fassade herunter, band es an den Schwanz eines Esels und schleifte es „unter rohen Beschimpfungen" den Corso entlang bis zur Piazza del Popolo, wo man es in Stücke schlug und verbrannte.⁷⁵⁴ Botschafter Graf Lützow wurde daraufhin abberufen. Doch blieben solche Reverenzen gegenüber der Vertretung seiner Apostolischen Majestät die Ausnahme. Schon „am 21. März 1850 mußten die päpstlichen Truppen mit klingendem Spiel dem über demselben Portal wieder errichteten Doppel-

---

748 24. Mai 1915; Röse 1915, S.182–184.
749 Noack 1927, 1, S.736.
750 Agstner 1998, S.538f. und Anm. 179.
751 *Neue Preußische Zeitung*, 1. April 1916, Rubrik: „Von Freund und Feind".
752 Agstner 1998, S.489–494.
753 Agstner 1998, S.495.
754 Noack 1912, S.140; Agstner 1998, S.493.

adler die militärischen Ehren erweisen, und seitdem ist die ehemalige Burg Pauls II. ohne Unterbrechung Sitz der diplomatischen Behörden der habsburgischen Monarchie geblieben."[755]

Zum Konflikt mit Vertretern des Gastlandes kam es erst wieder 1898. Diesmal aber waren es die italienischen Behörden, die am Gebäude der österreichischen Botschaft Anstoß nahmen. Denn ein Teil davon, der als Gartenhof für Paul II. errichtete sogenannte Palazzetto, der einen eigenen, zum eigentlichen Palast versetzt stehenden Baukörper bildete, stand genau vor dem aufwachsenden Monument für Victor Emanuel II., blockierte die Sichtachse vom Corso her sowie die weitflächige Ausgestaltung der Piazza Venezia. Natürlich wurde in der guten alten Zeit, die um 1900 erst wenig von ihren zivilisierten Umgangsformen verloren hatte, ein solcher Konflikt auf dem Verhandlungsweg angegangen, wenn auch um den Preis, daß es mehr als zehn Jahre dauerte, bis der Beschluß, den Palazzetto abzutragen und an versetzter Stelle mit originalem Baumaterial wieder zu errichten die unendlichen Mühlen der k.u.k. Bürokratie durchlaufen hatte. Die Kosten der Aktion trug Italien, auch wenn erst ausführlich (also jahrelang) über Detailfragen wie Entschädigungen für die temporär ausfallenden Beamtenwohnungen verhandelt werden mußte.[756] Trotzdem wurde diese heikle, alle Bereiche der nationalen Empfindlichkeit streifende Angelegenheit mit dem Selbstverständnis einer Zivilgesellschaft geregelt, in der staatliche Willkür, Beugung des Rechts und Verletzung der Formen noch die Ausnahme bildeten.

Solche kultivierten Verhaltensweisen sollten den Jahrhundertwechsel nicht lange überstehen. Kaum war die Rekonstruktion des Palazzetto beendet, als der Krieg ausbrach und Österreich seine gerade frisch restaurierte und generalüberholte Botschaft zurücklassen mußte. Genau wie Deutschland tat man dies im damals selbstverständlichen Vertrauen, daß die Extraterritorialität eines Botschaftsgebäudes auch während eines Krieges vom Feind niemals in Frage gestellt werden würde.

Aber was war schon selbstverständlich nach Ausbruch eines Krieges, der alle bis dahin gewohnten Maßstäbe in traumatisierender Weise außer Kraft setzte? Wenn Soldaten auf dem Feld durch Mörsergranaten in Stücke gerissen wurden, so war das ein Aspekt ihres Handwerks, an den man sich bereits gewöhnt hatte. Daß aber Aeroplane, ohne Vorwarnung und aus dem Nichts kommend, friedliche und wehrlos daliegende Städte angriffen, überstieg die Dimensionen, die die Alte Welt für möglich hielt und bereit war, dem Krieg zuzubilligen. Das Unfaßbare geschah am 9. und 10. August 1916, als zehn bzw. elf österreichische Doppeldecker von ihren Basen in Pola aus Angriffe gegen Venedig flogen. Dabei wurde die Stadt am 9. August mit „1 Stk. 150 kg, 1 Stk. 50 kg, 35 Stk. 29 kg, 32 Brandbomben und 27 Stück 5 kg Bomben belegt."[757] Ziele waren „das Arsenal, Bahnhof, militärische Objekte und Fabrikanlagen […]. Ein Dutzend Brände wurde hervorgerufen, davon zwei von sehr großer Ausdehnung bei der Baumwollfabrik und in der Stadt, die noch auf 25 Meilen Entfernung sichtbar waren. Das heftige Abwehrfeuer der Batterien war ganz wirkungslos. Alle Flugzeuge sind unversehrt eingerückt."[758] Zwar war dies nicht der erste Luftangriff der Kriegsgeschichte. Schon im türkischen Krieg 1911 setzten bezeichnenderweise die Italiener, die auf diesem Gebiet anfangs sogar führend waren, alles ein, was am Anfang des Jahrhunderts bereits fliegen konnte (Ballons, Luftschiffe, Aeroplane). Dabei wurden erstmals von Hand 2 kg Bomben auf lebende Ziele abgeworfen. Wie es in der Geschichte so ist, waren es damals die Italiener, die wegen der als besonders brutal empfundenen Art ihres militärischen Vorgehens in Afrika von der internationalen Öffentlichkeit heftig angegriffen wurden.[759] Der in Italien lebende Dichter Rudolf Borchardt nannte sie in einem Artikel der *Süddeutschen Monatshefte* „feige wie brutale Kriegsaktionen", „Brutalitätsgeste *pur et simple*", die nur „den Zweck politischer Machtprahlerei" verfolgen würden.[760]

Auch der Erste Weltkrieg hatte bereits seine Luftkriegsgeschichte. Deutsche Marineluftschiffgeschwader griffen ab 1915 regelmäßig englische Ziele an. Die auf Venedig abgeworfene Bombenlast von insgesamt 3½ Tonnen war noch eher symbolisch im Vergleich zu den 1000 kg Bomben, die ab 1917 die deutschen Staaken-Riesenbomber der „R"-Klasse tragen konnten. Trotzdem war der nächtliche Angriff auf eine dicht bewohnte

---

755 Noack 1912, S. 140.
756 Agstner 1998, S. 498–516.
757 K.u.k. Seeflugleitung Pola, Res. Nr. 2.611; zitiert nach Agstner 1998, S. 540.
758 Heeresbericht für den 10. August 1915, Ereignisse zur See; amtliche Kriegs-Depeschen nach Berichten des Wolff'schen Telegr.-Bureaus, 5, Berlin 1916.
759 Petersen 2000b, S. 74f.
760 Zitiert nach Petersen 2000b, S. 177.

Stadt ein Novum. Neben den beabsichtigten militärischen Zielen wurde auch das Krankenhaus getroffen, ein klassischer Kollateralschaden, wie er von da an zum festen Repertoire des Luftkriegs gehören sollte.

Aus italienischer Sicht hatte der Gegner damit den Boden der zivilisierten Kriegsführung verlassen. Formal gesehen verstieß der Angriff eindeutig gegen Artikel 25 der Haager Landkriegsordnung.[761] Der Angriff schlug in Italien hohe Wellen und sollte Folgen haben. Am 26. August wurde von der *Gazzetta Ufficiale del Regno d'Italia* ein königliches Dekret veröffentlicht, erlassen „angesichts der unzähligen und grausamen Verletzungen des Völkerrechts, welche die österreichisch-ungarische Regierung im jetzigen Krieg begeht, und angesichts der Zerstörungen von Monumenten und Bauwerken dieser Stadt [Venedig], die jedes militärisch zu rechtfertigende Maß überschreitet." Es wurde festgestellt, daß der Palazzo Venezia, „der aus historischer Sicht unteilbar mit der Stadt Venedig verbunden" sei, zum kulturellen Erbe Italiens gehöre und von den derzeitigen Okkupanten bis zum 31. Oktober 1916 zu räumen sei.[762]

Als erster protestierte interessanterweise der Vatikan gegen „die Verletzung seiner heiligen Rechte." Der Kardinalstaatssekretär ließ in einer Zirkularnote verlautbaren, daß der Palazzo Venezia „herkömmlicherweise der Sitz des Herrn Botschafters Seiner k.u.k. Apostolischen Majestät beim heiligen Stuhl" sei und daß „dessen tatsächliche Abwesenheit dem Palaste diesen Charakter nicht nehmen" könne. Neben einer Beleidigung des Heiligen Stuhles läge eine Verletzung des Legationsrechtes vor, welches nach den Gesetzen vom 13. Mai 1871 auch den diplomatischen Vertretungen bei der Kurie zustehen würde.[763] Die *Frankfurter Zeitung* schrieb am 18. August zu dem Fall: „Die Beschlagnahme des Palazzo Venezia bildet einen Vorgang, der selbst in diesem Kriege mit seinen unerhörten Rechtsbrüchen ohne Präzedenzfall ist. Keine andere Regierung hat bisher den Sitz einer feindlichen, früher bei ihr akkreditierten Vertretung beschlagnahmt […]."[764]

Die Zeiten staatlicher Ritterlichkeit waren offensichtlich vorbei. Die österreichische Regierung, welche die neuen Spielregeln anscheinend schon gut kannte, machte sich über die endgültige Natur des gesetzwidrigen Vorgangs keine Illusionen. Der ehemalige Botschafter von Mérey beurteilte die Annexion als einen „fait accompli, mehr als protestieren können wir dagegen nicht. Aussichten auf eine seinerzeitige Remedur seien wohl gleich null, außer im Falle eines entscheidenden Sieges gegen die Italiener." Der Botschafter fügte hinzu, schon vor Jahren den Rückzug aus dem Palazzo Venezia empfohlen zu haben, „weil der Besitz desselben historisch […] bis zum Jahre 1866 immer mit dem Besitz der Republik Venedig verknüpft und daher vorauszusehen gewesen sei, daß die Prätentionen der Italiener auf Erlangung des Palazzo niemals zur Ruhe kommen würden […]."[765]

Trotzdem beharrte man darauf, den Palast nicht offiziell zu übergeben und auf gar keinen Fall den Akt der Enteignung durch die Annahme einer Entschädigung nachträglich zu legitimieren. So geschah es, daß der Palast fristgerecht geräumt wurde (Abb. 143), während die Italiener auf einer gesonderten Liste all diejenigen Kunstwerke zusammenstellten, die im Gebäude zu verweilen hatten. Am 31. Oktober öffnete der entsprechend angewiesene Portier der etwas vorzeitig angerückten italienischen Kommission das Portal zum Palazzo Venezia, ohne daß dem Vorgang durch das Beisein eines diplomatischen Vertreters der spanischen Botschaft ein legaler Status zuteil geworden wäre.[766]

Palazzo Caffarelli – Die Enteignung

Die umstandslose Enteignung extraterritorialen Staatsbesitzes hätte den Deutschen um so mehr eine Warnung sein können, als fristgerecht zur Räumung des Palazzo Venezia ein sorgfältig gedrucktes, anscheinend schon länger vorbereitetes Pamphlet erschien, welches von der *Associazione artistica fra i cultori di architettura*, der

---

761 „Es ist untersagt, unverteidigte Städte, Dörfer, Wohnstätten oder Gebäude, mit welchen Mitteln es auch sei, anzugreifen oder zu beschießen."

762 Nach der italienischen Version bei AGSTNER 1998, S. 540f.; Fischer nennt als Datum des Enteignungsdekret den 22. Mai 1915, allerdings ohne Quellenangaben (FISCHER 1998, S. 159).

763 AGSTNER 1998, S. 542; HUDAL 1952, S. 298f.
764 Zitiert nach AGSTNER 1998, S. 542.
765 Zitiert nach AGSTNER 1998, S. 542f.
766 AGSTNER 1998, S. 545f.

Associazione artistica internazionale und der *Associazione archeologica romana* bzw. deren Präsidenten Tullio Passarelli, Cesare Bazzani und Ettore Pais, gemeinsam herausgegeben wurde. Bei aller äußerlichen Sachlichkeit der Publikation mußte der Titel alarmieren: Palazzo Venezia – Palazzo Caffarelli. Der Autor des Artikels über den Palazzo Caffarelli Valentino Leonardi war weniger als Historiker denn als Präsident der römischen Sektion der *Associazione Nazionalista Italiana* in Erscheinung getreten, ein Zusammenschluß nationalistischer und antisemitischer Vereinigungen Italiens, die seit 1910 die bis dahin eher auf Mäßigung angelegte Politik Giovanni Giolittis bekämpften. Die nationale Begeisterung für ein koloniales Engagement Italiens, welche 1911/1912 in die militärische Annexion Libyens mündete, war zum Großteil ein Werk eben jener *Associazione Nazionalista Italiana*, die nach dem Krieg in der faschistischen Bewegung aufging.[767] Für den Präsidenten einer römischen Sektion gab es zwar keine fremden Kolonien zu gewinnen, doch gab es auch vor der Haustür genügend zu tun, etwa der Kampf gegen jene imperialistischen Ausländer, die ihrerseits heiligste Flecken italienischen Bodens, etwa das Kapitol, seit Jahrzehnten besetzt hielten. Nun konnte man auf dem Heiligen Hügel nicht so beherzt zugreifen wie dies in den Wüsten Libyens möglich war. Schließlich sollten nur Mittel zum Einsatz kommen, die der ältesten Kulturnation Europas in ihrem Feldzug gegen die barbarischen Invasoren aus dem Norden würdig waren.

So beginnt Leonardi seine vaterländische Aktion mit einer gelehrten Abhandlung. Was zunächst eine recht sorgfältig recherchierte Studie zur Baugeschichte des Palasts zu werden verspricht, mündet in den etwas abenteuerlichen Versuch, die im Falle des Palazzo Caffarelli eindeutigen Eigentumsverhältnisse mit Argumenten aus der antiken und frühneuzeitlichen Geschichte des Ortes in Frage zu stellen. Der Kapitolsplatz sei schon in der Antike, wie aus dem Codex Theodosianus (Th XVI, 10, 19) des 5. Jahrhunderts eindeutig hervorgehe, ein öffentlicher Raum gewesen: „Aedificia ipsa templorum quae in civitatibus vel oppidis vel extra oppida sunt ad usum publicum vindicentur." Karl V. habe im Jahr 1536 also gar nicht das Recht besessen, diesen Grund den Caffarelli zu schenken, die sich also 400 Jahre nur des Besitzes, nicht aber des Eigentums hätten erfreuen dürfen. Was man aber nicht als Eigentum besitze, könne man nicht verkaufen, auch nicht an die Deutschen.

Letzteres mag einleuchten, doch müßte das ganze römische Grundbuch in Frage gestellt werden, würde man die antiken Eigentumsverhältnisse zum Maßstab nehmen. Da dies dem Autor des Textes insgeheim klar gewesen sein dürfte, zeigte er einen anderen Weg auf, wie man an das fremde Eigentum kommen könne: Die Enteignung im Rahmen des Gesetzes über die *zona monumentale*. Dieses Gesetz wurde 1887 beschlossen mit der Absicht, wertvolle Monumente der Antike vor der Zerstörung durch die rasend schnell um sich greifende Bauspekulation zu bewahren. So sollten archäologische Zonen von hoher Bedeutung wie das Forum, der Palatin, der Circus Maximus, die Umgebung des Kolosseums, die Caracalla-Thermen und die Via Appia unbebaut bleiben.[768]

Die Frage, was von hoher Bedeutung sei, war natürlich Ansichtssache. Im Vergleich zu den genannten Orten verfügte das Kapitol über keine nennenswerten antiken Ruinen, die es zu beschützen galt. Was auch immer vom Tempel des kapitolinischen Jupiters übrig sein mochte, ruhte in der Bausubstanz des Palazzo Caffarelli. Dafür gab es natürliche Ruinen von hoher Prominenz, nämlich die Reste des Tarpejischen Felsen oder doch zumindest das, was man für jenen hielt, „proprietà pubblica anch'essa durante tutto il medio evo […]."[769] Auch dies also ein „öffentliches Monument", wenn auch der besonderen Art, das dem entwürdigenden Umstand unterworfen war, im Gemüsegarten des deutschen Krankenhauses zu liegen. Man konnte es, wie Leonardi beklagt, nur mit deutscher Erlaubnis aufsuchen, wenn auch die Schlüsselgewalt zu dem schaurigen Blutmonument aus den Frühzeiten römischer Geschichte *de facto* bei der römischen Köchin des Hospizes lag und gegen ein Trinkgeld jederzeit in Dienst genommen werden konnte.

Wie dem auch sei, der Autor des Artikels und dessen Hintermänner hatten treffsicher erkannt, daß der juristisch eindeutigen Eigentumslage nur mit offener Expropriation beizukommen war. Um nicht die unschöne Brechstange der Enteignung direkt ansetzen zu müssen, ließ sich das Gesetz über die *zona monumentale* als

---

767 Petersen 2000b, S. 172f.
768 Quilici 1983, S. 67f.; Ciancio Rossetto 1983, S. 75–77; Fischer 1999, S. 157.
769 Leonardi 1916, S. 35.

wesentlich eleganterer Hebel des Denkmalschutzes anwenden. Da auch bei der jüngsten Verlängerung des Gesetzes im Jahr 1914 das Kapitol nicht unter dessen Geltungsbereich gestellt worden war, sei es nun am italienischen Volk, den Gesetzgeber durch eine *azione popolare* zu diesem Schritt zu bewegen, der bisher aus falscher internationaler Rücksichtnahme unterblieben sei.[770] Wäre das Kapitol erst einmal befreit, so würde das neue Italien dort oben Werke vollbringen, die dem Ort und seiner Geschichte würdig seien (Abb. 145/146). Die antiken Monumente würden „erforscht, die südlichen und östlichen Abhänge der Ehre und Größe der Vergangenheit geweiht werden, so wie die nördliche Seite [mit dem Monument Victor Emanuels] der Gegenwart und der Zukunft der Heimat zugewandt ist. Treppen, Rampen und Gärten werden dort, wo heute Häuser stehen, in welchen sich der Fremde eingenistet hat, diesem größten Hügel der Weltgeschichte *con l'italianità* Freiheit und Licht wiedergeben."[771]

Die Idee, das Problem der auf dem Kapitol nistenden Deutschen durch Enteignung – *espropriazione forzata* – zu lösen, war nicht neu. Sie taucht erstmals in der Klageschrift vom 7. Oktober 1854 auf, welche die römische Gemeinde und der Senat gegen den Kauf des Palazzo Caffarelli durch Preußen eingereicht hatten. Als Begründung wurde damals *pubblica utilità ed ornato della Città di Roma* angeführt.[772] Die Gemeindeverwaltung und die Museen bedürften der Räumlichkeiten, auch sollte eine neue, bequemere Auffahrt zum Kapitol errichtet werden. Nur einmal, in einem Schreiben der Gemeinde an den Geschäftsträger Goethe vom 19. September 1854, ist am Rande davon die Rede, daß dieser historisch so bedeutsame Ort nicht erneut in Privatbesitz fallen solle („[…] che locali annessi al Campidoglio, cui sono collegate tante memorie storiche dell'antica grandezza romana passassero in proprietà privata.").[773] Noch ist es ein Konflikt zwischen öffentlichem und privatem Besitz, nicht aber zwischen national-italienischen und fremden Interessen.

Die Vergleichsverhandlungen zwischen der römischen Stadtverwaltung und dem Deutschen Reich in den neunziger Jahren sind von römischer Seite schon durch die Sorge um das Eigentum am kulturellen Erbe der Nation geprägt.[774] Die endgültige Einigung, durch welche die Stadt Rom ihre Besitzansprüche auf den Besitz der Caffarelli aufgab, legte fest, daß „jedes antike Monument, das dort gefunden werden sollte, zum dauernden Schmuck jener klassischen Stelle verbleibt und nicht aus irgend einem Grunde anderswo hingeschafft wird."[775]

Mit dem Vertrag zwischen Botschafter Bülow und Bürgermeister Ruspoli vom 7. Oktober 1895 war das Thema jedoch nur offiziell vom Tisch. Inoffiziell wurde das Abstimmungsverhalten der Stadtverordnetenversammlung – es gab nur zwei Gegenstimmen – von vielen als Verrat an den nationalen Interessen des jungen Italien gewertet.[776] In privaten und halböffentlichen Publikationen ab 1900 beginnen vor allem die gelehrten und halbgelehrten Zirkel sich des Themas anzunehmen. So beklagt Primo Acciaresi in seiner Monographie über Giuseppe Sacconi, den Architekten des Denkmals Victor Emanuels, daß es derzeit (1911) *per ragioni politiche* nicht möglich sei, den Besitz des Deutschen Reiches zu enteignen, so daß es „zumindest heute" nicht möglich sei, den *colle sacro e glorioso* von fremdem Besitz zu befreien.[777] Es ist interessant zu sehen, daß der beherrschende Gedanke der italienischen Einigung, nämlich der von „Erlösung" und „Befreiung", auf die Nation als ganzes wie auf deren kleinste Bruchteile gleichermaßen bezogen wurde. Alles italienische mußte von seiner Unmündigkeit erlöst, von fremder Bestimmung befreit werden.

Im Nachhinein erscheint der Sturz Deutschlands vom Kapitol als bittere aber unabwendbare Konsequenz der nationalen Einigungsprozesse. Obgleich der Kapitolhügel mit seinen zwei Gipfeln eigentlich ideal für eine Doppelnutzung hätte sein können, wurde er als Spielwiese des italienischen und des deutschen Nationalismus bald zu eng. Beide Länder hatten auf dem Kapitol jeweils Positionen bezogen, die nur schwer miteinander in Harmonie zu bringen waren. Die Deutschen errichteten über dem Jupitertempel einen Thronsaal, die Italiener auf der gegenüberliegenden Hügelkuppe, also nahe der antiken Stadtburg, der *Arx*, das expansive Denkmal ihres neuen, nationalen Selbstverständnisses. In diesem *show down* hatte Italien zwar den klaren Heimvorteil,

770 Leonardi 1916, S. 42–44.
771 Leonardi 1916, S. 44.
772 Anhang, Dok. 22, § 9.
773 Anhang, Dok. 21.
774 Anhang, Dok. 28.
775 Anhang, Dok. 29.
776 Leonardi 1916, S. 34f.
777 Acciaresi 1911, S. 44.

doch ließ sich dieser solange nicht verwandeln, als „ragioni politiche" gegenüber der Weltmacht Deutschland den nationalen Wünschen entgegenstanden. Es gab darum mehrere Versuche Italiens, auf zivile Weise in den Besitz des Palazzo Caffarelli zu gelangen. In den achtziger Jahren scheint man viel Geld und – als Ersatz für die deutsche Botschaft – nichts Geringeres als den Palazzo Barberini angeboten zu haben. „Es wäre klug gewesen, der Offerte näher zu treten" meine Graf Monts, „schon alleine wegen der Baufälligkeit des Caffarelli [...]." Eine politische Notwendigkeit zu handeln sah man anscheinend nicht. Nachdem diese Offerte abgelehnt wurde, waren die Italiener sogar bereit, den Deutschen die Villa Borghese als Botschaftssitz anzubieten. Die nationale Bedeutung des Kapitols war inzwischen also derart gewachsen, daß man bereit gewesen wäre, dessen unscheinbare Bauten gegen Kunstdenkmäler von Weltformat einzutauschen. Bismarck, der für politische Symbolik von der Art des Kapitols ohnehin wenig Verständnis hatte, war hierzu bereit, überließ die Entscheidung jedoch dem Botschafter Graf von Solms-Sonnenwalde, der sich heftig dagegen aussprach.[778] Ein Jahr nach Bismarcks Sturz wiederholten die Italiener die Offerte, was Botschafter Solms pflichtgemäß nach Berlin meldete. Doch hatte man dort in der Zwischenzeit Geschmack an politisch-historischer Ikonographie gefunden, denn diesmal war es der neue Reichskanzler Caprivi, der ablehnte: „Ich [würde] ein Aufheben unseres Besitzes bei der welthistorischen Bedeutung des Platzes und der unvergleichlichen Schönheit der Lage und Aussicht seiner Majestät nicht anrathen, selbst wenn dagegen der Erwerb der Villa Borghese mit einem Theile des Parks in Frage käme."[779]

Die baufällige Kiste auf dem Kapitol, die das frisch vermählte, romantisch bewegte Ehepaar Bunsen 1817 zunächst nur der schönen Aussicht wegen als nicht ganz standesgemäße Bleibe bezogen hatten, war nun eine Staatsangelegenheit, um die sich der Reichkanzler persönlich kümmerte.

Die „politischen Überlegungen", die einer forcierten Durchsetzung der italienischen Wünsche vor 1915 im Wege standen, unterlagen nach Kriegsausbruch einer neuen Beurteilung. Der Palazzo Caffarelli stand nach der italienischen Kriegserklärung an Österreich am 23. Mai 1915 schon weit über ein Jahr leer, als Italien, gemeinsam mit Rumänien, am 27. August 1916 auch dem Deutschen Reich den Krieg erklärte. Damit wurden die Deutschen offiziell zu Feinden und deutscher Besitz in Italien zu Feindesbesitz.

Daß man sich wegen des Palazzo Caffarelli zunächst trotzdem wenig Gedanken machte, lag daran, daß der Umgang kriegsführender Staaten mit dem Eigentum der jeweils anderen in der Haager Landkriegsordnung von 1907 eigentlich zweifelsfrei geregelt war. Doch dazu später.

Zunächst machte sich nur einer Sorgen, und zwar der Dresdener Kunstmaler Prof. Hermann Prell, der um die Sicherheit seines „Jahreszeitenmythos" im Thronsaal fürchtete. Bereits wenige Wochen nach der Räumung des Palazzo Caffarelli wandte er sich an das Kaiserliche Geheime Zivil-Kabinett: „Bei den Unruhen in Rom, die sich durch einen deutsch-österreichischen Sieg noch steigern könnten, wäre es möglich, daß der seit Jahren wiederholt ausgesprochene Wunsch der italienischen Chauvinisten, vom Palazzo Caffarelli Besitz zu ergreifen, gewaltsamen Ausdruck fände. In diesem Falle wären auch die auf Allerhöchsten Befehl 1895–98 von mir ausgeführten Wandgemälde im Thronsaal der Deutschen Botschaft nicht mehr sicher, um so weniger, als sie die deutsche Sagenwelt und die siegreiche Germania allegorisch verherrlichen."[780] Prell machte detaillierte Angaben dazu, wie die Wandbilder abgelöst und in Sicherheit gebracht werden könnten (Abb. 147/148).

Im Auswärtigen Amt läuteten die Alarmglocken erst nach der Enteignung des Palazzo Venezia. Über diverse Verbindungsmänner versuchte man nun herauszufinden, was die italienische Regierung in dieser Angelegenheit im Schilde führte. Nach einem Bericht des deutschen Gesandten in Bern, Konrad Gisbert v. Romberg, an den Staatssekretär des Auswärtigen Amtes Jagow (Abb. 149) vom 7. September 1916 habe Außenminister Sonnino „auf die ihm gestellte Frage, ob man für den Palazzo Caffarelli das Beispiel des Palazzo Venezia befolgen werde, verneinend geantwortet." Doch warnte der Diplomat davor, solchen inoffiziellen Aussagen zu vertrauen, da die Politik dem Druck der öffentlichen Meinung wohl nicht mehr lange werde standhalten können: „Ich glaube daher, daß man sich auf das Schlimmste vorbereiten und rechtzeitig die Schritte einleiten muss, die nach Lage der Sache getan werden können. Viel ist das ja nicht, denn wenn die italienische Regierung die Beschlagnah-

---

778 SCHMITZ 1959, S. 27.
779 Caprivi an Solms, 15.12.1891; PAA, RQ 146b, Nr. 3630, zitiert nach FISCHER 1999, S. 24.
780 Anhang, Dok. 30.

me tatsächlich verfügt, so bleibt uns schließlich nichts weiter übrig, als formellen Protest einlegen und auf die Freilassung des im Palazzo befindlichen Privateigentums hinwirken zu lassen." Der Berner Gesandte schlug jedoch eine kleine List vor, durch die man eine Beschlagnahmung vielleicht doch noch verhindern könne. Der Schweizer Gesandte solle gegenüber dem italienischen Außenminister im Gespräch die Behauptung fallen lassen, „ihm [sei] aus früheren gelegentlichen Gesprächen mit Herren der deutschen Botschaft bekannt, daß man schon in Friedenszeiten den Standpunkt vertreten habe, man könne den Palazzo den Italienern nicht gut vorenthalten, wenn sie ihn ernstlich verlangten und ein entsprechendes Gegenangebot machten." Es sei für die italienische Regierung völlig unnötig, „das Odium der widerrechtlichen Beschlagnahme des Botschaftspalastes auf sich zu nehmen."[781]

In Berlin erteilte man die Anweisung, erst einmal abzuwarten.[782] Im Unterschied zum sehr emotionalen Vorgehen im Falle des Palazzo Venezia schien die italienische Regierung diesmal wenig Interesse daran zu haben, die Beziehungen zu Deutschland durch eine Enteignung der Botschaftsgebäude über den laufenden Krieg hinaus zu belasten. So kam das Jahr 1917, ohne daß etwas geschehen wäre. Die Politik des Auswärtigen Amtes, in Sachen Caffarelli keine vorschnellen Zugeständnisse zu machen und auf die Einhaltung internationaler Gepflogenheiten zu vertrauen, schien aufzugehen. Am 20. März wurde die Angelegenheit jedoch wieder aktuell. In einer Sitzung des italienischen Parlaments meldete sich der Abgeordnete Federzoni zu Wort, „erinnert an frühere Verhandlungen, durch welche die Stadt Rom den Palast habe erwerben wollen, und verlangt, daß auf dem Kapitol kein Fleck Erde bleiben solle, den die Deutschen als ihr Eigentum betrachten könnten. Der Unterrichtsminister Ruffini, der dem Abgeordneten antwortete, erklärte sich zwar durch dessen Worte tief bewegt, fügte aber hinzu, es handele sich da um eine verwickelte Frage, die im Einvernehmen mit verschiedenen anderen Ministern geregelt werden müsse."[783]

Die italienische Regierung wollte offensichtlich erst einmal Zeit gewinnen. Die Berner Gesandtschaft meldete sogar, die italienische Regierung wolle die Sache erst bei Friedensverhandlungen zur Sprache bringen und Deutschland dabei „freundschaftliche Erwägungen" unterbreiten (Abb. 150).[784] Diese Sichtweise bestätigte „Herr 99", deutscher Informant und politischer Beamte mit engeren Beziehungen zum zuständigen Unterrichtsministerium. Der Fall Caffarelli habe mit dem des Palazzo Caffarelli nicht das geringste zu tun, die „ungezogene und taktlose Art" des Abgeordneten Federzoni seien zu verurteilen. Herr 99 wies dennoch darauf hin, „daß nicht nur die nationalistischen, sondern auch die wissenschaftlichen und künstlerischen Kreise Italiens es mit aufrichtiger Genugtuung begrüßen würden", wenn das gesamte Kapitol „in die *zona monumentale* einbezogen und der nationalen Kunstpflege unterstellt werden könnte." Man würde die Sache sorgfältig im Auge behalten, wobei anscheinend auch die italienischen Freimaurer ihre Hand im Spiel hatten. Vom Großorient Rom sei „der Architekt Bazzano, 33, mit der Angelegenheit betraut."[785] Das klang beruhigend.

Doch dann geschah, womit anscheinend niemand gerechnet hatte. Die italienische Presse, offenbar unterrichtet durch nationalistische Kreise, nahm sich des Falles an und berichtete über die Aktionen der Enteignungsbefürworter. Vom Kriegsschauplatz gab es wenig Erfreuliches zu berichten, die Zahl der Opfer stieg in Höhen, die sich zuvor im kriegsunerfahrenen Italien niemand hatte vorstellen können. Kurz, die Lage der Interventionisten wurde immer unbequemer, so daß sich jedes Ausweichthema anbot. Während die nationale Regierung weiterhin keine Anstalten machte, im Sinne einer Enteignung tätig zu werden, nahm sich der Stadtrat, angefeuert vor allem von der stadtrömischen Presse, der Sache an. Speerspitze der Enteignungsbefürworter waren national gesinnte Künstler, Architekten und Gelehrte. Wie der *Messsagero* vom 15. März berichtet, verlangte der *Consiglio superiore per l'antichità e Belle Arti* einstimmig, den ganzen Kapitolhügel in die *zona monumentale* einzubeziehen. Prominente Mitglieder wie der Archäologe Rodolfo Lanciani und der Bildhauer Adolfo Apolloni brachten daraufhin eine Resolution im Gemeinderat ein. Der Gemeinderat solle die Stadtverordnetenversammlung auffordern, sich bei der Regierung dafür einzusetzen, daß „bei der unmittelbar bevorstehenden Verlängerung des Gesetzes über die römische Monumentalzone der Kapitolinische Hügel darin einbezogen

781 Anhang, Dok. 31
782 Anhang, Dok. 32.
783 Anhang, Dok. 33; Fischer 1998, S.
784 Anhang, Dok. 36.
785 Anhang, Dok. 37.

und, […] wie Tradition und säkulare Rechte es wollen […], dem heiligen Patrimonium des Ewigen Roms zurückgegeben werden." Man sei überzeugt, daß es „eine Pflicht des Neuen Italiens" sei, „den Kapitolhügel von den daselbst befindlichen privaten Gebäuden und von seiner Servitut zu befreien".[786]

Der Antrag wurde einstimmig angenommen und zwar in verschärftem Wortlaut, der verlangte, dem Kapitol als dem „Symbol der römischen Kultur, in dessen Namen die lateinischen Völker gemeinsam kämpfen, seine Ehre zurückzugeben." Die Reinigung der ehrwürdigen Überreste von modernen Bauwerken und die Befreiung von der Knechtschaft, welche die Gefühle der Nation beleidige, sei ein allerwürdigster Beitrag dazu, dem siegreichen Heere auch an der Heimatfront Dankbarkeit und Anerkennung auszusprechen. Principe Colonna, der Bürgermeister, versicherte der Initiative die volle Unterstützung der Stadtregierung. Es könne nicht angehen, daß der Ort „von dem aus sich die Kultur [*civiltà*] in die Welt verbreitete, ein Sitz dessen bleibt, der Vernunft und Bürgerrecht mit Füßen tritt (*Vivissimi applausi*)."[787]

Das Schweizerische Politische Departement, welches den Zeitungsartikel, der von der Sitzung berichtete, an die deutsche Gesandtschaft weiterleitete, merkte besorgt an, daß „die Bewegung zu Gunsten einer förmlichen Annexion des Palazzo Caffarelli seit dem Monat März an Bedeutung gewonnen" hätte. „Dieser Vorgang erinnert sehr an die Ereignisse, welche der Konfiskation des Palazzo Venezia vorausgegangen sind; es scheint deshalb mehr als wahrscheinlich, daß die Regierung mit dieser Bewegung einverstanden ist. Der *sindaco* von Rom, Principe Colonna, ist ein sehr vorsichtiger Mann, der sich kaum hätte so weit gehen lassen, wenn er nicht sicher gewesen wäre, daß die Regierung zustimmen werde."[788]

Langsam begann man in Berlin, den Ernst der Lage zu begreifen. In einem ersten, für eine staatliche Behörde naheliegenden Schritt, beauftragte man die Hausjuristen, die völkerrechtliche Seite der Angelegenheit zu klären. Dabei kam man zu folgendem Ergebnis:

„Exterritorialität im Rechtsinne kommt den zur völkerrechtlichen Vertretung dienenden Gebäuden der einen Macht im Gebiet der anderen nicht zu; wohl aber sind sie, soweit sie im Eigentum des vertretenden Staates bestehen, der Landesgerichtsbarkeit entzogen. Sie unterliegen auch im Kriege nicht, wie anderes feindliches Staatseigentum, der Beschlagnahme, weder dem Eigentum noch dem Gebrauche nach. Eine analoge Anwendung des Artikels 55 der Haager Landkriegsordnung ist ausgeschlossen. Die Kaiserlich Deutsche Regierung hat während des gegenwärtigen Krieges unbedingt an dem Grundsatz festgehalten, daß alles feindliche Staatseigentum, das zur diplomatischen oder konsularischen Vertretung der feindlichen Macht auf deutschem Gebiet während des Friedens bestimmt war, auch nach Ausbruch der Feindseligkeiten unantastbar bleibt: selbstverständlich müssen wir die Beobachtung des gleichen Grundsatzes auch von den Gegnern fordern. Da der Palazzo Caffarelli in unzweifelhaftem Eigentumsbesitz des Deutschen Reiches steht, würde jede Verfügung über ihn, die ohne Zustimmung Deutschlands oder seiner Schutzmacht erfolgt, einen Bruch des Völkerrechts bedeuten. Dabei begründet es selbstverständlich keinen Unterschied, ob diese Verfügung in Form einer staatlichen Beschlagnahme oder einer Anordnung der römischen Stadtgemeinde erfolgt."[789]

Die Haager Landkriegsordnung, von der nun schon wiederholt die Rede war, wurde 1907 von einer Vielzahl von Staaten ratifiziert und hatte den Zweck, die in Kriegszeiten schon seit längerem gewohnheitsrechtlich „unter gesitteten Staaten geltenden Gebräuche, die sich aus den Gesetzen der Menschlichkeit und aus den Forderungen des öffentlichen Gewissens herausgebildet" hätten, auf eine völkerrechtlich verbindliche Grundlage zu stellen. Die Landkriegsordnung regelte den Umgang mit Gefangenen und Zivilisten, verbot den Einsatz von als unmenschlich angesehenen Waffen wie Gift und legte für den Zustand der Okkupation juristische Mindeststandards fest, auch was das Eigentum des feindlichen Staates betrifft. Das Gesetzeswerk wurde rechtzeitig verabschiedet, um bei seiner ersten großen Bewährungsprobe im Ersten Weltkrieg hunderttausendfach und von allen Seiten – in Geist und Buchstaben, offen und verdeckt – gebrochen und verletzt zu werden.[790]

---

786 *Messagero* vom 27.3.1917; Anhang, Dok. 37; Fischer 1998, S. 160.
787 *Popolo Romano* vom 2. Juni 1917.
788 Anhang, Dok. 38.
789 Anhang, Dok. 39.
790 Nachfolgend ist auszugsweise der Wortlaut der Verkündung Nr. 3705 des Reichs-Gesetzblatts Nr. 2 vom 25.01.1910, S. 107ff. wiedergegeben.

Der im oben zitierten Rechtsgutachten genannte Artikel 55 erlaubte feindlichen Staaten grundsätzlich, sich „als Verwalter und Nutznießer der öffentlichen Gebäude, Liegenschaften, Wälder und landwirtschaftlichen Betriebe zu betrachten, die dem feindlichen Staate gehören und sich in dem besetzten Gebiete befinden." Freilich war darunter nur eine vorübergehende und schonende Beschlagnahmung zu verstehen: „Er soll den Bestand dieser Güter erhalten und sie nach den Regeln des Nießbrauchs verwalten."

Regelrecht beschlagnahmt werden durfte nach Artikel 53 nur „das bare Geld und die Wertbestände des [gegnerischen] Staates sowie die dem Staate zustehenden eintreibbaren Forderungen, die Waffenniederlagen, Beförderungsmittel, Vorratshäuser und Lebensmittelvorräte sowie überhaupt alles bewegliche Eigentum des Staates, das geeignet ist, den Kriegsunternehmungen zu dienen." Die unter Schweizer Treuhand stehenden Botschaftsgebäude, auch wenn sie nach Abbruch der diplomatischen Beziehungen keinen expliziten extraterritorialen Status beanspruchen konnten, fielen eindeutig nicht unter diese Kategorie, ja sie durften, zumindest nach Berliner Lesart, nicht einmal im Sinne von Artikel 55 zeitweilig im Sinne des Nießbrauches eingezogen werden. Das Archäologische Institut hingegen wurde durch Artikel 56 geschützt: „Das Eigentum der Gemeinden und der dem Gottesdienste, der Wohltätigkeit, dem Unterrichte, der Kunst und der Wissenschaft gewidmeten Anstalten, auch wenn diese dem Staate gehören, ist als Privateigentum zu behandeln. Jede Beschlagnahme, jede absichtliche Zerstörung oder Beschädigung von derartigen Anlagen, von geschichtlichen Denkmälern oder von Werken der Kunst und Wissenschaft ist untersagt und soll geahndet werden."

Daß eine Regierung während eines Krieges, den sie mit einem Überfall auf ein neutrales Land eingeleitet und mit Hilfe des explizit geächteten Giftgases und anderer Schauerlichkeiten geführt hatte, das internationale Recht zitiert, sobald es um ihre römischen Immobilien geht, ist für das Selbstverständnis moderner Staaten nicht außergewöhnlich. Auch der Gegner zog es vor, seine Gesetzlosigkeiten auf dem Umweg des Rechtsweges zu verfolgen, man lebte eben nicht mehr im Mittelalter.

Es kam das Jahr 1918. Die Gewißheit, den Krieg auf der Seite der Sieger zu führen, stieg in Italien ebenso wie der Druck der Öffentlichkeit, in der Kapitolfrage reinen Tisch zu machen. Während sich die italienische Regierung weiter zurückhielt und anscheinend hoffte, die unangenehme und nicht gerade kriegsentscheidende Angelegenheit später einmal durch Verhandlungen diplomatisch klären zu können, wurde der Heilige Hügel an publizistischer Front sturmreif geschossen. Schon im Frühjahr meldete der deutsche Gesandte in Bern nach Berlin, daß „die italienische Regierung dem Drängen der Scharfmacher nicht mehr länger standbieten und den Zwangserwerb des Palazzo bald verfügen" werde.[791]

Doch auch die Wissenschaft wußte, was sie der Nation schuldig war. Nachdem bereits 1916 das deutsche Eigentumsrecht durch die bereits erwähnte Schrift Valentino Leonardis in Frage gestellt wurde, blies der Archäologe Amato Bacchini nun mit der Schrift *I Feudatari antichi e moderni della ‚Rupe Tarpeja'* zum Generalangriff. Eine aus deutscher Sicht kommentierte Inhaltsangabe hat sich von Paul Kehr (Abb. 132) erhalten, Direktor des Historischen Instituts in Rom sowie Generaldirektor der Staatsarchive in Berlin. Sie sei hier als eine Art Gegendokument zitiert, in welchem sich die erboste Aufgeregtheit beider Seiten spiegelt: „Die Schrift des Herrn Amato Bacchini ist eine selbst für chauvinistische römische Volksarchäologen ungewöhnlich niedrige Leistung, die nur darauf hinausgeht, unter den albernsten Verdächtigungen den moralischen Anspruch des römischen Volkes auf die Rupe Tarpeja, d. h. auf den von der Deutschen Botschaft und dessen Anhängseln, besonders von dem Kaiserlichen Archäologischen Institut, eingenommenen Teil des kapitolinischen Hügels, mit zweifelhaften historischen und rechtlichen Ausführungen zu erweisen. Ihm gilt von vornherein das Recht des römischen Volkes auf den ‚Heiligen Hügeln' für unverletzlich, der deutsche Besitz als Usurpation und erschlichen. Gegen das Archäologische Institut hat er einen besonderen Haß; er erlaubt sich S. 38 die Verdächtigung, daß der Ankauf und die Besiedelung des Kapitols durch die Deutschen den Zweck gehabt habe, sich der darunter in den Grotten des Berges befindlichen archäologischen Schätze zu bemächtigen und als ‚Valigia Diplomatica', d. h. mit dem Botschaftskurier nach Berlin zu schicken.

---

791 Anhang, Dok. 40.

Er zetert S. 59 f. über die Teutonisierung des alten Palastes, der so zu einer Sukkursale des Königlichen Schlosses in Berlin herabgewürdigt sei, und über die ‚plumpe' deutsche Kunst des Professor Prell. Auch Friedrich Noack, dem Verfasser des bekannten Buches über die Deutschen in Rom, wird S. 61 nachgesagt – er wird dort Professor Hermann Noack genannt – er habe Rom in eine deutsche Kolonie umwandeln wollen. Dann folgen die gewohnten Angriffe auf die deutschen Archäologen, ‚die bebrillten Perücken des Instituts', die das alte *Instituto di corrispondenza internazionale archeologica* widerrechtlich erst in ein preußisches, dann in ein deutsches Reichsinstitut umgewandelt und so das heilige Kapitol zu einem feudum der deutschen Barbaren gemacht hätten. Er behauptet S. 68, daß der Kaufakt von 1854 nicht gültig sei, weil das vorausgesetzte souveräne Placet des Papstes nicht existiere. Wes Geist die Schrift ist, lehrt am besten der Schluß, wo er (S. 69) die Inschrift am Kaiserlichen Throne im Prunksaale des Palazzo Caffarelli ‚Vom Fels zum Meer' auf ein großes politisches Programm deutet, nämlich der deutschen Herrschaft ‚Vom (Tarpejischen) Fels bis zum Meere'. Eine ähnliche Interpretation findet die Schenkung der Statue Goethes für die Villa Borghese. Über die Geschichte des Palazzo Caffarelli würde wohl Professor Christian Huelsen die beste Auskunft geben können."[792]

Bacchinis Schrift ist insofern ein bedeutendes Dokument, als in ihr alle Fäden des italienischen Ressentiments gegen das Deutsche Kapitol zusammenlaufen. Die Frage, wie berechtigt diese im einzelnen sein mögen, ist vor dem historischen Hintergrund eine eher akademische. Tatsache ist, daß alle diese Vorwürfe, die einzeln geäußert wohl auch in Italien wenig Resonanz und Glauben gefunden hätten, zusammen genommen eine bedenkliche demagogische Energie entwickelten. Ein historisches Komplott von gewaltigen Ausmaßen, dessen Wurzeln in das frühe 19. Jahrhundert hinabreichten, schien plötzlich offen gelegt, unleugbar, ungeheuerlich und nur eine Folgerung erlaubend: Die Deutschen müssen den Ort ihrer langangelegten Verschwörung verlassen, sofort, vollständig und für immer. Die Dämme waren gebrochen, zu verhandeln gab es nichts. Nach Jahrhunderten der Knechtschaft hatte Italien endlich die Mittel gewonnen, sich von der demütigenden Präsenz der nördlichen Invasoren zu befreien und die heiligsten Stätten der Heimat von barbarischer Befleckung zu reinigen.

Der allgemeine Zorn entlud sich auch in tätlichen Angriffen. Am 24. Juni 1918 gelang es einer aufgebrachten Menge, in die ehemaligen Botschaftsräume des Palazzo Caffarelli vorzudringen. Neben einigen Phallusdarstellungen, die man an den Wänden hinterließ, wurden im Gegenzug andere Bilder mitgenommen, darunter die Bildnisse Wilhelms II., seiner Frau Augusta, Wilhelms I. und Friedrich Wilhelms IV. von Preußen. Zumindest das Portrait des letzten deutschen Kaisers gelangte, auf welchen Wegen auch immer, in die Pinakothek der Vatikanischen Sammlungen.

Trotz dieser hocherregten Stimmung schaffte es die italienische Regierung, die Angelegenheit bis über das Kriegsende hinauszuzögern. Dann aber ging es schnell. In kurzem Abstand erreichten zwei gehetzte Telegramme aus Bern die Wilhelmstraße (Abb. 151), wo man die verbliebenen „auswärtigen Angelegenheiten" des gerade zusammengebrochenen Kaiserreiches mit unverminderter Sorgfalt weiterführte:

„Im Anschluß an Bericht 27. November 9614.
Enteignung Palazzo Caffarelli durch Italienische Regierung soll unmittelbar bevorstehen. Dekret noch nicht erlassen. Erbitte Drahtanweisung, ob Schweizer Gesandtschaft Protest in sinngemäßer Ausführung Erlasses vom 29. Mai I 15858 einlegen soll. Bericht folgt. Romberg"[793]

„Drahtweisung No. 1965 ausgeführt. Soeben mitteilt hiesige Regierung, daß die deutschen Grundstücke auf dem Capitol durch Dekret vom 30. November enteignet. Entschädigung Lire 2.700.000, Rekursfrist 2 Wochen. Bericht folgt."[794]

---

792 Paul Kehr an den Minister der geistlichen und Unterrichtsangelegenheiten, PAA, Bd. I. Rep.It. Vol.68. adh. J. 2567, 29. April 1918.

793 Telegramm des deutschen Gesandten in Bern Romberg an das Auswärtige Amt in Berlin, 5. Dezember 1918; PAA, Bd. I. Rep. It. Vol. 68. adh.

794 Telegramm der deutschen Gesandtschaft in Bern (?) an das Auswärtige Amt in Berlin, 6. Dezember 1918, PAA, Bd. I. Rep. It. Vol.68. adh.

Damnatio memoriae

Natürlich beeilte sich der Schweizer Gesandte von Planta, im Auftrag der Reichsregierung „gegen diese völkerrechtswidrige Maßnahme der italienischen Regierung sofort nachdrücklichst Protest zu erheben."[795] Doch hatte man in Berlin inzwischen andere Sorgen. Der Krieg war verloren, der Kaiser hatte abgedankt, das große Reich war zusammengebrochen. In dieser Lage war man nicht in der Stimmung, um die Symbole einer verlorenen Großmachtstellung zu kämpfen. Die Bemühungen des Auswärtigen Amtes zielten nur noch darauf ab, den Räumungstermin hinauszuschieben und formale Rechtsansprüche aufrecht zu erhalten (Abb. 152).

So endete die über hundertjährige Geschichte des Deutschen Kapitols, mit T. S. Eliot zu sprechen, „not with a bang but a whimper" (Abb. 153).[796] Am 12. Februar erreichte die deutsche Gesandtschaft in Bern ein mageres wenn auch höfliches Telegramm folgenden Inhalts:

„Mit Beziehung auf die mündliche Mitteilung vom 8. d. M. beehrt sich das Schweizerisch Politische Departement der Deutschen Gesandtschaft [...] zur Kenntnis zu bringen, daß die Besitzergreifung des Palazzo Caffarelli durch die italienische Regierung am 8. Februar d. J. 11 Uhr morgens stattgefunden hat. [...] Der Akt der Besitzergreifung war nicht öffentlich und die Italienische Flagge ist auf dem Palazzo nicht gehißt worden. Die Blätter enthielten keine Kommentare zur Übergabe."[797]

Offensichtlich war man auf italienischer Seite darum bemüht, dem Verlierer zusätzliche Demütigungen zu ersparen. Drei Tage später gab das Politische Departement in Bern den deutschen Kollegen weitere Einzelheiten zur Übergabe bekannt:

„Zugegen waren der Unterstaatssekretär im Ministerium des Unterrichtswesens, Vertreter des Ministeriums des Äußeren und der Stadtbehörden von Rom. Ein Notar las die Expropriationsurkunde vor, welche hierauf von einem Vertreter der italienischen Regierung und von Herrn Boschi-Hüber [von der Schweizer Gesandtschaft beauftragter Rechtsanwalt] unterzeichnet wurde. Letzterer veranlasste über seiner Unterschrift die Aufnahme folgender Erklärung:

‚Unter Vorbehalt aller gesetzlichen Mittel, sowohl bezüglich des gegen die Expropriation und gegen die Höhe der Entschädigungssumme für die Enteignung anhängigen Rekurses, als auch unter Vorbehalt jeglichen Rechtsmittels eventuell später geltend zu machender Anfechtung.' [...] Der Auszug des Mobiliars konnte ungehindert fortgesetzt werden. Er wird in den nächsten Tagen beendet sein. Das Personal wird in der Villa Bonaparte und in der Villa Celimontana untergebracht."[798]

Baron Richard von Hoffmann, seit 1869 Besitzer der Villa Celimontana, hatte bereits telegraphisch der Einlagerung des gesamten Inventars zugestimmt.[799] Seine Mietansprüche waren freilich so gewaltig, daß es zu einer rechtlichen Auseinandersetzung mit der deutschen Regierung kommen sollte. Der Streit wurde wenig später dadurch gelöst, daß der italienische Staat die Villa als Feindesbesitz konfiszierte, wie tausende und abertausende andere deutsche Besitzungen auch.[800]

Die komplette Räumung des Palastes (Abb. 155/156/157) dauerte mehrere Wochen und wurde, wie die Schweizerische Gesandtschaft zu berichten nicht versäumte, „der Speditionsfirma C. Stein übertragen. Nachdem das Hauspersonal des Palazzo Caffarelli schon früher Vorbereitungen getroffen hatte, konnte die Speditionsfirma am 11. d.M. ihre Tätigkeit in vollem Umfange beginnen. [...] Die Archive der Deutschen Botschaft und die Archive der am Anfang des Krieges nach Rom gebrachten Deutschen Konsulate von Bologna, Rom und Ancona sind schon zum größten Teil in den Kellerräumen des Palazzo [Villa] Bonaparte [...] untergebracht."[801]

---

795 Anhang, Dok. 45.
796 T.S. Eliot, The Hollow Men, V.
    This is the way the world ends
    This is the way the world ends
    This is the way the world ends
    Not with a bang but a whimper.
797 Anhang, Dok. 54.
798 Anhang, Dok. 55
799 Anhang, Dok. 48 und Dok. 51.
800 Ein mehrere hundert Seiten starkes, eng beschriebenes Verzeichnis des beschlagnahmten deutschen Eigentums in Italien befindet sich im Politischen Archiv des Auswärtigen Amtes, PAA, Rom 1265 a.
801 Anhang, Dok. 51.

Die Villa Bonaparte (Abb. 154) war seit 1909 Sitz des preußischen Gesandten am Heiligen Stuhl.[802] Diese an der Aurelianischen Stadtmauer neben der Porta Pia gelegene Villa des 18. Jahrhunderts wurde 1816 von Paolina Bonaparte, der Schwester Napoleons, erworben und umgebaut. Von historischer Bedeutung war sie auch insofern, als sich auf ihrem ca. 16.000 Quadratmeter großen Grundstück auch jene „Bresche" befand, durch die am 20. September 1870 italienische Truppen in die Stadt eindrangen. Nun diente sie den obdachlos gewordenen deutschen Institutionen in Rom als letzter Zufluchtsort, wobei sich die Hilfsbereitschaft des in Berlin weilenden Hausherrn in Grenzen hielt. So ließ der Gesandte Otto von Mühlberg die schweizerische Gesandtschaft wissen, „dass er es ablehne, daß […] Personal des Palazzo Caffarelli in der Villa Bonaparte einlogiert werde. […] Excellenz von Mühlberg scheint der Ansicht zu sein, daß durch die Unterbringung der Sachen des Preußischen Historischen Instituts die Villa Bonaparte völlig verstellt sei." Trotzdem bezogen die verbliebenen Beamten Toepke, Gotthart und Lehmann das verwaiste Anwesen, bewachten Archiv und historische Bibliothek und versuchten ansonsten, das Grundstück so selten wie möglich zu verlassen. Denn obgleich das Anwesen als Vatikangesandtschaft von Enteignungsmaßnahmen bisher verschont geblieben war (die Beziehungen zwischen Preußen und dem Heiligen Stuhl waren durch den Krieg nur unter- aber nicht abgebrochen worden), begann sich das öffentliche Interesse bereits auf diesen bisher wenig beachteten Feindbesitz zu richten. So mahnte Legationssekretär Dr. Toepke, zum Schutz des Anwesens möglichst bald wieder einen diplomatischen Vertreter zu senden:

„Wenn es noch lange dauert, bis in die Villa Bonaparte wieder ein Gesandter oder Geschäftsträger einzieht, wird man uns wohl auch hier belästigen. Vielleicht holt man dann eines Tages […] mit Gewalt einzelne Sachen heraus, die von Italien unter Gott weiß welchen Begründungen herausverlangt werden. Es hat übrigens in der Presse bereits Artikel gegeben, worin darauf hingewiesen wird, daß die Preußen auf einem Grundstück sitzen, in dem sich die berühmte Bresche in der Stadtmauer befinde, und daß dort auch der Thron des Kaisers untergebracht ist."[803] Bis die Villa Bonaparte tatsächlich enteignet wurde, sollte es jedoch noch ein wenig dauern. Erst im Dezember 1946 erschien ein Vertreter der französischen Botschaft, der vom Pförtner ohne weitere Erklärungen die Schlüssel einforderte.[804] Wahrscheinlich geschah dies nach Vorbild der Briten, die sich kurz zuvor auf ähnliche Weise der damaligen Quirinalsbotschaft Deutschlands bemächtigt hatten.[805] So ging die hübsche Villa als inoffizielle Reparationsleistung an Frankreich, dessen Vatikanbotschafter dort am 14. Dezember 1950 einzog.[806]

Während die Evakuierung der Botschaft einigermaßen planmäßig durchgeführt werden konnte, verlief die Räumung des ebenfalls beschlagnahmten Archäologischen Instituts unter teils chaotischen Umständen. Schon Ende November 1918 begann der Generalsekretär des Deutschen Archäologischen Instituts in Berlin, Dragendorff, sich über das Schicksal der römischen Zweigstelle Sorgen zu machen und wies ausdrücklich darauf hin, daß er einer „Räumung der Institutsgebäude nur nach genügender Vorbereitung und nur unter fachkundiger Leitung zustimmen könnte." Die wertvolle, in neunzig Jahren zusammengetragene Bibliothek dürfe „nur unter Beachtung aller Vorsichtsmaßregeln von geschultem Personal und erst dann übergeführt werden, wenn ausreichende, wirklich geeignete, womöglich schon endgültige neue Unterkunftsräume dafür in Rom" beschafft seien. Dragendorff veranschlagte hierfür einen Zeitraum „nicht unter ein bis zwei Jahren."[807] Tatsächlich mußte das Haus in knapp vier Wochen und unter wenig ehrenvollen Umständen geräumt werden: „Der Umzug des Archäologischen Instituts […] gestaltet sich immer skandalöser. Neben jedem Packer steht ein Carabiniere, der scharf aufpasst, was eingepackt wird, und gegebenenfalls durch dumme Fragen den Betrieb stört. Hinter jedem Wagen gehen Geheimschutzleute her, die aufpassen, wohin die Sachen gebracht werden."

Dafür wurden die Deutschen zumindest der Sorge um die Bibliothek enthoben, welche die italienischen Behörden kurzerhand mit Beschlag belegten. Der lange schwelende Streit darüber, wem das ehemals internationale Institut ideell gehöre, wurde von Italien nun dahingehend entschieden, mit dem ideellen auch gleich

---

802 Zur Villa Paolina siehe Noack 1912, S. 159–164 und Weiland 1984, S. 56–59.
803 Anhang, Dok. 56.
804 Weiland 1984, S. 59.
805 Schmitz 1959, S. 31.
806 Weiland 1984, S. 59
807 Anhang, Dok. 42.

das materielle Eigentum zu beanspruchen. Obwohl dieser Schritt von italienischen Archäologen, allen voran Rodolfo Lanciani, schon seit längerem gefordert wurde, wollte von deutscher Seite lange Zeit niemand so recht an dessen Durchführung glauben. So meinte der faktisch noch amtierende Erste Sekretar Delbrueck noch 1915: „Wäre die Bibliothek nicht Jahrzehnte hindurch beinahe eine öffentliche gewesen, so hätte der Gedanke, sie für Italien zu konfiszieren, kaum entstehen können. [...] Ein paar Radauartikel in italienischen Zeitungen, die verlangen, das Capitol und der Tempel des Jupiter Optimus Maximus müßten von den deutschen Barbaren (d. h. Botschaft und Institut) gereinigt werden, brauchen nicht ernst genommen zu werden. Einstweilen dürften die maßgeblichen Stellen durchaus den guten Willen haben, unseren Besitz dort zu schonen, und eine Gefahr für unser Institut zunächst nicht bestehen."[808] Nach Kriegsende hegte man sogar die Hoffnung, die überragende wissenschaftliche Stellung des Instituts könne bei der Wiederannäherung zwischen Deutschland und Italien behilflich sein. So wies Dragendorff darauf hin, daß „die Bibliothek des Deutschen Archäologischen Instituts die einzige ausreichende Fachbibliothek in Italien ist, auf deren Benutzung die italienischen Archäologen seit jeher angewiesen sind. Das gibt dem Deutschen Institut in Italien eine feste Position, die es gerade im Interesse der allmählichen Wiederanbahnung von Beziehungen zu den Italienern und anderen jetzt feindlichen Nationen ausnutzen kann."[809]

Der Befund war richtig, die Schlußfolgerung eher nicht. Es sah im Gegenteil ganz danach aus, als würden die Italiener mit ihrem alten Vorhaben ernst machen, ein eigenes Archäologisches Institut zu gründen. Dieser Plan, aus Ärger über den Bismarckschen Sprachenerlaß gefaßt, war 1886 wohl wegen mangelnder Ressourcen gescheitert (siehe oben). Nun war die Ausgangslage insofern ungleich günstiger, als sich die Möglichkeit bot, dieses Institut nicht neben, sondern anstelle der ungeliebten deutschen Einrichtung zu gründen. Dabei konnte man vollständig auf enteigneten Feindbesitz zurückgreifen, wobei die Deutschen die über 90 Jahre systematisch aufgebaute, beste archäologische Bibliothek der Welt, die Österreicher hingegen den herrschaftlichen und überaus geräumigen Palazzo Venezia als deren würdigen Sitz gestellt hätten. Doch wie schon in der Frage des Deutschen Kapitols hielt sich die italienische Regierung auch hier mit übereilten Aktionen zurück. Zunächst beschränkte sie sich darauf, das „ausschließliche deutsche Eigentum an Büchern und Sammlungen des Archäologischen Instituts" zu bestreiten und deren „Unterbringung in von ihr bezeichnetem Gebäude unter Schweizer Siegel und italienischem Schutz bis Entscheidung über Eigentumsansprüche" zu verlangen.[810] Als Begründung führte man an, „dass dieses Institut ursprünglich internationalen Charakter trug und ihm die nötigen Mittel aus Subventionen verschiedener Regierungen zuflossen. Später habe Deutschland, das offenbar die größten Mittel zur Verfügung stellte, die Bibliothek und die Sammlungen zu Alleineigentum beansprucht."[811] Von kompletter Enteignung war hier also nicht die Rede. Auch gab es in Italien auch nach dem Krieg immer noch deutschfreundliche Stimmen, die sich gegen eine Enteignung wissenschaftlicher Einrichtungen aussprachen. Hier sind vor allem der Romanist Cesare DeLollis und der Kunsthistoriker Federico Hermanin zu nennen.[812] Die Scharfmacher fanden sich auch hier im Lager erznationalistischer, wenn auch gleichzeitig nicht unbedeutender Gelehrter wie der Mathematiker Vito Volterra, der Archäologe Rodolfo Lanciani und der Nationalökonom Luigi Luzzatti.[813] Auch die alte, vornehme *Accademia dei Lincei* tat ihrem Namen keine Ehre an, als sie am 15. Februar 1920 – unter dem Vorsitz Lancianis – für die Enteignung des archäologischen Instituts stimmte. Das *Istituto Storico Italiano* hingegen verabschiedete am gleichen Tag eine Resolution mit der Forderung, daß es den wissenschaftlichen Instituten jener Nationen, mit denen sich Italien im Krieg befand, erlaubt werden sollte, ihre wissenschaftliche Tätigkeit zu den selben Bedingungen wie die Institute anderer Länder wieder aufzunehmen.[814]

Der frühere Direktor des Deutschen Historischen Instituts Paul Kehr (Abb. 132), der nach dem Krieg im Auftrag des deutschen Staats in Rom versuchte, die Freigabe der deutschen Institute zu bewirken, schildert die Situation des Archäologischen Instituts um 1920 wie folgt: „Gegen das Institut als solches wäre eine Prohibitiv-

---

808 Delbrueck in einem Bericht an die Central-Direction nach seiner Abreise aus Rom 1915; zitiert nach WICKERT 1979, S. 76.
809 Anhang, Dok. 42.
810 Anhang, Dok. 52.
811 Anhang, Dok. 53.
812 ESCH 1992, S. 319.
813 ESCH 1992, S. 319f.
814 ESCH 1992, S. 322.

maßregel nicht beabsichtigt; das Haus sei jedoch gesetzlich expropriiert worden, die Bibliothek, weil ein materielles Gut von hohem Wert, als Kriegsentschädigungsobjekt zu beschlagnahmen. An dieser Auffassung haben sie bis zuletzt festgehalten und gerne wiederholt, daß die Bibliothek nicht das Institut selbst sei. Sie brachten auch gelegentlich die Geschichte von der Gründung des Instituts vor und von seinen internationalen Anfängen, ein Argument, das für uns allerdings bedrohlich, aber logischerweise ihren eigenen Ansprüchen nicht günstig, bald wieder von ihnen aufgegeben wurde. Daß in den letzten Jahren vor dem Krieg das Institut [durch Delbrueck] falsch geleitet worden ist, gab ihnen wohl Anlaß zu lebhafter und übertriebener Beschwerde, aber daß ihnen dieser Umstand keine juristische Handhabe bot, sahen sie selbst ein. Auch ein so lächerliches Argument, daß, da die Bücher ‚vota nostra', also italienische Geschichte behandelten, den Italienern ein moralischer Anspruch darauf zukäme, wurde uns nicht erspart. Aus allem war sehr leicht festzustellen, daß sie selbst, so groß auch ihr Appetit nach der Bibliothek des Archäologischen Instituts war, ihrer Sache nicht sicher waren und die Dürftigkeit ihrer eigenen Argumente deutlich empfanden." [815]

Die Angelegenheit blieb zunächst in der Schwebe, die Bibliothek lagerte unter italienischem und Schweizer Siegel in der Engelsburg.[816] Der Bibliothekar Alfred Joller, der, da Schweizer Staatsbürger, als einziger Institutsangehöriger in Rom bleiben durfte, mußte die schwierige Auslagerungsaktion ganz alleine organisieren.[817]

In der Zwischenzeit überlegte man auf italienischer Seite, was mit dem neuerrungenen Palazzo Caffarelli eigentlich geschehen solle. Der Raumbedarf, welchen die Gemeindeverwaltung sowie die kapitolinischen Museen in den fünfziger Jahren des 19. Jahrhunderts angemeldet hatten, schien nicht mehr ganz so dringend zu sein. Nach allem, was vorgefallen war, kam eine einfache Umnutzung des Gebäudes nicht mehr in Frage. Auch war man Gefangener der eigenen Politik. Den deutschen Besitz mittels eines Gesetzes zum Schutz antiker Denkmäler zu enteignen, um ihn nachher mit den eigenen Beamten zu besetzen, hätte die vorgeschobene Natur des Vorgehens endgültig entlarvt. Es mußte etwas geschehen, was in irgendeiner Weise als Beitrag zum Schutz vaterländischen Kulturerbes gewertet werden konnte und gleichzeitig den öffentlichen Zorn gegen die als anmaßende Entweihung empfundene deutsche Präsenz berücksichtigte. Rein symbolische Maßnahmen genügten hier nicht. Dafür zeichnete sich eine Lösung ab, die sowohl den unterschiedlichen Interessen der archäologischen Fraktion entgegenkam als auch den enteignenden Behörden erlaubte, ihr Gesicht zu wahren: Der Abriß des Teutonenpalasts. Gerade da nach Kriegsende im Zuge einer gewissen nationalen Katerstimmung auch Zweifel einsetzten, ob man in Sachen Caffarelli nicht doch zu weit gegangen sei, dienten vergleichbar drastische Maßnahmen nicht zuletzt auch der Beruhigung des eigenen Gewissens. Daß kräftige Aktionen wie das Erstürmen, Niederhauen, Abreißen und Schleifen von als feindlich empfundenem Eigentum für die schlichtere Öffentlichkeit von wohltuender Wirkung sein würden, sprach zusätzlich für das Vorhaben. Gelegentliche Bedenken der im Rom dieser Zeit ja eigentlich hoch entwickelten Denkmalpflege hatten grundsätzlich zu schweigen, wenn es um den Heiligen Hügel der nun nicht mehr ganz so jungen Nation ging.

Die Begeisterung für den Bildersturm hatte indes nicht nur vom einfachen Volk und von national bewegten Archäologen Besitz genommen, sondern wurde auch ausländischen Persönlichkeiten zumindest nachgesagt. So berichtete der *Public Ledger* in Philadelphia im Dezember 1918, daß der amerikanische Präsident „der Niederlegung des Palastes Caffarelli, der deutschen Botschaft in Rom, in welchem der Kaiser auf dem Throne saß, beiwohnen" wolle. „Der Präsident Wilson wird zum Zeichen der Erlösung Italiens den ersten Stein unterstützen. Er wird dadurch den Sturz des alldeutschen Gedankens symbolisch veranschaulichen und die Herren der ganzen italienischen Welt entzücken." [818] Der Sturz Deutschlands vom Tarpejischen Felsen versprach ein internationales Happening zu werden.

Solche Meldungen regten die Phantasie der Beteiligten zusätzlich an – und sicherten die Aufmerksamkeit nicht nur der regionalen Presse. Am 6. März 1919 erschien eine mit „Moderne Schatzgräber" überschriebene Mitteilung in der „Neuen Züricher Zeitung":

---

815 Zitiert nach Esch 1992, S. 351f.
816 Esch 1992, S. 350.
817 Blank 1979, S. 24; Rieche 1979, S. 136; Wickert 1979, S. 76f.
818 Anhang, Dok. 46.

„Bekanntlich wurde der römische Palazzo Caffarelli, der frühere Sitz der deutschen Botschaft beim Quirinal, unter Berufung auf öffentliche Notwendigkeit enteignet und dieser Tage von der italienischen Regierung in Besitz genommen. Der Palast wird niedergelegt werden, um den kapitolinischen Hügel, auf dem er sich erhebt, zu regulieren. Aber es scheint, daß auch noch ein anderer Beweggrund bei dieser zwangsweisen Besitzveränderung mitspielt: die Hoffnung, unter den Grundmauern des Palazzo Caffarelli einen wertvollen Gold- und Silberschatz zu finden, der natürlich für die notleidenden Finanzen des italienischen Staates eine willkommene Überraschung wäre. ‚La Tribuna' veröffentlicht die Äußerungen des Altertumsforschers Rodolfo Lanciani über diesen interessanten Gegenstand. Im Garten des Palastes seien schon 1865 die Reste der Plattform des Jupitertempels aufgefunden worden. 1872 habe der deutsche Professor Christian Huelsen eine Wand der Junokapelle aufgedeckt, dies aber geheim gehalten. Doch werde sich die betreffende Stelle, da eine Abschrift des Planes vorhanden sei, leicht auffinden lassen, und dann müsse auch der aus Gold- und Silberbarren bestehende Schatz ans Tageslicht kommen, der sich in jenem Grundschachte befinden soll, wo der erste Stein der flavischen Neuverbauung gelegt worden sei. Tacitus gebe in einem Bruchstücke, das vor verhältnismäßig kurzer Zeit in Monte Cassino entdeckt worden sei, hiervon Kunde." Die Nachricht von einem fabelhaften Goldschatz unter dem Palazzo Caffarelli ist nicht neu. Schon 1918 zitiert Bragaglia Lancianis Überzeugung von der Existenz dieses Goldschatzes, der leider nur durch den Abriß des Palazzo Caffarelli geborgen werden könne.[819] In den Aktenbeständen des Politischen Archivs des Auswärtigen Amtes findet sich eine etwas kryptische, mit „Bacchetti" signierte und etwa auf 1850 zu datierende Notiz, die ebenfalls von einer 8 Palmen langen und 4 Palmen hohen Kiste voller Goldes spricht, welche in der Gegend der Rückseite des Palazzo Caffarelli in einer unterirdischen Höhle versteckt sei.[820]

Es wurde schließlich beschlossen, den gesamten, südöstlich des Treppenhauses gelegenen Teil des Palazzo Caffarelli abzureißen, unter dem die Reste des Jupitertempels seit Bunsen traditionellerweise vermutet wurden. Dieser Gebäudeabschnitt bestand im Wesentlichen aus dem großen Thronsaal Kaiser Wilhelms II. Es ist vielleicht nicht ganz abwegig zu vermuten, daß es bei jener archäologischen Campagne weniger darum ging, den Tempel des Jupiter offenzulegen, als vielmehr, die ehemalige Höhle des Löwen auszuräuchern – *vestigia terrent*. Man erlaubte den Deutschen noch, die Prellschen Wandbilder sachgemäß abzunehmen, einzurollen und sie zusammen mit dem Thronsessel und den monumentalen, schlangenköpfigen Kandelabern in die Botschaft am Heiligen Stuhl zu bringen.[821] Der dortige Gesandte Diego von Bergen, dessen Haus allmählich zum Möbeldepot wurde, mochte dafür jedoch keine Verwendung finden: „Kunstgegenstände hier schon wegen Reminiszenzen nicht brauchbar" telegraphierte er nach Berlin.[822]

So wird der eingemottete Thronsaal, der formal ja immer noch Eigentum des exilierten Kaisers war, am 12. März 1920 als ganz normales Sperrgut „in den Möbelwagen Nr. 2 des Hofspediteurs Fedrer, Dresden, Ringstr. 15 verladen und am 19. März an die Adresse der Firma Hermann Schubert & Co, Berlin, mit der Eisenbahn abgerollt."[823] Am 9. April meldet eben jene Firma Hermann Schubert die Ankunft von „Staatsmöbeln" am Anhalter Bahnhof zu Berlin.[824] Am 13. April bestätigt das Auswärtige Amt die „Wandgemälde des Prof. Prell, 4 Kandelaber und einen Kaiser-Thron" erhalten zu haben, die nach Berlin beordert worden seien, „um jetzt hier eine andere Verwendung zu finden."[825] Dies war so einfach nicht. Der Kunstreferent der Kulturabteilung des Auswärtigen Amtes, Johannes Sievers, beschreibt seinen ersten Eindruck der römischen Sendung: „Wir packten den einen Kandelaber aus und stellten fest, daß eine anderweitige Verwendung dieses in aufdringlichsten barocken Formen gehaltenen Stückes von höchst zweifelhaftem künstlerischen Wert wohl kaum innerhalb irgendwelcher zum Verwaltungsgebiet des Auswärtigen Amtes gehöriger Räumlichkeiten möglich sein wird. Es

---

819 BRAGAGLIA 1918, S. 51f.
820 „In Roma sotto Monte Caprino in una grotta nella banda verso la strada che va in Piazza Montanara in quel cantone che risponde nel cortile della rimessa vi è un pozzo fondo due canne dentro wi e una cassa di ottone lunga 8 palmi e alta 4 piena d'oro sotto 6 palmi della buca del pozzo vi è una pietra che dice ogni cosa." PAA, RQ 86b.
821 FISCHER 1998, S. 164.

822 Telegramm vom 20. Februar 1920; PAA, Bd. II. Rep. It. Vol. 68. adh.; Vgl. FISCHER 1998, S. 164.
823 Bericht des Gesandten Bergen vom 31. März 1820; PAA, Bd. II. Rep. It. Vol. 68. adh. Nr. 266.
824 PAA, Bd. II. Rep. It. Vol. 68. adh. Nr. 1351.
825 PAA, Bd. II. Rep. It. Vol. 68. adh. Nr. 1350/52.

dürfte die Annahme zulässig sein, daß die Kandelaber in zusammengesetztem Zustand, d.h. nach Wiederanfügung der eigentlichen Lichtträger – Knäueln von ineinander verwickelten Schlangen, die in ihren Mäulern Glühlampen tragen – typische Beispiele für den Ungeschmack einer hoffentlich jetzt überwundenen Epoche darstellen. Den Thronsessel selbst haben wir in seiner Verpackung belassen, da es ja ohnehin ausgeschlossen ist, ihn anderweitig zu verwenden. Die Gemälde liegen in Kisten verpackt im Flur des Hauses [Wilhelmstraße] 76, sie sind dem Unterzeichneten von der Zeit her bekannt, als sie im Moabiter Glaspalast ausgestellt waren. Der Eindruck, den ich damals von ihnen empfing, war niederschmetternd, ihr hohler Bombast und ihre mythologische Kraftprotzerei sind kaum zu übertreffen."[826] Ich […] möchte ergebenst einen Verkauf der genannten Objekte in Vorschlag bringen. Ob sich freilich mit Ausnahme der Kandelaber, die vielleicht in einem grossen eleganten Hotel untergebracht werden könnten, dafür eine Verwendung finden läßt, ist mir sehr zweifelhaft." Kaum eineinhalb Jahre nach Ende des Krieges hatte nun endlich der einzig gute, sachliche Geschmack der zwanziger Jahre die im Felde ungeschlagenen Geister des Kaiserreichs im Handstreich besiegt. *Tempora mutantur, et nos mutamur in illis.* Nicht ohne Taktgefühl wandte man sich nun an den Schöpfer dieser Scheußlichkeiten: „So sehr auch begrüßt werden kann, daß es möglich gewesen ist, wenigstens diese Kunstwerke der italienischen Beschlagnahme zu entziehen, so ergibt sich doch andererseits eine gewisse Schwierigkeit daraus, daß sich nunmehr zur Zeit keine geeignete Verwendungsmöglichkeit für sie ergibt. Da das Auswärtige Amt nach Lage der Verhältnisse auch in absehbarer Zeit kaum wieder Gelegenheit haben wird, grössere Prunksäle mit diesen Kunstwerken zu schmücken, so besteht hier die Absicht, die Gegenstände in einer Weise zu veräußern, daß sie auch weiterhin einem größeren Kreise zugänglich bleiben."[827]

Prells Vorschlag, sie den Berliner Museen oder der Universität zu schenken, wurde abgelehnt. In einem internen Schreiben schlug Sievers eine fast denkmalpflegerisch zu nennende Lösung vor: „Am meisten scheint mir noch eine Verwendung für das Völkerschlacht-Denkmal in Frage zu ziehen zu sein, das auch in seiner aufdringlichen Monumentalität einigermaßen zu den Bildern passen würde."[828] Doch auch daraus wurde nichts. Hermann Prell starb am 19. Mai 1922. Sein „Jahreszeitenmythos", die schlangenköpfigen Kandelaber und Wilhelms Thronsessel mit der Inschrift „Vom Fels zum Meer" verbrannten 1945 im Keller der Wilhelmstraße.[829]

Auch in Rom war man mit dem Palazzo Caffarelli nicht so recht glücklich. Der Abriß des Kaisersaals, dem anscheinend keine tiefer gehenden Sondierungen vorangegangen waren, brachte wenig zum Vorschein. Im Sommer 1919 lag dort, wo sich einst der malerische Palast der Herzöge Caffarelli aus dem späten 16. Jahrhundert erhob, ein Trümmerfeld. Vom Tempel des Jupiters war nichts zu sehen (Abb. 158/159).

Die *Neue Züricher Zeitung,* damals noch des herzhaften Kommentars fähig, meinte dazu: „[…] Das große Publikum spannte bereits die Handflächen aus, um das Wunderwerk des wie ein Phönix aus den Ruinen emporsteigenden Heiligtums des Jupiter Stator zu bestaunen und zu beklatschen. Und doch hätte ein Blick, nicht in eine ausführliche Baugeschichte Roms, sondern nur in einen bescheidenen Führer der ewigen Stadt (Abb. 161) genügt, um auch einen jeder Bildung baren Laien davon zu überzeugen, daß es unter dem Palazzo Caffarelli keinen Tempel zu entdecken gab. […] Aber um der schönen Geste halber begann man, sobald nach Unterzeichnung des Vertrages von Versailles die Eigentumsfrage endgültig entschieden war, den Palast, der, wenn kein hervorragendes, so doch immerhin ein edles Denkmal barocker Profanarchitektur war, zu demolieren. Man begann; denn wie das bei allen römischen Demolitionen üblich ist, hielt man, als das Werk zur Hälfte getan war, inne, um der Bürgerschaft einige Jahre lang den tröstlichen Anblick mehr oder weniger romantischer Trümmerhaufen zu gewähren und sie dadurch zu philosophischen Betrachtungen anzuleiten."[830]

Es mag ein Zufall sein, daß gerade im Erscheinungsjahr des vorliegenden Buches neue Ausgrabungen den sagenumwobenen Tempel des Jupiter Stator ans Licht gebracht haben. Sein beeindruckend hohes Podium steht auf einmal erstaunlich gut erhalten da. Bunsen hatte Recht behalten (Abb. 161), er lag tatsächlich unter dem Palazzo Caffarelli – wenn auch unter dessen Gartenterrasse.

---

826 Berlin, 22. Mai 1920; PAA, Bd. II. Rep. It. Vol. 68. adh. Nr. 2077.
827 PAA, Bd. II. Rep. It. Vol. 68. adh. Nr. 2251/20
828 PAA, Bd. II. Rep. It. Vol. 68. adh. Nr. 1039.
829 FISCHER 1998, S. 165.
830 *Neue Züricher Zeitung* vom 12. Oktober 1922.

Nachdem die italienischen Archäologen, welche die Grabungskampagne wohlweislich nur beiläufig publizierten,[831] ihren Fehlschlag hatten einräumen müssen, meldeten sich in der römischen Presse wütende bis hämische Stimmen zu Wort. *La Tribuna* widmete dem skandalösen Fall eine ganze Serie von Artikeln unter dem Obertitel „Ne il Palazzo Caffarelli, ne il tempio di giove".[832] So heißt es zum Beispiel am 13. September 1922:

„Nachdem die Kriegswut verraucht ist, die zu dem Beschlusse geführt hat, den Palazzo Caffarelli auf dem Capitol niederzureißen – unter dem verführerischen Vorgeben, die Reste der majestätischen Plattform des antiken Jupitertempels freizulegen, wie vor wenigen Tagen an dieser Stelle hervorgehoben worden ist – hat man jetzt das herrliche Ergebnis erzielt, daß man weder den Palazzo Caffarelli noch den Jupitertempel, sondern einen wüsten Schutthaufen vor sich hat.

Hätte man die Sache gründlicher erwogen und daran gedacht, daß auf die kriegerischen Erhitzungen früher oder später leidenschaftslosere Betrachtungen würden folgen müssen, wie sie nur in Friedenszeiten möglich sind, so würden zwei schwere Mißgriffe vermieden worden sein: man hätte der Gemeinde Rom nicht ein Gebäude genommen, das leicht zur Aufnahme wo nicht aller, so doch eines Teils der städtischen Ämter einzurichten war, und es wäre eine solenne – sagen wir es gerade heraus – nicht gerade eben schmeichelhafte Widerlegung den großen und kleinen Archäologen erspart geblieben, die im Ton der Unfehlbarkeit verkündet hatten, daß unter dem Palazzo Caffarelli zweifellos höchst bedeutsame monumentale römische Baureste lägen [...].

Es ist hier nicht der Ort, nach denen zu suchen, die für den Abbruch des Palastes, einen nicht zu verachtenden Bau des 16. Jahrhunderts, verantwortlich sind, denkt man aber an die Zeit und die Umstände des endgültigen Überganges in das Eigentum der Deutschen Botschaft beim Quirinal, so wird es immerhin nicht unwahrscheinlich, daß unter den Bilderstürmern von heute sich einige der Befürworter der Abtretung von gestern befinden. [...]

Gewohnt, grundsätzlich der Wahrheit nicht Gewalt anzutun und noch weniger die Rolle des Esels zu spielen, der dem sterbenden Löwen Fußtritte versetzt, halten wir es für recht und pflichtgemäß hinzuzufügen, daß Deutschland auch in der Zeit seiner stärksten Machtstellung nie daran gedacht hat – wie während des Krieges fälschlich zu verstehen gegeben wurde – vom Caffarelli-Thronstuhl aus Gesetze für Rom und Italien zu diktieren. Aufs Klarste geht dies daraus hervor, daß [...] die deutsche Regierung mit aller Bereitwilligkeit darauf einging, das Kapitol völlig zu räumen und keine andere Gegenleistung verlangte, als die Überlassung eines anderen passenden Gebäudes für die Botschaft. Wären die freundschaftlichen Verhandlungen nicht durch den Krieg unterbrochen worden, so existierten heute noch der Palazzo Caffarelli – und die Träume der Archäologen."[833]

Auch der Kunsthistoriker Carlo Cecchelli zog eine nüchterne Bilanz: „L'Archeologia fa alle volte dei brutti scherzi anche ai più esperti: Non si deve giurar mai sui risultati di uno scavo che si ritiene sicuro. Ed infatti le speranze di rinvenire qualche rudere in elevazione [...] si ridussero ad una modesta realtà."[834]

Vom Museo Mussolini zum Mercato Caprino

Die ersten lobenswerten Versuche, dem Heiligen Hügel nach dem *acquisto*[835] der deutschen Liegenschaften seine Ehre zurückzugeben, waren nicht ganz so erfolgreich, wie man es dem patriotischen Eifer, mit dem sie unternommen wurden, gewünscht hätte. In Trümmern lag der Palazzo Caffarelli – und auch der Ruf einiger Archäologen. Auch um den sagenhaften Goldschatz wurde es still. Zum Abriß des Archäologischen Institutes und des Deutschen Krankenhauses konnte man sich nicht mehr durchringen, der einer archäologisch motivierten Enteignung zwingend hätte folgen müssen. Da es aber seltsam ausgesehen hätte, die deutschen

---

831 Bocconi 1925/1926, S. 470f.
832 *La Tribuna* vom 9., 13., 15. und 22. September 1922.
833 *La Tribuna* vom 13. September 1922, in einer zeitgenössischen Übersetzung des Auswärtigen Amtes, vgl. Anhang, Dok. 81. Die Behauptung, das Deutsche Reich sei vor dem Krieg „mit aller Bereitwilligkeit" zur Abtretung des Palazzo Caffarelli bereit gewesen, läßt sich aus den vorliegenden Akten allerdings nicht bestätigen und scheint eher eines der seltenen Beispiele gelungener deutscher Pressearbeit im Italien der Nachkriegszeit zu sein.
834 Cecchelli 1926/1927b, S. 213.
835 Cecchelli 1926/1927b, S. 202.

Wissenschaftler in ihr Institutsgebäude zurückkehren zu lassen, wurden dort einige städtische Behörden von untergeordneter Signifikanz angesiedelt, desgleichen im Krankenhaus. Damit war der Bedeutung des Kapitols als „Caput mundi, centro massimo della vita politica di Roma e simbolo glorioso del pensiero latino"[836] fürs erste Genüge getan. In der allgemeinen Ratlosigkeit, was mit dem Areal vor der zerstörten deutschen Botschaft anzufangen sei, kam der Kapitolspezialist Carlo Cecchelli sogar auf den Gedanken, den neuaufgefundenen Resten der Ara Pacis dort zu einer würdigen Aufstellung zu verhelfen: „Su questo colle che conserva l'essenza più pura dello spirito romano l'Ara Pacis può e deve essere eretta."[837]

Inzwischen begannen junge Feigenbäumchen und allerlei pittoreske Unkräuter die Trümmer des Palazzo Caffarelli in eine malerische Neuruine zu verwandeln.

Der erste, der eine neue Idee und zugleich die Machtmittel hatte, diese durchzusetzen, war Benito Mussolini, der 1924 beschloß, den Zeugnissen der glorreichen römischen Antike, „welche von den Verbrechen von Zeit und Mensch verschont geblieben" waren – also den antiken Bildwerken – eine würdige Heimstadt zu schaffen. „ER, der Seine unbezähmbare Leidenschaft, die Tugend des Genies und unendliche Mühen der Ehre der Ewigen Stadt als Opfer darbrachte, gewährte, daß das Museum mit dem Siegel Seines Namens geweiht werde."[838] Und da der Duce ein gutes Gespür für Symbolisches hatte und zudem ein sparsamer Mann war, schenkte er die in Staatsbesitz befindliche Caffarelli-Ruine zu Weihnachten 1924 der Stadt Rom und betraute diese mit der Errichtung des „Museo Mussolini".[839] Von der nicht leicht zu lösenden Aufgabe[840] war man nur mäßig begeistert. Der Architekt Ghino Venturi beschränkte sich darauf, das Erdgeschoß des Kaisersaalflügels, welches die Demolierungsaktion größtenteils überstanden hatte, ein wenig herzurichten, den Großteil der originalen Gesimse abzuschlagen, die Fassade mit neuen Fensterädikulen und einer dem Initiator huldigenden Inschrift zu versehen: „Secondo la tendenza dell'architettura d'oggi prevale il movimento delle nude masse [...]."[841] „Aus den Trümmern des Palazzo Caffarelli erwuchs nun der neue Museumsbau, solide, ernst und schlicht, von der Strenge des Ortes geprägt."[842] Im Kern bestand (und besteht)[843] diese neue Ruhmeshalle des antiken Rom aus Bunsens protestantischem Betsaal, der Botschaftskapelle (Abb. 30/1600). Dort, wo einst fromme und sparsame Hofprediger mit ihrer kleinen Gemeinde zu ihrem einzigen Gott beteten und sangen, standen nun die Kolossalstatue der Minerva,[844] eine weitere, überlebensgroße Götterstatue und andere Bildwerke mit Kopien des 5. Jahrhunderts, die im Bestandskatalog von 1939 mit überwiegend deutschsprachiger Bibliographie der Reihe nach aufgeführt sind (Abb. 163). Daß Cecchelli in seiner Publikation über das Museum diesen eher kleinen Erdgeschoßsaal für die ehemalige *sala del throno* hält, zeigt, daß die Geschichte des Deutschen Kapitols nur wenige Jahre nach dessen Ende auch für historisch gebildete Zeitgenossen bereits in weiter Ferne lag.[845] Nach dem Zweiten Weltkrieg wurde das Museo Mussolini in das Museo Capitolino umbenannt. Die dem Stifter des ersteren geweihte Inschrift an der Außenseite blieb anders wie alles, was an die deutsche Vergangenheit hätte erinnern können, als Tribut an die historische Memoria unangetastet (Abb. 165).

Während, wie erwähnt, Institutsgebäude und Krankenhaus zumindest äußerlich unversehrt blieben – das Innere ist durch Einbauten der fünfziger und sechziger Jahre entstellt – wurden die *Casa Lelli,* also das protestantische Pfarrhaus (Abb. 164) auf der dem Palatin zugewandten Seite und der Baukörper des alten Archäologischen Instituts bei als archäologisch deklarierten Arbeiten sowie im Zuge des *Isolamento del colle Capitolino* abgerissen. Nur die kleine Ädikula mit dem Relief Emil Wolffs blieb stehen. Während dieser „Freilegung" des Kapitols, einer gigantischen Zerstörungsaktion der faschistischen Zeit, wurden alle als unwürdig empfundenen Baulichkeiten entlang der Abhänge des Hügels in großem Maßstab abgerissen. Ganze Viertel des populären Rom verschwanden. Zurück blieben die mühsam konsolidierten, durchhöhlten Sandsteinwände des Kapitols, das nun als inselartig bloßgestelltes Kunstprodukt ungehindert vom Verkehr umfahren werden kann. So entstand im Herzen Roms eine urbanistische Nullzone, in der so gut wie nichts mehr vom romantischen Reiz je-

---

836 Cecchelli 1926/1927a, S. 10.
837 Cecchelli 1925/1926, S. 70.
838 Mustilli 1939, S. XIII.
839 Cecchelli 1926/1927b, S. 202.
840 Bocconi 1925/1926, S. 471.
841 Cecchelli 1926/1927b, S. 215.
842 Bocconi 1925/1926, S. 471f.
843 Krüger 1991, S. 203.
844 Mustilli 1939, S. 120.
845 Cecchelli 1926/1927b, S. 211.

ner Zeit zu ahnen ist, als das Kapitol noch unter Fremdbesitz zu leiden hatte. Große Teile der an den Rändern gelegenen Zonen sind seit Jahrzehnten wegen des unsicheren Untergrunds für die Öffentlichkeit gesperrt und der offenen Verwahrlosung hingegeben. In den noch begehbaren Zonen rund um das Archäologische Institut und den Tarpejischen Felsen haben sich ein kleiner Drogenmarkt und ein Männerstrich etabliert, im Volksmund *Mercato Caprino* genannt.

So steht am Ende der Geschichte des Deutschen Kapitols, in der es der Reihe nach nur Verlierer gibt, nicht nur Fall und Zerstörung, sondern auch der Aufstieg des ältesten Gewerbes der Welt von den Niederungen der *Subura* zum *Colle Sacro*.

Nach dem Krieg

Das Leben ging weiter, auch für die Deutschen in Rom. Schon bald nach Kriegsende findet man eine rasch größer werdende Kolonie damit beschäftigt, alte Fäden wieder aufzunehmen und abgerissene Beziehungen neu zu knüpfen. Bei solchen Bemühungen stieß man meistens auf bereits geöffnete Türen. Italienischerseits war man sichtlich bemüht, mit Deutschland, dessen Schwäche man zutreffenderweise als eine nur vorübergehende einschätzte, wieder ins Geschäft zu kommen. Bereits im Januar 1919 signalisierte man der Schweizer Gesandtschaft in Rom, daß man nach der Wiederaufnahme diplomatischer Beziehungen Deutschland beim „Erwerb eines geeigneten Botschaftsgebäudes behilflich sein" wolle.[846] Und der umtriebige Legationssekretär Dr. Toepke, der während des Krieges in Rom die Stellung gehalten hatte und froh war, wieder etwas zu tun zu haben, hatte sich in dieser Angelegenheit bereits umgesehen. „Ich habe mir gerade gestern eine Besitzung angesehen, die sich für unsere Zwecke recht gut eignen würde. Es ist die Villa Wolkonsky, die den Herren, die früher in Rom waren, jedenfalls bekannt ist." Mit dem endgültigen Verlust des Kapitols hatte man sich in Berlin offensichtlich längst abgefunden. Bedenkt man, mit wieviel zäher Energie Preußen und das Deutsche Reich Erwerbung und Erhalt des Besitzes betrieben hatten, so scheint der erzwungene Abschied merkwürdig leicht gefallen zu sein. In psychologischer Hinsicht mag der Wunsch eine Rolle gespielt haben, den entwürdigenden Sturz vom Kapitol als Zeichen der bitteren Kriegsniederlage nach Möglichkeit zu verdrängen. Es schien fast eine Erleichterung bei dem Gedanken mitzuschwingen, nach dem Fall in die politische Bedeutungslosigkeit ein derart gewichtiges Symbol, wie es die deutsche Botschaft auf dem Kapitol darstellte, nicht mehr tragen zu müssen. Um einen solchen Ort mit Gelassenheit zu besetzen, auszufüllen und zu behaupten, bedurfte es des strotzenden Selbstbewußtseins des Deutschen Reiches vor dem Krieg.

Nun scheint es so, daß man nach dem traumatischen Sturz vom Tarpejischen Felsen alles vermied, was an die verlorene Größe erinnern hätte können – sowohl gegenüber dem siegreichen Gastland als auch gegenüber sich selbst. Die in den Staub gesunkene Weltmacht übte sich nun in Bescheidenheitsritualen, in denen scharfsinnige und zu Recht mißtrauische Beobachter wie Winston Churchill das Vorspiel zur nächsten Katastrophe sahen: „The Hun is either at your throat or at your feet." So beeilte man sich in Berlin, wo man noch eben die Vormacht in Europa mit allen Mitteln angestrebt hatte, jedem kleinen Finger, der von Rom aus angeboten wurde, freudig die ganze Hand entgegenzustrecken. Paul Kehr, der in seinen Verhandlungsbemühungen um die Freigabe der deutschen Institute in dieser Hinsicht eine seltene und wohl nicht zufälligerweise auch erfolgreiche Ausnahme bildet,[847] warnte eindringlich davor, daß „falsche Anbiederungsversuche, zu denen leider der deutsche Charakter nur zu sehr neigt" seine Bemühungen nur kompromittieren würden.[848]

Anders als Österreich, das sich im Staatsvertrag von Saint Germain weigerte, die Beschlagnahmung des Palazzo Venezia durch die Annahme einer Entschädigung nachträglich zu legalisieren,[849] waren die deutschen Bemühungen bald darauf gerichtet, in den Genuß einer möglichst hohen Ausgleichssumme zu gelangen.[850] Zu diesem Zweck beauftragte der Anwalt der schweizerischen Gesandtschaft Boschi-Hüber zwei Architekten, „die

---

846 Anhang, Dok. 49.
847 Kehr hatte das Vorgehen der deutschen Botschaft nach dem Krieg als „leisetreterisch" kritisiert. Esch 1992, S. 320.
848 Esch 1992, S. 357.
849 Agstner 1998, S. 547.
850 PAA, Bd. II. Rep. It. Vol. 68. adh., Nr. 2391.

in ihrem Fach hervorragend sind und offenbar ohne Voreingenommenheit bemüht sind, den Wert des Anwesens in einer unseren Interessen entsprechenden Weise zu ermitteln."[851] In Deutschland blieb dieses Vorgehen nicht ohne Widerspruch. So verlangt eine Anfrage des Abgeordneten der Deutschen Volkspartei Dr. Mittelmann an die deutsche Regierung Auskunft darüber, warum diese, „anstatt nach erfolgtem Friedensschluß die selbstverständliche Rückgabe des deutschen Besitzes zu verlangen" einen neuen Botschaftssitz ankaufen wolle.[852]

Daß Deutschland auf Wohnungssuche war, sprach sich auch in Rom herum. Die Aussicht, einem gut bezahlenden und der Situation einigermaßen ausgelieferten Staat beim Ankauf eines neuen Botschaftsgebäudes beratend zur Seite zu stehen, zog schon bald die unterschiedlichsten Helfer an. Aus Luzern meldete sich im August 1919 ein freundlicher Herr namens Felix Heinemann, der dem Auswärtigen Amt die leerstehende Villa seiner Frau anbot. Das Haus sei direkt an der Villa Borghese gelegen, verfüge über 40 Zimmer, drei Treppenhäuser und sei nur aus den allerbesten Materialien erbaut. Der Verkaufspreis betrüge 950.000 Lire, „zahlbar an meine Frau im Gegenwert von Schweizer Franken in der Schweiz." Herr Heinemann erklärte außerdem, daß man sich wegen eventueller „Schwierigkeiten, die seitens der italienischen Regierung gemacht werden könnten", keine Sorgen zu machen bräuchte, „da ich sowohl Italien wie Deutschland wirtschaftliche Vorteile von ungewöhnlicher Bedeutung zuzuwenden vermöchte, der gegenüber ein entsprechendes Entgegenkommen der betreffenden Regierungen nur einen Teil der verdienten Gegenleistung bedeuten würde."[853] Woher diese Schwierigkeiten hätten rühren können, wurde bald klar, als der rührige Dr. Toepke das Heinemannsche Anwesen begutachtete und feststellte, daß selbiges unter italienischem Sequester stehe. Außerdem sei es schon recht baufällig, aus den billigsten Materialien erbaut und von einquartierten Flüchtlingen bewohnt.[854]

Dieser erste Fehlschlag war um so leichter zu verschmerzen, als bereits wenige Tage später ein Carl Krüger sich erlaubte „auf Wunsch eines meiner römischen Freunde, Ew. Exzellenz Folgendes ergebenst mitzuteilen: Der Vorerwähnte beabsichtigt, seine im Quartiere Villa Patrizi [...] gelegene Villa zu verkaufen. [...] Der verlangte Preis beträgt 420.000 Lire [...]." Die Angebote wurden also bereits günstiger, konnten aber, je nach Bedeutung der Immobilie, auch bedeutend höher liegen. Ein hilfsbereiter Nicola Titi aus Rom, der sich dem Auswärtigen Amt „für alles was Sie brauchen könnten" zur Verfügung stellte, offerierte „ein altgeschichtlicher Palast, in einer Centrallage, zwischen vier Strassen eine von großem Verkehr." Das Gebäude sei von „solider, denkmaliger Konstruktion und mit äußerlicher Dekorierung vom Jahr 700." Als Preis wurden „ungefähr fünf bis sechs Millionen ital. Lire" genannt mit der Versicherung, das Gebäude sei „Ihrer Gesandtschaft würdig, mit jeder Bequemlichkeit und Herrschaftlichkeit."[855] Andere Angebote waren diskreter. Ein Ingenieur Carlo Moriondi, wohnhaft im Hotel Minerva zu Rom, wandte sich mit der Information an das Auswärtige Amt, daß einer seiner Freunde ihm berichtet habe, „dass er in Rom die Gelegenheit hat, ein sehr schönes, altes künstlerisches Palais zum Verkaufe zu verfügen, und welches sich für die deutsche Botschaft sehr gut eignen würde" und teilte eine Kontaktadresse in Trastevere mit.[856] Dr. Toepke dementierte Berichte, es habe sich ein Maklerkonsortium gebildet, um bei einem etwaigen Kauf der Villa Wolkonsky zu vermitteln. Keinesfalls dürfe man in die Hände „gewerbsmäßiger Vermittler" geraten, „die die landesüblichen enormen Maklergebühren beanspruchen würden."[857]

In der guten Gesellschaft Roms begann man, sich um das im freien Fall befindliche Ansehen des Deutschen Reiches Sorgen zu machen. So ließ der Marquis Farinola über die deutsche Gesandtschaft in Bern ausrichten, „daß manche Versuche zur Erwerbung eines deutschen Botschaftsgebäudes in Rom schieberischen Charakter anzunehmen scheinen", nicht ohne seinerseits darauf hinzuweisen, „daß der Palazzo Barberini ein geeignetes Objekt und billig zu haben sei." Überhaupt geriet das Immobilienkarussel jetzt erst richtig in Fahrt. Handelte es sich bislang um unter der Hand gehandelte Spekulationsobjekte der gehobenen Mittelklasse, so kamen nun – zumal auch die italienische Regierung zunehmend ihre Hände mit im Spiel hatte – die dicken Fische

---

851 Deutsche Gesandtschaft in Bern an Auswärtiges Amt, 17. März 1919; PAA, Bd. II. Rep. It. Vol. 68. adh. Nr. 2597.
852 Sitzung der Verfassungsgebenden Nationalversammlung in Weimer vom 25. Juli 1919, Anfrage Nr. 244; PAA, Bd. II. Rep. It. Vol. 68. adh., Nr. 22134, Anhang, Dok. 60.
853 Anhang, Dok. 61.
854 PAA, Bd. II. Rep. It. Vol. 68. adh. vom 6. September 1919.
855 Anhang, Dok. 64.
856 Anhang, Dok. 68.
857 Anhang, Dok. 59.

an die Reihe. So waren nach der Villa Wolkonsky und dem Palazzo Barberini, der Palazzo Torlonia,[858] die Villa Torlonia,[859] der Palazzo Falconieri[860], die Villa Albani[861] sowie die Villa Aldobrandini[862] im Gespräch. Die deutsche Botschaftssuche wurde im römischen Winter 1919/1920 zum Gesellschaftsspiel und Stadtgespräch. In der Presse kursierten auch frei erfundene Gerüchte, wie etwa die Behauptung, Fürst Bülow habe seine Villa Malta zur Verfügung gestellt.[863]

In Berlin wurde man langsam unruhig, zumal sich allmählich die Wiederaufnahme der diplomatischen Beziehungen mit Italien anbahnte. Der bereits in Rom weilende Generalkonsul Franz von Herff bekam Anfang 1920 die Anweisung, daß in Sachen Botschaftsgebäude etwas geschehen müsse: „Hauptsache ist, daß wir jetzt ohne Verzug unter allen Umständen in Besitz eines Objektes gelangen, selbst wenn wir im weiteren Verlauf in die vielleicht etwas peinliche Lage kommen sollten, aus sachlichen Gründen später noch einen Wechsel vorzunehmen."[864] Die Krise hatte sich seit November 1919 insofern nochmals verschärft, als der provisorische Geschäftsträger von Herff sein bisheriges Notquartier in der Botschaft am Heiligen Stuhl unvorhergesehenerweise räumen mußte: „Nach Abgang des Berichtes Nr. 2 vom 28. November d. J. hat zwischen dem preußischen Gesandten am Päpstlichen Stuhle, Herrn von Bergen, und mir ein privater Meinungsaustausch stattgefunden, in dessen Folge es mir zur Vermeidung von Unzuträglichkeiten wünschenswert erschien, die Villa Bonaparte als Amtssitz meiner Mission aufzugeben und dafür vorübergehend einige Räume in der Bibliotheca Hertziana im Palazzo Zuccari (Abb. 161) zu beziehen." Als Tagesmiete wurden „einschließlich Heizung und Beleuchtung" 75 Lire vereinbart.[865]

Dem Deutschen Reich drohte nun die Blamage, die diplomatischen Beziehungen, die man vom Kapitol aus mit majestätischer Geste abgebrochen hatte, als Mietspartei in den muffigen, schlecht geheizten kleinen Räumen von „Jettes Rumpelkasten" wieder aufzunehmen, wie der Palazzo Zuccari in liebevoller Anspielung auf seine langjährige Besitzerin Henriette Hertz in der deutschen Gemeinde bisweilen genannt wurde. Diese Vorstellung mußte selbst dem reduzierten Repräsentationsbedürfnis der jungen Weimarer Republik als Zumutung erscheinen. Auch der Hausherr der Bibliotheca Hertziana Ernst Steinmann war über die Einquartierung nicht begeistert.[866] Der diplomatische Gast behinderte seine Bemühungen, den Betrieb des kunsthistorischen Kaiser-Wilhelm-Instituts, das erst vor wenigen Jahren aus einer Stiftung der 1913 verstorbenen Namensgeberin Henriette Hertz hervorgegangen war, so bald als möglich wieder aufzunehmen. Das Gebäude stand zwar offiziell noch unter Sequester, doch war die inoffizielle Haltung der italienischen Regierung wegen des internationalen Charakters des Instituts und der Persönlichkeit der idealistisch bewegten, italienfreundlichen Stifterin, die der Stadt Rom ihre bedeutende Gemäldesammlung vermacht hatte, durchaus wohlwollend.[867] Trotzdem erschien es Steinmann ratsam, so unauffällig wie nur möglich zu agieren, was durch die Anwesenheit der Botschaft des Deutschen Reiches nicht gerade erleichtert werden konnte. Zudem war Steinmann auf diplomatische Vertretungen auch aus einem anderen Grund nicht gut zu sprechen. Da der Palazzo Zuccari im 18. Jahrhundert einige Jahre lang Residenz der Witwe des Johann III. Sobieski von Polen, Maria Casimira, gewesen war und seitdem deren Wappen trug, hielt es die neue polnische Regierung in bezwingender Logik für geboten, den Palast als Botschaftsgebäude zu beanspruchen.[868]

Die Suche nach einem definitiven Kanzlei- und Residenzgebäude gestaltete sich immer schwieriger. Von der unklaren Finanzierung ganz abgesehen – noch war mit Italien kein Entschädigungsabkommen wegen des Palazzo Caffarelli unterzeichnet – mußte man auf vielerlei Empfindlichkeiten Rücksicht nehmen. Ein zweites Deutsches Kapitol wollte man unbedingt verhindern. Als Herff erfuhr, daß das Auswärtige Amt mit Italien über den Erwerb der einigermaßen spektakulären Villa Aldobrandini auf dem Quirinal verhandelte, warnte er, daß „ebenso wie die Tatsache, daß der Palazzo Caffarelli in deutschem Besitz gewesen sei, seinerzeit von der

---

858 Anhang, Dok. 58, Dok. 61.
859 Anhang, Dok. 73, Dok, 74.
860 Anhang, Dok. 66, Dok. 71, Dok. 72.
861 Anhang, Dok. 71.
862 Anhang, Dok. 65, Dok. 69, Dok. 70.
863 Anhang, Dok. 59.
864 PAA, Bd. II. Rep. It. Vol. 68. adh.
865 Anhang, Dok. 67.
866 Anhang, Dok. 67.
867 Esch 1992, S. 323, 331 und 353.
868 Thoenes 1991, S. 15.

römischen Bevölkerung unangenehm empfunden worden" sei, es zu befürchten wäre, „dass auch die Installierung der Deutschen Botschaft an einem so auffallenden Platze böses Blut erregen" könnte.[869] Schon im Januar riet Herff zur Vorsicht, besonders „wenn es sich – wie im Falle der Villa Aldobrandini – um ein an bevorzugter Stelle in Rom gelegenes Gebäude aus älterer Zeit handelt, bei dem es wünschenswert wäre, daß die Initiative zum Erwerb vor der römischen und italienischen Öffentlichkeit nicht von uns ausginge sondern an uns herangebracht würde."[870] Die weitläufige Villa Wolkonsky am Lateran, die man schon seit mehr als einem Jahr im Auge hatte, sei „wegen Empfindlichkeit der öffentlichen Meinung nicht möglich."[871]

Auch der deutsche Gesandte am Heiligen Stuhl, Diego von Bergen, der von seiner idyllischen Villa Bonaparte aus die Wohnungssuche der Quirinalskollegen mit Interesse verfolgte, gab ab und zu Ratschläge. So seien bei der Auswahl eines neuen Botschaftsgebäudes, „für das grundsätzlich [die] italienische Regierung zu sorgen hätte, große repräsentative Ambitionen fallen zu lassen und die seiner Zeit mit österreichischer Botschaft gemachten Erfahrungen – deren Lage geradezu feindselige Kundgebungen herausforderte – zu berücksichtigen. Besonders verkehrsreiche Plätze und Straßen sind zu vermeiden. Entscheidend abzuraten wäre hiernach von Villa Albani; geeignet erscheint mir nach allen Richtungen Villa [Palazzo] Falconieri in der Via Giulia."[872] Der historische Palazzo Falconieri jedoch war, wie der für diese Frage eigentlich zuständige Herff sofort einwandte, seinerseits unmöglich, „weil unmittelbar hinter französischer Botschaft Palazzo Farnese gelegen, was vermieden werden müßte."[873]

Nun verhandelte man, es war schon März 1920, mit der Regierung über die außerhalb der Mauern gelegene Villa Torlonia: „Es ist nicht ausgeschlossen, daß die Regierung statt die Villa zu mieten, sie käuflich erwirbt, um sie uns unter Umständen dann als endgültigen Botschaftssitz zur Verfügung zu stellen."[874]

Inzwischen wurde den deutschen Diplomaten ihr Ausweichquartier im Palazzo Zuccari, wo man nun schon im 4. Monat dahinvegetierte, immer saurer. Jenseits aller protokollarischen Erwägungen erwies sich der Ort für jeglichen Bürobetrieb als völlig ungeeignet: „Die Verhältnisse in der uns in dankenswerter Weise mietweise zur Verfügung gestellten Biblioteca [sic] Hertziana sind schon seit geraumer Zeit vollkommen unerträglich geworden. Die beschränkten und zum Teil dunklen Räume machen ein sachgemäßes Arbeiten und eine geordnete Führung der Registratur so gut wie unmöglich."[875]

Die Suche nach einem Botschaftsgebäude wurde auch dadurch erschwert, daß sie von der deutschen Seite mit der Entschädigungsfrage verknüpft wurde. Der römische Korrespondent der *Vossischen Zeitung*, Mario Passarge, teilte seinen Lesern erklärend dazu mit, „daß es, selbst unter Ausschaltung aller Sentimentalitäten, nicht ganz den zwischen zwei sich achtenden Regierungen üblichen Umgangsformen entspreche, wenn man Deutschland wirklich die Summe [für das Kapitol] auf den Tisch legen wollte, mit der Aufforderung, sich nach einem neuen Gebäude umzusehen."[876] Man könne als Ersatz für den Palazzo Caffarelli nur die Zuteilung einer anderen geeigneten Immobilie akzeptieren und sei daher dazu verurteilt, auf entsprechende Vorschläge zu warten. Im Frühjahr 1920 kam, nachdem die Villa Torlonia und die Villa Aldobrandini aus verschiedenen Gründen ausgeschieden waren, schließlich der Palazzo Vidoni bei Sant'Andrea della Valle als ernsthafte Option ins Gespräch. Der italienische Vorschlag, auf den die deutsche Regierung formal einging, entbehrte nicht eines gewissen *haute goût*, da dieser riesige Palast im Zentrum Roms mit vollem Namen Palazzo *Caffarelli*-Vidoni hieß, und von keinem geringeren als Raphael für eben jene Caffarelli erbaut wurde, die sich etwas später auf das Kapitol ausdehnten. In diesem Palast war es auch, wo Kaiser Karl der V. bei seinem Rombesuch 1536 Quartier bezog, und wo ihm vielleicht auch die Idee gekommen war, seinen Gefolgsmann Ascanio Caffarelli mit der noch unbebauten Kapitolhälfte zu beschenken. Was sich die italienische Regierung dabei dachte, gerade hier die Botschaft des Deutschen Reiches anzusiedeln, ist unklar. Vielleicht hoffte man, den Deutschen durch die weitgehende Namensgleichheit der Paläste über den Verlust des alten hinwegzuhelfen und ihnen die

---

869 Aufzeichnung vom 27. Januar 1920, PAA, Bd. II. Rep. It. Vol. 68. adh.
870 Anhang, Dok. 69.
871 Anhang, Dok. 73.
872 Anhang, Dok. 71.
873 Anhang, Dok. 72.
874 Anhang, Dok. 74.
875 Anhang, Dok. 74.
876 *Vossische Zeitung* vom 11. Juni 1920.

Eingewöhnung in den neuen zu erleichtern. Das Konzept fand nicht nur Zustimmung. Der bereits erwähnte Mario Passarge gab in der „Vossischen Zeitung" zu bedenken, daß der Palast historischen und damit nationalen Wert habe. „Wir sollten es ruhig anderen Nationen überlassen, sich wegen des Besitzes nationaler Denkmäler von der Bevölkerung schelen Auges betrachten zu lassen. Der Platz, der vielleicht vor zwanzig Jahren für eine deutsche Botschaft ausgesucht worden wäre, muß nicht auch heute noch der geeignete sein."[877] Treffender und schonender zugleich hätte man die politischen Folgen des Ersten Weltkriegs nicht beschreiben können.

Am 29. April 1920 nahmen Deutschland und Italien ihre am 24. Mai 1915 abgebrochenen diplomatischen Beziehungen wieder auf. Geschäftsträger Ulrich von Hassel und der schweizerische Gesandte in Rom Dr. Wagnière unterzeichneten am 23. Juni den Vertrag, der die „Übertragung der Geschäfte des deutschen Interessensschutzes" in allen Details regelte.[878] Die Frage des Botschaftsgebäudes blieb freilich ungelöst. Der Kanzleibetrieb der Botschaft war inzwischen von der Bibliotheca Hertziana in das von Italien ebenfalls sequestrierte Gemeindehaus der deutschen evangelischen Gemeinde in der Via Sardegna verlegt worden, dessen Beschlagnahmung in Folge des Botschaftseinzugs am 6. Juli 1920 aufgehoben wurde.[879] Unklar ist, ob die Wiederaufnahme der diplomatischen Beziehungen noch von der Bibliotheca Hertziana aus – was eine reizvolle Vorstellung wäre – oder bereits von der Via Sardegna aus erfolgte.

Da auch im evangelischen Gemeindehaus für die Botschafterwohnung kein Platz war, mußten der erste Botschafter John von Berenberg-Gossler (bis Mitte 1921) und sein Nachfolger Konstantin Freiherr von Neurath in einem Hotel absteigen. Bis Ende 1922 akkumulierten sich die diesbezüglichen Spesen auf 176 543 Lire, wofür man schon ein kleines Haus hätte kaufen können. In Berlin wurde man ungeduldig und mahnte an, es dürfte „nicht der Eindruck entstehen, daß wir den von der italienischen Regierung verschuldeten Zustand ruhig hinnehmen und uns unter Aufwendung größerer Geldmittel auf längere Zeit häuslich einrichten."[880]

Die Verhandlungen um den Palazzo Vidoni waren inzwischen einigermaßen festgefahren. In ihrem Enteignungsdekret vom 30. November hatte die italienische Regierung eine Entschädigungssumme von 2,7 Millionen Lire festgesetzt, eine recht niedrige Summe, die von der deutschen Regierung sofort angefochten wurde.[881] Zwischen diesem Angebot der Regierung und den Preisvorstellungen der bisherigen Besitzer des Palazzo Caffarelli-Vidoni klaffte eine Lücke von beinahe zweieinhalb Millionen Lire, um die verhandelt werden mußte. Das dauerte. Ein von der deutschen Regierung in Auftrag gegebenes Gutachten bezifferte den Vorkriegs-Gesamtwert der kapitolinischen Liegenschaften auf über vier Millionen Lire, wobei der Palazzo Caffarelli mit 939 000 Lire, das Archäologische Institut mit 751 000 Lire und das Krankenhaus mit 752 000 Lire veranschlagt wurden. Der gesamte Gartengrund wurde mit 1 245 000 Lire berechnet, mehrere kleinere Häuser und Parzellen mit Beträgen bis 66 000 Lire.[882]

Daß Geld inzwischen wieder wichtiger geworden war als nationale Themen, deutet darauf hin, daß die Beziehungen zwischen Deutschland und Italien sich zu normalisieren begannen und auf eine geschäftliche Grundlage zurückkehrten. Paul Kehr, der immer noch um die Rückgabe vor allem der Bibliothek des Archäologischen Institutes kämpfte, hatte sogar alle Hände voll zu tun, um diesen neuen Pragmatismus einzudämmen. So betrachtete man in Berlin das Archäologische Institut offenbar als taktische Verhandlungsmasse. Der Stolz der deutschen Wissenschaft könne, so Geschäftsträger Herff an Kehr, „den Interessen der Botschaft und den allgemeinen politischen und wirtschaftlichen Interessen gegenüber nicht gehalten werden." Im Klartext hieß dies, daß man in Berlin bereit war, ein neues Botschaftsgebäude mit der weltberühmten Bibliothek des Archäologischen Instituts zu bezahlen. Von dieser Haltung, die für die Moral der frühen Weimarer Republik bezeichnend ist, war wenige Jahre später freilich keine Rede mehr, als im April 1929 das hundertjährige Bestehen des Deutschen Archäologischen Instituts in fünftägigen Feiern begangen wurde, an deren Höhepunkt

---

877 *Vossische Zeitung* vom 11. Juni 1920.
878 PAA, Rom 1265a.
879 SCHUBERT 1930, S. 262
880 Auswärtiges Amt an deutsche Botschaft in Rom, 25. November 1920; PAA, Bd. II. Rep. It. Vol. 68. adh.

881 Anhang, Dok. 44, Dok. 45 und Dok. 55, siehe auch Schreiben des Rechtsanwalts Boschi-Hüber vom 6. Dezember 1818, PAA, Bd. I. Rep. It. Vol. 68. adh. J. 10104.
882 Gutachten der Architekten C. Magni und F. Mora, erstellt wohl erst im März 1919, datiert auf Dezember 1918; PAA, Rom 1265a.

ein Staatsakt im Reichtag stand, bei welchem Präsidenten, Minister und königliche Hoheiten aus aller Herren Länder gerührt das Wort ergriffen und Außenminister Stresemann das Goethewort zitierte:

„Wer nicht von dreitausend Jahren
Sich weiß Rechenschaft zu geben,
Bleibt im Dunkeln unerfahren,
Mag von Tag zu Tage leben." [883]

Nun, 1920 meinte man, von der Hand in den Mund leben zu müssen. Kultur war bürgerliche Privatsache, zudem kaiserzeitlich kompromittiert, und die Aussicht, daß Italien mit der Bibliothek auch die Kosten für den Institutsbetrieb übernehmen würde, mag so schlimm auch nicht gewesen sein. Vor allem wollte man so schnell wie möglich wieder ein anständiges Botschaftsgebäude. Kehr bemühte sich nach Kräften, dieses Bauernopfer zu verhindern. Von offizieller Seite wurde er darin vor allem von Ulrich von Hassel unterstützt (Abb. 166),[884] Geschäftsträger seit Mai 1920, römischer Botschafter in den Jahren 1932 bis 1938. 1944 wurde er wegen seiner Beteiligung am Widerstand des 20. Juli zum Tode verurteilt und hingerichtet. Wenn Kehrs römische Mission am Ende doch von Erfolg gekrönt war und der neue Institutsdirektor Walter Amelung die Bibliothek am 24. Oktober mit einem Transportkonvoi „auf dem vordersten Lastwagen stehend" [885] im Triumph in das evangelische Gemeindehaus überführen konnte, so war das auch dem persönlichen Einsatz dieses Mannes zu verdanken, dem Kehr „in waffenbrüderlicher und verehrungsvoller Gesinnung" eine Kopie seines Abschlußberichtes übersandte.[886] Kehr und von Hassel hatten gemeinsam die Bibliothek so lange vor den „übergeordneten" Überlegungen des Auswärtigen Amtes verteidigt, bis die Stimmung auf italienischer Seite zu Gunsten der Deutschen umschlug. Die Ministerpräsidenten Francesco Nitti[887] und Giovanni Giolitti,[888] vor allem aber der Kultusminister Benedetto Croce[889] setzten sich ab Mitte 1920 persönlich dafür ein, alle deutschen Institute vom Status der Beschlagnahme zu befreien.[890]

Die Haltung des Auswärtigen Amtes gegenüber dem ihm unterstellten Archäologischen Institut wurde insofern bestraft, als man selber ohne Botschaftsgebäude blieb, das Notquartier im evangelischen Gemeindehaus jedoch mit der auf wundersame Weise freigekommenen Bibliothek des schon leichtfertig aufgegebenen Instituts teilen mußte.

Was die Verhandlungen mit der italienischen Regierung so kompliziert machte, waren weniger gegensätzliche Vorstellungen als vielmehr die Serie von Regierungskrisen, die kontinuierliche Gespräche unmöglich machten. Man mußte also warten, bis in Italien wieder „geordnete Verhältnisse" herrschten. 1923 war es dann soweit: Botschafter Neurath telegraphierte nach Berlin: „Auf Grund persönlicher Initiative Mussolinis will faschistische Regierung Entschädigungsfrage Caffarelli freundschaftlich und rasch regeln." [891] Mussolini war das Gezerre mit Deutschland offensichtlich peinlich, zumal er, nachdem die politischen Differenzen mit den ehemaligen Entente-Staaten wuchsen, neue politische Verbündete brauchte.

Die von Mussolini anvisierte Regelung zielte darauf ab, dem Deutschen Reich den Palazzo Caffarelli-Vidoni (Abb. 168) zum freien Eigentum zu übertragen. Bereits am 14. April war von beiden Seiten ein Vertrag unterzeichnet worden, welcher dem ewigen Provisorium im Gemeindezentrum ein ebenso vorläufiges Ende setzte und den Deutschen den Palazzo Caffarelli-Vidoni zur freien Nutzung überließ.[892] Im Frühjahr desselben Jahres arbeitete man daran, den Palast zur Großbotschaft auszubauen. Die Pläne der Reichsbauverwaltung sind ein eindrucksvolles Zeugnis dafür, daß es mit der ganz großen Bescheidenheit bereits vorbei war. Neben *Speise-*

---

883 RODENWALDT 1930, S. 89.
884 KEHR 1940, S. 26; ESCH 1992, S. 355, 360
885 WICKERT 1979, S. 77.
886 ESCH 1992, S. 320.
887 Francesco Saverio Nitti (1868–1953), zwischen 1919 und 1920 dreimal Ministerpräsident; über Kehrs Verhandlungen mit Niti, siehe ESCH 1992, S. 369–372.
888 Giovanni Giolitti (1842–1928), Ministerpräsident 1920/21.
889 Benedetto Croce (1866–1952), Kultusminister im letzten Kabinett Giolitti.
890 KEHR 1940, S. 26; ESCH 1992, S. 340, 360-362
891 Neurath an Auswärtiges Amt, 21. Februar 1923; PAA, Rom 1265a, Nr. 1039.
892 PAA, Rom 1265a, Nr. 2307.

saal, *Tanzsaal*, *Kleinem Salon* und diversen *Schlaf- Wohn-* und *Gesellschaftsräumen* waren im Piano Nobile ein *Großer Empfangssalon*, ein *Kleiner Damensalon*, ein riesiges *Billardzimmer*, *Bibliothek* und *Empfangsraum des Botschafters* vorgesehen. Im zweiten Stock lagen die Büros für den Botschafter, den Botschaftsrat, den Kanzler, vier Legationssekretäre, für den Gesandtschaftsrat und den Handelsrat, für den Pressereferenten und den Sozialattaché, für die Kanzlei, die Registratur und die Zeitungsregistratur, den Übersetzer, das Chiffre-Büro und den Pressereferenten. Ferner gab es einen Konferenzsaal, ein Lesezimmer, ein Wartezimmer, ein Botenzimmer, ein Kurierzimmer, eine Paßstelle, eine Kanzlei, Räume für sechs weitere Sekretäre sowie Gästezimmer. Im dritten Stock sollten die Wohnungen für den Botschafter, den Botschaftsrat und die Legationssekretäre untergebracht werden.[893]

Vom Vorbesitzer Marchese Guglielmi hatte man zudem Einrichtungsgegenstände im Wert von 70.000 Lire übernommen. Trotzdem stieß der neue Repräsentationswille immer wieder an die Grenzen des Reichshaushalts. So wurde aus Berlin mitgeteilt, daß der „Ankauf der uns weiter angebotenen 4 Glastüren in den Gesellschaftsräumen […] bei der mißlichen Finanzlage des Reichs leider nicht in Betracht kommen" könnte. „Mag auch ihr Erwerb an und für sich ebenfalls wünschenswert sein, so erscheint er doch zur Hebung des Gesamteindrucks nicht unbedingt notwendig."[894]

Wenn man bedenkt, daß es Botschafter Graf Monts nach dem „Hohen Erlass I 1148 vom 7. Februar 1908" gestattet war, „Blatt- und sonstige Topfpflanzen im Wert von 1000 Lire für das Reich anzukaufen", so wird deutlich, daß man vom alten Standart noch weit entfernt war.[895] Man lebte eben, wie der uns inzwischen bekannte Mario Passarge in der *Vossischen Zeitung* süffisant dazu bemerkte, nicht mehr in jenen fernen Zeiten „wo von den Mauern bis zu den ewig gewechselten Tapeten alles nur nach den Wünschen der Botschafter oder von deren Gemahlinnen eingerichtet wurde. Es wäre interessant, hierzu die Abrechnungen einzusehen, die im Auswärtigen Amt vorliegen müssten. Jeder Botschafter ließ sich nach der Farbe seiner Möbel die Räume neu und natürlich in Stoff und auf Kosten des Staates tapezieren (siehe S. 122) oder ließ sich gar einmal einen Aufzug einbauen, der dann wegen Abberufung des Botschafters nie in Betrieb genommen wurde."[896] Vielleicht hatte das Zögern im Erwerb der vier Glastüren aber auch damit zu tun, daß der Palazzo Caffarelli-Vidoni als Botschaftssitz bereits mehr oder weniger aufgegeben war. In den vergangenen zwei Jahren hatten sich die Schwierigkeiten gehäuft. Einige renitente Altmieter weigerten sich auszuziehen. Auch die Bedenken über die Auffälligkeit einer deutschen Botschaft mitten im Zentrum bestanden weiter. Vor diesem Hintergrund – auch fehlte den deutschen Diplomaten im heißen Rom die vom Kapitol her gewohnte Parkanlage – wurde bereits 1922 auf Initiative des neuen Botschafters Freiherr Constantin von Neurath die Villa Wolkonsky aus dem Besitz der Marchesa Campagnari erworben (Abb. 167/169).[897] Wir erinnern uns, daß der findige Legationssekretär Dr. Toepke das Anwesen bereits im Januar 1919 entdeckt und als neue Botschaft vorgeschlagen hatte:

„Ein Grundstück bei San Giovanni in Laterano, 40 000 Quadratmeter gross, erhöht liegend, mit einer schönen hochherrschaftlichen Villa sowie 4 kleineren Gebäuden, in denen für Kanzlei, Beamtenwohnungen, Konsulat u.s.w. reichlich Platz wäre. […] Mit dem prachtvollen Park und den darin befindlichen römischen Ruinen zweifellos eine der schönsten alten Besitzungen in Rom. […] Zur Not könnte man auch das Krankenhaus, das Archäologische Institut und anderes dort unterbringen."[898] Die versteckte Lage am Lateran entsprach ganz der Zurückhaltung, die sich das Deutsche Reich nun auferlegte. Von der Fläche her übertraf der Besitz das Areal auf dem Kapitol um das Doppelte. Trotzdem liefen die Verhandlungen mit der italienischen Regierung über den Palazzo Caffarelli-Vidoni weiter. Nachdem Mussolini die Sache in die Hand genommen hatte, kam man rasch zu einer Einigung. Am 20. April 1923 wurde zwischen Mussolini, der gleichzeitig das Amt des Außenministers versah, und Botschafter Neurath ein Vertrag unterzeichnet, der den Deutschen vorbehaltlich der Zustimmung

---

893 Pläne der Reichsbauverwaltung vom 21. Mai 1921; PAA, Rom 1265a.
894 Auswärtiges Amt an Botschaft, 30. Juni 1923; PAA, Rom 1265a, Nr. 2428.
895 Botschafter Jagow an Auswärtiges Amt, 26. April 1911, PAA, 42 Italien Vol. 68 Nr. 1724.
896 *Vossische Zeitung* vom 11. Juni 1920.
897 Schmitz 1959, S. 27.
898 Anhang, Dok. 50.

des Parlaments das Eigentum am Palazzo Vidoni übertrug.[899] Deutschland verzichtete dafür auf alle Entschädigungsansprüche für die enteigneten Gebäude auf dem Kapitol. Das Warten hatte sich insofern gelohnt, als die Gesamtentschädigung nun auf 5 Millionen Lire angesetzt wurde, also das Doppelte der ursprünglich angebotenen Summe. Sollte das Reich den Palast wieder veräußern – wozu von Anfang an die Absicht bestand – so würde jeder Betrag, der diese Summe überstiege, mit der italienischen Regierung geteilt werden.[900] Neurath hatte diese Lösung dem Auswärtigen Amt dringend empfohlen, da sonst zu befürchten sei, „daß Italiener Entschädigung auf den Verrechnungsweg der Reparationen oder ähnliches schieben."[901] Nach der Zustimmung des italienischen Parlaments wurde das Dekret am 14. Dezember 1923 in der *Gazetta Ufficiale* veröffentlicht.[902] Die förmliche Übergabe erfolgte am 15. Januar 1924. Damit endete die unmittelbare Nachkriegszeit zwischen Deutschland und Italien, und es endete auch die Geschichte des Deutschen Kapitols.

Der Palazzo Caffarelli-Vidoni blieb nicht lange in deutschem Besitz. Der Sitz der Botschaft wurde bereits im Frühjahr 1923 endgültig vom evangelischen Gemeindehaus in die Villa Wolkonsky verlegt.[903] Nachdem die ägyptische Regierung angeblich 7 Millionen Lire für den Palast geboten hatte, wurde er am 4. Februar 1925 an eine gewisse *Compagnia Fondiaria Regionale – Società Anonima* für 5,7 Millionen Lire verkauft. Die Bestätigung des Kaufs erfolgte wiederum durch Mussolini in seiner Eigenschaft als Außenminister des Königreichs Italien.[904] Daß die Transaktion mit allerhöchstem staatlichem Segen abgewickelt wurde, hatte einen spezifischen Grund. Hinter der obskuren *Compagnia Fondiaria Regionale* scheint niemand anderes als die faschistische Partei Italiens gestanden zu haben, welcher der Palast im Sommer 1925 offiziell verkauft wird.

---

899 Neurath an Auswärtiges Amt, 21. April 1923, PAA, Rom 1265a, Nr. 1087.
900 Neurath an Auswärtiges Amt, März 1923, PAA, Rom 1265a.
901 PAA, Rom 1265a
902 PAA, Rom 1265a, Nr. 6696.
903 Schubert 1930, S. 267.
904 Quittung vom 27. Februar 1925, PAA, Rom 1265a.

Epilog

Katharsis oder *A colle sacro ad rivulum sacrum*

„Sehen Sie, die Deutschen können das Glück und die Größe nicht recht vertragen.
Ihre Art Idealität ruht auf Sehnsucht."
FRIEDRICH THEODOR VISCHER, *Auch Einer*, 1879

Friedrich Theodor Vischer findet mit seiner hellsichtigen Bemerkung für das deutsche Grundproblem eine zunächst poetische, also echt deutsche Erklärung – um dann fortzufahren: „Wenn sie's einmal haben – vielleicht erleben wir's, geben Sie acht, – und nun nichts mehr zu sehen ist, so werden sie frivol werden, die Hände reiben und sagen: unsre Heere haben's ja besorgt, seien wir jetzt recht gemeine Genuß- und Geldhunde mit ausgestreckter Zunge."

Ob man den Hundsvergleich nun gerne annimmt oder nicht, wahr ist, daß das Volk der Dichter und Denker im Umgang mit „Glück und Größe" nicht immer die Grazie erreicht, die anderen Völkern gegeben ist. Das wäre an sich nicht schlimm, würde die Unverträglichkeit der eigenen Größe nicht die Deutschen selbst gelegentlich unerträglich machen. So auch in Rom: ließ – und läßt – man sich dort französischen *soufflée* an der Piazza Farnese gerade noch gefallen, so waren deutsche Klöße auf dem Kapitol für den nur scheinbar robusten römischen Magen eine auf Dauer zu schwere Kost.

Zur mangelnden Grazie kam freilich der *genius loci* erschwerend hinzu. Zwar schienen die Geister der Antike gebannt: Schon im 15. Jahrhundert sah Flavius Blondus vom Tarpejischen Felsen „ein gewaltiges Stück niederstürzen", an der alten Richtstätte kletterten Ziegen um den Monte Caprino und „der ganze Berg mit zahlreichen Ruinen von Säulen, Portiken und Mauern zwischen Weingärten, kleinen Häusern und einigen engen Gassen bot ein unbeschreibliches Schauspiel der Versunkenheit dar" (Gregorovius). Doch der antike, von Mirabeau abgewandelte, und schließlich von Nietzsche aufgegriffene Spruch, nach dem "Verbrecher höchsten Ranges […] dem Capitol ebenso nahe [sind] als dem tarpejischen Felsen", (*Selbstbekenntnisse*, 34.245) war auch dort weiter gültig, wo es sich nicht unbedingt um „Verbrecher höchsten Ranges" handelte. Das Kapitol, das *caput mundi*, ist eben, wie ein anderer deutscher Dichter reimend bemerkte,

„ein ianusköpfiges Haupt der Welt,
wo man vorne hinaufsteigt und
hinten hinunterfällt."

Daß das Hinunterfallen gerade zu einer Zeit erfolgte, als man am wenigsten damit rechnete und die friedlichen Reste des Tarpejischen Felsens im eigenen Gemüsegarten fast schon vergessen hatte, zeigt nur, daß das, was kommen muß, immer auch kommt. Der absehbare Sturz war sozusagen ein unsichtbarer Paragraph des Kaufvertrags von 1854, im Einigungsvertrag von 1895 stand er bereits im Kleingedruckten. Wie hätte es auch anders kommen sollen? Möglichkeiten für einen ehrenvollen Abstieg vom Kapitol – über die große Vordertreppe herab – gab es wenige. Man hätte auf den Kauf verzichten oder den gekauften Palast mit staatsmännischer Geste Italien überlassen können, wie es ein- oder zweimal tatsächlich überlegt wurde. Doch was einem Bismarck möglich gewesen wäre, war einem Kaiser Wilhelm II. nicht gegeben.

Ob es viel genützt hätte, nur auf den provokativen Thronsaal und die Edda-Fresken zu verzichten, ist fraglich. Für die politisch einflußreichen italienischen Nationalisten war es schon unerträglich, den „Heiligen Hügel" überhaupt in fremder Hand zu wissen. Die Präsenz ausgerechnet jener „Teutonen" aber, die ihre Unzugänglichkeit für die Segnungen lateinischer Kultur schon vor zweitausend Jahren bewiesen hatten, mußte die Neu-Römer schmerzhaft daran erinnern, daß ihr neuer Staat seine antike Größe nur unvollständig wiedererlangt hatte. War auf dem Kapitol schon für die privaten „Sommernachtsträume" des preußischen Königs Friedrich Wilhelm

IV. wenig Platz, so wurde es für die Weltmachtsträume zweier Völker, die gerade unterschiedliche Stadien ihrer Adoleszenz durchlitten, endgültig zu eng.

Auf der anderen Seite wäre das Ende des „deutschen Parnasses" – wie bereits Waiblinger 1828 das Deutsche Kapitol halb im Scherz tituliert – weniger bedauerlich, wenn an seine Stelle etwas Neues, Gleichwertiges getreten wäre. Es sieht nicht danach aus. Zwar versteht sich Deutschland weiterhin als Kulturnation und gibt viel Geld für kulturelle Dinge aus. Doch leben die Institutionen, deren Vorläufer diesen Anspruch auf dem Kapitol im Sinne einer deutschen Gesamtkultur sichtbar vertreten haben, heute als verstreute, jeweils hochangesehene Fachfilialen in der innerstädtischen Diaspora. Diplomatie, Religion, Kunst und Wissenschaft gehen ihre getrennten Wege und versuchen, dabei möglichst nicht als Deutsche erkannt zu werden, was allerdings auch wieder sehr deutsch ist.

Die Geschichte des Deutschen Kapitols ist nicht zuletzt deswegen eine traurige Geschichte, als weder die Verlierer noch die vermeintlichen Sieger aus ihr nennenswerte Lehren, oder auch nur Gewinn gezogen haben. Kaum hatte Italien als viertes Rad am Wagen der *Entente* den „Pangermanismus" besiegt, machte es sich daran, seinen eigenen Großmachtsträumen nachzugehen, und man kann das Land nur dazu beglückwünschen, aus diesem Experiment halbwegs glimpflich und ungeschoren davongekommen zu sein. Was vor dem Krieg nicht möglich schien, verwirklichte sich nun: Den Weg zur Weltmacht legte man schon bald gemeinsam mit dem ehemaligen Feind zurück, denn auch die Deutschen wollten es noch einmal wissen.

Die Dimensionen der aus diesem zweiten Anlauf entstandenen Folgen sind mit den Maßstäben des Kapitols nicht mehr auszudrücken. Vielleicht nur soviel: Die Geschichte des Deutschen Kapitols endete mit dem Einzug der Botschaft in die sehr hübsche Villa Wolkonsky erstaunlich gut – aber sie endete nur scheinbar. Das wirkliche Ende sollte noch kommen. 1943 zog die Botschaft mit der faschistischen Regierung Italiens nach Fasano an den Gardasee. Botschafter Rudolf Rahn residierte dort in der etwas düsteren Villa Bassetti direkt am Wasser, bis er am 15. Mai 1945 in Meran verhaftet wurde. Die Villa Wolkonsky wurde beschlagnahmt und ist heute Residenz des britischen Botschafters.

Die Geschichte des Deutschen Kapitols endet im Grunde erst hier, oder genauer, sie endet vor den Toren Roms, an den Ufern des Almo, ein kurzes Bächlein, *cursu brevissimus Almo,* nennt ihn Ovid (Met. XIV. 329), das in den grünen Hügeln zwischen Via Appia und Via Latina entspringt und nach einem Lauf von kaum sechs Kilometern im braunen Tiber endet. Heute arg vermüllt und durch das tätige Gewerbe der modernen Römer vielfach bedrängt, gehört sein einst reines Wasser doch zu den heiligsten Roms. An jedem 27. März (*VI. kal. Apr.*), dem Tag der *lavatio matris deum,* wurde das Bildnis der Göttin Kybele, der *Magna Mater*, am Ende der mehrtägigen exstatischen und blutigen Kultfeiern, die früher in der Selbstentmannung der Priester gipfelten, im feierlichen Zug vom Palatin – also fast vom Kapitol – hierher gebracht und in den Wassern des Almo reingewaschen, auf daß sie durch Regen das Wachstum der Felder fördere (Ov. fast. IV. 337ff.).

Auch Nymphen sollen am Almo ihren Wohnort gehabt haben. Heute erhebt sich an seinem Lauf, in einem schmalen, von breiten Schnellstraßen bestrichenen Gartengrundstück, die Villa Almone, ein eher kleines Gebäude der Dreißiger Jahre, Residenz des deutschen Botschafters. Unbemerkt und ohne Blaulicht betritt und verläßt er im Wagen die Ewige Stadt. Seine schlichte Kanzlei liegt hinter dem Bahnhof, der benannt ist nach *Terminus*, dem kapitolinischen Gott des unverrückbaren Grenzsteins. Daß ihm die Römer seine Wohnstatt am Heiligen Bache mißgönnten wie einst den Heiligen Hügel, muß er nicht ernsthaft befürchten. Er steht auch nicht im Verdacht, kurz vor den Mauern Roms auf seinen Triumphzug zu warten. Daß die Wahl des Ortes vielmehr *lavatio*, Reinigung und Buße anzeigt, werden aber nur wenige zu würdigen verstehen.

Anhang

Zeittafel

1798 UHDEN preuß. Geschäftsträger
1800 Wahl Papst PIUS VII. CHIARAMONTI (bis 1823)
1802 25. Nov. HUMBOLDT preuß. Ministerresident in Villa Malta – 15. Aug. HUMBOLDTS Sohn WILHELM †
1803 HUMBOLDT im Pal. Tomati, Via Gregoriana
1805 12. Jan. erster Romaufenthalt des bayerischen Kronprinzen LUDWIG
1807 5. Nov. ANGELIKA KAUFFMANN †
1808 HUMBOLDT verläßt Rom – Napoleonische Truppen besetzen Kirchenstaat
1809 Annexion des Kirchenstaats durch NAPOLEON
1813 14.-19. Okt. Völkerschlacht bei Leipzig
1814 31. März. Einnahme von Paris – Sept. Wiener Kongreß beginnt
1815 8. Juni. Gründung des Dt. Bundes – Wiederherstellung des Kirchenstaates
1816 7. Okt. NIEBUHR preuß. Ministerresident in Rom – 24. Nov. BUNSEN kommt an
1817 1. Juli. BUNSEN heiratet FRANCES WADDINGTON – 9. Nov. Feier zum 300. Jahrestag der Reformation im Pal. Astalli – 10. Nov. Ehepaar BUNSEN im Pal. Caffarelli – Gründung eines Lesezirkels der dt. Diplomaten
1818 21. Jan. Kronprinz LUDWIG bezieht Villa Malta – 29. Apr. Deutsches Künstlerfest zu Ehren des Kronprinzen – 29. Juni. KARL FOHR ertrinkt im Tiber
1819 16. Apr. Kaiser FRANZ I. besucht Ausstellung deutscher Künstler im Pal. Caffarelli – 27. Juni. Gesandtschaftsprediger SCHMIEDER feiert ersten protestantischen Gottesdienst im Pal. Savelli-Orsini
1820 EDUARD GERHARD in Rom
1821 5. Feb. Gründung der Bibliothek der Deutschen durch BUNSEN und PASSAVANT
1822 NIEBUHR bringt Verhandlungen mit Kurie über prot. Friedhof zum Abschluß – 11. Nov. Ankunft König FRIEDRICH WILHELM III
1823 Wahl Papst LEO XII. DELLA GENGA (bis 1829) – 15. Mai. NIEBUHR reist ab – BUNSEN preuß. Geschäftsträger – Verlegung der preuß. Gesandtschaft und der Gesandtschaftskapelle in den Pal. Caffarelli
1824 11. Jan. Einweihung der Gesandtschaftskapelle durch Pastor RICHARD ROTHE
1825 preuß. Generalkonsul BARTHOLDY †
1827 14. Apr. König LUDWIG I. kauft Villa Malta
1828 Ankunft Kronprinz FRIEDRICH WILHELM von Preußen
1829 2. Jan. Eröffnung des *Instituto di Corrispondenza Archeologica* mit GERHARD und BUNSEN als Sekretare – Erfolgloser Versuch des Kronprinzen FRIEDRICH WILHELM den Pal. Caffarelli zu erwerben – Kauf des Pal. Cambiaso für Preußen durch BUNSEN
1830 Pariser *Comune* – Wahl Papst GREGOR XVI. CAPPELLARI
1831 GIUSEPPE MAZZINI gründet Geheimbund *Giovane Italia*
1834 Deutscher Zollverein gegründet
1835 Kauf der Casa Tarpea (Casa Marescotti) – Aufruf des ev. Gemeindevorstands zum Bau eines prot. Krankenhauses
1836 26. Jan. Arch. Institut bezieht Neubau neben Casa Tarpea – Juli. Eröffnung des prot. Krankenhauses
1837 Apr. Herzog CAFFARELLI bittet BUNSEN um Kredit – 15. Juli. Mietvertrag zw. BUNSEN und Herzog CAFFARELLI für Gesandtschaftswohnung im Pal. Caffarelli – Sommer. Cholera in Rom – Aug. öffentl. Kundgebungen gegen prot. Krankenhaus – Herbst. Kölner Wirren: Mischehenstreit eskaliert – 20. Nov. Gefangennahme des Erzbischofs DROSTE-VISCHERING
1838 Verkauf des Pal. Cambiaso – 14. März. preuß. Kronprinz FRIEDRICH WILHELM gewährt Herzog CAFFARELLI Kredit von 16.000 Scudi – 14. Apr. päpstl. Regierung annulliert Darlehensvertrag – BUNSEN reist ab – BUCH preuß. Geschäftsträger
1840 FRIEDRICH WILHELM IV. König v. Preußen
1842 WILHELM HENZEN am Arch. Institut – 1. Dez. dt. Kunstausstellung im Pal. Venezia
1844 Großes Landsberg-Konzert im Pal. Caffarelli
1845 4. Mai. preuß. Ministerresident v. BUCH † – JOSEPH SPITHÖVER eröffnet dt. Buchhandlung – preuß. Unterrichtsministerium übernimmt Bezahlung der Sekretare des Arch. Instituts
1846 21. Juni. Wahl PAPST PIUS IX
1848 Revolutionsjahr – Antideutsche und antiösterreichische Kundgebungen – 9. März. Bundestag wählt Schwarz-Rot-Gold als dt. Farben – 20. März. KÖNIG LUDWIG I. v. Bayern dankt ab – 21. März. Mob entfernt öster. Wappen vom Pal. Venezia – 18. Mai. Frankfurter Nationalversammlung tritt in Paulskirche zusammen – 24. Nov. PAPST PIUS IX. flieht nach Gaeta
1849 9. Feb. Ausrufung der „Repubblica Romana" auf dem Kapitol durch GIUSEPPE MAZZINI – 3. Apr. FRIEDRICH WILHELM IV. lehnt die Kaiserkrone ab – 3. Juli. Niederschlagung der „Repubblica Romana" durch franz. Truppen
1850 12. April. Rückkehr PAPST PIUS IX – Antideutsche Kundgebungen in Rom – 30./31. Mai. Bombenanschläge auf Dt. Künstlerverein und dt. Buchhandlung
1852 7. Jan. Pal. Caffarelli zum öffentlichen Verkauf ausgeschrieben – 8. Feb. USEDOM teilt Kardinal ANTONELLI Absicht des preuß. Königs mit, Pal. Caffarelli zu kaufen – 25. Mai. Mietvertrag zw. USEDOM und Witwe CAFFARELLI
1853 Umzug der Bibliothek der Deutschen in Pal. Caffarelli – Prinz FRIEDRICH WILHELM im Pal. Caffarelli
1854 27. Feb. Vertrag zum Kauf des Pal. Caffarelli durch FRIEDRICH WILHELM IV. für 82720 Scudi – 7. Okt. Comune u. Senato di Roma klagen gegen Kauf des Pal. Caffarelli

1855 2. Jan. Antrittsaudienz des preuß. Gesandten v. THIELE
1858 FRIEDRICH WILHELM IV. mit Königin im Pal. Caffarelli – 1. Okt. preuß. Unterrichtsministerium erhöht Subventionen für Arch. Institut
1859 14. Juni. Antrittsaudienz des preuß. Gesandten v. CANITZ
1860 18. Sept. Niederlage des päpstl. Heeres gegen ital. Truppen – Kirchenstaat verliert Romagna, Marken u. Umbrien
1861 17. März. VICTOR EMANUEL II. König v. Italien – Königreich Neapel fällt an Königreich Italien
1862 23. Sept. BISMARCK preuß. Ministerpräsident – 11. Okt. WOLFGANG HELBIG am Arch. Institut – 12. Nov. Kronprinz FRIEDRICH WILHELM im Pal. Caffarelli – preuß. Gesandter CANITZ verliert den Verstand – WILLISEN neuer Gesandter
1864 25. Feb. KURD v. SCHLÖZER Legationssekretär – 24. Aug. preuß. Gesandter WILLISEN † – 17. Dez. Antrittsaudienz d. preuß. Gesandten ARNIM
1865 FRANZ LISZT erhält niedere Weihen – Gründung eines dt. Turnvereins unter Leitung des Leutnants KANNACHER – HELBIG 2. Sekretar des Arch. Instituts
1866 Deutscher Krieg – 8. April. Angriffsbündnis Preußen/Italien gegen Österreich – 14. Juni. Österreich setzt im Bundestag Mobilmachung gegen Preußen durch – Preußen erklärt Dt. Bund für aufgelöst; Italien erklärt Österreich den Krieg – 22. Juni. preuß. Truppen marschieren in Böhmen ein – 3. Juli. preuß. Sieg bei Königgrätz
1867 GIUSEPPE GARIBALDI fällt mit Freischärlern in Rom ein – 3. Nov. GARIBALDI von franz. Truppen geschlagen
1868 Eröffnung der dt. Schule im Pal. Caffarelli
1870 13./18. Juli. Vat. Konzil beschließt Dogma der Unfehlbarkeit des Papstes – 18. Juli. KÖNIG WILHELM I. genehmigt Umwandlung des Arch. Instituts in preuß. Staatsanstalt – 19. Juli. franz. Kriegserklärung an Preußen – 2. Sept. Kapitulation der königl. franz. Truppen bei Sedan – 20. Sept. „Bresche" bei Porta Pia; Einnahme Roms durch ital. Truppen – 2. Okt. Plebiszit für Eingliederung Roms in das Königreich Italien – 9. Dez. Norddeutscher Bund erhält durch Reichstagsbeschluß den Namen *Deutsches Reich*
1871 16. Jan. Verlegung der ital. Hauptstadt von Florenz nach Rom – 18. Jan. Proklamation WILHELMS I. VON PREUSSEN zum Dt. Kaiser in Versailles – 25. Jan. Umwandlung des Arch. Instituts in eine preuß. Staatsanstalt – 28. Jan. Kapitulation von Paris – 2. Juli. König VICTOR EMANUEL II. residiert im Quirinalspalast – 8. Juli. kath. Abteilung im preuß. Unterrichtsministerium aufgelöst; Kulturkampf beginnt – 20. Sep. am Jahrestag der Einnahme Roms prodeutsche Kundgebung vor Pal. Caffarelli – 10. Dez. „Kanzelparagraph"
1872 2. Mai. Kurie lehnt Kardinal HOHENLOHE als Gesandten des Dt. Reiches ab – 17. Mai. Reichstag beschließt Umwandlung des Arch. Instituts in Reichsanstalt – 7. Juli. Reichstag verabschiedet „Jesuitengesetz"; Schließung des Jesuitenordens in Dtl. – Verkauf der Villa Malta nach dem Tod LUDWIGS I. an Graf BOBRINSKY
1873 1. Apr. Umzug der Bibliothek der dt. Künstler von der Villa Malta in den Pal. Caffarelli – 11.-14. Mai. „Maigesetze" – 2. Juli. Ankunft des dt. Gesandten v. KEUDELL

1874 18. Mai. Umwandlung des Preuß. Arch. Instituts in eine Reichsanstalt – Baubeginn des neuen Institutsgebäudes (bis 1877) – 15. Juli. GREGOROVIUS verläßt Rom
1875 Abbruch dipl. Beziehungen zw. Deutschem Reich u. Kirchenstaat
1876 1. Jan. Erhebung der dt. Gesandtschaft am Quirinal zur Botschaft – 4. Apr. Feldmarschall v. MOLTKE im Pal. Caffarelli
1877 Kauf v. Grotten im Untergrund des Kapitols – 9. Dez. Eröffnung des Neubaus des Arch. Instituts – Umbau der Casa Tarpea (bis 1879)
1878 Apr. dt. Kunstausstellung im Pal. Caffarelli
1879 Apr. dt. Kunstausstellung im Pal. Caffarelli – Fünfzigjahrfeier des Arch. Instituts – „Zweibund" Deutschland-Österreich
1878 Zwei Drittel der dt. Bischöfe von dt. Regierung abgesetzt – 7. Feb. Papst PIUS IX. †
1880 24. Apr. dt. Künstler beschließen Eingabe an Reichskanzler um Errichtung eines dt. Kunstinstituts
1881 Apr. dt. Kunstausstellung im Pal. Caffarelli
1882 Beitritt Italiens zum „Dreibund" – 13. März. Antrittsaudienz des preuß. Gesandten am Hl. Stuhl KURD v. SCHLÖZER
1883 Renovierungsarbeiten am Pal. Caffarelli (bis 1888)
1884 18 Dez. Kronprinz FRIEDRICH WILHELM besucht Papst
1885 1. Jan. WILHELM IHNE veröffentlicht Artikel in der *Kölnischen Zeitung* gegen Italienisch als Amtssprache im Arch. Institut – 9. März. Durch BISMARCKS „Sprachenerlaß" Deutsch Amtssprache am Arch. Institut – Überführung der Bibliothek PLATNERS in Arch. Institut
1886 8.–14. Apr. Heckmann-Quartett konzertiert im Pal. Caffarelli – 10. Apr. Preußen erwirbt Fresken der Casa Bartholdy
1887 Veröffentlichungen des Arch. Instituts auch in dt. Sprache – 27. Jan. WILHELM HENZEN † – EUGEN PETERSEN und CHRISTIAN HÜLSEN Sekretare des Arch. Instituts – Rücktritt HELBIGS als 2. Sekretar
1888 „Dreikaiserjahr" – 9. März. Kaiser WILHELM I. † – Apr. Gründung des Preuß. Historischen Instituts unter Leitung SCHOTTMÜLLERS – 15. Juni. Kaiser FRIEDRICH III. † – 25. Juni. Kaiser WILHELM II. tritt offiziell die Herrschaft an – 11.–19. Okt. Kaiser WILHELM II. und Prinz HEINRICH in Rom
1890 18. März. Rücktritt BISMARCKS als Reichskanzler
1892 3. Mai. Dt. Künstlerverein beschließt Eingabe an preuß. Kulturminister zur Errichtung eines Künstlerhauses – 12. Juli. Abberufung SCHLÖZERS
1993 20. April. Besuch des dt. Kaiserpaares in Rom zur Silberhochzeit des it. Königspaares – Nov. Vertrag der Stadt Rom mit der dt. Botschaft über Geländeaustausch am akath. Friedhof
1894 25. Jan. Antrittsaudienz des Botschafters BÜLOW bei König HUMBERT I.
1895 19. Feb. Röm. Gemeinderat genehmigt Vertrag mit dt. Botschaft über dt. Grundbesitz auf dem Kapitol – 4. Juni. 1100-jähriges Jubiläum des Campo Santo Teutonico – 7. Okt. Botschafter BÜLOW und Bürgermeister RUSPOLI unterzeichnen Einigungsvertrag zw. Deutschland und Comune di Roma über Pal. Caffarelli – 28. Dez. Tausch des

	Palazzetto Clementino gegen Giardino Montanara; Rom verzichtet auf alle Ansprüche auf Pal. Caffarelli
1897	20. Nov. Abschied des Botschafters Bülow
1898	Einweihung der von Holzinger erbauten Kapelle auf akath. Friedhof
1899	Gründung der dt. evang. Gemeinde – 6. Mai. Einweihung des von Prell ausgemalten Thronsaals im Pal. Caffarelli durch ital. Königspaar
1900	21. Jan. Gründung des Dt. Flottenvereins in Rom – 17. Okt. Bülow Reichskanzler
1903	2.–6. Mai. Besuch Kaiser Wilhelms in Rom
1904	23. Juni. Enthüllung des Goethedenkmals in Villa Borghese – *Entente* zw. England und Frankreich
1906	Ankauf der Villa Bonaparte durch preuß. Staat
1908	12–16. April. Besuch des Reichskanzlers Bülow in Rom – Daily Telegraph-Affäre
1909	14. Juli. Rücktritt Bülows als Reichskanzler – 31. Okt. Bülow bezieht Villa Malta
1911	Baubeginn Dt. Akademie (Villa Massimo) – 2. Juni. Grundsteinlegung der Dt. Evang. Kirche – 29. Sep. Italien erklärt Türkei Krieg (Türkischer Krieg) – 4. Nov. Italien annektiert Libyen
1912	18. Okt. Friedensvertrag von Lausanne
1913	15. Jan. Eröffnung der Bibliotheca Hertziana – 8. Juni. dt. Kolonie feiert 25. Regierungsjubiläum Wilhelms II. – 18. Okt. dt. Kolonie feiert 100. Jahrestag der Leipziger Völkerschlacht
1914	4. Aug. Neutralitätserklärung Italiens gegenüber Deutschland – ab Okt. wöchentl. „Kriegsabende" des Dt. Flottenvereins mit Dt. Künstlerverein – 15. Dez. Bülow Sonderbotschafter in Rom
1915	31. März. Feier zum 100. Geburtstag Bismarcks im Thronsaal des Pal. Caffarelli – 3. Mai. Italien kündigt Dreibund – 23. Mai Pfingstsonntag. Italien erklärt Österreich-Ungarn Krieg; letzter Gottesdienst in Botschaftskapelle – 24. Mai. Ital. Truppen überqueren den Piave; Abbruch dipl. Beziehungen zw. Deutschland u. Italien; Bülow und dt. Diplomaten verlassen Rom
1916	9./10. Aug. Bombardierung Venedigs durch öster. Marineflieger – 27. Aug. Italien u. Rumänien erklären Deutschland den Krieg – 30. Okt. Enteignung des Pal. Venezia durch Italien
1918	20 Juli. Volksmenge stürmt Pal. Caffarelli – 9. Nov. Kapitulation des Dt. Reiches – 30. Nov. Enteignung des dt. Besitzes auf dem Kapitol durch Dekret der ital. Regierung
1919	8. Feb. Besitzergreifung des Pal. Caffarelli durch die ital. Behörden – Juni: Räumung der Casa Lelli und der Casa Tarpea
1920	29. Apr. Wiederaufnahme der dipl. Beziehungen zw. Deutschland u. Italien; Geschäftsträger Herff – 31. Mai. Hassel zum Geschäftsträger ernannt – 23. Juni. Hassel übernimmt Geschäfte von schweiz. Gesandtschaft – 24. Okt. Freigabe u. Überführung der Arch. Bibliothek in evang. Gemeindehaus
1922	5. Nov. Einweihung der dt. Evang. Kirche
1923	Frühjahr. Dt. Botschaft bezieht Villa Wolkonsky
1924	14. Dez. Deutschland erhält volles Eigentum am Pal. Caffarelli-Vidoni
1925	Verkauf des Pal. Caffarelli-Vidoni

Deutsche Diplomaten in Italien[1]

Die Königlich Preußische Gesandtschaft am Heiligen Stuhl (1747–1920)

1747–1763	Giovanni Antonio Coltrolini
1763–1798	Abbate Matteo Ciofani; Ministerresident
1795–1802	Johann Daniel Wilhelm von Uhden; Geschäftsträger, Ministerresident (ab 1798), Pal. Tomati, Via Gregoriana 42 (heute 41)
1802–1808	Wilhelm Freiherr von Humboldt; Ministerresident, Villa Malta, ab 1803 Pal. Tomati, Via Gregoriana 42 (heute 41)
1808–1814	vakant
1814–1816	Friedrich Wilhelm Basil von Ramdohr; Ministerresident, Pal. Tomati, Via Gregoriana 42 (heute 41)
1816–1823	Barthold Georg Niebuhr; außerordentlicher Gesandter und bevollmächtigter Minister, Via de' Prefetti, Pal. Savelli Orsini (ab Juni 1817)
1823–1838	Christian Karl Josias von Bunsen; Geschäftsträger, Ministerresident (ab 1827), außerordentlicher Gesandter und bevollmächtigter Minister (ab 1835), Pal. Caffarelli
1838–1845 †	Ludwig August von Buch; Geschäftsträger, ab 1841 Ministerresident, Pal. Caffarelli
1840–1841	Friedrich Wilhelm Graf von Brühl; Sondergesandter König Wilhelms IV
1846–1853	Guido von Usedom; bev. Minister, Pal. Caffarelli (1849–1851 Alfred von Reumont Geschäftsträger)
1854–1858	Hermann von Thiele; Ministerresident, Pal. Caffarelli
1859–1862	Karl Friedrich Freiherr von Canitz und Dallwitz; Gesandter, Pal. Caffarelli
1862–1864 †	Friedrich Adolf Freiherr von Willisen; Gesandter, Pal. Caffarelli
1864–1872	Harry [seit 1870 Graf] von Arnim-Suckow; Gesandter, Pal. Caffarelli (seit Ende 1870 beurlaubt)
1871	Die preuß. Vatikangesandtschaft wird formal in eine Vertretung des Dt. Reiches am Heiligen Stuhl umgewandelt, ohne daß jemals ein Gesandter akkreditiert worden wäre.
1872	Freiherr von Derenthal; Geschäftsträger[2]
1872–1874	vakant (1872 lehnt Papst Pius IX. den von Bismarck zum Gesandten berufenen Kardinal Gustav Adolf von Hohenlohe Schillingsfürst ab, der ohne die übliche Anfrage beim Vatikan ernannt worden war[3])
1974	5. Mai: Abbruch der Beziehungen
1882	Wiederaufnahme der Beziehungen des Landes Preußen mit dem Heiligen Stuhl
1882–1892	Kurd von Schlözer; Gesandter, Pal. Capranica (Residenz), Pal. Caffarelli (Kanzlei)
1892–1898	Otto von Bülow; Gesandter, Villino Santafiora, Via Torino 149 (Residenz), Pal. Caffarelli (Kanzlei)
1898–1908	Wolfram Freiherr von Rotenhan; Gesandter, Pal. Odescalchi, Via del Corso 267 (Residenz), Pal. Caffarelli (Kanzlei)
1908–1914	Otto von Mühlberg; Gesandter, ab 1909 Villa Bonaparte
1914–1918	vakant infolge des 1. Weltkriegs
1919–1920	Carl-Ludwig Diego von Bergen, Gesandter, Villa Bonaparte
1920	Umwandlung der preuß. Gesandtschaft in eine Botschaft des Dt. Reichs

Die Deutsche Botschaft am Heiligen Stuhl (1920–1945)

1920–1943	Carl-Ludwig Diego von Bergen; Botschafter, Villa Bonaparte
1943–1945	Ernst Freiherr von Weizsäcker; Botschafter, Villa Bonaparte

Die Kaiserlich Deutsche Gesandtschaft/Botschaft am Königlich Italienischen Hof (Quirinal, 1871–1915)

1871–1872 †	Maria Anton Joseph Graf von Brassier de St. Simon; Gesandter, Pal. Caffarelli
1872–1873	Ludwig Graf Wesdehlen; Geschäftsträger, Pal. Caffarelli
1873–1887	Robert von Keudell; Gesandter, ab 1876 Botschafter, Pal. Caffarelli
1887–1893	Eberhard Graf zu Solms-Sonnenwalde; Botschafter, Pal. Caffarelli
1893–1897	Bernhard von Bülow; Botschafter, Pal. Caffarelli
1897–1899	Anton Freiherr Saurma von der Jeltsch; Botschafter, Pal. Caffarelli

---

1 Quellen: Tobias C. Bringmann, Handbuch der Diplomatie 1815–1963. Auswärtige Missionschefs in Deutschland und deutsche Missionschefs im Ausland von Metternich bis Adenauer, München 2001; Hanus 1954; Noack 1927; Weiland 1984.

2 Hanus 1954, S. 314.

3 Hanus 1954, S. 314f.

1899–1902	Karl Graf von Wedel; Botschafter, Pal. Caffarelli
1902–1909	Anton Graf von Monts de Mazin; Botschafter, Pal. Caffarelli
1909–1912	Gottlieb von Jagow; Botschafter, Pal. Caffarelli
1912–1913	vakant
1913–1915	Johannes von Flotow; Botschafter, Pal. Caffarelli (seit 1914 beurlaubt)
1914–1915	Bernhard Fürst von Bülow; ab 18.12.1914; Sonderbotschafter, Villa Malta (Residenz), Pal. Caffarelli (Kanzlei)
1915	Abbruch der Beziehungen
1915–1910	Interessen durch die Schweiz vertreten (Gesandter Alfred von Planta)

Die Reichsdeutsche Botschaft am Quirinal (1920–1943)

1920	Franz von Herff; Generalkonsul, ab 29. April vorl. Geschäftsträger, Pal. Zuccari (Via Gregoriana 28)
1920	Ulrich von Hassel; ab 31. Mai Geschäftsträger, evangelisches Gemeindehaus (Via Sardegna)
1920–1921	John von Berenberg-Gossler; Botschafter, evangelisches Gemeindehaus (Via Sardegna), Villa Wolkonsky (ab Frühjahr 1923)
1922–1930	Konstantin Freiherr von Neurath; Botschafter, Villa Wolkonsky
1930–1932	Carl von Schubert; Botschafter, Villa Wolkonsky
1932–1938	Ulrich von Hassel; Botschafter, Villa Wolkonsky
1938–1943	Georg von Mackensen; Botschafter, Villa Wolkonsky
1943	Rudolf Rahn, Botschafter, Villa Wolkonsky (bis 5. Mai)

Die Reichsdeutsche Botschaft in Fasano del Garda (1943–1945)

1943	5. Mai: Errichtung der dt. Botschaft in Fasano del Garda, dem Sitz der faschistischen ital. Gegenregierung („Repubblica di Salò")
1943–1945	Rudolf Rahn, Botschafter, Villa Bassetti
1945	15. Mai: Erlöschen der dt. Botschaft mit der Verhaftung Rahns in Meran

Archäologisches Institut: Sekretare und Direktoren[4] *(1829–1956)*

Christian Karl Josias von Bunsen	Generalsekretär (1829–1838)
Eduard Gerhard	Dirigierender Sekretär (1829–1833)
Emil Braun	Bibliothekar (1834–1836), Redigierender Sekretär (1836–1840), Erster Sekretar (1840–1856†)
Wilhelm Henzen	Wissenschaftlicher Hilfsarbeiter (1842–1844), Bibliothekar (1844–1845), Zweiter Sekretar (1845–1856), Erster Sekretar (1856–1887†)
Heinrich Brunn	Wissenschaftlicher Hilfsarbeiter (1843–1853), Zweiter Sekretar (1857–1865)
Wolfgang Helbig	Stipendiat (1862–1863), Zweiter Sekretar (1865–1887)
Eugen Petersen	Stipendiat (1859–1860), Zweiter Sekretar in Athen (1886–1887), Erster Sekretar (1887–1905)
Christian Huelsen	Zweiter Sekretar (1889–1907), Geschäftsführender Zweiter Sekretar (1907–1909)
August Mau	Wissenschaftlicher Hilfsarbeiter (1872–1909†)
Gustav Körte	Erster Sekretar (1905–1907), Ordinarius in Göttingen (1907–1917†)
Richard Delbrueck	Erster Sekretar (1909–1915), Nomineller Erster Sekretar (1915–1921)
Walther Amelung	Erster Sekretar (1921–1827†)
Ludwig Curtius	Stipendiat (1898–1899), Erster Direktor (1928; von NS-Regierung 1937 zwangspensioniert)
Arnim von Gerkan	Zweiter Sekretar (1925–1836), Erster Direktor (1838–1844)
Guido Freiherr von Kaschnitz-Weinberg	Erster Direktor (1953–1956)

Gesandtschafts- und Botschaftsprediger (1818–1915)[5]

1818–1823	Heinrich Schmieder
1824–1828	Richard Rothe
1828–1829	Friedrich Tholuck
1829–1835	Friedrich von Tippelskirch
1835–1841	Heinrich Hermann Abeken
1841–1847	Heinrich Thiele
1848–1850	Karl Papst (Pfarrverweser)
1850–1853	vakant, versch. Gastprediger (u. A. Emil Frommel)
1853–1861	Karl Heintz
1861–1865	Hermann Freiherr von der Goltz
1865–1869	Wilhelm Leipoldt
1869–1878	Albert Jeep
1878–1891	Karl Roenneke
1891–1897	Otto Frommel
1897–1902	Martin Lang
1902–1905	Carl Peters
1905–1915	Ernst Schubert

---

4 Nach Wickert 1979 und Andreae 1993.

5 Nach Schubert 1939 und Puchta 1997.

Zitierte Quellenschriften und Literatur

ABEKEN 1898: Heinrich Abeken, *Ein schlichtes Leben in bewegter Zeit, aus Briefen zusammengestellt,* Berlin 1898.

ACCIARESI 1911: Primo Acciaresi, *Giuseppe Sacconi e l'opera sua massima. Cronaca dei lavori del monumento nazionale a Vittorio Emanuele,* Rom 1911.

AGSTNER 1998: Rudolf Agstner, „Palazzo di Venezia und Palazzo Chigi als k. u. k. Botschaften beim Heiligen Stuhl und am königlich italienischen Hofe 1871–1915", in: *Römische Historische Mitteilungen,* 40 (1998), S. 489-571.

ALLMERS SCHLENDERTAGE: Hermann Allmers, *Römische Schlendertage,* 5. Auflage, Oldenburg 1882.

ALT 1870: Ludwig Alt, *Handbuch des Europäischen Gesandtschafts-Rechts nebst einem Abriss von dem Consularwesen, insbesondere mit Berücksichtigung der Gesetzgebung des Norddeutschen Bundes und einem Anhange,* Berlin 1879.

ALTHOFF 1997: Gerd Althoff, *Otto III.,* Darmstadt 1997.

ANDREAE 1993: Bernard Andreae, „Kurze Geschichte des Deutschen Archäologischen Instituts in Rom. Dargestellt im Wirken seiner leitenden Gelehrten", in *Mitteilungen des Deutschen Archäologischen Instituts – Römische Abteilung,* 100 (1993), S. 5-41.

ASHBY 1927: Thomas Ashby, „The Capitol, Rome, its History and Development", in: *The Town Planning Review,* 12.3 (1927), S. 159–180.

ASHBY 1927/1928: Thomas Ashby: „Il diritto del popolo di Roma sul Campidoglio e la donazione fatta da Carlo V ad Ascanio Caffarelli", in: *Capitolium,* 3 (1927/1928), S. 132–136.

AUGENTI 1996: Andrea Augenti, *Il Palatino nel Medioevo. Archeologia e topografia,* Rom 1996.

BACCHINI 1918: Amato Bacchini, *I Feudatari antichi e moderni della 'Rupe Tarpeja',* Rom 1918.

BACHRING 1892: Bernhard Bachring, *Christian Karl Josias Freiherr von Bunsen. Lebensbild eines deutsch-christlichen Staatsmannes,* Leipzig 1892.

BASTGEN 1925: Hubert Bastgen, „Vatikanische Akten aus den Jahren 1835/36 zum Beginn des Konfliktes zwischen der katholischen Kirche und Preußen", in: *Römische Quartalschrift für christliche Altertumskunde und für Kirchengeschichte,* 33 (1925), S. 111–149.

BASTGEN 1929: Hubert Bastgen, *Forschungen und Quellen zur Kirchenpolitik Gregors XVI. im Anschluß an die Berichte des Prälaten Capaccini aus Deutschland im Sommer 1837,* 1. Teil, (Veröffentlichungen zur Kirchen- und Papstgeschichte der Neuzeit, Bd. 1), Paderborn 1929.

BASTGEN 1933: Hubert Bastgen, „Ein Plan Berliner Hofkreise, im Verein mit Bunsen den Protestantismus in Italien, besonders in Rom, auszubreiten", in: *Römische Quartalschrift für christliche Altertumskunde und für Kirchengeschichte,* 41 (1933), S. 165–169.

BECKER 1991: Hans Becker, „Christian Carl Josias von Bunsen. Sein politisches und diplomatisches Wirken im Dienste Preußens und des Deutschen Bundes", in: *Universeller Geist und guter Europäer. Christian Carl Josias von Bunsen. Beiträge zu Leben und Werk des 'gelehrten Diplomaten',* hg. v. Hans-Rudolf Ruppel, Korbach 1991, S. 103–154.

BEHRMANN 1980: Alfred Behrmann, „Wilhelm von Humboldt in Rom", in: *Jahrbuch der Berliner Wissenschaftlichen Gesellschaft,* 1980, S. 143–160.

BENZING 1968: Josef Benzing, *Invectiva in Romam. Romkritik im Mittelalter vom 9. bis zum 12. Jahrhundert,* Lübeck/Hamburg 1968.

BERTOLDI 1964: Silvio Bertoldi, *I Tedeschi in Italia,* Mailand 1964.

BEYER 1988: Andreas Beyer, „Leben in Gegenwart des Vergangenen. Carl Justi, Jacob Burckhardt und Ferdinand Gregorovius in Rom vor dem Hintergrund der italienischen Einigung", in: ROM–PARIS–LONDON, S. 289–300.

BIGAZZI 1996: Duccio Bigazzi, „Il contributo tedesco all'industrializzazione", in: TEDESCHI IN ITALIA, S. 75–69.

BLANK 1979: Horst Blanck, *Die Bibliothek des Deutschen Archäologischen Instituts in Rom* (Das Deutsche Archäologische Institut. Geschichte und Dokumente, Band 7), Mainz 1979.

BLANK 2000: Horst Blanck, „Vom Instituto di Corrispondenza Archeologica zum Reichsinstitut. Die deutsche Archäologie und ihre Italienerfahrung", in: DEUTSCHES OTTOCENTO, S. 235–256.

BOARI 1917: Adamo Boari, *Per un Monumento a Dante in Campidoglio e la questione del Palazzo Caffarelli,* Rom 1917.

BOCCONI 1925/1926: Settimo Bocconi, „Il nuovo Museo Mussolini", in: *Capitolium,* 1 (1925/1926), S. 469–481.

BORGESE 1915: Giuseppe Antonio Borgese, *Italia e Germania. Il Germanismo, l'Imperatore, la guerra e l'Italia,* Mailand 1915.

BOTT 1986: Gerhard Bott, „Kronprinz Ludwig in altdeutscher Tracht in Rom", in: *'Vorwärts, vorwärts sollst du schauen…', Geschichte, Politik und Kunst unter Ludwig I.,* Bd. 2, hg. v. Johannes Erichsen u. Uwe Puschner, München/Regensburg 1986, S. 171–184.

BRAGAGLIA 1918: Anton Giulio Bragaglia, *Territorii tedeschi di Roma,* Florenz 1918.

BRICE 1986, Catherine Brice, „L'immaginario della Terza Roma. I Concorsi per il monumento a Vittorio Emanuele II. a Roma", in: *Il Vittoriano,* hg. v. Pier Luigi Porzio, 2 Bde., Rom 1986, 1, S. 13–26.

BRÜHL 1954: Carlrichard Brühl, „Die Kaiserpfalz bei St. Peter und die Pfalz Ottos III. auf dem Palatin", in: Ders., *Aus Mittelalter und Diplomatik. Gesammelte Aufsätze,* Bd. 1, 1989, S. 3–31.

BUDDENSIEG 1984: Tilman Buddensieg, „Die Kaiserlich Deutsche Botschaft in Petersburg von Peter Behrens", in: *Politische Architektur in Europa vom Mittelalter bis heute. Repräsentation und Gemeinschaft,* hg. v. Martin Warnke, Köln 1984, S. 374–398.

Bülow Denkwürdigkeiten: Bernhard Fürst von Bülow, *Denkwürdigkeiten*, hg. v. Franz von Stockhammern, 4 Bde., Berlin 1930–1931.

Bunsen/Nippold: Frances Freifrau von Bunsen, *Christian Carl Josias Freiherr von Bunsen. Aus seinen Briefen und nach eigener Erinnerung geschildert von seiner Witwe*, hg. v. Friedrich Nippold, 3 Bde., Leipzig 1868–1871.

Bunsen/Hare: August J. C. Hare, *Freifrau von Bunsen. Ein Lebensbild aus ihren Briefen zusammengestellt*, Bd. 1, 5. Auflage, Gotha 1889.

Bunsen/Platner: siehe Platner/Bunsen

Campbell 1989: Alan Campbell, „The British School at Rome. A valuable asset in cultural diplomacy", in: *Apollo*, 129 (1989 Nr. 325), S. 189–191.

Caprile 1999: Giovanni Caprile, *Villa Malta dall'antica Roma a ‚Civiltà Cattolica'*, Rom 1999.

Carettoni 1980: Gianfilippo Carettoni, „Dall'Instituto di Corrispondenza Archeologica all'Associazione Internationale di Archeologia Classica", in: *L'Instituto di Corrispondenza Archeologica*, hg. v. Gianfilippo Carettoni, Hans-Georg Kolbe u. Massimiliano Pavan, Rom 1980, S. 11–16.

Carmel/Eisler 1999: Alex Carmel u. Ejal Jacob Eisler, *Der Kaiser reist ins Heilige Land. Die Palästinareise Wilhelms II. 1898*, Stuttgart 1999.

Cassirer 1992: Ernst Cassirer, *Zur Logik der Kulturwissenschaften. Fünf Studien*, Göteborg 1942, Neuausgabe: Darmstadt 1992.

Cecchelli 1925/1926: Carlo Cecchelli, „L'Ara della Pace sul Campidoglio", in: *Capitolium*, 1 (1925/1926), S. 65–71

Cecchelli 1926/1927a: Carlo Cecchelli, „Arx Terrarum. La liberazione del Colle Capitolino", in: *Capitolium*, 2 (1926/1927), S. 10–19.

Cecchelli 1926/1927b: Carlo Cecchelli, „Arx Terrarum. Le sistemazioni del Colle Capitolino", in: *Capitolium*, 2 (1926/1927), S. 201–218.

Chamberlain Briefe: Houston Stewart Chamberlain, *Briefwechsel mit Kaiser Wilhelm II. (Briefe 1882–1924*, Bd. 2), München 1928.

Ciancio Rossetto 1983: Paola Ciancio Rossetto, „La ‚passeggiata archeologica'", in: *L'archeologia in Roma capitale tra sterro e scavo*, hg. v. Assessorato alla Cultura di Roma, Soprintendenza alle Antichità e Belle Arti u. Soprintendenza Archeologica di Roma, Ausstellungskatalog Rom, Venedig 1983, S. 75–88.

Cinquantesino Anniversario DAI: *Il cinquantesimo anniversario della fondazione dell'imperiale Istituto Archeologico Germanico in Roma celebrato nelle Palilie 21 Aprile 1970. Relazione*, hg. v.d. Institutsleitung, Rom 1879.

Curtius Lebenserinnerungen: Ludwig Curtius, *Deutsche und Antike Welt. Lebenserinnerungen*, Stuttgart 1950.

Deneke 1986: „Kronprinz Ludwig und der altdeutsche Rock", in: *‚Vorwärts, vorwärts sollst du schauen…', Geschichte, Politik und Kunst unter Ludwig I.*, Bd. 2, hg. v. Johannes Erichsen u. Uwe Puschner, München/Regensburg 1986, S. 153–169.

Dernburg 1884: Friedrich Dernburg, *Des deutschen Kronprinzen Reise nach Spanien und Italien*, Berlin 1884.

Deutsche Diplomatische Vertretungen: *Deutsche Diplomatische Vertretungen beim Heiligen Stuhl*, hg. v.d. Bundesrepublik Deutschland, Vatikanstadt 1984.

Deutsches Ottocento: *Deutsches Ottocento. Die deutsche Wahrnehmung Italiens im Risorgimento*, hg. v. Arnold Esch u. Jens Petersen, Kongreßakten Rom 1998, Tübingen 2000.

Diener 1977: Hermann Diener, *L'istituto storico germanico*, Rom 1977.

Duhn 1887: Friedrich von Duhn, *L'archeologia in Italia e l'istituto archeologico germanico di Roma*, Rom 1887.

Eberhard 1839: August Gottlob Eberhard, *Italien wie es mir erschienen ist*, 2 Bde., Halle 1839.

Ebert-Schifferer 2000: Sybille Ebert-Schifferer, „Ein Deutscher in Paris – Liebling der Salons und Héros de la France. Das Bildnis des Moritz von Sachsen von Jean-Marc Nattier in Dresden", in: *Jenseits der Grenzen. Französische und deutsche Kunst vom Ancien Régime bis zur Gegenwart* (Festschrift Thomas W. Gaethgens), Bd. 1: *Inszenierung der Dynastien*, hg. v. Uwe Fleckner, Martin Schieder und Michael F. Zimmermann, S. 179–193.

Eckstein 1961: Felix Eckstein, „Iperborei", in: *Enciclopedia dell'arte antica classica e orientale*, hg. v. Istituto della Enciclopedia Italiana, Bd. 4, Rom 1961, S. 176–178.

Eser 1859: Franz Eser, *Zwei Monate Italien. Erinnerungen eines Kunstfreundes*, Stuttgart 1859.

Esch 1992: Arnold Esch, „Die Lage der deutschen wissenschaftlichen Institute in Italien nach dem Ersten Weltkrieg und die Kontroverse über ihre Organisation. Paul Kehrs ‚römische Mission' 1919/1920", in: *Quellen und Forschungen aus italienischen Archiven und Bibliotheken*, 72 (1992), S. 314–373.

Esch 1997: Arnold Esch, „Die Gründung deutscher Institute in Italien 1870–1914. Ansätze zur Institutionalisierung geisteswissenschaftlicher Forschung im Ausland", in: *Jahrbuch der Akademie der Wissenschaften in Göttingen*, 1997, S. 159–188.

Esch 1999: Arnold Esch, „L'esordio degli istituti di ricerca tedeschi in Italia. I primi passi verso l'istituzionalizzazione della ricerca nel campo delle scienze umanistiche all'estero 1870–1814", in: *Storia dell'arte e politica culturale intorno al 1900. La fondazione dell'Istituto Germanico di Storia dell'Arte di Firenze*, hg. v. Max Seidel, Kongressakten Florenz 1998, Venedig 1999, S. 223–248.

Esch 2000: Arnold Esch, „Auf Archivreise. Die deutschen Mediävisten und Italien in der ersten Hälfte des 19. Jahrhunderts", in: Deutsches Ottocento, S. 186–234.

Esch 2003: Arnold Esch, *Wege nach Rom. Annäherungen aus zehn Jahrhunderten*, München 2003.

A. u. D. Esch 1995: Arnold und Doris Esch, „Anfänge und Frühgeschichte der deutschen evangelischen Gemeinde in Rom 1819–1870", in: *Quellen und Forschungen aus italienischen Archiven und Bibliotheken*, 75 (1995), S. 366–426.

A. u. D. Esch 2000: Arnold und Doris Esch, „Italien von unten erlebt. Hilfesuchende und ihre Schicksale in den Registern der deutschen evangelischen Gemeinde in Rom 1896–1903", in: Deutsches Ottocento, S. 185–325.

Esposizione 1878: *Esposizione di belle arti degli artisti tedeschi al Palazzo Caffarelli*, Rom 1878.

Fischer 1998: Hartwig Fischer, *Ein Wilhelminisches Gesamtkunstwerk auf dem Kapitol. Hermann Prell und die Einrichtung des Thronsaals in der Deutschen Botschaft zu Rom 1894–1899*, Lörrach 1998.

FISCHER 1899: Paul David Fischer, *Italien und die Italiener am Schlusse des neunzehnten Jahrhunderts. Betrachtungen über die politischen, wirtschaftlichen und sozialen Zustände Italiens*, Berlin 1899.

FLOTOW 1931: Hans von Flotow, „Um Bülows römische Mission", in: *Front wider Bülow. Staatsmänner, Diplomaten und Forscher zu seinen Denkwürdigkeiten*, hg. v. Friedrich Thimme, München 1831, S. 235–244.

FOERSTER 2001: Frank Foerster, *Christian Carl Josias Bunsen. Diplomat, Mäzen und Vordenker in Wissenschaft, Kirche und Politik*, Bad Arolsen 2001.

FRIED 2000: Johannes Fried, „Die Erneuerung des Römischen Reiches", in: *Europas Mitte um 1000. Beiträge zur Geschichte, Kunst und Archäologie*, Handbuch zur Ausstellung, hg. v. Alfried Wieczorek, Stuttgart 2000, S. 738–744.

FRIEDENSBURG 1903: Walter Friedensburg, *Das Königlich Preußische Historische Institut in Rom in den dreizehn ersten Jahren seines Bestehens 1888–1901*, Berlin 1903.

FRIEDRICH WILHELM IV. BRIEFE: Friedrich Wilhelm IV. von Preußen, *Briefe aus Italien 1928*, hg. v. Peter Betthausen, München/Berlin 2001.

FRITSCH 1899: Karl Emil Otto Fritsch, „Die neue Ausstattung des Thronsaales im Palast der Deutschen Botschaft zu Rom", in: *Deutsche Bauzeitung*, 54 (1899), S. 341-343.

GALASSI PALUZZI 1967: Carlo Galassi Paluzzi, *Deutsche und Deutsches in Rom* (Erinnerungen an Fremde in Rom Nr. 3, hg. v. d. Ente Provinciale per il Turismo), Rom 1967.

GATZ 1984a: Erwin Gatz, „Grundsätzliches zu den diplomatischen Beziehungen mit dem Heiligen Stuhl", in: DEUTSCHE DIPLOMATISCHE VERTRETUNGEN, S. 5–10.

GATZ 1984b: Erwin Gatz, „Zur Geschichte der Deutschen Vatikanbotschaft seit 1920", in: DEUTSCHE DIPLOMATISCHE VERTRETUNGEN, S. 41–47.

GATZ 1988: Erwin Gatz, „Das Römische Institut der Görres-Gesellschaft 1888–1988", in: *Römische Quartalschrift für christliche Altertumskunde und Kirchengeschichte*, 83 (1988), S. 3–18.

GATZ 2000: Erwin Gatz, „Das Katholische Deutschland, der Vatikan und Italien", in: DEUTSCHES OTTOCENTO, S. 91–102.

GAUDY 1836: Franz Freiherr von Gaudy, *Mein Römerzug*, 3 Bde., Berlin 1836.

GELLER 1961: Hans Geller, *Deutsche Künstler in Rom von Raphael Mengs bis Hans von Marées 1741–1887. Werke und Erinnerungsstätten*, Rom 1961.

GELZER BRIEFE: Johann Heinrich Gelzer, *Protestantische Briefe aus Südfrankreich und Italien*, Zürich 1852.

GERHARD 1832: Eduard Gerhard, *Thatsachen des Archäologischen Instituts in Rom*, Berlin 1832.

GERHARD 1840: Eduard Gerhard, *Notice sur l'Institut de Correspondence Archéologique*, Rom 1840.

GHIDOLI 1998: Alessandra Ghidoli: „Le visite imperiali del 1888 e del 1893 nelle cronache del tempo", in: *Il Catalogo delle opere d'arte del Quirinale I.: Gli appartamenti imperiali nella manica lunga*, hg. v. Luisa Morozzi, Rom 1998, S. 93–112.

GOLDBRUNNER 1990: Hermann Goldbrunner, „Von der Casa Tarpea zur Via Aurelia Antica. Zur Geschichte der Bibliothek des Deutschen Historischen Instituts in Rom", in: *Das Deutsche Historische Institut in Rom 1888–1988*, hg. v. Reinhard Elze u. Arnold Esch, Tübingen 1990, S. 33–86.

GÖRICH 1993: Knut Görich, *Otto III. – Romanus Saxonicus et Italicus. Kaiserliche Rompolitik und sächsische Historiographie*, Sigmaringen 1993.

GÖRICH 2000: Knut Görich, „Kaiser Otto III. und Aachen", in: *Europas Mitte um 1000. Beiträge zur Geschichte, Kunst und Archäologie*, Handbuch zur Ausstellung, hg. v. Alfried Wieczorek, Stuttgart 2000, S. 786-791.

GRAEVENITZ 1902: Georg von Graevenitz, *Deutsche in Rom. Studien und Skizzen aus elf Jahrhunderten*, Leipzig 1902.

GRAY 1915: Ezio M. Gray, *L'Invasione tedesca in Italia. Professori, commercianti, spie*, Florenz 1915.

GREGOROVIUS 1888: Ferdinand Gregorovius, *Die Villa Malta in Rom und ihre deutschen Erinnerungen* (Sonderdruck aus: *Unsere Zeit*, 1888), Leipzig 1888.

GREGOROVIUS TAGEBÜCHER: Ferdinand Gregorovius, *Römische Tagebücher*, hg. v. Hanno-Walter Kruft u. Markus Völkl, München 1991.

GREGOROVIUS BRIEFE AN THIELE: *Briefe von Ferdinand Gregorovius an den Staatssekretär Hermann von Thiele*, hg. v. Hermann von Petersdorff, Berlin 1894.

GREIPL 1984: „Deutsche Diplomatische Vertreter beim Heiligen Stuhl in der Zeit vor dem Wiener Kongress (1815)", in DEUTSCHE DIPLOMATISCHE VERTRETUNGEN, S. 11-24.

GSELL-FELS 1912: Theodor Gsell-Fels, *Meyers Reisebücher – Rom und die Campagna*, 7. Auflage, Leipzig/Wien 1912.

GUARDUCCI 1992: Margherita Guarducci, „Per la storia dell'Istituto Archeologico Germanico", in: *Mitteilungen des Deutschen Archäologischen Instituts – Römische Abteilung*, 99 (1992), S. 307-327.

HANUS 1954: Franciscus Hanus, *Die Preußische Vatikangesandtschaft 1747–1920*, München 1954.

HEHN 1894: Victor Hehn, *Reisebilder aus Italien und Frankreich*, hg. v. Theodor Schiemann, Stuttgart 1894.

HENZEN BRIEFE: *Wilhelm Henzen und das Institut auf dem Kapitol. Aus Henzens Briefen an Eduard Gerhard*, hg. v. Hans-Georg Kolbe (Deutsches Archäologisches Institut – Geschichte und Dokumente, Bd. 5), Mainz 1984.

HERZ 1978: Heinz Herz, „Niebuhr im preußischen Staatsdienst", in: *KLIO – Beiträge zur Alten Geschichte*, 60.2 (1978), S. 553–568.

P. HERTZ 1978, Paul Hertz, *Italien und Sicilien. Briefe in die Heimath*, 2 Bde., Berlin 1878.

HERZ ERINNERUNGEN: *Henriette Herz in Erinnerungen, Briefen und Zeugnissen*, hg. v. Rainer Schmitz, Frankfurt a.M. 1984.

HILDENBRAND ERINNERUNGEN: Heinrich Hildenbrand, *Erinnerungen aus meiner Romfahrt*, 2. Auflage, Ravensburg o.J. (1899).

HIRSEMENZEL BRIEFE: *Lebrecht Hirsemenzels, eines deutschen Schulmeisters, Briefe aus und über Italien*, hg. v. Ernst Raupach, Leipzig 1823.

HOHENEMSER 1938: Ernst Hohenemser, *Deutsche Erinnerungen in Rom*, Neapel 1938.

HUDAL 1952: Alois Hudal, *Die österreichische Vatikanbotschaft 1806–1918*, München 1952.

HUELSEN DISCORSI: *Discorsi pronunciati al banchetto offerto da amici ed ammiratori al Prof. Christian Huelsen il di 28 novembre 1909*, hg. v. Walter Regenberg, Rom 1909.

HUELSEN 1899: Christian Huelsen, *Bilder aus der Geschichte des Kapitols. Ein Vortrag von Christian Huelsen*, Rom 1899.

Hummel Reisebeschreibungen: Anton Hummel, *Rheinlande, Niederlande und Rom-Italien. Zwei Reisebeschreibungen*, Ravensburg 1898.

Junker 1997: Klaus Junker, *Das Archäologische Institut des Deutschen Reiches zwischen Forschung und Politik. Die Jahre 1929 bis 1945*, Mainz 1997.

Justi Briefe, Carl Justi, *Briefe aus Italien*, 2. Auflage, Bonn 1925.

Kehr 1913: Paul Fridolin Kehr, „Das Preußische Historische Institut in Rom", in: *Internationale Monatsschrift für Wissenschaft Kunst und Technik*, 8.2 (1913), S. 130–170.

Kehr 1940: Paul Fridolin Kehr, „Italienische Erinnerungen", in: *Kaiser-Wilhelm-Institut für Kunst- und Kulturwissenschaft im Palazzo Zuccari – Veröffentlichungen der Abteilung für Kulturwissenschaft*, 21 (1940).

Keller 2000: Hagen Keller, „Die Siegel und Bullen Ottos III.", in: *Europas Mitte um 1000. Beiträge zur Geschichte, Kunst und Archäologie*, Handbuch zur Ausstellung, hg. v. Alfried Wieczorek, Stuttgart 200, S. 767-773.

Kohlrausch 1909–1925: Robert Kohlrausch, *Deutsche Denkstätten in Italien*, 3 Bde., Stuttgart 1909–1925.

Kohlrausch 1935: Robert Kohlrausch, *Deutsches Heldentum in Italien. Kriegs-, kultur- und kunstgeschichtliche Wanderungen auf den Spuren der Goten, Langobarden und Hohenstaufen*, Stuttgart 1935.

Kolbe 1980: Hans-Georg Kolbe, „La trasformazione dell'Instituto di Corrispondenza Archeologica in Istituto Archeologico Germanico", in: *L'Instituto di Corrispondenza Archeologica*, hg. v. Gianfilippo Carettoni, Hans-Georg Kolbe u. Massimiliano Pavan, Rom 1980, S. 17-20.

Kolbe 1983: Hans-Georg Kolbe, „Istituto archeologico sul Campidoglio", in: *L'archeologia in Roma capitale tra sterro e scavo*, hg. v. Assessorato alla Cultura di Roma, Soprintendenza alle Antichità e Belle Arti u. Soprintendenza Archeologica di Roma, Ausstellungskatalog Rom, Venedig 1983, S. 30-33.

Kopf Lebenserinnerungen: Josef von Kopf, *Lebenserinnerungen eines Bildhauers*, Stuttgart/Leipzig 1899.

Krogel 1989: Wolfgang Krogel, „Der alte Friedhof der Nicht-Katholiken in Rom und seine Umgebung. Ein Szenarium im Wandel", in: *The Protestant Cemetery in Rome. The ‚Parte Antica'*, hg. v. Antonio Menniti Ippolito u. Paolo Vian, Rom 1989, S. 91–160.

Krogel 1993: Wolfgang Krogel, „La casa dell'eretico ed i suoi ospiti sul Campidoglio", in: *Roma moderna e contemporanea*, 1 (1993), S. 123–143.

Krogel 1995: Wolfgang Krogel, *All'ombra della piramide. Storia e interpretazione del cimitero acattolico di Roma*, Rom 1995.

Krüger 1991: Jürgen Krüger, „Die preußische Gesandtschaftskapelle in Rom. Gedanken zu Bunsens Kapitol-Idee", in: *Universeller Geist und guter Europäer. Christian Carl Josias von Bunsen. Beiträge zu Leben und Werk des ‚gelehrten Diplomaten'*, hg. v. Hans-Rudolf Ruppel, Korbach 1991, S. 203–220.

Krüger 1995a: Jürgen Krüger, „Friedrich Wilhelm IV. und Bunsen", in: *Friedrich Wilhelm IV. – Künstler und König. Zum 200. Geburtstag*, Ausstellungskatalog Potsdam, hg. v.d. Generaldirektion der Stiftung Preußische Schlösser und Gärten, Frankfurt a.M. 1995, S.120–125.

Krüger 1995b: Jürgen Krüger, *Rom und Jerusalem. Kirchenbauvorstellungen der Hohenzollern im 19. Jahrhundert*, Berlin 1995.

Krüger 1997: Jürgen Krüger, „Wilhelminische Baupolitik im Ausland: die deutsche evangelische Kirche in Rom", in: *Römische Historische Mitteilungen*, 39 (1997), S. 375–394.

Krüger 2000: „Protestantische Rom-Begegnung: Bunsen und Friedrich Wilhelm IV.", in: Deutsches Ottocento, S. 67–90.

Lacaita 1996: Carlo G. Lacaita: „Relazioni politiche dopo l'Unità d'Italia", in: Tedeschi in Italia, S. 59–64.

Laspeyres 1878: Paul Laspeyres, „Das Besitzthum des Deutschen Reiches auf dem kapitolinischen Hügel und der Neubau für das Deutsche Archäologische Institut zu Rom", in: *Deutsche Bauzeitung*, 38 (1878), S. 187–189.

Lehmann 1989: Hannes Lehmann, „Wolfgang Helbig (1839–1915). An seinem 150. Geburtstag", in: *Mitteilungen des Deutschen Archäologischen Instituts – Römische Abteilung*, 96 (1989), S. 7-86.

Leonardi 1916: Valentino Leonardi, „Il Palazzo Caffarelli", in: *Palazzo Venezia, Palazzo Caffarelli*, hg. v. Associazione Artistica fra i Cultori di Architettura, Associazione Artistica Internazionale, Associazione Archeologica Romana, Rom 1916, S. 21-44.

Lessing 1859: Hermann Lessing, *Torso und Korso. Aus dem alten und neuen Rom*, Berlin 1859.

Lewald 1847: Fanny Lewald, *Italienisches Bilderbuch*, 2 Bde., Berlin 1847.

Lill 1984: Rudolf Lill, „Aus der Geschichte der Deutschen Diplomatischen Vertretungen beim Heiligen Stuhl", in: Deutsche Diplomatische Vertretungen, S. 25–40.

LTUR: *Lexicon Topographicum Urbis Romae*, hg. v. Eva Margareta Steinby, 6 Bde., Rom 1993–2000.

Machar 1920: Josef Svatopluk Machar, *Rom*, aus dem Tschechischen übertragen von Emil Saudek, Wien/Prag/Leipzig 1920.

Macchio 1931: Carl Freiherr von Macchio, *Wahrheit! Fürst Bülow und ich in Rom 1914/1915*, Wien 1931.

Maser 1988: Peter Maser, „Eine protestantische Verschwörung in Rom? Die preußischen Gesandtschaftsprediger in Rom zu Beginn des 19. Jahrhunderts", in *Römische Quartalschrift für christliche Altertumskunde und Kirchengeschichte*, 83 (1988), S. 180–194.

Mendelssohn Tagebuch: Fanny Mendelssohn, *Italienisches Tagebuch*, hg. v. Eva Weissweiler, Frankfurt a.M. 1982.

Meyer 1908: Franz Meyer, *Friedrich von Nerly. Eine biographisch-kunsthistorische Studie*, Erfurt 1908.

Michaelis 1879: Adolf Michaelis, *Geschichte des Deutschen Archäologischen Instituts 1829–1879. Festschrift zum einundzwanzigsten April 1879*, hg. v. Adolf Michaelis, Berlin 1879.

Michaelis 1889: Adolf Michaelis, „The Imperial German Archeological Institute", in: *Journal of Hellenic Studies*, 10 (1889), S. 190-215.

Mommsen 1968: Wolfgang Justin Mommsen, „Die italienische Frage in der Politik des Reichskanzlers von Bethmann Hollweg 1914/15", in *Quellen und Forschungen aus italienischen Archiven und Bibliotheken*, 48 (1968), S. 282–308.

Monticone 1968a: Alberto Monticone, „La cultura italiana e la Germania nel 1914. Una lettera di P.F. Kehr al Principe di

Bülow", in: *Quellen und Forschungen aus italienischen Archiven und Bibliotheken*, 48 (1968), S. 341–362.

MONTICONE 1968b: Alberto Monticone, „La Missione a Roma del Principe di Bülow 1914/15", in: *Quellen und Forschungen aus italienischen Archiven und Bibliotheken*, 48 (1968), S. 309–322.

MONTS ERINNERUNGEN: *Erinnerungen und Gedanken des Botschafters Anton Graf Monts*, hg. v. Karl Friedrich Nowak u. Friedrich Thimme, Berlin 1932.

MORANI-HELBIG 1953: Lili Morani-Helbig, *Jugend im Abendrot. Römische Erinnerungen*, Stuttgart 1953.

MÜNTZ 1900: Sigmund Müntz, *Römische Reminiszenzen und Profile*, 2. Auflage, Berlin 1900.

MUSTILLO 1939: Domenico Mustillo, *Il Museo Mussolini*, Rom Anno XVI (1939).

NICOLAI 1834: Gustav Nicolai, *Italien wie es wirklich ist. Bericht über eine merkwürdige Reise in den hesperischen Gefilden, als Warnungsstimme für alle, welche sich dahin sehnen*, Leipzig 1834.

NIEBUHR BRIEFE: Barthold Georg Niebuhr, *Briefe. Neue Folge 1816–1830*, hg. v. Eduard Vischer, 4 Bde., Bern/München 1981.

NIEBUHR/PERTHES: *Lebensnachrichten über Barthold Georg Niebuhr aus Briefen desselben und aus Erinnerungen einiger seiner nächsten Freunde*, hg. v. Friedrich Perthes, 3 Bde., Hamburg 1838–1839.

NIPPERDEY 1990: Thomas Nipperdey, *Deutsche Geschichte 1866–1918. Arbeitswelt und Bürgergeist*, München 1990.

NIPPERDEY 1993: Thomas Nipperdey, *Deutsche Geschichte 1866–1918. Machtstaat vor der Demokratie*, München 1993.

NISSEN-NIEBUHR: Heinrich Nissen, „Barthold Georg Niebuhr", in: *Allgemeine Deutsche Biographie*, hg. v.d. Historischen Commission bei der Königl. Akademie der Wissenschaften, Leipzig 1875–1912, Bd. 23 (1886), S. 646-661.

NOACK 1912: Friedrich Noack, *Das Deutsche Rom*, Rom 1912.

NOACK 1927: Friedrich Noack, *Das Deutschtum in Rom*, 2 Bde., Stuttgart 1927.

OPPENHEIMER 1931: Felix Freiherr von Oppenheimer, „Botschafter Graf Monts", in: *Front wider Bülow. Staatsmänner, Diplomaten und Forscher zu seinen Denkwürdigkeiten*, hg. v. Friedrich Thimme, München 1831, S. 95–100.

OSWALD 1988: Stefan Oswald, „Deutsche Künstler in Rom: Künstlerrepublik und christlicher Kunstverein", in: ROM–PARIS–LONDON, S. 260–273.

PAVAN 1980: Massimiliano Pavan, „La cultura a Roma e la fondazione dell'Instituto di Corrispondenza Archeologica nel 1829", in: *L'Instituto di Corrispondenza Archeologica*, hg. v. Gianfilippo Carettoni, Hans-Georg Kolbe u. Massimiliano Pavan, Rom 1980, S. 21–29.

PERODI 1896: Emma Perodi, *Roma italiana 1870–1895*, Rom 1896, hier zitierte Neuauflage hg. v. Bruno Brizzi, Rom 1980.

PETERSEN 2000a: Jens Petersen, „Politik und Kultur Italiens im Spiegel der Deutschen Presse", in: DEUTSCHES OTTOCENTO, S. 19–30.

PETERSEN 2000b: Jens Petersen, „Italien, Deutschland und der türkische Krieg 1911/12 im Urteil Rudolf Borchardts" in: *Jens Petersen. Italienbilder – Deutschlandbilder. Gesammelte Aufsätze herausgegeben von seinen Freunden* (Italien in der Moderne, Bd. 6), Köln 2000, S. 172–184.

PIETRANGELI 1976: *Guide Rionali di Roma*; Bd. 25.1: *Rione X – Campitelli. Parte II*, hg. v. Carlo Pietrangeli, Rom 1976.

PLATNER/BUNSEN: Ernst Platner, Carl Bunsen, Eduard Gerhard und Wilhelm Rösteli, *Beschreibung der Stadt Rom*, 3 Bde., Stuttgart 1830–1842.

PLATNER/ULRICHS: Ernst Platner und Ludwig Ulrichs, *Beschreibung Roms. Ein Auszug aus der Beschreibung der Stadt Rom*, Stuttgart 1845.

PREYER 1980: Robert Preyer, „Bunsen and the Anglo-American Literary Community in Rome", in: *Der Gelehrte Diplomat. Zum Wirken Christian Carl Josias Bunsens*, hg. v. Erich Geldbach, Beiheft der Zeitschrift für Religions- und Geistesgeschichte, 21 (1980), Leiden 1980.

PREZIOSI 1915: Giovanni Preziosi, *La Germania alla conquista dell'Italia*, Florenz 1915.

PUCHTA 1997: Andreas Puchta, *Die deutsche evangelische Kirche in Rom. Planung, Baugeschichte, Ausstattung*, Bamberg 1997.

QUAGLIA 1882: Piero Quaglia, *Cento Schizzi intorno ai progetti del monumento da erigersi in Roma a Vittorio Emanuele*, Rom 1882.

QUANDT BRIEFE: Johann Gottlob von Quandt, *Briefe aus Italien über das Geheimnisvolle der Schönheit und die Kunst*, Gera 1830.

QUILICI 1983: Lorenzo Quilici, „La tutela archeologica nei piani regolatori e nella legislazione", in: *L'archeologia in Roma capitale tra sterro e scavo*, hg. v. Assessorato alla Cultura di Roma, Soprintendenza alle Antichità e Belle Arti u. Soprintendenza Archeologica di Roma, Ausstellungskatalog Rom, Venedig 1983, S. 48–75.

REUMONT 1840–1844: Alfred von Reumont, *Römische Briefe von einem Florentiner*, Leipzig 1840–1844.

REUMONT 1885: Alfred von Reumont, *Aus Friedrich Wilhelms IV. gesunden und kranken Tagen*, Leipzig 1885.

RICHTER 1908: Otto Richter, *Erfahrungen von sieben Schülerreisen nach Rom* (Beilage zum XVII. Jahresbericht des Königlichen Prinz-Heinrichs-Gymnasiums), Berlin 1908.

RICHTER LEBENSERINNERUNGEN: Ludwig Adrian Richter, *Lebenserinnerungen eines deutschen Malers. Selbstbiographie nebst Tagebuchniederschriften und Briefen*, 2. Auflage, Frankfurt a.M. 1886.

RIECHE 1979: Anita Rieche, *150 Jahre Deutsches Archäologisches Institut – Rom*, Essen 1979.

RIECHE SATZUNGEN: *Die Satzungen des Deutschen Archäologischen Instituts 1828 bis 1972*, hg. v. Anita Rieche, Mainz 1979.

ROCHAU 1852: August Ludwig von Rochau, *Italienisches Wanderbuch 1850–1851*, 2 Bde., Leipzig 1852.

ROECK 2000: Bernd Roeck, „Johann Jakob Bachofen, Jacob Burckhardt und Italien", in: DEUTSCHES OTTOCENTO, S. 137–161.

RODENWALDT 1929: Gerhart Rodenwaldt, *Archäologisches Institut des Deutschen Reiches 1829–1929*, Berlin 1929.

RODENWALDT 1930: *Archäologisches Institut des Deutschen Reiches – Bericht über die Hundertjahrfeier 21.-25. April 1929*, hg. v. Gerhart Rodenwaldt, Berlin 1930.

RÖHL 1993: John C. G. Röhl, *Wilhelm II. Die Jugend des Kaisers 1859–1888*, München 1993.

RÖHL 2001: John C. G. Röhl, *Wilhelm II. Der Aufbau der Persönlichen Monarchie 1888–1900*, München 2001.

ROM–PARIS–LONDON: *Rom–Paris–London. Erfahrung und Selbsterfahrung deutscher Schriftsteller und Künstler in fremden*

Metropolen, Kongreßakten Gießen 1985, hg. v. Conrad Wiedemann, Stuttgart 1988.

ROMANELLI 1935: Pier Bartolo Romanelli, *Gli Ambasciatori alla Corte Papale nell'età dell'assolutismo*, Livorno 1935.

RÖSE 1915: Otto Röse, *Im römischen Hexenkessel*, Stuttgart 1915.

ROSENBERG 1901: Adolf Rosenberg, *Prell*, Bielefeld/Leipzig 1901.

SAPORI 1946: Francesco Sapori, *Il Vittoriano*, Rom 1946.

SAVONA 1996: Paolo Savona, „La finanza tedesca in Italia", in: TEDESCHI IN ITALIA, S. 67–72.

SAVORRA 2002: Massimiliano Savorra, „Il Monumento Vittorio Emanuele II. Effigi e disegni per una giovane nazione", in: *Verso il Vittoriano. L'Italia unita e i concorsi di architettura. I disegni della Biblioteca Nazionale Centrale di Roma, 1881*, hg.v. Maria Luisa Scalvini, Fabio Mangone u. Massimiliano Savorra, Neapel 2002, S. 42–67.

SAXL 1957: Friz Saxl, „The Capitol during the Renaissance – A Symbol of the Imperial Idea", in: *Lectures*, 2 Bde., London 1957, Bd. 1, S. 200–214.

SCHEITLER 1988: Irmgard Scheitler, „Katholizismus, Klerus, Kirchenstaat im Urteil deutscher Romreisender in der ersten Hälfte des 19. Jahrhunderts", in: ROM–PARIS–LONDON, S. 301-320.

SCHIEDER 1968: Wolfgang Schieder, „Italien und Deutschland 1914/15", in: *Quellen und Forschungen aus italienischen Archiven und Bibliotheken*, 48 (1968), S. 244-259.

SCHIEDER 2000: Martin Schieder, „Akkulturation und Adelskultur. Französische Kunst im Deutschland des 18. Jahrhunderts", in: *Jenseits der Grenzen. Französische und deutsche Kunst vom Ancien Régime bis zur Gegenwart* (Festschrift Thomas W. Gaethgens), Bd. 1: *Inszenierung der Dynastien*, hg. v. Uwe Fleckner, Martin Schieder und Michael F. Zimmermann, S. 12–51.

SCHLEGEL BRIEFE: *Der Briefwechsel Friedrich und Dorothea Schlegels 1818–1820 während Dorotheas Aufenthalt in Rom*, hg. v. Heinrich Finke, München/Kempten 1923.

SCHLÖZER BRIEFE: Kurd von Schlözer, *Römische Briefe 1864–1869*, 2. Auflage, Berlin 1913.

SCHLÖZER LETZTE BRIEFE: Kurd von Schlözer, *Letzte Römische Briefe 1882–1894*, Berlin/Leipzig 1924.

SCHMITZ 1959: Joseph Schmitz van Vorst, *Vom Palazzo Caffarelli zur Villa Almone. Die Deutschen Botschaften beim Quirinal*, Rom 1959.

SCHNORR BRIEFE: Julius Schnorr von Carolsfeld, *Briefe aus Italien, geschrieben in den Jahren 1817–1827*, Gotha 1886.

SCHORN MENSCHENALTER: Adelheid von Schorn, *Zwei Menschenalter. Erinnerungen und Briefe aus Weimar und Rom*, 5. Auflage, Stuttgart o.J.

SCHRAMM 1929: Percy Ernst Schramm, *Kaiser, Rom und Renovatio. Studien zur Geschichte des römischen Erneuerungsgedankens vom Ende des Karolingischen Reiches bis zum Investiturstreit*, 2 Bde., Leipzig/Berlin 1929.

SCHRÖTER 2004: Elisabeth Schröter, „Italien – ein Sehnsuchtsland? Zum entmythologisierten Italienerlebnis in der Goethezeit", in: *Italiensehnsucht. Kunsthistorische Aspekte eines Topos*, hg. v. Hildegard Wiegel, München/Berlin 2004, S. 187-202.

SCHUBERT 1930: Ernst Schubert, *Geschichte der deutschen evangelischen Gemeinde in Rom 1819–1928*, Leipzig 1930.

SCHWANTES 1997: Barbara Schwantes, *Die Kaiserlich-Deutsche Botschaft in Istanbul*, Frankfurt a.M. u.a. 1997.

SEIDEL 1907: Paul Seidel, *Der Kaiser und die Kunst*, Berlin 1907.

SEIDLER ERINNERUNGEN: *Goethes Malerin. Die Erinnerungen der Louise Seidler*, hg. v. Sylke Kaufmann, Berlin 2003.

SELLIN 2000: Volker Sellin, „Abdankung der Geister vor der Macht? Das Verhältnis von Kultur und Politik nach 1870", in: DEUTSCHES OTTOCENTO, S. 327–342.

SEMERAU 1916: Alfred Semerau, *Das Schicksal Italiens*, 4. Auflage, München 1916.

SICKEL 1895: Theodor von Sickel, *Römische Berichte*, Wien 1895.

SICKEL 1947: Theodor von Sickel, *Römische Erinnerungen nebst ergänzenden Briefen und Aktenstücken*, hg. v. Leo Santifaller, Wien 1947.

SMIDT 1904: H. Smidt, *Ein Jahrhundert Römischen Lebens. Von Winckelmanns Romfahrt bis zum Sturze der weltlichen Papstherrschaft. Berichte Deutscher Augenzeugen*, Leipzig 1904.

SOMBART 1996: Nicolaus Sombart, *Wilhelm II. Sündenbock und Herr der Mitte*, Berlin 1996.

SPECKER BRIEFE: Erwin Specker, *Briefe eines deutschen Künstlers aus Italien*, 2 Bde., Leipzig 1846.

STAHR ITALIEN: Adolf Stahr, *Ein Jahr in Italien*, 5 Bde., 4. Auflage, Leipzig 1874.

STAHR/LEWALD 1871: Adolf Stahr u. Fanny Lewald, *Ein Winter in Rom*, 2. Auflage, Berlin 1871.

STEIN 1829: Christian Gottfried Daniel Stein, *Reise durch Italien*, Leipzig 1829.

STEINMANN 1929: Ernst Steinmann, „Die Fürstin Bülow in der Villa Malta im Frühling 1915", in: *Italien. Monatszeitschrift für Kultur, Kunst und Literatur*, April 1929, o.S.

TAMBRONI 1916: Filippo Tambroni, „Il Palazzo di Venezia", in: *Palazzo Venezia, Palazzo Caffarelli*, hg. v. Associazione Artistica fra i Cultori di Architettura, Associazione Artistica Internazionale, Associazione Archeologica Romana, Rom 1916, S. 5–20.

TEDESCHI IN ITALIA: *I Tedeschi in Italia* (Presenze straniere nella vita e nella storia d'Italia, Bd. 4), hg. v. Giorgio Cusatelli, Mailand 1996.

THOENES 1991: Christof Thoenes, „Geschichte des Instituts", in: *Bibliotheca Hertziana - Max-Planck-Institut*, hg. v. d. Max-Planck-Gesellschaft (*Berichte und Mitteilungen der Max-Planck-Gesellschaft* 40, 1991.3), 2. Auflage, München 1991, S. 9-35.

VIGNAU-WILBERG 1996: Peter Vignau-Wilberg, „Das Italienerlebnis des jungen Schnorr von Carolsfeld", in: *Julius Schnorr von Carolsfeld und die Kunst der Romantik*, Kongreßakten Greifswald 1994, hg. v. Gerd-Helge Vogel, Greifswald 1996, S. 119–131.

WALLACE-HADRILL 2001: Andrew Wallace-Hadrill, *The British School at Rome. One Hundred Years*, London 2001.

WARNECKE 1978: Heinz Warnecke, „Leben und Wirken Barthold Georg Niebuhrs", in: KLIO – *Beiträge zur Alten Geschichte*, 60.2 (1978), S. 541-552.

WEDEL 1931: Botho Graf von Wedel, „Diplomatisches und Persönliches. Die Daily Telegraph-Affaire – Fürst Bülows römische Mission – Personalien – Zur Charakteristik des Fürsten Bülow", in: *Front wider Bülow. Staatsmänner, Diplomaten und*

Forscher zu seinen Denkwürdigkeiten, hg. v. Friedrich Thimme, München 1931, S. 245–286.

WEILAND 1984: Albrecht Weiland, „Residenzen und Kanzleien deutscher Gesandter und Botschafter beim Heiligen Stuhl (1795–1984)", in: DEUTSCHE DIPLOMATISCHE VERTRETUNGEN, S. 48-69.

WICKERT 1979: Lothar Wickert, *Beiträge zur Geschichte des Deutschen Archäologischen Instituts 1879 bis 1929* (Das Deutsche Archäologische Institut. Geschichte und Dokumente, Band 2), Mainz 1979.

WIEDER 1972: Joachim Wieder, „,Italien, wie es wirklich ist'. Eine stürmische Polemik aus der Geschichte der deutschen Italien-Literatur", in: *Festschrift Luitpold Dussler. 28 Studien zur Archäologie und Kunstgeschichte*, hg. v. J.A. Schmoll gen. Eisenwerth, Marcell Restle u. Herbert Weierkann, o.O. 1972, S. 317-333.

WILAMOWITZ ERINNERUNGEN: Ulrich von Wilamowitz-Moellendorff, *Erinnerungen 1848–1914*, Leipzig 1928.

WILHELM II. 1937: Wilhelm II. von Deutschland, *Ursprung und Anwendung des Baldachins*, Amsterdam 1937.

WILLKOMM 1847: Ernst Willkomm, *Italienische Nächte. Reiseskizzen und Studien*, 2 Bde., Leipzig 1847.

WINCKELMANN 1755: Johann Joachim Winckelmann, *Gedanken über die Nachahmung der Griechischen Wercke in der Mahlerey und Bildhauer-Kunst*, Friedrichstadt 1755.

WINDHOLZ 2003: Angela Windholz, *Villa Massimo. Zur Gründungsgeschichte der Deutschen Akademie in Rom und ihrer Bauten*, Petersberg 2003.

WINZEN 2003: Peter Winzen, *Reichskanzler Bernhard Fürst von Bülow. Weltmachtstratege ohne Fortune – Wegbereiter der großen Katastrophe*, Zürich 2003.

WITTE 1910: Leopold Witte, *Vor fünfzig Jahren in Rom*, Bielefeld/Leipzig 1910.

WULLEN 1996: Moritz Wullen, „Zeichenstunden im Palazzo Caffarelli. Ein Beitrag zur Wirkungsgeschichte Schnorrs von Carolsfeld", in: *Julius Schnorr von Carolsfeld und die Kunst der Romantik*, Kongreßakten Greifswald 1994, hg. v. Gerd-Helge Vogel, Greifswald 1996, S. 35–42.

ZACHER 1900: Albert Zacher, *Römische Augenblicksbilder*, Oldenburg/Leipzig 1900.

Dokumente

Abkürzungen:
PAA: Politisches Archiv des Auswärtigen Amtes (Berlin)
RQ: Rom, Quirinal

Dok. 1, PAA, RQ-86a; Frühjahr 1837
Vertrag zw. Duca Baldassarre Caffarelli und Bunsen über ein preuß. Darlehen (Abschrift)

Sua Eccellenza il Sig.e Duca D. Baldassarre attuale possessore della primogenitura e fidecommissi istituiti dai suoi maggiori, colla sovrana autorizzazione del Pontefice Leone Duodecimo prese ad interesse la somma di Scudi Diecimila Cinquecento, ipotecando un solo fondo fidecommissario, ciove la Tenuta denominata Casa Caspara posta nell'Agro Romano fuori Porta S. Paolo di Rubbia Cinquecentododici, e tre quarti. [...] Dapresso una tale istanza il Pontefice Leone Duodecimo autorizzò con Rescritto Sicurano il sullodato Sig.e [55] Duca Caffarelli ad imporre un Censo o creare un debito fruttifero sulli Beni primogeniali, e fidecommissari della sua famiglia fino alla somma, e concorrenza di Scudi Diecimila Cinquecento, al minor saggio possibile, ordinandosi per il reintegro, ed indennizzo del fidecommisso stesso un annuo moltiplicio nella somma di Scudi Cento Cinquanta, senza pero il nemeno rischio, e responsabilità de Sovventori del denaro, e come meglio apparisce dal Chirografo Pontefico in data li 18 Agosto 1825; dal successivo Rescritto di Monsig.e Uditor Il.mo in data li 20, detto mese ed anno, e dal subseguente Decreto esecutoriale del secondo Collaterale della Curia di Campidoglio in data li 24 del mese ed anno sudetto. [...]

Per altro il sullodato Sig.re Duca Caffarelli fu mai sempre sollecito, e premuroso, onde diminuire l'annuo fruttato dei debiti contratti sulla Tenuta fidecommissaria in quanto a Scudi Cinquemila Cinquecento al Cinque per cento, ed in quanto a Scudi Cinquemilatrecento al Cinque e venticinque per Cento, Ed alla perfine ebbe ritrovato il Sovventore nel personaggio raguardevolissimo di Sua Eccellenza il Sig.e Ministro di Prussia presso la S. Sede, il quale condiscese [60] di creare ad un saggio molto minore come si dirà in appresso un censo attivo a favore della sua Corte Reale di Prussia, per la somma di scudi Diecimila Ottocento, sopra la porzione fidecommissaria del Palazzo Caffarelli posto in Roma, nel Campidoglio, in via delle Tre Pile No. 58, con Giardini interni ed altri annessi, stalla, fontana, beveratore di acqua perenne, e spiazzo grande intermedio, confinante come si dirà in appresso, e stipolando in forza del sullodato Chirografo Pontefico in data 18. Agosto 1525, [...] [61] e finalmente subentrando nei diritti e ragioni dei Creditori Giovanni Dies, Antonio Maria Spaziani, Margherita Rinzi Spaziani, e cannonico D. Giacomo Spaziani, i quali contemporaneamente sarebbero dimessi e pagati cogli accennati scudi Diecimilaottocento.

Equalmente la Prelodata Eccellenza Sua il Sig.e Ministro di Prussia acconsente di creare un altro Censo in Capitale di scudi quattromila quattro cento a favore della Sua Corte Reale, sopra l'altra porzione libera dello stesso Palazzo Caffarelli situato nel Campidoglio [...].

Furono tra gli onorevoli contraenti con reciproco accordo, interesse e convenienza stabilite e fissate le condizioni, ed i patti dei contratti di censo da stipolarsi a norma di quanto si prescrive dalla Bolla del Pontefice Pio Quinto super modo et forma creandi census in data di 19 Gennaro 1569, ed affine in ogni possibile eventualità avesse palese quanto gia fu pattuito, e convenuto fra gli Em.i Sig.ri Cav. D. Carlo Bunsen Inviato Straordinario e Ministro Plenipotenziario di S. Maestà il Re di Prussia presso la S. Sede e Duca D. Baldassarre Caffarelli, si è a reciproca garanzia e buon diritto respettivamente firmato un Compromesso e foglio preliminare, in cui si sono convenuti i patti tutti di questo Contratto fra i quali l'obbligo di ottenere Rescritto Ill.mo per la sanzione del medesimo, come meglio risulta da d.o Compromesso, che in originale si consegna a Me notaio per inserirlo nel presente Istromento.

Essendosi ottenuto l'accenato Rescritto facolativo a procedere agli atti suindicati, quale munito del relativo Decreto Esecutoriale del Ill.mo Sig.e Avv.to.

Personalmente esistenti Eccelenze il Sig.e Cav.e D. Carlo Bunsen Inviato Straordinario e ministro Plenipotenziario di S. M. il Re di Prussia presso la S. Sede, il quale agisce e parla in nome della sua Real Corte.

Sua Eccellenza il Sig.e Duca D. Baldassarre Caffarelli figlio della ch:m: Duca Gaetano Caffarelli Patrizio Coscritto Romano domiciliato nel suo proprio Palazzo Via delle Tre Pile No. 58 [...]. Sopra la metà e porzione fidecommissaria del di lui Palazzo d.o Caffarelli posto in Roma nel Campidoglio [...] crea ed assegna un annuo perpetuo, ma redimibil Censo di scudi 378 Moneta Romana vita naturale durante del medesimo Ecc.mo Signor Duca D. Baldassarre, giacché dopo la di lui morte, che Iddio tenga lontana, il Censo medesimo dovrà rendere annuo perpetuo frutto di scudi 480, in sorte principale però di 10800; e cosi vivente il Sig.e Duca Censuario alla ragione di 3.50; e dopo la di lui morte alla ragione di 4.50 per cento ed anno; come ancora lo stesso Sig.e Duca D. Baldassarre Caffarelli [...] sopra l'altra metà e porzione libera dello stesso Palazzo Caffarelli [...] crea un altro annuo perpetuo ma redimibil Censo di 154 moneta Romana vita naturale durante del [...] Sig.e Duca D. Baldassarre, giacché dopo la di lui morte, che Iddio tenga per molti anni lontana, il med.o censo dovrà rendere l'anno perpetuo frutto di 198, in sorte principale però di sc. 4400 [...], quali due censi cosi imposti lo stesso Sig.e Duca Caffarelli vende ed alliena a favore della Real Corte di Prussia, per la med.a qui presente, ed accettante L'Ecc.mo Sig. Cav.r Bunsen. [...].

E questa imposizione vendita dei due riferiti censi e stata fatta, [...] quali due somme [10.800 und 4.400 scudi] costituenti assieme un capitale di sc. 15.200 [...]. Dei quali sc. 15.200 per la rata di sc. 12.300 si lasciano sul tavolino della presente stipolazione all'effetto di depositarli per estinguere tutti li debiti richiamati nell'inserto foglio di Compromesso, come si vedrà in appresso.

Quali due annui perpetui ma redimibili censi nel modo come sopra imposti il prestato Sig.e Duca Caffarelli per se e suoi promette e si obbliga effettivamente pagare e sborsare alla Real Corte di Prussia, e per essa ai di lei legittimi Rappresentanti pro tempore qui in Roma di sei in sei mesi posteicipatamente la rata parte liberamente rimossa [...].

Dichiara il prelodato Sig.e Duca Caffarelli, che il Palazzo come sopra censito per la metà appartiene al fidecomisso istituto da suoi Maggiori e da lui posseduto, e per l'altra metà e di sua libera proprietà [...], e che è sufficente a sostenere il peso dei due suriferiti censi, ed anche di somma molto maggiore; come ancora assicura che meno i sudescritti debiti che si anderanno a togliere dal Palazzo [...] nel resto essere libero da qualunque altro peso ed ipoteca come risulta dal certificato inserito nel richiamato Istromento [...] in data ____ ottobre 1835. [...] ed in fine lo stesso Sig.e Duca dichiara non avere ad altri venduto il ripetuto Palazzo ne avervi fatto nessun altro contratto in pregiudizio delle presenti imposizioni di censi [...].

L'Ecc.mo Sig.re Duca Caffarelli per se e suoi promette e si obbliga di mantenere e conservare pacificamente S. E.za il Sig. Ministro di Prussia e suoi successori ed altri rappresentanti qualsivogliano la Real Corte di Prussia nel godimento ed uso di tutte e singole locazioni, ora vigenti tra il Sig.e Duca Caffarelli ed il lodato Sig.e Ministro o altri individui attacati ed addetti alla Regia Legazione Prussiana, senza che possa mai richiedersi o l'aumento di pigione o l'evacuazione sotto qualunque titolo. [...]

In fine il medesimo Sig.e Duca Caffarelli dichiara che sia depositato nel Banco Valentini in Roma la somma capitale di sc. 12.300 per estinguere tutti li descritti debiti gravanti il Patrimonio libero e fidecommissario dello stesso Sig.re Duca Caffarelli per le somme ripartitamente a ciascuno dei Creditori competenti, ciovè sc. 5500 a favore del Sig.re Giovanni Dies, sc. 3200 a favore del Sig.e Antonio Maria Spaziani, sc. 1800 a favore della Sig.ra Margherita Rinzi Spaziani, sc. 300 a favore del Sig.e Canonico Erasmo Spaziani, e sc. 1500 a favore del Sig.e Gio: Batt.a Carretti, dai quali creditori tutti veranno cedute le loro ragioni a favore della Real Corte di Prussia.

Dok. 2, PAA, RQ-88c, A.791; 21. Januar 1837
Kardinal-Staatssekretär Lambruschini an Bunsen, erste Beschwerde wg. prot. Schule
In risposta alla sua nota di ufficio dei 9. del corr. Mese il sottoscritto Cardinale Segretario di Stato ha ricevuto la nota confidenziale di Vostra Eccellenza del 10. dello stesso mese, che tosto ha avuto cura di metter sotto gli occhi di Sua Santità.

Grave afflizione aveva creato al Santo Padre la lettera pubblicata nel No. 286 della Gazzetta di Carlsruhe e quindi non ha potuto non essergli di conforto il paragrafo della di Lei nota, in cui Ella dichiara esplicitamente non appartenerle la lettera sudetta. Sua Santità starà attendendo la pubblicazione dell'articolo, che vostra eccellenza si e esibita di far inserire nel Giornale di Francoforte, e nella Gazetta di Carlsruhe.

Il sottoscritto Cardinale Segretario di Stato non puo poi dissimulare a Vostra Eccellenza aver creato sorpresa a Sua Santità il principio, ch'Ella ha stabilito nella sua nota sulla istruzione religiosa e morale, che stima poter dare nella sua abitazione ai Protestanti.

La Santa Sede e stata sempre sommamente sollicita di rispettare le prerogative del Corpo Diplomatico [...]. Ma se tra le accennate prerogative e massime, vi e quella, che un rappresentante estero possa privatamente nella sua abitazione praticare il culto della religione che professa, Sua Santità non vi sa ravvisare in alcun modo quella che un rappresentante diplomatico faccia dare istruzione a fanciulli o ad una classe qualunque di persone, che sieno estrane alla Legazione, e ridure in questa guisa il Palazzo della legazione a casa d'istituzione.

Vostra Eccellenza ben sa, che su questo particolare non sono ammesse dal diritto delle genti, se non quelle prerogative, che sono riputate necessarie all'esercizio delle attribuzioni diplomatiche del Ministro.

[...] tra siffatte attribuzioni di un ministro non vi può esser mai quella di occuparsi della istruzione religiosa d'individui, che sono estranii alla Legazione ed appartengono ad un culto, il cui esercizio non è permesso negli Stati del Sovrano presso cui risiede il Ministro medesimo.

Il sottoscritto deve dichiarare formalmente a Vostra Eccellenza a nome del Santo Padre che Sua Santità per dover di coscienza non può ne potrà mai ammettere siffatte prerogative ne tollerare l'esercizio. [...]

Dok. 3, PAA, RQ-88c, A.1226; 10. Juni 1837
Kardinal-Staatssekretär Lambruschini an Bunsen, zweite Beschwerde wg. prot. Schule
Il Cardinale Segretario di Stato sul fondamento di non leggiere né gratuite supposizioni si trovò già in altra circostanza nella necessità di rivolgersi officialmente a codesta R. Legazione intorno a certe Scuole stabilite nel palazzo di detta Legazione per educazione di Fanciulli Protestanti, non che su di un ospedale attiguo al palazzo medesimo e destinato esso pure a ricevere i Protestanti che cadessero infermi a Roma.

Qualunque fossero le spiegazioni che in allora il Sig. Cavalier Bunsen dette su quest'oggetto, il S. Padre ha ora avuto delle prove da non più dubitare, che codesta Regia Legazione siasi effettivamente occupata di stabilire in Roma una sedicente Comune Protestante (Evangelische Gemeinde) la quale esercitar dovesse il culto nel Palazzo della Legazione, che avesse nel medesimo delle scuole per i Fanciulli Protestanti, e che infine possedesse un Ospedale contiguo alla Legazione. Riguardo a quest'ultimo V. Illma. non ignorerà essere il medesimo stato eretto senza la necessaria autorisazzione del Governo pontificio (come senza la debita annuenza Sovrana si è del pari fato stabilirvi un istituto archeologico) e per ciò stesso in contravenzione delle leggi dello Stato. E noto poi alla Santa Sede essere ammessi in detto Spedale oltre ai detti Sudditi del re di Prussia anche degli Individui di altri Stati, quale si è tra gli altri certo Cristiano Lambisch di Nazione Sassone che fu ricevuto nell'Ospedale di cui si tratta il 17. dello scorso mese.

Nella nota officiale del 24 Gennaio 1837 il Cardinale Sottoscritto richiamava le preservizioni del diritto delle genti, le quali non accordano agli Agenti Diplomatici altre prerogative se non quelle, che sono riputate necessarie all'esercizio delle loro attribuzioni diplomatiche. Inerendo a queste massime riconosciute, come fu detto nella citata nota, da tutti Giuspubblicisti e sulle quali non potrebbe eccitarsi alcuna controversia, il Cardinale Segretario di Stato deve chiamare a S. Illma., che il S. Padre se non intende di contestare la prerogativa del privato esercizio del culto nella Legazione per gl'Individui che appartengono alla medesima, altrettanto è deciso a non permettere nè l'estensione che si è voluta dare all'essercizio del Culto Protestante nel Palazzo accennato per gli Individui che fanno parte della Legazione, nè l'esistenza nel palazzo medesimo di una scuola di Fanciulli, nè quella dell'Ospedale di cui si è parlato di sopra.

Sua Santità non può per dover di coscienza tollerare nei suoi Stati e in Roma l'esistenza di una Comune Protestante, nè le prerogative che la Legazione Prusiana ha inteso di esercitare, e che a Essa in alcun modo non competono.

Il Cardinale Scrivente pertanto si reca a dovere di far conoscere a V. Illma. la mente precisa ed espressa di Sua Santitá ond'Ella sia premurosa di prontamente far cessare su questo particolare qualunque occasione di ulteriore reclamo, e intanto le rinnova i sensi della Sua distinta stima.

Dok. 4, PAA, RQ-86b; 16. April 1837
Duca Baldassarre Caffarelli an Anwalt Borghi,
betr. das preuß. Darlehen (Abschrift)
Fuori: All Illmo Sigre. Sigre. Pne Colmo Il Signor Avvocato Borghi/ Dentro: Signor Borghi

Essendomi capitato di fare un affare non ho mancato di farne parlare prima al Signor Bunsen. Me è capitato di avere a censo scudi 14.000 al 3 1/2 per cento, ipotecando il Palazzo; e ciò per estinguere diversi debiti che vi erano, essendo ipotecata una Tenuta primogeniale con Chirografo Ponteficio. Estinguendo questi librerei la Tenuta che è obligata, e la metterei sul Palazzo. Prima di stringere avendone fatto parlare al Signor Bunsen, il medesimo rispose che se ne fosse parlato con Lei, per cui ho incombensato il mio Maestro di casa di venire da Lei, ma so che non lo ha potuto rinvenire, ma sicuramente verrà e Lei sentirà il medesimo. Ciò che si desidera da me è di avere 14.000 scudi al tre e mezzo per cento ed anno: i frutti se li ritenebbe sulle pigioni, l'ipoteca sul palazzo, mentre per la metà è libero, e per l'altra metà vi si porterebbero quelle che sono sopra la tenuta, estinguendo il debito: tutte le spese tanto d'istromento ed altro a carico del Signor Ministro: quando si abbracciasse un tal partito, bene, altrimenti non se ne parlerà più. Se mai non avesse subito la detta somma, anche dentro un mese o più da combinarsi. Se credesse che si potesse effettuare, per Lei vi sarà una cioccolata; ma sempre nella maniera che io domando. Prima di parlarne alla persona che mi ha fatto il progetto, ho voluto interpellare il Signor Bunsen: quando cosi non gli piaccia, non se ne parlerà più, ed io sequiterò le trattative con chi mi ha fatto il progetto. Dubitando che il mio Maestro di Casa non lo vedesse, ho voluto inviarle il presente, acciò Lei fosse inteso prima di parlare con il Signor Ministro di Prussia. Sarà grazia di darmi sollecita risposta o in iscritto, o dal mio Maestro di Casa. O come crederà: ed ansioso di servirla mi creda di V.S. Illma

Casa 16. Aprile 1837 Suo Dmo ed Obbmo Serve Il Duca Caffarelli

Dok. 5, PAA, RQ-86b; 16. September 1837
Duca Baldassarre Caffarelli an Anwalt Borghi, beklagt sich über seine Situation
La sua partenza e quella del ministro ha rovinato tutto. Feci l'istanza all'Uditor Illmo., chi il crederebbe? Le accludo la copia della lettera di Monsignor Uditor Illmo. Dalla medesima conoscerà il giro del Signor Bunsen di non volere fare altro; si vede chiaro, cosi si fa buona figura. Il Governo non può permettere una cosa simile, conoscendo il vantaggio che si fa ai futuri chiamati, lo scalo dei frutti, le somme irrepetibili? Dunque cosa è? Il Signor Bunsen sicuramente non viene più in Roma, avendo avuta altra destinazione, per cui richiama la moglie e figli, come ha fatto, e devono partire, ed io sono compromesso, avendo disdetti i creditori per le somme che si dovevano pagare, ed ora reclamano da me. Io ho scritto forte al Signor Bunsen, che intendo che mi si mantenga il contratto o pure si faccia senza rescritto, e si metta il tutto sulla metà del Palazzo libero, mentre io non voglio restare compromesso. Spero che Lei ancora si investità della mia circostanza, e cooperà alla effettuazione. Qui siamo quasi liberi del collera; dopo la stragge fatta pochissimi casi e pochi morti; ieri farano 44, ma di quelli già malati. Oggi va meglio, onde spero che presto saremo liberi. La prego di risposta, e se crede di scrivere qualche cosa al Signor Bunsen intanto, sarebbe meglio. Dico la verità, non mi sarei mai creduto una cosa simile: e se il medesimo non la sostiene, mi sara più credere a quanto mi hanno detto, che sia stato lui facendo questo giro.

Copia della sudetta lettera dalle stanze del Quirinale 7. Settembre 1837

Il Santo padre per giusti riflessi non ha creduto di annuire all'istanza da Vostra Eccellenza avanzata per oggettare il suo palazzo ad un censo di ragguardevole somma per estinguere alcuni debiti gravanti diversi fondi fidecommissari i quali altronde almeno in gran parte si sarebbero dovuto dimettere secondo le prescrizioni dei rispettivi Indulti Pontifici; ed è perciò ancora, che Essa viene eccitata a somministrare discarico su questo oggetto tanto interessante li futuri chiamati alli Fidecommissi della sua rispettabile famiglia. [...]

Dok. 6, PAA, RQ-86b; nach September 1837
Darstellung der Vorgänge zw. 1829 u. 1837,
die zum preuß. Darlehen an die Familie Caffarelli führten
Succinta narrazione delle circostanze relative al Contratto tra S.A.R. il Principe Ereditario di Prussia, e il Duca Caffarelli.

Quando nell'anno 1829 S.A.R. il Principe Ereditario di Prussia si trovò in Roma concepi il desiderio di possedere in questa capitale una casa, o almeno un appartamento, ove Egli nelle successive scorse che proponevasi fare in Roma stessa potesse al pari del suo Augusto Cognato il Re di Prussia trovare un comodo alloggio e ritiro. Prescese a tal' scopo l'appartamento occupato dal ministro del Re, e consequente ebbe incombenza il Cavalier Bunsen di trattare col Signor Duca Caffarelli o per la cessione di tutto il Palazzo, o per la parte occupata dalla Regia Legazione. Sifatta trattativa rimase peraltro senza risultato, essendosi il Signor Duca dichiarato contrario alla idea di qualsivoglia alienazione.

Poco stante ebbe ordine il Cavalier Bunsen di acquistare come palazzo della Legazione quello del Marchese Cambiaso, che in quell'epoca fu posto in vendita. Il quale acquisto fu effettuato col permesso peraltro del Governo Reale per Ministro di ritenere la sua residenza nel Palazzo Caffarelli.

In poi nell'Aprile 1837 che il Signor Duca fece costare (secondo si prova da una lettera originale al Procuratore Morale Signor Borghi avvocato della Regia Legazione in data dei 16. di quel mese [= Dok. 4]) esserli stati offerti 14.000 scudi al saggio del 3½ per cento ed anno sulla ipoteca del Palazzo; e che gli sarebbe piaciuto invece ricevere somma piuttosto dal Ministro di Prussia, il quale stava in casa, che da altri; ed in consequenza ne faceva la proposizione.

La proposta essendo stata accetta a S.A.R. il Principe Ereditario, furono esaminate le carte e i documenti, onde risultò il fatto certo che la metà del palazzo e degli annessi è libera da fidecommesso; riguardo alla metà vincolata il Duca poteva in forza di un chirografo di Leone XII. imporre un capitale passivo di scudi 10.800 sopra i beni fidecommissari in genere.

Sopra queste basi fu dunque stabilito un compromesso formale per atto di notaro il giorno 14. Luglio 1837 portante la condizione che il Signor Duca dovesse riportare un Rescritto dall'uditore di Sua Santità declaratorio di quello di Leone XII.

Come fu dunque il Duca il quale offrì il Palazzo, cosi fu il Cavalier Bunsen che chiese la declaratoria del Chirografo per ovviare, se potesse farsi, ogni difficoltà per l'avvenire, riguardo alla parte vincolata. Si convenne però che fra due mesi si sarebbe proceduto alla stipolazione definitiva; furono depositati i capitali a tale effetto nel banco Valentini da parte e per conto di S:A:R: il Principe Ereditario, e furono fatte le disdette dal Duca ai Creditori, i di cui capitali con maggiori interessi gravavano il patrimonio.

Partito il Cavalier Bunsen per Berlino il Signor Duca si diresse li 10. Settembre all'Avvocato Borghi incaricato dell'affare, ed io allora in macerata, lagnandosi dello stesso Cavalier Bunsen perché avesse usata la sua influenza per farli negare il rescritto convenuto compiegando copia del ricevuto biglietto negativo. Questo prezioso documento esiste. Prova che il biglietto comunicato dal Duca è portante la data del sette Settembre come responsivo alla domanda presentata, non si riferiva che alla parte vincolata del Palazzo.

Confrontato poi coll'istanza fatta dal Duca e che egli stesso comunicò, dové parere sembrare assai naturale e giusto quel risultato, avendo il Duca chiesto ancora la sanzione pontificia per poter gravare i restanti beni fidecommissari di altri due censi di circa scudi 1000. sopra il palazzo. Risultò anche di più dal rescritto, che il Duca aveva smesso di estinguere colle rate prescritte i debiti contratti in passato.

Il Duca intanto fece valere, con lettere sempre replicate e sempre più urgenti, che pure si conservano, essere egli esposto alli più gravi danni per le disdette fatte e per richiami dei creditori; e per facilitare il definitivo compimento della faccenda propose in fine d'ipotecare per la totalità della somma richiesta la metà libera del Palazzo, e ancora quegli stabili annessi che si trovano esser liberi affatto dal vincolo del fidecommisso.

Riguardo alla parte vincolata fu deciso di non fare altro che estinguere i debiti esistenti secondo il Chirografo di Leone XII. entrando nelle ragioni di medesimi creditori e di aggiungere anche per questa somma l'ipoteca della parte libera cogli annessi. Cosi non s'imponeva infatti nessun peso sul fidecommesso, anzi si diminuiva considerevolmente l'annuo gravame degli interessi, per poter agevolare la successiva estinzione dei capitali passivi. Non si crede adunque per nulla maniera agire contro il disposto dell'Uditore di Sua Santità comunicato dal Duca, e per escluderne anche l'ombra di apparenza fu espressamente stipolato, che in caso di qualunque dubbio sulla interpetrazione [sic] del chirografo di Leone XII. l'intera somma fornita dovesse essere considerata come unicamente ipotecata sulla parte libera. Ora se si fosse voluto o potuto agire contro la mente sovrana, è chiaro che era fuori di proposito, essendo sufficiente l'ipoteca dei beni liberi per se stessa. Il fatto è che si trattava dell'adempimento del compromesso fatto nel Luglio 1837, di cui si ritenevano le forme e clausole in quanto si poteva fare.

Se dopo tutto ciò può essere stata mancanza di rispetto al sovrano, non si può immaginare che nella supposizione la quale sembra inammissibile, che il Duca avesse mutilato o falsato il Prescritto dell'Uditore, giacché il dispaccio della Segreteria per gli affari di Stato interni parla d'inibizione fatta al Duca anche di contrattare senza preci[s]o permesso sopra la parte libera, del che nulla è detto nel biglietto comunicato dal Duca. Una siffatta supposizione pare peraltro tanto meno accettevole, in quanto che se S.S. avesse voluto interdire il far contratti di qualunque sorte al Duca, si sarebbero certamente usate le ordinarie e indispensabili formalità, costituendogli un curatore o amministratore per le sue proprietà, e deducendo il fatto per affini a notizia del pubblico.

Ma qualunque sia il motivo legale del procedere che si è voluto tenere dalla Segreteria per gli affari di Stato interni, non potrà mai neppure leggermente toccare altri che il Duca, e non gia compromettere e violare i diritti quesiti dal terzo, che con buona fede ha contratto sotto la protezione della legge comune, la quale permette all'individuo non interdetto di disporre liberamente della sua proprietà, e la quale prescrive pacta esse servanda.

Dok. 7, PAA, RQ-86b; 6. Februar 1838
Duca Baldassarre Caffarelli an Anwalt Borghi,
Vorwürfe und Klagen

Per quante lettere ho scritto al Signor Borghi esso non si degna di rispondere, onde io non so fare altro, che dirigerme a Lei, acciò mi dica cosa si fa del noto afare. Se non me lo dice Lei, a chi dovrò rivolgermi? Lei veda i danni che ne risento. Lei mi consola con buone parole, ma io non vedo niente, e ciò dovea esser terminato con il 15. Settembre 1837 passato. Siamo a Febbraro, e non si vede niente nonostante le sue promesse, perciò sono a pregarlo di levarmi da questa incertezza e mi dica con sincerità cosa si farà. […]

Dok. 8, PAA, RQ-87a; 26. Januar 1852
Preuß. Gesandter v. Usedom an Friedrich Wilhelm IV.
betr. den von Apost. Kammer angeordneten Zwangsverkauf
des Pal. Caffarelli

Ew. K. Maj. eile ich allerunterthänigst zu melden, daß der Palazzo Caffarelli plötzlich von Seiten des römischen Fiscus zum öffentlichen Verkauf ausgestellt worden ist, da die Erben nicht im Stande gewesen sind, demselben die Zinsen desjenigen Capitals fortzuzahlen, mit welchem Fiscus für Ew. Maj. im Jahre 1837 als hypothekarischer Gläubiger eingetreten ist. Die Sache ist allgemein höchst unerwartet gekommen. Da nach hiesigem Rechte Kauf Miethe bricht, so würde das Miethverhältnis der Gesandtschaft Ew. Maj. binnen kürzester Frist entweder aufhören oder doch in große Unsicherheit geraten müssen. Ew. Maj. Allerhöchst. welche die Verhältnisse genau kennen, brauche ich nicht die mannigfachen Umstände und Verlegenheiten zu schildern, welche hieraus hervorgehen würden, insbesondere was die Auffindung eines neuzusuchenden Lokales für die Kapelle betrifft, wo selbst sie ihrem Wahlspruch „bene vixit qui bene latuit" getreu bleiben kann. Ich habe sofort beim Kardinal Antonelli Schritte gethan, um die öffentliche Versteigerung, welche binnen 10 Tagen statt finden soll, auf einen ferneren Termin zu verlegen oder überhaupt rückgängig zu machen, damit inzwischen die nötigen

Entschließungen können gefaßt werden, zu deren Vorbereitung ich die Meinung zuverlässiger Rechtsgelehrter einziehen will.

Für heute habe ich es nur für meine nächste Pflicht gehalten, Ew. Maj. von dem factum selbst u. allerunterthänigst in Kenntnis zu setzen, falls Allerhöchst etwa noch den Ankauf des Palastes beabsichtigen sollten, wie es die frühere Intuition war. Hingegen möchten sich jetzt vielleicht nicht so viele Schwierigkeiten als früher erheben, zumal da ja der päpstl. Fiscus selbst den Verkauf hatte veranlaßt. Oder es ist irgend eine verdeckte Absicht hierbei im Spiele, was ich jedoch nicht vermuthe.

Was hauptsächlich gegen den Palast Caffarelli erinnert werden kann, ist seine Baufälligkeit, die sich indes nur auf Dach und Inneres, nicht auf die Mauern u. Gewölbe erstreckt. Ferner die Steilheit des Weges, der Hinauffahrt. Ersterer kann indeß durch einen zweckmäßigen, innerhalb gewisser Grenzen auch nicht zu kostbaren Ausbau abgeholfen werden. Die Steilheit ist gleichfalls nicht nicht unüberwindlich, wenn man den zweiten Weg über das Forum Romanum einschlägt. Im Übrigen paßt der Palast, was Ausdehnung u. Räumlichkeiten für Gesandtschaft u. Kapelle anlangt, zu diesem Zweck gar wohl. Ich habe darin vor einigen Tagen zur Feier des Krönungsfestes einen Ball von etwa 250 Personen gegeben, der größten Succeß gehabt hat u. über welchen der Papst mir gestern mündlich viel Schmeichelhaftes sagte. Hierbei hat sich weder Baufälligkeit noch Enge den Römern bemerklich gemacht, u. es ist kein Zweifel, daß dieselben für die hinreichen, zumal wenn der obere Theil der durch zwei Etagen gehende Salone des 1. Stocks zum zweiten geschlagen wird. Ich persönlich liebe die Lage des Caffarelli sehr […]. Möchten Ew. Maj. nunmehr geruhen, mir Ihre Befehle binnen kürzester Zeit über die Schritte zu ertheilen, die ich etwa thun soll: entweder auf Ankauf hinzuwirken, oder durch abermalige Zahlung u. Eintragung der fraglichen Summe (circa 14000 Scudi) den Verkauf zu verhindern oder endlich den Sache ihren Lauf lassen und mich nach einem neuen Quartier umzuthun.

Dok. 9, PAA, RQ-87a; 29. Februar 1852
Preuß. Gesandte v. Usedom an Friedrich Wilhelm IV.
über einen Kauf des Pal. Caffarelli
Ew. K. Maj. so gnädige Zeilen v. 4. u. 11. Feb. sind mir, so viel ich habe erkennen können, ohne übliche Verletzung des Postgeheimnisses zugekommen […].

Inzwischen hat mich auch das Ministerium zur Berichterstattung in der Palastangelegenheit aufgefordert. Ew. Maj. empfehle ich jedoch, nicht schon jetzt das Ergebnis meiner bisherigen Ermittlungen […] zu melden. Was zunächst die Meinung betrifft, welche hier über eine eventuelle Erwerbung des Caffarelli durch Ew. Maj. herrscht, so habe ich bei näherem Nachforschen meine frühere Voraussetzung, daß die Sache jetzt leichter sei als früher, nicht in ganzem Umfange bestätigt gefunden. Pius IX. würde zwar schwerlich 1838 so gehandelt haben, wie Gregor XVI. damals tat, nämlich […] die Rechte seines eigenen Landes so wie unter dritten geschlossene Verträge verletzten. Pius IX. würde dies wahrscheinlich vermieden haben: jetzt, wo es geschehen ist, kann es sehr wohl sein, daß er sich doch dadurch gebunden fühlt. Ich stützte die gegentheilige Voraussetzung zunächst auf die vielen u. freiwilligen Wohlthaten, welche Ew. Maj. Ihren kathol. Unterthanen u. deren Kirche, sodann auf die zahlreichen Aufmerksamkeiten, welche Sie dem Römischen Hofe u. Pius IX insbesondere betheiligt haben: daß man dies hier anerkennen u.

vorkommenden Falls zu erwidern gesonnen sein werde, glaubte ich auch aus dem Umstande mit schließen zu dürfen, daß der Papst u. der Cardinal […] sich bei jeder Gelegenheit in Bezug auf Ew. Maj. Allerhöchste Person in der erwünschten Weise äußern u. mir als Allerhöchstdero Repräsentanten nur alles Freundliche und Artige erweisen.

Dürfte man also von Worten auf Handlungen und Absichten schließen, so würde nichts wahrscheinlicher sein, als daß der Papst einen Lieblingswunsch Ew. M., der ihm selbst nicht das geringste Opfer auferlegt, zu erfüllen eilte, oder wenigstens (denn weiter verlangt man ja nichts) nur nicht hindernd in den Weg trete. Allein es ist leider wahr, daß in Rom noch mehr als andernorts zwischen allgemeinen Freundschaftsversicherungen u. bestimmten wirklichen Freundschaftsdiensten eine große Kluft befestigt ist, die man nicht erblickt, als man nicht vor ihr steht. Dieses gilt doppelt von allen Dingen, welche mit der Religion oder der jetzigen politischen Richtung auf irgend eine, wie immer gezwungene Weise in Verbindung gebracht werden. Hierhin gehört auch das sog. Festsetzen der Protestanten auf dem Kapitol, gleichsam als wenn die örtliche Lage und die Eigenthumsverhältnisse des Gesandtschaftspalastes eine dominierende militärische Position hergeben, von wo aus der Protestantismus Rom, die katholische Kirche u. die Welt überschauen, überragen u. erobern können. Jedermann sieht ein, daß dies eben so fantastisch als fanatisch räsoniert ist, allein die Fanatiker räsonieren eben nicht besser. Sonst müßten sie ohne allen Zweifel anerkennen, daß z.B. für die protestantische Gesandtschaftskapelle in ganz Rom kein Ort gefunden werden kann, wo sie unbemerkter, unanstößiger u. unangefochten residieren kann, als auf dem menschenleeren, von katholischen Heiligthümern durchaus entblößten Westgipfel des Kapitolinischen Hügels.

Dies u. f. der friedliche unangreifbare Fortbestand der Gesandtschaftskapelle ist einer der Hauptgründe für die Beibehaltung des Caffarelli als Gesandtschafts-Wohnung u. man begeht schwerlich eine Unvorsichtigkeit, wenn man annimmt, daß die Feinde u. Störer dieses friedlichen Gegenstandes die Verlegung der Capelle in die belebte Stadt nur aus dem Grunde anstreben, weil sie hoffen, dadurch Vorwände zu Streitigkeiten mit der kgl. Regierung u. zu Belästigung der hiesigen protestant. Kapellbesucher zu erhalten. Sie werden falls der Papst um seine Einwilligung zum Ankauf des Caffarelli durch Ew. Maj. ersucht wird, mit großem Nachdruck vorstellen, daß Pius IX. nicht einen kirchlichen Nachtheil und eine Schmach für das katholische u. antike Rom zugeben dürfe, welche Gregor XVI. mit so viel Energie als Frömmigkeit im J. 1838 abgewendet hat.

Ich weiß bestimmt, daß dergl. Raisonnements auch noch in letzter Zeit vorgebracht worden sind u. Anklang gefunden haben, daß also die Erwerbung des Palastes zu Eigenthum mit bedeutenden Schwierigkeiten zu kämpfen haben wird, welche Ew. Maj. schwerlich anders als with a high hand d.h. durch unmittelbare Schritte beim Papst, bevor die Fanatiker das Terrain verdorben haben, erreichen werden. Noch weiß hier Niemand etwas von der erneuten Intention Ew. Maj. auf dem Palast.

Eine andere Frage ist die, ob Ew. Maj. durch Verleihung einer Summe […] von 16.000 Scudi, wegen dessen der Palast jetzt versteigert werden soll, diese Versteigerung verhindern, den Einfluß des hies. Gouvernements […] eliminieren u. den Palast der Familie Caffarelli u. der Gesandtschaft erhalten wollen? Für diesen Fall, der mit dem Ankauf u. seinen Schwierigkeiten in keiner direkten Verbindung steht, müßten Ew. Maj. die Gnade haben, sich gleichfalls durch die dritte Hand mit den nötigen Geldmitteln zu versehen. Es müßte sehr bald u. unbemerkt geschehen: in beider Beziehung möchte vielleicht die Reise des Handels-Agenten Meroni nach Italien, die mir vom Ministerium angekündigt wurde, von Nutzen sein, sofern nämlich dieser Meroni derselbe ist, welcher früher bei dem Rechnungswesen in Ew. Kaj. Kabinett angestellt war. [...]

Dok. 10, PAA, RQ-87a; 10. März 1852
Preuß. Gesandte v. Usedom an Friedrich Wilhelm IV.
wg. Kaufs des Pal. Caffarelli
Ew. Maj. ermangele ich nicht mit dem heutigen franz. Courier allerunt. zu melden, daß das Geschäft en question – dasjenige worüber Ew. Maj. binnen weniger Tage zweimal geschrieben hat – in erwünschtem Fortgang ist. Schon jetzt scheint die Gefahr, daß ein Rivale im Ankauf zuvorkommen, beseitigt. Zu diesem Zweck aber habe ich einen Verschluß von 2000 Scudi leisten müssen [...].

Dok. 11, PAA, RQ-87a; 20. April 1852
Preuß. Ministerpräsident v. Manteuffel an Preuß. Gesandten
v. Usedom, wg. Pal. Caffarelli
Den Inhalt von Ew. Hochwohlgeboren unterm 5. dieses Monats gesandten chiffrierten Bericht in Betreff des Palazzo Caffarelli, habe ich sogleich nach dem Eingange zur Kenntnis Sr. Majestät des Königs gebracht und beeile mich Ihnen im Allerhöchsten Auftrage darauf Folgendes zu erwidern:
S. Königl. Majestät sind nicht geneigt, den Palast eigenthümlich zu erwerben, insofern der dafür zu entrichtende Erwerbspreis ein der jetzt für die Benutzung desselben Seitens der Gesandtschaft zu entrichtenden Miethe von 747 Scudi jährlich entsprechendes Capital übersteigen sollte.
Dagegen legen Allerhöchstdieselben den höchsten Werth darauf, daß die von der päpstlichen Regierung angeordnete Versteigerung des Palastes rückgängig gemacht werde, um das Verbleiben der königlichen Gesandtschaft in demselben zu sichern.
Da nach Ew. Hochwohlgeboren früherem Immediat vom 26. Januar d. J. die [unleserlich] von Seiten des päpstlichen Fiscus [unleserlich] deswegen plötzlich angeordnet worden ist, weil die Erben des Herzogs von Caffarelli nicht im Stande gewesen sind, die auf dem Hause für den römischen Fiscus lastende Rente, deren Ablösung S. Majestät durch Zahlung des entsprechenden Capitals bereits im J. 1837 beabsichtigt haben, fortzuzahlen, so wollen Allerhöchstdieselben, wenn es irgend möglich ist, jenes frühere Arrangement jetzt zur Ausführung bringen lassen, was um so unbedenklicher erscheint, als die Rente die von der Gesandtschaft zu entrichtende Miethe nicht übersteigt und die Zinsen des zu entrichtenden Ablösungs-Capitals durch letztere gedeckt wird.
Im Allerhöchsten Auftrag ermögliche ich Ew. Hochwohlgeboren zu diesem Behuf schleunigst die geeigneten Einleitungen zu treffen, die erforderlichen Geldmittel bis zur Höhe von 16.000 Scudi oder 24.000 Rthr. entweder durch Vermittlung des Consuls Marstaller zu entnehmen oder darüber Wechsel auf die Seehandlung oder Legations-Cassa, deren Einlösung ich sofort verordnen werde, zu ziehen und zu den zur formellen Erledigung der Geschäfte nöthigen Vollmacht einen Entwurf mitzureichen.

Indem ich einer baldfälligen Anzeige von den getroffenen Einleitungen entgegensehe, empfehle ich Ihnen nochmals darauf Bedacht zu nehmen, daß der Verbleib der Gesandtschaft in dem Palazzo Caffarelli gesichert werde.

Dok. 12, PAA, RQ-87a; 26. Mai 1852
Mietvertrag zw. Usedom und Duchessa Vincenza Caffarelli
Con la presente benché privata scrittura da valersi però quanto un pubblico e giurato istromento, la Signora Duchessa Vedova Caffarelli qui sottoscritta loca ed affitta e respettivamente Sua Eccellenza il Signor Barone di Usedom, Inviato Straordinario e Ministro Plenipotenziario di S.M il re di Prussia presso la Sa. Sede, parimente qui sottoscritto, prende e riceve in affitto li seguenti appartamenti e locali formanti il primo piano nobile del Palazzo Caffarelli ed annessi di questo piano, distintamente come appresso:
1.mo Il Primo Piano Nobile del Palazzo sudetto, posto in Campidoglio in Via delle Tre Pile No. 58, contiene una gran sala e numero quattordici di camere, camerini, gabinetti ed anticamere, i quali in tutto hanno 8 finestre al settentrione, 3 finestre al ponente, 11 al mezzogiorno e 5 al levante. Il detto appartamento ha ingresso al secondo ripiano dello scalone, e comunicazione per mezzo di scale col cortile innanzi al giardino dell'appartamento, col cortiletto dietro il cortile grande e coi mezzanini ora abitati dal Signor Pozzonelli. [es folgt eine Aufzählung weiterer zur Wohnung gehöriger Einrichtungen in insgesamt 10 Punkten]
E un tal affito e locazione si è fatto e fa con li seguenti patti e condizioni:
1. La locazione durerà per lo spazio di anni sei da principiare il giorno primo Maggio del corrente anno 1852 e terminare li 30 Avrile dell'anno 1858.
2. [die Monatsmiete wird auf 50 scudi Romani festgesetzt] Di Scudi 2170, Duemilacentosettanta, pagati anticipatamente dal prelodato Signor Conduttore, ed erogati, come consta da ricevuta della Signora Locatrice in estinzione dei frutti del censo decorso e non pagati alla Reverenda Camera Apostolica, si riteranno come anticipazione dell'affito, si dovranno bonificare di mese in mese del tratto successivo fino alla intera somm. [...]
8. Il Signor Conduttore avrà la prelazione di compra o di affitto nel caso che la Signora Locatrice intendesse di vendere o di affittare tutto o porzione del Palazzo e de' suoi annessi e pertinenze, e che al Signor Ministro piacesse acquistarlo. Il termine della prelazione sarà di giorni trenta dal giorno che gli venisse notificato l'affitto o la vendita. [...] Fatta la presente in doppio originale in carta bollata firmata dalle parti onorevoli contraenti, una delle quali fu ritirata da S.E. il Signor Ministro, l'altra dalla Signora Duchessa.
Roma questo di 26 Maggio 1852, Vincenza Ved. Caffarelli, G. v. Usedom.

Dok. 13, PAA, RQ-86b; 20. Juli 1852
Preuß. Gesandter v. Usedom an Fumaroli, erklärt Wunsch,
den Pal. Caffarelli zu erwerben
Von Fumaroli nicht angenommen weil er eine General Vollmacht wünscht [von anderer Hand]
Noi Guido de Usedom Inviato Straordinario e Ministro Pienipotenziario di Sua Maestà il Re di Prussia presso la Santa Sede abbiamo rilasciato in data di oggi 20 Luglio 1852 la procura seguente:

La Signora Duchessa Vedova Caffarelli, essendo venuta alla determinazione di espropriare li beni liberi della Casa Caffarelli spettanti a lei, e stimando Noi poter essere nell'interesse di questa R. Legazione di acquistarne porzione o il tutto, incarichiamo col presente il Signor Pietro Fumaroli domiciliato in questa Dominante, di comunicare colla detta Ved.ᵛᵃ Duch.ˢᵃ Caffarelli o co' di lei agenti, onde sentire le di lei domande e condizioni, e d'informarsi dello stato e valore dei beni in questione, per quale scopo egli potrà consultare periti, curiali e legali della sua fiducia, e di esporci, quando la cosa sarà schiarita e matura per una decisione e conclusione definitiva, le informazioni e lumi da lui ottenuti, e spiegarci il suo parere intorno all'affare.

Pregiamo, a chiunque verrà esibita la presente procura di prestarvi fede, e di considerare il Sgr. Pietro Fumaroli come da Noi autorizzato a far li passi opportuni per ottenere di quanto viene incaricato per lo scopo suindicato.

Dalla Legazione di Prussia a Roma addi 20 Luglio 1852.

L'Inviato Straordinario e Ministro Plenipotenziario G. de Usedom

Dok. 14, PAA, RQ-86a; 22. Juli 1852
Fumaroli an Preuß. Gesandten v. Usedom
betr. Kauf des Pal. Caffarelli
Eccellenza,

[…] Vostra Eccellenza mi ha onorato di una procura come Agente Civile, di cui gli sono infinitamente grato, ma vedendo che questa era ristretta al solo affare Caffarelli, il quale dal momento che l'Ecc.ᶻᵃ V.ʳᵃ si compiacque d'incaricarmi dell'affitto del primo Piano nobile, il quale fu combinato con qualche sua convenienza ed approvazione; dipoi esterno il desiderio di voler acquistare il Palazzo, e questo quanto e facile a dirsi, altrettanto però era difficile ad effetuarsi, atteso le qualita delle Persone che vendono e le loro alte pretese che avevano, per avere altri Acquirenti. La maggior difficoltà poi era di dover sviscerare e conoscere gli immensi embarazzi di tre secoli indietro, che sono seminati e dispersi per tutti i Notari di Roma; pure con l'ajuto di due Persone prattiche dopo due mesi d'indefessa fatica sono riuscito a raccogliere tutto e necessario materiale resguardante l'intrecata matassa dello Stato Attivo o Passivo di questo Patrimonio: ciò nonostante me ero alquanto scoraggiato, perché provavo due delle tre cose tanto dispiacent'al Mondo, quale sono aspettare e non venire, stare a letto e non dormire, ben servire e non gradire, son cose da morire. Ma animato non gia dalla ambizione ed interesse, ma dall'onore solo, e dalla gratitudine che professo all'Ecc.ᶻᵃ V.ʳᵃ, debbo partecipargli che domani vado a fissare l'affare con un primo preliminare, che se mai non piacerà all'Ecc.ᶻᵃ V.ʳᵃ, o prezzo o condizione, resterà tutto a mio carico; poiché non intendo dopo tanti fastidi e fatiche di vedermi fuggire il tordo dalle mani, perciò prego L'Ec.ᶻᵃ a farme sapere le sue decise volontà per mia norma e quiete d'animo […].

Dok. 15, PAA, RQ-86a; 12. August 1852
Duchessa Vincenza Caffarelli an Fumaroli, dementiert entschieden, den Pal. Caffarelli verkaufen zu wollen
Illmo Signore,

Avendo inteso da mio figlio Giuseppe esservi stato riferito, che da me possa essere stato fatto un compromesso concernente l'alienazione del Palazzo, posso assicurarvi con tutta certezza, che tal vendita o compromesso, che dicesi fatto con D. Gaetano, altro non è che un pallidissimo sogno ed impostura di Persone che sono matti ovvero ubriache. Vi soggiungo poi, che mi fa meraviglia tanto dei matti o birbi, quanto di chi gli presta fede; giacche con questa pazza credenza si offende ancora la mia onoratezza. Tanto le devo e piena di stima mi rassegno

Una Obma. Serva. Vincenza dei Caffarelli
Casa li 12 Agosto 1852.

Dok. 16, PAA, RQ-87a; 9. Oktober 1852
Friedrich Wilhelm IV. an Papst Pius IX.,
wirbt um Verständnis für Kaufabsichten
Sainteté!

Les relations si amicales & importantes que mon gouvernement entretient avec le St. Siège, me font souhaiter de pouvoir assigner à ma légation à Rome une demeure fixe & convenable. Mon choix est tombé sur le palais Caffarelli, occupé depuis 30 ans par la Legation de Prusse. J'attache un grand prix à cette localité où j'ai passé des moments si heureux en 1828, et occupé si longtemps par les représentants de la Prusse près le St. Siège. L'espoir de me fixer pour quelques jours dans ce beau site pendant un nouveau voyage à Rome est gravement compromis par les conflits survenus entre les héritiers du feu Duc Caffarelli. Il n'est que trop probable, que je perdrai toute disposition sur ce palais si je ne profite de l'occasion actuelle pour l'acquerir. Pourtant je ne voudrais pas faire cet achat sans avoir acquis préalablement la certitude qu'il ne sera pas désagreable á Votre Sainteté.

Je regarde comme un devoir de communiquer cette intention à Votre Sainteté. D'ailleurs cette acquisition ne pourra pas être validée juridiquement, que par un rescrit apostolique. Je ne cache pas à Votre Sainteté que je regarderais ce consentement comme un nouveau et très insigne témoignage de l'amitié, dont j'ai reçu tant de preuves depuis Son avénement au pontificat.

Que Votre Sainteté veuille agréer l'expression de ma constante amitié & de ma haute estime.

Charlottenbourg le 9 Octobre 1852, Frédéric Guillaume

Dok. 17, PAA, RQ-86b; 10. November 1852
Gutachten Fumarolis (?) zum Kauf des Pal. Caffarelli
Cenni critici sugli affari Caffarelli per la Legazione di Prussia in Roma

1. La proprietà del palazzo Caffarelli appella a seguenti diversi elementi:
   La linea di Casipole a Mte. Caprino dal Lavatoio alla porta del giardino della Legazione appartiene alla Primogenitura Caffarelli.
   Il quartiere ch'era ultimamente assegnato alla Cancelleria per una porzione indeterminata appartiene alla Primogenitura e nel resto a fidecomissi. Questi divenuti liberi, spettano alla Duchessa, ma la quota è incerta.
   Il resto del palazzo spetta per metà alla Primogenitura, per metà alla Duchessa siccome bene libero.

2. Non v'è di certa pertinenza a che la linea di casipole a Mte. Caprino (a). (b) Il determinare la quota della cancelleria pertinente all'uno o all'altro de' pretendenti, dipende da un giudizio che può durare molti e molti anni. (c) Stabilire quali siano gli ambienti riferibili all'una o l'altra parte del resto dipende da un altro giudizio e da una perizia, che non dimandano pochi anni a chiarire.

3. Chi comprasse oggi adunque o l'una o l'altra parte del palazzo in discorso acquisterebbe piu una serie di liti che un capitale. [...]
4. Sarrebbe però prudente comperare da entrambi i pretendenti ad un tempo, cumulando cosi somme delle vicendevoli ragioni e pretensioni: ma ciò dovria farsi in modo che nessuna delle parti stipulasse in solido ed in un solo atto, approvando e funzionando anche ciò che riguardasse il condominio
5. Totale stipulazione in solido peraltro incontra varie difficoltà, e tre sono le principale:
   E molto dubbioso se effetualmente la primogenitura debba sussistere e però la duchessa vedova non si avventurerebbe in un contratto che potria ridondarse in danno troppo grave delle proprie pretese
   Tanto l'investito della Primogenitura quanto la vedova in posseso de' beni liberi, hanno mestieri di atti molto solemni per stipulare legalmente, l'uno a ragione de' futuri chiamati ha d'uopo d'un referito sovrano, l'altra sicome donna, ha d'uopo d'apposito decreto di Giudice, Atti che importano necessariamente la pubblicità e da questa emergono due pericoli.
6. 1.º che il Governo papale non pago che la Prussia abbia un possesimento sul Campidoglio, torni colle antiche soperchierie a frapparne impedimenti,
   2.do che i contermini spieghino il dritto di prelazione e tolgano di mano alla Legazione l'acquisto.
   I quali pericoli son troppo evidenti per averli assolutamente da sfuggire.
7. La terza difficoltà è questa che le munificenze del fù Duca Caffarelli verso la propria vedova sono legate alla condizione ch'essa vedova non s'abbia a rimaritare ed anche vendendo tutto il patrimonio essa non saria sciolta di quel vincolo e per conseguente rimaritandosi poi annullerebbe i contratti fatti sopra roba non sua. [...]
9. Comprare dalle due parti assieme saria imprudente, perché richiamerebbe per la pubblicità i pericoli evidenti, narrati al § 6.
10. Intanto la vedova propone di vendere la intera sua parte ereditaria a fiamme e fuoco e questo, generalmente parlando, potrebbe essere il miglior partito da seguire, perciò ché allontanerebbe i due sidetti pericoli (§6) e non manterrebbe che la sola difficolta accennata al §7: darebbe quindi un dritto incontestabile all'acquisto del rimanente palazzo.
11. Si dice generalmente parlando, perché in particolare, lasciato per un momento a parte la difficoltà delle nuove nozze, sorgono molti ostacoli a conchiudere una pensata e providente stipulazione.
12. Gia dapprima la Duchessa presenta un Inventario nel quale sono più le partite indeterminate che le determinate, specialmente fra le passività; arrivare a congetturare e a far criterio su quale e quanto sia il prezzo che si pretende dalla vendita e sotto vari aspetti esso prezzo ignoto potrebbe divenire enorme.
13. poi è da pensare che chi comprasse siffattamente, dovendo far sue tante liti in corso, non solamente si aventurerebbe a giudizi interminabili e ridondanti di pericoli gravissimi, fra quali potrebbe esserci anche quello di avere a dimettere, se non tutto, almeno gran parte del capitale acquistato ma incontrerebbe difficoltà nelle transazioni che potesse tentare, perché la vedova riservandosi una parte sulle migliorie conseguibili intorno d'inventario, potrebbe chiamare mallevadore il compratore di ciò che non avesse in grado.
14. E non meno da considerare questo che una volta entrata la Legazione de Prussia nelle ragioni della Duchessa, tutti i creditori alzebbero le loro pretese e si farebbero piu difficili ad accedere ad una composizione: nel qual caso essa Legazione troveniasi nell'alternativa, o di tener dietro ad un seminario di liti, o di sacrificare somme gravissime per l'avidità de' litiganti.
15. E pure da non perder di vista la molta premessa che la Duchessa mostra assieme a suoi curiali di conchiudere il contratto in discorso; avendo intenso desiderio, la prima di assicurarsi il suo stipendio, e i secondi il pagamento delle loro note, in conto delle quali non ebbero fino ad ora un obolo: e quindi l'una e gli altri si sforzano di mostrare agevole il contratto, piu di quello ch'egli è in verità. [...]
16. Vero è che la somma de' dritti della Duchessa prevale di molto a quella del Duca sotto infiniti aspetti potendo esso duca essere forse anche spogliato della primogenitura, come si disse al § 5.1., secondo le vicende de' molti giudizi da sostenere: consequentemente è da studiarsi di purificare il progetto che n'offre in ultimo la sidetta duchessa (10).
17. Lo scrivente di questi altrettanti cenni opinerebbe che si avesse da coltivare la idea del contratto di vendita della intera eredità della Duchessa, per poi mandarlo ad effetto ma con buon fondamento di ragioni. [...]
19. Ove esse pretenzioni potessero ridurli ragionevoli si avrebbe a stipulare col Duca compromesso secreto, da pubblicare e ridurre a formale contratto dopo stipulato il contratto principale colla duchessa: e in pari tempo andrebbero tentarli gli altri creditori, studiandosi di fare altrettanto con essi riguardo a loro crediti.
20. Per tal modo si [unleserlich] nell'inventario le ciffre positive dei debiti e crediti e sarebbe ovviato il pericolo delle osservazioni della Duchessa sulle transazioni posteriori e le di lei pretese sulle migliorie. [...].
22. Saria peraltro da celare alla Duchessa ev.tuale tentativo, perché i curiali di lei sono avversi a siffatto anoncio; ed anche ciò entra nelle considerazioni per sospettare qualche inganno nascosto nel contratto che si propone, e che conviene chiarire.
23. Le pretensioni del Pozzonelli non hanno senso comune, e conviene disprezzarle.

Dok. 18, PAA, RQ-86b; 17. Oktober 1853
Gerichtliches Schreiben, betr. die Anfechtung des Kaufvertrags für Pal. Caffarelli durch Comune di Roma
Ecc.mo Tribunale Civile di Roma
   Primo Turno
   Ad istanza di S.E. il Sig.r Duca D. Gaetano Caffarelli dom. o in Via Banco di S. Spirito No. 12 e dell'Eccma Sig.a Vincenza Pozzonelli Vedova ed Erede Testamentaria sostituita e beneficata della ch:me: Duca D. Baldassarre Caffarelli Giuniore Domiciliata Via delle Tre Pile No. 58
   Si deduce a notizia del Sig. Stanislao Vannutelli Procuratore dell'Ecc.mo Municipio Romano, e per Esso di S.E. il Sig.r Cav. r D. Vincenzo Colonna Conservatore, e di Senatore, qualmente gl'istanti dicono Generalia contra la nulla, irrilevante, inefficace,

ed ingiusta diffidazione trasmessa sotto il giorno 15. ottobre 1853 relativa alla pretesa vendita coattiva, ed anche prelativa del Palazzo Caffarelli. Perché poi l'Ecc.mo Municipio non abbia ad incorrere in errori di fatto, ritenendo come iniziata una semplice trattativa di vendita del solo Palazzo Caffarelli, gli'Istanti se fanno solleciti nel partecipargli, che il Palazzo anzidetto trovasi da molto tempo e per la maggior parte affitato alla Regia Legazione di Prussia in forza di contratti di lunga durata con essa Legazione stipulata sia dal defonto Duca D. Baldassarre Caffarelli, sia dalla Ecc.ma Ved.a Vincenza Pozzonelli Caffarelli di lui Erede sostituita e beneficata, che passato all'altra vita l'anzidetto Sig. Duca D. Baldassare Caffarelli, ben dieci e più cause eransi fatalmente suscitate tra l'Ecc.mo Duca D. Gaetano come chiamato alla Primogenitura istituita dal […] Baldassarre Caffarelli Seniore li 9. Agosto 1670 e l'anzidetta Ecc.ma Sig. Vincenza Pozzonelli vedova Caffarelli Erede come sopra. A sopire le quali controversie giovò mirabilmente la vendita tra le Parti compromessa li 31 Agosto 1853, poscia sotto i giorni 30 Settembre, e 7 Ottobre dello stesso anno compiutamente perfezionata. La qual vendita complessivamente, e per modum unius fu fatta dagl'Istanti alla Regia Corte di Prussia dei seguenti locali cioè:

„1. L'intiero Palazzo Caffarelli posto in Campidoglio tanto libero che primogeniale, giardino, scuderie, rimesse, in una parola con tutti gli annessi e connessi, senza eccettuazione nessuna.
2. Le diecinove Casette sopra il Monte Caprino a contatto col medesimo Palazzo affittate a diversi Inquilini;
3. L'orto e caseggiato annesso affittato a Bernardo Lichini;
4. Le sedici grotte sotto l'orto affittate a diversi Inquilini;
5. La casetta affittata a Gio. batt.ª Salomba;
6. Il Granaro in Via di Monte Caprino affitato al Sig. Braun ed altri;
7. La fontana pubblica sotto la Rupe Tarpea ai N.i 7e 7a affittata a Nicola Romagnoli;
8. La camera superiore all'anzidetta fontana affitata a Nicola Romagnoli e Mastro Donati;
9. La Rimessa al No. 5 affiata a la Santa Bionducci;
10. Il Rimessone affitato a Mastro d'Orazio ai N.i 15.16"

Il prezzo poi dei locali anzidetti fu fissato in sc. 82.720 contanti, e più nell'obbligo di pagare alla Ecc.ma Sig. Vincenza Pozzonelli Ved.va Caffarelli di lei vita naturale durante la somma mensile di scudi 40. Le spese tutte di stipulazione ed altro fino a scudi tremila furono assunte dalla Regia Corte acquirente, la quale per ultimo in forza di patto speciale si obbligò di osservare fino al loro termine i contratti di affitto di qualunque dei fondi venduti o parte di essi. E siccome la diffidazione nullamente ed ingiustamente trasmessa a nome dell'Ecc.mo Municipio potrebbe in qualche modo arrestare gli effetti della vendita gia perfezionata, quelli pur'anco conseguenti dalla transazione tra gli Ecc.mi Istanti; cosi i medesimi protestano di tutti i danni intrinseci ed estrinseci, pregiudizzo e spese anche stragiudiziali non solo in questo ma in ogni altro miglior modo.

Li 17 Ottobre 1853 eseguita copia al domicilio del S.r Vannutelli.

Dok. 19, PAA, RQ-86a; 27. Februar 1854
Witwe Caffarelli bestätigt Arnim Zahlung von 44220 Scudi; Aufzählung der Schulden der Familie Caffarelli

Apparisce dall'istromento sotto questo stesso giorno rogato dal Sartori Notaro del Vicariato aver ricevuto la Sig.a Duchesa Ved.a Caffarelli dall' Ecc.mo Sig.e Barone Enrico Arnim in nome e voce di Sua Maestà il Re di Prussia la somma di Scudi quaranta quattro mila duecento venti a lei dovuti per la rata del prezzo di scudi 82.720 del Palazzo Caffarelli ed annessi, essendo i residuali scudi trentotto mila cinquecento rimasti in mani del Rappresentante l'Augusto Compratore a credito della primogenitura istituita dal D. Baldassarre Caffarelli Seniore. La somma anzidetta di scudi quaranta quattro mila duecento venti si compone delle seguenti partite:

Scudi sedicimila cento ventotto sono stati alla medesima somministrati dal Sig. Barone Arnim per versarli siccome in effetto haver fato alla R.C. Apostolica, e par essa al Sig. Angelo Gatti Prominstro delle finanze in estinzione del censo di scudi 16.000, di un bimestre di frutti per la disdetta a scudi otto frutti di quatro giorni del 22 Febraro al 25 Febraro inclusive
----------16.128

Scudi mille trecento dieci sono stati dal Signor Barone Arnim nel nome come sopra per di lei conto pagati al Sig. Tosti esatore camerale per tutti dell'anzidetto censo a tutto il 21 Febraro 1854 inclusive
----------01310

Scudi millesettecento quaranta quattro e baj. 46 sono stati dal Sig. Baron Arnim pagati al Sig. Ignazio Ponema in estinzione di due crediti fruttiferi, l'uno di scudi mille e l'altro di scudi cinquecento, piu una rata di frutti e spese dei respettivi giudizi
----------01744:46 = 19182:46

// [90] Scudi mille venti sono stati somministrati dal Sig. Barone Arnim per l'estinzione di alcune cambiali a debito della Duchessa
----------01020

Scudi duemila quattrocento settanta sono il residuo di scudi tremila cinquecento settanta somministrati alla Sig.a Duchessa, che dovevano effetuarsi imputando la piggione di mensili scudi cinquanta del primo piano del Palazzo Caffarelli, la quale imputazione ha avuto luogo per mesi venti due a tutto il ventotto Febraro 1854
----------02470

Scudi ottocento settantasei e bai: 67 dalla Signora Ducchessa sono stati depositati in mani del Sig. Barone Arnim per dimettere con questa somma il credito degli eredi Scalzi Galletti per sorte di un censo di scudi 700, frutti a spese dei giudizi
----------00876:67

Scudi settecento cinquanta sono stato dalla Sig.a Duchessa depositati in mano del Sig. Barone Arnim per dimettere con questa somma il cambio di scudi settecento e frutti a credito Mancini, oggi la Parocchia di Burbona di Rieti
----------00750

Scudi mille sessanta sono stati dalla Sig.a Duchessa depositati in mano del Sig. Barone Arnim per dimettere con questa somma i quattro legati Morganti, Martinelli, Alas, e Petroni Giovanna
----------01060

Scudi duecento sono stati dalla Sig.a Duchessa depositati in mani del Sig. Barone Arnim per dimettere con questa somma un censo a credito degli eredi Celio oggi Arcari
---------00200

Scudi settemila duecento il Sig. Baron Arnim li paga al Sig. Giuseppe Pozzonelli in estinzione del suo legato vitalizzio, e di ab-

itazione a forma dell' istromento, quale Sig. Pozzonelli ne fa quietanza, e si obbliga di prestarli all'estinzione dell'ipoteca
----------07200
Scudi quattromila duecento settanta il Sig. Baron Arnim li passa al Sig. Duca Gaetano Caffarelli a forma del convenuto nell istromento precitato
----------04270
Scudi settemila cento novanta e bai: 86 il Sig. Baron Arnim li ha pagati alla Sig.ª Duchessa che ne ha fatto quietanza come all'istromento
----------07190:86
Totale 44220:000

Finalmente volendo il Sig. Barone Arnim dare un compenso alla Sig.ª Duchessa Caffarelli per la perdita che puo soffrire nel cambio da carta a moneta gli ha pagato la somma di scudi settecento venti cinque, de quali la Signora Duchessa ne fa quietanza.
In fede Roma questo di 27 Febraio 1854
Vincenza Caffarelli

Dok. 20, PAA, RQ-87b; 28. August 1854
Geschäftsträger Goethe an Kardinalstaatssekretär Antonelli; Angebot des Preuß. Königs, den Pal. Clementino an Comune di Roma abzutreten (Abschrift)
Monsigneur,

J'ai l'honneur de communiquer à Votre Eminence suivant les ordres du Governement de Sa Majesté le Roi mon auguste Maître, en reponse à la lettre que Votre Eminence a voulu bien m'adresser en date du 14 Julliet, que les droits réclamés par la Municipalité de Rome relativement au Palais Caffarelli seraient à faire valoir contre le Roi mon auguste Maître Lui-même. Sa Majesté Elle-même ayant acheté le palais par l'entremise de Sa Mission. Sa Majesté, S'appuyant sur les droits acquis, attendra l'issue d'un procès que l'on aurait l'intention d'entamer à ce sujet.

Je croirais manquer à mon devoir si, avant d'entrer dans des détails sur un tel procès, je ne revenais pas a cette occasion sur le fait que Sa Majesté S'est toujours montrée inclinée à céder à la Municipalité le bâtiment contigu au Palais des Conservateurs lequel fait part des acquisitions en question sous le nom du Clementino. Sa Majesté, comme je puis supposer, ne refusera pas aussi actuellement une telle cession; je crois même que, animée par l'esprit de conciliation, Elle ne s'opposera pas à céder en outre une partie d'une étendue moyenne pour l'elargissment du chemin qui conduit de la place d'Ara Coeli au Capitole, en cas qu'on eût l'intention d'exécuter maintenant ce projet; pourvu cependant que par ces actes de libéralité Sa Majesté pourrait gagner la sûreté de rencontrer dorénavant de la part de la Municipalité une conduite qui porte les marques incontestables de décisions conciliantes, bases fondamentales de tout arrangement, et qu'Elle pourrait nourir la conviction qu'aucun obstacle ne serait plus élevé contre la jouissance tranquille de la propriété acquisé.

Il m'est impossible de renoncer á l'espérance que la Municipalité de Rome ne se soustraira par aux conseils que la haute sagesse du Governement de Sainteté pourra lui suggérer, et qu'elle acceptera les offres gracieuses de Sa Majesté, en abandonnant le projet d'un procés dont on ne pourra prévoir la portée. Le Gouvernement de Sa Sainteté serait sans doute dans le droit de refuser son appui aux prétentions de la Municipalité, si celle-ci rejettait des propositions qui non seulement satisferaient à ses intérêts, mais prendraient même en considération les désirs qu'elle pourrait avoir dans l'intention de servir l'utilité publique.

Pénétré de la conviction, que je ne saurais mieux interpréter les intention de mon auguste Souverain Maître, que par me faire l'organe de Sa haute bienveillance, j'ose prier Votre Eminence Révérendissime de vouloir bien porter à la connaissance de la Municipalité les offres renouvelées de Sa Majesté, et je ne cesse pas d'espérer que l'appui que la haute sagesse du Governement de Sa Sainteté voudra prêter à cette communication, donnera à cette question une solution favorable à tous les intérêts.

Je saisis avec empressement cette occasion pour renouveler à Votre Eminence Révérendissime les assurances de la haute et respectueuse considération avec laquelle j'ai l'honneur d'être De Votre Eminence Révérendissime le plus humble e plus obéissant serviteur
Goethe
Rome ce 28 Aout 1854
Son Eminence Révérendissime Monseigneur le Cardinal Antonelli, Secrétair d'Etat de Sa Sainteté.

Dok. 21, PAA, RQ-87b; 19. September 1854
Comune di Roma an Geschäftsträger Goethe; Bekräftigung des Anspruchs auf das gesamte Gelände des Kapitols
Ill.mo Signore

Nudrendosi da me il più vivo desiderio di veder ultimata la vertenza ben nota a E.S. Ill.ma della Magistratura romana rapporto all'acquisto del Palazzo Caffarelli e sue adjacenze mi feci sollecito di dare comunicazione a Mons. Ministro dell'Interno del responsivo di Lei foglio del 28. del pp. agosto. Quel prelato pertanto non tardo punto a chiamarvi l'attenzione della Magistratura medesima, laquale dopo maturo esame ha manifestato il divisamento di essere stata costretta suo malgrado a risolvere non potersi abbracciare dal Senato e Comune di Roma una conciliazione che avrebbe per base la concessione di una parte del palazzo e dello sterrato Caffarelli. E sebbene ritenga notorie le ragioni che ne formano l'ostacolo, non dimeno giusdica non inopportuno il richiamarle in breve.

E primieramente vuol ricordato, che attesa la ristrettezza degli edifizi capitolini dal lato soprattutto occidentale del colle, non solo l'autorità senatoria e conservatoriale, ma in appresso ancora dopo che pe' nuovi ordinamenti la città fu eretta in Comune la Romana Magistratura ripetute volte, come consta da autentici documenti, sempre intese all'acquisto dell intero palazzo in discorso e proprietà capitoline della famiglia Caffarelli. Il quale acquisto Le si rende oggi tanto più indispensabile per la maggior quantità di locali di cui abbisognia, sia per riunire cola a pubblico comodo le tante e svariate sue amministrazioni ora sparse per la capitale, sia per ampliare col decoro corrispondente alla magnificenza del' Campidoglio la Pinacoteca, la Protomoteca e provedere il Museo di altre sale occorenti. Infine per render la salita che conduce al Campidoglio, tanto celebrato nella romana storia, meno erta e difficile con l'adagiamento delle due vie gia essistenti e l'apertura almeno di un altra fra la regione inferiore verso il porto di Ripagrande, e il clivo occidentale capitolino.

Conchiude quindi la Magistratura che non potendosi essa allontanare dalla vista che costantemente si è avuta in Roma di non permettere che locali annessi al Campidoglio, cui sono collegate tante memorie storiche dell'antica grandezza romana passassero in proprietà privata, dovendo invece cogliersi tutte le circostanze e servirsi di tutti i mezzi che accordano le leggi per convertirle a proprietà della Città; porta fiducia che S.M. il Re di Prussia nell'altezza de' suoi lumi vorrà apprezzare l'importanza e la gravità delle dedotte circostanze, non che la posizione del Municipio di Roma per non ridurla nella dispiacente condizione di valersi delle vie legali per l'adempimento di un cosi importante suo dovere.

Nel far presente a E.S. Ill.ma quanto ha esposto la romana magistratura, la prego a pormi in grado di corrispondere alle premure da essa ripetutemi, col volermi cioè indicare dove abbiano a presentarsi gli atti prescritti dalla legge, nel caso che sull'affare vada ad introdursi una questione giudiziaria. […]

Dok. 22, PAA, RQ-88a; 7. Oktober 1854
Klage des Comune di Roma und des Senats gegen den Kauf des Pal. Caffarelli durch Preußen
Ecc.mo Tribunale Civile di Roma
   Primo Turno

[1.] Ad istanza dell'Ecc.mo Comune e Senato di Roma e per esso di Sua Eccellenza Signor Don Vincenzo Colonna ff.ime di Senatore domiciliato nel Palazzo Via Cesarini No. 96 rappresentato dal Signor Filippo Maria Salini Procuratore Rotale.

Sia chiamata Sua Maestà Federico Guglielmo IV. di Prussia come acquirente dell'intero Palazzo Caffarelli al Campidoglio e suoi annessi per se e sua Reale Corte, a forma di Legge, e per tutti gli effetti della Lezione XVII. Tit. XVI. Parte III del Regolamento Giudiziario in vigore a comparire nella prima Udienza dopo cento giorni, non che per ogni effetto di ragione soltanto S. E. il Sig.r Duca D. Gaetano Caffarelli tanto in nome proprio, quanto come attuale possessore della Primogenitura Caffarelli istituita nell Anno 1670 dal Cavalier D. Baldassare Caffarelli al suo domicilio Via del Banco di S. Spirito Nummero 12.

La Nobile Donna Signora Vincenza Conti Vedova in seconde nozze della Ch:mem il Duca D. Baldassarre Caffarelli domiciliata in Via Leccasa N.o 3. Signor Giuseppe Pozzonelli figlio del fù Pasquale possidente domiciliato in Roma Via Leccasa N.o 3 a comparire nel termine di giorni otto.

[2.] Ed attesoché Sua Maestà l'Augusto Monarca di Prussia ha acquistato lo intero Palazzo Caffarelli al Campidoglio e i suoi annessi come vengono descritti nel primo fra gli allegati del publico Istromento dei 27. Febbraro 1854, rogato per gli atti del Sartori Notaro Publico e Cancelliere del Tribunale del Vicariato di Roma […].

[3.] Attesoché il Palazzo Capitolino detto dei Conservatori e suoi annessi di proprietà dell istante Ecc.mo Comune e Senato di Roma confinano di fronte e di lato col Pallazzo Caffarelli, ed annessi a modo che all'istante medesimo compete il dritto alla retrovendita prelativa contro chiunque al forma della Bolla Pontificia della Sa:me di Gregorio XIII. che comincia: Quae publica utilia – all'intero acquisto allo stesso prezzo, peso, oneri patti e condizioni, quando venga richiesto per ragione di publica utilità ed ornato della Città di Roma.

[4.] Attesoché con risoluzione Consigliare del giorno 5. Giugno 1854, l'Ecc.mo Comune e Senato di Roma abbia decretato p. el detto fine di publica utilità ed ornato di esercitare un tal dritto, e sperimentare le sue ragioni per la retrovendita con sua Maestà l'Augusto Monarca di Prussia come acquirente dell'intero Palazzo Caffarelli al Campidoglio […], e tale risoluzione sia stata approvata dell'Eccelsa Presidenza di Roma […].

[5.] Attesoché l'Eccmo Comune e Senato di Roma in adempimento delle prescrizioni della citata Bolla Pontificia abbia già eseguito a favore e libera disposizione di Sua Maesta l'Augusto Monarca di Prussia il deposito di sc. 48502.50 in tanti valori effettivi per i titoli calcolati descritti ed indicati nella cedola di deposito il cui tenore viene portato ad notizia della Maestà Sua nella contemporanea intimazione e notifica.

[6.] Attesoché vedendosi impossibile la offerta reale della medesima cedola per la mancanza di domicilio e di legittimo rappresentante di Sua Maestà per i dritti patrimoniali nello stato Ponteficio l'Eccmo Comune e Senato di Roma abbia depositato la originale cedola di deposito contemporaneamente intimata e notificata presso la suprema Segretaria di Stato per effetto e con facoltà di consegnarla quando ed a chiunque si presenti a ritirarla onorato e munito di legittimo e speciale mandato di S. Maestà l'Augusto Monarca di Prussia riservandosi l'Eccmo Comune e Senato di Roma di fare, ove faccia di Bisogno e se e come di ragione, l'offerta reale della medesima cedola originale di deposito quando Sua Maestà voglia informarsi al P.o 1644 del Regolamento Giudiziale in vigore.

[7.] Attesoché l'Eccmo instante abbia nei modi validi ed efficaci prescritti della legge assunti a suo carico tutti gli oneri patti e condizioni convenuti e contenuti nel citato Istrumento publico dei 27. febbraro 1854, e suoi allegati con atto di dichiarazione emesso presso la Cancelleria di questa Eccmo Tribunale il quale si porta a notizia di Sua Maestà l'Augusto Monarca di Prussia con contemporanea intimazione e notifica.

[8.] Attesoché l'Eccmo istante abbia esibito e prodotto in atti il progetto redatto dal Sig.r Prof.r Cavalier Luigi Poletti Ingegnere in Capo del Comune di Roma ed architetto dei Palazzi Capitolini approvato a forma di legge dai tre accademici di S. Luca Signori Cav.i Clemente Falchi, Giovanni Azzurri e Gio. Batt. Benedetti delle fabbriche e strade da costruire per publica utilità ed ornato della Città di Roma tanto nella sua proprietà quanto nel confinante Palazzo Caffarelli, ed altri fabricati acquistati da Sua Maestà l'Augusto Sovrano di Prussia, dal quale risulta evidentemente non solamente l'ornamento voluto dalla citata Bolla Pontificia, ma ancora la grandissima utilità ed urgente necessità publica sia nel rendere di publico uso quello che presentemente e d'uso privato, sia colla costruzione di due strade ambedue necessarie, sia colla concentrazione e sistemazione degli Uffici Comunali dell'Archivio Urbano, delle Gallerie e Protomoteca Capitolina etc. come il tutto risulta dal detto Progetto in atti prodotto.

[9.] Attesoché l'Eccmo istante abbia emesso in atti valida obligazione a forma di Legge di esseguire tutti e ciascuno dei lavori descritti nel detto progetto, erogandovi una somma non minor di scudi sessantaquattromila e compiendoli ne corso di quattro anni dal loro possibile principio sotto la multa di 12.500 da pagarsi a chi di dritto e di ragione nel caso d'inadempimento di obligazione, salvo più conveniente termine o multa che piacesse all'Eccmo Tribunale di stabilire, come risulta dalla dichiarazione negli atti della cancelleria di questo Eccmo Tribunale contemporaneamente intimata e notificata a Sua Maestà l'augusto Monarca di Prussia.

[…] Cioè per altro salvo, e riservato all'Eccmo istante ogni e qualunque altro diritto azioni e ragioni specialmente per l'espropriazione forzata a forma delle Leggi in vigore, e per impugnare la validità dell'Istrumento del 27. Febbraro 1854 e la facoltà di eseguire quella alienazione degli Eccmi Signori Caffarelli, che in qualsiasi modo possa competergli anche contro altri.

Roma Sette Ottobre 18 cinquantaquattro [...].

Dok. 23, PAA, RQ-88a; Herbst 1854
Stellungnahme des Comune di Roma und des Senats gegenüber der päpstlichen Regierung zum Anspruch auf den Kauf des Pal. Caffarelli
Fatto informativo per l'Eccmo Ministero degi Affari Esteri

Il palazzo Caffarelli posto sulla sommità del Campodiglio e contiguo al palazzo dei Conservatori, si è da gran tempo riconosciuto neccessario al Comune di Roma, tanto per portare a compimento il predetto palazzo dei Conservatori rimasto incompleto, quanto per supplire alla deficienza di locali necessarissimi all' Azienda Comunale; quanto infine all'adattamento della strada detta delle tre pile, unica carozzabile per ascendere al Campidoglio della parte rivolta verso l'abitato della cità, la quale ha bisogno di essere ampiamente sviluppata. [...] [fehlende Seite]

... di compromesso del giorno 1 Novembre 1853 la famiglia Caffarelli aveva alienato il suo palazzo a Sua Maestà il Re di Preussia: e soli cinque giorni appresso alla publicata Notificazione ne fu anche stipulato pubblico e solenne istrumento per gli atti del Notaro Sartori addi 27 di quello stesso mese di Febrario 1854.

In seguito di questa notizia si vede che il Comune di Roma, come vicino alla proprietà alienata, si se apriva anche una seconda via legale per ottenere lo stesso palazzo, oltre alla via gia intrapresa della espropriazione coattiva in causa di utilità pubblica: e questa nuova via era quella della notissima Costruzione Gregoriana [...] [fehlende Seite].

Il prezzo dedotto in contratto era di scudi romani ottantadue mila settecento venti, ma essendosi stimato scudi trentottomila cinquecento la porzione fidecommissaria del palazzo venduto, questa parte del prezzo non era stata pagata ma rintenuta dall'Augusto compratore fino a che non fosse impetrato Chirografo Pontificio che sciogliesse l'intiero palazzo dal vincolo fidecommissario [...] [bricht ab].

Dok. 24, PAA, RQ-89a; 22. Februar 1878
Röm. Bürgermeister Ruspoli an Botschafter Keudell; Angebot, den Pal. Clementino gegen ein Grundstück einzutauschen und dt. Eigentum an Pal. Caffarelli anzuerkennen
S.P.Q.R., Ufficio Generale

[...] Il sottoscritto si fa a richiamare l'attenzione dell' E..V. sulla lunghissima vertenza relativa alla prelazione sull'acquisto del palazzo già Caffarelli, che da anni e anni perdura fra il Comune di Roma e la Imperiale Corte di Prussia.

Tale questione da parte del Municipio si collega strettamente al bisogno, che fin dai tempi del cessato Governo Pontificio si era manifestato, di avere un maggior numero di locali per sistemarvi gli uffici e se fin di allora era a cuore dell'Ammne Comunale di sopperire a tale mancanza molto più lì è ora che, per il forte numero di personale burocratico aumentato in forza delle nuove e molteplice attribuzioni adossate al Municipio in seguito al nuovo ordine di cose, i locali esistenti sono del tutto insufficienti. In vista di ciò il Consiglio Comunale si è più volte occupato della questione del Palazzo Caffarelli ed ultimamente nella seduta del giorno 17 Decembre scorso anno, in seguito ad interpellanza dell'On.^{le} Consigliere Alatri e analogo voto del Consiglio, il sottoscritto prese impegno di nominare una Commissione per studiarla e definirla.

Veda ora l'E.V. se non sia il caso, anzichè percorrere le vie legali, di proporre, come e sembrato non essere aliena codesta Imperiale Ambasciada, un amichevole combinazione la quale anche a personale avviso del sottoscritto potrebbe costituire nella cessione al Comune del palazzino attiguo al fabbricato Caffarelli, il quale sarebbe adatto al collocamento di vari Uffici. In correspettivo il Comune potrebbe cedere alla Imperiale Corte un'area di sua proprietà parimenti situata in quelle adiacenze. Quando la E.V. credesse poterre fare oggetto di una speciale proposta il sottoscritto non mancherebbe di sottoporla al più presto all'approvazione della Giunta e del Consiglio Comunale.

In attesa pertanto di un suo cortese riscontro ha il piacere di dichiararsi con sensi della piu distinta stima,
Il ff. di Sindaco, Enzo Ruspoli

Dok. 25, PAA, RQ-89a; 26. Februar 1878
Keudell an den röm. Bürgermeister Ruspoli; Beantwortung des Vorschlags von Dok. 24 (Abschrift)

Il sottoscritto Anbasciatore di mentre ha l'onore di riscontrare il pregiato foglio della S.V. Illma, in data del 22. corrente (No. 11712), e di ringraziarla per il modo cortese in cui si è espressa questa Communicazione, non può dispensarvi dal farle osservare come l'Augusto mio Signore, il Re di Prussia ed Imperatore di Germania evidentemente non vorrà in alcun modo dubitare della legalità e validità dell'acquisto dl Palazzo Caffarelli.

Nonostante però crederebbe lo scrivente di poter già adesso assicurare, che la Maestà prelodata, in riguardo del bisogno di locali in cui si trova l'amministrazione Municipale non sarà aliena alla permuta di qualche locali di sua proprietà coll'area di proprietà indicata nel preziato foglio della S.V. Illma.

Quindi il sottoscritto con molto piacere si farà lecito di sottoporre all'approvazione di S.M., quella proposta dell'Eccellmo Comunale di Roma nel penso suespresso crederà di presentare; a qual scopo lo scrivente si permetterà di abboccarsi colla S.V.I. in una delle seguenti giornate. [...]

Dok. 26, PAA, RQ-89a; 8. März 1879
Röm. Bürgermeister Ruspoli an Keudell
Eccellenza,

Mi pregio rimettere all'E.V. una bozza dell'art. 2.do riformato e la pianta relativa, come si rimasi sia noi d'intelligenza nell'ultima conversazione che tenevimo sull'ogetto dell antica vertenza per il Palazzo Caffarelli.

Se null'altro Essa avesse ad osservare si potrebbe procedere ad un atto di compromesso fra noi, salve le reciproche approvazioni che si avrebbero a provocare dall' I.^{e} R. Governo Germanico, e dal Consiglio Comunale. [...]

Dok. 27, PAA, RQ-89a; ohne Datum
Darstellung des Kaufs des Pal. Caffarelli, wohl anläßlich des Austauschangebots (niedergeschrieben vom Procuratore del Duca D. Gaetano Caffarelli)
Narrazione precisa dei fatti, che hanno preceduto, accompagnato, e susseguito l'acquisto del Palazzo Caffarelli

[1.] Il defoncto Duca D. Baldassarre Caffarelli Giuniore nel suo ultimo Testamento erroneamente stimando sciolti i Beni della Primogenitura istituita nell'anno 1670 dal Cav.^{re} D. Baldassarre

Caffarelli Seniore, del ne dispose congiuntamente ai suoi Beni liberi, nominando Erede universale degli uni, e degli altri il di lui Nepote ex Fratre D. Giuseppe Caffarelli, ponendogli in condizione il pagamento di vistosi legati vitalizi alla vedova, al di lei figliastro, ed a vari suoi familiari. Non appena però morto D. Baldassarre Giuniore, il di lui fratello D. Gaetano chiamato al godimento della Primogenitura sovrindicata assunse imediatamente il possesso dei Beni, che la componevano, e cosi non rimase all'Erede istituto, che il godimento di una parte del Palazzo al Campidoglio, e pochi altri beni di assai tenue valore: Essendo poi l'asse Ereditario gravato di passività fino a circa scudi trentamila, queste dimesse nulla affatto rimaneva all' Erede per sodisfare ai legati massime ai vitalizi.

[2.] Attesa pertanto l'oberazione di quest' Eredità, s'ingegnò ben presto tra la vedova principal legataria, e l'Erede anzidetto una lite accanita dinanzi al Primo Turno del Tribunale Civile sul pagamento appunto di essi vitalizi, e in difetto per la caducità dell'Erede istituto. Dopo lunga diatriba nacque Sentenza a favore della Vedova, confermata poscia in grado di appello dalla S. Rota, e cosi in forza di una piena e solenne Regiudicata la medesima andò in possesso dell'Eredità libera di D. Baldassarre stante la proclamata caducità dell'Erede ch'egli aveva istituito sotto la condizione dell'adempimento dei Legati.

[3.] Compita appena questa prima questione, quattordici per la maggior parte gravissime controversie sorsero tra anzidetta Erede sostituita, ed il chiamato alla Primogenitura fratello del defonto. Dall'anno 1851 era stata la decisione di questa selva di liti protratta all'anno 1853, e come un più lungo combattere avrebbe attenuato assolutamente la Primogenitura, ed annientato ad un tempo l'Eredità libera di D. Baldassarre, il Procuratore del Primogenito, stimò conveniente ed onesto di aprire con la vedova un trattato di conciliazione. Si era di quel tempo diffusa la voce nella città, che il Municipio avrebbe acquistato il Palazzo Caffarelli ad un prezzo superiore della stima; che anzi il Sig. Avvocato Puglieri Conservatore aveva chiaramente manifestato al Procuratore anzidetto l'intenzione municipale, che diceva avvalorata dalla Sovrana approvazione. Alla richiesta però di soli scudi cinquantamila in prezzo del Palazzo l'anzidetto Sig.ʳ avvocato aveva rotto ogni trattativa ritenendo il richiesto prezzo esorbitante, ed incompatibile colle circostanze economiche del Comune. Non si perdevono per allora di animo i Caffarelli, e nuove pratiche introdussero verso il Municipio anche col mezzo del Sig. Conte Filippo Antonelli Fratello dell'Eminentissimo di questo nome. Frustranee riescirono peraltro, e cosi le liti familiari furono continuate.

[4.] Erano le parti litiganti nuovamente alle prese, quando il Sig. Baron Arnim Incaricato di Prussia trattando per il suo Sovrano personalmente, fece intendere, che non solo il Palazzo, ma tutti i locali annessi avrebbe egli acquistato. Dopo vari congressi, il prezzo venne stabilito nell'ingente somma di scudi 82.720, con l'aggiunta di scudi quaranta mensili vitalizi alla vedova Caffarelli, e con l'assunzione dell'Augusto Compratore di tutte le spese qualunque anche riferibili alla transazione tra i Caffarelli, alla dimissione dei creditori, ed al pagamento dei legati, spese che cumulativamente ascendevano a parecchie migliaia di scudi.

[5.]. Erano le parti contraenti sul punto di segnare il compromesso, che sarebbe quindi stato sottoposto all'approvazione del Re, quando al Procuratore del Primogenito Caffarelli nacque il dubbio di trovare ostacolo a questo contratto per parte del Governo di Sua Santità, anche in riflesso a ciò ch'era avvenuto nell'anno 1838. A procedere adunque con cautela, e per non incorrere la Sovrana disapprovazione, recossi egli personalmente dall'egregio Mons.ʳ Berardi, a cui comunicò il gia concluso Contratto, pregandolo nell'istesso tempo a volere interpellare l'Emo. Segretario di Stato, se alcuna opposizione od ostacolo potesse insorgere per parte del Governo. N'ebbe in risposta, che nessun'ostacolo il Governo vi frapponeva, che l'Emo. aveva però trasentito avere il Municipio Romano l'idea di acquistare il Palazzo Caffarelli in ampliazione dei Palazzi Capitolini. Il Richiedente, che poco prima era stato testimonio delle rotte trattative col Municipio a causa del prezzo tanto minore di quello stabilito dal Re di Prussia, fiduciato in questo fatto indusse il proprio Cliente Primogenito Caffarelli a segnare il compromesso, locché ebbe luogo sotto il giorno 7. Ottobre 1853. A conferma poi del nessun'ostacolo, che potesse frapporre il Governo, concorse l'officio praticato dall Emo. Segrio di stato a Mons.ʳ Uditor Illmo per la pronta spedizione del Chirografo necessario allo svincolo della parte primogeniale del Palazzo. Infatti il Sig.ʳ Barone Arnim sebbene incommodato di salute, nello stesso giorno 7 ottobre 1853 diresse per iscritto all'Emo di stato la richiesta a volersi compiacere di sollecitare presso l'Uditor Illmo la spedizione del Chirografo anzidetto. Di che l'Emo con molta cortesia ebbe ad assicurare il Sig.ʳ Barone Arnim, che di questa gentilezza tenne informato il Re di Prussia in occasione che per apposito Corriere inviava il Compromesso alla sovrana approvazione.

[6.] Ratificato il Compromesso dal Re, non si dubitava che in vista specialmente dell'Ufficio fatto dell'Emo di stato il Chirografo Illmo sarebbe stato spedito al più presto. Il Procuratore del Primogenito Caffarelli, che istantemente lo sollecitava rimase attamente sorpreso nell'apprendere, che la Santità di N.S. sotto il giorno 24 Novembre 1853 aveva rescritto alla memoria all'uopo presentatagli = *Ita debitur ratio post exitum iudicii retractus ab Municipio instituti*. Non avendo però il Municipio istruito nessun giudizio tornò il Procuratore del Primogenito Caffarelli ad insistere con una seconda memoria, facendo rilevare questa circostanza di fatto: ma con nuova sua sorpresa sotto il giorno 1. Dezembre 1853 il rescritto fu confermato.

[7.] Si era pertanto in attenzione che il Municipio non già facesse esperimento del suo diritto in via giudiziale, tutti sapendo esser chiusa questa via, aperta la sola diplomatica, dirimpetto anche ad un Ministro, ed assolutamente di fronte ad un Sovrano: Il Municipio forse bene conscio di ciò, dissimulando inopportunamente il gia compiuto Contratto di vendita tra i Caffarelli, ed il Re di Prussia, all'impensata ottenne un Decreto di espropriazione contro i soli Caffarelli: Al quale Decreto i medesimi in tempo utile contraposero il contratto gia prima raccomandato a privata scrittura, poscia solennemente celebrato con publico Istromento. Comunicata al Municipio col mezzo del Dicastero della Comarca la copia publica di questo Contratto, è cosi rimasta la faccenda. Se non che taluni Garruli Municipali van spargendo, che il comune di Roma è fermo tuttora nel pensiero di far proprio il Palazzo acquistato dal Re di Prussia e ciò per impulso del Governo superiore, che glie ne avrebbe fornito i mezzi opportuni. E la ragione potissima del superiore Governo nell'appoggiare il Municipio a far suo il controverso Palazzo non viene altrimenti da cotestoro taciuta, la remozione cioè della pubblica Cappella aperta nel Palazzo Caffarelli al Culto Protestante.

[8.] L'assoluto travisamento però di questo fatto fa credere alla inesestenza della ragione posta in bocca al Governo. Da piucché

25 anni esiste egli è vero una Capella nell'angolo più recondito del Palazzo Caffarelli: Ma la medesima serve ad uso esclusiva del Ministro, e della sua Legazione: Non è altrimenti Publica, né a qualunque Protestante è permesso di entrarvi, salva una qualche eccezione di personaggi amici del Ministro di Prussia, che ha per sovrappiù il rimarco di un luogo centrale, mentre la Capella Prussia interna al Palazzo Caffarelli va ad essere ignorata del tutto dopo l'acquisto del Re, acquisto che interrompe ogni communicazione coi Cattolici Romani. Questa è appunto la variazione avvenuta per l'acquisto anzidetto. In passato essendo il Palazzo abitato per la maggior parte dai Cattolici, questi erano se non altro consci dell'esistenza della Cappella e degli Uffici, che vi si celebravano: Oggi i soli Prussiani adetti alla Legazione occupano il Palazzo, e la Capella rimane in luogo, di cui essi soli hanno notizia, ed al quale essi soli possono accedere.

[9.] D'altronde consta al Procuratore del Primogenito Caffarelli quanta affezione, benevolenza, e stima abbia il Re di Prussia per il Governo Pontificio, e specialmente per il Governo Gerarca, che siede al suo reggimento. Prove anche recenti di questi suoi sintimenti non mancano, e non mancheranno nell'avvenire: Non potrebbe pertanto cader dubbio sulla nessuna partecipazione del Governo alla pretenzione del Municipio, che si spera vorrà abbandonarla; tanto più che nel sopposto del bisogno reale di parte del Palazzo il Procuratore del Primogenito Caffarelli in precedenza autorizzato aveva offerto di retrocedergli la parte aderente al Palazzo dei Conservatori, volgarmente chiamata la Cancelleria, e che ai Caffarelli proviene dalla Primogenitura Clementini.

[10.] Questi fogli sono stati dal Procuratore del Duca D. Gaetano Caffarelli redatti nell'interesse della Primogenitura, che non può convenientemente disporre e rinvestire i scudi 38.500 – parte di prezzo a lui attribuita nella vendita del Palazzo Caffarelli ed annessi, stante il ritardo della spedizione del Chirografo Sovrano. D'altronde non mancherebbero ragioni per rintuzzare le pretese Municipali sia rapporto alla secretata espropriazione, sia per il milantato titolo o diritto di prelazione, a sostegno del quale mancherebbero sempre i requisisti della notissima Bolla Gregoriana. Peggio poi addiverrebbe la pretesa se si volgesse al Retratto coattivo; Infine l'affacciato publico di un locale per situare l'archivio, se anche nel caso si verificasse, sarebbe sempre sodisfatto colla volontaria cessione della parte del Palazzo Caffarelli proveniente dall'Eredità Clementina, quella che precisamente è posta a contatto del Palazzo Municipale cosi detto dei Conservatori; Cessione che una volta consentita dal Reale Ministro il Procuratore del Duca Caffarelli avrebbe fidanza di poter nuovamente ottenere.

Dok. 28, PAA, RQ-89d; 6. April 1895
Röm. Bürgermeister Ruspoli an Botschafter Bülow; Forderung, alle auf dt. Grundstück gefundenen antiken Objekte der Stadt Rom als Eigentum zu überlassen

Deliberata da questo Consiglio comunale nella seduta del 18. Febraio teste decorso la nota transazione della vertenza concernente il palazzo Caffarelli a approvato nella successiva seduta del Marzo ultimo il relativo processo verbale quest'Amministrazione ha avuto cura di trasmettere alla R. Preffettura di Roma la deliberazione suddetta insieme ai documenti necessari per ottenere il R. Decreto d'autorizzazione in quanto riguarda l'acquisto che va a fare il Comune.

In attesa che siano ultimate siffatte formalità amministrative stimo opportuno informare V.E. che il Consiglio communale nell'approvare la propostagli transazione, votò un ordine del giorno del tenore seguente:

„Il Consiglio riconoscendo la grande importanza dell'area ove sorgeva un giorno il tempio di Giove Capitolino e che ora in parte si cede all'Ambasciata Germanica confida, che qualsivoglia antico monumento ivi si rinvenisse, resti a perpetuo monumento di quel classico luogo, ne sia asportato altrove per qualsivoglia ragione."

Siccome però, per una massima da molto tempo adottata da quest'Amministrazione, nei contratti che recano alienazione d'aree da parte del Comune per essere inserta una clausola, in forza della quale tutti gli oggetti pregevoli per arte, archeologia, storia o valore, che si rinvenissero nell'area da alienarsi, debbono rimanere in proprietà del Comune, e sicome questa clausola non potrebbe amettersi nel contratto difinitivo di transazione tra l'Impero Germanico e il Comune perquanto riguarda l'area dell'orto Montanari, che dal Comune viene alienata; cosi non ha luogo l'applicazione del sopracitato ordine del giorno, che ho stimato conveniente comunicare a V. E. al solo scopo di dimostrare l'interessamento del Consiglio comunale alle nostre memorie storiche.

Io non dubito del resto, che l'inserzione della clausola anzidetta sarà per essere accettata da V.E. poiché non è che un omaggio a quel sentimento di conservazione delle patrie memorie, all'illustrazione delle quali ha tanto efficacemente concorso, come sempre concorre il sapere e l'efficace cooperazione dei dotti tedeschi. La clausola di cui trattasi potrebb'essere cosi formulata in un apposito articolo del contratto:

„Tutti gli ogetti pregevoli per arte, archeologia, storia o valore, che si rinvenissero in qualunque tempo nell'area del giardino Montanari, che il Comune di Roma aliena a favore dell'Impero Germanico, rimarrano in proprietà del Comune stesso, al quale dovranno essere consegnati dalla Imperiale Ambasciata sul luogo stesso ove se ne effettuasse il ritrovamento, restando a cura e carico del' Comune il loro trasporto."

Debbo inoltre avvertire V.E. che l'area denominata il giardino Montanari, che dovrà essere in parte alienata dal Comune e affittata con regolare contratto ai signori Domenico ed Augusto Mancini. Tale affitto è duraturo fino a tutto Giugno 1899, ma può essere disdetto nel Gennaio di ogni anno per esser rescisso nel Maggio successivo. [...]

Ed a ciò curare non posso ritenermi dispensato dall'ordine del giorno votato dal Consiglio comunale. Quel voto ben lungi dall'essere una deroga alla massima vigente che si riferisce alla riserva della **proprietà** degli oggetti ritrovabili, fu invece un ampliamento della clausola generale poiché tendeva ad assicurare la **conservazione** degli ogetti nel **posto** medesimo ove fossero trovati. L'ordine del giorno consigliare ha infatti il suo punto di partenza dalla presunzione archeologica, che in quel luogo sorgesse il Tempio di Giove Capitolino e con esso il Consiglio volle guarantirsi che qualora si rinvenissero sostruzione, costruzione o avanzi qualsiansi di quell'antico e celebrato edificio ivi rimanessero a dimostrazione storica e perpetuo ricordo.

Questa interpretazione del voto Consigliare risultante in modo chiarissimo dal testo medesimo dell'ordine del giorno, spiega il perchè nella mia precedente nota io dichiarassi che ammessa la inserzione nel contratto della clausola riservante al Comune la proprietà degli oggetti, non aveva più luogo l'applicazione dell'ordine del giorno. Infatti la evacuazione degli oggetti sul luogo, quando si trattasse di fondamenta o di costruzioni antiche sarebbe un fatto necessario perché a nessuno potrebbe venire in mente d'asportarli, e quindi non apparisce indispensabile farne menzione in contratto, quando in questo sia inserita la clausola più comprensiva che riserva al Comune la proprietà degli oggetti.

L'E.V. nel dimostrare le conseguenze cui si andrebbe incontro a causa dell'incidente sollevato per L'inserzione della clausola, di cui si tratta, mi fa osservare che la natura del contratto recherebbe la reciprocità. Mi permetto di farle osservare a una volta che siffatta reciprocità e inammissibile per la natura stessa della riserva, che intende fare il Comune. Sarebbe strano infatti che il Comune, mentre vuole assicurarsi la proprietà degli ogetti ritrovabili nelle aree ch'esso cede, e ciò allo scopo scientifico e patriottico insieme di conservare alla città la proprietà delle memorie appartenenti alla sua storia, rinunciasse alla proprietà degli ogetti ritrovabili nelle aree che già gli appartengono.

All'alto intelletto di V.E. non puo del stesso sfuggire una considerazione di ordine morale, che è quella che maggiormente vincola la mia azione. In questa materia il Comune di Roma non può paragonarsi ad un privato contraente. La tutela che gli incombe sulle memorie antiche d'una città, la cui storia si confonde con quella del mondo civile, non gli permette di transigere minimamente senza arrischiare una responsabilità gravissima di fronte all'opinione pubblica e al mondo scientifico. E perciò appunto io non dubito che il Governo Germanico, del quale una delle più alte e civili benemerenze è appunto il nobile interessamento, che ha sempre dimostrato per la storia di Roma, saprà rendersi giusta ragione, di questa responsabilità e anziché mettere in pericolo la transazione d'una vertenza, che da tanti anni preoccupa i due Enti interessati, vorrà accettare una clausola d'interesse generale e non lesiva della sostanza effettiva della transazione e che riporto nuovamente qui trascritta con una lieve aggiunta diretta a coordinarla a voto consigliare:

„Tutti gli oggetti pregevoli per arte, archeologia, storia, o valore, che si rinvenissero in qualunque tempo nell'area del giardino Montanari che il Comune di Roma aliena a favore dell'Impero Germanico, rimarrano in proprietà del Comune stesso, al quale dovranno esser consegnati dalla I. Ambasciata sul luogo stesso, ove se ne effetuasse il ritrovamento, restando a cura e carico del Comune il loro trasporto quando questo fosse possibile o la spesa della loro conservazione quando si trattasse d'oggetti inamovibili."

Gradisca l'espressione della mia più alta stima e considerazione,

Il Sindaco Ruspoli.

Dok. 29, PAA, RQ-89; 7. Juni 1895
Staatssekretär Marschall an Bülow; jurist. Bedenken über den Vorschlag des röm. Bürgermeisters

Aus Eurer Excellenz gefälligem Berichte vom 15. v.M. -2090- habe ich leider entnehmen müssen, daß sich dem endgültigen Abschlusse des Vertrages über den Austausch des Palazetto Clementino gegen einen Theil des Gartens Montanari nun Schwierigkeiten in den Weg fallen. Zunächst ist es befremdend, daß die Stadt Rom uns jetzt, nachdem der Kaufvertrag bereits am 16. Februar d. J. unterzeichnet worden ist, des mit den Gebrüdern Mancini abgeschlossenen Pachtvertrages Erwähnung thut, während wir bisher über das Bestehen desselben in Unkenntnis geblieben sind. Es ist unvernünftig, das Eigenthum an dem Garten mit dieser Beschränkung zu übernehmen, denn wir würden uns dadurch unter Umständen der Möglichkeit aussetzen, in Prozesse mit dem ausziehenden Pächter verwickelt zu werden. Diese Schwierigkeit wäre vermieden worden, wenn die Stadt Rom in Ausübung ihres Vertragsrechtes den Vertrag im Juni d. J., unmittelbar vor dem Abschlusse der Tauschvertragsverhandlungen zum Mai d. J. gekündigt hätte. Wir werden nunmehr darauf Bedacht zu nehmen haben, jeder Möglichkeit von Verwickelungen, welche für uns und dem Pachtvertrage entstehen können, schon jetzt vorzubeugen. Um einer Prüfung nach dieser Richtung hin anstellen zu können, beehre ich mich Eurer Excellenz ergebenst zu ersuchen, den zwischen der Stadt Rom und den Gebrüdern Marcini abgeschlossenen Pachtvertrag gefälligst mir einreichen zu wollen zu wollen. Auch bitte ich Eure Excellenz zugleich festzustellen, ob bezw. welche Beschränkungen oder Lasten das uns zufallende Grundstück etwa sonst noch unterliegt.

Was die Frage der Ueberlassung etwaiger antiker Fundstüke auf dem einzutauschenden Areal des Gartens Montanari an die Stadt Rom betrifft, so geht, wie auch Eure Excellenz bereits hervorgehoben haben, der Antrag des Fürsten Ruspoli, welcher das Eigenthum an allen für Kunst, Archäologie, Geschichte oder sonst wertvollen Gegenständen, die künftig etwa auf dem fraglichen Areal gefunden werden sollten, für die Stadt Rom beansprucht, erheblich weiter, als die von dem Gemeinderathe von Rom angenommene Tagesordnung, welche nur das Vertrauen ausspricht, „daß jedes antike Monument, das dort gefunden werden sollte zum dauernden Schmuck jener klassischen Stelle verbleibt und nicht aus irgend einem Grunde anderswo hingeschafft wird." Dem Verlangen des Fürsten Ruspoli wäre weniger Beachtung beizumessen, wenn es sich nur um bewegliche Fundstücke würde handeln können. Wenn sich indessen auf dem Grundstüke Baureste vorfinden sollten, die wir der Stadt Rom zum Eigenthum abzutreten hätten, so würde das Reich dadurch je nach der Ausdehnung der Baureste thatsächlich ganz oder teilweise expropriiert werden. Mag es auch wie Euere Excellenz annehmen, zutreffend sein, daß sich die Fundamente des Jupiter-Tempels unter dem uns abgetretenen Theile des Montanari-Gartens sich befinden, so würden wir auch für den Fall, daß in der Nachbarschaft dieses Gartenteiles auf der Stadt Rom gehörigen Gebiete andre antike Bauten gefunden werden sollten, welche sich bis in unser Gebiet erstrecken, unter Umständen nicht umhin können, auf dem uns gehörigen Areal Ausgrabungen zu gestatten, die unser Eigenthum an dem Grundstücke in größerem oder geringerem Umfang in Frage stellen könnten.

Wir tragen daher Bedenken, in dem gewünschten Umfange in eine Abtretung des Eigenthums etwaiger Funde an die Stadt Rom zu willigen, müssen vielmehr daran festhalten, daß das Eigenthum an denselben uns gewahrt bleibt, wogegen die Funde unsererseits an Ort und Stelle belassen und gehütet werden würden. Den von dem Fürsten Ruspoli hervorgehobenen Interessen der civilisirten Welt und der Wissenschaft würden wir dadurch, daß die Funde dort geschützt und allgemein zugänglich bleiben, in vollkommener Weise gerecht werden. An beweglichen Funden würden wir uns das Eigenthum zwar ebenfalls vorbehalten, jedoch fest in Rom belassen, auch und uns unter gewissen Umständen zur Abtretung an die Stadt Rom bereit erklären können.

Euere Excellenz ersuche ich ergebenst, den Fürsten Ruspoli gefälligst von unserer Auffassung in Kenntnis setzen und im Wege erneuter schriftlicher oder mündlicher Erörterung mit demselben darauf hinwirken zu wollen, daß das fragliche Verlangen fallen gelassen wird. Auch bitte ich Eure Excellenz, Sich darüber äußern zu wollen, welche Gesetze oder sonstigen Bestimmungen etwa hinsichtlich des Eigenthums an antiken oder mittelalterlichen Funden für Italien und insbesondere für Rom gelten und wie das Eigenthums- und Verfügungsrecht bezüglich dieser Gegenstände geordnet ist.

Um über die Frage schlüssig werden zu können, in welcher Form der Tauschvertrag in Wirksamkeit zu setzen ist, beehre ich mich Eurer Excellenz ergebenst zu ersuchen, mir den Vertrag vom 16. Februar d. J. nochmals einzureichen, mir ferner den Wortlaut der dem Vertrage von Italienischer Seite ertheilten oder noch zu ertheilenden Genehmigungen, wie des Beschlusses der Stadtverordnetenversammlung der Zustimmung der Aufsichtsbehörde und des Königlichen Dekretes, sowie den Wortlaut derjenigen Bestimmungen der Italienischen Notariats-Ordnung oder der sonstigen Gesetzte und Vorschriften mitzutheilen, nach denen sich die weitere Behandlung der Sache bei dem Notar zu richten hat. Einer deutschen Übersetzung dieser Bestimmungen dieser Bestimmungen würde es nicht bedürften.

Der Reichskanzler
In Verantwortung, Marschall

Dok. 30, PAA, Bd.I.Rep.It.Vol.68.adh; 5. Juni 1915
Hermann Prell an Chef des Kaiserl. Geh. Zivil-Kabinetts Valentini, betr. die eventuelle Gefährdung der Fresken im Pal. Caffarelli durch Plünderung (Abschrift)
Eurer Exzellenz hochgeneigter Erwägung beehre ich noch folgendes zu unterrichten:

Bei den Unruhen in Rom, die sich durch einen deutsch-österreichischen Siege noch steigern könnten, wäre es möglich, daß der seit Jahren wiederholt ausgesprochene Wunsch der italienischen Chauvinisten, vom Palazzo Caffarelli Besitz zu ergreifen, gewaltsamen Ausdruck fände. In diesem Falle wären auch die auf Allerhöchsten Befehl 1895-98 von mir ausgeführten Wandgemälde im Thronsaal der Deutschen Botschaft nicht mehr sicher, um so weniger, als sie die deutsche Sagenwelt und die siegreiche Germania allegorisch verherrlichen.

Da die Bilder nicht *al fresco* gemalt sind, könnten sie unter Leitung einer kompetenten Persönlichkeit aus dem Deutschen Künstlerverein, z. B. die noch in Rom verbliebenen Prof. M. Meurer, C. Greiner, Hirémy, Röder oder sogar nur durch erfahrene deutsche Handwerker ohne große Mühen abgenommen, aufgerollt, und – sei es in den Kellerräumen der Botschaft, sei es durch die Schweizer Gesandtschaft – aufbewahrt werden.

Das einzuschlagende Verfahren ist aus der Anlage ersichtlich.

Auf solche Weise wäre das Eigentum Seiner Majestät, soweit es möglich ist, gesichert, um die Schöpfung, an deren Entstehung unser allergnädigster Herr einen so tiefgreifenden Anteil hat, der Gefahr entzogen, einer Pöbelrevolte als Trophäe zu dienen. [...]

**Dok. 31, PAA, Bd.I.Rep.It.Vol.68.adh.23495;
7. September 1916**
*Dt. Gesandte Romberg in Bern an Staatssekretär im Ausw. Amt und ehem. Dt. Botschafter in Rom Jagow
über drohende Enteignung des Pal. Caffarelli*
Lieber Jagow!
Nach der Mitteilung unseres Freundes Anton (vgl. Bericht 1949 vom 5. d.M.) hat Sonnino auf die ihm gestellte Frage, ob man für den Palazzo Caffarelli das Beispiel des Palazzo Venezia befolgen werde, verneinend geantwortet. Trotzdem mehren sich täglich die italienischen Pressestimmen, die die Beschlagnahme des Palazzo Caffarelli verlangen. Ich glaube daher, daß man sich auf das Schlimmste vorbereiten und rechtzeitig die Schritte einleiten muss, die nach Lage der Sache getan werden können. Viel ist das ja nicht, denn wenn die italienische Regierung die Beschlagnahme tatsächlich verfügt, so bleibt uns schließlich nichts weiter übrig, als formellen Protest einlegen und auf die Freilassung des im Palazzo befindlichen Privateigentums hinwirken zu lassen. Die Frage ist nur, ob man nicht vorbeugend eingreifen kann. M.E. könnte das etwa in der Weise geschehen, dass man Herrn v. Planta von sich aus zu dem ihm geeignet erscheinenden Zeitpunkt an Sonnino sagen lässt, dass es für die italienische Regierung doch eigentlich ein Nonsense sei, das Odium der widerrechtlichen Beschlagnahme des Botschaftspalastes auf sich zu nehmen. Es sei ihm aus früheren gelegentlichen Gesprächen mit Herren der deutschen Botschaft bekannt, dass man schon in Friedenszeiten den Standpunkt vertreten habe, man könne den Palazzo den Italienern nicht gut vorenthalten, wenn sie ihn ernstlich verlangten und ein entsprechendes Gegenangebot machten. Ein solcher Schritt v. Planta's wäre unverbindlich und könnte die italienische Regierung in ihrer Haltung schwankend machen. Erfolgt er, ehe die zu erwartende stärkere Bewegung zu Gunsten der Beschlagnahme einsetzt – etwa anknüpfend an die Sonnino'sche Versicherung, daß er die Beschlagnahme nicht beabsichtige, so entfiele auch die sonst nahe liegende Annahme, dass wir erst unter italienischem Druck uns auf den erwähnten Standpunkt gestellt haben könnten.

Der Vorschlag geht natürlich von der Voraussetzung aus, daß uns tatsächlich an dem Palazzo Caffarelli nicht so sehr viel liegt. Ist diese Voraussetzung irrig und besteht von unserer Seite kein Wunsch, die Sache auf den Verhandlungsweg zu schieben, so hätte ich Dich also nur zu bitten, mir für Herrn v. Planta die Gesichtspunkte an die Hand zu geben, die er in einem Protest gegen die erfolgte Beschlagnahme der italienischen Regierung gegenüber zu entwickeln hätte.

Ich erwähne, dass die Möglichkeit, Herrn v. Planta die Instruktionen zur Sache unter der Hand zukommen zu lassen, besteht.

Dok. 32, PAA, Bd.I.Rep.It.Vol.68.adh; 19. September 1916
Staatssekretär Jagow an Dt. Gesandten Romberg in Bern
Lieber Romberg!
Deinen Brief vom 7. d. M. in der Angelegenheit des Palazzo Caffarelli habe ich erhalten und danke bestens für Deine Mitteilungen. Ich habe die Sache überlegt und bin zu der Ansicht gekommen, daß es unter den obwaltenden Umständen das zweckmäßigste sein wird, zu warten, ob die Italiener sich wirklich zu der Beschlagnahme entscheiden, und ihnen, falls sie es tun sollten, das Odium dieser Rechtsverletzung zu lassen. Herr v. Planta würde dann sofort zunächst von sich aus in seiner Eigenschaft als Vertreter unserer Interessen energisch zu protestieren und uns Mitteilung zu machen haben, damit darauf der formelle Protest für uns eingereicht wird.

Dok. 33, PAA, Bd.I.Rep.It.Vol.68.adh.10036; 28. März 1917
Dt. Gesandter Romberg in Bern an Reichskanzler Bethmann-Hollweg

Eurer Exzellenz beehre ich mich aus der Gazzetta Ufficiale vom 20. d.M. den Sitzungsbericht der Kammer über die Anfrage des Abgeordneten Federzoni betreffend den Palazzo Caffarelli vorzulegen.

Der Fragesteller erinnert an frühere Verhandlungen, durch welche die Stadt Rom den Palast habe erwerben wollen, und verlangt, daß auf dem Kapitol kein Fleck Erde bleiben solle, den die Deutschen als ihr Eigentum betrachten könnten.

Der Unterrichtsminister Ruffini, der dem Abgeordneten antwortete, erklärte sich zwar durch dessen Worte tief bewegt, fügte aber hinzu es handele sich da um eine verwickelte Frage, die im Einvernehmen mit verschiedenen anderen Ministern geregelt werden müsse. Damit gab sich der Fragesteller zufrieden. In der italienischen Presse ist die Angelegenheit nicht besonders hervorgetreten.

Dok. 34, PAA, Bd.I.Rep.It.Vol.68.adh; 7. April 1917
Schweiz. Politisches Departement in Bern an Dt. Gesandtschaft in Bern

Im Anschluss an seine Note vom 26.v.M. beehrt sich das Politische Departement der Kaiserlich Deutschen Gesandtschaft betreffend die drohende Einbeziehung des Palazzo Caffarelli in die Monumentalzone Roms in der Anlage einen Zeitungsausschnitt aus dem Messaggero vom 27.v.M. zu übersenden, wonach nunmehr auch eine Reihe von Gemeinderäten bei der Stadtverordnetenversammlung einen dahin gehenden Antrag eingebracht haben. Der betreffende Antrag lautet in Übersetzung: „Der römische Gemeinderat, überzeugt, dass es eine Pflicht des Neuen Italiens ist, den Kapitolshügel von den daselbst befindlichen privaten Gebäuden und von seiner Servitut zu befreien, fordert die Stadtverordnetenversammlung auf, sich bei der Regierung dafür zu verwenden, damit bei der unmittelbar bevorstehenden Verlängerung des Gesetzes über die römische Monumentalzone der Kapitolinische Hügel darin einbezogen und derselbe dem Schutze der Gemeinde Rom überlassen werde, wie Tradition und säkulare Rechte es wollen, dass die Monumente endlich dem heiligen Patrimonium des Ewigen Roms zurückgegeben werden."

Das Departement darf die Kaiserliche Gesandtschaft bitten, die Kaiserliche Regierung von Vorstehendem in Kenntnis setzen zu wollen.

Dok. 35, PAA, Bd.I.Rep.It.Vol.68.adh; 30. April 1917
Ausw. Amt in Berlin betr. den völkerrechtlichen Status des Pal. Caffarelli
Aufzeichnung

Exterritorialität im Rechtsinn kommt den zur völkerrechtlichen Vertretung dienenden Gebäuden der einen Macht im Gebiet der anderen nicht zu; wohl aber sind sie, soweit sie im Eigentum des vertretenden Staates stehen, der Landesgerichtsbarkeit entzogen. Sie unterliegen auch im Kriege nicht, wie anderes feindliches Staatseigentum, der Beschlagnahme, weder dem Eigentum noch dem Gebrauche nach. Eine analoge Anwendung des Artikels 55 der Haager Landkriegsordnung ist ausgeschlossen. Die Deutsche Regierung hat während des gegenwärtigen Krieges unbedingt an dem Grundsatz festgehalten, dass alles feindliche Staatseigentum, das zur diplomatischen oder konsularischen Vertretung der feindlichen Macht auf deutschem Gebiet während des Friedens bestimmt war, auch nach Ausbruch der Feindseligkeiten unantastbar bleibt: selbstverständlich müssen wir die Beobachtung des gleichen Grundsatzes auch von den Gegnern fordern.

Da der Palazzo Caffarelli in unzweifelhaftem Eigentumsbesitz des Deutschen Reiches steht, würde jede Verfügung über ihn, die ohne Zustimmung Deutschlands oder seiner Schutzmacht erfolgt, einen Bruch des Völkerrechts bedeuten. Dabei begründet es selbstverständlich keinen Unterschied, ob diese Verfügung in Form einer staatlichen Beschlagnahme oder einer Anordnung der römischen Stadtgemeinde erfolgt.

Dok. 36, PAA, Bd.I.Rep.It.Vol.68.adh; 3. Mai 1917
Telegramm des Dt. Geschäftsträgers in Bern an Ausw. Amt in Berlin

Vertrauensmann meldet zur Frage Palazzo Caffarelli: Einbeziehung des Palazzo Caffarelli in die *Zona monumentale* auf dem Wege der Expropriation ist Möglichkeit, mit der gerechnet werden muß. Entscheidung werde nicht derzeitlich fallen, wohl aber seinerzeit bei Friedensverhandlungen freundschaftliche Erwägungen Deutschland unterbreitet werden. Bericht folgt.

Dok. 37, PAA, Bd.I.Rep.It.Vol.68.adh; 4. Mai 1917
Stockhammer und Legationssekretär Berchem aus Luzern an Reichskanzler Bethmann-Hollweg, betr. die Einschätzung eines ital. Informanten über die Angelegenheit Caffarelli

Herr 99 hat in Beantwortung der ihm in Vollzug des hohen Auftrages vom 26. April [...] übermittelten Anfrage wegen des Palazzo Caffarelli einen kurzen Bericht erstattet, dem zu entnehmen ist, dass die italienische Regierung das Projekt der Einbeziehung des Palazzo in die *zona monumentale* zwar derzeit einer Prüfung unterzieht, dass sie die Frage jedoch noch nicht für spruchreif hält, wie dies auch aus den Aeusserungen des Unterrichtsministers Ruffini vom 5. April hervorgeht. Per Bericht 99 lässt sich nicht erkennen, ob unserm Gewährsmann die Einzelheiten des zwischen Deutschland und Italien in den 90er Jahren rücksichtlich Palazzo Caffarelli abgeschlossenen Vertrags bekannt sind. Es ist jedoch anzunehmen, dass er in der Frage informiert ist, da er in jenen Jahren zweimal als Unterstaatssekretär der Regierung angehört hat [...]. Was aus dem Bericht klar hervorgeht, ist, daß die derzeitige italienische Regierung vorerst, solange immer es möglich sein wird, aus politischen Gründen es zu vermeiden wünscht, die verschiedenen Rechtsfragen aufzurollen, die durch eine auf dem Weg der Zwangsenteignung sich vollziehende Einbeziehung des Palazzo Caffarelli in die *zona monumentale* zur öffentlichen Diskussion gestellt werden würden. In Betracht käme hierbei in erster Linie die Frage, ob eine derartige, während des Krieges erfolgende Zwangsenteignung des einer feindlichen Macht gehörigen Botschaftsgebäudes mit den Grundsätzen des Völkerrechts vereinbar ist, sowie, ob und inwieweit im gegebenen Fall die Bestimmungen des einschlägigen italienischen Zwangsenteignungsgesetzes gegenüber dem zwischen Deutschland und Italien abgeschlossenen Spezialvertrag anwendbar sind.

Herr 99 glaubt unterrichtet zu sein, dass die gegenwärtige italienische Regierung, sollte der weitere Gang des Krieges sie nicht in die Zwangslage einer Verschärfung der Verhältnisse Italiens zu Deutschland versetzen, es vorziehen würde, die Frage des Palazzo Caffarelli einer Erörterung nach dem Krieg vorzubehalten, von der sie annimmt, dass sie sich nicht so sehr auf dem Boden rechtlicher Auseinandersetzungen, als auf dem eines freundschaftlichen Meinungsaustausches bewegen würde. Er weist in seinen weiteren Ausführungen darauf hin, dass die Beschlagnahme des Palazzo Venezia weder nach der rechtlichen noch nach der politischen Seite hin auch nur andeutungsweise mit dem Problem in Zusammenhang gebracht werden könne, das hinsichtlich des Palazzo Caffarelli zu lösen sein werde. So sehr die ungezogene und taktlose Art zu verurteilen sei, in der der Abgeordnete Federzoni am 5. April seine und seiner politischen Freunde Anschauung dahin vertreten habe, dass der Palazzo Caffarelli in das Eigentum Italiens übergehen müsse, so dürfte man sich in Deutschland auf der anderen Seite auch nicht unklar darüber sein, daß nicht nur die nationalistischen, sondern auch die wissenschaftlichen und künstlerischen Kreise Italiens es mit aufrichtiger Genugtuung begrüßen würden, wenn der Gesamtkomplex des kapitolinischen Hügels, über dessen historische Bedeutung für Rom ein Wort zu verlieren überflüssig wäre, in die *zona monumentale* einbezogen und der nationalen Kunstpflege unterstellt werden könnte.

Wenn alle künstlerischen und gelehrten Körperschaften Italiens im Verein mit dem Parlament ihre Stimme für die Erschließung der kapitolinischen Denkmäler erhöben, so seien hierfür in erster Linie historische Empfindungen massgebend, deren Berechtigung man nicht *a priori* verkennen dürfte. Wie Herr 99 zum Schluss bemerkt, wird er die Angelegenheit im Auge behalten und, sobald eine neue Wendung zu verzeichnen sein sollte, darüber bereichten. Vom Grossorient Rom sei der Architekt Bazzano, 33…, mit der Angelegenheit betraut.

(gez.) von Stockhammer.
(gez.) von Berchem.

Dok. 38, PAA, Bd.I.Rep.It.Vol.68.adh; 5. Juni 1917
Schweiz. Politische Departement in Bern an Dt. Gesandtschaft in Bern, betr. die Bemühungen des röm. Gemeinderates, die Enteignung des Pal. Caffarelli zu erwirken

Im Anschluss an seine Note vom 12. April d. J. beehrt sich das Politische Departement der Kaiserlich Deutschen Gesandtschaft betreffend den im *Consiglio Comunale* der Stadt Rom eingebrachten Antrag über die Einbeziehung des Monte Campidoglio in die *Zona monumentale di Roma* zur Kenntnis zu bringen, dass diese Motion nun in der Sitzung vom 1. Juni des Gemeinderates zugleich mit einer nachträglich eingebrachten Motion der Herren Palomba und Cons. behandelt worden ist, welche das gleiche Verlangen in anderer und schärferer Form aufstellt. Diese zweite Motion gelangte einmütig zur Annahme, nachdem der *sindaco* sich zu Gunsten derselben ausgesprochen hatte.

In der Anlage befinden sich beigeschlossen:
Ein Ausschnitt aus der Nummer vom 2. d.M. des *Popolo Romano*, in welchem der Wortlaut der beiden Motionen und die Erklärung des *sindaco* wiedergegeben sind.

Ferner ein Ausschnitt aus der Nummer vom 2. d.M. des *Messaggero*, in welchem die Diskussion in der Hauptsache wiedergegeben ist.

Die angenommene Tagesordnung ist entschieden weitergehender als die ursprünglich eingebrachte, was sich wohl aus dem Umstande erklärt, dass die Bewegung zu Gunsten einer förmlichen Annexion des Palazzo Caffarelli seit dem Monat März an Bedeutung gewonnen hat.

Der schweizerische Gesandte wird sich bemühen, bei nächstem Anlass von Herrn Sonnino zu erfahren, wie er sich zu diesen Tendenzen stellt, er glaubt aber, jetzt schon darauf hinweisen zu sollen, dass die Regierung den Aeusserungen der Presse und den Kundgebungen der verschiedenen politischen und wissenschaftlichen Vereine, mehrerer städtischer Verwaltungen ganz freien Lauf gelassen hat.

Dieser Vorgang erinnert sehr an die Ereignisse, welche der Konfiscation des Palazzo Venezia vorausgegangen sind; es scheint deshalb mehr als wahrscheinlich, dass die Regierung mit dieser Bewegung einverstanden ist.

Der *sindaco* von Rom, Principe Colonna, ist ein sehr vorsichtiger Mann, der sich kaum hätte so weit gehen lassen, wenn er nicht sicher gewesen wäre, dass die Regierung zustimmen werde. Das Departement darf die Kaiserliche Gesandtschaft bitten, die Kaiserliche Regierung von Vorstehendem gefälligst in Kenntnis setzen zu wollen.

Dok. 39, PAA, Bd.I.Rep.It.Vol.68.adh; 5. Juni 1917
Dt. Gesandtschaft in Bern an das Schweiz. Politische Departement betr. das Vorgehen in Sachen Caffarelli
(Abschrift)

Die Kaiserlich Deutsche Gesandtschaft beehrt sich, dem Schweizerischen Politischen Departement ganz ergebenst mitzuteilen, daß sie nicht verfehlt hatte, die geschätzten Noten vom 26. März, 7. und 12. April d.J. – D. 3013b – betreffend die etwaige Einbeziehung des Palazzo Caffarelli in die Denkmalzone Roms zur Kenntnis der Kaiserlich Deutschen Regierung zu bringen. [*es folgt der Wortlaut von Dok. 35*]

Nach dem was bisher bekannt geworden ist, beabsichtigt die Königlich Italienische Regierung anscheinend nicht, während des Krieges eine Entscheidung zu treffen, und es fragt sich daher, ob es sachlich vorteilhaft sein würde, die Angelegenheit schon im gegenwärtigen Stadium bei dem Italienischen Ministerium des Aeussern zur Sprache zu bringen. Indessen wird die Entschließung hierüber und gegebenenfalls in welcher Form dies zu geschehen hätte, ganz dem Ermessen des Schweizerischen Gesandten Herrn von Planta überlassen, dem die Kaiserlich Deutsche Regierung für sein Interesse an der Sache außerordentlich dankbar ist. Für den Fall aber, daß von italienischer Seite Maßnahmen gegen den Palazzo Caffarelli tatsächlich doch bevorstehen sollten, wird Herr von Planta gebeten, im geeignet erscheinenden Zeitpunkt unter Verwertung der oben dargelegten Gesichtspunkte nachdrücklich des Deutschen Reiches Verwahrung einzulegen.

Die Kaiserlich Deutsche Gesandtschaft wäre dem Schweizerischen Politischen Departement zu Dank verpflichtet, wenn es den Schweizerischen Herrn Gesandten in Rom sehr gefälligst entsprechend verständigen und sie über den Fortgang der Angelegenheit unterrichtet halten wollte.

Dok. 40, PAA, Bd.I.Rep.It.Vol.68.adh. J.2567; 29. April 1918
Dt. Gesandter Romberg in Bern an Reichskanzler Bethmann-Hollweg

Die am 21. d.M., dem Geburtstage Roms, in mehreren großen Städten Italiens veranstalteten Feierlichkeiten haben zu erneuten Kundgebungen gegen den Palazzo Caffarelli als Sitz der Deutschen Botschaft Veranlassung gegeben. […] Ich glaube, daß die italienische Regierung dem Drängen der Scharfmacher nicht mehr länger standbieten und den Zwangserwerb des Palazzo bald verfügen wird.

Dok. 41, PAA, Bd.I.Rep.It.Vol.68.adh; 8. Juli 1918
Generaldirektor der Staatsarchive und ehem. Direktor des Dt. Historischen Instituts in Rom Paul Kehr an Kultusminister in Berlin, betr. die Publikation Amato Bacchinis
Die Schrift des Herrn Amato Bacchini ist eine selbst für chauvinistische römische Volksarchäologen ungewöhnlich niedrige Leistung, die nur darauf hinausgeht, unter den albernsten Verdächtigungen den moralischen Anspruch des römischen Volkes auf die *Rupe Tarpeja*, d.h. auf den von der Deutschen Botschaft und dessen Anhängseln, besonders von dem Kaiserlichen Archäologischen Institut, eingenommenen Teil des Kapitolinischen Hügels, mit zweifelhaften historischen und rechtlichen Ausführungen zu erweisen. Ihm gilt von vornherein das Recht des römischen Volkes auf den „Heiligen Hügel" für unverletzlich, der deutsche Besitz als Usurpation und erschlichen. Gegen das Archäologische Institut hat er einen besonderen Haß; er erlaubt sich S. 38 die Verdächtigung, daß der Ankauf und die Besiedelung des Kapitols durch die Deutschen den Zweck gehabt habe, sich der darunter in den Grotten des Berges befindlichen archäologischen Schätze zu bemächtigen und als *valigia diplomatica* d.h. mit dem Botschaftskurier nach Berlin zu schicken. Er zetert S. 59 f. über die Teutonisierung des alten Palastes, der so zu einer Sukkursale des Königlichen Schlosses in Berlin herabgewürdigt sei, und über die „plumpe" deutsche Kunst des Professor Prell. Auch Friedrich Noack, dem Verfasser des bekannten Buches über die Deutschen in Rom, wird S. 61 nachgesagt – er wird dort Professor Hermann Noack genannt - er habe Rom in eine deutsche Kolonie umwandeln wollen. Dann folgen die gewohnten Angriffe auf die deutschen Archäologen, „die bebrillten Perücken des Instituts", die das alte *Instituto di corrispondenza internazionale archeologica* widerrechtlich erst in ein preußisches, dann in ein deutsches Reichsinstitut umgewandelt und so das heilige Kapitol zu einem *feudum* der deutschen Barbaren gemacht hätten. Er behauptet S. 68, daß der Kaufakt von 1854 nicht gültig sei, weil das vorausgesetzte souveräne Placet des Papstes nicht existiere. Wes Geist die Schrift ist, lehrt am besten der Schluß, wo er (S. 69) die Inschrift am Kaiserlichen Throne im Prunksaale des Palazzo Caffarelli „Vom Fels zum Meer" auf ein großes politisches Programm deutet, nämlich der deutschen Herrschaft „Vom (Tarpejischen) Fels bis zum Meere". Eine ähnliche Interpretation findet die Schenkung der Statue Goethes für die Villa Borghese.

Über die Geschichte des Palazzo Caffarelli würde wohl Professor Christian Huelsen die beste Auskunft geben können.

Dok. 42, PAA, Bd.I.Rep.It.Vol.68.adh; 30. November 1918
Generalsekretär des Kaiserl. Archäologischen Instituts Dragendorff an Ausw. Amt in Berlin,
betr. die eventuelle Evakuierung der röm. Institutsbibliothek
Bei dem starken Druck, der von der Oeffentlichkeit in Italien auf die dortige Regierung ausgeübt wird, den Palazzo Caffarelli zu konfiszieren oder zu enteignen, erscheint es nicht ausgeschlossen, daß dieser Punkt schon bei einem Präliminarfrieden berührt wird. Dadurch würde auch das auf dem Terrain der deutschen Botschaft gelegene deutsche Archäologische Reichsinstitut betroffen werden.

Die Zentraldirektion möchte daher nicht versäumen, ausdrücklich darauf hinzuweisen, daß [sie] eine[r] Räumung der Institutsgebäude nur nach genügender Vorbereitung und nur unter fachkundiger Leitung zustimmen könnte.

Das Institut enthält neben einem großen, im Verlauf von 90 Jahren angesammelten wissenschaftlichen Apparat, vor allem die Bibliothek, wohl die umfassenste archäologische Fachbibliothek, die es gibt, u. die allein einen Millionenwert repräsentiert. Sie darf nur unter Beachtung aller Vorsichtsmaßregeln von geschultem Personal und erst dann übergeführt werden, wenn ausreichende, wirklich geeignete, womöglich schon endgültige neue Unterkunftsräume dafür in Rom beschafft sind.

Die Zentraldirektion bittet daher gegebenen Falles dahin wirken zu wollen, daß für die Räumung des Institutsgebäudes eine genügend lange Zeit nicht unter ein bis zwei Jahren zugestanden und dem Leiter unserer römischen Zweiganstalt die Möglichkeit verschafft wird, sich baldigst nach Rom zu begeben und die Uebersiedelung persönlich in die Wege zu leiten.

Die Zentraldirektion glaubt umsomehr darauf Gewicht legen zu dürfen, als die Bibliothek des Deutschen Archäologischen Instituts die einzige ausreichende Fachbibliothek in Italien ist, auf deren Benutzung die italienischen Archäologen seit jeher angewiesen sind. Das gibt dem deutschen Institut in Italien eine feste Position, die es gerade im Interesse der allmählichen Wiederanbahnung von Beziehungen zu den Italienern und anderen jetzt feindlichen Nationen ausnutzen kann.

Dok. 43, PAA, Bd.I.Rep.It.Vol.68.adh; 30. November 1918
Telegramm des Dt. Gesandten Romberg in Bern an Ausw. Amt in Berlin
Im Anschluß an Bericht 27. November 9614.
Enteignung Palazzo Caffarelli durch Italienische Regierung soll unmittelbar bevorstehen. Dekret noch nicht erlassen. Erbitte Drahtanweisung, ob Schweizer Gesandtschaft Protest in sinngemäßer Ausführung Erlasses vom 29. Mai I 15858 einlegen soll. Bericht folgt. Romberg

Dok. 44, PAA, Bd.I.Rep.It.Vol.68.adh; 5. Dezember 1918
Telegramm des Dt. Gesandten Romberg in Bern an Ausw. Amt in Berlin
Drahtanweisung No. 1965 ausgeführt. Soeben mitteilt hiesige Regierung, daß die deutschen Grundstücke auf dem Capitol durch Dekret vom 30. November enteignet. Entschädigung Lire 2.700.000, Rekursfrist 2 Wochen. Bericht folgt.

Dok. 45, PAA, Bd.I.Rep.It.Vol.68.adh; 6. Dezember 1918
Telegramm an Ausw. Amt in Berlin
Wie die deutsche Gesandtschaft in Bern amtlich mitteilt, ist das dem deutschen Reiche gehörende Botschaftsgebäude in Rom, der Palazzo Caffarelli durch Decret der italienischen Regierung vom 30. November enteignet worden. Die Schweizerische Regierung ist von der Deutschen Gesandtschaft in Bern im Auftrage der Reichsregierung gebeten worden, durch ihre Gesandtschaft in Rom gegen diese völkerrechtswidrige Massnahme der italienischen Regierung sofort nachdrücklichst Protest zu erheben.

Dok. 46, PAA, Bd.I.Rep.It.Vol.68.adh; 7. Dezember 1918
Funkspruch von Schmidt-Elskop (Philadelphia) an Ausw. Amt
Funkspruch Tuckerton vom 5. 12. meldet:
Der Public Ledger aus Philadelphia bemerkt in seinem Leitartikel, dass nur wenige Ereignisse, welche mit dem Besuch des Präsidenten Wilson in Europa in Verbindung stehen, einen größeren Triumph für ihn darstellen werden, als der Empfang auf

dem Kapitol in Rom. Das Blatt bemerkt, dass der Präsident der Niederlegung des Palastes Caffarelli, der deutschen Botschaft in Rom, in welchem der Kaiser auf dem Throne sass, beiwohnen wird. Dieses berühmte Gebäude hat unter der Herrschaft der Deutschen in Italien seit Jahren eine entscheidende Rolle gespielt. Nach dem italienischen Siege wird dieses sehr berühmte Heiligtum der römischen Geschichte vollständig und für immer dem deutschen Einfluß entzogen werden. Der Leitartikel schließt: „Der Präsident Wilson wird zum Zeichen der Erlösung Italiens den ersten Stein unterstützen. Er wird dadurch den Sturz des alldeutschen Gedankens symbolisch veranschaulichen und die Herren der ganzen italienischen Welt entzücken."

Dok. 47, PAA, Bd.II.Rep.It.Vol.68.adh; 12. Januar 1919
Telegramm des Dt. Geschäftsträgers Monteglas in Bern an Ausw. Amt in Berlin
Dringend.
Beginn Räumungsfrist neunter Januar. Schweizer Gesandtschaft mitteilt, Villa Bonaparte in altem Zustand, nur Kanzleiräume angefüllt mit Sachen [des] historischen Institutes. Vorschlägt Unterbringung von Kanzlei Toepke & Lehmann im zweiten Stockwerk der Villa Bonaparte von übrigen Palastinventar Gotthardt & Neuwirth in Villa Coellimontana [sic]. Monteglas

Dok. 48, PAA, Bd.II.Rep.It.Vol.68.adh; 14. Januar 1919
Dt. Geschäftsträger Monteglas in Bern an Ausw. Amt in Berlin
Das Schweizerische Politische Departement hat telegraphisch mitgeteilt, es habe von seiner Gesandtschaft in Wien die Drahtnachricht erhalten, daß Herr Baron von Hoffmann mit der Benutzung der Villa Coelimontana zur Unterbringung der Sachen aus dem Palazzo Caffarelli einverstanden sei. […]

Dok. 49, PAA, Bd.II.Rep.It.Vol.68.adh; 15. Januar 1919
Telegramm des Dt. Geschäftsträgers Monteglas in Bern an Ausw. Amt in Berlin
Italienische Regierung hat Schweizer Gesandtschaft in Rom mündlich mitgeteilt, sie wolle nach Wiederaufnahme der diplomatischen Beziehungen mit Deutschland zum Erwerb eines geeigneten Botschaftsgebäudes behilflich sein.

Dok. 50, PAA, Bd.II.Rep.It.Vol.68.adh; 16. Januar 1919
Dt. Geschäftsträger Monteglas in Bern an Ausw. Amt in Berlin, betr. die Unterbringung des provisorischen Botschaftspersonals sowie die Villa Wolkonsky als neuen Sitz der Botschaft
Der Preussische Gesandte beim Päpstlichen Stuhle, Exzellenz von Mühlberg, hat gebeten, durch Vermittlung des Schweizerischen Politischen Departements der Schweizerischen Gesandtschaft in Rom mitzuteilen, dass er es ablehne, dass […] Personal des Palazzo Caffarelli in der Villa Bonaparte einlogiert werde. […] Excellenz von Mühlberg scheint der Ansicht zu sein, daß durch die Unterbringung der Sachen des Preußischen Historischen Instituts die Villa Bonaparte völlig verstellt sei. […]

Es würde aber auch noch der Umstand für eine Unterbringung der Herren Toepke und Lehmann in der Villa Bonaparte sprechen, dass es zur Zeit sehr schwierig, wenn nicht unmöglich sein dürfte, den deutschen Beamten Privatwohnungen zu beschaffen, die ihnen inmitten einer feindlich gesinnten Nachbarschaft persönliche Sicherheit und Schutz vor Belästigung gewähren wür-

den. […] Ich darf im Anschluss hierein noch einige Anregungen des Herrn Legationssekretärs Dr. Toepke wiedergeben […]. Herr Toepke bespricht die Erwerbung eines neuen Botschaftsgebäudes in Rom. […] „Ich habe mir gerade gestern eine Besitzung angesehen, die sich für unsere Zwecke recht gut eignen würde. Es ist die Villa Wolkonsky, die den Herren, die früher in Rom waren, jedenfalls bekannt ist. Ein Grundstück bei San Giovanni in Laterano, 40.000 Quadratmeter gross, erhöht liegend, mit einer schönen hochherrschaftlichen Villa sowie 4 kleineren Gebäuden, in denen für Kanzlei, Beamtenwohnungen, Konsulat u.s.w. reichlich Platz wäre. Der geforderte Preis, über den sich jedenfalls noch reden lassen würde, beträgt 3.250.000 Lire. Mit dem prachtvollen Park und den darin befindlichen römischen Ruinen zweifellos eine der schönsten alten Besitzungen in Rom. Wenn man sie eventuell im Austausch erlangen könnte, so würden wir eine Besitzung erhalten, die allen Ansprüchen genügen würde. Zur Not könnte man auch das Krankenhaus, das Archäologische Institut und anderes dort unterbringen.

Der Preis erscheint mir sehr billig. Wenn die Eigentümerin, Marchesa Campanari, sich entschließen könnte, den Familienbesitz einer Terraingesellschaft zu überlassen, würde sie jedenfalls mehr erhalten können."

[…] Es würde sich vielleicht erreichen lassen, dass die Italienische Regierung dem Gedanken eines Austausches des Palazzo Caffarelli gegen ein anderes geeignetes Grundstück nähertritt, zumal, wie das Schweizerischen Politische Departement mündlich berichtet, daß [die italienische Regierung] der Schweizerischen Gesandtschaft in Rom mündlich mitgeteilt habe, sie wolle zum Erwerb eines geeigneten Botschaftsgebäudes behilflich sein, sobald die diplomatischen Beziehungen wieder hergestellt seien.

[*handschriftlicher Zusatz*:] v. Jagow: Die Villa W. scheint sich mir *prima vista* gar nicht zu eignen. Sie liegt in einem ganz ausgefallenen Stadtteil. Alles ist dort zu weit. [Villa] Strohl wäre *meo voto* viel besser. Der Hauptreiz der Villa W. liegt in dem Ruinengemäuer und dem schönen Rasen. Das Haus ist nicht sehr groß […].

Dok. 51, PAA, Bd.II.Rep.It.Vol.68.adh. D.3013b;
21. Januar 1919
Schweiz. Politische Departement an Dt. Gesandtschaft in Bern
[…] Im Anschluß an seine Note […] beehrt sich das Politische Departement der Deutschen Gesandtschaft mitzuteilen, daß die Schweizerische Gesandtschaft in Rom die Räumung des genannten Palastes der Speditionsfirma C. Stein […] übertragen hat. Nachdem das Hauspersonal des Palazzo Caffarelli schon früher Vorbereitungen getroffen hatte, konnte die Speditionsfirma am 11. d.M. ihre Tätigkeit in vollem Umfange beginnen. […] Die Archive der Deutschen Botschaft und die Archive der im Anfang des Krieges nach Rom gebrachten Deutschen Konsulate von Bologna, Rom und Ancona sind schon zum größten Teil in den Kellerräumen des Palazzo [Villa] Bonaparte […] untergebracht. Ein großer Teil der übrigen dem Deutschen Reiche gehörenden Gegenstände hat bereits in der Villa Celimontana Aufnahme gefunden. […] Mit der Abnahme der Prell'schen Wandgemälde in Thronsaal des Palazzo Caffarelli ist begonnen worden. Von den Gemälden ist das größte bereits abgenommen worden. Es ist zu hoffen, daß die übrigen 5 Bilder im Laufe der nächsten 2 Wochen ebenfalls geborgen werden können. […] Da nach Note des Ministeriums vom 8. d.M. der gesamte Palast geräumt werden

soll, so müssen auch die Wohnungseinrichtungen des früheren Deutschen Botschafters Herrn von Flottow und seiner Gemahlin, sowie der übrigen Herren (Legationssekretär Graf Berchem, Legationssekretär Graf Arco und Prinz Reuss XXXIX) rechtzeitig wegtransportiert werden.

Dok. 52, PAA, Bd.II.Rep.It.Vol.68.adh; 22. Januar 1919
Telegramm des Dt. Geschäftsträgers Monteglas in Bern an Ausw. Amt in Berlin
Besitzergreifung deutschen Eigentums auf Kapitol auf 8. Februar verschoben. Italienische Regierung bestreitet ausschließliches deutsches Eigentum an Büchern und Sammlungen Archäologischen Instituts, fordert Unterbringung in von ihr bezeichnetem Gebäude unter Schweizer Siegel und italienischem Schutz bis Entscheidung über Eigentumsansprüche getroffen. Schweizerische Gesandtschaft Rom fragt ob erwünscht, daß Professor Delbrück Umzug leite und ob sie Erlaubnis erwirken soll. Bitte Drahtanweisung.

Dok. 53, PAA, Bd.II.Rep.It.Vol.68.adh; 23. Januar 1919
Schweiz. Politisches Departement an Dt. Gesandtschaft in Bern
[...] Die Schweizerische Gesandtschaft in Rom ist am 10. d.M. bei der italienischen Regierung in Rom vorstellig geworden und teilte mit, daß die vollständige Räumung des Palazzo Caffarelli bis zum genannten Termin [8. Februar] nicht möglich sei. Herr Comm. Contarini antwortete hierauf, daß trotz der Besitzergreifung der Umzug auch nach dem 8. Februar fortgesetzt werden könne.
Was das Archäologische Institut anbelangt, über dessen Sammlungen und Bibliothek die italienische Regierung Eigentumsansprüche geltend macht, hat Herr Contarini die Mitteilungen, welche das Departement der Deutschen Gesandtschaft mit seiner Note vom 21. Januar – D.3013b – zukommen ließ, bestätigt. Er begründete die Eigentumsansprüche der italienischen Regierung damit, dass dieses Institut ursprünglich internationalen Charakter trug und ihm die nötigen Mittel aus Subventionen verschiedener Regierungen zuflossen. Später habe Deutschland, das offenbar die größten Mittel zur Verfügung stellte, die Bibliothek und die Sammlungen zu Alleineigentum beansprucht.

Dok. 54, PAA, Bd.II.Rep.It.Vol.68.adh; 12. Februar 1919
Schweiz. Politisches Departement an Dt. Gesandtschaft in Bern
Mit Beziehung auf die mündliche Mitteilung vom 8. d.M. beehrt sich das Schweizerische Politische Departement der Deutschen Gesandtschaft [...] zur Kenntnis zu bringen, daß die Besitzergreifung des Palazzo Caffarelli durch die italienische Regierung am 8. Februar d.J. 11 Uhr Morgens stattgefunden hat.
[...] Der Akt der Besitzergreifung war nicht öffentlich und die Italienische Flagge ist auf dem Palazzo nicht gehißt worden. Die Blätter enthielten keine Kommentare zur Übergabe.

Dok. 55, PAA, Bd.II.Rep.It.Vol.68.adh; 15. Februar 1919
Schweiz. Politisches Departement an Dt. Gesandtschaft in Bern über Besitzergreifung des Pal. Caffarelli durch ital. Behörden
Eilt! Im Anschluß an seine Note D. 3013 vom 8. d.M. beehrt sich das Politische Departement der Deutschen Gesandtschaft bezüglich der Übergabe des Palazzo Caffarelli an die Italienische Regierung mitzuteilen, dass die Besitzergreifung am 8. Februar 1919 11 Uhr morgens ohne Feierlichkeiten stattgefunden hat.
Zugegen waren der Unterstaatssekretär im Ministerium des Unterrichtswesens, Vertreter des Ministeriums des Äußeren und der Stadtbehörden von Rom. Ein Notar las die Expropriationsurkunde vor, welche hierauf von einem Vertreter der Italienischen Regierung und von Herrn Boschi-Hüber unterzeichnet wurde. Letzterer veranlasste über seiner Unterschrift die Aufnahme folgender Erklärung:
„Unter Vorbehalt aller gesetzlichen Mittel, sowohl bezüglich des gegen die Expropriation und gegen die Höhe der Entschädigungssumme für die Enteignung anhängigen Rekurses, als auch unter Vorbehalt jeglichen Rechtsmittels eventuell später geltend zu machender Anfechtung."
Die italienische Fahne ist auf dem Palazzo Caffarelli nicht gehisst worden und der Auszug des Mobiliars konnte ungehindert fortgesetzt werden. Er wird in den nächsten Tagen beendet sein. Das Personal wird in der Villa Bonaparte und in der Villa Celimontana untergebracht. [...]

Dok. 56, PAA, Bd.II.Rep.It.Vol.68.adh. J. 2294; 6. März 1919
Dt. Geschäftsträger in Bern Monteglas an Ausw. Amt in Berlin über Evakuierung des Archäologischen Instituts
Herr Legationssekretär a.i. Dr. Toepke in Rom hat in einem Privatbrief berichtet:
„Der Umzug des Archäologischen Instituts (ohne die Bücher) gestaltet sich immer skandalöser. Neben jedem Packer steht ein Carabiniere, der scharf aufpasst, was eingepackt wird, und gegebenenfalls durch dumme Fragen den Betrieb stört. Hinter jedem Wagen gehen Geheimschutzleute her, die aufpassen, wohin die Sachen gebracht werden.
Wenn es noch lange dauert, bis in die Villa Bonaparte wieder ein Gesandter oder Geschäftsträger einzieht, wird man uns wohl auch hier belästigen. Vielleicht holt man dann eines Tages, wie in Wien, mit Gewalt einzelne Sachen heraus, die von Italien unter Gott weiss welchen Begründungen herausverlangt werden. Es hat übrigens in der Presse bereits Artikel gegeben, worin darauf hingewiesen wird, daß die Preußen auf einem Grundstück sitzen, in dem sich die berühmte Bresche in der Stadtmauer befinde, und dass dort auch der Thron des Kaisers untergebracht ist."
Es handelt sich um die östlich der Porta Pia gelegene Bresche in der Stadtmauer, durch die am 20. September die italienischen Truppen in die Stadt einzogen.

Dok. 57, PAA, Bd.II.Rep.It.Vol.68.adh. J.2294; 6. März 1919
Dt. Geschäftsträger in Bern Monteglas an Ausw. Amt in Berlin
Dem Auswärtigen Amte überreiche ich eine „Moderne Schatzgräber" überschriebene Mitteilung der *Neuen Züricher Zeitung* vom 6. d.M., nach der ein italienischer Altertumsforscher Rodolfo Lanciani von einem Gold- und Silberschatze auf dem ehemals deutschen Gebiete des Kapitols wissen will.
„E.Th. Bekanntlich wurde der römische Palazzo Caffarelli, der frühere Sitz der deutschen Botschaft beim Quirinal, unter Berufung auf öffentliche Notwendigkeit enteignet und dieser Tage von der italienischen Regierung in Besitz genommen. Der Palast wird niedergelegt werden, um den kapitolinischen Hügel, auf dem er sich erhebt, zu regulieren. Aber es scheint, daß auch noch ein anderer Beweggrund bei dieser zwangsweisen Besitzveränderung mitspielt: die Hoffnung, unter den Grundmauern

des Palazzo Caffarelli einen wertvollen Gold- und Silberschatz zu finden, der natürlich für die notleidenden Finanzen des italienischen Staates eine willkommene Überraschung wäre. *La Tribuna* veröffentlicht die Äußerungen des Altertumsforschers Rodolfo Lanciani über diesen interessanten Gegenstand. Im Garten des Palastes seien schon 1865 die Reste der Plattform des Jupitertempels aufgefunden worden. 1872 habe der deutsche Professor Christian Hülsen eine Wand der Junokapelle aufgedeckt, dies aber geheim gehalten. Doch werde sich die betreffende Stelle, da eine Abschrift des Planes vorhanden sei, leicht auffinden lassen, und dann müsse auch der aus Gold- und Silberbarren bestehende Schatz ans Tageslicht kommen, der sich in jenem Grundschachte befinden soll, wo der erste Stein der flavischen Neuverbauung gelegt worden sei. Tacitus gebe in einem Bruchstücke, das vor verhältnismäßig kurzer Zeit in Monte Cassino entdeckt worden sei, hiervon Kunde. […]"

Dok. 58, PAA, Bd.II.Rep.It.Vol.68.adh; 21. Juli 1919
Ausw. Amt in Berlin an Dt. Gesandtschaft in Bern
In der Morgenausgabe des *Berliner Tagblattes* vom 19. d.M. ist folgende Notiz erschienen:

„Lugano, 18. Juli (Privattelegramm). Im Auftrage der deutschen Regierung soll der Palazzo Torlonia als neuer Sitz der deutschen Botschaft in Rom an Stelle des von Italien beschlagnahmten Palazzo Caffarelli angekauft werden."

Hier ist nichts darüber bekannt, was dieser Nachricht zu Grunde liegen könnte. Es wäre von Interesse, wenn von dort versucht würde, eine Aufklärung zu erhalten. Vielleicht besteht ein Zusammenhang mit dem uns z.Zt. unter der Hand mitgeteilten Plan der italienischen Regierung, uns ihrerseits zu einem Ersatz für den Palazzo Caffarelli zu verhelfen.

Dok. 59, PAA, Bd.II.Rep.It.Vol.68.adh. 23279; 24. Juli 1919
Legationssekretär Toepke in Rom an Ausw. Amt in Berlin
Die Öffentlichkeit beschäftigt sich hier seit einiger Zeit mit der Frage, wo künftig der Sitz der deutschen Botschaft in Rom sein werde. Nachdem vor einigen Tagen durch die Presse die Notiz gegangen war, der Palazzo Torlonia in Via Bocca di Leone sei vom Deutschen Reich als Botschaftsgebäude erworben worden, – übrigens ein Palast, der sehr wohl in Betracht gezogen werden könnte –, veröffentlicht heute das sozialistische *Giornale del Popolo* die Meldung, Fürst Bülow habe seine Rosenvilla (Villa Malta) zu dem Zwecke zur Verfügung gestellt. Gleichzeitig höre ich, daß sich hier ein Konsortium gebildet hat, das für das Reich den Ankauf der Villa Wolkonsky vermitteln will, wobei die Betreffenden behaupten, in meinem Auftrag zu handeln. Diese Behauptung ist durchaus unwahr. […] Der Palazzo Caffarelli wird übrigens z.Zt. niedergerissen.

Dok. 60, PAA, Bd.II.Rep.It.Vol.68.adh; 25. Juli 1919
Anfrage (Nr. 244) des Abgeordneten Mittelmann an die Verfassunggebende Nationalversammlung in Weimar
Nach Eintritt Italiens in den Krieg wurde der Palazzo Caffarelli, das Heim der deutschen Botschaft in Rom, von der italienischen Regierung beschlagnahmt. Blättermeldungen zufolge hat nun die deutsche Regierung, anstatt nach erfolgtem Friedensschluß die selbstverständliche Rückgabe des deutschen Besitzes zu verlangen, ein neues Haus für die Botschaft in Rom aufgekauft und zwar mit der ausdrücklichen Begründung, weil der Palazzo Caffarelli beschlagnahmt sei.

Ist die Reichsregierung bereit, über diese Angelegenheit Auskunft zu geben, und ist sie weiter bereit, für den Fall, daß die Blättermeldungen zutreffend sind, den Ankauf des neuen Gebäudes rückgängig zu machen und von Italien die Herausgabe des Palazzo Caffarelli zu verlangen?

Dok. 61, PAA, Bd.II.Rep.It.Vol.68.adh. 23577; 4. August 1919
Felix Heinemann, Hotel Europe, Luzern, an den Geh. Rat Schüler, Ausw. Amt Berlin
Unter Bezugnahme auf unsere, durch Freiherrn von Hühnefeld vermittelte Bekanntschaft, gestatte ich mir, Ihnen mitzuteilen, daß ich in Rom ein auf den Namen meiner Frau, als der Marchesa Raffaella Paulucci, stehendes Grundstück zu verkaufen habe. Es handelt sich um eine große, direkt an der Villa Borghese gelegene Villa […].

Das Grundstück liegt an der Ecke Via Mercadante (21) und Via Pórpora. […] Ich gebe diese ausführliche Beschreibung weil ich höre, daß Deutschland für ein Gesandtschaftsgebäude in Rom Umschau hält, und daß man von dem Erwerb des alten Palazzo Torlonia in der Via del Leone Abstand nehme. […] Verkaufspreis wäre 950.000 Lire, zahlbar an meine Frau im Gegenwert von Schweizer Franken in der Schweiz. […] Schwierigkeiten, die seitens der italienischen Regierung gemacht werden könnten, dürfte ich zu beseitigen in der Lage sein, da ich sowohl Italien wie Deutschland wirtschaftliche Vorteile von ungewöhnlicher Bedeutung zuzuwenden vermöchte, der gegenüber ein entsprechendes Entgegenkommen der betreffenden Regierungen nur einen Teil der verdienten Gegenleistung bedeuten würde.

Dok. 62, PAA, Bd.II.Rep.It.Vol.68.adh, 23959; 9. August 1919
Carl Krüger, Stuttgart, an Ausw. Amt in Berlin
Da mir bekannt ist, daß in Rom z.Z. Verhandlungen geführt werden zwecks Erwerbs eines neuen Amtssitzes für die Deutsche Gesandtschaft, erlaube ich mir, auf Wunsch eines meiner römischen Freunde, Ew. Exzellenz Folgendes ergebenst mitzuteilen:

Der Vorerwähnte beabsichtigt, seine im Quartiere Villa Patrizi […] gelegene Villa zu verkaufen. […] Der verlangte Preis beträgt 420.000 Lire […].

Dok. 63, PAA, Bd.II.Rep.It.Vol.68.adh. 26790; 4. September 1919
Der Dt. Gesandte in Bern Adolf Müller an Ausw. Amt in Berlin (Telegramm)
Marquis Farinola, der vorübergehend hier war, läßt mir sagen, daß manche Versuche zur Erwerbung eines deutschen Botschaftsgebäudes in Rom schieberischen Charakter anzunehmen scheinen, er macht darauf aufmerksam, daß der Palazzo Barberini ein geeignetes Objekt und billig zu haben sei.

Dok. 64, PAA, Bd.II.Rep.It.Vol.68.adh, I.33902; 29. Oktober 1919
Nicola Titi, Rom, an den Geheim. Rat Kuhlmann, Ausw. Amt, Berlin
[…] Da Ihre Excellenz den Wunsch ausgedrückt haben zu wissen wem Sie sich bei Ihrem nächsten Besuch in Rom direkt wenden könnten, stelle ich mich zu Ihrer Verfügung für alles was Sie brau-

chen könnten. Gegenwärtig wäre zum Verkauf bereit ein altgeschlichtliches Palast, in einer Centrallage, zwischen vier Strassen eine von großem Verkehr. Die Oberfläche des Gebäudes ist 3724 mq, mit solider, denkmaliger Konstruktion und mit äußerlicher Dekorierung vom Jahr 700. [...] Der Preis ist ungefähr fünf bis sechs Millionen ital. Lire. Das Gebäude ist Ihrer Gesandtschaft würdig, mit jeder Bequemlichkeit und Herrschaftlichkeit [alles sic].

Dok. 65, PAA, Bd.II.Rep.It.Vol.68.adh, I.35253; 17. November 1919
Geheim. Rat Kuhlmann an Dt. Gesandtschaft in Bern
Der Rechtsanwalt Dr. Guido Vigliani aus Padua teilte hier persönlich mit, daß der Palazzo Aldobrandini in der Via Nazionale in Rom als Ersatz für den Palazzo Caffarelli für den Preis von 6 Millionen Lire zum Kauf angeboten werde. Gegebenenfalls möchten wir uns an Herrn Guido Aureli vom *Giornale La Tribuna* in der Via Milano wenden. [...]

Dok. 66, PAA, Bd.II.Rep.It.Vol.68.adh, 38997; 16. Dezember 1919
Preuß. Gesandtschaft in München an Ausw. Amt in Berlin
Kardinal Ranuzzi hat dem Nuntius mitgeteilt, der Marchese Medici del Vascello sei bereit, der Deutschen Regierung den Palazzo Falconieri in Rom als Sitz für die Deutsche Regierung zum Preise von vier Millionen Lire zu verkaufen. Der Palazzo Falconieri ist ein schönes, schön gelegenes und geräumiges Gebäude, das, soweit ich mich erinnere, auch innen mit allem modernen Komfort ausgestattet ist. Der Preis von vier Millionen Lire ist aber, auch nach Ansicht des Nuntius, reichlich hochgegriffen.

Dok. 67, PAA, Bd.III.Rep.It.Vol.68.adh; 29. Dezember 1919
Vorl. Dt. Geschäftsträger in Rom Herff an Ausw. Amt in Berlin, betr. den Pal. Zuccari als Notquartier
Nach Abgang des Berichtes Nr. 2 vom 28. November d. J. hat zwischen dem preußischen Gesandten am Päpstlichen Stuhle, Herrn von Bergen, und mir ein privater Meinungsaustausch stattgefunden, in dessen Folge es mir zur Vermeidung von Unzuträglichkeiten wünschenswert erschien, die Villa Bonaparte als Amtssitz meiner Mission aufzugeben und dafür vorübergehend einige Räume in der Bibliotheca Hertziana im Palazzo Zuccari zu beziehen. Als Miete für drei Räume und ein Gelaß einschließlich Heizung und Beleuchtung wurden täglich 60 Lire und, nachdem inzwischen ein weiterer Raum hinzugekommen ist, 75 Lire vereinbart. Die Abmachung erstreckt sich auf zwei Monate vom 4. d. M. an gerechnet.

Diese Unterkunft ist indes durchaus provisorisch und entspricht weder unseren Interessen noch den Wünschen des Herrn Professors Steinmann, dem die Verwaltung der Bibliothek untersteht. Die Stiftung gehört formell der Kaiser-Wilhelm-Gesellschaft zum Eigentum, hat aber ihrem Zweck nach einen internationalen Charakter und ist ideell der Stadt Rom gewidmet. [...]

Dok. 68, PAA, Bd.III.Rep.It.Vol.68.adh; 12. Januar 1920
Carlo Moriondi, Hotel Minerva, Rom, an Ausw. Amt in Berlin
Einer meiner Freunde hat mir berichtet, dass er in Rom die Gelegenheit hat, ein sehr schönes, altes künstlerisches Palais zum Verkaufe zu verfügen, und welches sich für die deutsche Botschaft sehr gut eignen würde.

Er weiß, daß ich in Deutschland gewesen bin und mit Deutschen in Verbindung stehe und hat mich ersucht, ihm mitzuteilen, mit wem er sich hier in Rom in Verbindung setzen muss. [...]

Dok. 69, PAA, Bd.II.Rep.It.Vol.68.adh; 12. Januar 1920
Dt. Generalkonsul und vorl. Geschäftsträger in Rom Herff an Ausw. Amt in Berlin
Nachdem nunmehr der Friedenszustand eingetreten ist, gewinnen die Verhandlungen wegen eines neuen Sitzes der Botschaft in Rom erhöhte Bedeutung. Um sie im Sinne der hierher gelangten Denkschrift auf ein zweckmäßiges Geleise zu bringen, möchte ich empfehlen, dem dortigen italienischen Geschäftsträger gegenüber gelegentlich gesprächsweise die in der Anlage angedeutete Auffassung zum Ausdruck zu bringen. Berichtet der italienische Geschäftsträger diese Auffassung der deutschen Regierung als einen seiner ersten Eindrücke nach Rom, so verspreche ich mir davon eine Verstärkung der Neigung der Italiener, dem jetzigen unwürdigen und auch für sie peinlichen Zustand ein Ende zu machen. Es fehlt hier nicht an Leuten, die hierfür ein Gefühl haben und erkennen, daß Italien mit der Art seines Vorgehens in Bezug auf den Caffarelli einen Fehler gemacht hat.

Erläuternd möchte ich für etwaige Verwertung bei der Erörterung der Sache hinzufügen, dass [...] das erstrebte Ergebnis von unserem Standpunkte aus am besten dadurch erreicht werden könnte, wenn die italienische Regierung uns ein geeignetes Gebäude anbietet und ihrerseits die Verrechnung mit dem Verkäufer unter Verwendung der uns zustehenden Entschädigungsforderungen übernimmt. Ein solches Verfahren würde dann besondere Bedeutung haben, wenn es sich – wie im Falle der Villa Aldobrandini – um ein an bevorzugter Stelle in Rom gelegenes Gebäude aus älterer Zeit handelt, bei dem es wünschenswert wäre, daß die Initiative zum Erwerb vor der römischen und italienischen Öffentlichkeit nicht von uns ausginge sondern an uns herangebracht würde.

Dok. 70, PAA, Bd.II.Rep.It.Vol.68.adh; 12. Januar 1920
Ausw. Amt an Dt. Generalkonsul und vorl. Geschäftsträger in Rom Herff (Telegramm)
Einverstanden, daß italienischer Regierung nahe gelegt wird, uns Villa Aldobrandini als Ersatz für Palazzo Caffarelli anzubieten. Bitte vorher auch Ansicht des Gesandten von Bergen einzuholen. Falls dieser Bedenken haben sollte, bitte diese zunächst beachten.

Dok. 71, PAA, Bd.II.Rep.It.Vol.68.adh; 14. Januar 1920
Preuß. Gesandte am Heiligen Stuhl Bergen an Ausw. Amt in Berlin (Telegramm)
Empfehle bei Auswahl neuen Botschaftsgebäudes, für das grundsätzlich italienische Regierung zu sorgen hätte, größere repräsentative Ambitionen fallen zu lassen und die seiner Zeit mit österreichischer Botschaft gemachten Erfahrungen – deren Lage geradezu feindselige Kundgebungen herausforderte – zu berücksichtigen. Besonders verkehrsreiche Plätze und Straßen sind zu vermeiden. Entscheidend abzuraten wäre hiernach von Villa Albani; geeignet erscheint mir nach allen Richtungen Villa Falconieri in der Via Giulia.

Dok. 72, PAA, Bd.II.Rep.It.Vol.68.adh; 24. Januar 1920
Dt. Generalkonsul und vorl. Geschäftsträger in Rom Herff an Ausw. Amt in Berlin
Gesandter von Bergen wäre auch mit Villa Aldobrandini einverstanden unter Voraussetzung, daß dieselbe in irgendeiner Form [von] italienischer Regierung angeboten würde, was auch ich für wünschenswert halte. Palazzo Falconieri kommt nicht in Frage, weil unmittelbar hinter französischer Botschaft Palazzo Farnese gelegen, was vermieden werden müßte.

Dok. 73, PAA, Bd.II.Rep.It.Vol.68.adh; 28. Februar 1920
Dt. Generalkonsul und vorl. Geschäftsträger in Rom Herff an Ausw. Amt in Berlin (Telegramm)
Villa Wolkonsky wegen Empfindlichkeit der öffentlichen Meinung nicht möglich. Consulta verhandelt wegen Miete Villa Torlonia vor Porta Pia für Rechnung Regierung, die als vorläufige Wohnung Botschafters und anderer Beamten sehr geeignet aber für Kanzlei nicht ausreicht. [...]

Dok. 74, PAA, Bd.II.Rep.It.Vol.68.adh.874; 6. März 1920
Dt. Generalkonsul und vorl. Geschäftsträger in Rom Herff an Ausw. Amt in Berlin
Mit Beziehung auf die anderweitige Weisung wegen der Villa Torlonia [...] beehre ich mich, folgendes gehorsamst zu berichten.
Die Verhandlungen der Konsulta wegen der Miete der Villa Torlonia sind noch im Gange. Es ist nicht ausgeschlossen, daß die Regierung statt die Villa zu mieten, sie käuflich erwirbt, um sie uns unter Umständen dann als endgültigen Botschaftssitz zur Verfügung zu stellen. [...]
Ich möchte schon jetzt betonen, daß es sich bei der Villa Torlonia um ein Objekt ersten Ranges handelt. [...] Die außerordentlichen Schwierigkeiten, die sich der Beschaffung einer Botschaftswohnung entgegenstellen, werden vielleicht noch übertroffen durch diejenigen, mit welchen in Bezug auf die Kanzleiräume zu kämpfen ist. Die Verhältnisse in der uns in dankenswerter Weise mietweise zur Verfügung gestellten Biblioteca [sic] Hertziana sind schon seit geraumer Zeit vollkommen unerträglich geworden. Die beschränkten und zum Teil dunklen Räume machen ein sachgemäßes Arbeiten und eine geordnete Führung der Registratur so gut wie unmöglich. Andere Räume sind im übervollen Rom trotz aller Bemühungen nicht aufzutreiben. [...].

Dok. 75, PAA, Rom, 1265 a; 21. Februar 1923
Botschafter Neurath in Rom an Ausw. Amt (Telegramm)
Auf Grund persönlicher Initiative Mussolinis will faschistische Regierung Entschädigungsfrage Caffarelli freundschaftlich und rasch regeln. Ihr unverbindlicher Vorschlag geht dahin, Frage dadurch aus der Welt zu schaffen, daß uns Palazzo Vidoni zum Verkauf überlassen würde. Erlös würde bis zu einer zu vereinbarenden Höhe uns zufallen [...]. Mit Erlöstem wünscht italienische Regierung ihre Verpflichtung für ganzes Caffarelli Grundstück, also einschließlich Archäol. Institut und Krankenhaus, abzudecken.
Vidoni wurde seinerzeit von italienischer Regierung für 4.200.000 Lire gekauft.
[...] Um Gesamtunkosten Wolkonski zu decken, würde nach hiesiger Schätzung Betrag von 6 Millionen Lire erbracht werden müssen. Dazu käme angemessener Betrag für Archäologisches Institut und Krankenhaus (vielleicht 1 Million Lire).
Nach meiner festen Überzeugung ist Eingehen auf italienischen Vorschlag einziger Weg, um zu Entschädigung in bar zu gelangen. Ich wäre daher dankbar, wenn ich umgehend zu Verhandlungen auf vorgesehener Basis vorbehaltlich definitiver Entscheidung nach Studium der Einzelheiten.

Dok. 76, PAA, Rom, 1265a, 178D; 23. Februar 1923
Rosenberg im Ausw. Amt an Botschafter Neurath in Rom (Telegramm)
Mit ital. Vorschlag grundsätzlich einverstanden. Hauptsache ist, daß wir zunächst Eigentumsrecht an Vidoni erhalten und Miete erheben damit Hypotheken-Zinsen Wolkonsky gedeckt werden. Verkauf selbst wäre dann nicht besonders eilig und könnte später unter Ausnutzung günstiger Konjunktur erfolgen.

Dok. 77, PAA, Rom, 1265 a; 7. März 1923
Botschafter Neurath in Rom an Ausw. Amt
Vorläufiger nunmehr formulierter Vorschlag italienischer Regierung sieht Überlassung Palazzo Caffarelli [-Vidoni] an deutsche Regierung zu Eigentum und freier Verfügung vor. Damit sollten unsere sämtlichen Ansprüche auf Caffarelligrundstück abgegolten sein. Bei Verkauf würde uns Erlös bis zu 5 Millionen verbleiben, Mehrerlös würde geteilt. [...]
Wiewohl Verluste, die ich einschließlich Anspruch wegen Archäologischen Instituts auf mindestens 7 Millionen Lire taxiere, durch vorstehende Regelung nicht genügend berücksichtigt werden, bezweifele ich, daß eine wesentliche Verbesserung des italienischen Vorschlags erreichbar ist. Lassen wir die Verhandlungen scheitern, so besteht mit Sicherheit Gefahr, daß Italiener Entschädigung auf den Verrechnungsweg der Reparation oder ähnliches schieben. Erbitte umgehende Weisung, ob ich italienischen Vorschlag annehmen soll.

Dok. 78, PAA, Rom, 1265 a; 10. März 1923
Rosenberg im Ausw. Amt an Botschafter Neurath in Rom (Telegramm)
Mit Annahme italienischen Vorschlags einverstanden.

Dok. 79, PAA, Rom, 1265 a; 20. April 1923
Abkommen zw. der dt. und der ital. Regierung
Die Italienische Regierung cediert der Deutschen Regierung das volle und freie Eigentumsrecht am Palazzo Vidoni [...].
Die Deutsche Regierung verzichtet auf jegliche Schadensersatzforderungen für die Expropriierung des Grundstücks auf dem Kapitol [...].
Die Deutsche Regierung kann ungehindert über den Palazzo Vidoni verfügen, sei es zum eigenen Gebrauch, sei es zur Vermietung, sei es zum Verkauf [...].
[Unterzeichnet am 21.4.1923 von Ministerpräsident Mussolini und Botschafter Neurath vorbehaltlich der Zustimmung des italienischen Parlaments]

Dok. 80, PAA, Rom, 1265 a; 26. Juni 1923
Ausw. Amt an Botschafter Neurath in Rom (Telegramm)
Verkauf Vidoni aus Haushaltsrücksichten sehr erwünscht. Versuchet Verkauf auch bei etwas geringerem Preis.

Dok. 81, Tribuna 13.9.1922
Kritischer Kommentar zum Abriß des Pal. Caffarelli (Übersetzung der Dt. Gesandtschaft in Bern)
Weder Palazzo Caffarelli noch Jupitertempel
   Die letzten Wechselfälle

Nachdem die Kriegswut verraucht ist, die zu dem Beschlusse geführt hat, den Palazzo Caffarelli auf dem Capitol niederzureißen – unter dem verführerischen Vorgeben, die Reste der majestätischen Plattform des antiken Jupitertempels freizulegen, wie vor wenigen Tagen an dieser Stelle hervorgehoben worden ist – hat man jetzt das herrliche Ergebnis erzielt, daß man weder den Palazzo Caffarelli noch den Jupitertempel, sondern einen wüsten Schutthaufen vor sich hat.

Hätte man die Sache gründlicher erwogen und daran gedacht, daß auf die kriegerischen Erhitzungen früher oder später leidenschaftslosere Betrachtungen würden folgen müssen, wie sie nur in Friedenszeiten möglich sind, so würden zwei schwere Mißgriffe vermieden worden sein: man hätte der Gemeinde Rom nicht ein Gebäude genommen, das leicht zur Aufnahme wo nicht aller, so doch eines Teils der städtischen Ämter geeignet war, und es wäre eine solenne – sagen wir es gerade heraus – nicht gerade eben schmeichelhafte Widerlegung den großen und kleinen Archäologen erspart geblieben, die im Ton der Unfehlbarkeit verkündet hatten, daß unter dem Palazzo Caffarelli zweifellos höchst bedeutsame monumentale römische Bauteste lägen […].

Es ist hier nicht der Ort, nach denen zu suchen, die für den Abbruch des Palastes, einen nicht zu verachtenden Bau des 16. Jahrhunderts, verantwortlich sind, denkt man aber an die Zeit und die Umstände des endgültigen Überganges in das Eigentum der Deutschen Botschaft beim Quirinal, so wird es immerhin nicht unwahrscheinlich, dass unter den Bilderstürmern von heute sich einige der Befürworter der Abtretung von gestern befinden.

[…] Wir beschränken uns auf eine kurze Zusammenfassung der Tatsachen, die für den Übergang des Palazzo Caffarelli an Deutschland maßgeblich waren, sowie der völligen Bereitwilligkeit, die die kaiserlich deutsche Regierung bekundet hat, als ihr nahe gelegt wurde, das Kapitol zu verlassen und ihre Botschaft anderswo unterzubringen.

Diesen Umstand heben wir besonders hervor, weil uns bereits bekannt ist, daß behufs Rechtfertigung des begangenen kolossalen Mißgriffes eingewendet werden wird, der Abbruch sei aus einem eminent politischen Grunde angeordnet und vorgenommen worden. Es gibt nämlich Leute, die jetzt über den geschossenen groben Bock hinwegkommen möchten, indem sie nichts Geringeres behaupten, als daß die Archäologen recht wohl gewußt haben, daß die Tempelreste nicht unter dem Palazzo Caffarelli, sondern im Gebiet der Villa liegen! Und nach diesen nachträglichen Verteidigern soll es nicht angängig gewesen sein, die Abtretung des ganzen Gebietes zu fordern, falls man zugegeben hätte, daß die Plattform des römischen Tempels nicht unter dem Palazzo Caffarelli liege. Solche Behauptung aber ist lächerlich. Der Palazzo Caffarelli war auf dem Capitol erbaut, und der ganze Kapitolinische Hügel ist archäologische Zone…

Doch sollten wir einen Blick auf die Vorgänge werfen, die aus dem Palazzo Caffarelli einen deutschen Besitz gemacht haben; Wir werden sehen, daß schon vor dem Kriege, in päpstlicher Zeit, in Rom an die Rückerwerbung des Grundstücks gedacht worden ist.

Am 27. Februar 1954 wurde der Palazzo Caffarelli durch den Freiherrn von Arnim […] samt Zubehör für die Summe von 82720 römischen Scudi von der verwitweten Herzogin Vincenza Caffarelli für Preußen erworben […].

Die römische Stadtverwaltung hatte schon seit geraumer Zeit geplant, den gesamten Caffarelli'schen Besitz auf dem Capitol zu erwerben, um die Amtsräume, die Galerien, die Gemäldesammlungen zu erweitern und den Westteil des Kapitolshügels künstlerisch zu gestalten […].

Im Oktober desselben Jahres 1854 beantragte sie bei Gericht die Zuerkennung des Vorkaufsrechtes. Aber da für Italien und für Rom bedeutungsvolle Ereignisse im Anzuge waren, die den Palazzo Caffarelli und den ganzen Kapitolinischen Hügel völlig in den Hintergrund drängten, so blieb der Rechtsstreit zwischen der Stadtgemeinde Rom und dem Preußischen Staate in der Schwebe. Doch hielt die Stadt ihre Einlage und ihre Forderungen aufrecht.

Es kam das Jahr 1870 mit dem Sturz der päpstlichen Regierung, und die neue Stadtverwaltung hielt es nicht für angezeigt, Deutschland einen Teil des historischen Hügels streitig zu machen. Obschon die Frage wiederholt im Gemeinderate aufgeworfen ward, blieb sie ohne Lösung.

Im Jahre 1895 legte der Magistrat, an dessen Spitze der Fürst Emanuele Ruspoli stand, den Stadtverordneten einen Vergleichsantrag und den Entwurf eines Abkommens vor, den die liberale Mehrheit der Versammlung einstimmig annahm, ohne den mit Fug und Recht geltend gemachten Gegengründen des Konthurs Ernesto Pacelli und des Professors O. Marucchi, der einzigen beiden klerikalen Stadtverordneten, Beachtung zu schenken. Der letzte verlangten u.A., die Stadtverwaltung sollte sich mindestens das Eigentumsrecht an den Gegenständen vorbehalten, die möglicherweise durch Ausgrabungen auf dem an Deutschland abgetretenen kapitolinischen Gebiet zutage kämen. Die von dem angesehenen Altertumsforscher entwickelten Gründe blieben wirkungslos; der Bürgermeister bestand darauf, daß der Vergleich ohne weiteres so, wie er vorgelegt war, bestätigt würde, sei es, um den langen Streit endlich aus den Welt zu schaffen, sei es, um dem Wunsch des Kaisers zu entsprechen. Es war die vielgerühmte Zeit des Dreibundes.…

Die liberale Mehrheit des römischen Gemeinderates schloß sich also, um dem Kaiser einen Gefallen zu tun, dem Antrage des Bürgermeisters Ruspoli ohne Vorbehalte an und bestätigte den Vergleich, Kraft dessen gegen spärliche Abtretung von Grund und Boden und ohne irgendwelche Entschädigung für den Verzicht auf das Vorkaufsrecht der Palazzo Caffarelli endgültig an die deutsche Botschaft abgetreten wurde […].

Gewohnt, grundsätzlich der Wahrheit nicht Gewalt anzutun und noch weniger die Rolle des Esels zu spielen, der dem sterbenden Löwen Fußtritte versetzt, halten wir es für recht und pflichtgemäß hinzuzufügen, daß Deutschland auch in der Zeit seiner stärksten Machtstellung nie daran gedacht hat – wie es während des Krieges fälschlich zu verstehen gegeben wurde – vom Caffarelli-Thronstuhl aus Gesetze für Rom und Italien zu diktieren. Aufs Klarste geht dies daraus hervor, daß […] die deutsche Regierung mit aller Bereitwilligkeit darauf einging, das Kapitol völlig zu räumen und keine andere Gegenleistung verlangte als die Überlassung eines anderen passenden Gebäudes für die Botschaft. Wären die freundschaftlichen Verhandlungen nicht durch den Krieg unterbrochen worden, so existierten heute noch der Palazzo Caffarelli – und die Träume der Archäologen.

Personenregister

ACCIARESI, Primo *Historiker* 171
ALBRECHT VON PREUSSEN, Prinz (1837–1906) *Bruder Friedrich Wilhelms IV.* 144, 147
AMELUNG, Walter (1865–1927) *Archäologe* 190
APOLLONI, Adolfo (1855–1923) *Bildhauer* 173
ARNIM-BOITZENBURG, Sophie Gräfin von *Frau v. Harry Arnim-Suckow* 120
ARNIM-SUCKOW, Harry von / Graf (1824–1881) *preuß. Gesandter* 42, 43, 63, 119, 120, 124, *Abb. 90*
ASSEBURG, *Gräfin* 135
AVARNA, Giuseppe *Herzog ital. Botschafter in Wien* 165
BACCHINI, Amato *Publizist* 139, 140, 175
BACH, Alexander von (1813–1893) *österr. Botschafter* 17
BARTH, Carola (1879–1959) *Theologin* 83
BAZZANI, Cesare (1873–1939) *Architekt* 169
BECKX, Pierre Jean (1795–1887) *Jesuitengeneral* 51
BENEDIKT XV. (1854–1922) *ab 1914 Papst* 18
BENELLI, Sem (1874–1950) *Dichter* 158
BENNDORF, Otto (1838–1907) *Archäologe* 151
BERENBERG-GOSSLER, John von *dt. Botschafter* 189
BERGEN, Diego von *dt. Botschafter am Hl. Stuhl* 181, 187
BERNARDI, Friedrich von *General u. Militärschriftsteller* 146
BETHMANN, Ludwig Konrad (1812–1867) *Historiker* 66
BETHMANN-HOLLWEG, Theobald von (1856–1921) *Reichskanzler* 147, *Abb. 149*
BEYME, Karl Friedrich (1765–1838) *preuß. Kabinettssekretär* 20
BIEBER, Margarete (1879–1978) *Altertumswissenschaftlerin* 83
BILDT, Baron von *schwed. Gesandter* 156
BISMARCK-SCHÖNHAUSEN, Herbert von / Graf / Fürst (1849–1904) *Staatssekretär, Sohn v. Otto* 130
BISMARCK-SCHÖNHAUSEN, Otto von / Graf / Fürst (1815–1898) *Staatsmann* 73, 90, 94, 96, 97, 118, 122, 124, 145, 146, 151, 152, 153, 160, 162, 164, 171, 179
BLACAS D'AULPS, Pierre Louis Duc (1771–1839) *Altertumsforscher* 72, 74, 77
BLECHEN, Carl (1798–1840) *Maler* 91
BOBRINSKI, Leon Graf (1871–1904) *Besitzer d. Villa Malta* 160
BÖHM, Theodor *Architekt* 63
BORCHARDT, Rudolf (1877–1945) *Dichter* 158, 168
BORGHESI, Bartolomeo (1781–1860) *Altertumsforscher u. Rechtsgelehrter* 68, 72, 79
BOSCHI-HÜBER *Rechtsanwalt* 177, 185
BOVIO, Giovanni (1837–1903) *Politiker* 79
BRAGAGLIA, Giulio (1890–1960) *Futurist* 147, 181, *Abb. 124*
BRANDIS, Christian August (1790–1867) *Philologe* 24, 26, 27, 88
BRASSIER DE ST. SIMON, Maria Anton Joseph Graf (1798–1872) *dt. Gesandter* 119
BRAUN, Emil (1809–1856) *Archäologe* 72, 73, 77–79, *Abb. 33*
BRÖNSTED, Peter (1780–1842) *Altertumsforscher* 68
BRÜHL, Friedrich Wilhelm Graf (1791–1859) *preuß. Sondergesandter* 39
BRUN, Friederike (1765–1835) *Schriftstellerin* 21
BRUN VON QUERFURT (973/974–1009) *Chronist* 125, 127
BUCH, Ludwig August von (1801–1845) *preuß. Gesandter* 39, 53, 61, 63, 95
BÜCHNER, Georg *Dichter* 12
BÜLOW, Bernhard Ernst von (1815–1878) *Staatssekretär, Vater v. Bernhard* 160
BÜLOW, Bernhard von / Graf / Fürst (1849–1929) *dt. Botschafter u. Reichskanzler* 45, 46, 97, 98, 122, 123, 124, 137, 147, 148, 157, 159–164, 166, 171, 186, *Abb. 76, 97, 137*
BÜLOW, Maria Fürstin von, geb. Prinzessin Camporeale, verheiratete Gräfin Dönhoff, *Frau v. Bernhard* 122, 160, 163, 166, *Abb. 96, 135*
BUNSEN, Christian Karl Josias von (1791–1860) *Diplomat und Gelehrter* 13, 20, 26–29, 34, 36, 38, 39, 43, 51–54, 56–63, 66, 69, 70–72, 74, 76, 77, 79, 81, 88, 90, 92, 105, 106, 114, 119, 124, 172, 181, 182, 184, *Abb. 11, 64*
BUNSEN, Frances von, geb. Waddington, *Frau von Christian Karl Josias* 26, 27, *Abb. 64*
BUONARROTI, Michelangelo (1475–1564) *ital. Künstler* 12, 31, 32, 87, 117, 137
CAFFARELLI, Ascanio *Gefolgsmann Karls V.* 12, 31, 32, 33, 105, 188
CAFFARELLI, Don Baldassarre Herzog (gest. 1850) *Besitzer des Palazzo Caffarelli* 36, 37, 38, 39
CAFFARELLI, Gaetano *Bruder v. Don Baldassarre* 41
CAFFARELLI, Giovan Pietro 31
CAFFARELLI, Giuseppe *Neffe v. Don Baldassarre* 41
CAFFARELLI, Vincenza Herzogin *Frau v. Don Baldassarre* 36, 40, 41, 42, 43
CAMPAGNARI, Marchesa *Besitzerin d. Villa Wolkonsky* 191
CAMPE, Joachim Heinrich (1746–1818) *Sprachforscher, Pädagoge u. Verleger* 21
CANITZ UND DALLWITZ, Karl Friedrich Freiherr von (1812–1864) *preuß. Gesandter* 95
CANOVA, Antonio (1757–1822) *Bildhauer* 93
CAPRIVI, Leo von (1831–1899) *Reichskanzler* 172
CARSTENS, Asmus Jacob (1754–1798) *Maler* 22
CAVOUR, Camillo Benso Conte di (1818–1861) *ital. Staatsmann* 146
CECCHELLI, Carlo *Kunsthistoriker* 183, 184
CHAMBERLAIN, Houston Stewart (1855–1927) *Kulturphilosoph* 133, 134, 142, 147
CHURCHILL, Winston (1874–1965) *engl. Premierminister* 185
CIOFANI, Matteo *ab 1763 preuß. Gesandter* 18
COLA DI RIENZO *s.* RIENZO, Cola di
COLONNA, Fürstin *Frau v. Prospero* 161, 163
COLONNA, Prospero Fürst *röm. Bürgermeister* (1914–1919) 174

COLTONI, Cavaliere bis 1763 *kurpfälz. Geschäftsträger* 18
CONSALVI, Ercole (1757–1824) *Kardinalstaatssekretär* 26, 34, 35, 59, 67
CONZE, Alexander (1831–1914) *Archäologe* 82, 83, 155
CORNELIUS, Peter (1783–1867) *Maler* 29
CRESCENTIUS II. NOMENTANUS, Johannes (gest. 998) *röm. Patrizier* 126
CRISPI, Francesco (1819–1901) *ital. Ministerpräsident* 143, 145
CROCE, Benedetto (1866–1952) *Historiker, Philosoph u. Politiker* 190
CURTIUS, Ludwig (1874–1954) *Archäologe* 80, *Abb. 52*
D'ANNUNZIO, Gabriele (1863–1936) *Dichter und Lebemann* 161, 165, *Abb. 136*
DELOLLIS, Cesare (1863–1927) *Romanist* 179
DELBRUECK, Richard (1874–1957) *Archäologe* 156, 157, 178, 179, *Abb. 133*
DEPRETIS, Agostino (1813–1887) *ital. Politiker* 118
DILLIS, Johann Georg von (1759–1841) *Maler* 25, 28
DILTHEY, Wilhelm (1839–1907) *Philologe* 82
DOHRN, Anton (1840–1909) *Meeresbiologe* 138
DÖNHOFF, Maria Gräfin, *s.* BÜLOW, Maria Fürstin von
DÖRPFELD, Wilhelm (1853–1940) *Archäologe* 83, 131
DOVE, Alfred (1844–1916) *Historiker* 21
DRAGENDORFF, Hans (1870–1941) *Archäologe* 178, 179
DROSTE-VISCHERING, Clemens August Freiherr von (1773–1845) *Erzbischof v. Köln* 53
DÜRER, Albrecht (1471–1528) *Maler* 87
DURM, Josef (1837–1919) *Bauforscher* 104
EBERHARD, August Gottlob (1769–1845) *Schriftsteller* 109
ELISABETH LUDOVICA VON BAYERN (1801–1873) *Frau Friedrich Wilhelms IV.* 52
ERZBERGER, Matthias (1875–1921) *Politiker* 162
ESCHENBACH, Olga *s.* HERING, Johanna
ESER, Franz (1856 in Rom) *württ. Finanzrat* 110
EULENBURG-HERTEFELD, Philipp Graf/ Fürst zu (1847–1921) *Diplomat u. Staatsmann* 124, 160
FEA, Carlo (1753–1836) *Altertumsforscher* 71, 79

FEDERZONI, Luigi (1878–1967) *ital. Politiker* 173
FERNOW, Karl Ludwig (1763–1808) *Kunstschriftsteller* 21
FERRARI, Ettore (1845–1929) *Bildhauer* 115, 116
FICHTE, Johann Gottlieb (1762–1814) *Philosoph* 20
FLAVIUS BLONDUS (1388/92–1463) *Geschichtsschreiber* 195
FLOTOW, Hans von *dt. Botschafter* 162, *Abb. 144*
FOHR, Karl Philipp (1795–1818) *Maler* 87
FÖLZER, Elvira (1868–1938) *Archäologin* 83
FRANZ I. (1768–1835) *ab 1890 österr. Kaiser* 92, 93
FRIEDRICH I. *dt. Kaiser* 126
FRIEDRICH II. (1712–1786) *ab 1740 preuß. König* 18, 52
FRIEDRICH II. *dt. Kaiser* 126
FRIEDRICH III. (1831–1888) *1888 dt. Kaiser* 129
FRIEDRICH III. *dt. Kaiser* 126
FRIEDRICH OLIVIER, Woldemar (1791–1859) *Maler* 93
FRIEDRICH WILHELM II. (1744–1797) *ab 1786 preuß. König* 18
FRIEDRICH WILHELM III. (1770–1840) *ab 1797 preuß. König* 20, 23, 24, 26, 51, 52, 55–58, 61, 70
FRIEDRICH WILHELM IV. (1795–1861) *1840–1858 preuß. König* 36–40, 42, 43, 44, 51, 52, 70, 72, 74, 76, 96, 120, 133, 139, 149, 176
FROMMEL, Otto Friedrich (1862–?) *Pastor* 90
FUMAROLI, Pietro *Avvocato* 41
GARIBALDI, Giuseppe (1807–1882) *ital. Nationalheld* 44, 79, 129
GASPARRI, Pietro (1852–1934) *Kardinalstaatssekretär* 169
GAUDY, Franz Freiherr von (1800–1840) *Dichter* 91
GELZER, Heinrich (1847–1906) *Historiker* 58
GERHARD, Eduard (1795–1867) *Archäologe* 68, 69, 70, 71, 72, 73, 79, *Abb. 45*
GIOLITTI, Giovanni (1842–1928) *ital. Staatsmann* 146, 169, 190
GISBERT VON ROMBERG, Konrad von *Diplomat* 172, 176
GOETHE, August von (1789–1830) *Sohn von Johann Wolfgang* 22
GOETHE, Johann Wolfgang von (1749–1832) *Dichter und Denker* 21, 22, 24, 55, 65, 68, 71, 79, 80, 85, 86

GOETHE, Wolfgang von (1820–1883) *Legationsrat, Sohn v. August* 43, 171
GOBINEAU, Joseph Arthur Graf (1816–1882) *Kulturphilosoph* 133
GÖRRES, Joseph von (1876–1848) *Publizist* 90
GRAEVENITZ, Georg von (1858–1916) *Offizier u. Schriftsteller* 22
GRAMONT, Antoine Alfred Agénor Duc de (1819–1880) *frz. Botschafter u. Außenminister* 17
GREGOR V. (972–999) *ab 996 Papst* 126
GREGOR XIII. (1502–1585) *ab 1572 Papst* 43, 44
GREGOR XVI. (1765–1846) *ab 1831 Papst* 35
GREGOROVIUS, Ferdinand (1821–1891) *Historiker*, 94, 113, 114, 117, 123, 124, 195, *Abb. 70*
GRAY, Ezio M. (1884–1969) *Publizist* 146, 147, 158
GRIMM, Jacob (1785–1863) *Sprachwissenschaftler* 23
HALLER VON HALLERSTEIN, Karl Freiherr (1774–1817) *Altertumsforscher* 68
HALLER, Jozef *napol. General* 34
HAMILTON, Sir William (1788–1856) *Diplomat u. Altertumsforscher* 72
HARDENBERG, Karl August Freiherr/ Fürst von (1750–1822) *preuß. Staatskanzler* 22, 35, 86
HÄRTEL, Hermann (1803–1875) *Verleger* 75
HASSEL, Ulrich von (1881–1944) *dt. Botschafter u. Widerstandskämpfer* 188, 190, *Abb. 166*
HEHN, Victor (1813–1890) *Kulturhistoriker* 109
HEINEMANN, Felix *Geschäftsmann* 186
HEINRICH II. *dt. Kaiser* 126
HEINRICH III. *dt. Kaiser* 126
HEINRICH IV. *dt. Kaiser* 126
HEINRICH V. *dt. Kaiser* 126
HEINRICH VI. *dt. Kaiser* 126
HEINRICH VON PREUSSEN, Prinz (1862–1929) *Bruder von Wilhelm II.* 130
HELBIG, Lilli *Tochter von Wolfgang* 63, 82, 122, 123, 144, *Abb. 33, 56*
HELBIG, Nadja geb. Prinzessin SCHAKOWSKOY (1847–1922) *Frau v. Wolfgang* 82, 97, *Abb. 33, 74*
HELBIG, Wolfgang (1839–1915) *Archäologe* 79, 82, 96, 97, 154, 155, 156, *Abb. 33, 74*
HENSLER, Dora *Vertraute von Niebuhr* 56
HENZEN, Wilhelm (1816–1887) *Archäologe* 71, 73, 74, 76, 78, 79, 96, 151, 152, 154, *Abb. 33, 44, 131*

HERDER, Johann Gottfried (1744–1803) *Philosoph* 79, 147
HERFF, Franz von *dt. Geschäftsträger* 186, 187, 188, 189
HERING, Johanna alias Olga ESCHENBACH (1819–1848) *Kinderreiseschriftstellerin* 110
HERMANIN, Federico de (1871–1953) *Kunsthistoriker* 179
HERTZ, Henriette (1846–1913) *Kunstfreundin u. Wohltäterin* 187
HERZ, Henriette (1764–1864) *Schöngeist u. Salonfrau* 86, 89
HINDENBURG, Herbert von (1872–1956) *Botschaftsrat* 166
HINZPETER, Georg (1827–1907) *Erzieher Wilhelms II.* 131
HIRSEMENZEL, Lebrecht s. RAUPACH, Clemens Ernst Benjamin Salomon
HITLER, Adolf (1889–1945) *österr. Gefreiter u. dt. Diktator* 133
HOFFMANN, Richard Freiherr von *Besitzer der Villa Celimontana* 177
HOHENLOHE-SCHILLINGSFÜRST, Gustav Adolf Prinz (1823–96) *Kardinal* 95, 118, 129
HORAZ / QUINTUS HORATIUS FLACCUS (43 v. Chr. – 14 n. Chr.) *Dichter* 131
HUELSEN, Christian (1858–1935) *Archäologe* 69, 83, 97, 155, 156, 176, 180, *Abb. 33, 72, 130*
HUFELAND, Christoph Wilhelm (1762–1836) *Arzt und Naturwissenschaftler* 20
HUMBERT I. (1843/1844–1900) *ab 1878 ital. König* 143
HUMBOLDT, Alexander von (1769–1859) *Naturwissenschaftler* 21
HUMBOLDT, Caroline von (1766–1829) *Ehefrau von Wilhelm* 21
HUMBOLDT, Friedrich von (gest. 1807) *Sohn von Wilhelm* 22
HUMBOLDT, Wilhelm von (1767–1835) *preuß. Gesandter u. Minister* 19–23, 70, 79, 162, *Abb. 5*
HUMBOLDT, Wilhelm von (1794–1803) *Sohn von Wilhelm* 22
IHNE, Wilhelm (1821–1902) *Althistoriker* 151
INNOZENZ VI. (gest. 1362) *ab 1352 Papst* 32
JAGOW, Günter Gottlieb von (1863–1935) *dt. Botschafter u. Staatssekretär* 124, 156, 172, *Abb. 149*
JEBB, Sir Richard (1841–1905) *Philologe* 153
JOHANN III. SOBIESKI (1629–1696) *ab 1674 König v. Polen* 187
JOHANNES XV. *985–996 Papst* 126

JOLLER, Alfred *Bibliothekar d. Arch. Inst.* 180
JUSTI, Carl (1832–1912) *Kunsthistoriker* 81, 114, *Abb. 55*
KÁLNOKY VON KÖRÖSPATAK, Gustav Graf (gest. 1898) *ab 1881 österr. Außenminister* 158
KANT, Immanuel (1724–1804) *Philosoph* 20
KARL DER GROSSE (742/747–814) *ab 968 dt. Kaiser* 125, 127, 147
KARL V. (1500–1558) *1519–1556 dt. Kaiser* 12, 27, 31, 32, 44, 126, 132, 140, 170, 188
KASCHNITZ-WEINBERG, Marie Luise Freifrau von (1901–1974) *Schriftstellerin* 62
KEATS, John (1795–1821) *Dichter* 22
KEHR, Paul Fridolin (1860–1944) *Historiker* 155, 157, 158, 161, 164, 175, 179, 185, 189, 190, *Abb. 132*
KESTNER, Christian August (1777–1853) *hannover. Gesandter* 13, 68, 72, 77, 79
KEUDELL, Robert von (1824–1903) *dt. Gesandter/Botschafter* 45, 80, 97, 98, 119, 121, 123, 124, 154, 159, *Abb. 73*
KNAPP, Johann Michael (1791–1861) *Architekt* 76
KOES, Georg Heinrich (1780–1842) *Altertumsforscher* 68
KOHLRAUSCH, Robert *Historiker* 58, 139, 140
KONER, Max (1854–1900) *Hofmaler* 135
KONRAD II. *dt. Kaiser* 126
KRAUTHEIMER, Richard (1897–1994) *Kunsthistoriker* 116
KRÜGER, Carl *Geschäftsmann* 186
LAMBRUSCHINI, Luigi Emanuele Nicolò (1776–1854) *Kardinalstaatssekretär* 60
LANCIANI, Rodolfo (1845–1929) *Archäologe* 173, 178, 179, 180, 181
LASPEYRES, Paul (1840–1881) *Architekt* 13, 78, 79, 98, 99
LENBACH, Franz (1836–1904) *Maler* 122, 160
LEO III. *795–816 Papst* 125
LEO XII. (1760–1829) *ab 1823 Papst* 35, 65, 75
LEO XIII. (1810–1903) *ab 1878 Papst* 67, 130
LEO, Friedrich (1851–1914) *Philologe* 156
LEONARDI, Valentino *Nationalist* 169, 170, 175
LESSING, Hermann (1817–1898) *Schriftsteller* 28, 44
LEWALD, Fanny (1811–1889) *Schriftstellerin* 54, 98
LICHNOWSKY, Robert Maria Graf (1822–79) *päpstl. Hausprälat* 95

LINCK, Jacob 68
LISZT, Franz von (1811–86) *Tonkünstler* 95, 97, 98, 123
LIVIUS, Titus (59 v. Chr. – 17 n. Chr.) *röm. Historiker* 11, 103
LOTHAR III. *dt. Kaiser* 126
LUDWIG I. VON BAYERN (1786–1868) *1825–1848 König* 21, 28, 35, 76, 87–89, 92, 95, 160, 162, *Abb. 58, 61*
LUDWIG XIV. (1638–1717) *ab 1643 frz. König* 85, 135
LUTHER, Martin (1483–1546) *Reformator* 58
LÜTZOW, Rudolf Graf (1788–1858) *österr. Botschafter* 38, 61, 74, 75, 167
LUYNES, Honoré Théodore Paul Joseph Duc de (1802–1867) *Archäologe* 72, 79
LUZZATTI, Luigi (1841–1927) *Nationalökonom* 179
MACCHIO, Carl Freiherr von (1859–1945) *österr. Botschafter* 128, 143, 162, 165, *Abb. 141*
MACHAR, Josef Svatopluk (1854–1942) *Schriftsteller* 111
MACKENSEN, August von (1849–1945) *General* 164
MAKART, Franz (1840–1884) *Maler* 122
MANLIUS CAPITOLINUS, Marcus *röm. Konsul* 11, 12, 33, 105, *Abb. 3*
MARC AUREL (121–180) *ab 161 röm. Kaiser* 32, 155
MARÉES, Hans von (1837–887) *Maler* 138
MARSCHALL VON BIBERSTEIN, Adolf Hermann Freiherr (1842–1912) *Staatssekretär* 46
MARTIN VON TROPPAU (gest. 1278/79) *Chronist* 126
MELANCHTHON, Philipp (1497–1560) *Reformator* 58
MÉREY VON KAPOS-MÉRE, Kajetan (1881–1931) *österr. Botschafter* 169
MESSEL, Alfred (1853–1909) *Architekt* 139, *Abb. 121, 122*
METTERNICH, Clemens Lothar Fürst (1773–1859) *österr. Staatskanzler* 60, 74, 75, 86, 93, 150
MICHAELIS, Adolf (1835–1910) *Archäologe* 71, 150, 151
MILLINGEN, James (1774–1843) *Archäologe* 72
MINGHETTI, Donna Laura *Mutter v. Maria von Bülow* 122, 160
MITTELMANN, Dr. *Politiker* 185
MOLTKE, Hellmuth von (1848–1916) *General* 147, 148
MOMMSEN, Theodor (1817–1903) *Althistoriker* 63, 73, 147, 152, 153, 155, *Abb. 40*

Monts de Mazin, Anton Graf (1852–1930) dt. Botschafter 122, 123, 143, 144, 147, 156–159, 171, 191, Abb. 98, 134
Morani–Helbig, Lilli s. Helbig, Lilli
Moriondi, Carlo Ingenieur 186
Moscioni, Romualdo (1849–1925) Photograph 123
Mühlberg, Otto von (1843 bis nach 1915) dt. Gesandter am Hl. Stuhl 177
Münster, Georg Graf zu (1825–1893) Diplomat 135
Müntz, Siegmund (1859–1934) Journalist 96, 122
Mussolini, Benito (1883–1945) Begründer des Faschismus, ital. Ministerpräsident u. Diktator 107, 163, 183, 190, 191, 192
Napoleon I. (1769–1821) frz. Feldherr u. Kaiser 22, 34, 35, 67, 86, 167, 177
Neander, August (1789–1850) Kirchenhistoriker 58
Nenot, Henri-Paul (1853–1934) Architekt 115
Neurath, Konstantin Freiherr von (1873–1956) dt. Botschafter 189, 190, 191
Nicolai, Gustav (1895–1852) Divisionsauditeur u. Reiseschriftsteller 91, 108, 109
Niebuhr, Barthold Georg (1776–1831) Altertumsforscher u. preuß. Gesandter 18, 20, 23, 24–26, 28, 29, 52, 55–59, 62, 65–67, 79, 90, 93, Abb. 10
Nietzsche, Friedrich (1844–1900) Philosoph 195
Nissen, Heinrich (1839–1812) Historiker 23
Nitti, Francesco Saverio (1868–1953) ital. Staatsmann 190
Nitz, Hermann preuß. Regierungsrat 119
Noack, Friedrich (1858–1930) Historiker 20, 79, 92, 147, 157, 166, 175
Novalis, eigentl. Georg Friedrich Philipp von Hardenberg (1772–1801) Dichter 91
Oriani, Alfredo (1852–1909) Schriftsteller 115, 116
Otto I. der Grosse (912–973) ab 962 dt. Kaiser 126, 139
Otto II. dt. Kaiser 126
Otto III. (980–1002) ab 996 dt. Kaiser 126, 127, Abb. 105, 107, 108
Otto IV. dt. Kaiser 126
Ovid s. Publius Ovidius Naso
Pais, Ettore (1856–1939) Historiker u. Politiker 169
Panofka, Theodor (1800–1858) Archäologe 68, 72, 73

Parthey, Gustav (1798–1872) Altertumsforscher u. Buchhändler 78
Passarelli, Tullio (1869–1941) Architekt 169
Passarge, Mario Journalist 188, 191
Paul II. (1417–1471) ab 1464 Papst 167
Paul III. (1468–1549) ab 1534 Papst 116
Paul, Jean, eigentl. Johann Paul Friedrich Richter (1763–1825) Schriftsteller 85, 91
Petersen, Eugen (1836–1911?) Archäologe 80, 96, 156, Abb. 130
Petrarca, Francesco (1304–1374) Dichter 32
Piacentini, Pio (1846–1928) Architekt 115, 116
Pindar (522/18–438/32 v. Chr.) griech. Dichter 21
Pius VI. (1717–1799) ab 1775 Papst 34
Pius VII. (1740–1823) ab 1800 Papst 34, 65
Pius VIII. (1761–1830) ab 1829 Papst 35
Pius IX. (1792–1878) ab 1846 Papst 17, 113, 114, 118, 121, 160
Pius X. (1835–1914) ab 1903 Papst 18
Planta, Alfred von (1857–1922) schweiz. Gesandter in Rom 166, 172, 176
Platner, Ernst (1773–1855) Kunstforscher 69
Plüskow, Hermann Otto von Oberst 147, 148
Pohlig, Karl (1864–1928) Pianist, 97
Prell, Hermann (1854–1922) Kunstmaler 13, 137–144, 172, 175, 181, 182, Abb. 117–120
Preziosi, Giovanni (1881–1945) Publizist 146, 147
Prinetti, Giulio (1851–1908) ital. Außenminister 158
Publius Cornelius Tacitus (um 55 bis nach 115) Geschichtsschreiber 147, 181
Publius Ovidius Naso (43 v. Chr. – 17 n. Chr.) Dichter 196
Publius Vergilius Maro (70–19 v. Chr.) Dichter 11, 108, 147
Radowitz, Joseph Maria von (1839–1912) Diplomat 136
Ramdohr, Friedrich Wilhelm Basilius von (1757–1822) Kunstforscher u. preuß. Gesandter 18 19, 23
Raschdau, Ludwig (1849–1938) Diplomat 130
Rathenau, Walter (1867–1922) Außenminister 128
Raupach, Clemens Ernst Benjamin Salomon (1784–1852) Dichter 22, 54, 56, 65, 87
Rehbenitz, Theodor (1791–1861) Maler 93, Abb. 65

Reinhart, Johann Christian (1761–1847) Maler 28
Reisenauer, Alfred (1863–1907) Pianist 97
Reuss, Heinrich VII. Prinz (1825–1906) Diplomat 136
Richter, Adrian Ludwig (1803–1884) Maler 57, 59, 92
Richter, Johann Paul Friedrich s. Paul, Jean
Rienzo, Cola di (1313–1354) Volkstribun 32, Abb. 19
Rigaud, Hyacinte (1659–1743) Maler 135
Ringseis, Johann Nepomuk (1785–1880) Arzt 88
Robert, Carl (1850–1922) Archäologe 82, 83
Rochau, August Ludwig von (1819–1873) Historiker u. Publizist 106, 108
Röse, Otto Publizist 163–166
Rosenberg, Adolf (1850–1906) Kunsthistoriker 141
Rubinstein, Joseph (1847–1884) Pianist 97
Ruffini, Francesco 1916/17 ital. Unterrichtsminister 173
Rumohr, Karl Friedrich von (1785–1843) Kunsthistoriker 21
Ruspoli, Don Emanuele Principe di Poggio Susa (1838–1899) röm. Bürgermeister 45, 46, 171
Sacconi, Giuseppe (1854–1909) Architekt 116, 171
Santi, Raffaello (1483–1520) ital. Maler u. Architekt 31, 87, 188
Saurma von der Jeltsch, Anton Freiherr (1836–1900) dt. Botschafter 143
Saurma von der Jeltsch, Carmen Freiin Tochter v. Anton 143
Schadow, Johann Gottfried (1764–1850) Bildhauer 76
Schick, Gottlieb (1776–1812) Maler 21
Schiller, Friedrich (1759–1805) Dichter 20, 65, 85, 86
Schlegel, August Wilhelm von (1767–1845) Dichter 21
Schlözer, Kurd von (1822–1894) Diplomat 94–97, 118, 120, 122, 123, 124, 130, 134, 148, 156, Abb. 69
Schmieder, Heinrich Eduard (1794–1893) Gesandtschaftsprediger 56, 59, 93, 94, Abb. 31
Schnorr von Carolsfeld, Julius (1794–1872) Maler 87, 88, 92–94, Abb. 66
Schopenhauer, Arthur (1788–1860) Philosoph 147

SEIDEL, Paul *Biograph Wilhelms II.* 132, 141, 142
SEIDLER, Louise Karoline (1786–1866) *Malerin* 24, 89, 93
SEINSHEIM, Karl Graf (1784–1864) *Kammerherr u. bayr. Reichsrat* 88
SELIGER, Ida *Kunstgewerblerin* 139
SELIGER, Max (1865–1920) *Bildhauer* 139, *Abb. 122*
SERVIUS, Maurus Honoratus Grammaticus (ca. 370–410) *Philologe* 11
SHAKESPEARE, William (1564–1616) *Dramatiker* 12
SHELLEY, Percy Bysshe (1792–1822) *Dichter* 22
SIEMENS, Georg von (1839–1901) *Banquier* 146
SIEVERS, Johannes *Kunstreferent am Ausw. Amt* 181, 182
SOLMS–SONNENWALDE, Eberhard Graf (1825–1912) *dt. Botschafter* 134, 159, 172
SONNINO, Sidney Baron (1847–1922) *ital. Außenminister* 143, 172
SPESSART, Graf von *Inkognito v. Kronprinz Ludwigs v. Bayern* 87
SPIEGEL ZUM DESENBERG, Ferdinand August Freiherr (1764–1835) *Erzbischof v. Köln* 53
STACKELBERG, Otto Magnus Freiherr von (1787–1837) *Altertumsforscher u. Zeichner* 68
STAËL, Anne–Louise Germaine de (1766–1817) *Schriftstellerin* 21
STAHR, Adolf (1805–1879) *Literaturhistoriker* 77, 150
STAVENHAGEN, Bernhard (1862–1914) *Pianist* 97
STEIN, Christoph Gottfried Daniel (1771–1830) *Geograph* 59
STEINMANN, Ernst (1866–1934) *Kunsthistoriker* 163, 187

STRESEMANN, Gustav (1878–1929) *dt. Außenminister* 189
STUDEMUND, Wilhelm (1843–1989) *Philologe* 82
TACITUS s. PUBLIUS CORNELIUS TACITUS
TARPEIA *Figur d. röm. Frühgeschichte* 76, 106, 107, *Abb. 48, 80*
TARQUINIUS PRISCUS, Lucius, *5. König v. Rom 618–578 v. Chr.* 103
TARQUINIUS SUPERBUS, Lucius, *7. König v. Rom 535–510 v. Chr.* 103
TATIUS, Titus *Sabinerkönig* 106
THILE, Karl Hermann von (1812–1889) *preuß. Gesandter* 78, 113
THIETMAR VON MERSEBURG (975–1018) *Chronist* 125
THOENES, Christof (geb. 1932) *Kunsthistoriker* 96
THORWALDSEN, Bertel (1770–1844) *Bildhauer* 13, 21, 29, 72, 79, 92, 93
TIECK, Ludwig (1873–1853) *Dichter* 21, 91
TITI, Nicola *Spekulant* 186
TOEPKE, Dr. *Legationssekretär* 167, 178, 185, 186, 191
TULLIUS, Servius *6. König v. Rom 578–535 v. Chr.* 104
UHDEN, Johann Daniel Wilhelm (1763–1835) *preuß. Gesandter* 18, 19, 21
USEDOM, Guido Freiherr von (1805–1884) *preuß. Gesandter* 36, 40, 41, 76
VASARI, Giorgio (1511–1574) *Künstler und Kunstschriftsteller* 68
VENTURI, Ghino *Architekt* 184
VERGIL s. PUBLIUS VERGILIUS MARO
VIBENNA, Aulus *volskischer Heerführer* 103
VICTOR EMANUEL II. (1829–1878) *ab 1861 ital. König* 114, 115, 118, 129
VICTOR EMANUEL III. (1869–1947) *ab 1900 ital. König* 129, 130, 147, 148
VICTORIA (1818–1901) *ab 1837 engl. Königin* 130

VISCONTI, Ennio Quirino (1751–1818) *Altertumsforscher* 79
VISCHER, Friedrich Theodor (1807–1887) *Schriftsteller* 195
VOLTERRA, Vito (1860–1940) *Mathematiker* 179
WACKENRODE, Wilhelm Heinrich *Dichter* 91
WAGNER, Richard (1813–1883) *Tonkünstler* 133, 143, 144
WAGNIÈRE, Dr. *schweiz. Gesandter* 188
WAIBLINGER, Wilhelm (1804–1830) *Dichter* 22
WALDERSEE, Alfred Graf von (1832–1904) *Generalstabschef* 130, 135
WEEGE, Fritz (1880–1945) *Archäologe* 155
WELCKER, Friedrich Gottlieb (1784–1868) *Altertumsforscher* 22, 72
WESDEHLEN, Ludwig Graf (1833–1904) *Diplomat* 119
WILAMOWITZ–MOELLENDORFF, Ulrich von (1848–1931) *Archäologe* 80, 82, 151, *Abb. 54*
WILHELM I. (1797–1888) *ab 1861 preuß. König, ab 1871 dt. Kaiser* 129, 149
WILHELM II. (1859–1941) *zw. 1888 und 1918 dt. Kaiser* 128–137, 139–145, 147, 157, 160, 176, *Abb. 106, 111–116*
WILLISEN, Friedrich Adolf Freiherr von (1798–64) *preuß. Gesandter* 95
WILLKOMM, Ernst (1810–1886) *Schriftsteller* 28, 110
WILSON, Woodrow (1856–1924) *Präsident der Vereinigten Staaten* 180
WINCKELMANN, Johann Joachim (1717–1768) *Altertumsforscher* 67, 68, 71, 76, 77, 79 150
WOLFF, Emil (1802–1879) *Bildhauer* 76, 184
ZOEGA, Johann Georg (1755–1809) *Altertumsforscher* 21

Abbildungsnachweis: Auswärtiges Amt, Berlin: 24, 73, 76, 87, 88, 90, 91, 92, 99, 100, 101, 104, 102, 103, 133, 134, 166, 167, 168, 169; Autor: 1–5, 12–15, 17–20, 22, 25–29, 36, 42, 43, 55, 56, 58, 59, 62–67, 69, 70, 77–87, 94, 106, 109, 110–112, 116–122, 136–159, 160, 163, 165 Bibliotheca Hertziana, Rom: 7,8,9, 16, 21, 23, 46, 46, 60, 124, 161; Gigazzi 1996: 123, 125 Bülow Denkwürdigkeiten: 76, 96, 97, 114, 135, 137; Deneke 1986: 61 Deutsches Archäologisches Institut, Rom: 32, 33, 34, 35, 37, 38, 39, 40, 41, 44, 45, 47, 49, 50, 51, 52, 53, 54, 57, 72, 74, 126, 127, 128, 129, 130, 131, 133; Görich 2000: 108; Heilmann 1987: 71; Keller 2000: 105; Noack 1912: 30, 164; Röhl 2001: 112, 113 115, Schneider 2000: 107; Schubert 1930: 31.

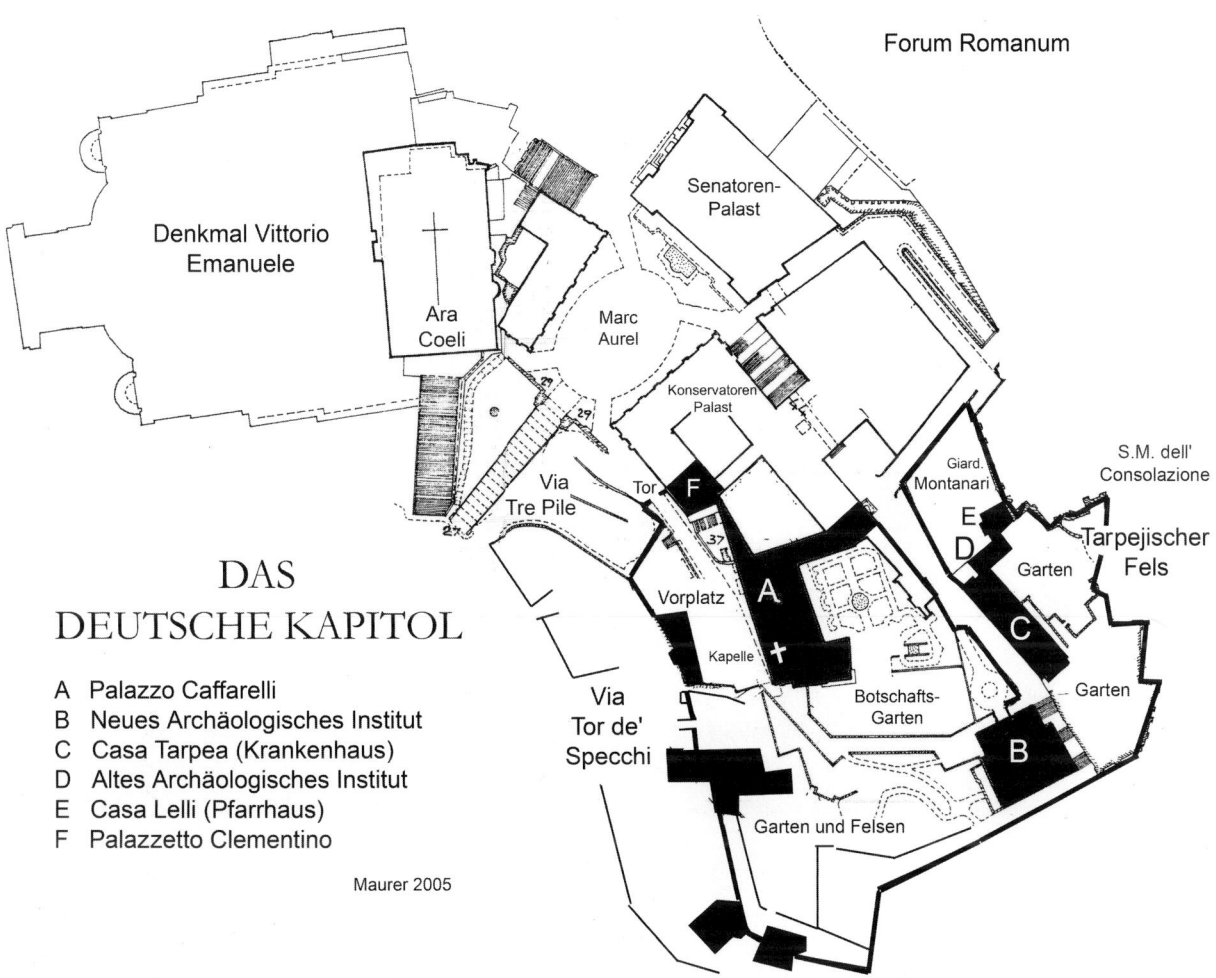

Abb. 1: Das Deutsche Kapitol; Plan des Gesamtareals um 1900

Abb. 2: Der sog. Tarpejische Felsen nach dem Abriß der angrenzenden Häuser, um 1930

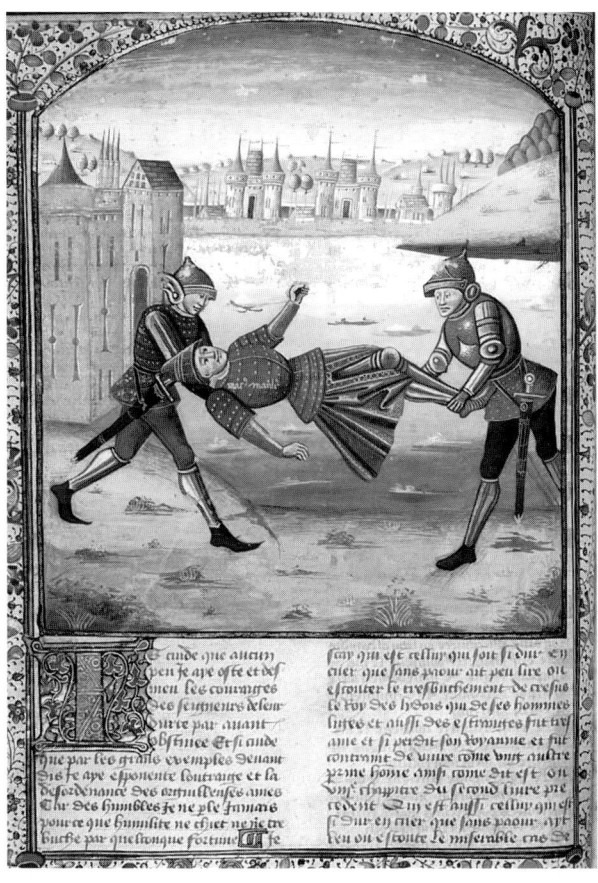

Abb. 3: Marcus Manlius wird vom Tarpejischen Felsen gestürzt; Buchillustration aus Boccaccios *De Casibus Virorum Illustrium*, Paris: 1467
MSS Hunter 371-372, 1.109

Abb. 4: Die Kutsche des österreichischen Botschafters fährt in den Vatikan ein, 1885

Abb. 5: Wilhelm von Humboldt (1767–1835)

Abb. 6: Nächtliche Bestattung des Malers Fohr (?) bei der Cestiuspyramide; Aquarell, Staatsgalerie Stuttgart

Abb. 15: Karl Lindemann-Frommel (1819–1891), Der Garten des Palazzo Caffarelli, von Osten gesehen; Aquarell, Darmstadt, Hessisches Landesmuseum

Abb. 16: Palazzo Caffarelli, Gartenportal von 1584 mit der Inschrift: Johannes Petrus Caffarellus

Abb. 017: Das Kapitol um 1560; ganz rechts: Zufahrt zur Vigna Caffarelli, anonyme Federzeichnung, Paris, Louvre

Abb. 018: Filippo Iuvarra, Ansicht des Kapitols; v.r.n.l.: der Turm Pauls III, S.M. in Ara Coeli, Kapitolsplatz, Gesamtkomplex des Palazzo Caffarelli; 1709, Museo di Roma

Abb. 23: Der Kapitolsfelsen, Palazzo Caffarelli mit der *Torre di Manlio* von Via Tor de' Specchi gesehen; aus: Rossini, *Le Antichità Romane*, 1823

Abb. 24: Der Palazzo Caffarelli mit Garten von Südwesten aus gesehen, um 1880

Con la presente benché privata scrittura da valersi però quanto un pubblico e giurato istrumento, la Signora Duchessa Vedova Caffarelli qui sottoscritta loca ed affitta e respettivamente Sua Eccellenza il Signor Baron d'Usedom, Inviato Straordinario e Ministro Plenipotenziario di S. M. il Re di Prussia presso la S.ta Sede, prende e riceve in affitto li seguenti appartamenti e locali formanti il primo piano nobile del Palazzo Caffarelli ed annessi di questo piano, distintamente come appresso:

1.mo Il Primo Piano Nobile del Palazzo suddetto, posto in Campidoglio in Via delle Tre Pile N.º 58, contiene una gran sala e numero 14, quatordici, di camere, camerini, gabinetti e anticamere, i quali in tutto hanno 8 finestre al settentrione, 3 finestre al ponente, 11 al mezzogiorno e 5 al levante.

2.º li Mezzanini, ora abitati dal Signor Giuseppe Puzzolini, che hanno ingresso al primo pianerottolo dello scalone, e si compongono di quattro camerette e di cucina, e che hanno comunicazione col primo Piano per mezzo di una scaletta oscura.

Abb. 25: Mietvertrag zwischen Usedom und der Herzogin Caffarelli, erste Seite; Berlin PAA; Anhang, Dok. 12

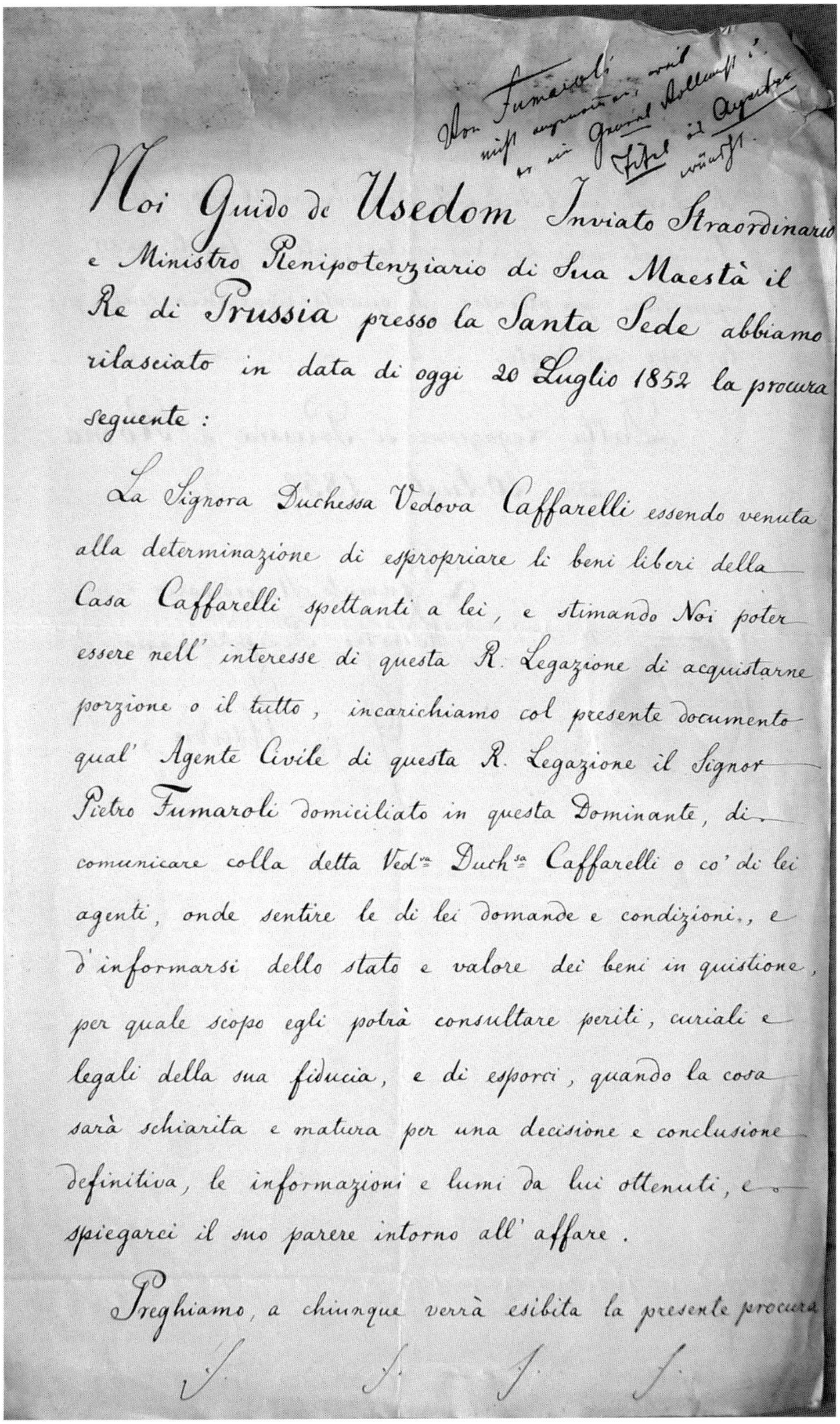

Noi Guido de Usedom Inviato Straordinario e Ministro Plenipotenziario di Sua Maestà il Re di Prussia presso la Santa Sede abbiamo rilasciato in data di oggi 20 Luglio 1852 la procura seguente:

La Signora Duchessa Vedova Caffarelli essendo venuta alla determinazione di espropriare li beni liberi della Casa Caffarelli spettanti a lei, e stimando Noi poter essere nell' interesse di questa R. Legazione di acquistarne porzione o il tutto, incarichiamo col presente documento qual' Agente Civile di questa R. Legazione il Signor Pietro Fumaroli domiciliato in questa Dominante, di comunicare colla detta Ved.va Duch.sa Caffarelli o co' di lei agenti, onde sentire le di lei domande e condizioni, e d'informarsi dello stato e valore dei beni in quistione, per quale scopo egli potrà consultare periti, curiali e legali della sua fiducia, e di esporci, quando la cosa sarà schiarita e matura per una decisione e conclusione definitiva, le informazioni e lumi da lui ottenuti, e spiegarci il suo parere intorno all' affare.

Preghiamo, a chiunque verrà esibita la presente procura

Abb. 26: Kaufantrag des Gesandten Usedom für den Palazzo Caffarelli vom 20. Juli 1852; Berlin PAA; Anhang, Dok. 13

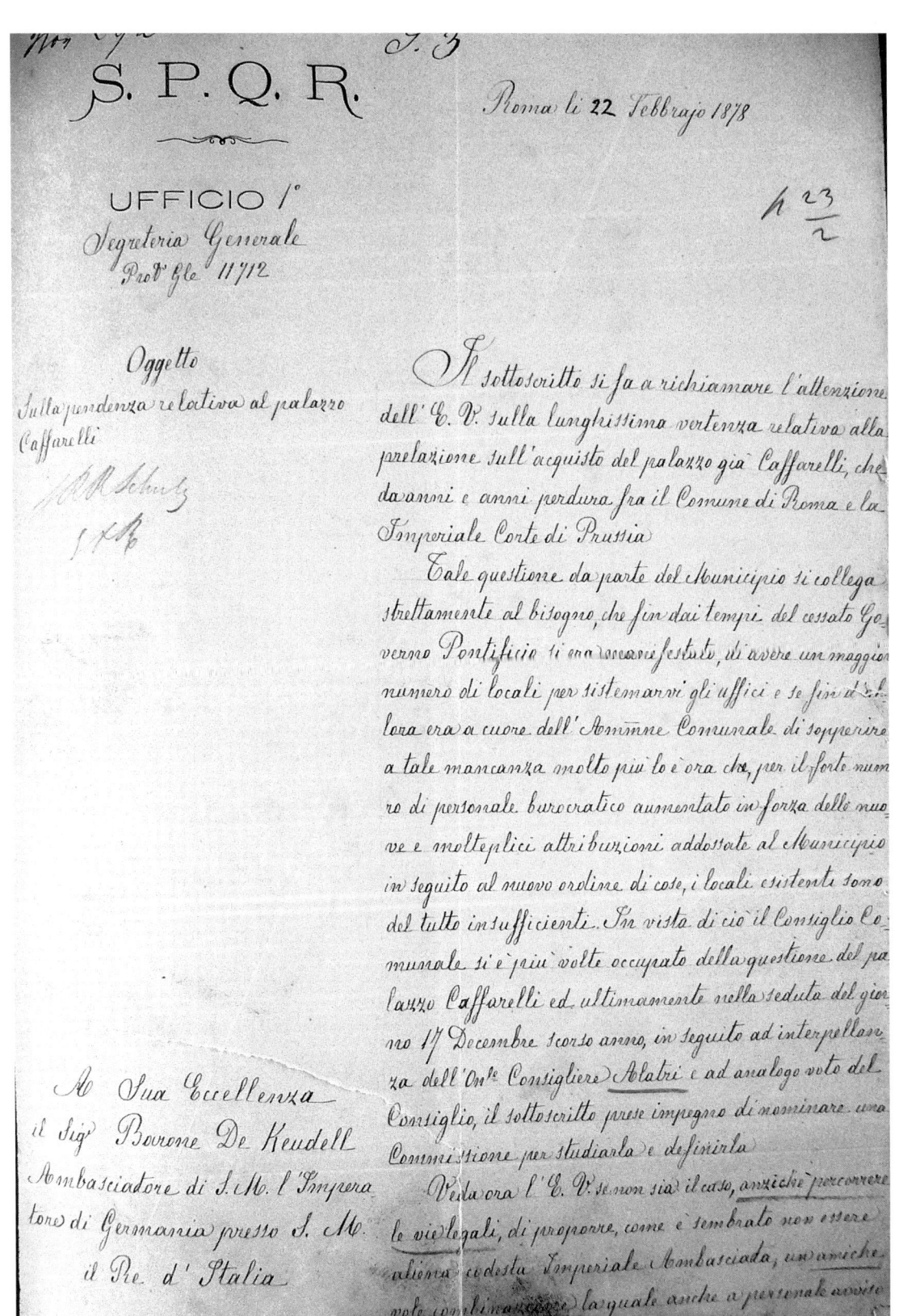

Abb. 27: Vorschlag des röm. Bürgermeisters Ruspoli vom 22. Februar 1878 für einen Gebietsaustausch, Berlin PAA; Anhang, Dok. 24

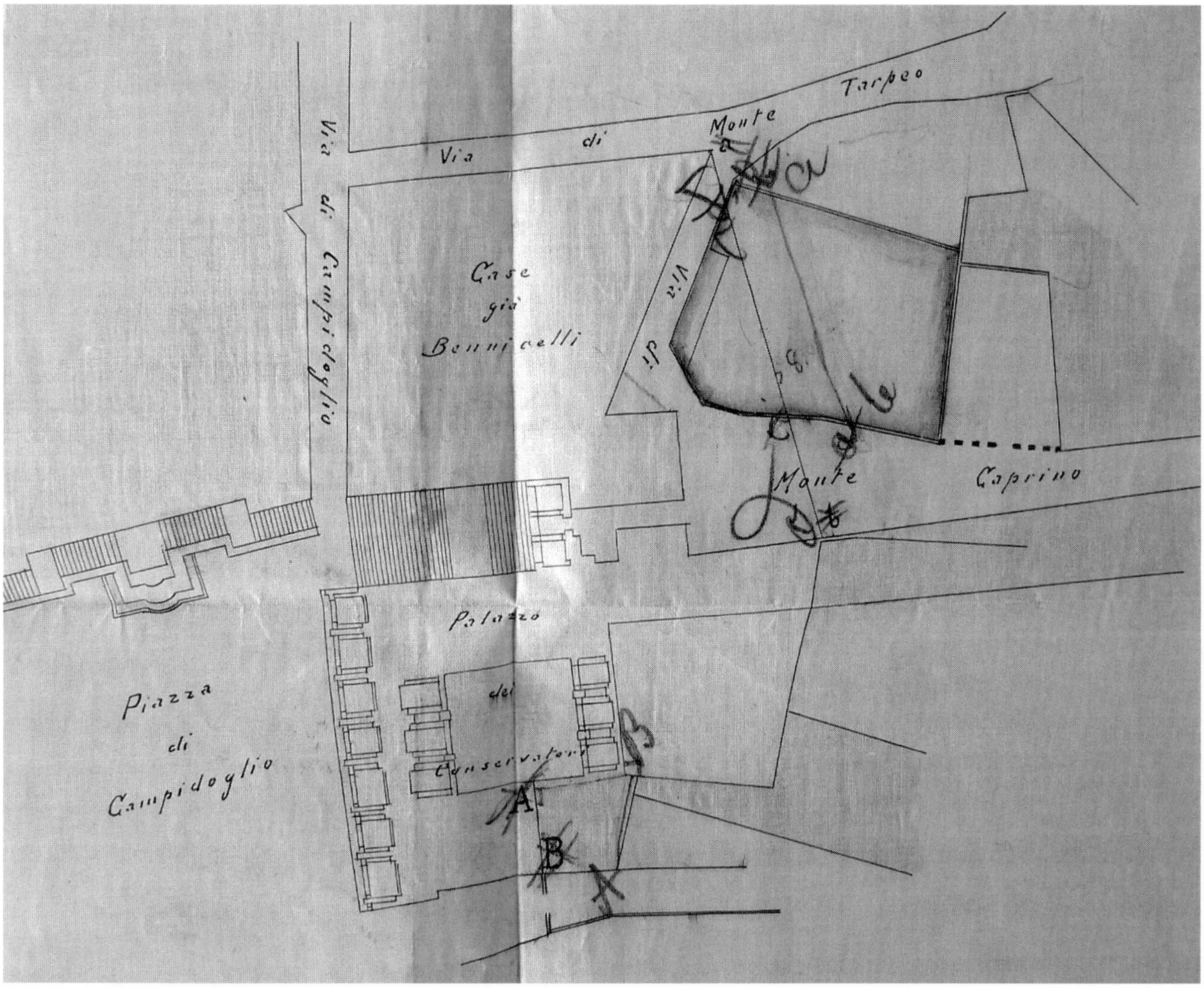

Abb. 28: Plan zum Tausch des Palazzetto Clementino (AB, u. Mitte) gegen den Giardino Montanari (o. rechts); Berlin PAA

Abb. 29: Palazzo Caffarelli mit Substruktionen, Schnitt von Norden nach Süden, links im EG die Gesandtschaftskapelle

Abb. 30: Die Gesandtschaftskapelle im Palazzo Caffarelli

Abb. 31: Gesandtschaftsprediger Heinrich Schmieder

Abb. 32: Das Protestantische Krankenhaus (Casa Tarpea) und Via Monte Caprino; links: Gittertor zum alten Institutsgebäude

Abb. 33: Familie Helbig, Stipendiaten und Mitarbeiter des Arch. Instituts, Winter 1884/85: stehend v.l.n.r.: Friedrich Marx, Wolfgang Helbig, Heinrich Dressel, Ernst F. Eichler, Nikolaus Müller, Otto Rossbach, Christian Huelsen; sitzend: August Mau, Nadja Helbig, Wilhelm Henzen; davor: Dimitry Helbig, Lili Helbig

Abb.34: Das Protestantische Krankenhaus (Casa Tarpea), Gartenseite

Abb. 35: Kinder deutscher Diplomaten im Garten der Casa Tarpea, um 1890

Abb. 36: F. Towne, Via di Rupe Tarpea; Aquarell, 1781, London, British Museum

Abb. 37: Kinder deutscher Archäologen mit Hund im Garten der Casa Tarpea, um 1890

Abb. 38: Garten des Prot. Krankenhauses (oben Hintergrund) mit der „Rupe Tarpea" und den angebauten Häusern

Abb. 39: Casa Tarpea, Rückseite mit Gästezimmer des Arch. Instituts, 1867; hier Hinck (l.) mit dem Bildhauer F. Schulze

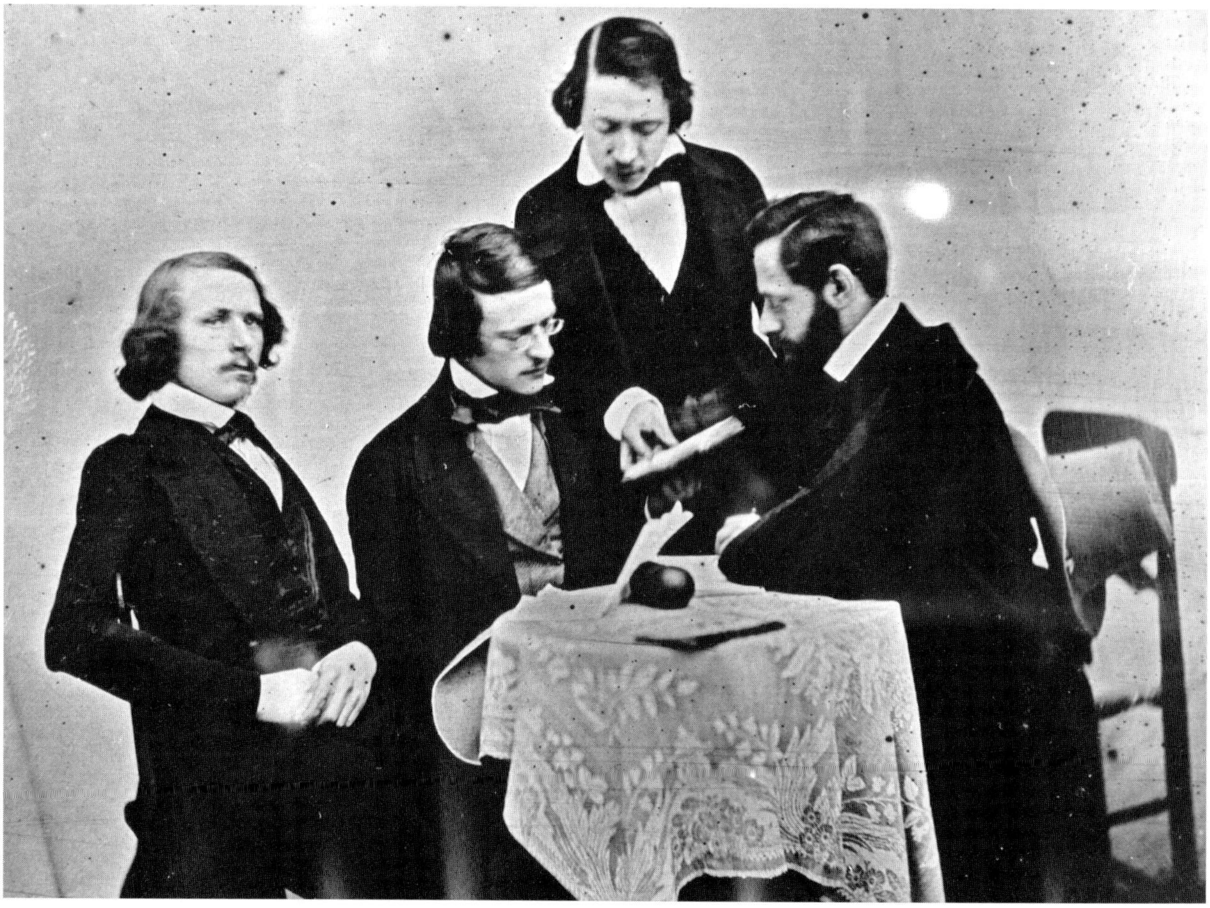

Abb. 40: Prominente Zusammenkunft in der Casa Tarpea, Winter 1846/47: Heinrich Brunn, Theodor Mommsen, Tycho Mommsen, Julius Friedländer; Daguerrotypie

Abb. 41: Emil Braun (1809–1856), um 1850

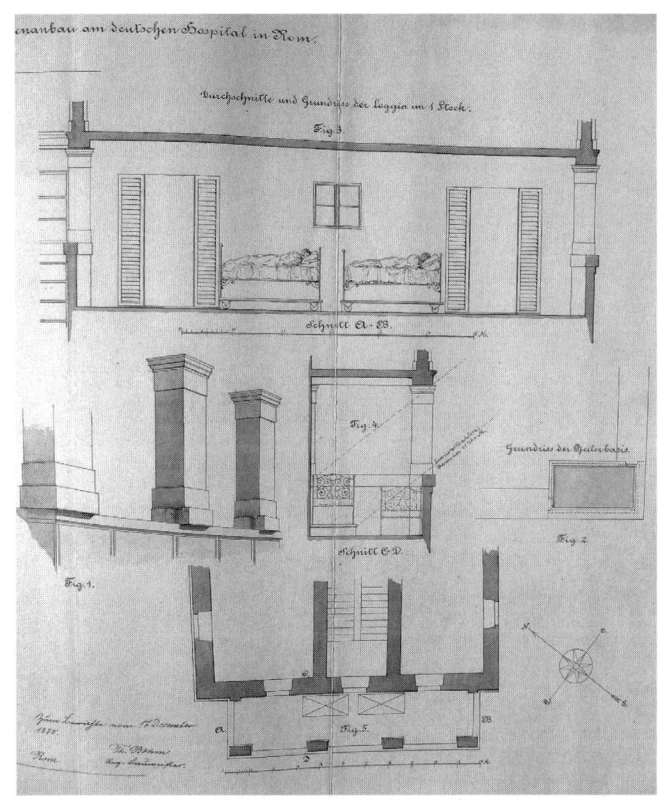

Abb. 42: Umbauplan für Prot. Krankenhaus; Loggia für Liegekur, Schnitt und Grundriß; Berlin PAA

Abb. 43: Umbauplan für Prot. Krankenhaus; Loggia für Liegekur, Außenansicht; Berlin PAA

Abb. 51: Das neue Institutsgebäude von Süden gesehen, um 1880

Abb. 52: Ludwig Curtius (1874–1954), zwanziger Jahre

Abb. 53: Das neue Institutsgebäude, Bibliothekssaal mit Frau Delbueck (?), um 1900

Abb. 54: Ulrich von Wilamowitz-Moellendorff (1848–1931), um 1910

Abb. 55: Carl Justi (1832–1912), 1868

Abb. 56: Lilli Helbig, um 1885

Abb. 57: Teilnehmer eines Gymnasiallehrerkurses, um 1900

Abb. 58: Julius Schnorr von Carolsfeld, Deutsche Künstler in Rom unter dem Schutz König Ludwigs I. von Bayern; Zeichnung, 1850, München, Staatliche Graphische Sammlung

Abb. 59: Carl Philipp Fohr, Deutsche (Haar-) Tracht: Carl Barth, Johann Buck und Friedrich Rückert; Zeichnung 1817

Abb. 60: Die Villa Malta um 1840; Lithographie von Edward Lear

Abb. 61: Joseph Stieler, Kronprinz Ludwig von Bayern in altdeutscher Tracht; Gemälde, 1816, München, Schloß Nymphenburg

Abb. 74: Wolfgang Helbig (1839–1915) und seine Frau Nadja (1847–1922), geb. Prinzessin Schakowskoy

Abb. 75: Franz Liszt

Abb. 76: Bernhard von Bülow (1849–1929) während seiner Zeit als Attaché in Rom; Kostümball im Palazzo Caëtani, 1875

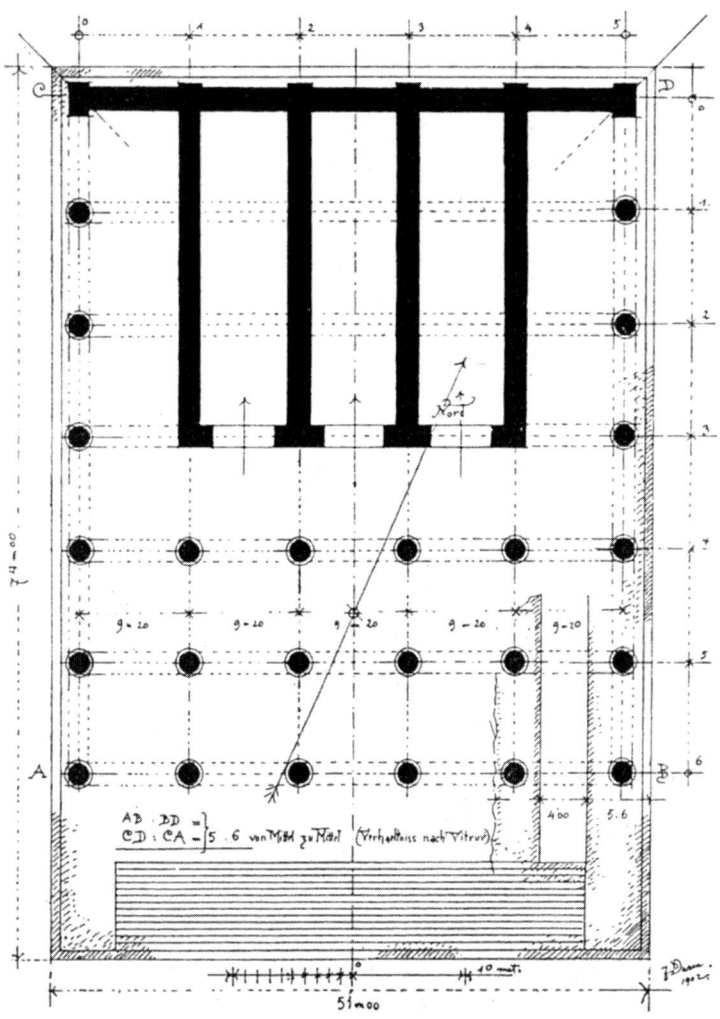

Abb. 77: Der Jupitertempel auf dem Kapitol; Grundriß, nach Durm 1905

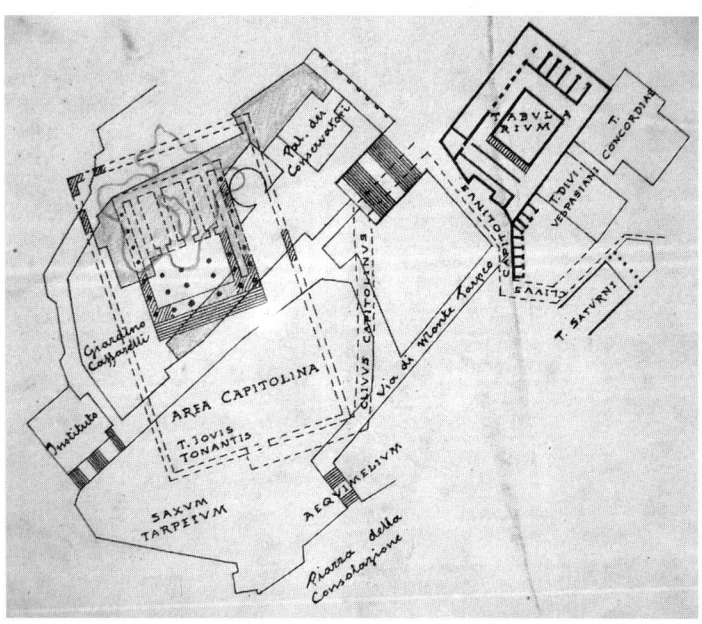

Abb. 78: Das Deutsche Kapitol mit Rekonstruktion der Position des Jupitertempels um 1880; Berlin, PAA, RQ 89a

281

Abb. 79: Silberdenar des M. Volterius M.J.; Jupitertempel; BMC, Rep. I, 388, Nr. 315457

Abb. 80: Silberdenar des Augustus; Rückseite: Tarpea von Schilden begraben; RIC 299, BMC 29, BN 157, C 494

Abb. 81: Der Tarpejische Felsen, hier an der Süd-West-Ecke des Kapitols lokalisiert; Stahlstich, aus: „Strahlheims Wundermappe", 1834

Abb. 82: Die „Rupe Tarpea" im Garten des Protestantischen Krankenhauses um 1900 mit Köchin

Abb. 83: Am Fuß der "Rupe Tarpea"; um 1895, Foto: F.lli Alessandri

Abb. 84: „La Breccia", die am 20. September 1870 geschossene Mauerlücke bei der Porta Pia

Abb. 85: Giuseppe Sacconis Modell für das Vittoriano

Abb. 86: Siegesfeier 1918; rechts im Hintergrund der Palazzo Caffarelli

Abb. 87: König gegen Kirche: Das Vittoriano und S. Maria Aracoeli; rechts oben: die Balustrade der Aussichtsplattform vor dem Palazzo Caffarelli nach Abriß der an das Kapitol grenzenden Häuserzeile, um 1935

Abb. 88: Der Palazzo Caffarelli vom Vorplatz aus gesehen; links im Hintergrund S. Maria Aracoeli, die Flanke des Konservatorenpalastes und das Portal zum Kapitolsplatz; aus: Illustrated Times, 12. Februar 1859, S. 101.

Abb. 89: Offizielles Dienstsiegel der Kaiserlich Deutschen Botschaft in Rom 1876–1915

Abb. 90: Harry von Arnim-Suckow (1824–1881)

Abb. 91: Palazzo Caffarelli um 1900

Abb. 92: Palazzo Caffarelli, von Ara Coeli aus gesehen, kurz nach Anlage der neuen Auffahrt 1872

Abb. 93: Antonio Bertaccini, Blick vom Portal des Caffarelli-Anwesens auf den Kapitolsplatz; links die steile Auffahrt im Zustand vor 1870; Aquarell

Abb. 94: Pferde-Omnibus bei Sankt Peter, um 1895

Abb. 95: Palazzo Caffarelli und der untere Garten im Südwesten, um 1870

Abb. 96: Hans Makart: Porträt der Maria von Bülow, geschiedene Gräfin von Dönhoff, geborene Prinzessin di Camporeale; Gemälde, Privatbesitz

Abb. 97: Bernhard von Bülow, um 1920

Abb. 98: Der junge Attaché Anton Graf Monts (1852–1930) als Leutnant d.R. des 2. Schlesischen Dragoner-Regiments No. 8

Abb. 99: Palazzo Caffarelli; Wohnung des Botschafters Monts, um 1905

Abb. 100: Palazzo Caffarelli, Wohnung des Botschafters Monts, um 1905

Abb. 101:
Palazzo Caffarelli;
Wohnung des
Botschafters Monts,
um 1905

Abb. 102:
Palazzo Caffarelli;
Wohnung des
Botschafters Monts,
um 1905

Abb. 103:
Palazzo Caffarelli;
Wohnung des
Botschafters Monts,
um 1905

Abb. 104:
Palazzo Caffarelli;
Wohnung des
Botschafters Monts,
um 1905

Abb. 105: Bleisiegel Ottos III.

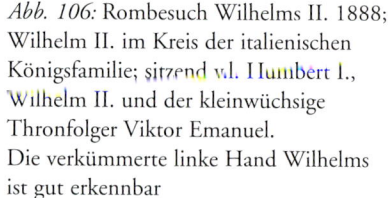

Abb. 106: Rombesuch Wilhelms II. 1888; Wilhelm II. im Kreis der italienischen Königsfamilie; sitzend v.l. Humbert I., Wilhelm II. und der kleinwüchsige Thronfolger Viktor Emanuel. Die verkümmerte linke Hand Wilhelms ist gut erkennbar

Abb. 107: Krönung Ottos III. durch Petrus und Paulus; Detail aus: „Bamberger Apokalypse", Buchillustration, Reichenau um 1000, Bamberg, Staatsbibliothek

Abb. 108: Alfred Rethel, Otto III. in der Gruft Karls des Großen; Aquarell, 1896, Dresden, Staatliche Kunstsammlung

Abb. 109: Rombesuch Wilhelms II. 1888, Menschenmassen entlang des Weges zwischen Bahnhof und Quirinalspalast; aus: *Italia Illustrata*

Abb. 110: Militärparade vor dem Bahnhof bei der Ankunft Wilhelms II. in Rom 1888

Abb. 111: Einfahrt Wilhelms II. in den Quirinalspalast

Abb. 112: Wilhelm II. 1888 in der Garde du Corps-Uniform

Abb. 113: Max Koner, Staatsportrait Wilhelms II., ehemals Deutsche Botschaft Paris

Abb. 114: Beim „Kaisermanöver"; links außen: Lord Lonsdale, Mitte: Wilhelm II, um 1900

Abb. 115: „Ein Tag mit dem Deutschen Kaiser", englische Karikatur 1898

Abb. 116: Max Koner (?), Staatsportrait Wilhelms II., ehemals Deutsche Botschaft Rom; Gemälde, Vatikanische Museen

Abb. 117: Palazzo Caffarelli, Thronsaal mit Fresken Hermann Prells: Frühling (zerstört)

Abb. 118: Palazzo Caffarelli, Thronsaal mit Fresken Hermann Prells: Sommer (zerstört)

Abb. 119: Palazzo Caffarelli, Thronsaal mit Fresken Hermann Prells, Winter (zerstört)

Abb. 120: Palazzo Caffarelli, Thronsaal mit Fresken Hermann Prells; Germania (zerstört)

Abb. 121: Alfred Messel, Kaiserthron für die deutsche Botschaft in Rom (zerstört)

Abb. 122: Max Seliger u. Alfred Messel, Thronhimmel (zerstört)

Abb. 123: Grundsteinlegung des Mannesmann-Werkes bei Bergamo am 31. März 1808

Abb. 124: Anton Giulio Bragaglia, Antideutsche Schrift „Territorii Tedeschi di Roma", 1918, Titelblatt

Abb. 125: Reklame des Elektromotorenwerks August Stigler in Turin

Abb. 126: Das Italienische Kapitol; Hausangestellte von Botschaft und Institut im Garten der Casa Tarpea

Abb. 127: Das Kaiserliche Institut; Besuch Kaiser Wilhelms II. im April 1893; Szene am Eingangstor

Abb. 128: Das Italienische Kapitol; Die Köchin der Casa Tarpea

Abb. 129: Luftschloß übernationaler Wissenschaft: Darstellung des Alten Institutsgebäude als Titelvignette der *Monumenti Inediti,* 1834/38

Abb. 130: Das „Großinstitut": Sekretare, Mitarbeiter und Stipendiaten des Kaiserlich Deutschen Archäologischen Instituts; sitzend: Eugen Petersen und Frau; stehend 3. v. r.: Christian Huelsen

Abb. 131: Wilhelm Henzen, um 1885

Abb. 132: Paul Kehr (1860–1944)

Abb. 133: Richard Delbrueck (1874–1957)

Abb. 134: Botschafter Anton Graf Monts (1852–1930)

Abb. 135: Maria Gräfin Dönhoff

Abb. 136: Gabriele d'Annunzio (1863–1938)

Abb. 137: Bernhard von Bülow, um 1908

Abb. 138: Leo von Klenze, Villa Malta; Gemälde

Abb. 139: Feindbilder: Italienischer Aufruf für die Zeichnung von Kriegsanleihen

Abb. 140: Der Palazzo Caffarelli (Gartenseite)
nach Abreise der deutschen Diplomaten, um 1918

Abb. 141: Der k.u.k. österreichische Botschafter
Carl Freiherr von Macchio

Abb. 142: Österreichische Botschaft im Palazzo Venezia

Abb. 143: Die Räumung des Palazzo Venezia im Oktober 1916

Abb. 144: Botschafter Hans von Flotow

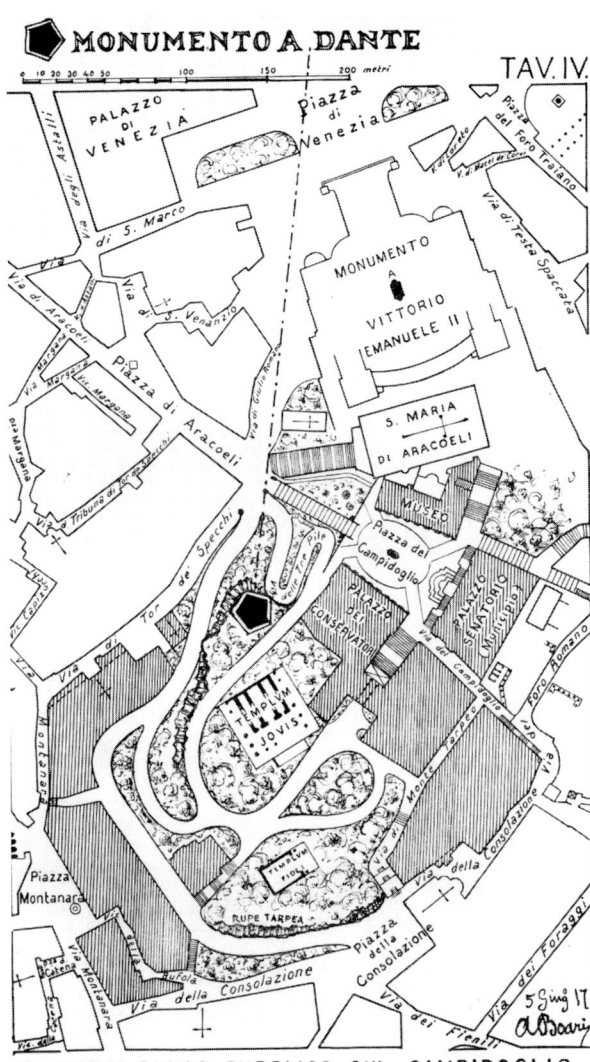

Abb. 145: Adamo Boari, Projekt für einen archäologischen Park mit Jupitertempel und Dante-Denkmal, 1917

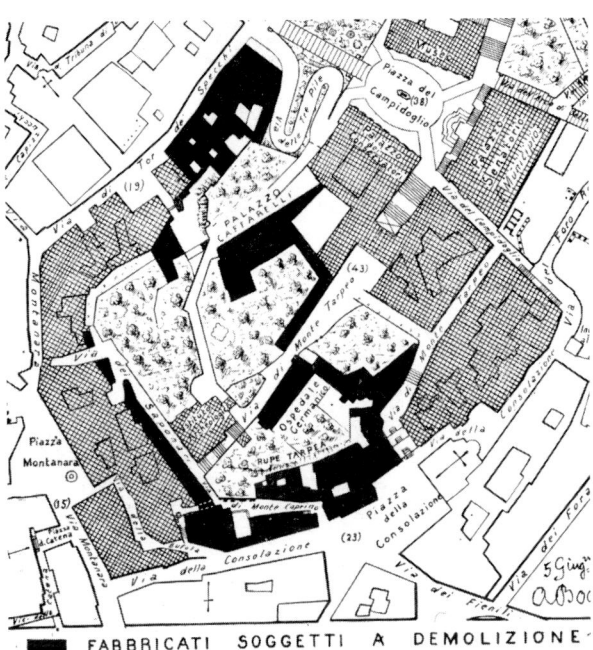

Abb. 146: Adamo Boari, Projekt für kompletten Abriß des Deutschen Kapitols, 1917

Die Walzen. Die Walzen brauchen, der Bildhöhe entsprechend, ca 5,50 Meter Länge. Je nach Länge des vorhandenen Holzes werden eine Anzahl von hölzernen, 12 mm starken, kreisrunden (A) Scheiben von 28 cm Durchmesser, in Abständen von etwa 80 cm durch ast- und harzfreie Latten verbunden.

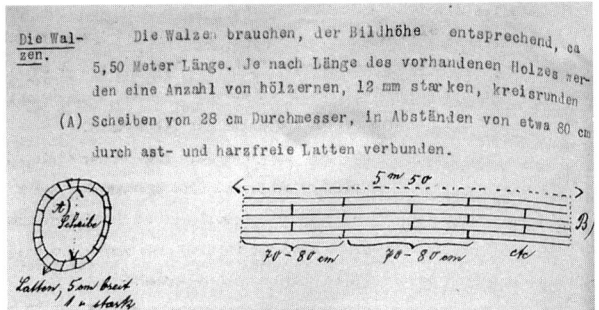

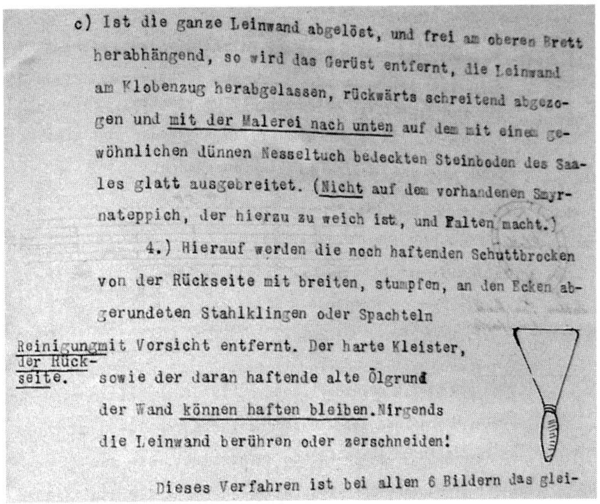

Abb. 147: Hermann Prell, Anweisung zur Abnahme der Wandbilder im Thronsaal; Berlin, PAA

c) Ist die ganze Leinwand abgelöst, und frei am oberen Brett herabhängend, so wird das Gerüst entfernt, die Leinwand am Klobenzug herabgelassen, rückwärts schreitend abgezogen und mit der Malerei nach unten auf dem mit einem gewöhnlichen dünnen Nesseltuch bedeckten Steinboden des Saales glatt ausgebreitet. (Nicht auf dem vorhandenen Smyrnateppich, der hierzu zu weich ist, und Falten macht.)

4.) Hierauf werden die noch haftenden Schuttbrocken von der Rückseite mit breiten, stumpfen, an den Ecken abgerundeten Stahlklingen oder Spachteln

Reinigung der Rückseite. mit Vorsicht entfernt. Der harte Kleister, sowie der daran haftende alte Ölgrund der Wand können haften bleiben. Nirgends die Leinwand berühren oder zerschneiden!

Dieses Verfahren ist bei allen 6 Bildern das glei-

Abb. 148: Hermann Prell, Anweisung zur Abnahme der Wandbilder im Thronsaal; Berlin, PAA

Abb. 149: Staatssekretär des Auswärtigen Amtes von Jagow (Mitte), Reichskanzler von Bethmann Hollweg (rechts)

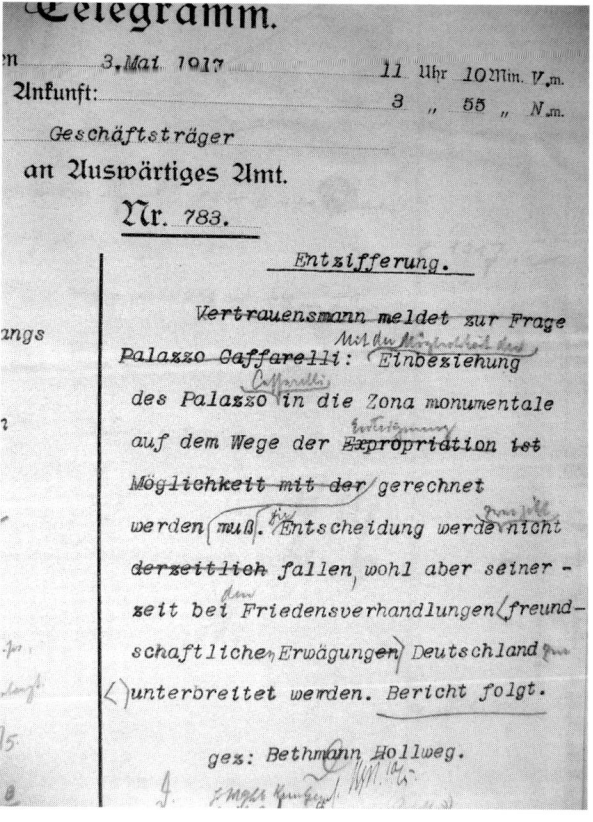

Abb. 150: Telegramm der Gesandtschaft in Bern an das Auswärtige Amt in Berlin mit Warnung vor bevorstehender Enteignung; Berlin, PAA

Abb. 151: Palazzo Caffarelli enteignet, Telegramm vom 5. Dezember 1818; Berlin, PAA

Duplikat zu I 46146

Abschrift.

Telegramm.

Bern, den 5. Dezember 1918, 12 Uhr 25 nachm.

Ankunft: 3 " - "

Der Gesandte an Ausw. Amt.

Nr.2223. Drahtweisung No.1965 x) ausgeführt. Soeben mitteilt hiesige Regierung, daß die deutschen Grundstücke auf dem Capitol durch Dekret vom 30. November enteignet. Entschädigung Lire 2 700 000, Rekursfrist 2 Wochen. Bericht folgt.

x) I 45492, Enteignung Palazzo Cafferelli.

(9677)

gez. Romberg.

46146

Berlin, den 6.Dezember 1918

Ausw. Amt I. 46833

11. DEZ. 1918

Tel.

Wie die deutsche Gesandtschaft in Bern amtlich mitteilt, ist das dem deutschen Reiche gehörende Botschaftsgelände in Rom, der Palazzo Caffarelli durch Decret der italienischen Regierung vom 30. November enteignet worden. Die Schweizerische Regierung ist von der Deutschen Gesandtschaft in Bern im Auftrage der Reichsregierung gebeten worden, durch ihre Gesandtschaft in Rom gegen diese völkerrechtswidrige Massnahme der italienischen Regierung sofort nachdrücklichst Protest zu erheben.

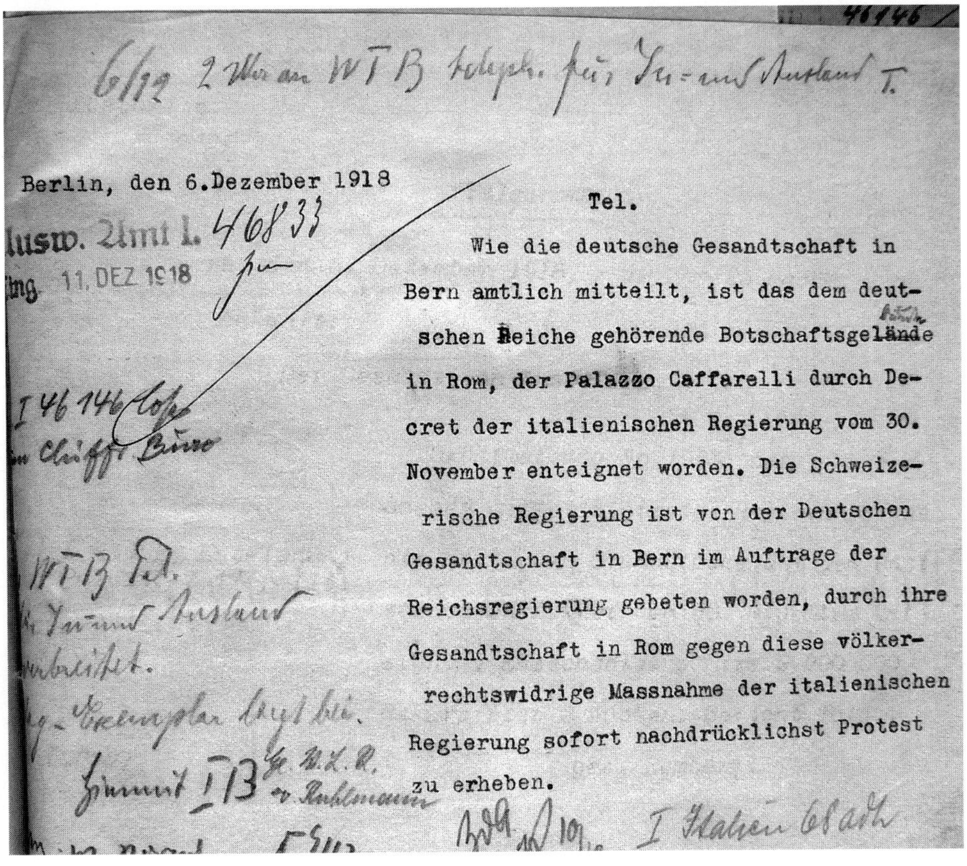

Abb. 152: „Nachdrücklichster Protest“, Telegramm vom 6. Dezember 1818; Berlin, PAA

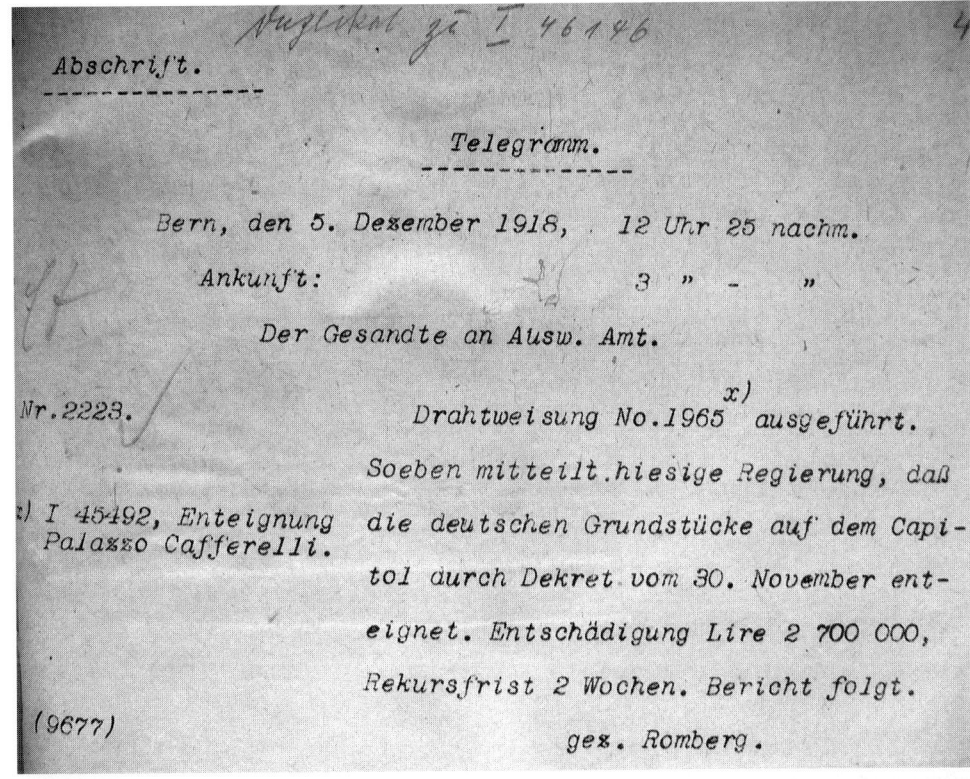

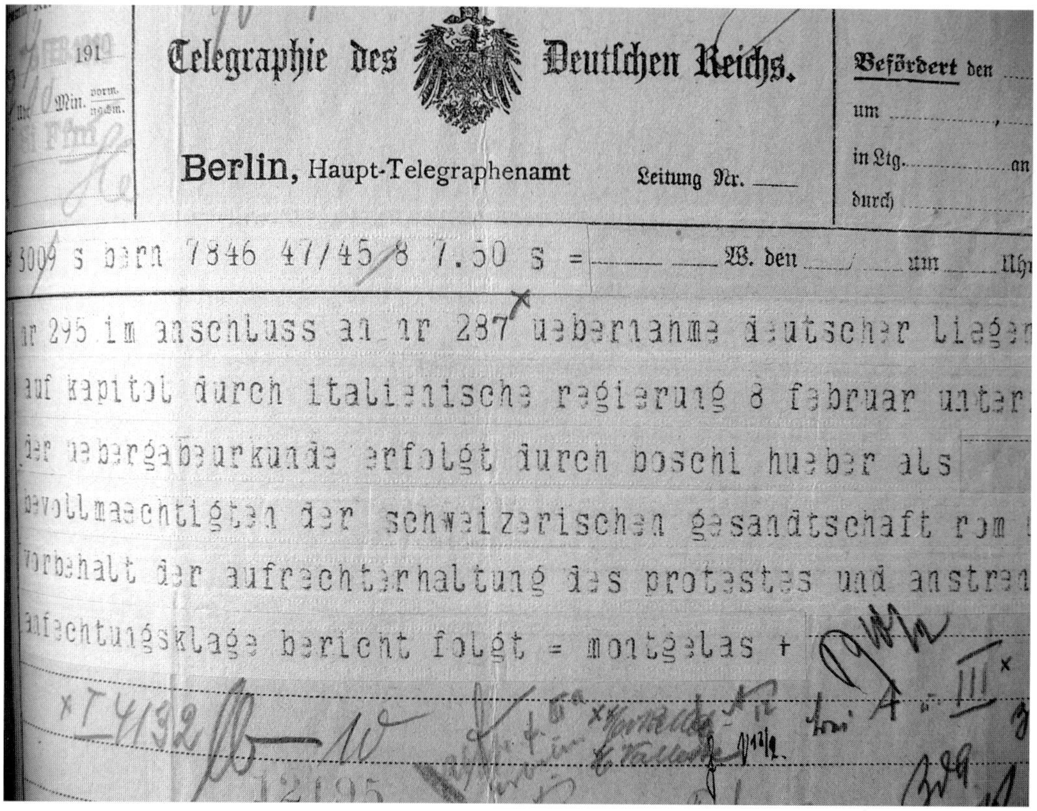
Telegraphie des Deutschen Reichs.

Berlin, Haupt-Telegraphenamt Leitung Nr.

Befördert den
um
in Ltg. an
durch

3009 s bern 7846 47/45 8 7.50 s = W. den um Uhr

nr 295 im anschluss an nr 287 uebernahme deutscher liegen
auf kapitol durch italienische regierung 8 februar unter
der uebergabeurkunde erfolgt durch boschi hueber als
bevollmaechtigten der schweizerischen gesandtschaft rom
vorbehalt der aufrechterhaltung des protestes und anstre
anfechtungsklage bericht folgt = montgelas +

Abb. 153: Palazzo Caffarelli von Italien in Besitz genommen, Telegramm vom 9. Februar 1818; Berlin, PAA

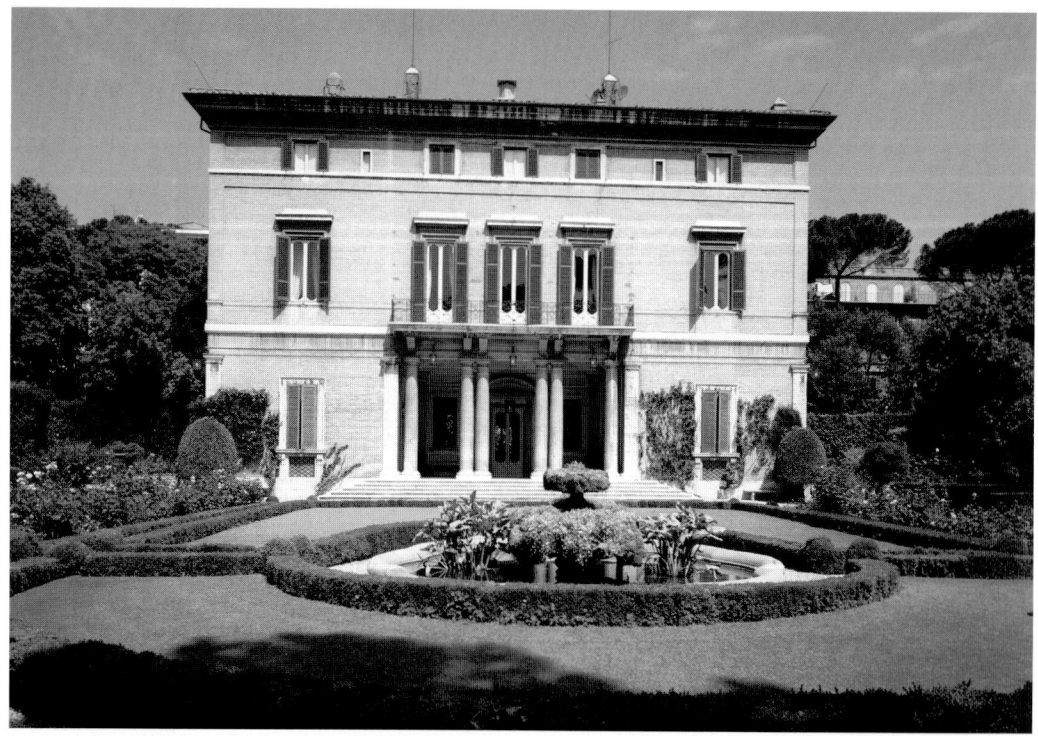

Abb. 154: Villa Bonaparte

315

Abb. 155:
Palazzo Caffarelli;
Der Thronsaal
nach der Räumung

Abb. 156:
Palazzo Caffarelli;
Die Räume des 1. Stocks
nach der Räumung

Abb. 157: Palazzo Caffarelli; Die Räume des 1. Stocks nach der Räumung

Abb. 158: Der Palazzo Caffarelli nach dem Teilabriß

Abb. 159: Der Palazzo Caffarelli nach dem Teilabriß

Abb. 160: Palazzo Caffarelli; Die verwüstete Botschaftskapelle

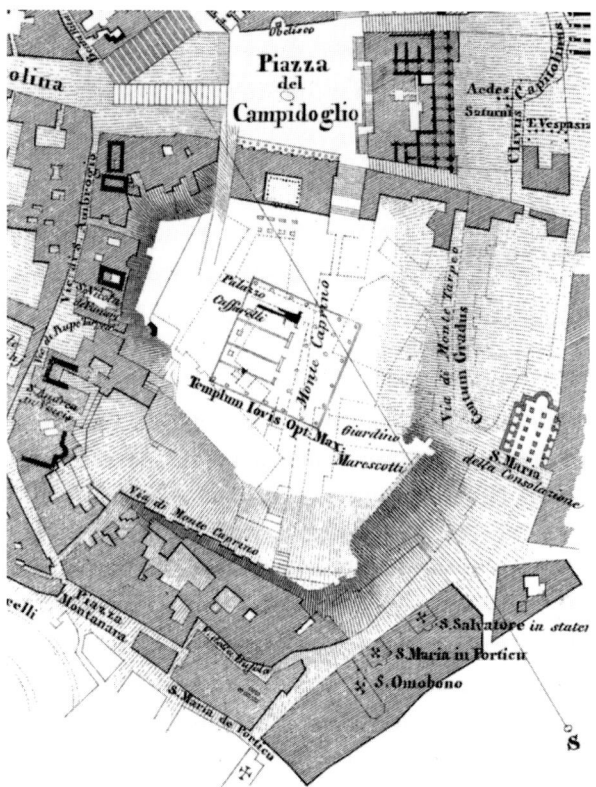

Abb. 161: Das Kapitol mit der (korrekt) rekonstruierten Lage des Jupitertempels; aus: Platner/Bunsen, Beschreibung der Stadt Rom III.1, 1834.

Abb. 162: Palazzo Zuccari um 1880; 1920 provisorischer Sitz der Botschaft des Deutschen Reiches

Abb. 163: Athena statt Altar: Das Museo Mussolini in der ehemaligen Botschaftskapelle

Abb. 164: Heute verschwunden: Das Pfarrhaus in der Casa Lelli neben dem Alten Archäologischen Institut

Abb. 165: Das „in seiner Ehre wiederhergestellte" Kapitol um 1935: Der Rest des Palazzo Caffarelli mit dem Museo Mussolini und den freigelegten Felswänden des Kapitolshügels. Anstelle des Thronsaals ist die Terrasse zu sehen; rechts im Hintergrund das Marcellustheater.

Abb. 166: Botschafter Ulrich von Hassel (1881–1944)

Abb. 167: Villa Wolkonsky

Abb. 168: Palazzo Vidoni-Caffarelli

Abb. 169: Villa Wolkonsky